和色點子手帖

100 個風格主題、2572 種配色靈感的最強設計教科書

櫻井輝子
陳妍雯——譯

悅知文化

Credit（素材使用來源 URL：Shutterstock：https://www.shutterstock.com/ja/、Fotolia：https://jp.fotolia.com/、箱根寄木細工專門店 箱根丸山物 ：https://www.hakonemaruyama.co.jp/）

Introduction：optimarc（Shutterstock）/ 第 1 章扉：Federico Bonifazi（Shutterstock）/ 001：malamalama（Shutterstock）/ 002：Michiko Design（Shutterstock）/ 003：f11photo（Shutterstock）/ 004：© 平等院 / 005：Sergii Rudiuk（Shutterstock）/ 006：© 松竹株式會社 / 007：YORIK（Shutterstock）/010：jennifer a. seki（Shutterstock）/ 011：ziggy_mars（Shutterstock）/ 012：箱根寄木細工專門店 箱根丸山物 / 013：Bobo Ling（Shutterstock）/ P.44 Column：coward_lion（Fotolia）/ 第 2 章扉：Dirk Ercken（Shutterstock）/ 014：cowardlion（Shutterstock）/ 015：cowardlion（Shutterstock）/ 016：千葉市美術館藏 / 017：千葉市美術館藏 / 018：生田誠 Collection Image Archives/DNPartcom / 019：川崎市岡本太郎美術館藏 / 020：風俗博物館藏 / 021：風俗博物館藏 / 022：風俗博物館藏 / 023：風俗博物館藏 / 第 3 章扉：tsuppyinny（Fotolia）/ 025：romantitov（Shutterstock）/ 027：Andrii A（Shutterstock）/ 029：7maru（Shutterstock）/ 031：Kei Shooting（Shutterstock）/ 第 4 章扉：masajla（Shutterstock）/ 032：Craig Hanson（Shutterstock）/ 033：Kritsana Maimeetook（Shutterstock）/ 034：Shin Okamoto（Shutterstock）/ 035：Kazlouski Siarhei（Shutterstock）/ 036：igotabeme（Shutterstock）/ 037： Bloginya（Shutterstock）/ 038：AQ_taro_neo（Shutterstock）/ 039：maoyunping（Shutterstock）/ 040：Stefano Garau（Shutterstock）/ P.112 Column：PIGMENT TOKYO：（寺田倉庫）/ 第 5 章扉：Natt Ritti（Shutterstock）/ 041：aslysun（Shutterstock）/ 042：photoAntenna（Shutterstock）/ 043：High Mountain（Shutterstock）/ 044：Apisit Kontong（Shutterstock）/ 045：yoshi0511（Shutterstock）/ 046：Peiling Lee（Shutterstock）/ 047：Sakarin Sawasdinaka（Shutterstock）/ 048：KPG_Payless（Shutterstock）/ 049：Marco Maggesi（Shutterstock）/ 第 6 章扉：maxpro（Shutterstock）/ 051：Sean Pavone（Shutterstock）/ 052：BlueOrange Studio（Shutterstock）/ 054：nana77777（Shutterstock）/ 057：USJ（Shutterstock）/ 058：Light7X8（Shutterstock）/ P.154 Column：株式會社 虎屋 / 第 7 章扉：HelloRF Zcool（Shutterstock）/ 第 8 章扉：Sakarin Sawasdinaka（Shutterstock）/ 059：zincreative（Shutterstock）/ 060：Supavadee butradee（Shutterstock）/ 061：Norikazu（Shutterstock）/ 062：（一社）松島觀光協會 / 063：Patrick Foto（Shutterstock）/ 064：白馬村觀光局 / 065：vichie81（Shutterstock）/ 066：vichie81（Shutterstock）/ 067：Picnote（Shutterstock）/ 069：mokokomo（Shutterstock）/ 070：JoshuaDaniel（Shutterstock）/ 071：一般社團法人 長崎縣觀光連盟 / 072：指宿市役所 / 073：ABCshot（Shutterstock）/ 074：shikema（Shutterstock）/ 第 9 章扉：Sean Pavone（Shutterstock）/ 075：f11photo（Shutterstock）/ 077：Daichi Iizuka（Shutterstock）/078：blew_f（Fotolia）/ 079：MinghaiYang（Shutterstock）/ 080：SUJITRA CHAOWDEE（Shutterstock）/ 081：Tatsuya Kaburagi（Shutterstock）/ 082：公益財團法人 岩手縣觀光協會 / 083：Taromon（Shutterstock）/ 084：Taromon（Shutterstock）/ P.244 Column：カルビー株式會社 / 第 10 章扉：OlgaHmelevskaya（Shutterstock）/ 086：Number1411（Shutterstock）/ 087：Bokeh Blur Background（Shutterstock）/ 088：STILLFX（Shutterstock）/ 089：Aepsilon（Shutterstock）/ 090：（上）PRO Stock Professional、（下）LedyX（Shutterstock）/ 第 11 章扉：photop5（Fotolia）/ 091：natu（Shutterstock）/ 092：desk006（Shutterstock）/ 093：銀座久兵衛 / 094：norikko（Shutterstock）/ 098：Sean Pavone（Shutterstock）/ 099：Rainprel（Shutterstock）/100：teamLab 株式會社 / P.282 Column：beeboys（Fotolia）、P.283 Column：iroha（Shutterstock）、外務省、山梨縣立博物館所藏（以上、（Shutterstock）：作者名 / 版權屬於 Shutterstock、（Fotolia）：© 作者名 – 版權屬於 Fotolia）

■參考文獻

永田康弘（監修）（2002/1）《JIS 規格「物體顏色色名」日本の 269 色》、視覺設計研究所（編輯）（2008/7）《定本 和之色事典》、山本茂（監修）（2014/10）《圖解 花札的基本》、高橋こうじ（著）（2017/12）《充滿慈愛的日本童謠・歌唱》、弓岡勝美（監修）（2005/7）《和服與日本之色》、山下景子（著）（2008/4）《美人的日本語》、大和心研究會（著）（2017/11）《視覺大和言葉辭典》、白井明大（文）・有賀一廣（畫）（2012/3）《享受日本的七十二候》、山下景子（著）（2017/4）《二十四節氣與七十二候的季節手帖》、中山圭子（著）（1994/4）《和菓子歲時記 虎屋銘菓名撰》、中山圭子（文）・阿部真由美（畫）（2004/6）《和菓子之本》、平野恵理子（著）（2010/9）《和菓子的繪本》、小河俊哉（著）（2014/4）《天空辭典》、國立國會圖書館官網（日本的日曆）、外務省官網（次期護照基本設計決定）、城一夫（著）（2017/3）《尋找日本色彩之源》、長崎盛輝（1990/6）《色・彩飾的日本史》、福田邦夫（著）（2005/8）《一看就懂的本傳統色》、櫻井輝子（著）（2016/6）《日本之色》（以上書名均為暫譯）

第 7 章 第一候～第七十二候的插畫提供：株式會社 AIS（商品名「365 色手帖」URL：https://ais-ais.co.jp/365/kansyu.html）

Introduction

小時候，我曾經參觀過一場以顏色為主題的展覽。
會場正中央的天花板，垂掛著一片大布幕，
上頭印著美麗的日本色彩與句子 。
紅色、金黃色、松葉色、藍色
那是當時在學校使用的 12 色顏料中，一般稱為赤、黃、綠、青的顏色。
我的內心頓時充滿喜悅之情，彷彿窺見了「過去從未知曉的全新色彩世界」。
本書將日本承襲至今，「色彩的細膩感性、教養、詞彙」，
從各種不同的角度，毫無保留地介紹給各位。
若說本書集結了所有「日本色彩、日式設計」
在實際運用上必備的知識，也不為過。
全書 100 項主題，除了日本的傳統文化，還包含四季、風景、
以及近年再次受到矚目的二十四節氣、七十二候等多種面向。
各項主題均附有實用的雙色、三色配色；
方便應用的設計、紋樣、插圖配色，
總計 2572 種配色範例。
請放一本在您的手邊，打從心底一同享受「日本的美麗色彩與詞彙」。

櫻井輝子

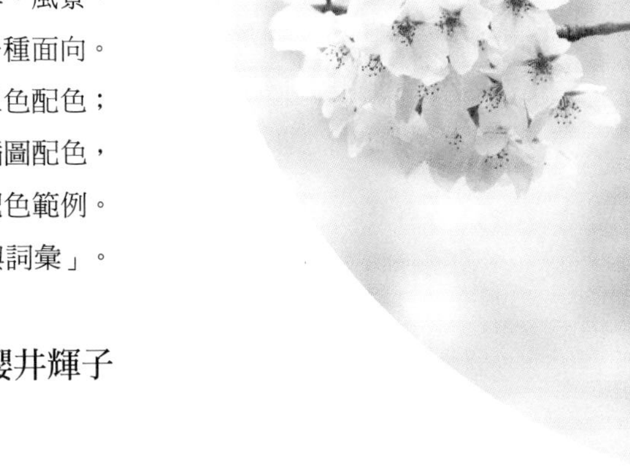

CONTENTS

本書目次

承襲至今、傳統文化的配色／眾所周知的日本藝術作品配色／由象徵新一年開始的「立春」，到夏季將至的「穀雨」／從接近夏天的「八十八夜」，至暑氣達到巔峰的「大暑」／由月曆上表示入秋的「立秋」，至冷到會下霜的「霜降」／由循環至最後的節氣「立冬」，至春季開始的前一天「節分」／七十二候是日本為了農事獨自發展出來的曆法／透過配色，行旅日本／可感受到顏色能量與個性的配色／將語言化為顏色的配色／日常生活中的日本色彩

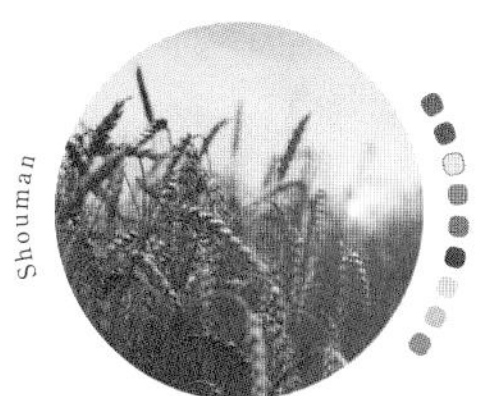
Shouman

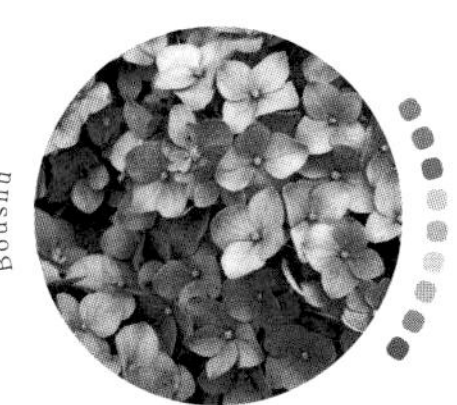
Boushu

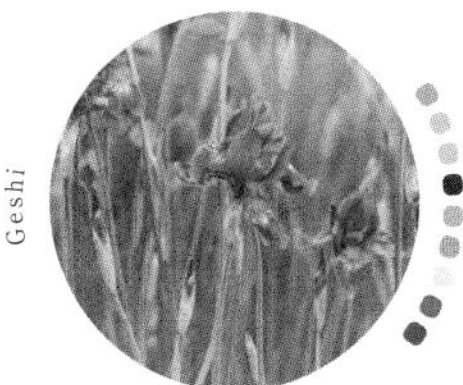
Geshi

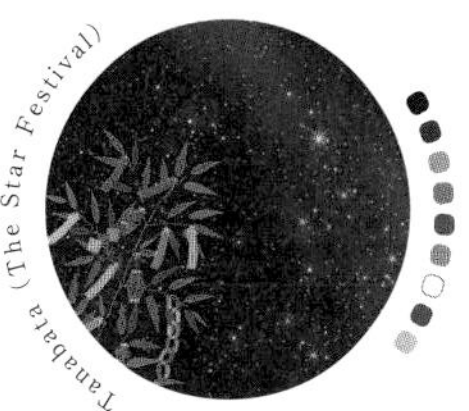
Tanabata (The Star Festival)

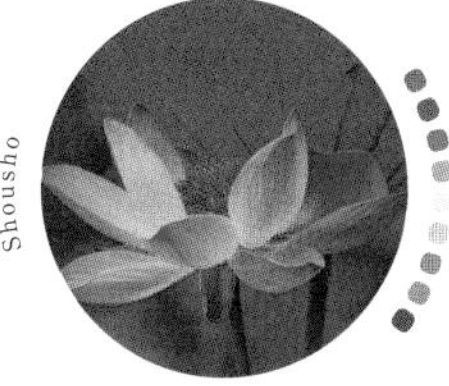
Shousho

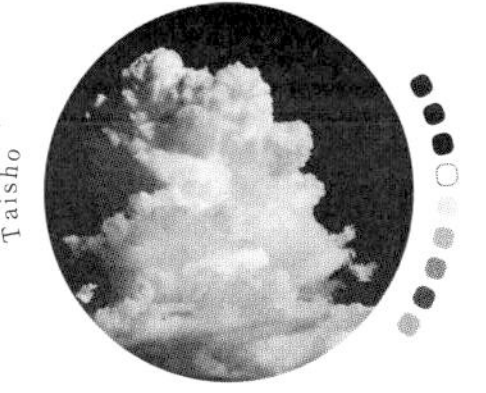
Taisho

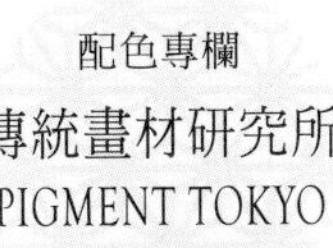
配色專欄
傳統畫材研究所
PIGMENT TOKYO
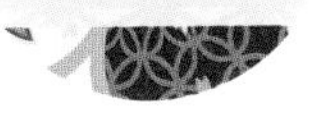

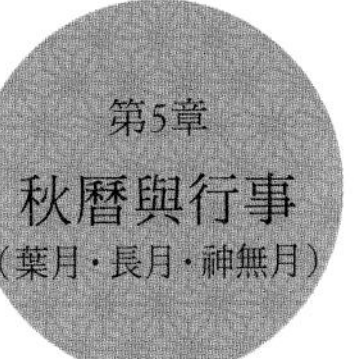
第5章
秋曆與行事
（葉月・長月・神無月）

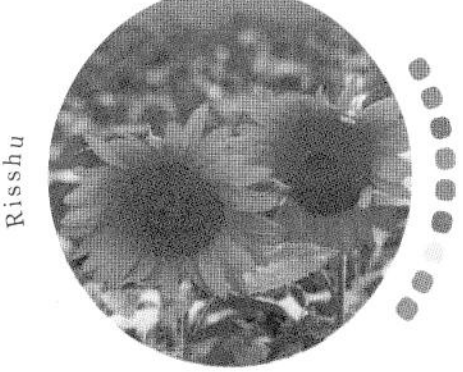
Risshu

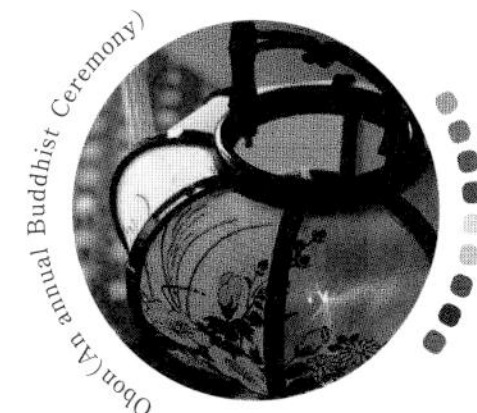
Obon (An annual Buddhist Ceremony)

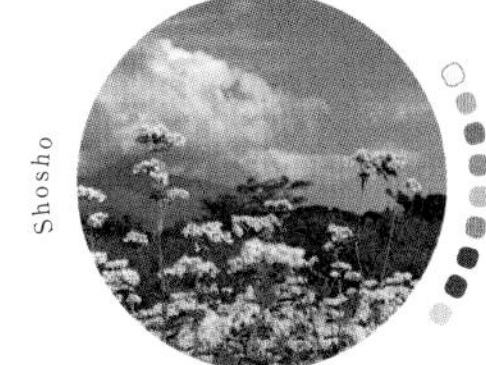
Shosho

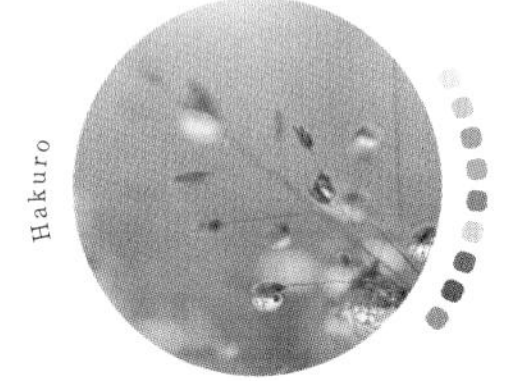
Hakuro

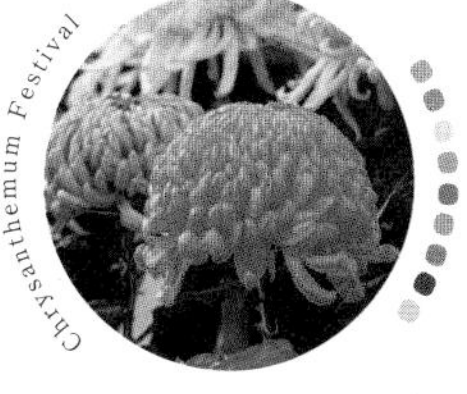
Chrysanthemum Festival

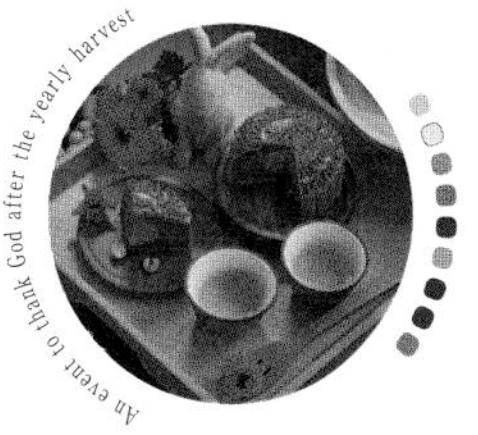
An event to thank God after the yearly harvest

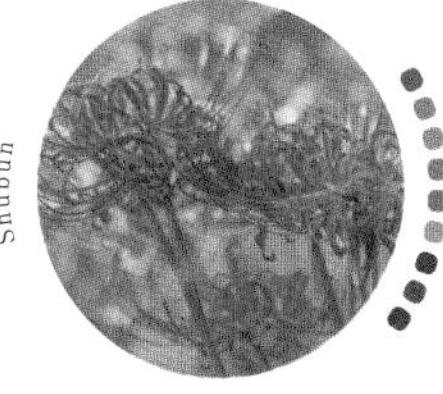
Shubun

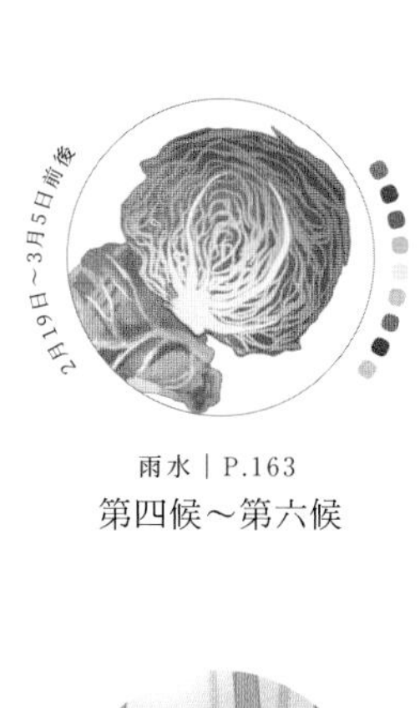

雨水｜P.163

第四候～第六候

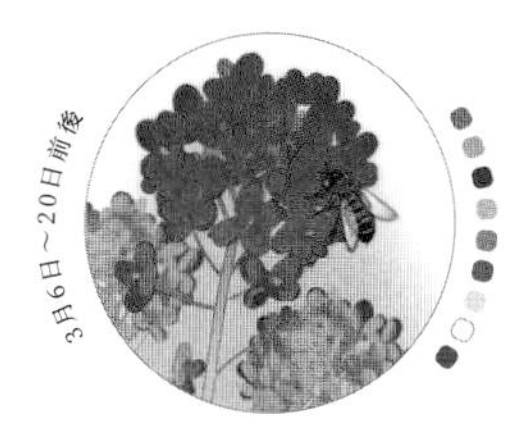

啓蟄｜P.164

第七候～第九候

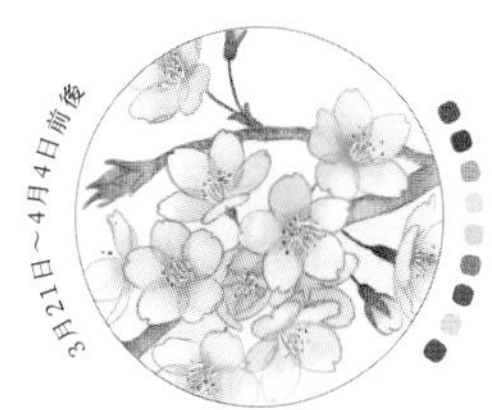

春分｜P.165

第十候～第十二候

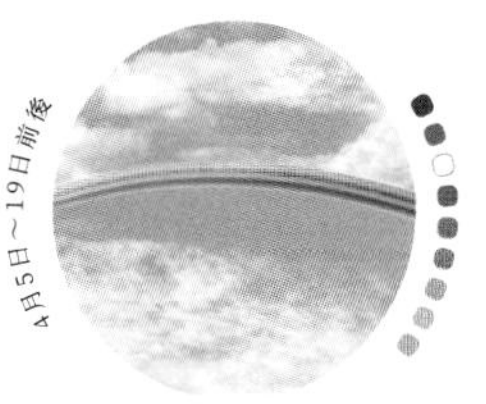

清明｜P.166

第十三候～第十五候

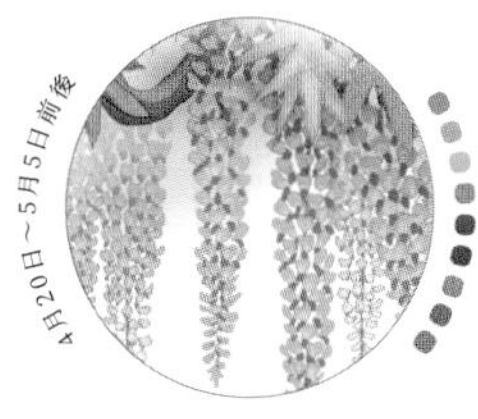

穀雨｜P.167

第十六候～第十八候

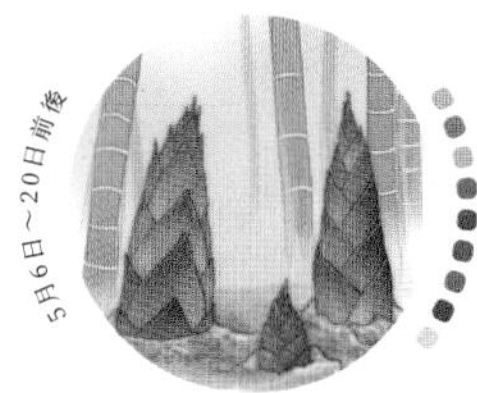

立夏｜P.168

第十九候～第二十一候

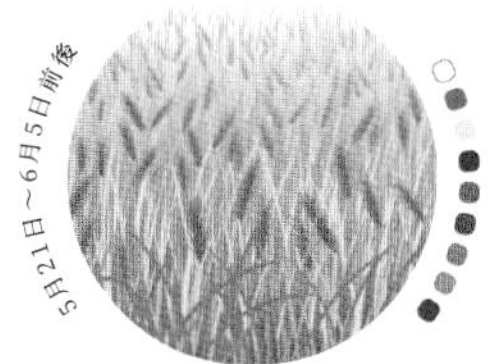

小満｜P.169

第二十二候～第二十四候

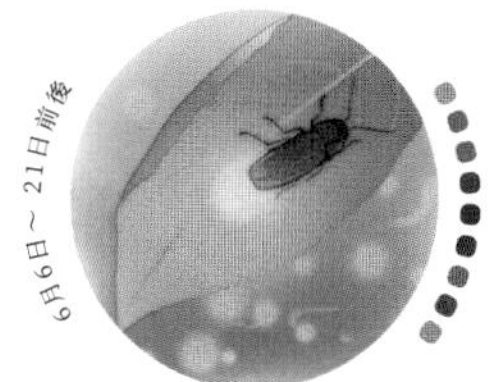

芒種｜P.170

第二十五候～第二十七候

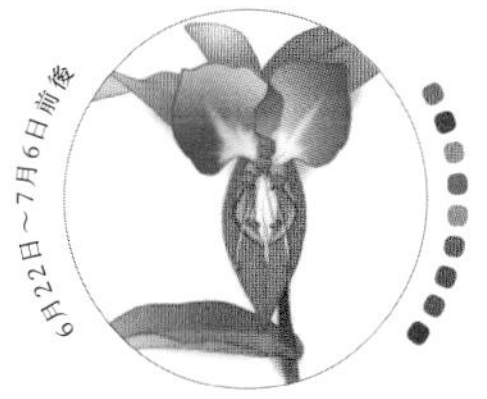

夏至｜P.171

第二十八候～第三十候

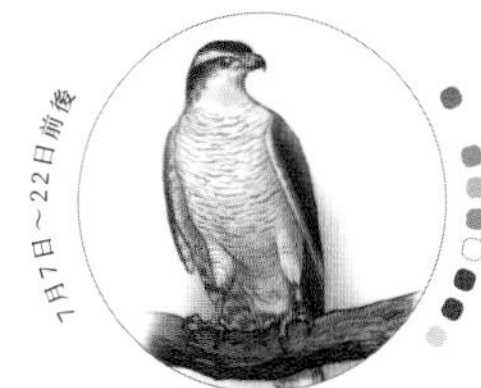

小暑｜P.172

第三十一候～第三十三候

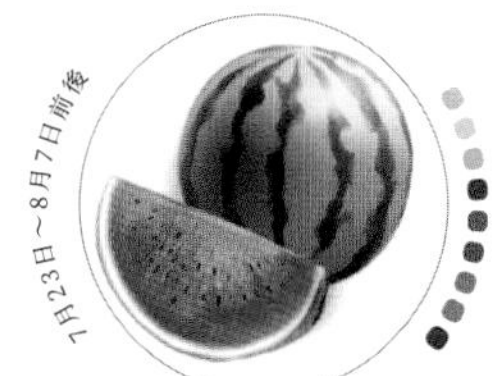

大暑｜P.173

第三十四候～第三十六候

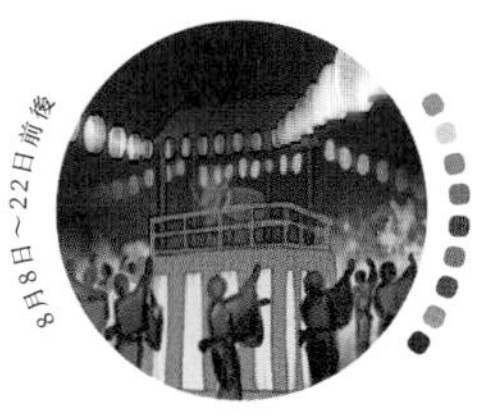

立秋｜P.174

第三十七候～第三十九候

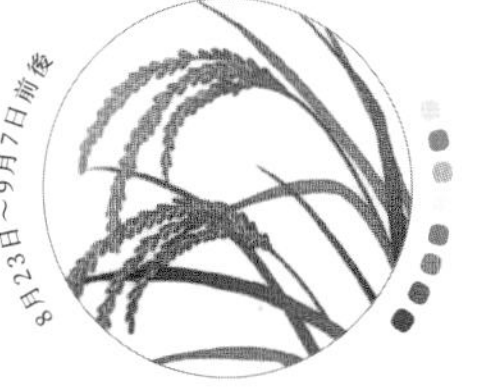

處暑｜P.175

第四十候～第四十二候

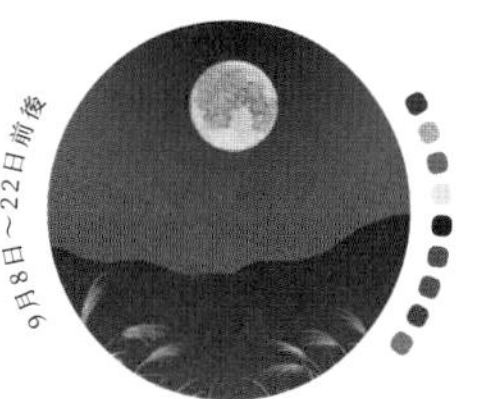

白露｜P.176

第四十三候～第四十五候

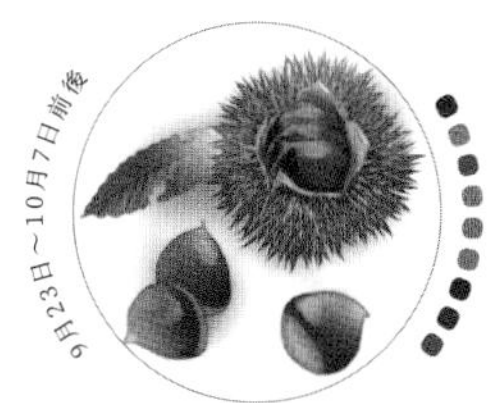

秋分｜P.177

第四十六候～第四十八候

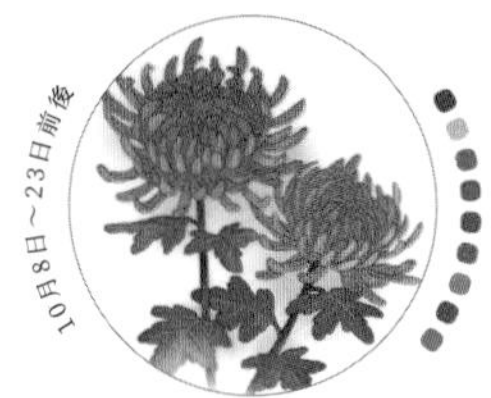

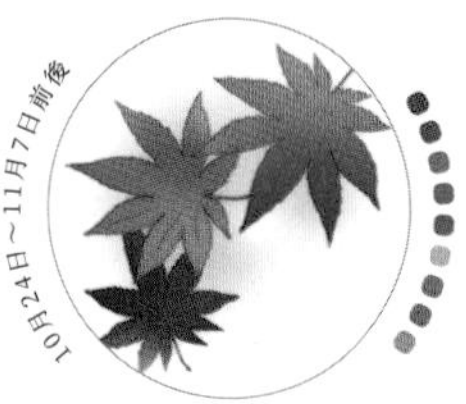

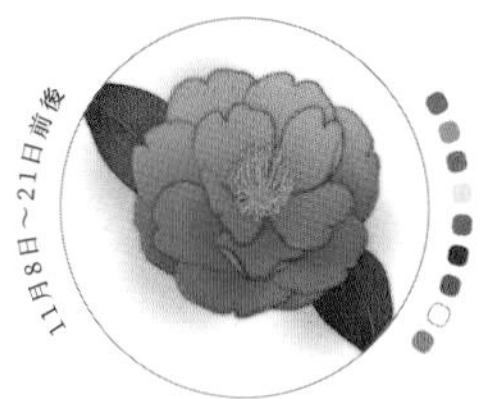

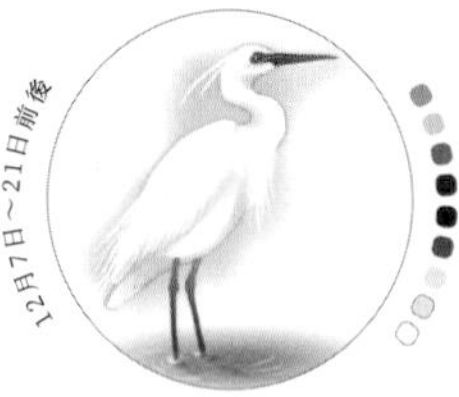

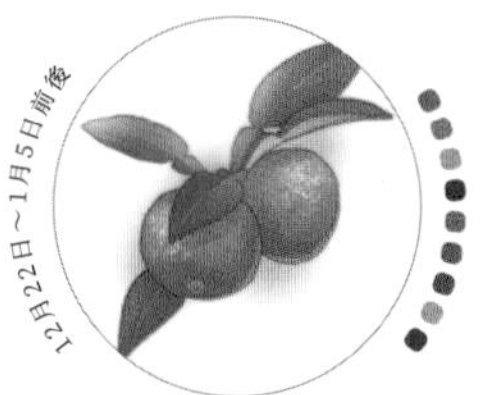

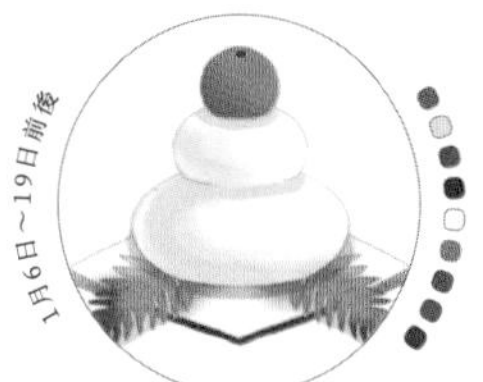

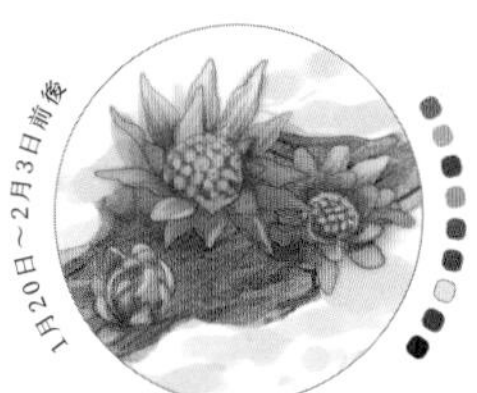

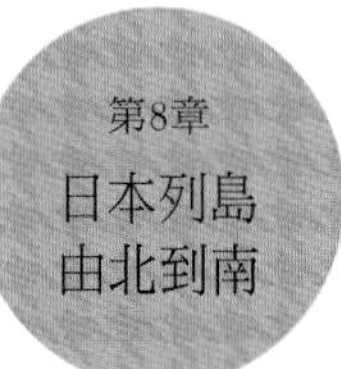

Drift Ice of Okhotsk

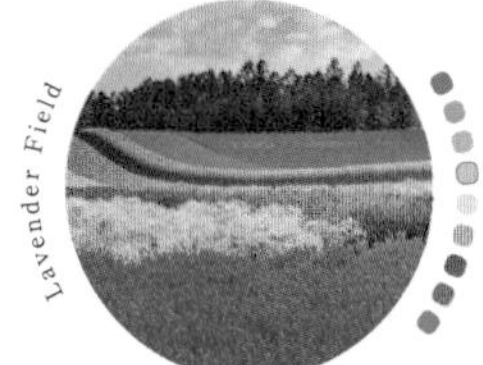

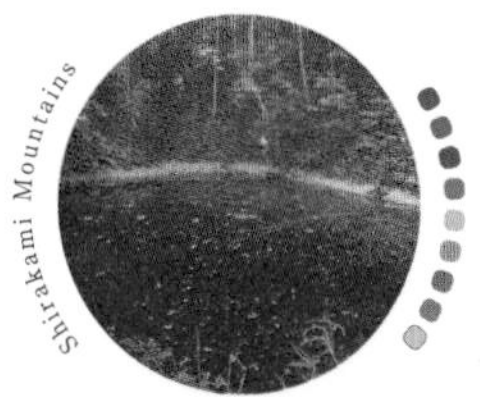

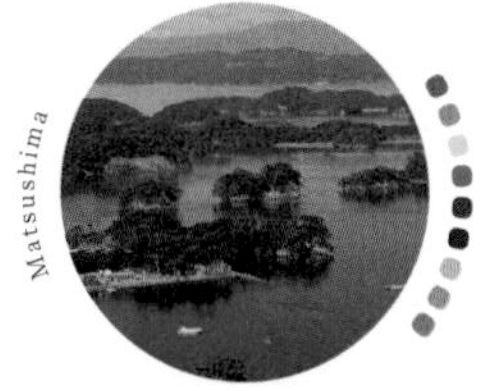

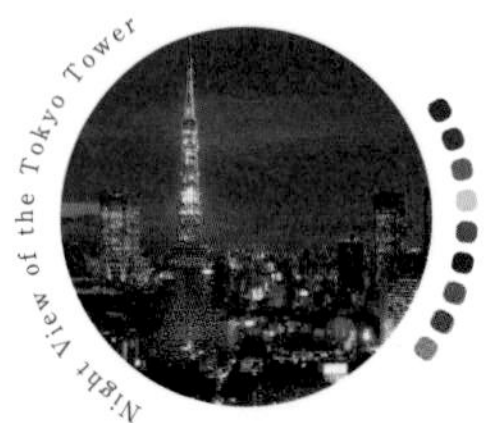

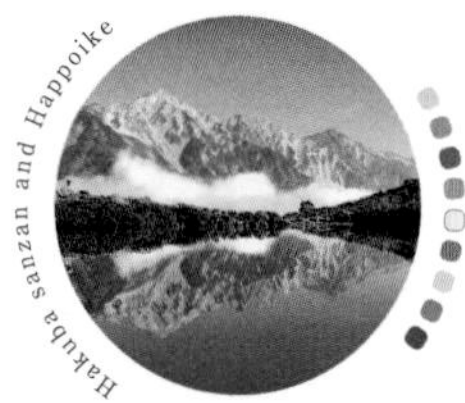

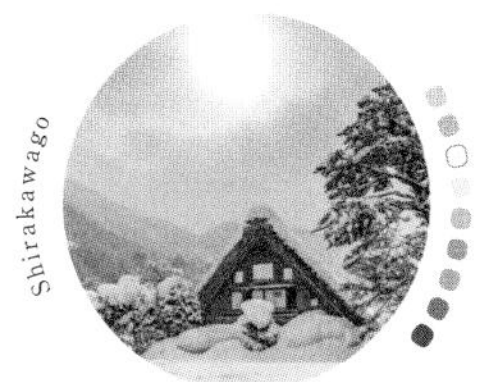
Shirakawago

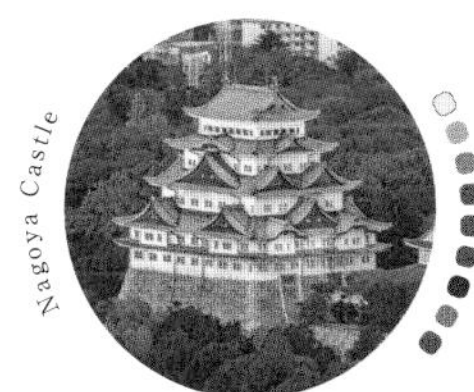
Nagoya Castle

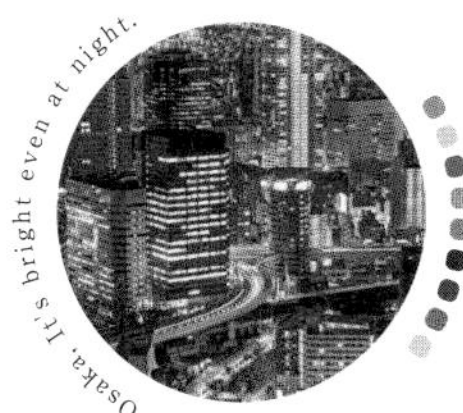
Osaka, It's bright even at night.

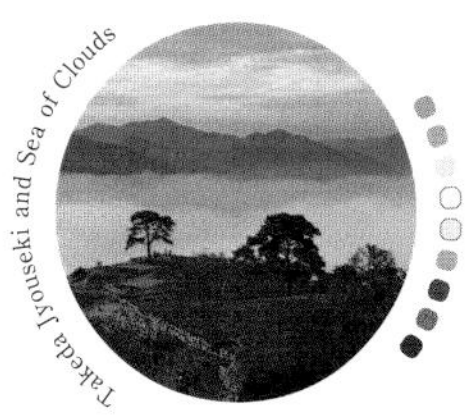
Takeda Jyouseki and Sea of Clouds

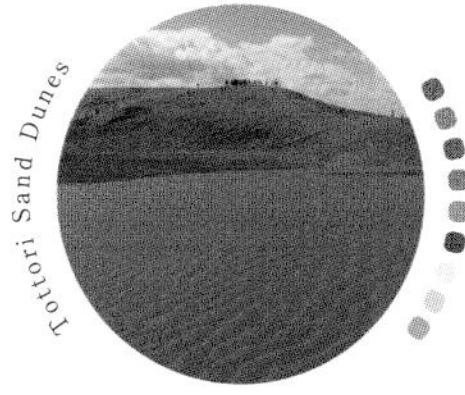
Tottori Sand Dunes

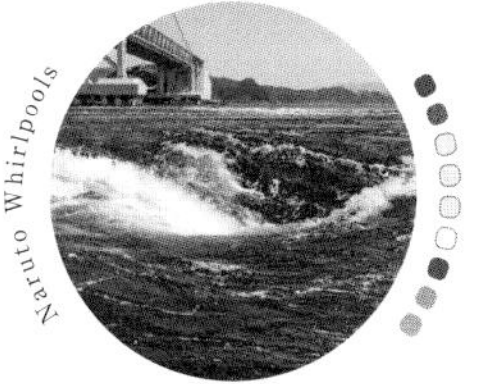
Naruto Whirlpools

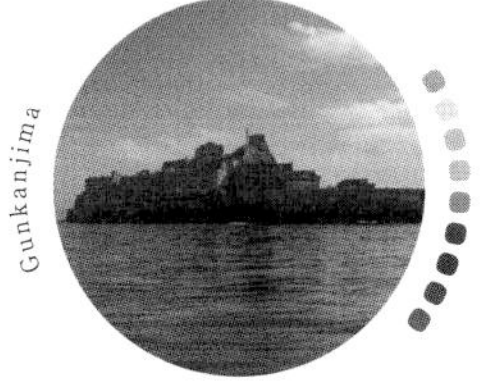
Gunkanjima

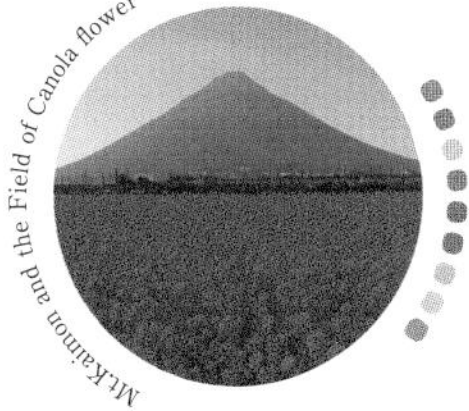
Mt.Kaimon and the Field of Canola flower

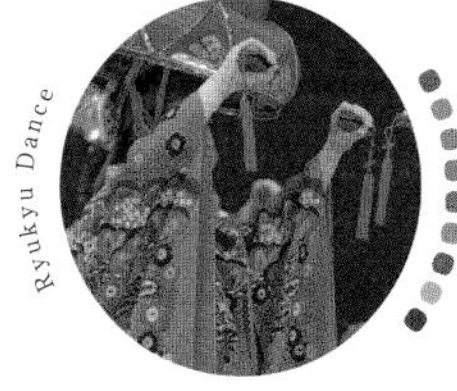
Ryukyu Dance

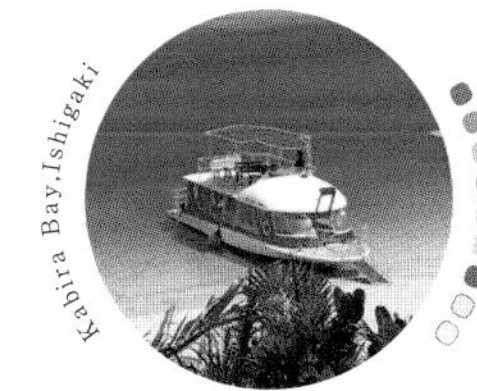
Kabira Bay.Ishigaki

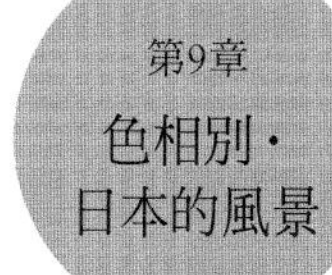
第9章
色相別・
日本的風景

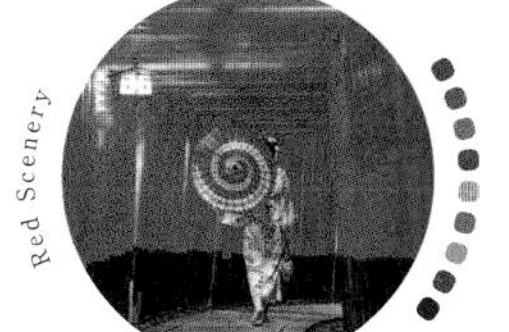
Red Scenery

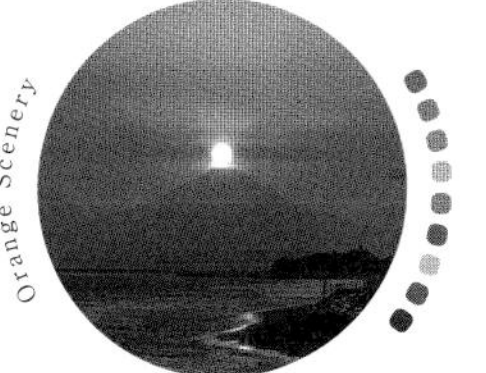
Orange Scenery

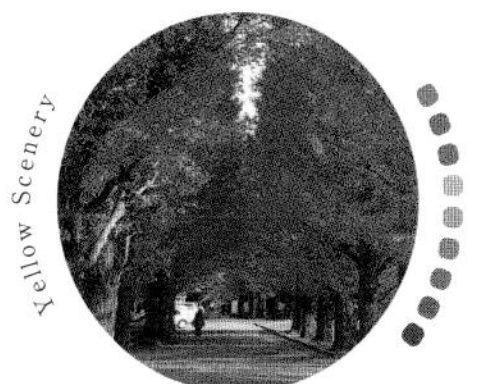
Yellow Scenery

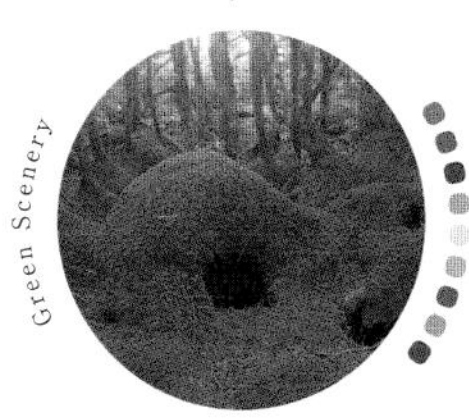
Green Scenery

第11章

生活中的日本文化

【色名說明】
本書的色名，除了作者為了擴充創意及想像而自行命名的名字，也使用日本工業標準（JIS Z 8102:2001）「物體顏色色名」中的既定色名。
色名中附註（JIS）的顏色，皆為收錄於日本工業標準（JIS Z 8102:2001）「物體顏色色名」中的顏色。

【CMYK、RGB 數值說明】
由於印刷材質、印刷方式、螢幕畫面等呈現方式不同，顏色看起來也會有所差異，因此 CMYK 及 RGB 數值僅供參考。

本書使用方式

How to use

本書的內文大致分為四個欄位。Step 01 是能夠欣賞日本色彩與文字的「配色、詞句的主題與印象」；Step 02 是能立即運用在和風設計上的「配色色票與顏色數值」；Step 03 是方便讀者參考的「簡單配色範例」；Step 04 是附實例的「設計與插畫配色範例」。從 Step 01 閱讀到 Step04，便能學習到日本的色彩和語句，對配色的想

01 章節色

用顏色區分章節。

02 配色與詞彙主題編號

100 種配色與詞彙主題都有編號。

03 配色與詞彙主題名稱

配色與詞彙主題均有名稱。

04 引文

收錄能擴展配色與詞彙想像力的話題。

05 配色重點

統整了運用該主題配色時的重點。

06 照片和說明文

配色主題的來源照片（圖片）與文章。

07 色票的色塊

色票共列舉 9 種顏色。色塊以漸層呈現，也可以用來確認顏色的立體感。

08 配色編號及色名

配色編號、色名與顏色由來的解說等。

09 顏色數值

對應配色編號的 CMYK、RGB 數值※。

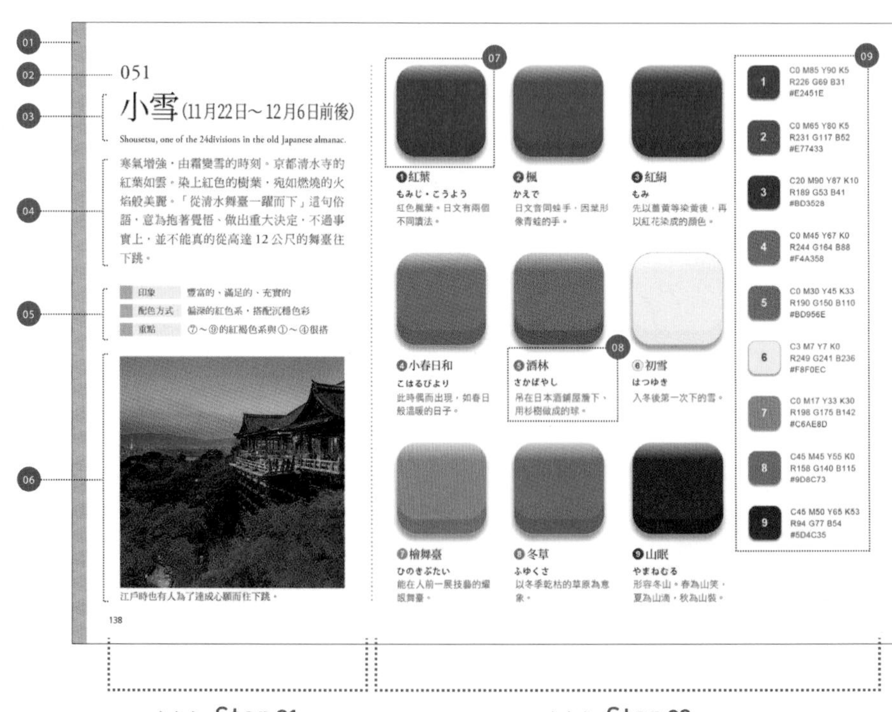

01
02
03
04
05
06
07
08
09

051

小雪(11月22日～12月6日前後)

Shousetsu, one of the 24divisions in the old Japanese almanac.

寒氣增強，由霜變雪的時刻。京都清水寺的紅葉如雲，染上紅色的樹葉，宛如燃燒的火焰般美麗。「從清水舞臺一躍而下」這句俗語，意為抱著覺悟、做出重大決定，不過事實上，並不能真的從高達 12 公尺的舞臺往下跳。

印象	豐富的、滿足的、充實的
配色方式	偏深的紅色系，搭配沉穩色彩
重點	⑦～⑨的紅褐色系與①～④很搭

江戶時也有人為了達成心願而往下跳。

138

❶紅葉
もみじ・こうよう
紅色楓葉。日文有兩個不同讀法。

❷楓
かえで
日文音同蛙手，因葉形像青蛙的手。

❸紅絹
もみ
先以薑黃等染黃後，再以紅花染成的顏色。

❹小春日和
こはるびより
此時偶而出現，如春日般溫暖的日子。

❺酒林
さかばやし
吊在日本酒鋪屋簷下、用杉樹做成的球。

⑥初雪
はつゆき
入冬後第一次下的雪。

❼檜舞臺
ひのきぶたい
能在人前一展技藝的耀眼舞臺。

❽冬草
ふゆくさ
以冬季乾枯的草原為意象。

❾山眠
やまねむる
形容冬山。春為山笑，夏為山滴，秋為山裝。

1	C0 M85 Y90 K5 R226 G69 B31 #E2451E
2	C0 M65 Y80 K5 R231 G117 B52 #E77433
3	C20 M90 Y87 K10 R189 G53 B41 #BD3528
4	C0 M45 Y67 K0 R244 G164 B88 #F4A358
5	C0 M30 Y45 K33 R190 G150 B110 #BD956E
6	C3 M7 Y7 K0 R249 G241 B236 #F8F0EC
7	C0 M17 Y33 K30 R198 G175 B142 #C6AE8D
8	C45 M45 Y55 K0 R158 G140 B115 #9D8C73
9	C45 M50 Y65 K53 R94 G77 B54 #5D4C35

▶▶▶ Step 01

配色與詞彙的主題、印象

▶▶▶ Step 02

色票與顏色數值

※顏色數值第三行，「#」開頭的數字表示RGB的16進位數。

法，也能逐漸由抽象變得具體。不論是初學者還是熟手，只要想創作和風設計，都可以將之運用在各種場合中。隨興翻閱，找出喜歡的配色主題，學習日本人孕育至今的日本色彩與教養吧！

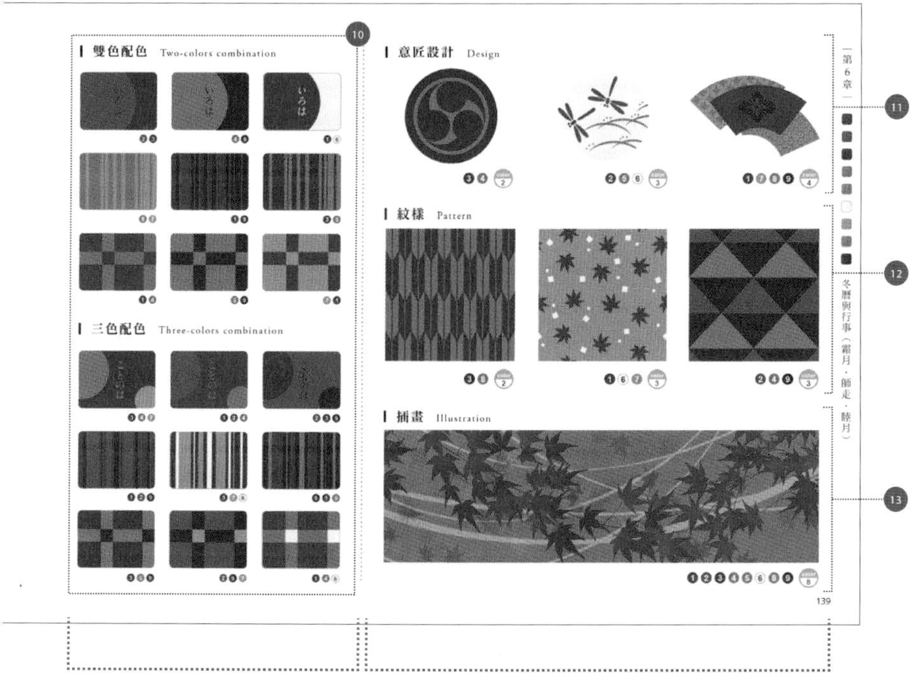

10 雙色配色 Two-colors combination

三色配色 Three-colors combination

11 意匠設計 Design

12 紋樣 Pattern

13 插畫 Illustration

第6章 冬曆與行事（霜月・師走・睦月）

139

▸▸▸ Step03

簡單配色範例

▸▸▸ Step04

設計與插畫配色範例

⑩ 雙色配色、三色配色

集結簡單實用的雙色與三色配色範例。

另外，雙色配色與三色配色的顏色編號，原則上是左起依面積由大至小排列。

⑪ 意匠設計（Design）配色

集結適合 LOGO 或紋樣等設計的具體配色實例。右下方的數字標記，表示使用的配色數量。

⑫ 紋樣（Pattern）配色

集結適合做為紋樣或紋理的具體配色實例。

⑬ 插畫（Illustration）配色

在此說明適合插圖的具體配色實例。

另外，設計、紋樣、插畫的顏色編號，以數字大小為編排順序。

書本採橫版設計的優點

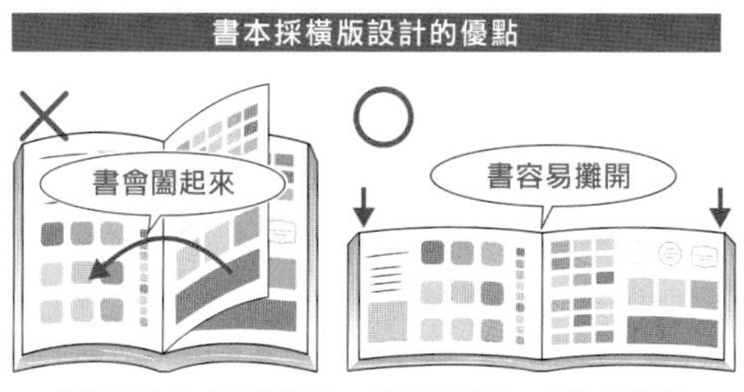

橫版書由於本身的重量，較容易攤平，不會闔起來。

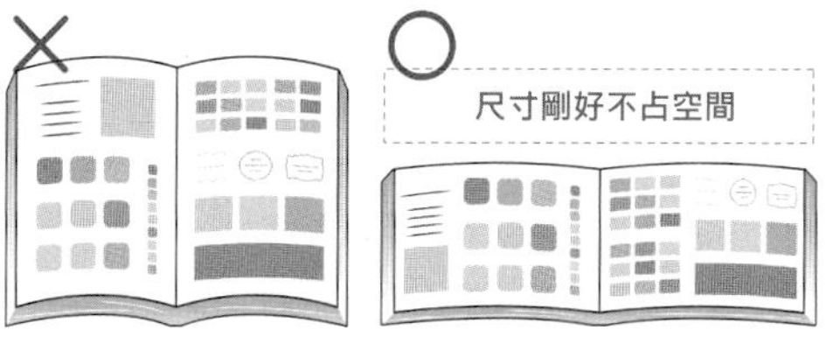

由於高度較短，放在桌上也不會影響工作的空間。

第 1 章

日本文化與傳統技藝

說到日本顏色中的「紅色（赤色）」，最具代表性的便是來自植物染料的「紅」，以及礦物顏料的「朱」。日本人視紅色為神聖的顏色，相信它有驅邪的力量。本章聚焦於日本歷史長流孕育而出的各種文化面向，由此延伸出配色。

本書同時也會盡可能收錄多種日本工業規格（JIS）所制定的「物體顏色色名」，並介紹給各位。色名後方標註（JIS）者，即為取自 JIS Z 8102:2001 的顏色。

承襲至今、傳統文化的配色

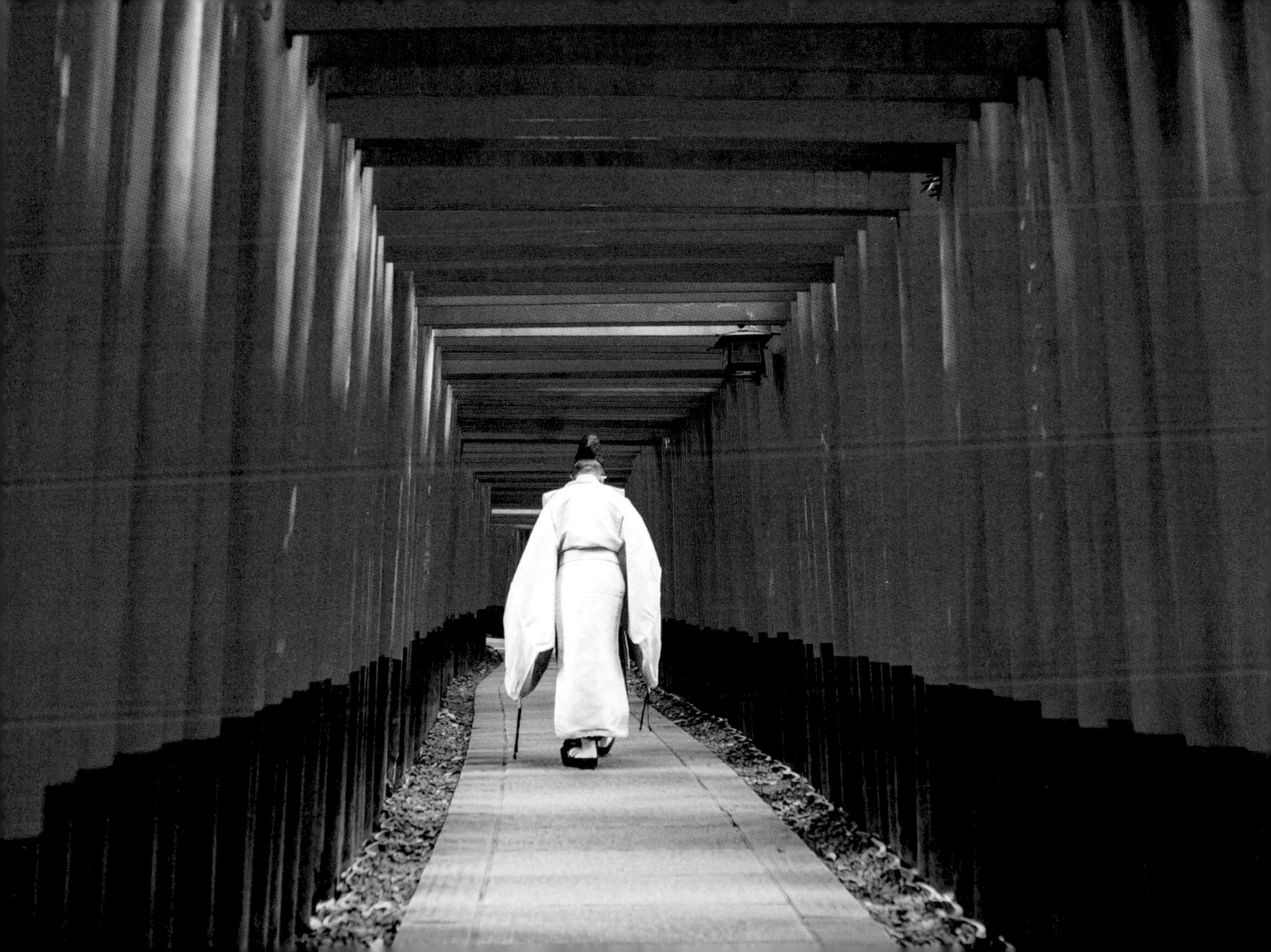

001

和服紋樣(小孩的和服)

Kimono patterns for Children

將古典花紋改造得大膽而華麗的兒童和服。本篇從中擷取出自古沿用至今的 9 種傳統顏色，製作成配色組合。思考配色時，雙色或三色的組合最為實用，若想使用更多顏色，就必須讓主色更加明確。

印象	晴朗的、華麗的、可愛的
配色方式	以暖色調的明亮色系為中心進行搭配
重點	小面積使用水藍色和綠色，做為強調色

充滿現代感的紋樣。適合七五三節等活動。

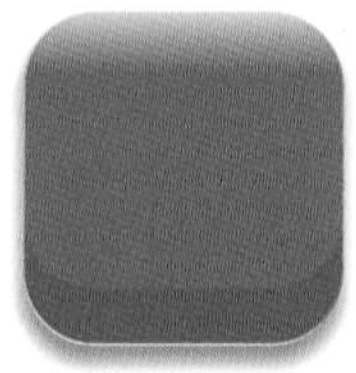

❶韓紅（JIS）

からくれない

紅（kurenai）指來自吳（kure）的藍色。

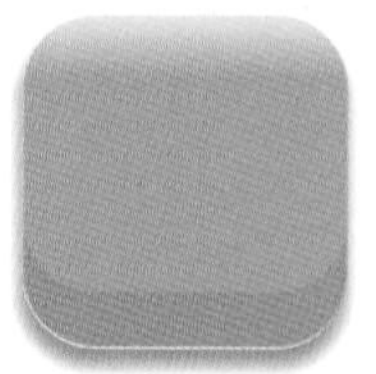

❷珊瑚色（JIS）

さんごいろ

桃色珊瑚般溫暖的粉紅色。

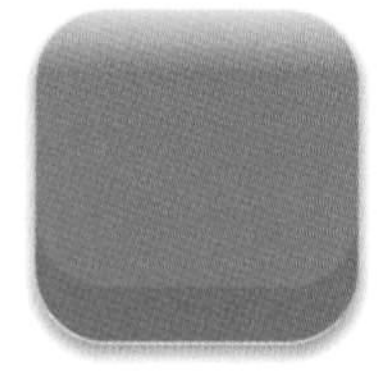

❸杏色（JIS）

あんずいろ

成熟杏桃果實般的顏色。

❹紅藤色

べにふじいろ

帶紅的藤花顏色。具有華麗優雅的形象。

❺茜色（JIS）

あかねいろ

採集自茜草根的染料，染出的濃郁紅色。

❻胡桃色

くるみいろ

由胡桃樹皮、果皮煮出的汁液所染成。

❼乳白色

にゅうはくしょく

乳製品般的白色。是近代才有的色名。

❽瓶覗（JIS）

かめのぞき

偷看藍瓶內部一眼，淺淺的藍色。

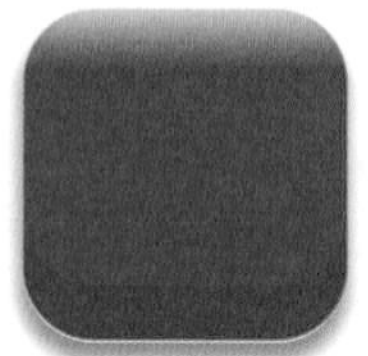

❾淺綠

あさきみどり

淺綠的「淺」字可讀做 asa、usu 或 sen。

1	C0 M80 Y45 K0 R233 G84 B100 #E95364
2	C0 M42 Y28 K0 R244 G173 B163 #F3ACA3
3	C0 M35 Y55 K0 R247 G185 B119 #F7B877
4	C5 M65 Y0 K20 R198 G104 B150 #C66795
5	C0 M90 Y70 K30 R183 G40 B45 #B7272D
6	C0 M33 Y55 K27 R201 G153 B98 #C89962
7	C0 M10 Y13 K0 R253 G237 B223 #FDECDE
8	C40 M0 Y15 K0 R162 G215 B221 #A1D7DD
9	C63 M0 Y85 K10 R92 G173 B75 #5BAC4B

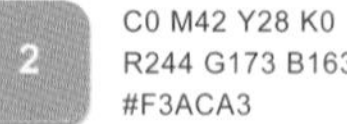

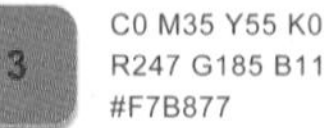

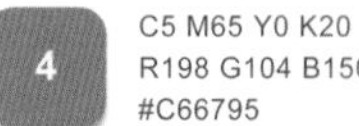

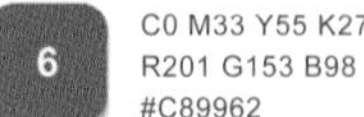

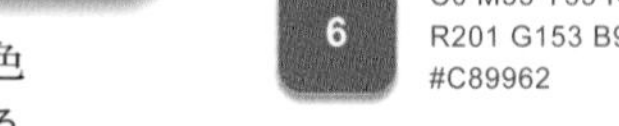

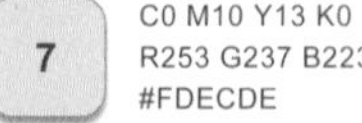

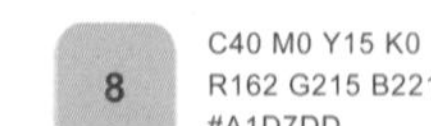

雙色配色 Two-colors combination

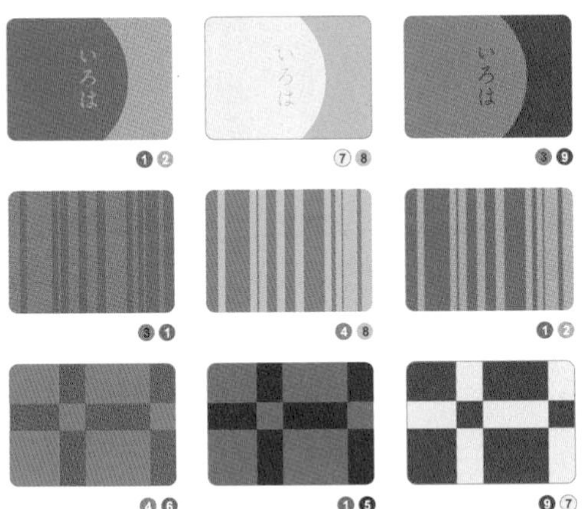

三色配色 Three-colors combination

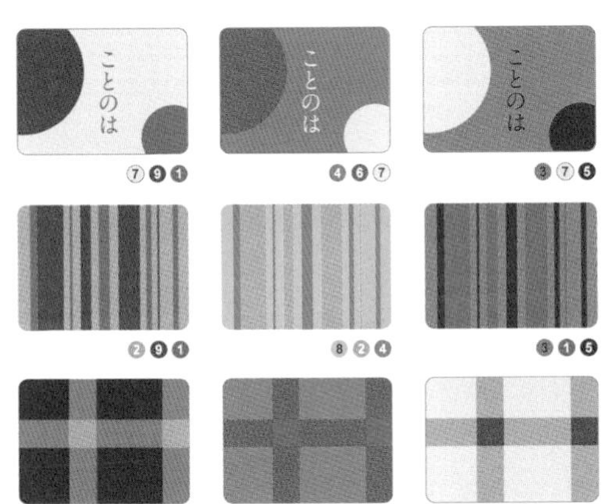

意匠設計 Design

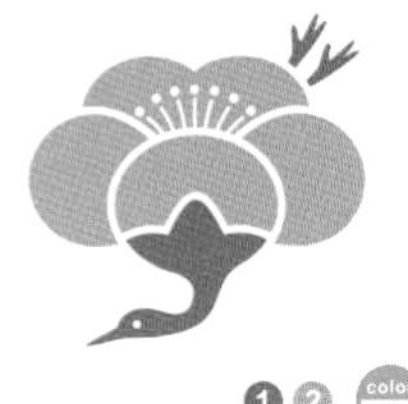

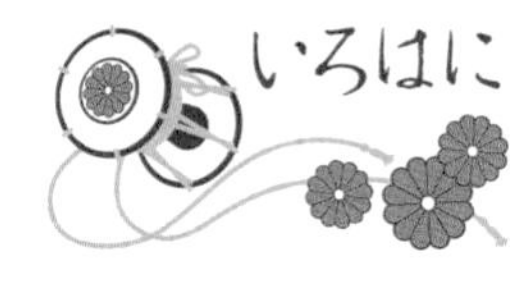

紋樣 Pattern

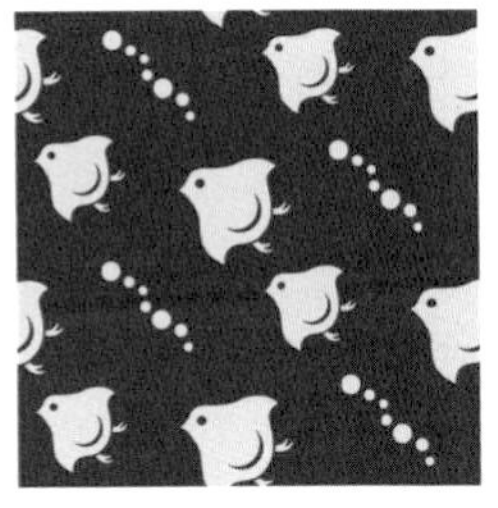

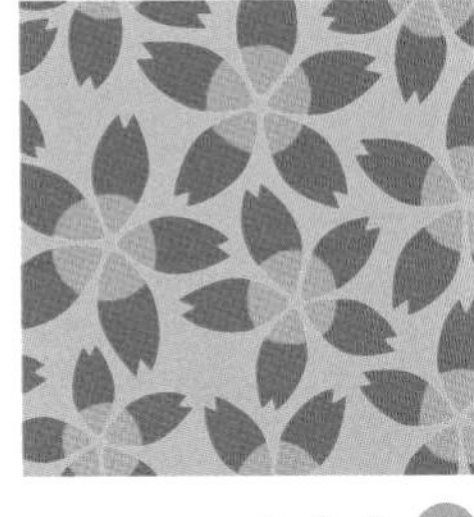

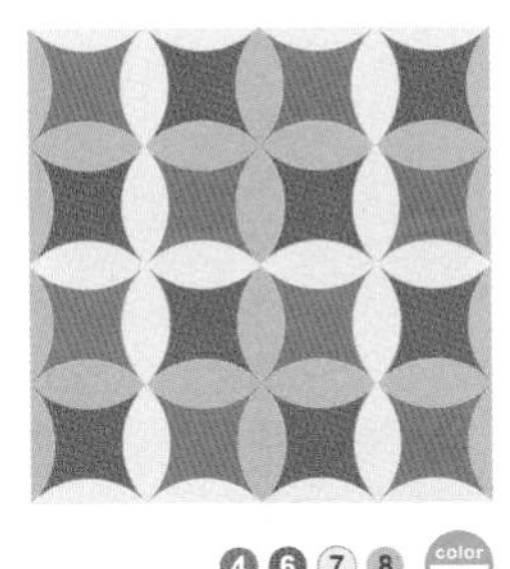

插畫 Illustration

002

和服紋樣(女性和服)

Kimono pattern for Women

紫色是自古便備受喜愛的顏色之一。在平安時代，「濃色」、「淡色」指的是濃紫色與淡紫色。根據現代的色彩喜好調查顯示，紫色是深受成年女性支持的顏色。紅紫色能展現柔和的女性形象；藍紫色則能表現強烈的神祕感。

印象	優雅的、有品味的、女性氣質的
配色方式	以深淺不一的紅紫色系為中心思考
重點	可透過調整明暗度，突顯重點

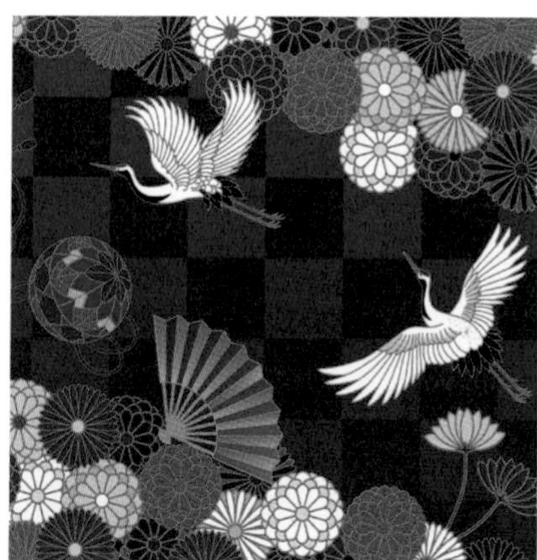
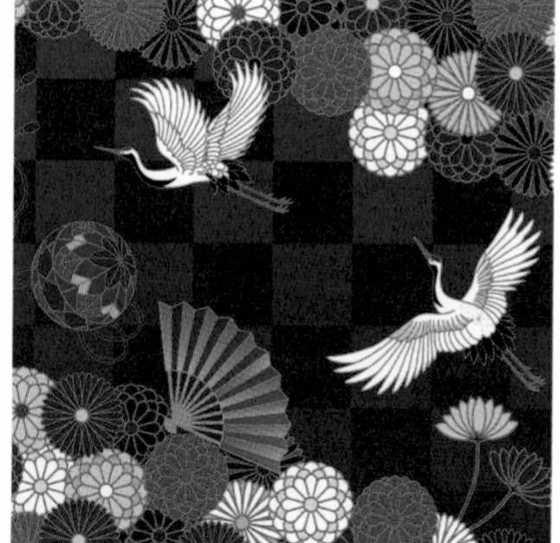

鶴、手毬、扇子、菊花的吉祥紋樣。

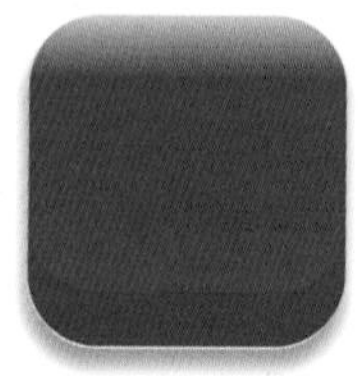

❶葡萄色

えびいろ

山葡萄果實成熟的顏色。葡萄的讀音是 ebi。

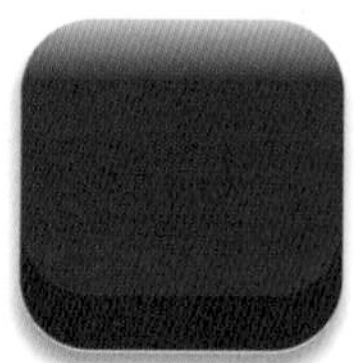

❷濃色

こきいろ

以紫草根反覆染出的深紫色。

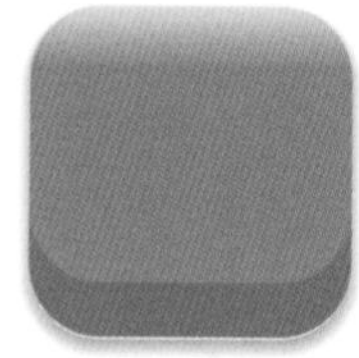
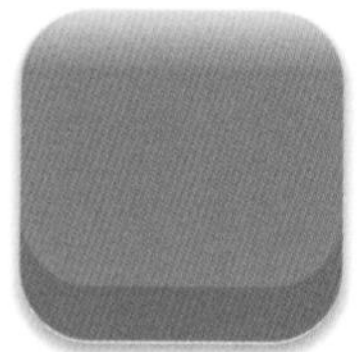
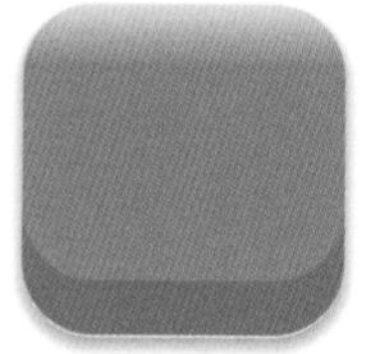
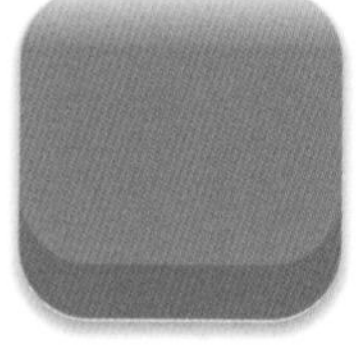

❸半色

はしたいろ

不濃不淡、不偏向任一方的顏色。

❹白梅色

しらうめいろ

帶著微微紅色的白梅花的顏色。

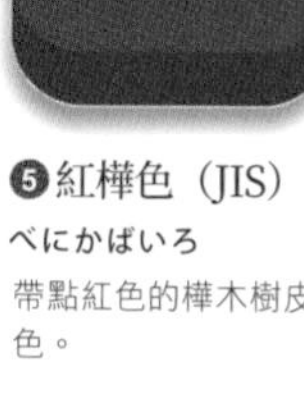

❺紅樺色 (JIS)

べにかばいろ

帶點紅色的樺木樹皮顏色。

❻納戸色 (JIS)

なんどいろ

收納衣物的納戶，垂掛著的布簾顏色。

❼煤竹色 (JIS)

すすたけいろ

宛如竹子燒黑的顏色。

❽茄子紺 (JIS)

なすこん

如茄子般帶紅色的深藍色。

❾砂色 (JIS)

すないろ

如沙子般微微帶黃的灰色。

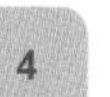

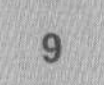

No.	CMYK	RGB	HEX
1	C35 M95 Y40 K15	R159 G33 B88	#9E2058
2	C15 M80 Y0 K57	R120 G34 B85	#782255
3	C20 M40 Y17 K30	R165 G132 B144	#A48390
4	C0 M17 Y20 K10	R236 G209 B191	#EBD1BE
5	C0 M70 Y56 K30	R187 G85 B72	#BA5447
6	C82 M0 Y25 K40	R0 G125 B142	#007D8D
7	C0 M30 Y30 K72	R107 G81 B70	#6A5145
8	C40 M73 Y0 K70	R75 G26 B71	#4A1A46
9	C0 M5 Y25 K20	R220 G211 B178	#DCD3B2

雙色配色 Two-colors combination

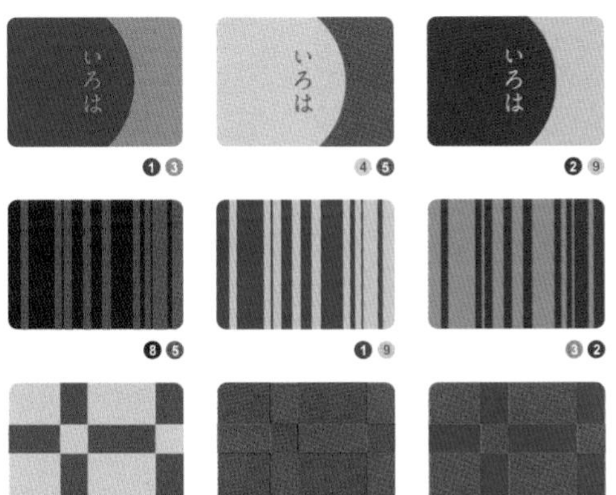

三色配色 Three-colors combination

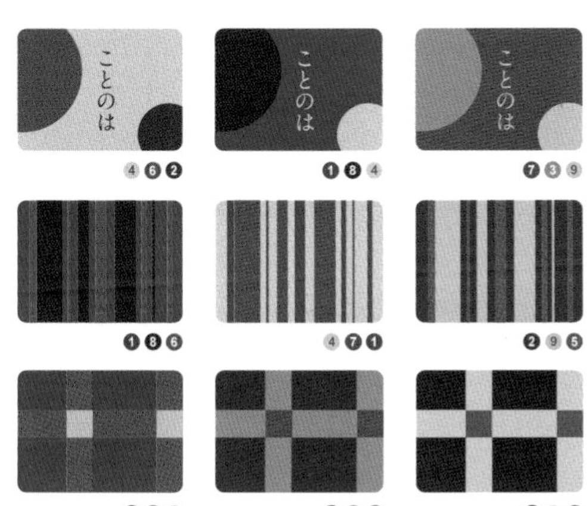

意匠設計 Design

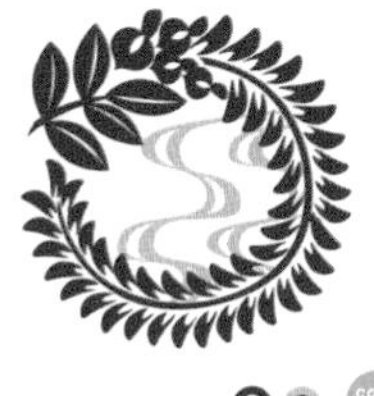

紋樣 Pattern

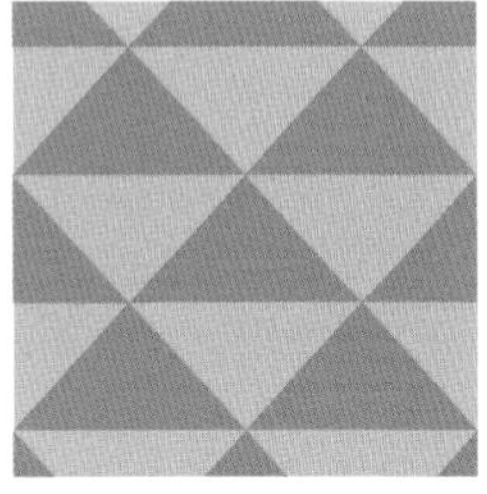

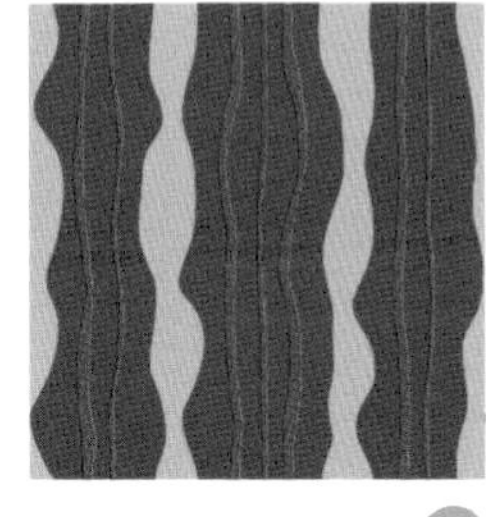

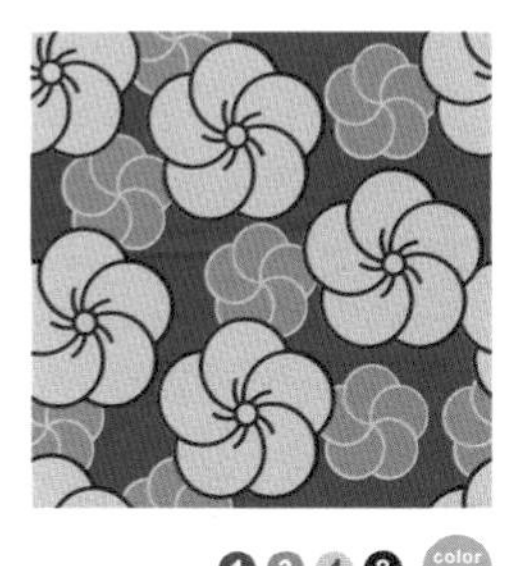

插畫 Illustration

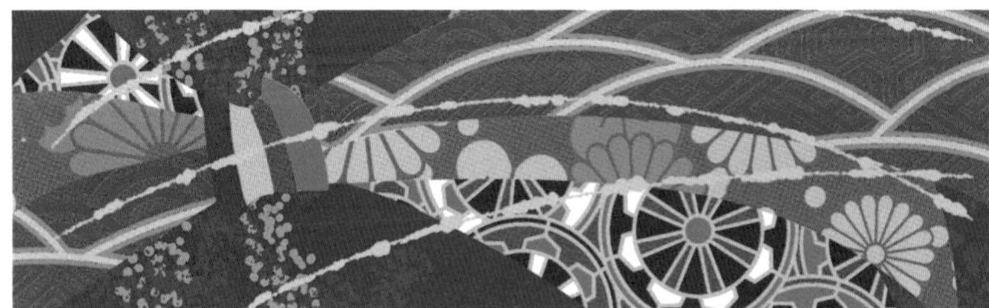

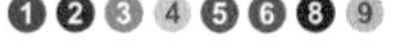

003

神社

Shinto Shrine

神社的鳥居為紅色，有兩大原因。其一是日本自古便相信「紅色具有消災解厄的力量」；其二是朱紅色這種顏料，是由水銀製成，也當做木材的防腐劑。不過，並非所有神社的鳥居皆為紅色，例如伊勢神宮與出雲大社，即為原木色的鳥居。

印象	莊嚴的、神聖的、充滿氣氛的
配色方式	為朱紅及黑搭配不同的天空色彩
重點	以偏灰的紫色表現高雅的形象

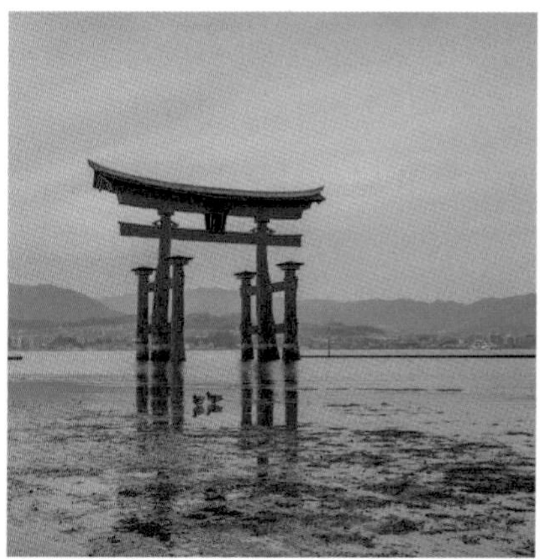

世界文化遺產之一的宮島嚴島神社。

❶朱色（JIS）

しゅいろ

以硫化水銀為主成分的顏料色彩。印泥色。

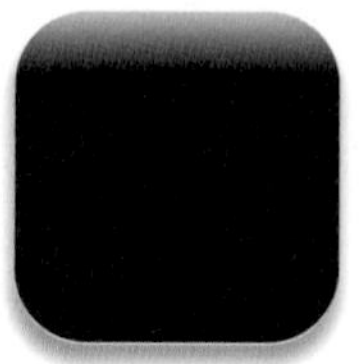

❷鐵黑（JIS）

てつぐろ

由含鐵化合物製成的顏料色彩。

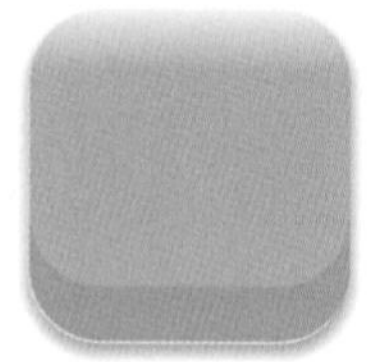

❸灰紫

はいむらさき

帶灰的紫色。英文名稱為 Grayish purple。

❹洗柿

あらいがき

將柿色水洗過般淡淡的黃紅色。

❺薄花色

うすはないろ

縹色（一種藍染色）在江戶時也稱為花色。

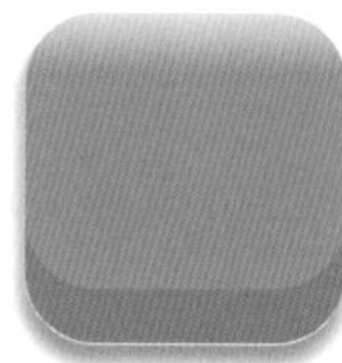
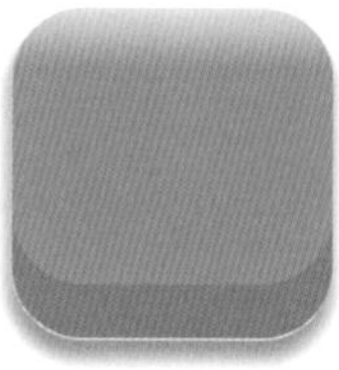

❻鳩羽色（JIS）

はとばいろ

宛如鴿子羽毛般帶黑的紫色。

❼鴇色（JIS）

ときいろ

朱鷺（鴇）風切羽的顏色。

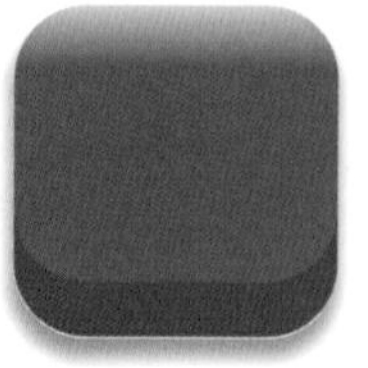

❽都鼠

みやこねず

雅緻而高貴，帶紅色的灰色。

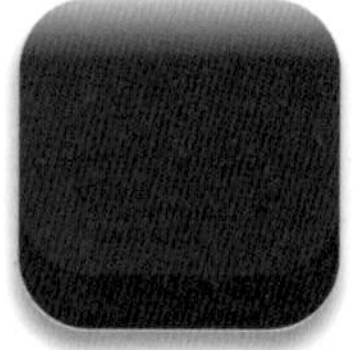

❾滅紫

けしむらさき

「滅」是褪色之意。暗沉的紫色。

1	C0 M85 Y100 K0 R233 G71 B9 #E94708
2	C0 M20 Y20 K98 R39 G18 B10 #27120A
3	C23 M33 Y20 K7 R195 G170 B176 #C2AAB0
4	C0 M20 Y30 K3 R247 G213 B179 #F6D4B2
5	C35 M30 Y0 K27 R143 G143 B176 #8F8EAF
6	C20 M30 Y0 K30 R165 G147 B173 #A493AC
7	C0 M40 Y10 K0 R244 G179 B194 #F4B3C1
8	C10 M30 Y17 K60 R123 G102 B103 #7B6567
9	C15 M30 Y0 K80 R77 G62 B75 #4D3D4A

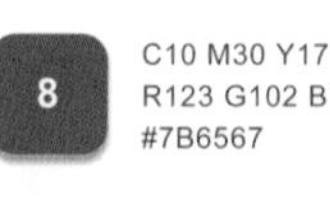
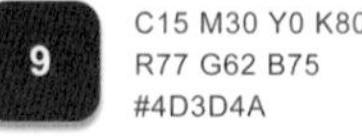

雙色配色 Two-colors combination

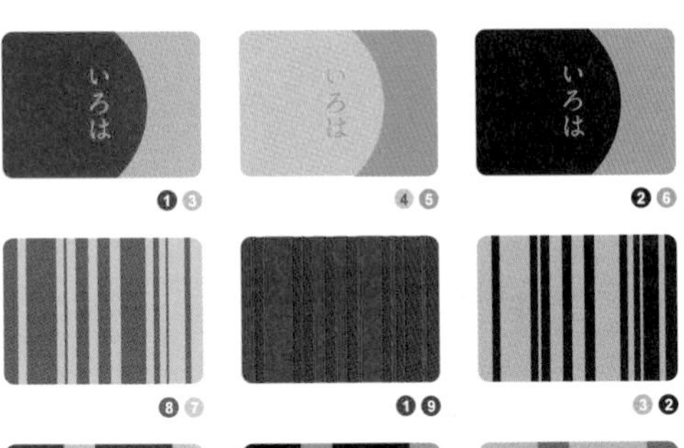

三色配色 Three-colors combination

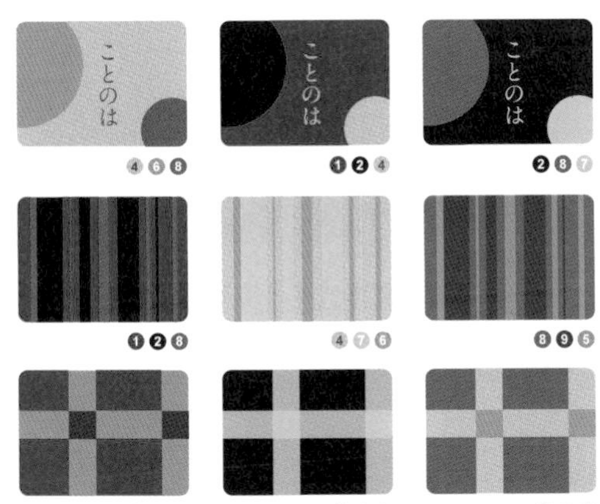

意匠設計 Design

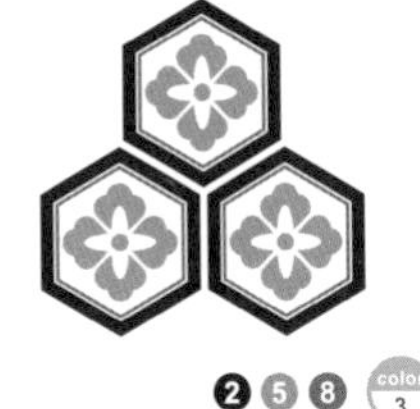
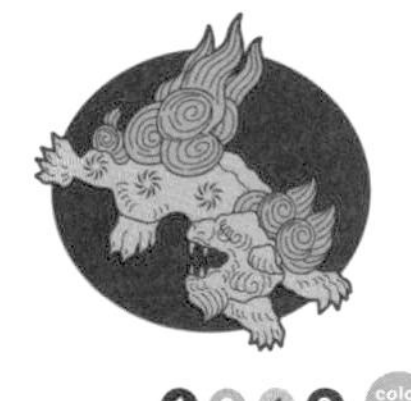
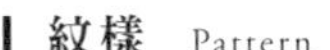

紋樣 Pattern

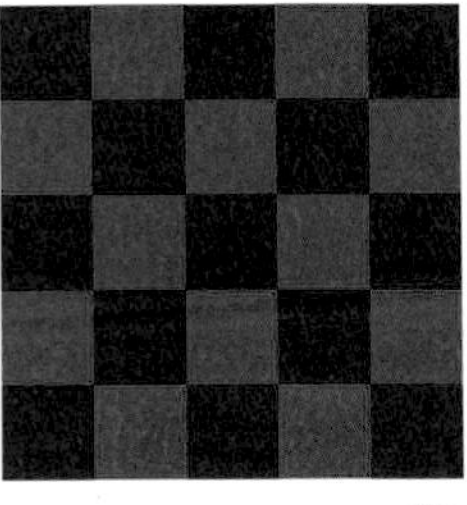
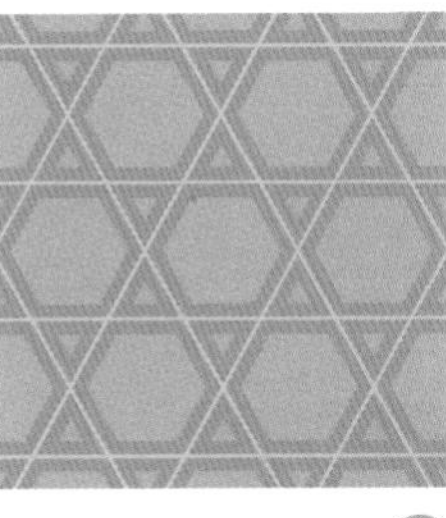

插畫 Illustration

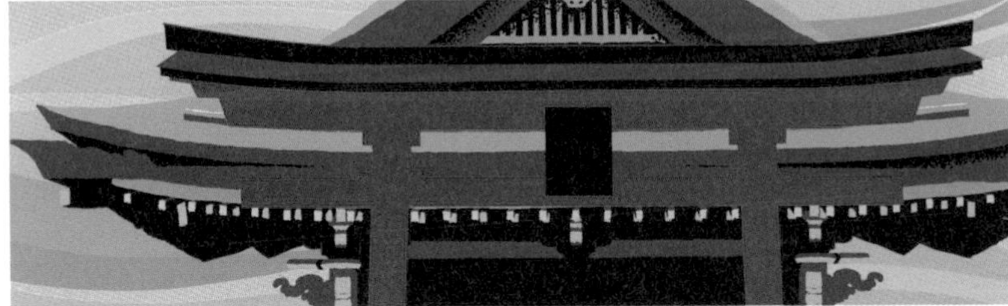
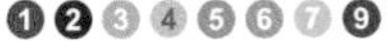
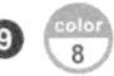

004

佛像

Buddha statue of National treasure

安置於平等院鳳凰堂的阿彌陀如來坐像，建造於平安時代。製作者為當時首屈一指的佛法大師定朝。佛像為國寶，而平等院也被登錄為世界遺產。當時盛行的日本文化脫離了中國影響，擁有獨特的發展脈絡，被稱為「國風文化」。

印象	有格調的、沉穩的、平靜的
配色方式	以帶黃的茶色、帶紅的茶色與灰色構成
重點	細心搭配低彩度的沉穩色彩

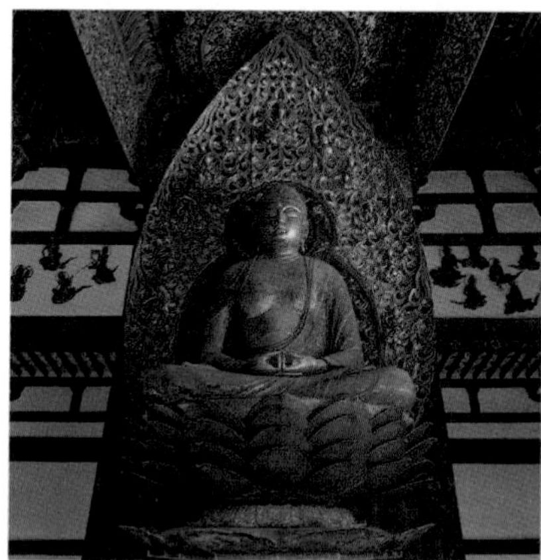

以「寄木造」技法打造的佛像，高達 277.2 公分。

❶如來黃金

にょらいこがね

如佛像所散發出的高貴光芒般，金色。

❷土色

つちいろ

如溼土般黑色較明顯的顏色。

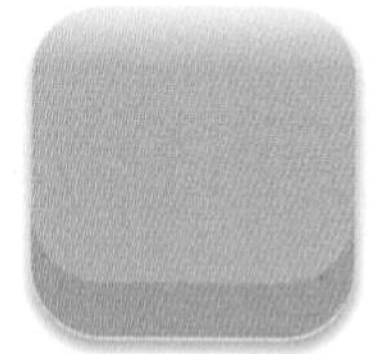
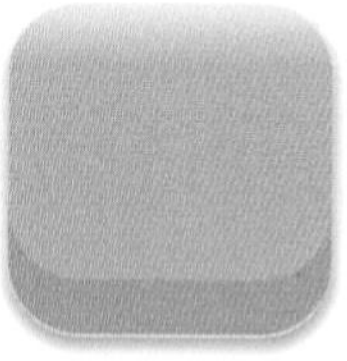

❸薄香

うすこう

由丁香這種香木所染成的淺色。

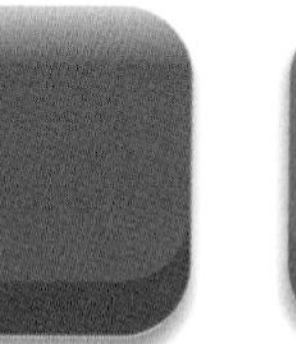

❹沉香茶

じんこうちゃ

沉香是指伽羅等來自熱帶的香木。

❺灰色（JIS）

はいいろ

物體燃燒成灰的顏色。白與黑的中間色。

❻鼠色（JIS）

ねずみいろ

老鼠體毛的顏色。傳統色中等同於灰色。

❼茶鼠（JIS）

ちゃねず

呈茶褐色的鼠色。江戶時代流行茶色與鼠色。

❽白練

しろねり

將絹布的生絲精煉而得的顏色。

❾極樂

ごくらく

阿彌陀如來佛居住的淨土。

1	C0 M10 Y57 K25 R210 G190 B108 #D2BE6B
2	C0 M23 Y50 K45 R167 G139 B91 #A68A5B
3	C0 M5 Y33 K17 R226 G215 B168 #E2D7A7
4	C20 M40 Y43 K45 R140 G109 B92 #8B6D5C
5	C0 M0 Y0 K68 R118 G118 B118 #767575
6	C0 M0 Y0 K55 R148 G148 B149 #949494
7	C0 M10 Y15 K45 R169 G158 B147 #A89E93
8	C0 M5 Y13 K15 R229 G222 B206 #E5DDCE
9	C10 M7 Y7 K0 R234 G235 B235 #E9EAEB

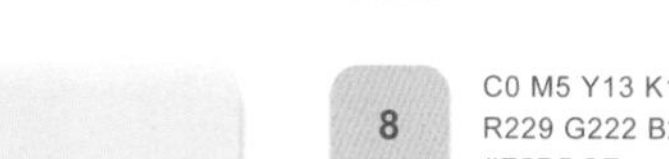
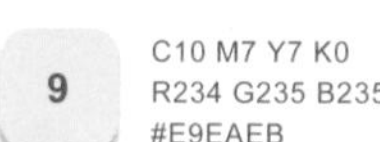

雙色配色 Two-colors combination

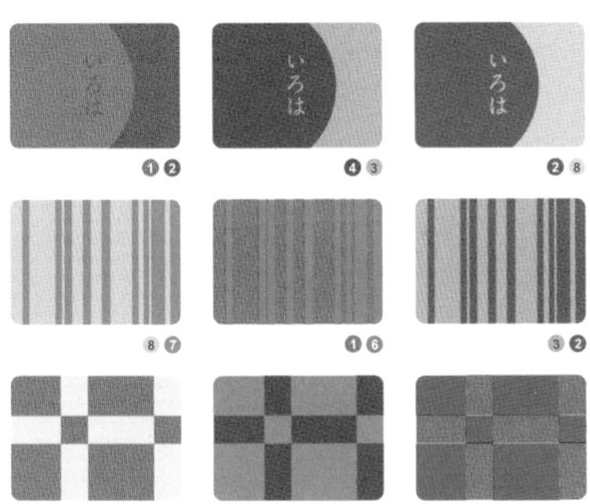

三色配色 Three-colors combination

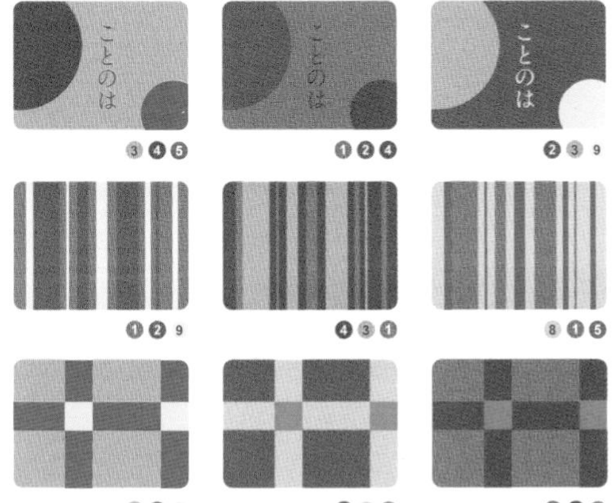

意匠設計 Design

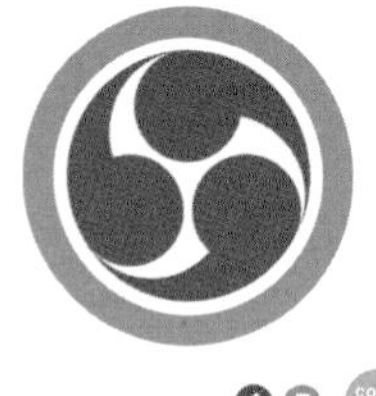

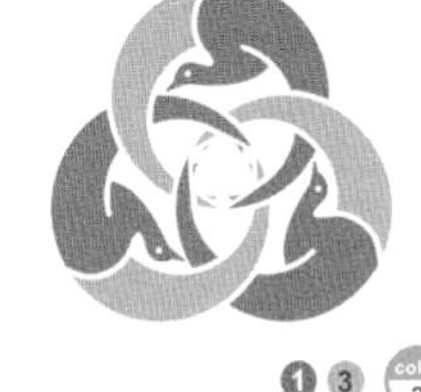

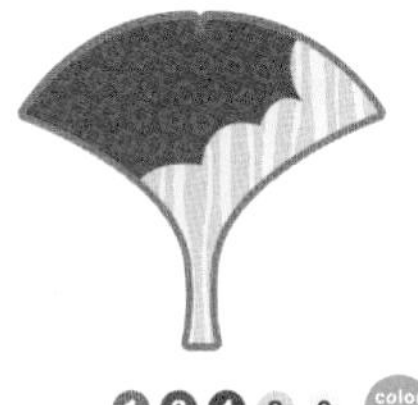

紋樣 Pattern

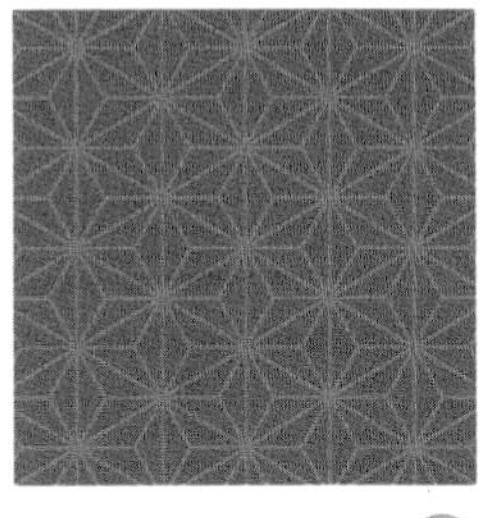

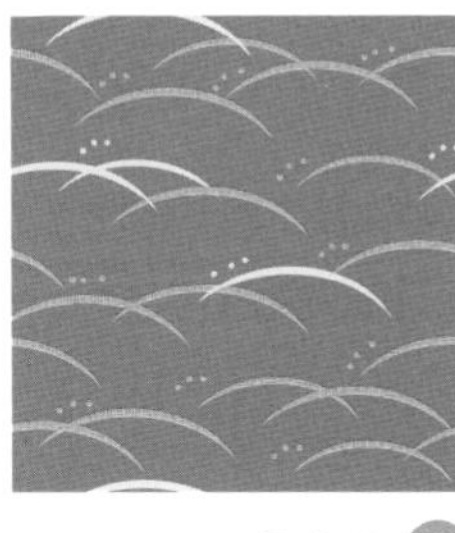

插畫 Illustration

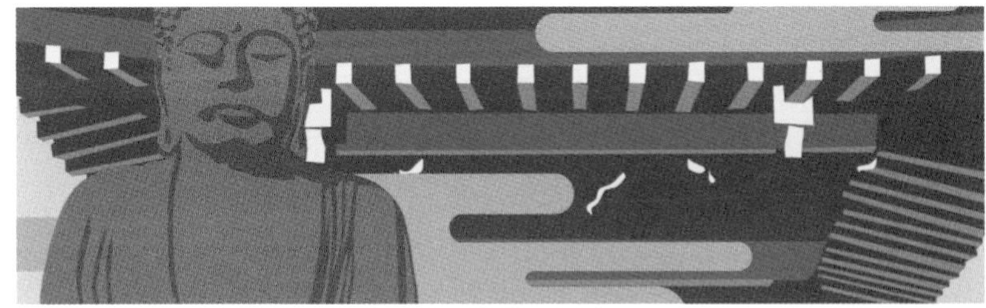

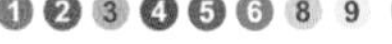

005

日本庭園

Japanese-style Garden

日本人自古以來，便相信世間萬物之中，寄宿著八百萬神明。日本庭園充分反映出此一思維，以池水隱喻海洋或河川，並將思緒想法寄託於庭石。季節的更迭，也能從庭園草木顏色的變化窺見一二。

印象	沉穩的、寬容的、自然的
配色方式	以綠色、褐色為主，僅使用中低彩度顏色
重點	不使用鮮豔的色彩，而使用暗沉的顏色

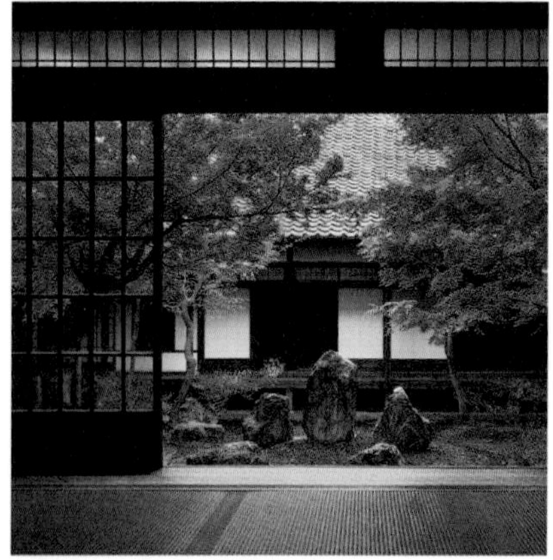

能近距離感受與大自然連結的中庭。

❶松葉色（JIS）

まつばいろ

松葉般的顏色。暗綠色也曾被稱為松葉色。

❷千歳綠（JIS）

ちとせみどり

吉祥的顏色。指經過千年歲月也不變的綠。

❸黒茶（JIS）

くろちゃ

如名稱所示，接近黑色的茶色。

❹裏柳

うらやなぎ

柳樹葉片背面所呈現的顏色。

❺香色

こういろ

丁香或伽羅等香木染出的顏色。

❻朽葉色（JIS）

くちばいろ

如乾枯落葉般，暗沉的褐色。

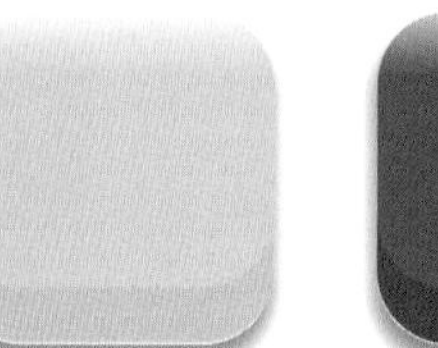

❼薄鼠

うすねず

接近白色的明亮灰色。

❽白土

しらつち

石灰石的粉末，古墳壁畫上也曾使用。

❾庭石

にわいし

以庭園造景不可或缺的庭石為意象。

1 C33 M0 Y60 K40 R131 G154 B92 #829A5B

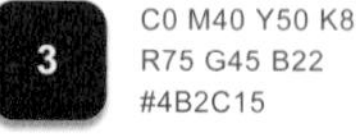

2 C60 M0 Y65 K60 R49 G103 B63 #31663E

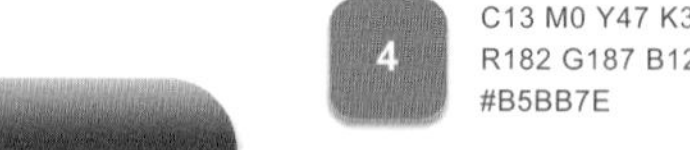

3 C0 M40 Y50 K85 R75 G45 B22 #4B2C15

4 C13 M0 Y47 K30 R182 G187 B126 #B5BB7E

5 C0 M15 Y40 K30 R199 G177 B131 #C6B083

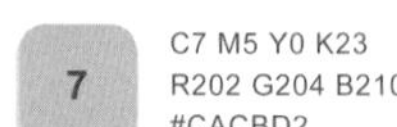

6 C0 M27 Y54 K55 R145 G115 B71 #907346

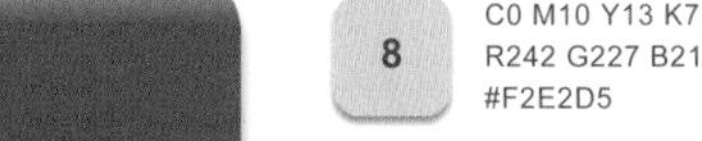

7 C7 M5 Y0 K23 R202 G204 B210 #CACBD2

8 C0 M10 Y13 K7 R242 G227 B214 #F2E2D5

9 C25 M25 Y35 K55 R116 G109 B96 #746C5F

雙色配色 Two-colors combination

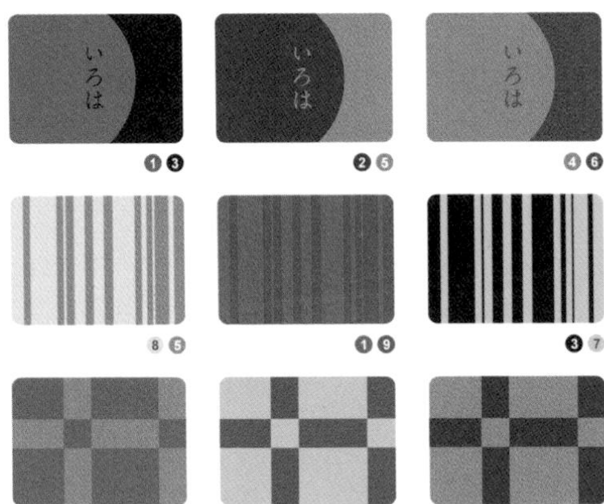

三色配色 Three-colors combination

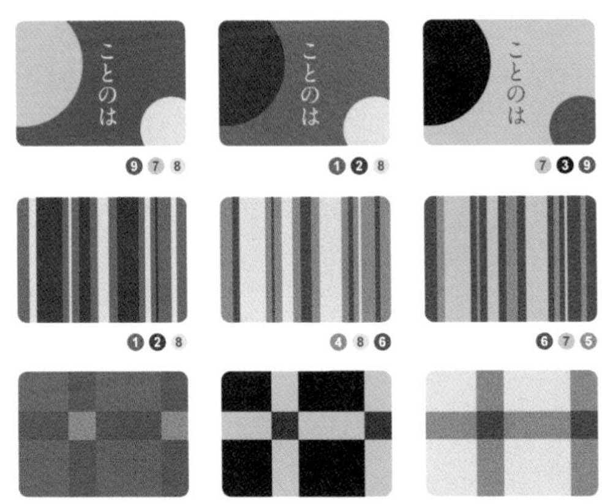

意匠設計 Design

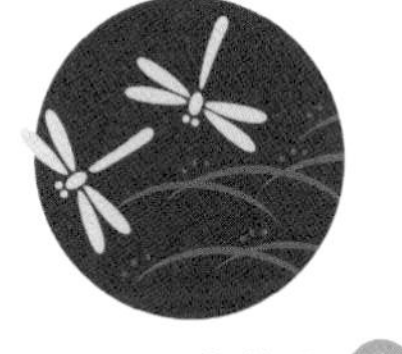

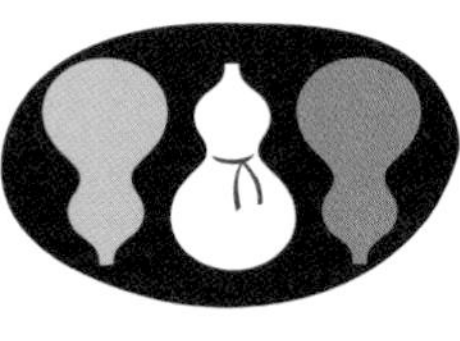

紋樣 Pattern

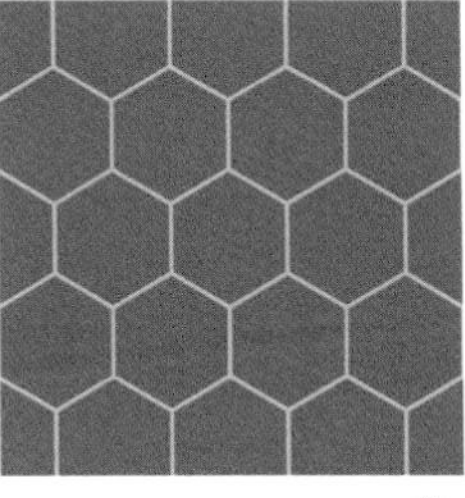

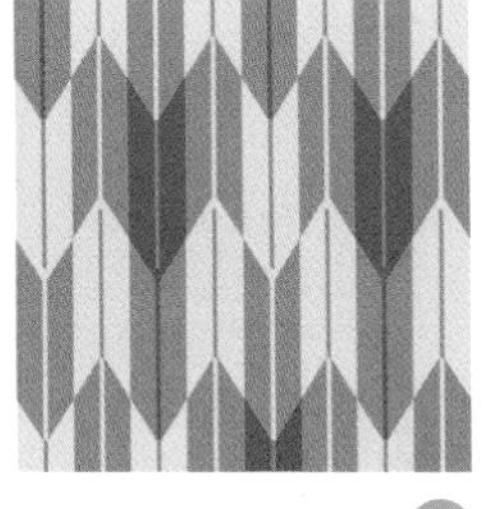

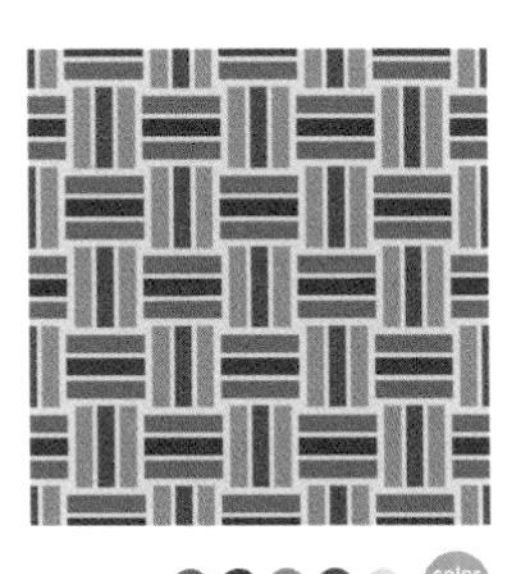

插畫 Illustration

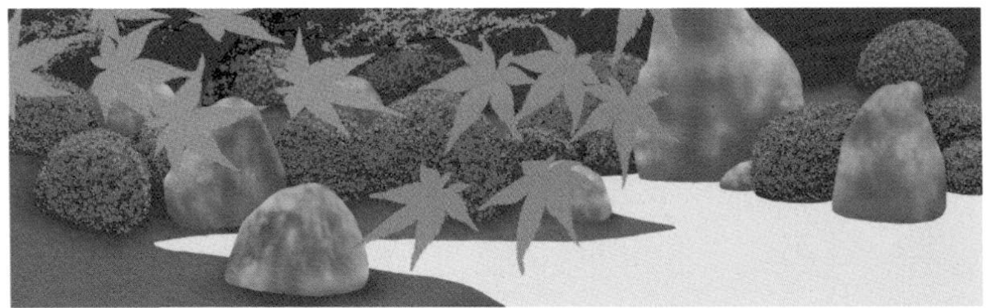

006

歌舞伎

Kabuki

2013 年 2 月，第十二代市川團十郎辭世。他所留下的辭世詩「吾將赴色即空，空即色之無常之世」，來自《般若心經》中的「色即是空 空即是色」。存在於世間的所有物質現象（＝色），皆為無實體的虛幻之姿。也可以說，沒有實體，才是一切萬物的本質。

印象	傳統的、深沉的、歷史悠久的
配色方式	茶色、鼠色為主，用黑白營造躍動感
重點	色調太過相近時，可調整明度做出差異

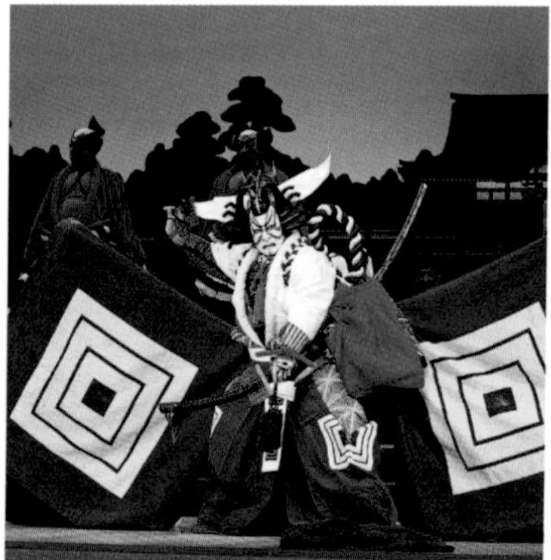

成田屋傳家名作《暫》的演出一景。

❶團十郎茶
だんじゅうろうちゃ
歷代團十郎於《暫》劇中所穿的戲服顏色。

②白（JIS）
しろ
能夠平均反射所有可見光波長的顏色 。

❸銀鼠（JIS）
ぎんねず
明亮而接近白色的鼠灰色。

❹墨（JIS）
すみ
將優質炭以明膠凝固成形製成。

❺柿涉色
かきしぶいろ
由澀柿汁液所染成，有時也直接稱為柿色。

❻萌葱色
もえぎいろ
蔥的深綠。歌舞伎舞臺幕使用④⑤⑥三色。

❼舛花色
ますはないろ
來自江戶時代大受歡迎的第五代團十郎之色。

❽丁子茶
ちょうじちゃ
將丁香色調深的茶色。充滿江戶氣氛。

❾藍鼠
あいねず
帶藍色的鼠灰色。江戶時的流行色系。

1	C0 M63 Y70 K30 R188 G98 B56 #BC6137
2	C0 M0 Y1 K0 R255 G255 B254 #FFFEFE
3	C0 M0 Y0 K43 R175 G175 B176 #AEAFAF
4	C0 M0 Y0 K95 R47 G39 B37 #2E2624
5	C0 M73 Y75 K55 R138 G54 B24 #893518
6	C60 M0 Y45 K55 R52 G113 B95 #33705E
7	C80 M0 Y0 K65 R0 G88 B120 #005877
8	C0 M30 Y67 K35 R186 G145 B70 #BA9046
9	C35 M13 Y0 K70 R75 G90 B105 #4B5969

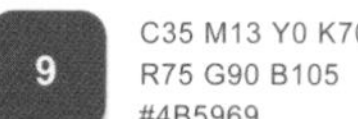

雙色配色 Two-colors combination

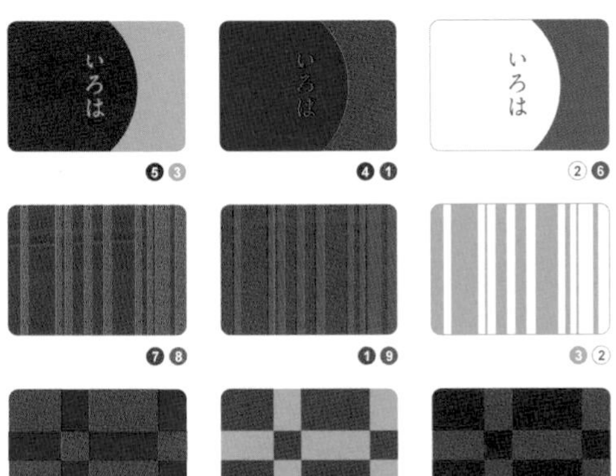

三色配色 Three-colors combination

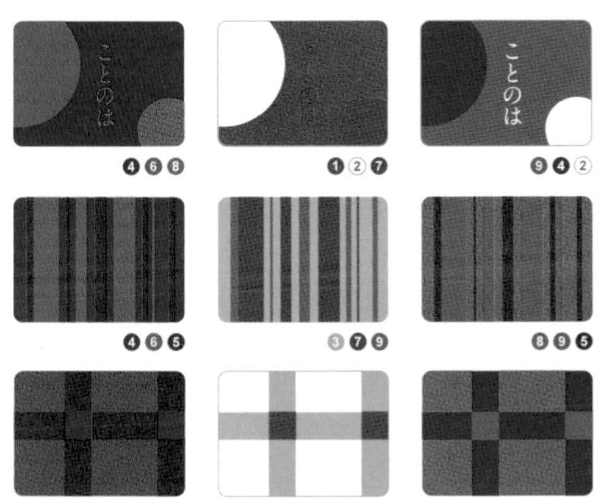

意匠設計 Design

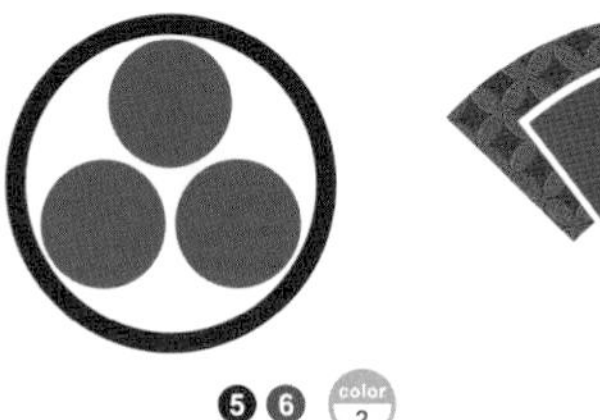

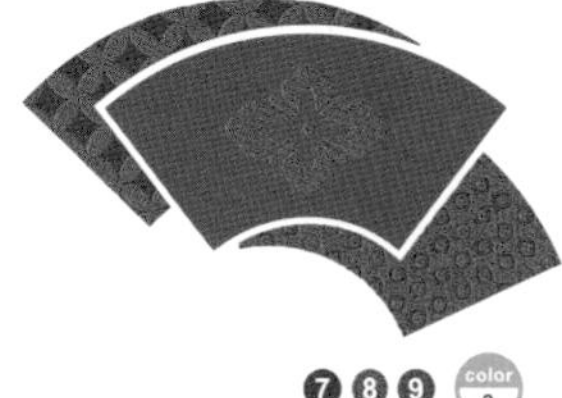

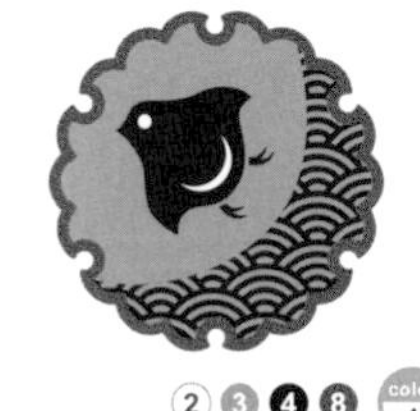

紋樣 Pattern

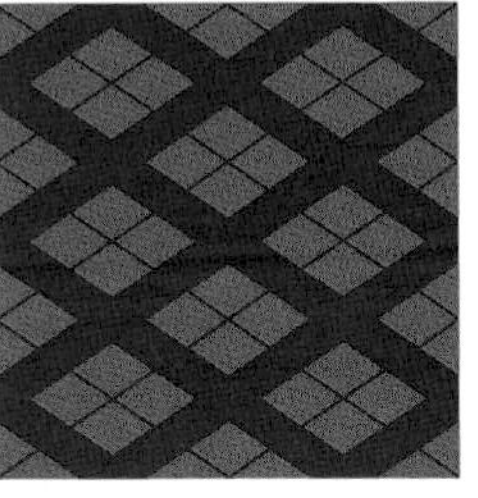

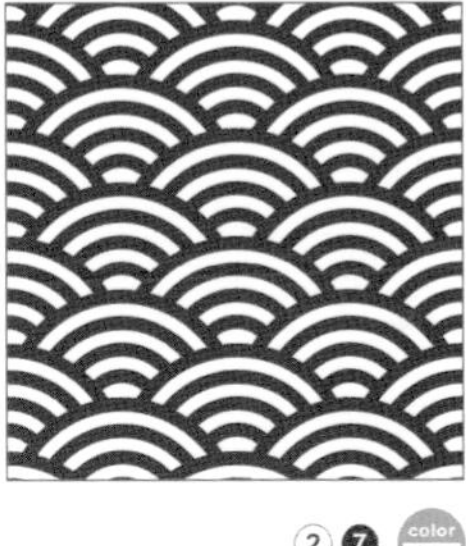

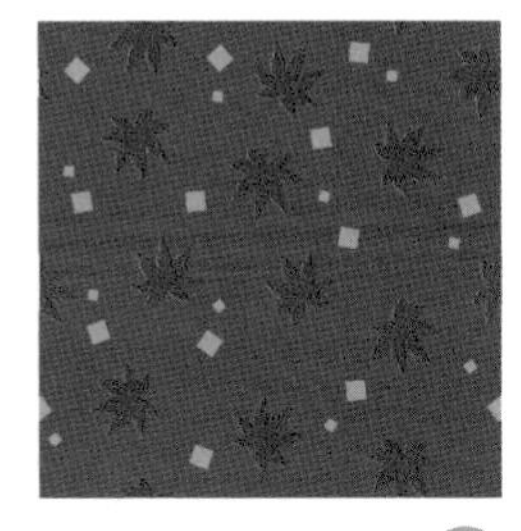

插畫 Illustration

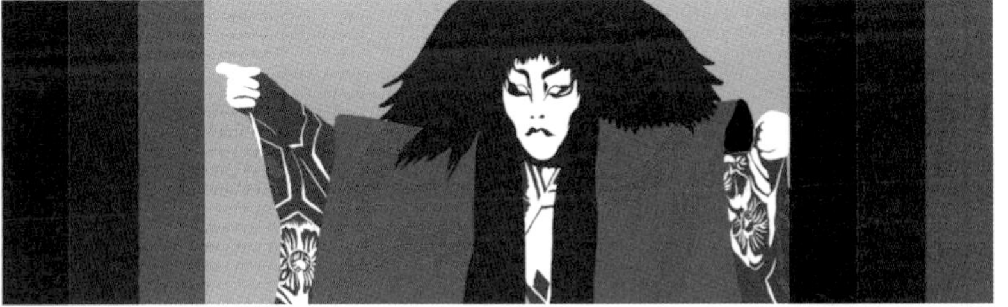

007

煙火

Fireworks Festival

觀賞用的煙火，可能是在日本戰國時代，隨鐵砲與火藥一同傳入日本。到了江戶時代，鍵屋、玉屋兩大煙火師十分活躍，也因此日本人在觀賞煙火時，會發出「玉一屋一」、「鍵一屋一」的讚嘆聲。時至今日，日本煙火師的技術，已是世界首屈一指。

印象	幻想的、光與暗的、對比明顯的
配色方式	①～③為基色，搭配明亮、鮮豔顏色
重點	強調出明暗對比的張力會更好

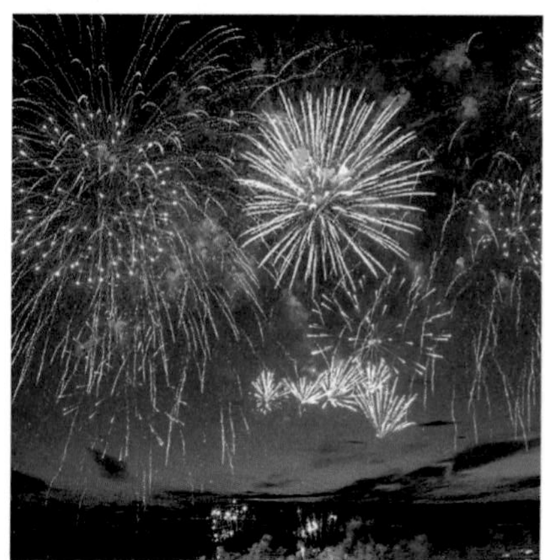

煙火的燦爛光芒，照亮了夜空。

❶群青色（JIS）

ぐんじょういろ

群青是指以藍銅礦為原料所製的顏料。

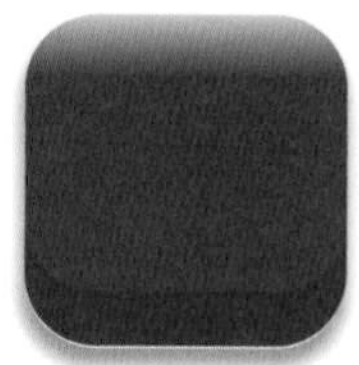

❷瑠璃紺（JIS）

るりこん

琉璃為藍色寶石，也是佛教七寶之一。

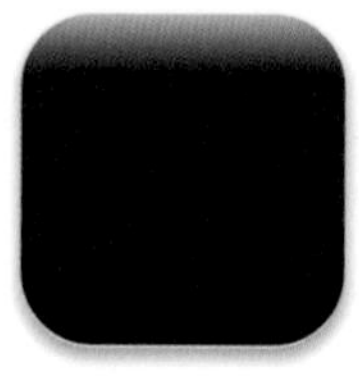

❸鐵紺（JIS）

てつこん

指帶鐵黑的深藍色，接近黑色的深藍色。

❹鳩羽鼠

はとばねず

比鳩羽色更偏暗紅的灰色。江戶後期色名。

❺藤紫（JIS）

ふじむらさき

帶藤色的紫。表現煙霧繚繞的煙火餘韻。

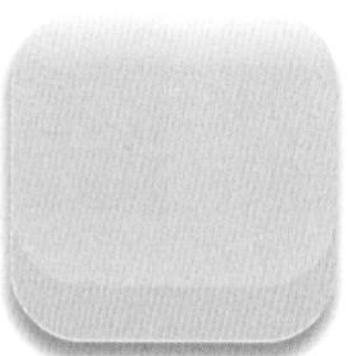

❻白茶

しらちゃ

非常淡的茶色。褪色即稱做「白茶ける」。

❼薔薇色（JIS）

ばらいろ

紅色系玫瑰花的顏色。

❽若紫

わかむらさき

既華麗又給人年輕印象的紫色。

❾山吹茶

やまぶきちゃ

山吹色中混有微微黑色的顏色。

1	C75 M58 Y0 K0 R78 G103 B176 #4D67AF
2	C90 M70 Y0 K20 R24 G68 B142 #17438D
3	C80 M65 Y0 K75 R11 G22 B68 #0B1644
4	C23 M30 Y0 K45 R136 G123 B146 #877A92
5	C40 M40 Y0 K0 R165 G154 B202 #A59AC9
6	C0 M7 Y10 K10 R238 G227 B217 #EDE3D9
7	C0 M82 Y42 K0 R233 G78 B102 #E84E66
8	C27 M55 Y0 K0 R192 G133 B184 #BF84B7
9	C0 M7 Y85 K20 R222 G200 B36 #DDC823

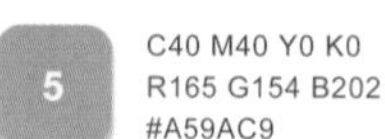

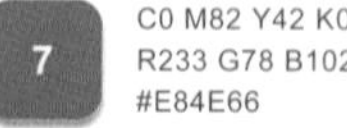

雙色配色 Two-colors combination

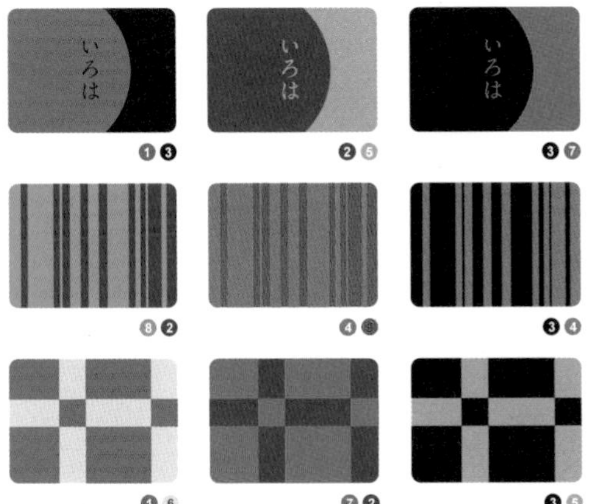

三色配色 Three-colors combination

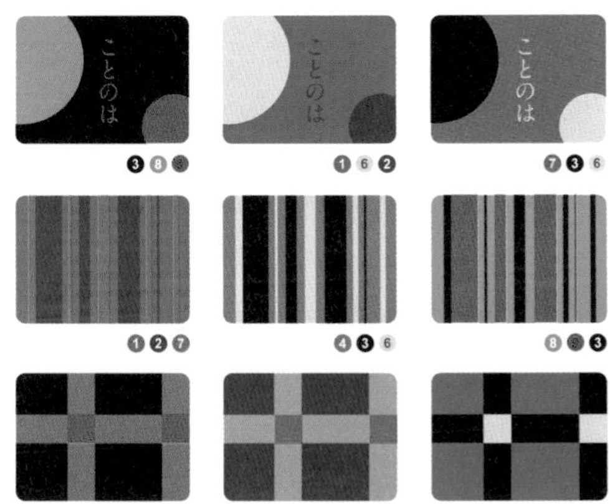

意匠設計 Design

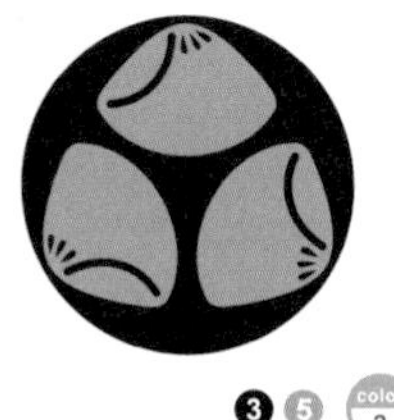

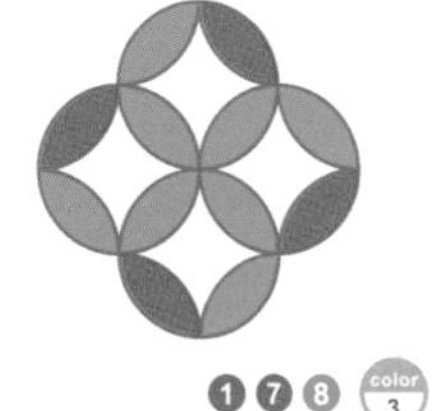

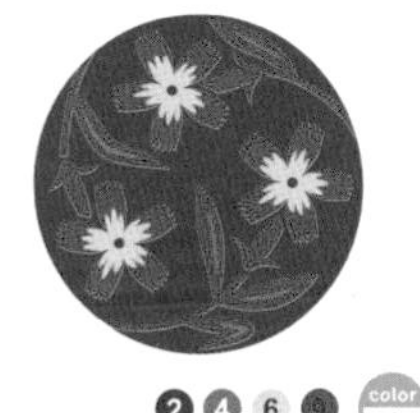

紋樣 Pattern

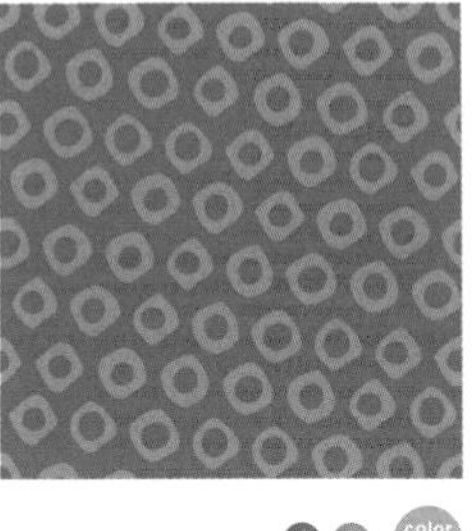

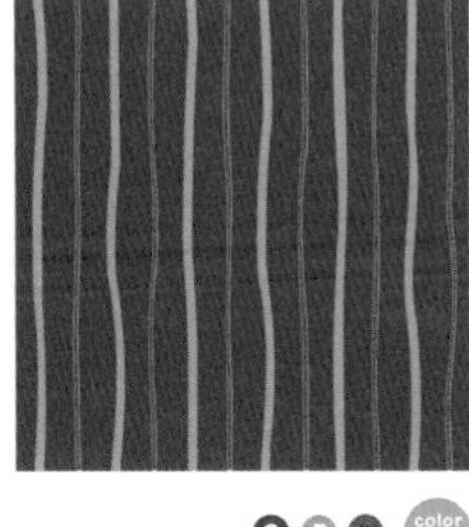

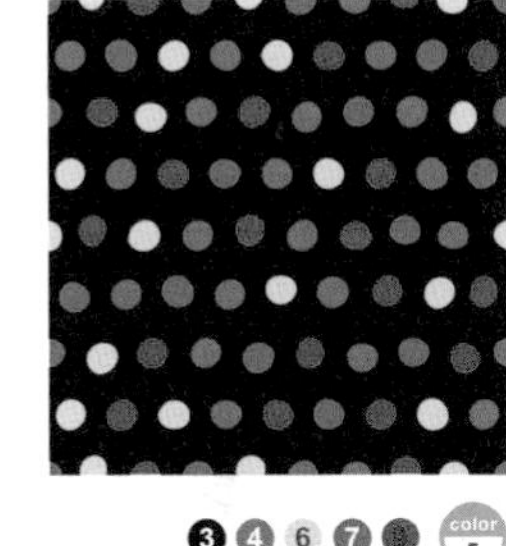

插畫 Illustration

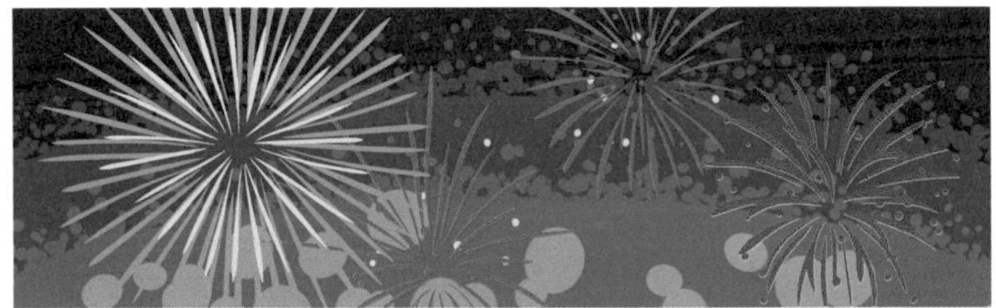

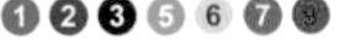

008

花牌

Japanese Playing Cards

花牌一組共 48 張。一月是松、二月是梅、三月是櫻、四月是藤……每個月都有代表的植物，每個月各4張。其中，「松之鶴」、「櫻之幕」、「芒之月」、「柳之小野道風」與「桐之鳳凰」五張牌，稱為「五光」，是高分的牌組。牌面的圖畫也比其他花牌更加繽紛。

印象	明快的、強力的、清晰的
配色方式	以紅色、紫色為主，搭配無彩色
重點	配色要強調出明顯對比

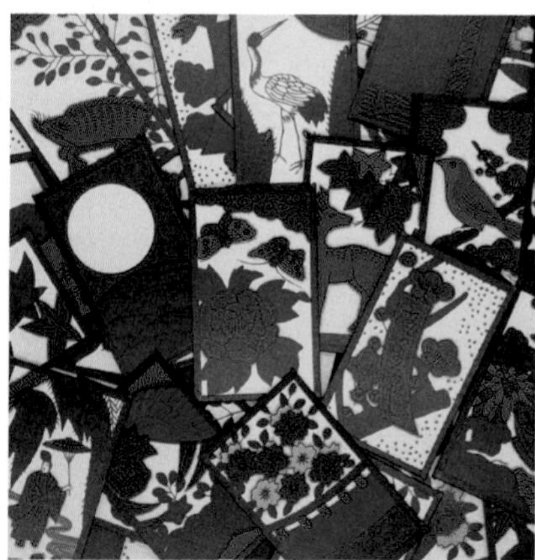

豬鹿蝶也是相當知名的牌組。

❶紅色（JIS）

べにいろ

宛如由紅花萃取的色素染出的鮮豔紅色。

❷菖蒲色（JIS）

しょうぶいろ

菖蒲的花朵般帶著鮮艷藍色的紫色。

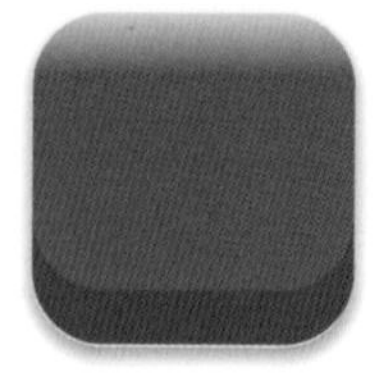

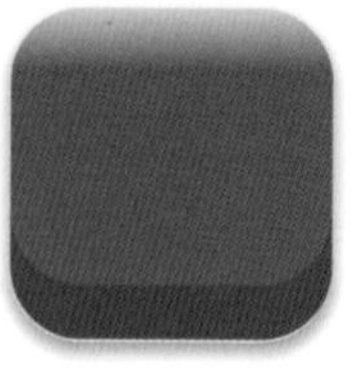

❸薄墨色

うすずみいろ

淡淡的墨色。弔唁的文字以薄墨色書寫。

❹黑（JIS）

くろ

能均勻吸收可見光所有波長的顏色。

❺蜜柑色（JIS）

みかんいろ

如橘子果皮般溫暖鮮豔的顏色。

⑥純白

じゅんぱく

沒有雜質的白色。潔淨的象徵。

❼黄赤（JIS）

きあか

將 JIS 孟塞爾顏色系統 YR 直譯的色名。

⑧八重櫻

やえざくら

彩度比染井吉野櫻的花色更高的粉紅色。

❾柑子色（JIS）

こうじいろ

如柑橘類的柑子果實之顏色。

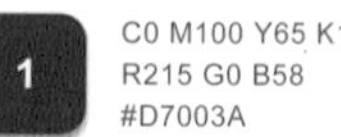

C0 M100 Y65 K10
R215 G0 B58
#D7003A

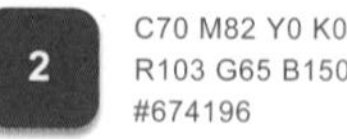

C70 M82 Y0 K0
R103 G65 B150
#674196

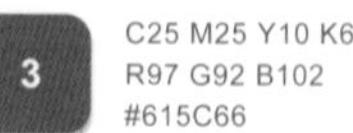

C25 M25 Y10 K65
R97 G92 B102
#615C66

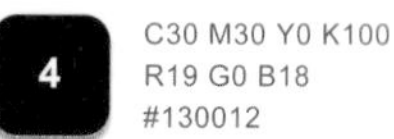

C30 M30 Y0 K100
R19 G0 B18
#130012

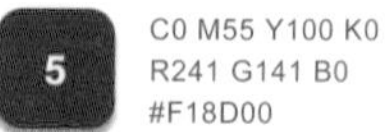

C0 M55 Y100 K0
R241 G141 B0
#F18D00

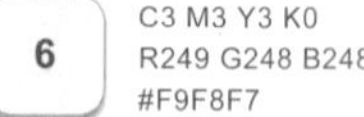

C3 M3 Y3 K0
R249 G248 B248
#F9F8F7

C0 M72 Y100 K0
R236 G104 B0
#EC6700

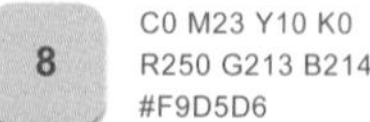

C0 M23 Y10 K0
R250 G213 B214
#F9D5D6

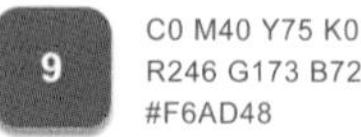

C0 M40 Y75 K0
R246 G173 B72
#F6AD48

雙色配色　Two-colors combination

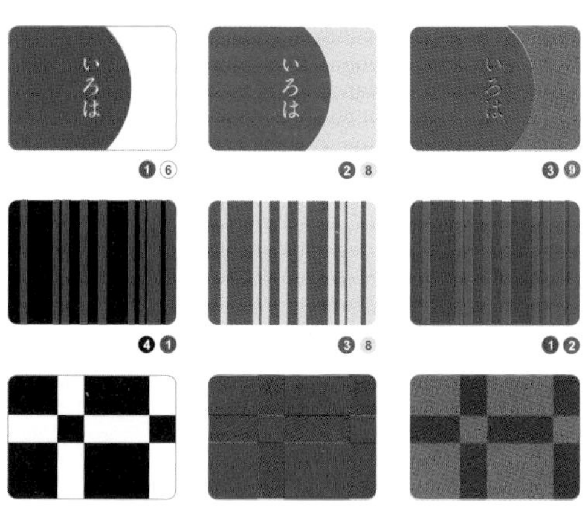

三色配色　Three-colors combination

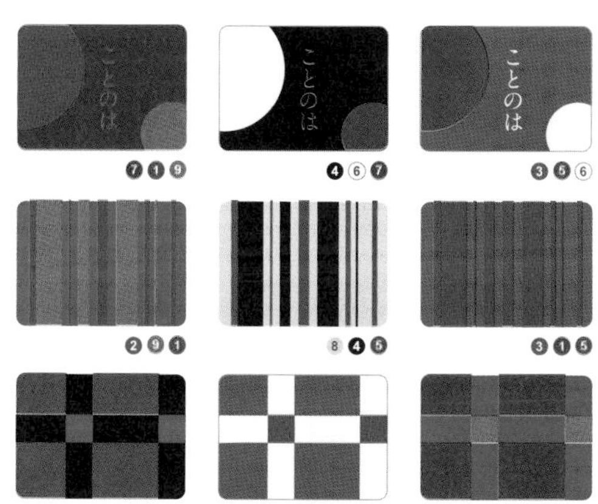

意匠設計　Design

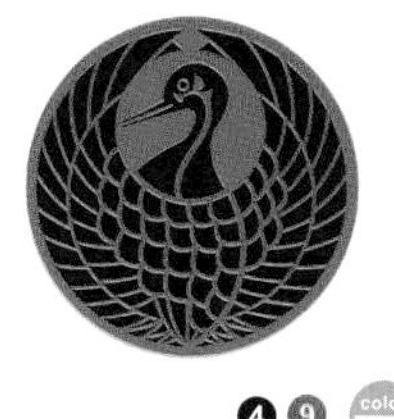

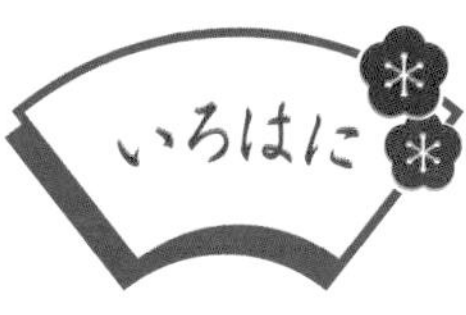

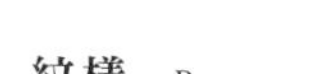

紋様　Pattern

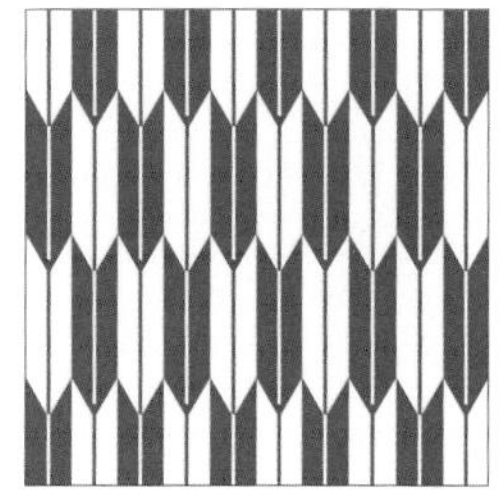

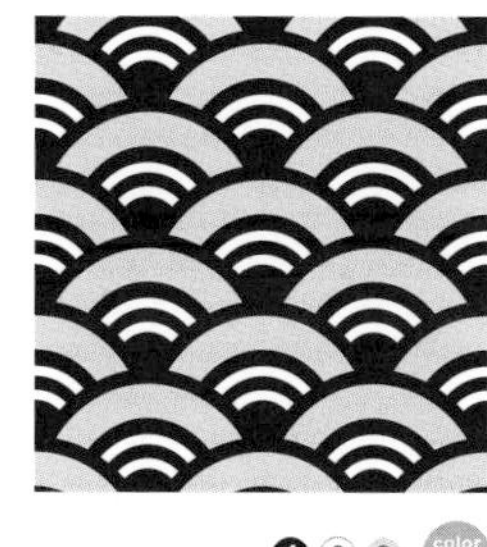

插畫　Illustration

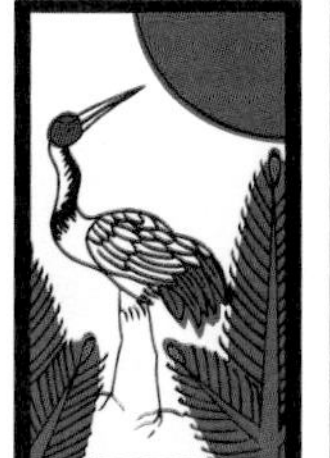

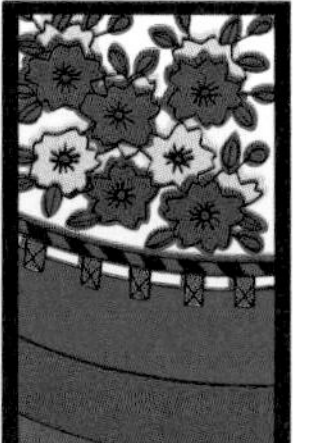

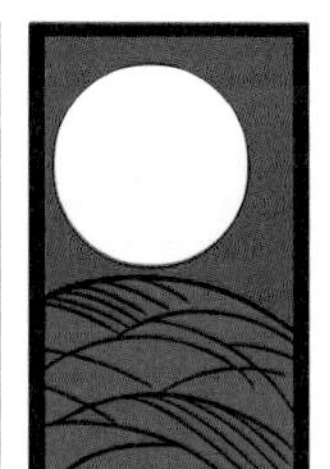

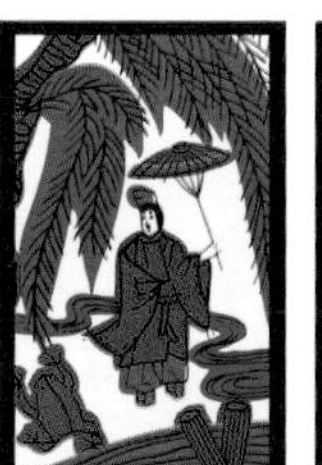

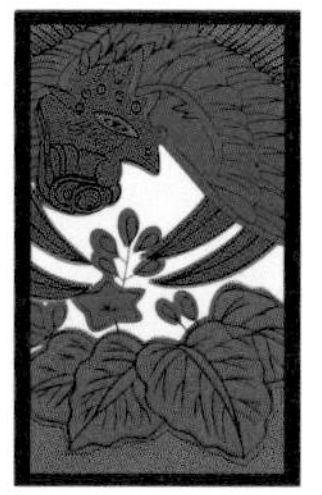

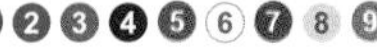

009 鄉土玩具

Folk Toys

日本各地自古傳承下來的玩具，都是與信仰相關的吉祥物。在製作上，大多使用當地的物產，色彩也較樸素。本篇是以狛犬張子※為主題展開配色。狗一次能生產多胎，分娩時也很輕鬆，因此經常用於祈求平安生產與孩子健康。

印象	有精神的、可愛的、樸素的
配色方式	組合對比色的紅色系與綠色系
重點	配色太強烈時，可用白色或黑色中和

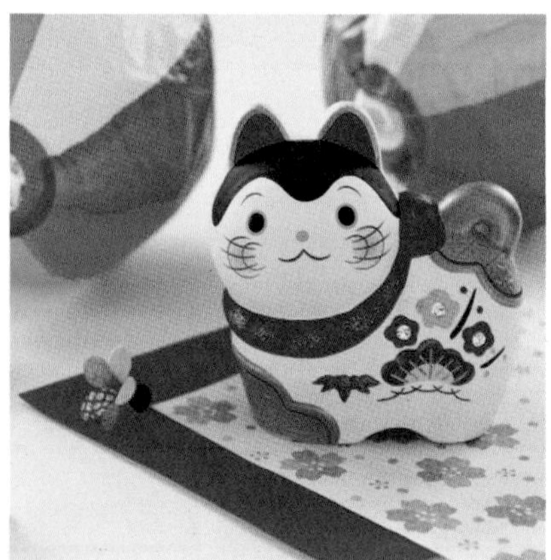
不倒翁、紅牛也是以張子技法製作。

❶紅緋（JIS）

べにひ

紅色中的紅色。紅為帶紫的紅，緋是帶黃的紅。

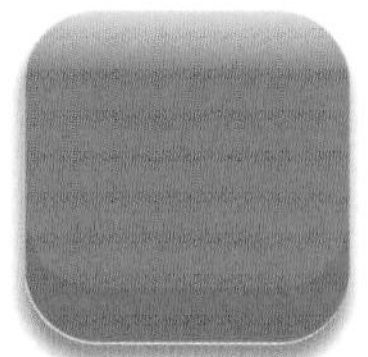

❷若竹色（JIS）

わかたけいろ

當年剛長出的竹子顏色。

❸山吹色（JIS）

やまぶきいろ

棣棠（山吹）的花色。也指古時金幣之色。

❹雞蛋色（JIS）

たまごいろ

雞蛋蛋黃的顏色。比實際顏色明亮一些。

❺無漂白布色（JIS）

きなりいろ

未經漂白染色的天然纖維顏色。

❻白群

びゃくぐん

日本畫所使用的礦物顏料色彩之一。

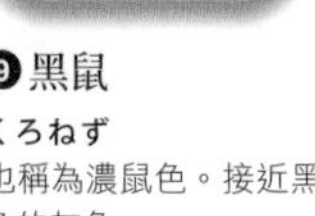

❼莓色

いちごいろ

成熟草莓的顏色。明治時代後才出現的色名。

❽常盤色（JIS）

ときわいろ

松、杉等常綠樹的葉色，被視為吉祥色。

❾黑鼠

くろねず

也稱為濃鼠色。接近黑色的灰色。

1	C0 M90 Y85 K0 R232 G56 B40 #E73828
2	C60 M0 Y55 K0 R103 G190 B141 #67BD8C
3	C0 M35 Y100 K0 R248 G181 B0 #F8B500
4	C0 M20 Y60 K0 R252 G212 B117 #FCD475
5	C0 M0 Y5 K3 R251 G250 B243 #FBFAF3
6	C33 M5 Y0 K5 R174 G211 B237 #ADD3EC
7	C0 M100 Y25 K15 R207 G0 B96 #CE005F
8	C82 M0 Y80 K38 R0 G124 B69 #007C45
9	C20 M20 Y20 K93 R42 G33 B32 #29211F

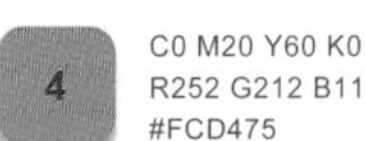
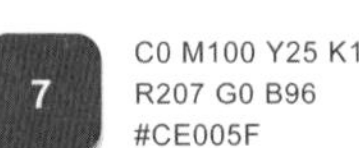
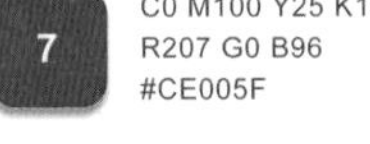

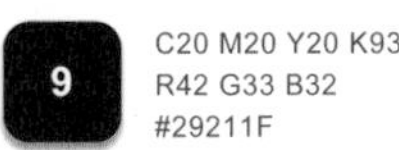

※以木、竹做出骨架，黏上黏土、和紙後上色的傳統工藝。

雙色配色 Two-colors combination

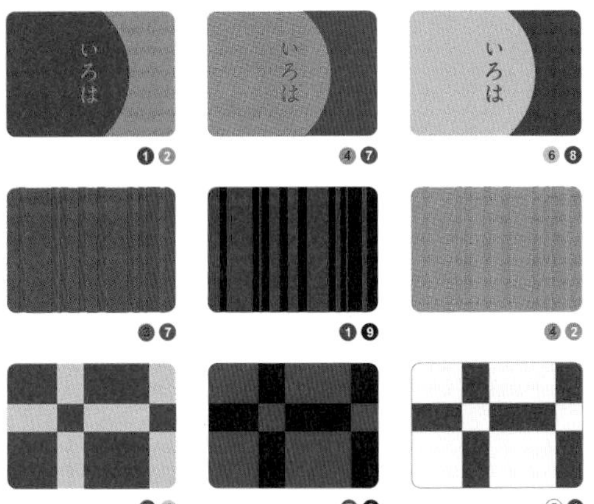

三色配色 Three-colors combination

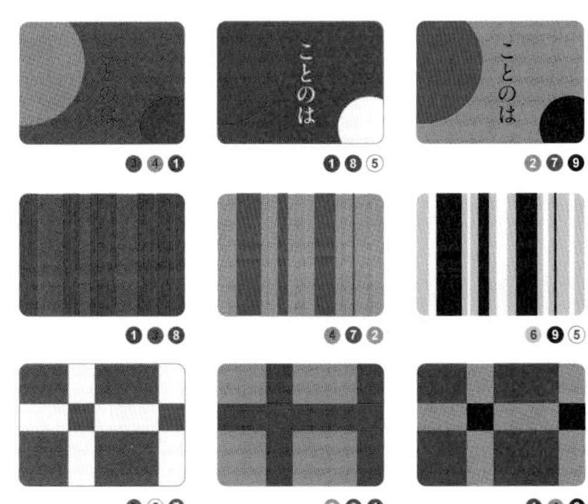

意匠設計 Design

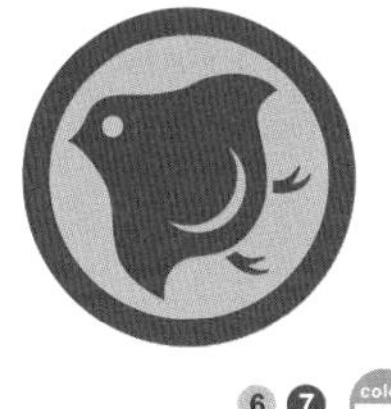

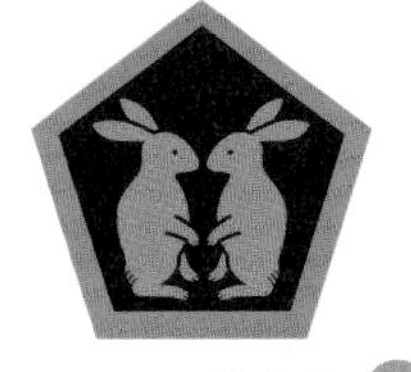

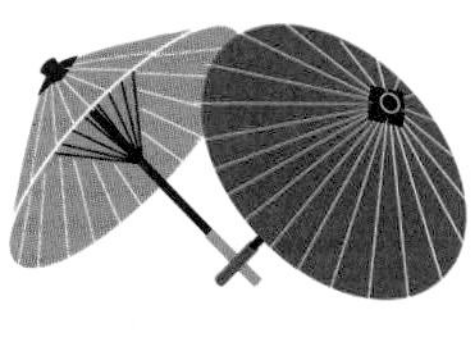

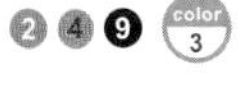

紋樣 Pattern

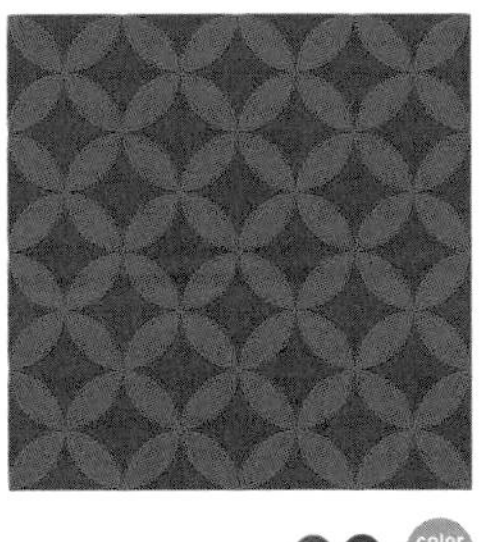

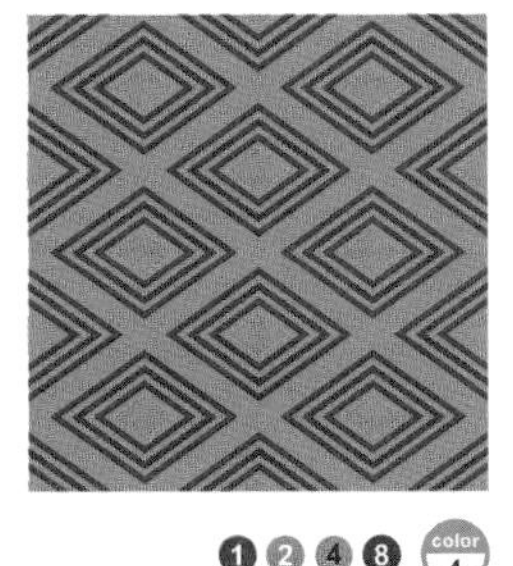

插畫 Illustration

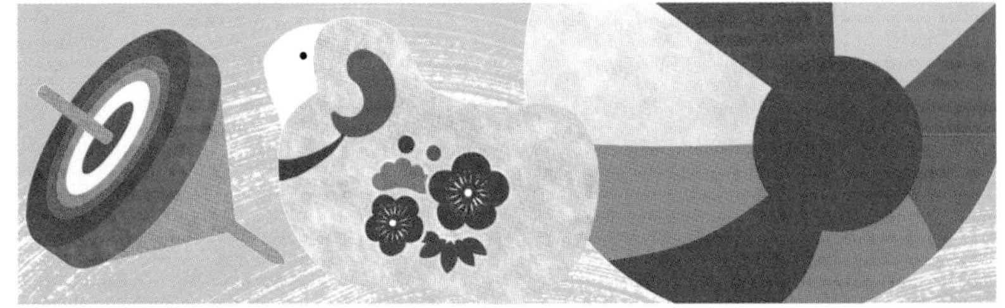

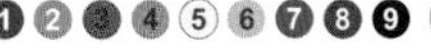

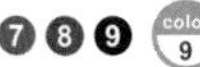

010

手毬

Traditional Japanese Handballs

毬在飛鳥時代由中國傳至日本，原本是以鹿皮製作的足球（蹴鞠）。江戶時代起，毬成為女孩的玩具，開始普及於民間。加賀手毬的起源，是由德川家嫁入加賀藩的珠姬公主之嫁妝。充滿光澤感的絹絲，讓美麗的配色更顯豪奢。

印象	優雅的、華麗的、有格調的
配色方式	以紫色為基調，加入④或⑤更添華麗
重點	利用⑦⑧中和配色，再以⑨整合

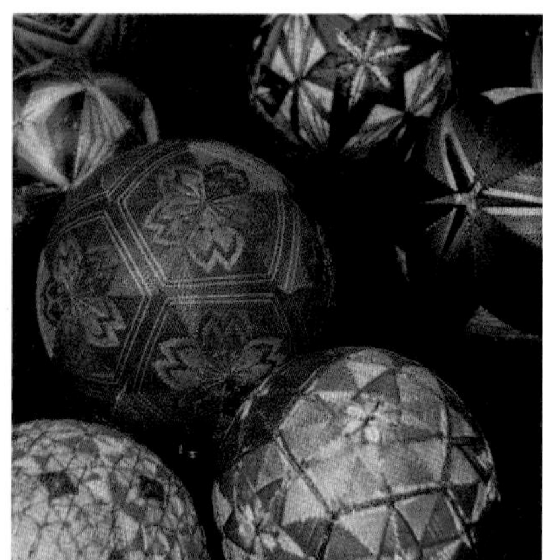

手毬已成為日本各地的傳統工藝，代代承襲。

❶古代紫（JIS）

こだいむらさき

紫草根所染出的顏色。深沉平穩的紫。

❷菖蒲色（JIS）

あやめいろ

菖蒲花般的顏色。比花菖蒲色更偏紅。

❸江戶紫（JIS）

えどむらさき

江戶染坊的紫色。比京紫更偏藍。

❹芥子色（JIS）

からしいろ

奈良時代即有的香辛料。也寫做辛子色。

❺鳥之子色

とりのこいろ

蛋殼的顏色。將蛋以鳥之子表現的色名。

❻白鼠

しろねず

明亮高雅的灰，用於表現絹絲的光澤。

❼退紅

あらぞめ・たいこう

宛如紅花染褪色後的淡淡顏色。

❽勿忘草色（JIS）

わすれなぐさいろ

勿忘草花的顏色。英文為 forget-me-not。

❾黑橡

くろつるばみ

橡是麻櫟的古名。麻櫟果實染成的顏色。

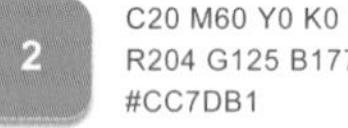
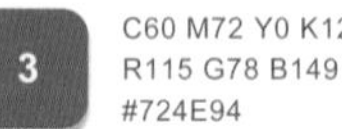
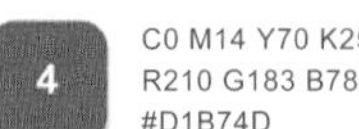
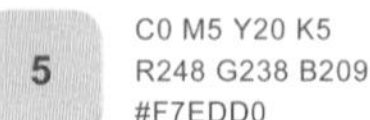
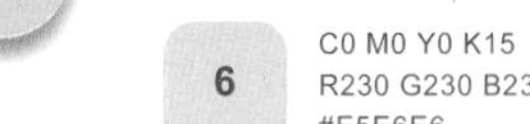
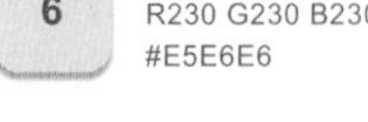
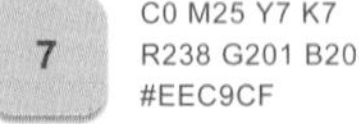

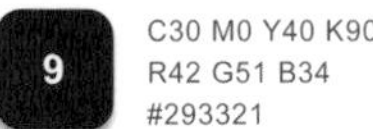

No.	CMYK	RGB	HEX
1	C35 M63 Y0 K32	R137 G86 B135	#895586
2	C20 M60 Y0 K0	R204 G125 B177	#CC7DB1
3	C60 M72 Y0 K12	R115 G78 B149	#724E94
4	C0 M14 Y70 K25	R210 G183 B78	#D1B74D
5	C0 M5 Y20 K5	R248 G238 B209	#F7EDD0
6	C0 M0 Y0 K15	R230 G230 B230	#E5E6E6
7	C0 M25 Y7 K7	R238 G201 B208	#EEC9CF
8	C48 M10 Y0 K0	R137 G195 B235	#88C2EA
9	C30 M0 Y40 K90	R42 G51 B34	#293321

雙色配色 Two-colors combination

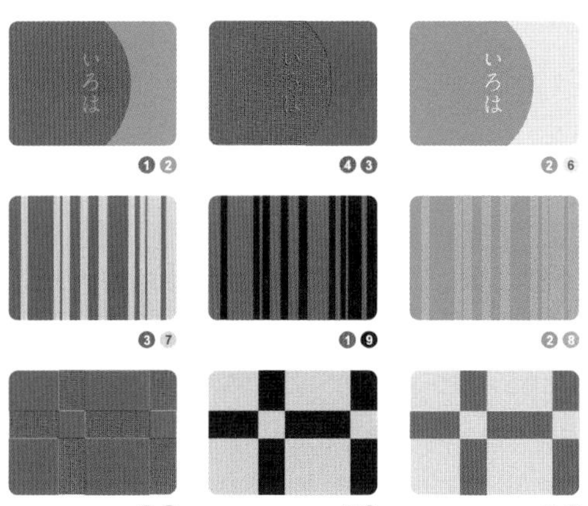

三色配色 Three-colors combination

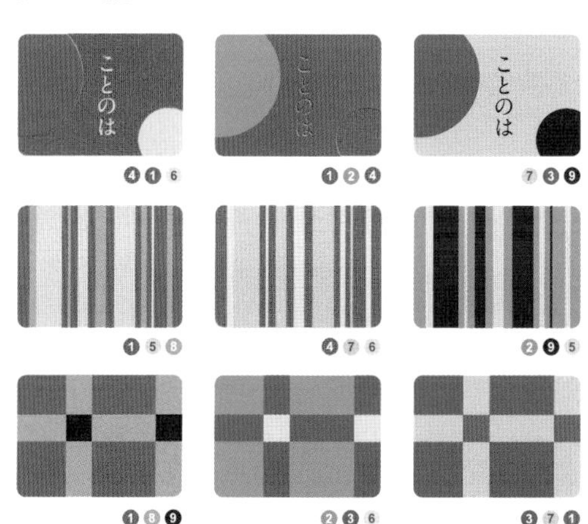

意匠設計 Design

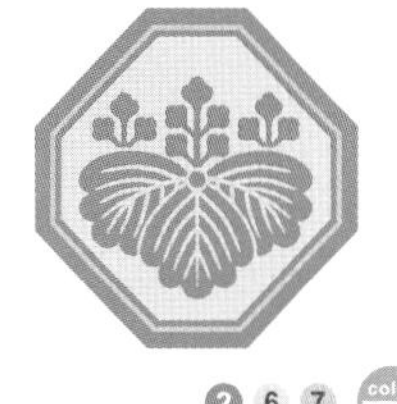

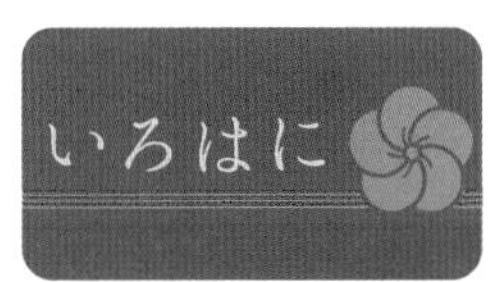

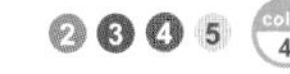

紋樣 Pattern

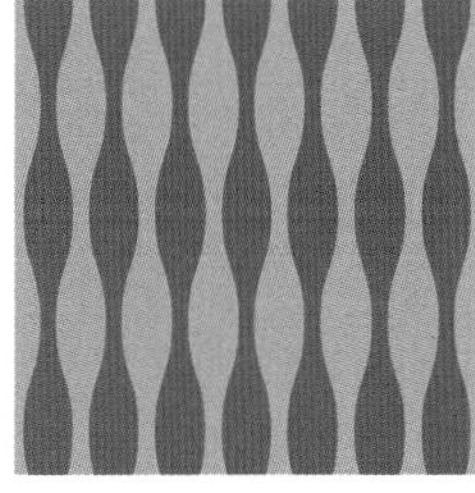

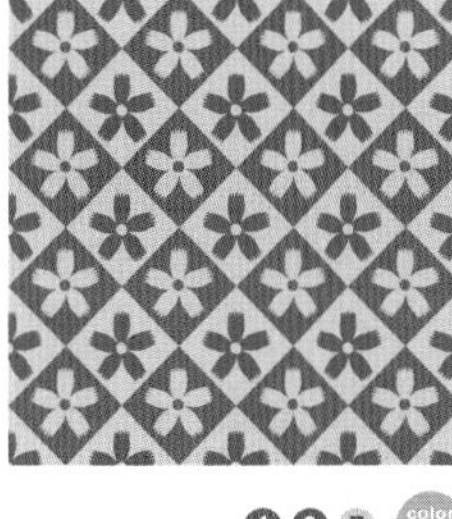

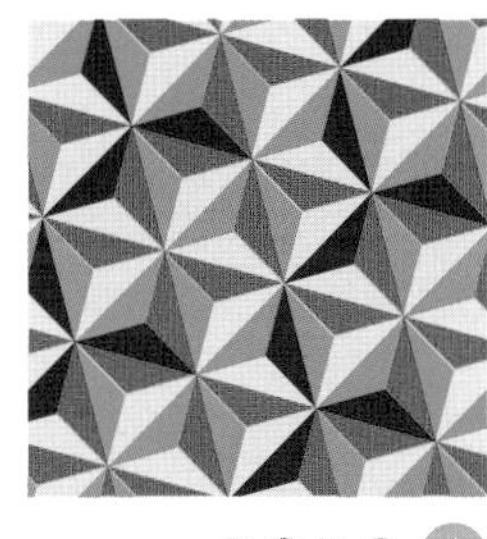

插畫 Illustration

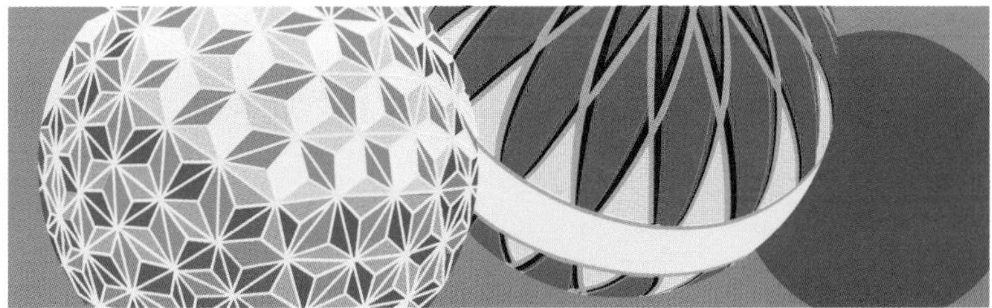

011

雛人形(女兒節娃娃)

Hina Dolls

雛人形的起源，來自平安時代貴族子女所玩的娃娃。當時的貴族孩童，將紙做的娃娃，放在紙宮殿中玩耍。到了江戶時代之後，才將娃娃與女兒節儀式結合，擺放成今日常見的模樣。陳列臺上女兒節娃娃的擺放方式，是模仿宮中的結婚儀式。

印象	溫柔的、柔和的、平穩的
配色方式	以溫暖的深淺粉紅色系為主
重點	以褐色系襯托，表現高雅感

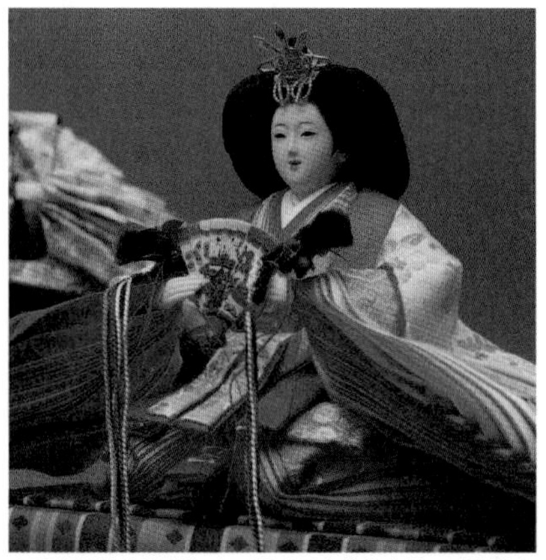

女兒節娃娃的服飾為十二單（日本傳統女性正式服飾）。

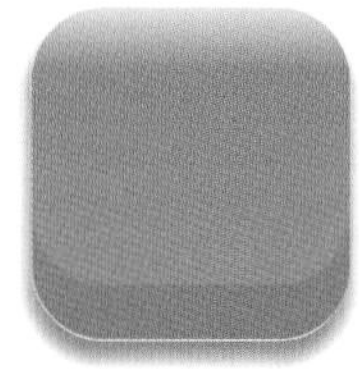

❶桃色（JIS）

ももいろ

桃花的顏色。英文的 peach 則指桃子色。

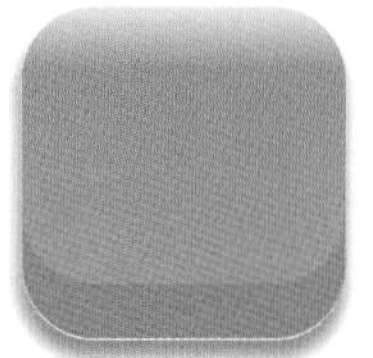

❷紅梅色（JIS）

こうばいいろ

紅梅的花色。據說梅花有約 300 種。

③櫻色（JIS）

さくらいろ

如櫻花花瓣般，非常淡的紅色。

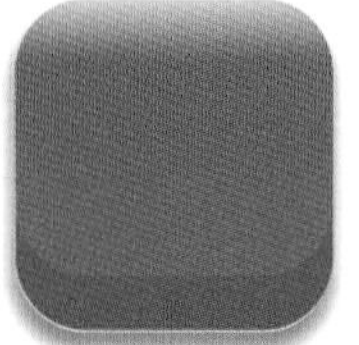

❹紅珊瑚

べにさんご

自古以來珊瑚使用於髮簪等飾品中。

❺鮭色

さけいろ

鮭魚肉的顏色。英文為 salmon。

❻肌色（JIS）

はだいろ

人的肌膚顏色。古代稱為「肉色」。

❼黃土色（JIS）

おうどいろ

顏料使用的黃色土壤顏色。暗沉的黃色。

❽煤竹茶

すすたけちゃ

「燒成炭的竹子般」的茶色。

❾臙脂（JIS）

えんじ

取自胭脂蟲的紅色染料所染成的顏色。

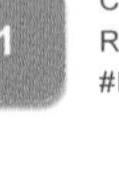
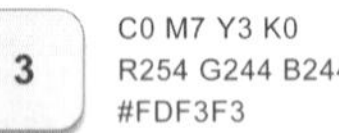
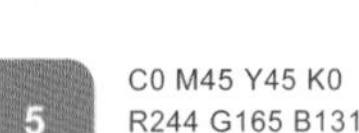
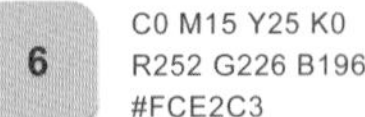
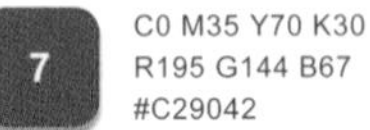
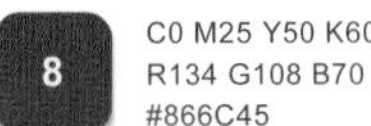
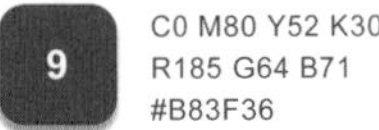

1	C0 M55 Y25 K0	R240 G145 B153	#EF9099
2	C0 M48 Y25 K0	R242 G160 B161	#F2A0A1
3	C0 M7 Y3 K0	R254 G244 B244	#FDF3F3
4	C0 M60 Y53 K0	R239 G132 B104	#EF8468
5	C0 M45 Y45 K0	R244 G165 B131	#F3A582
6	C0 M15 Y25 K0	R252 G226 B196	#FCE2C3
7	C0 M35 Y70 K30	R195 G144 B67	#C29042
8	C0 M25 Y50 K60	R134 G108 B70	#866C45
9	C0 M80 Y52 K30	R185 G64 B71	#B83F36

雙色配色 Two-colors combination

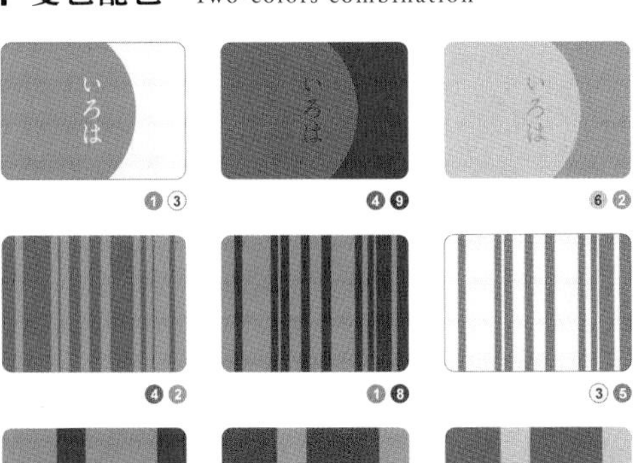

三色配色 Three-colors combination

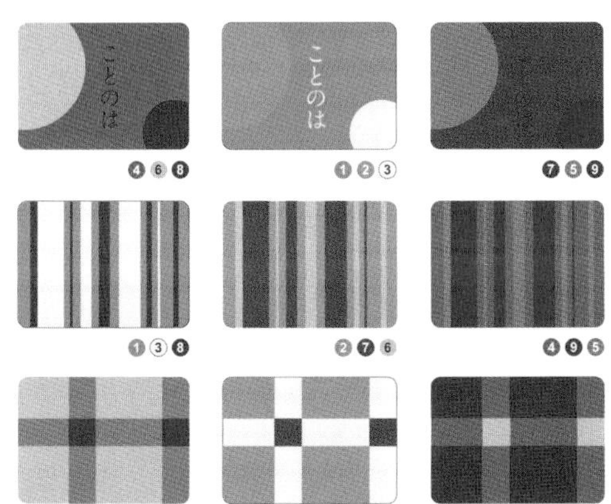

意匠設計 Design

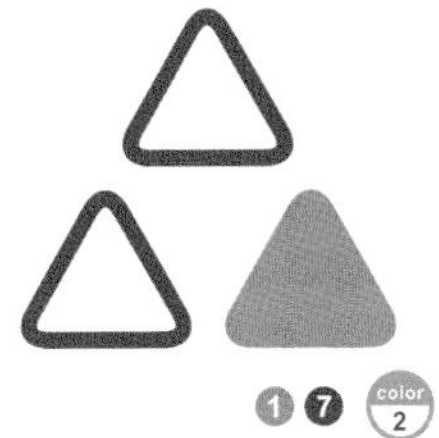

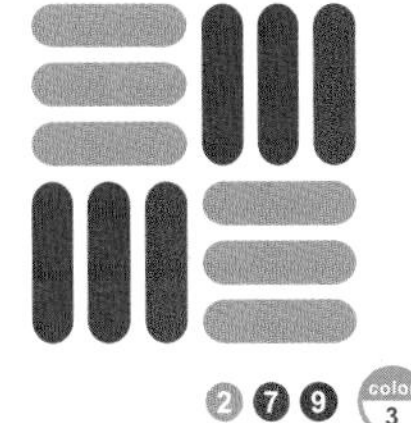

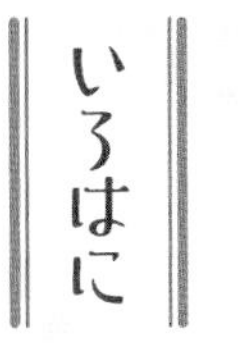

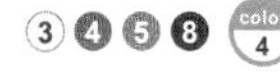

紋樣 Pattern

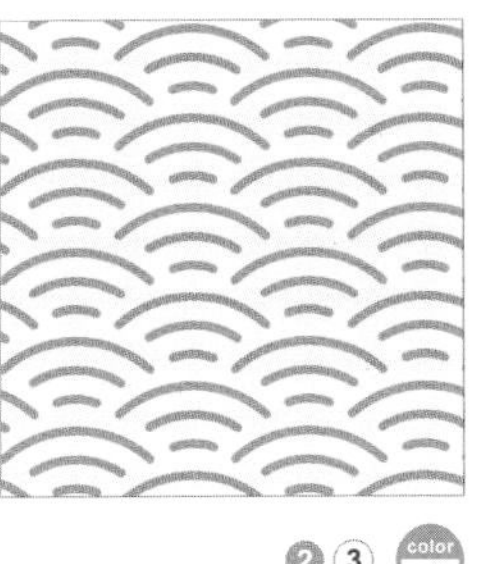

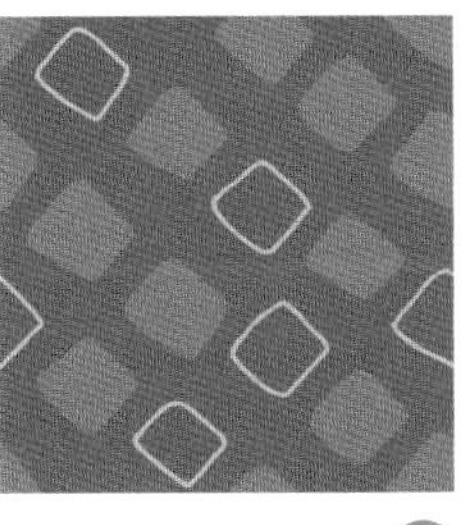

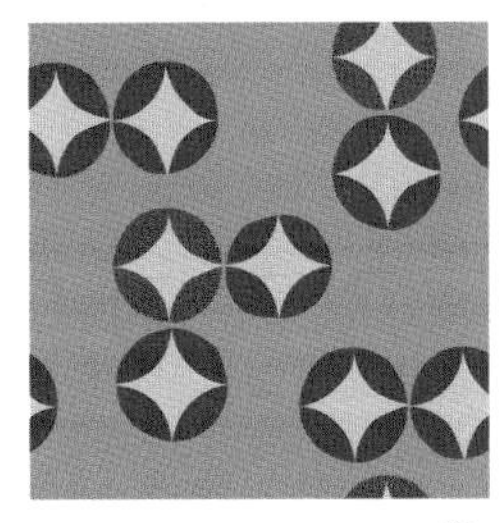

插畫 Illustration

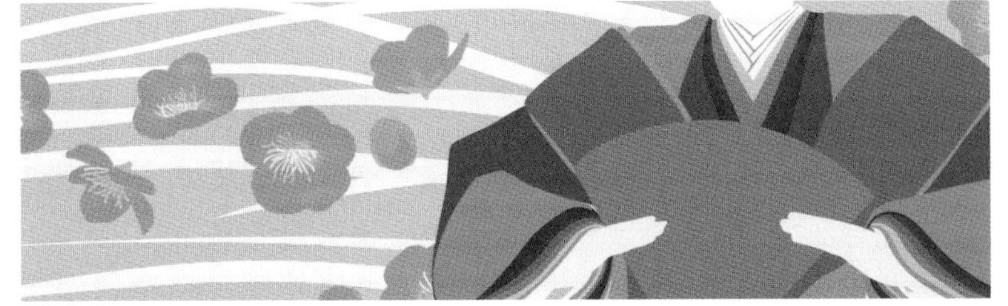

012

寄木細工（木片拼花）

Traditional Craft（wooden mosaic work）

天然的顏色中，也有不遜於人工色的色彩變化。寄木細工即是利用各種不同木材的顏色搭配組合，表現出各種花樣，是箱根（神奈川縣）的傳統工藝品。每年箱根駅傳接力賽的優勝獎盃，就是以寄木細工的技法所製作。

印象	平穩的、自然的、具安心感的
配色方式	組合相似的色相與色調
重點	注意不要讓顏色的區隔線曖昧不清

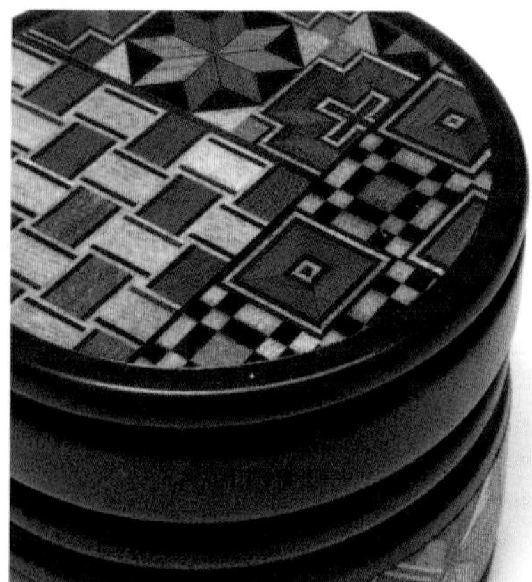

白色木材為燈台樹，黑色則為神代桂等。

❶褐色（JIS）
かっしょく
帶些微黑的棕色。

❷樺色（JIS）
かばいろ
樺櫻或岳樺的樹皮色。

❸焦茶（JIS）
こげちゃ
物品烤焦般的深棕色。

❹黃蘗色
きはだいろ
將黃蘗內層樹皮煮後可得的顏色。

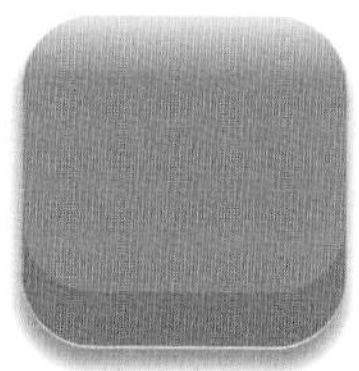

❺枯野
かれの
冬天山野之間常見的枯草色，名稱頗具風情。

❻灰茶（JIS）
はいちゃ
意指帶灰色的茶褐色。

❼白橡
しろつるばみ
由橡實染成、非常淡的顏色。

❽丁子色
ちょうじいろ
源氏物語中也曾登場，平安時代顏色。

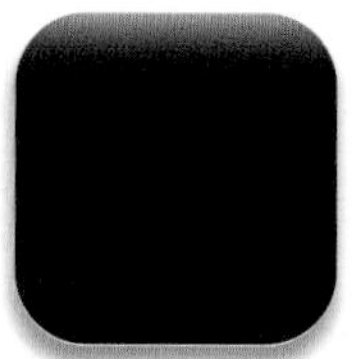

❾極焦茶
ごくこげちゃ
比焦茶色更暗、接近黑色的茶色。

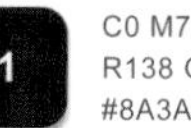

1
C0 M70 Y100 K55
R138 G58 B0
#8A3A00

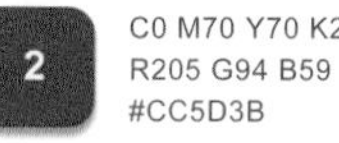

2
C0 M70 Y70 K20
R205 G94 B59
#CC5D3B

3
C0 M38 Y38 K70
R111 G77 B62
#6E4C3E

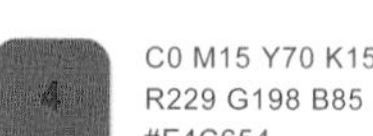

4
C0 M15 Y70 K15
R229 G198 B85
#E4C654

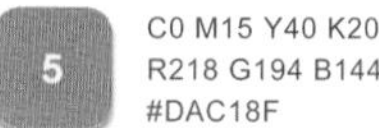

5
C0 M15 Y40 K20
R218 G194 B144
#DAC18F

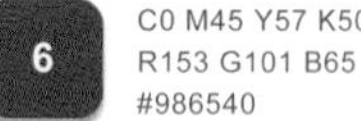

6
C0 M45 Y57 K50
R153 G101 B65
#986540

7
C0 M13 Y20 K20
R218 G200 B180
#DAC7B4

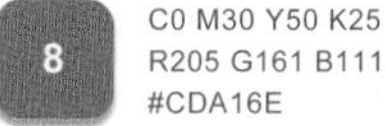

8
C0 M30 Y50 K25
R205 G161 B111
#CDA16E

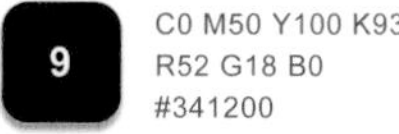

9
C0 M50 Y100 K93
R52 G18 B0
#341200

雙色配色 Two-colors combination

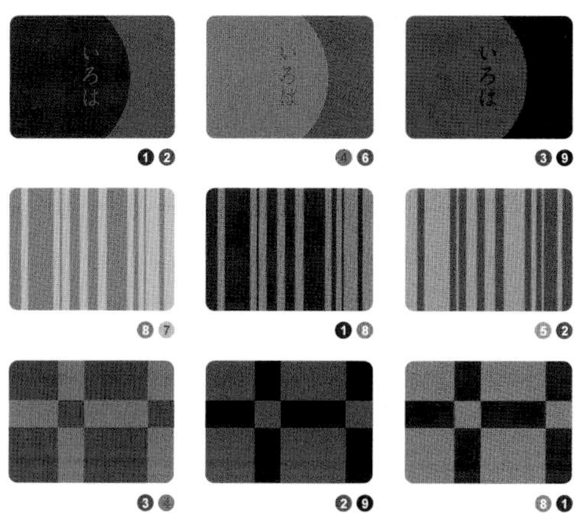

三色配色 Three-colors combination

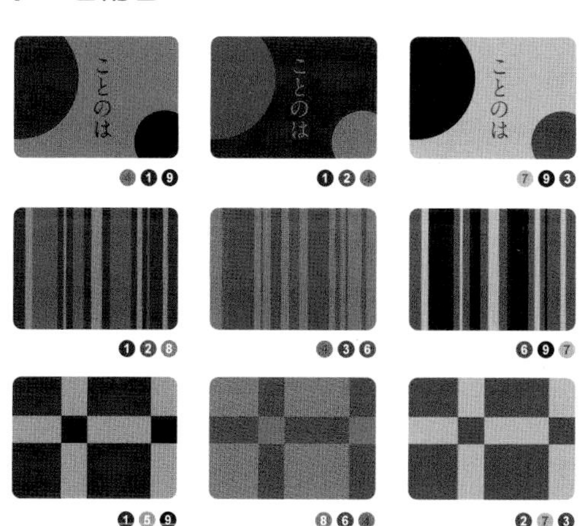

意匠設計 Design

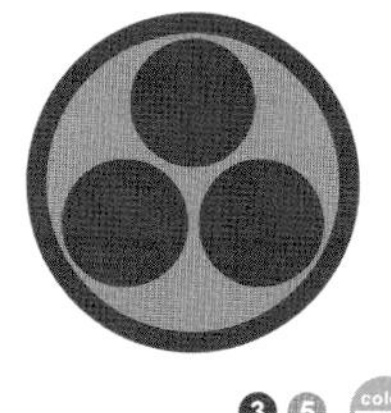

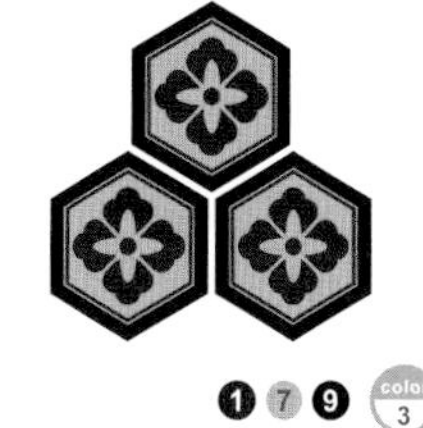

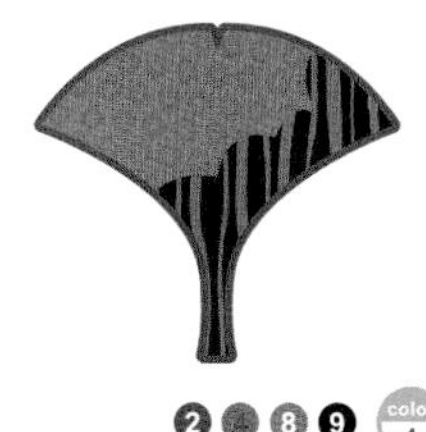

紋樣 Pattern

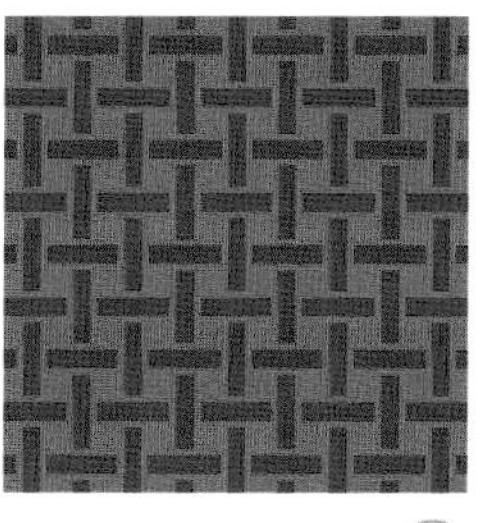

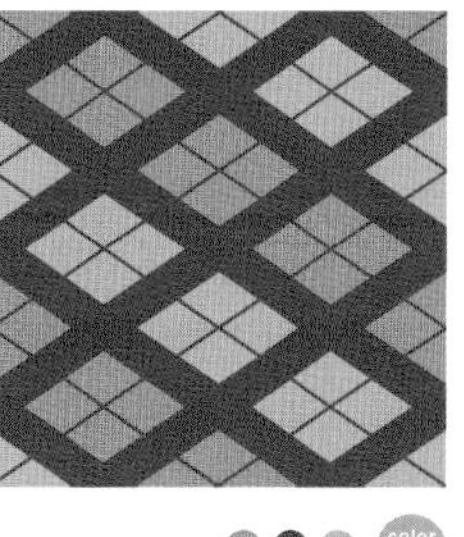

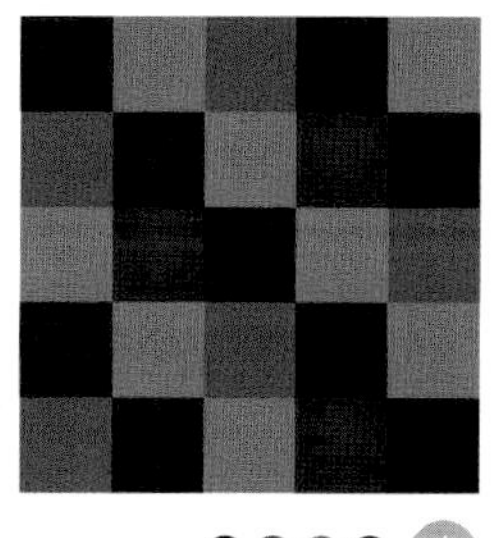

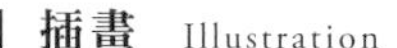

插畫 Illustration

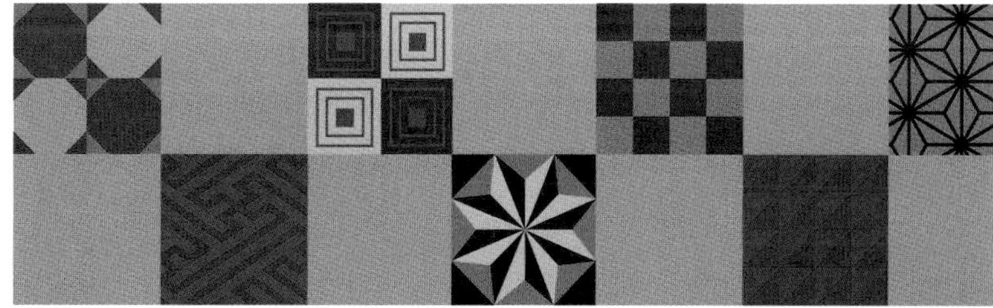

013

千紙鶴

A thousand Paper Cranes（ORIGAMI）

對我們來說，將一張紙往內摺、往外摺，做出各種形狀的「摺紙」，不過是孩提時代的遊戲，但從國際觀點看來，卻是一種藝術。而由許多人一同摺出多隻紙鶴、並將它們串成一串時，更帶有「祈禱早日恢復健康、願望成真或和平」的特別意義。

印象	清純的、具透明感的、純真的
配色方式	組合各種具透明感的明亮色調
重點	色調相似，利用不同色相增添變化

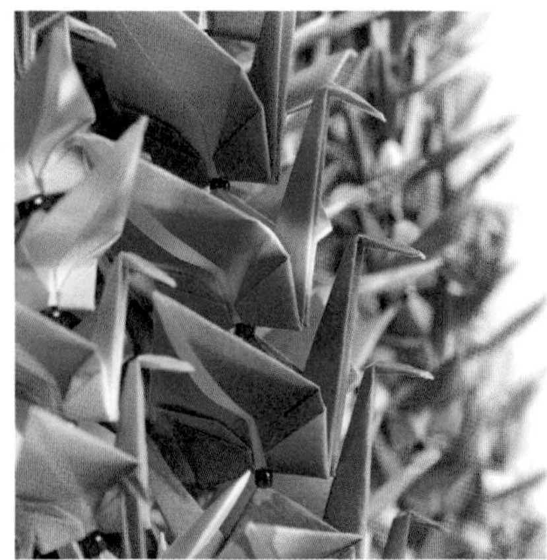

紫紅→紫→藍的色相漸層非常美麗。

1 一斤染

いっこんぞめ

以一斤紅花將一疋絹布染成極淡紅色。

2 藤色

ふじいろ

紫藤花的顏色。紫藤被視為女性的象徵。

3 空色（JIS）

そらいろ

萬里晴空般的顏色。

4 青磁色（JIS）

せいじいろ

陶器與釉料因鐵質而呈現的顏色。

5 若芽色

わかめいろ

剛冒出的植物嫩芽顏色。淡黃綠色。

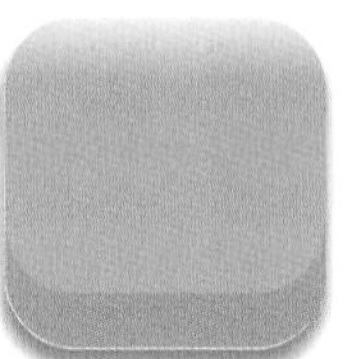

6 今様色

いまよういろ

「流行中」的意思。平安時代的顏色。

7 躑躅色（JIS）

つつじいろ

晚春至初夏綻放的杜鵑（躑躅）花色。

8 菫色（JIS）

すみれいろ

春天綻放的堇花顏色。輕柔的藍紫。

9 露草色（JIS）

つゆくさいろ

用鴨跖草（露草）的花拓染而成的顏色。

1 C0 M27 Y5 K0 / R248 G206 B218 / #F8CED9

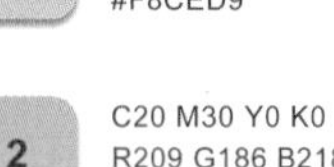

2 C20 M30 Y0 K0 / R209 G186 B218 / #D0BAD9

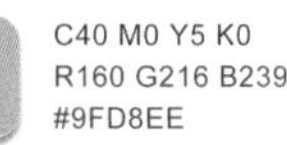

3 C40 M0 Y5 K0 / R160 G216 B239 / #9FD8EE

4 C57 M0 Y40 K10 / R104 G183 B161 / #67B6A0

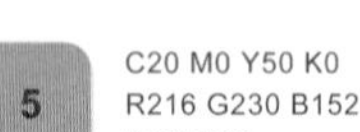

5 C20 M0 Y50 K0 / R216 G230 B152 / #D7E598

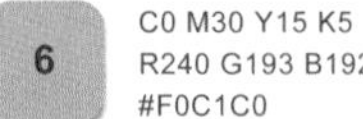

6 C0 M30 Y15 K5 / R240 G193 B192 / #F0C1C0

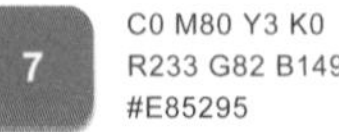

7 C0 M80 Y3 K0 / R233 G82 B149 / #E85295

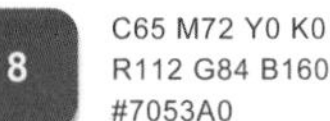

8 C65 M72 Y0 K0 / R112 G84 B160 / #7053A0

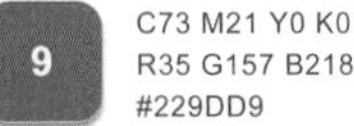

9 C73 M21 Y0 K0 / R35 G157 B218 / #229DD9

雙色配色 Two-colors combination

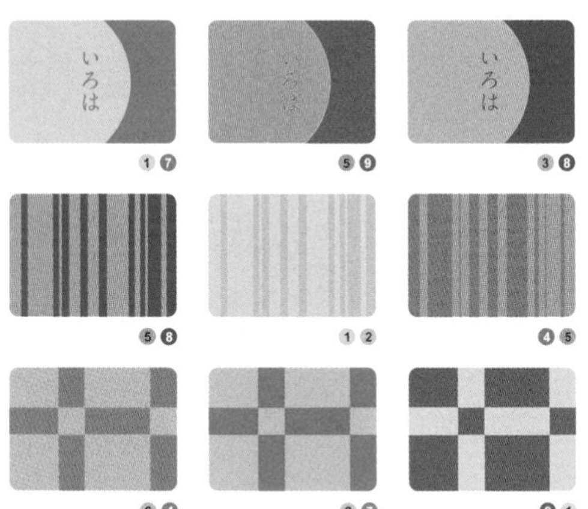

三色配色 Three-colors combination

意匠設計 Design

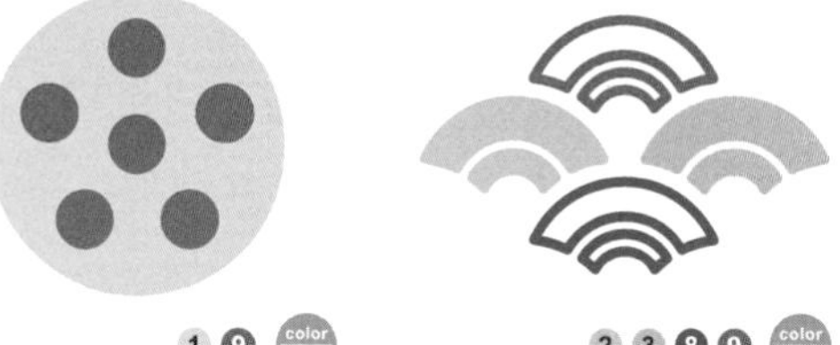

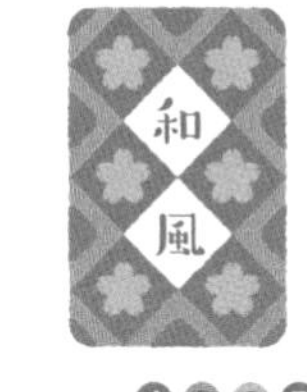

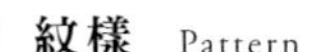

紋様 Pattern

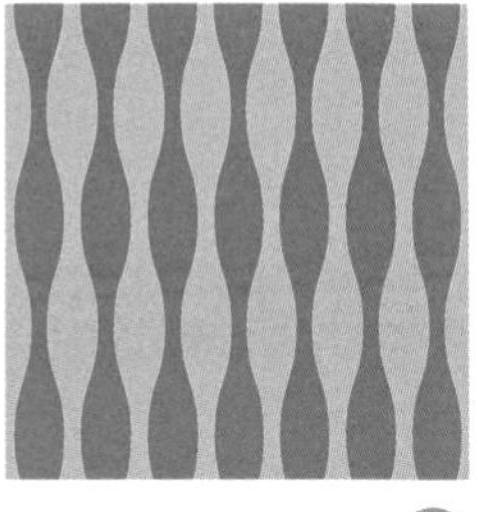

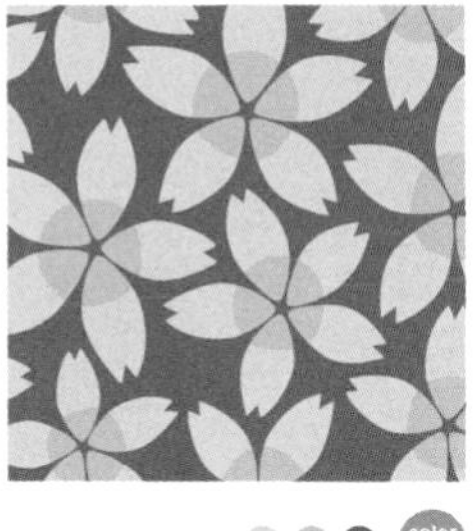

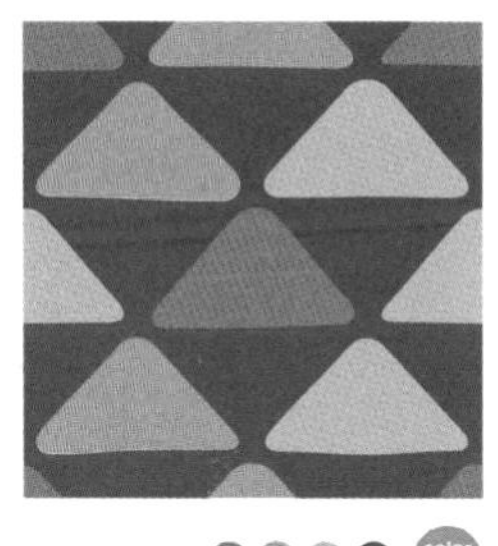

插畫 Illustration

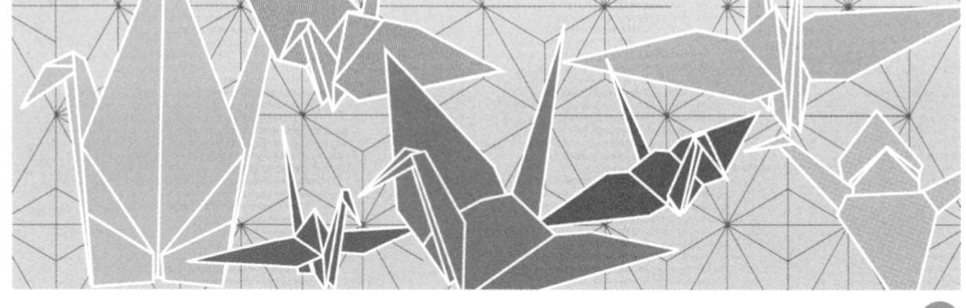

配色專欄

職人之技 花簪 つまみかんざし

髮簪是盤髮時使用的髮飾，在江戶中期後開始流行。在古代亦也有護身符的意義。

自江戶時代延續至今的傳統工藝品

將稱為「碎布（キレ）」的小片薄絹布塗上黏膠，以鑷子捏合，並創作出不同形狀花樣的髮簪，稱為「花簪」。雖然今天在七五三節等傳統節日的需求，約占花簪市場的 7 成，不過這項源於江戶時代的工藝品華麗又可愛，相當引人注目，在當時十分受年輕女孩歡迎，也曾被描繪進浮世繪作品中。基本的「手捏布花技法（つまみ細工）」雖然只有兩種，不過透過職人的創意心思，誕生了許多令人心動的美麗作品。本篇所介紹的 12 支花簪，是東京高田馬場的花簪博物館所收藏，每一件都是以四季花卉或吉祥物為意象。由於是京都舞妓所使用的飾品，因此設計上比一般髮簪更為誇大，也更加豔麗。

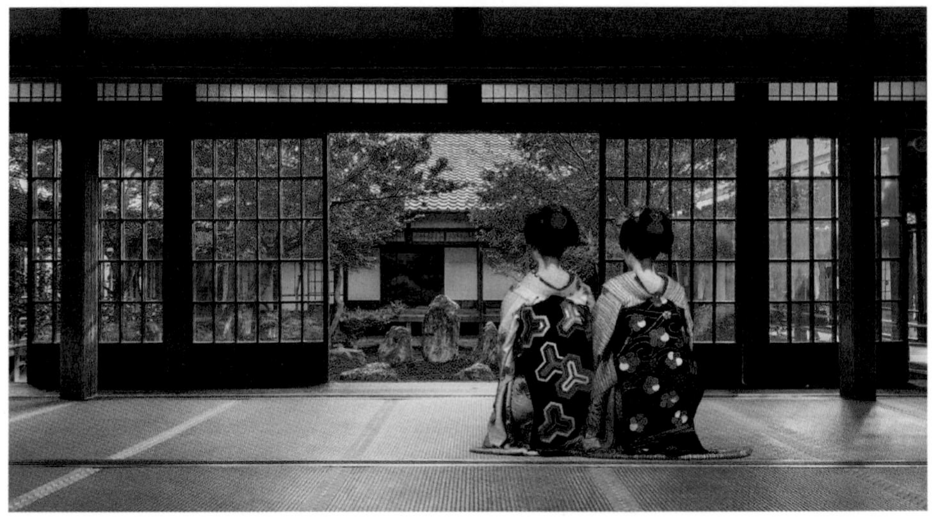

由春至夏

日本人很擅長從季節更迭中感受自然風情，並以細膩感性將其融入日常生活。舉例來說，在櫻花即將綻放前，就會出現大量櫻花相關的設計，讓人一面感受心靈的充實，一面靜待櫻花綻放。

垂藤

藤架上垂落的紫藤花盛開，一走動便會優雅搖晃。

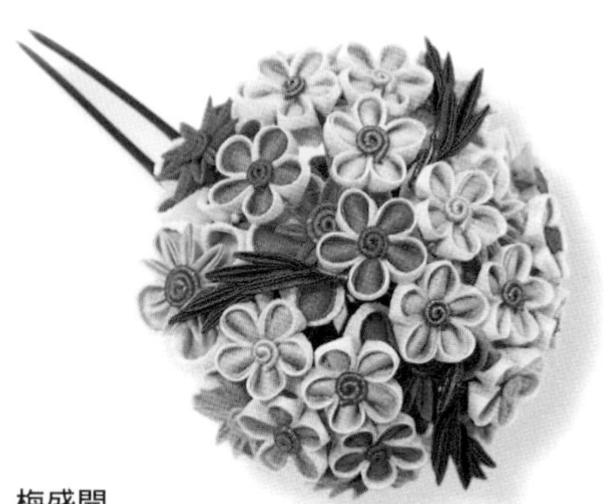

梅盛開

新春時綻放的梅花，以繽紛活潑的形象表現。

櫻花小鼓

令人聯想到「花之饗宴」，極盡華麗的花簪。

繡球花

純真可愛的藍色繡球花。

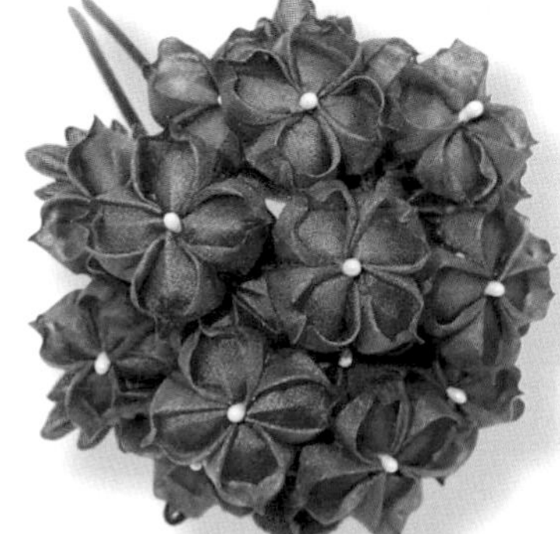

由夏至秋

並非只有花能成為花簪的創作主題。運用基本技法，透過創意做出各種變化，便能將季節風物詩轉化成能收攏於掌心的小巧造型。這 12 件作品皆是出自石田健次先生之手，現在則由石田毅司先生承襲這項傳統工藝。

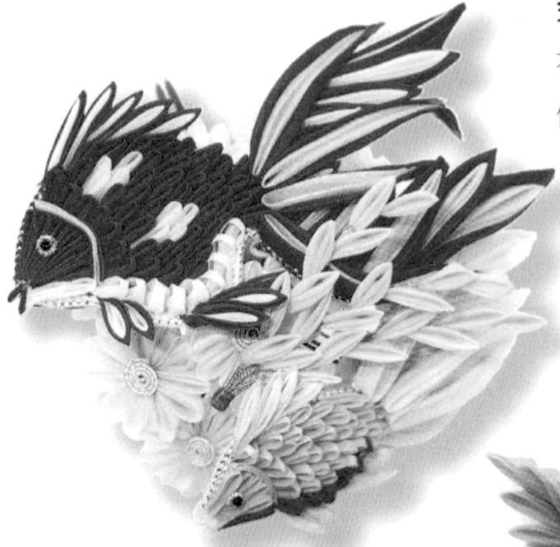

金魚

在江戶後期，金魚曾蔚為風潮。夏日傍晚，小鎮上經常出現金魚小販。

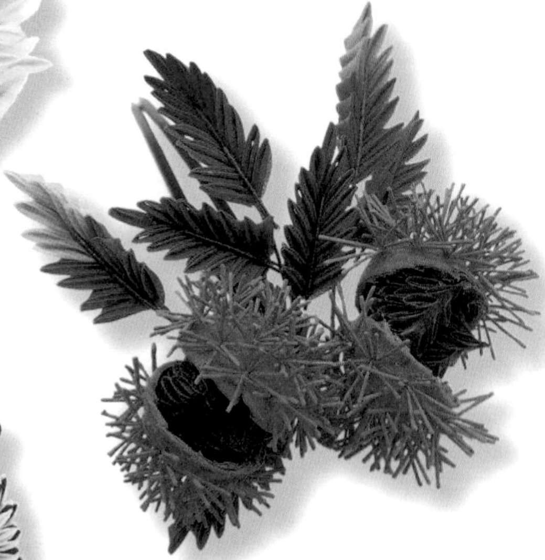

栗

「這真的是以碎布做成的嗎？」令人驚嘆的卓越表現力。

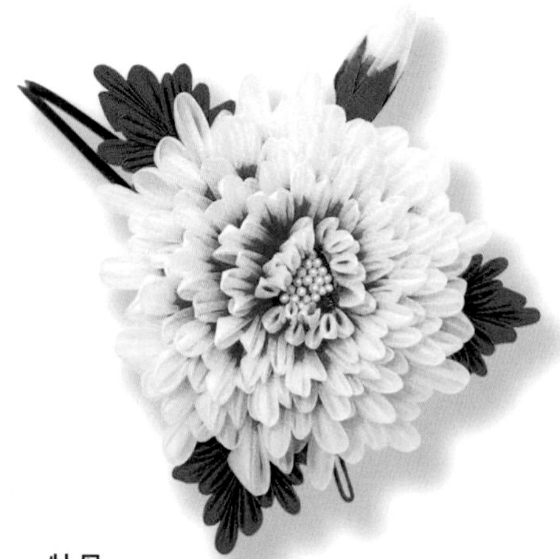

牡丹

利用色彩漸層與充滿動態感的配置，表現一片一片的花瓣。

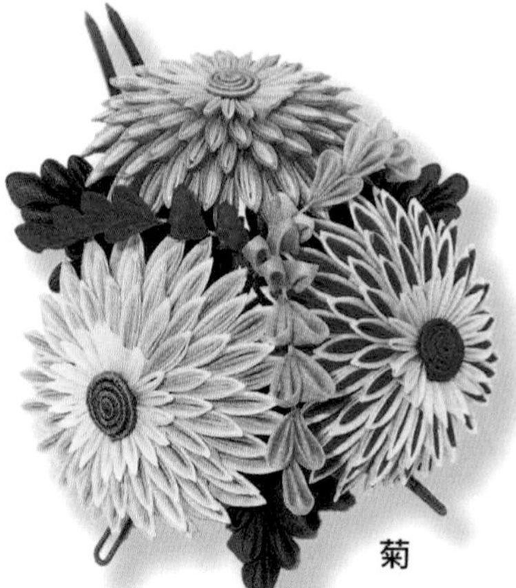

菊

以沉穩的色調，襯托出絹布的光澤感。

冬與吉祥物

年初時，日本人會使用寶船、松竹梅等吉祥物的意象，來設計花簪。右下的「奴」是指在武士家工作的佣人，將風箏高高升上天空，彷彿自己也能俯瞰武士家屋般，反映出平民百姓單純的心思。

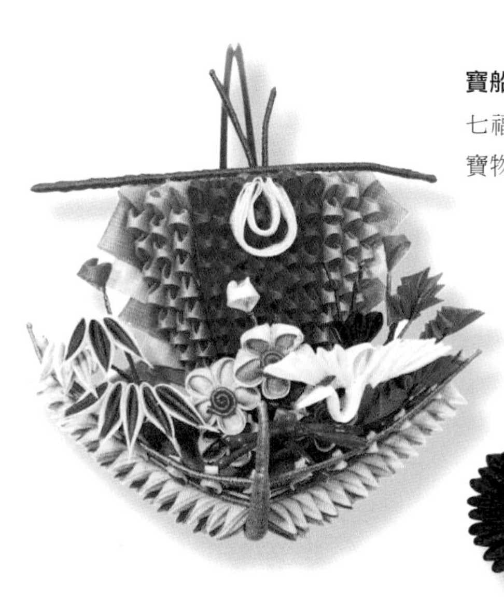

寶船

七福神與八仙所乘的船，上頭堆滿了寶物與米袋。

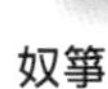

奴箏

由職人的高超技術與自由創意所設計而成的花簪。

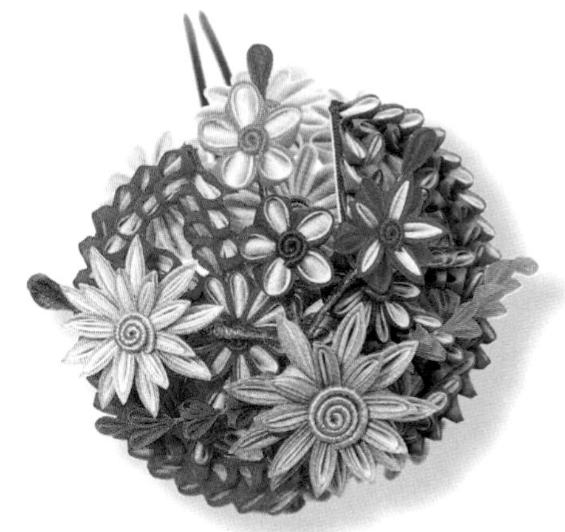

御所車

以平安時代以來，王公貴族所乘坐的牛車車輪為意象。紅色與紫色在當時都是禁色，平民不可穿著使用。

松竹梅

松竹梅是日本傳統的吉祥與喜慶象徵，源自於中國的「歲寒三友」。

第 2 章

藝術與顏色

本章精選江戶時代以後「世界知名的藝術作品」，並擷取出作品中所使用的顏色，變換成配色組合。從不同的角度，重新探索俵屋宗達、岡本太郎等，任何人都曾看過的畫作與浮世繪，或許會有全新的發現。

章節最後，以平安時代的貴族女子服裝「十二單」為主題，介紹風雅的色彩世界。當時的貴族認為，一整年皆依既定的「配色規範」穿著，是知性與教養的證明。

眾所周知的日本藝術作品配色

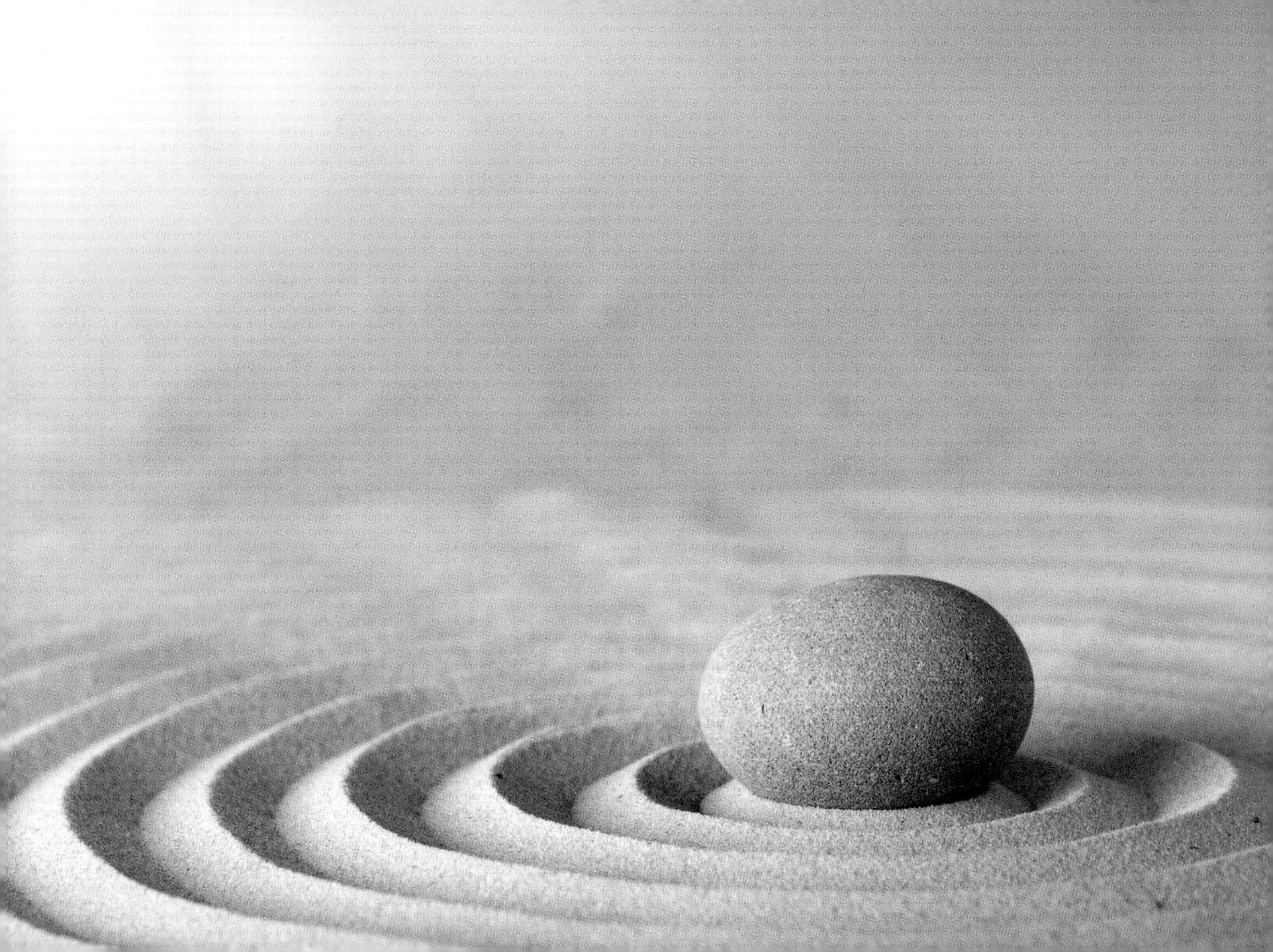

014
雷神

Folding Screens of Wind God and Thunder God

建仁寺所收藏的《風神雷神圖》，被視為俵屋宗達作品頂點的屏風畫，也是日本國寶之一。據說雷神由東北方向（鬼門）現身，而代表此一方位的干支為虎，因此他畫下了雷神身著虎皮兜襠布，手持牛角、正敲擊太鼓的模樣。

印象	強而有力、動態的、光與暗的
配色方式	有意識地拉高明暗對比
重點	以④⑤兩色來表現閃電

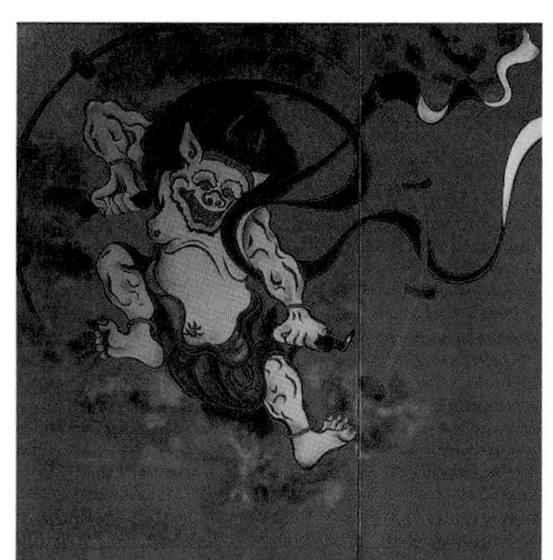

在日本傳統中，雷神常以紅鬼的形象出現。

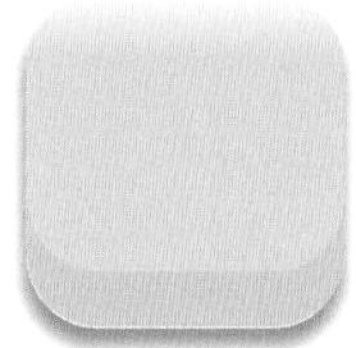

①雷神

らいじん

漢字寫做雷神，雷字也可讀做「ikaduchi」。

②天神

てんじん

雷神的別稱，自古以來便有天神信仰。

③雷雲

らいうん・かみなりぐも

可能會產生雷雨的積雨雲。

④駱駝色

らくだいろ

推古天皇時代首度傳入日本的顏色。

⑤狐色

きつねいろ

傳說中為稻荷神使者的狐狸毛皮之色。

⑥煉瓦色

れんがいろ

紅磚瓦色。明治之後才開始製造紅磚瓦。

⑦鬼門

きもん

陰陽道中鬼出入的方位。東北方。

⑧雷雨

らいう

意指伴隨著雷聲的激烈大雨。

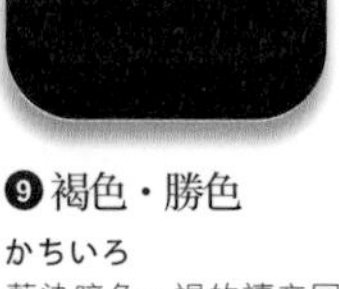

⑨褐色・勝色

かちいろ

藍染暗色。褐的讀音同勝，故深受武將喜愛。

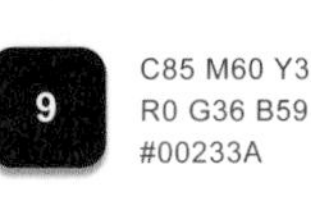

No.	CMYK	RGB	HEX
1	C5 M5 Y13 K5	R238 G235 B221	#EDEADC
2	C20 M23 Y25 K3	R208 G194 B183	#CFC1B7
3	C33 M20 Y30 K35	R137 G144 B135	#889086
4	C7 M27 Y65 K15	R214 G176 B93	#D6AF5C
5	C15 M40 Y80 K27	R179 G134 B51	#B28532
6	C25 M60 Y73 K35	R149 G91 B53	#945A34
7	C65 M65 Y67 K53	R66 G55 B49	#413730
8	C53 M33 Y50 K65	R63 G74 B62	#3E493E
9	C85 M60 Y35 K70	R0 G36 B59	#00233A

雙色配色 Two-colors combination

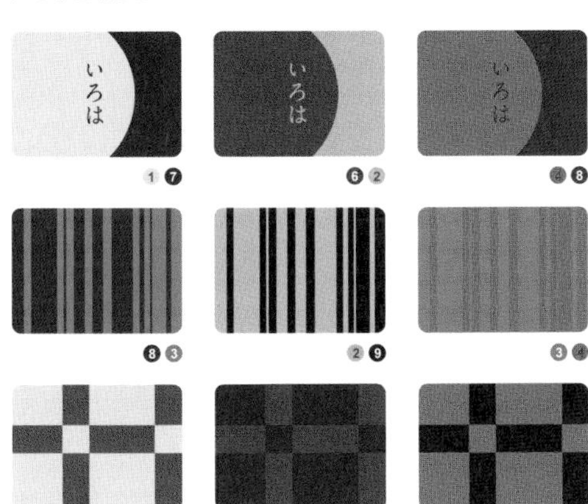

三色配色 Three-colors combination

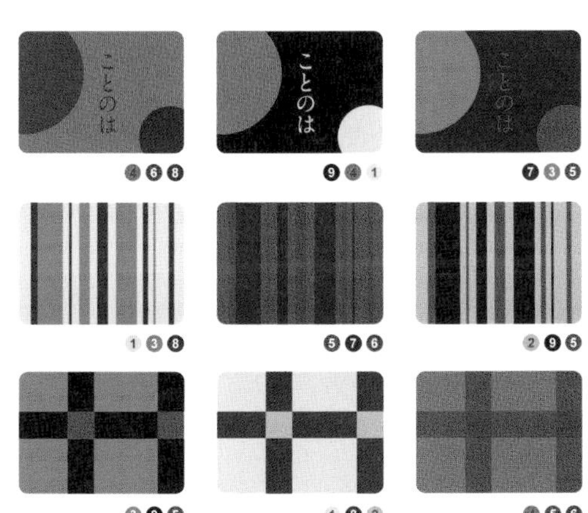

意匠設計 Design

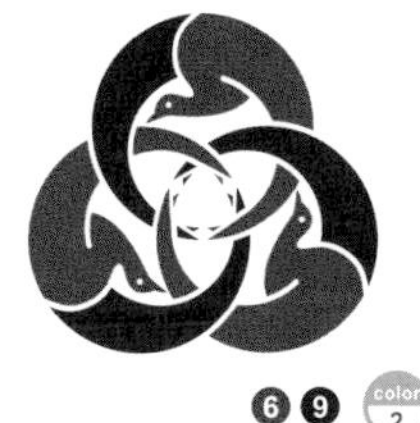

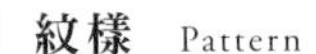

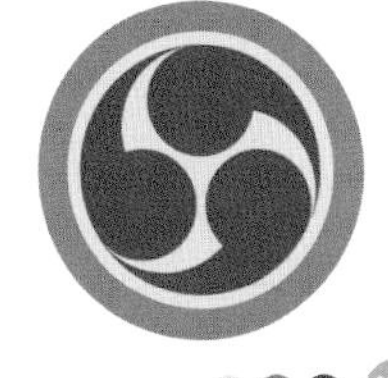

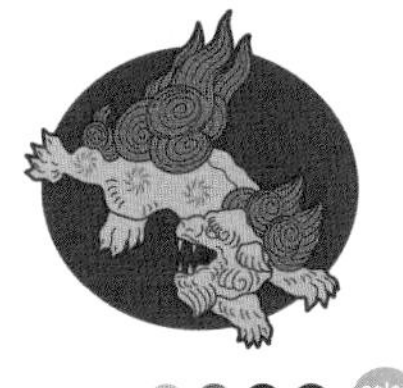

紋樣 Pattern

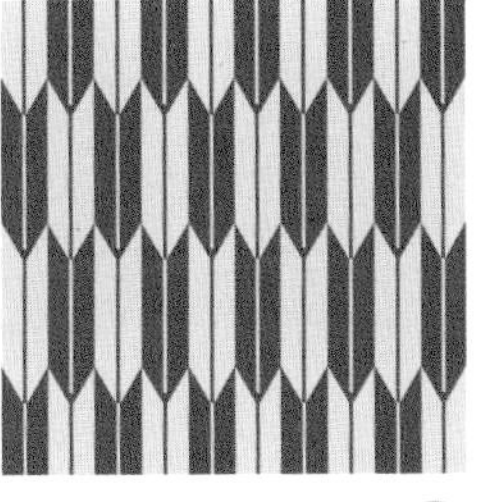

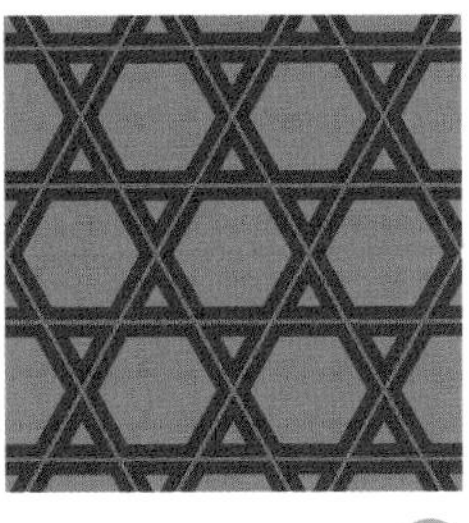

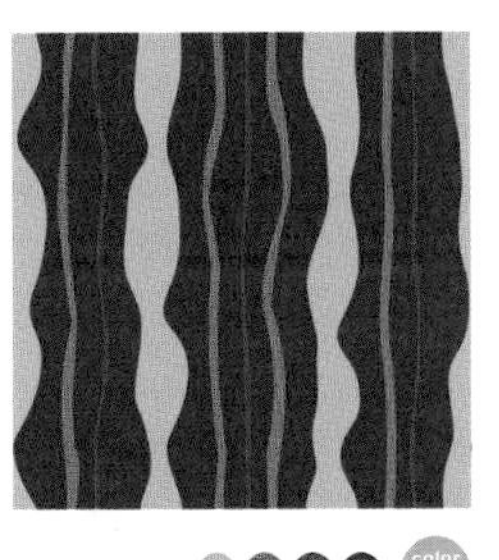

插畫 Illustration

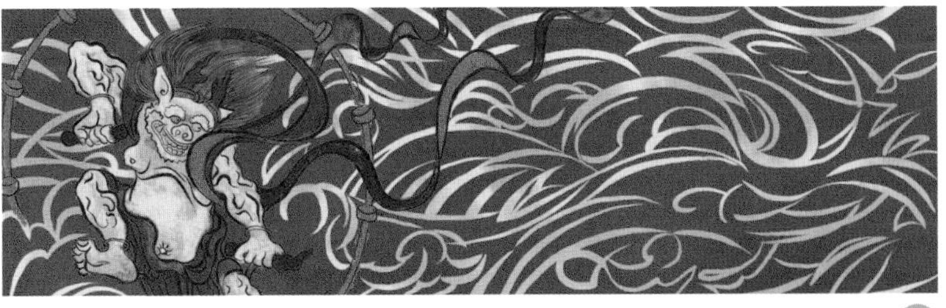

015

風神

Folding Screens of Wind God and Thunder God

與雷神成對，俵屋宗達《風神雷神圖》中的風神。畫中的風神雙手持風袋，正為下界帶來風雨。自古以來，常以藍色表現風神、紅色表現雷神，不過宗達改以綠色描繪風神、白色描繪雷神，彰顯出獨創性。兩神與金箔背景、銀泥之雲，共同呈現出完美的搭配。

印象	強而有力、狂亂的、古老的
配色方式	皆以深色調統一，色相卻是對比色
重點	綠色系①②與紅色系⑦⑧展現動態感

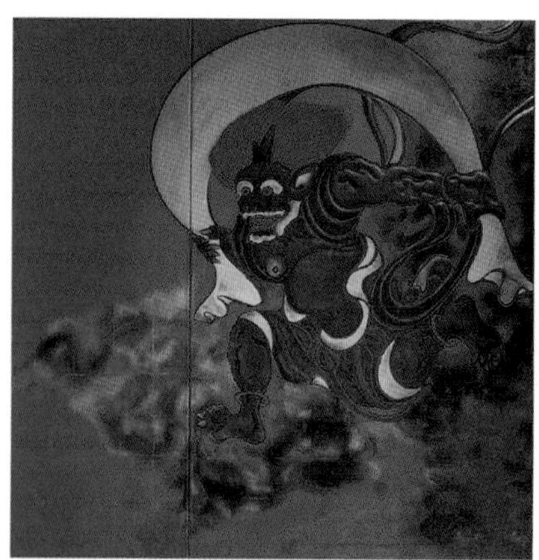

風神常以藍鬼的形象來表現。

❶風神

ふうじん

古事記與日本書紀中等同於志那都比古神。

❷古事記

こじき

現存最古老的日本史書。日本神話的源頭。

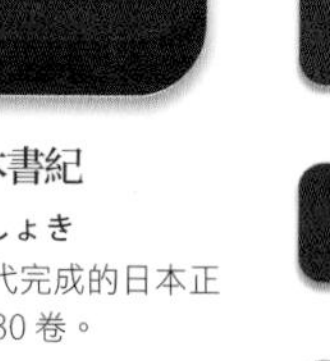

❸日本書紀

にほんしょき

奈良時代完成的日本正史，共 30 卷。

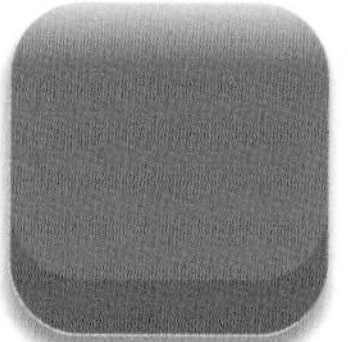

❹銀泥

ぎんでい

雲是以墨混合銀泥描繪而成。

❺鐵色

てついろ

鐵的顏色。偏暗的藍綠色。

❻鉛色

なまりいろ

鉛的顏色。明治時代後出現的新色名。

❼丹色

にいろ

「丹」是指當做顏料使用的紅土。

❽鏽色

さびいろ

鐵鏽般偏暗的紅褐色。

⑨胡粉色

ごふんいろ

貝殼粉末燒製而成的白色顏料。

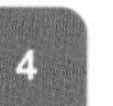

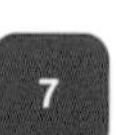

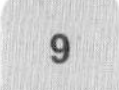

	CMYK	RGB	HEX
1	C60 M33 Y70 K5	R116 G143 B95	#738F5F
2	C65 M50 Y90 K20	R97 G104 B53	#606734
3	C57 M50 Y80 K40	R92 G87 B50	#5C5731
4	C50 M35 Y45 K13	R132 G141 B127	#838C7F
5	C85 M55 Y80 K40	R28 G73 B54	#1B4935
6	C25 M10 Y20 K87	R52 G55 B52	#343734
7	C17 M70 Y83 K0	R210 G105 B52	#D26834
8	C35 M80 Y100 K3	R175 G78 B33	#AE4E21
9	C5 M3 Y15 K10	R230 G230 B212	#E5E5D3

雙色配色 Two-colors combination

三色配色 Three-colors combination

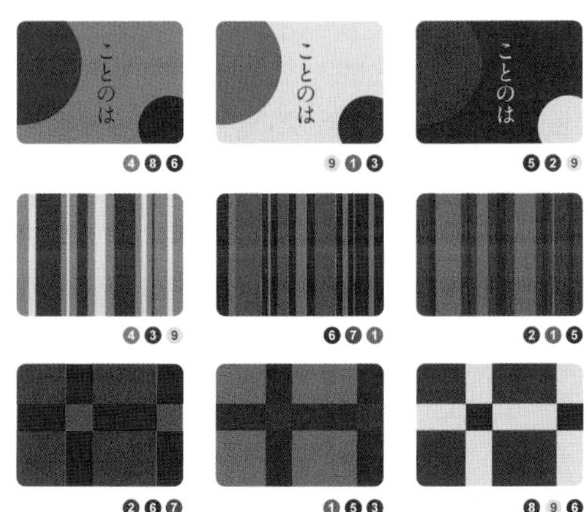

意匠設計 Design

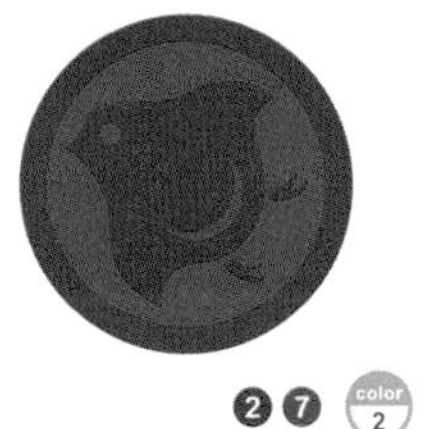

紋樣 Pattern

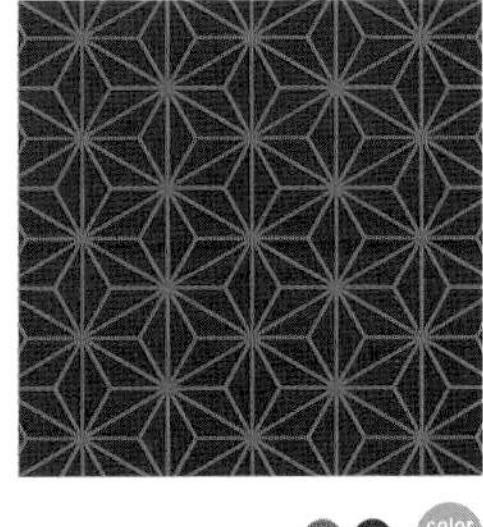

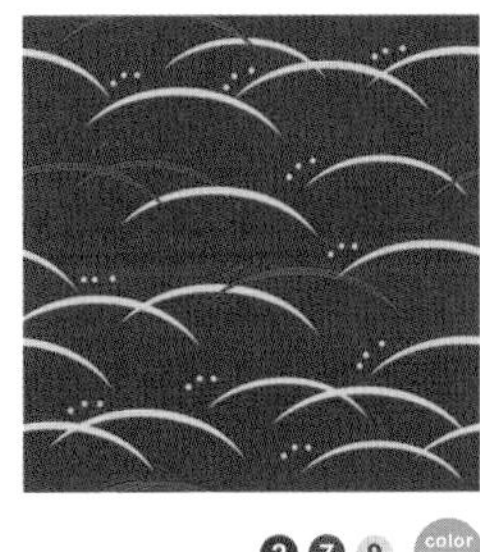

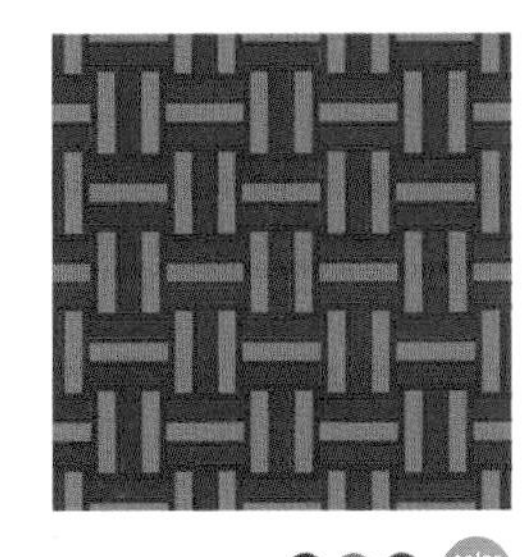

插畫 Illustration

016

北齋

Hokusai

《神奈川沖浪裏》是葛飾北齋《富嶽三十六景》系列作的其中一幅，同時也是最為人所熟知、揚名全世界的浮世繪作品。在大浪、船、富士山這三個構成要素中，大浪彷彿生物般吐出飛沫，具有壓倒性的存在感。

印象	傳統的、日本風情的、細膩的
配色方式	大量使用深淺不一的藍白主色
重點	以④～⑥輔助，展現出精妙配色

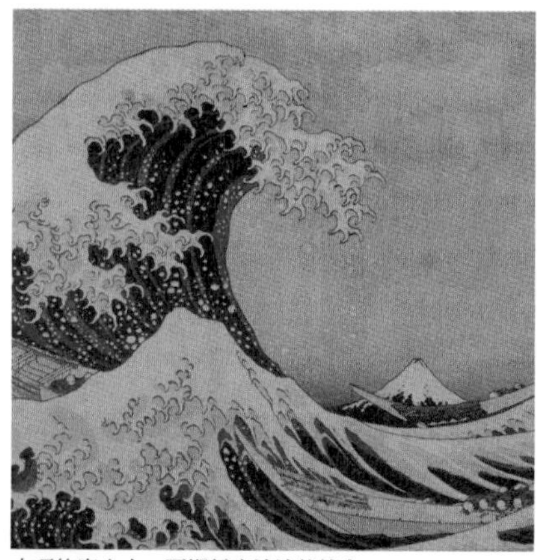

小巧的富士山，更襯托出波浪的魄力。

❶普魯士藍

べろあい

由外國進口的舶來礦物顏料。

❷藍色

あいいろ

蓼藍發酵後萃取而出的古老植物染料。

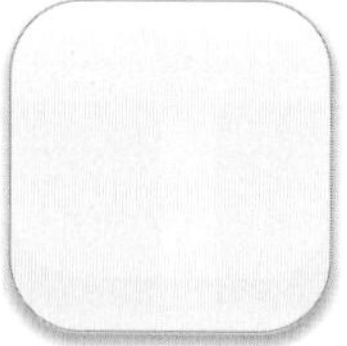

③大波

おおなみ

波浪內側是深淺不一的藍，飛沫則是白色。

④靈峰富士

れいほうふじ

對富士山抱持信仰之心時所用的稱呼。

⑤飛沫

しぶき

呈細碎顆粒狀、四處飛散的水珠。

⑥浮世

うきよ

帶有「現代風」「現世」意義的詞彙。

❼押送船

おしおくりぶね

將江戶周圍捕獲的漁獲，運往江戶的船。

❽鉛空

なまりぞら

被厚重雲層所覆蓋、沉悶陰暗的天空。

❾荒天

こうてん

好天氣稱為好天，不好的天氣則稱為荒天。

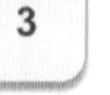
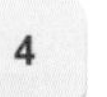
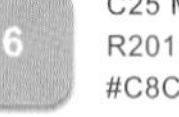

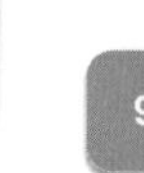

	CMYK	RGB	HEX
1	C80 M50 Y20 K0	R52 G114 B161	#3471A1
2	C90 M63 Y20 K10	R9 G86 B140	#09558C
3	C3 M3 Y7 K0	R250 G248 B240	#F9F7F0
4	C10 M7 Y5 K0	R234 G235 B239	#E9EAEE
5	C23 M10 Y13 K0	R205 G218 B219	#CDD9DB
6	C25 M23 Y23 K0	R201 G194 B189	#C8C1BC
7	C30 M25 Y40 K25	R158 G153 B130	#9D9981
8	C30 M13 Y15 K35	R141 G156 B160	#8D9B9F
9	C13 M5 Y3 K40	R161 G168 B174	#A1A7AD

雙色配色 Two-colors combination

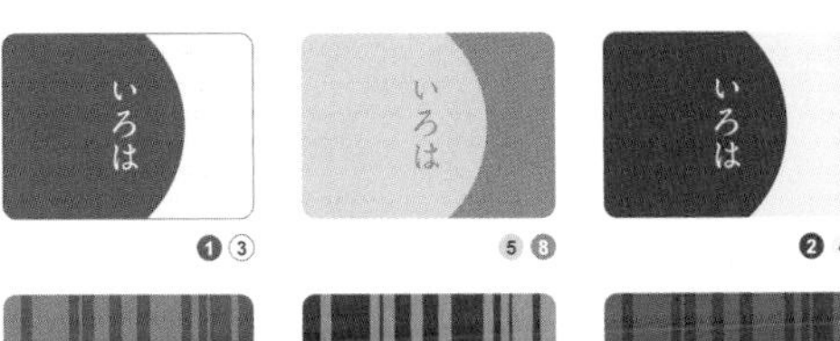

1 3　5 8　2 4

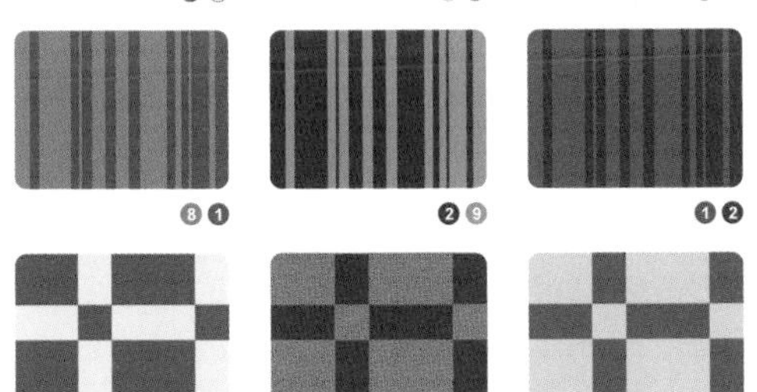

8 1　2 9　1 2

1 4　7 2　5 1

三色配色 Three-colors combination

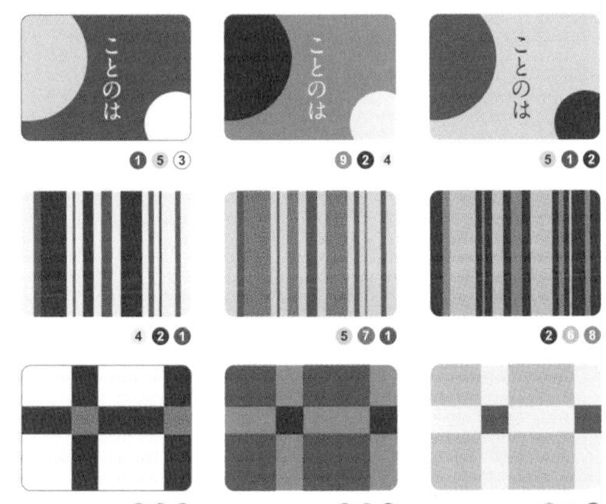

1 5 3　9 2 4　5 1 2

4 2 1　5 7 1　2 6 8

3 2 7　1 9 2　6 4 1

意匠設計 Design

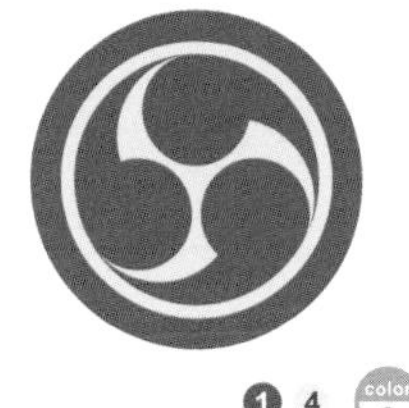

1 4 color 2

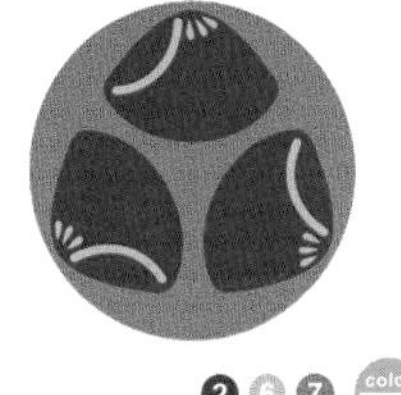

2 6 7 color 3

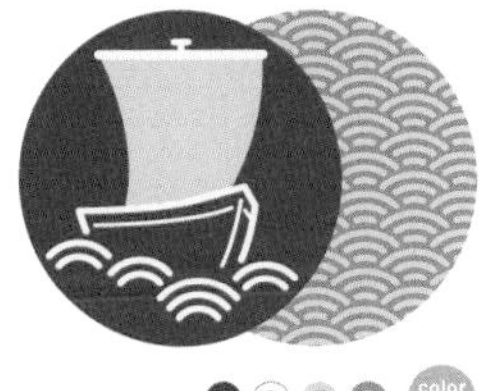

2 3 5 8 color 4

紋樣 Pattern

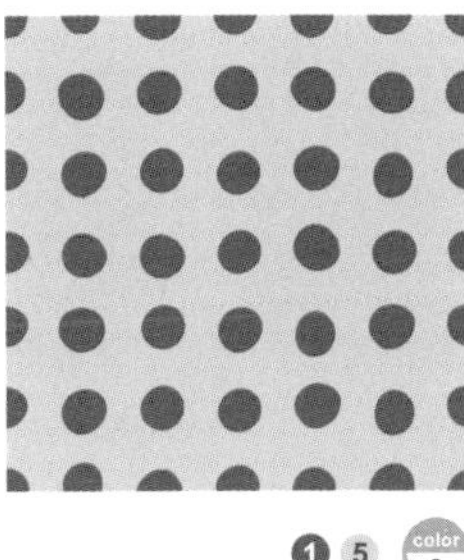

1 5 color 2

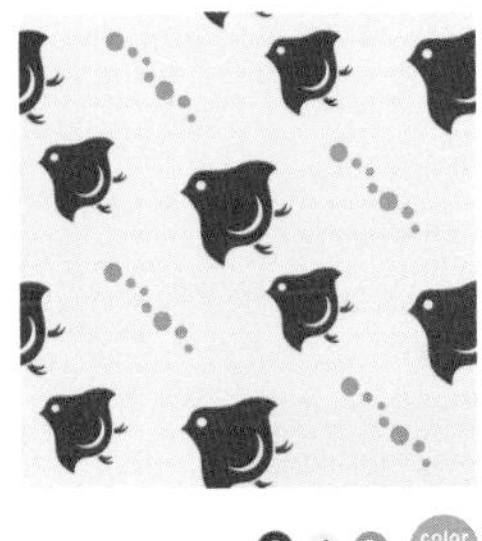

2 4 9 color 3

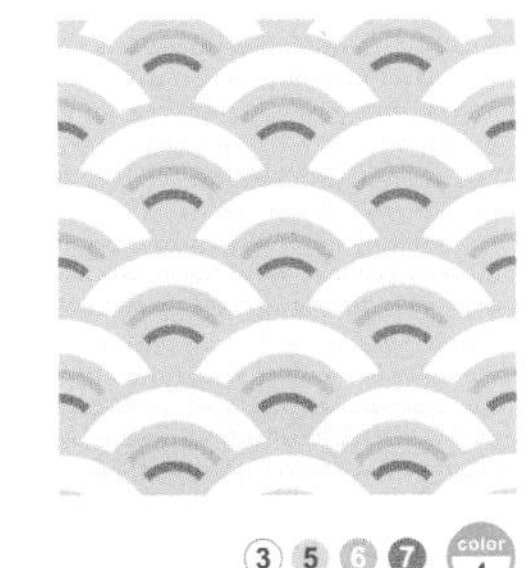

3 5 6 7 color 4

插畫 Illustration

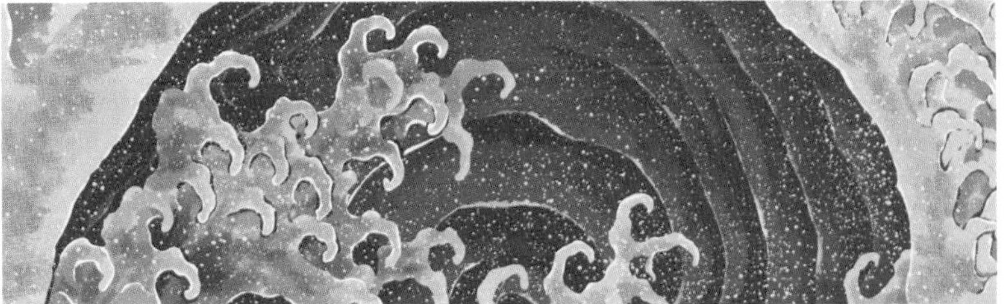

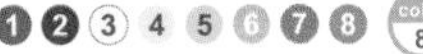

1 2 3 4 5 6 7 8 color 8

017
寫樂

Sharaku

東洲齋寫樂是充滿謎團的浮世繪師。他在短短 10 個月的期間裡，一口氣發表了將近 150 件作品，接著卻忽然失去了蹤影。他的作品以描繪歌舞伎演員的「役者繪」為中心，將演員的性格與特徵，大膽地轉化甚至變形。這類的畫風稱為「大首繪」。

印象	精鍊的、深沉的、時尚的
配色方式	以茶色、灰色的漸層表現配色
重點	有意識地製造明暗對比，效果會很棒

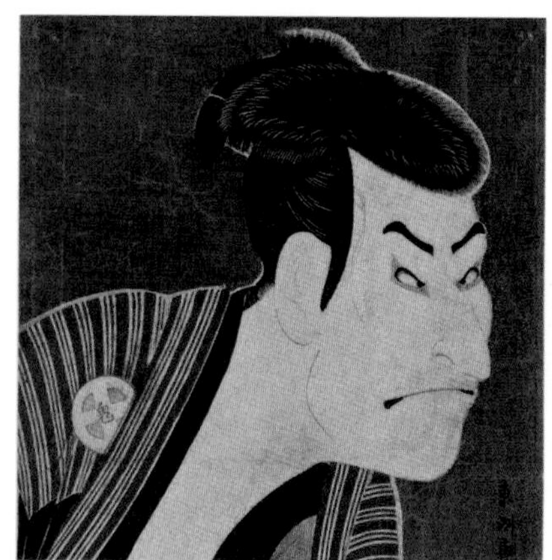

寫樂的《三代目大谷鬼次的奴江戶兵衛》。

① 砥粉色
とのこいろ
以砥石磨利刀刃時所磨出的粉。

② 石板色
せきばんいろ
板岩薄片。近代用於屋頂材料。

③ 海老茶
えびちゃ
江戶時代色名。明治時女學生褲裙的顏色。

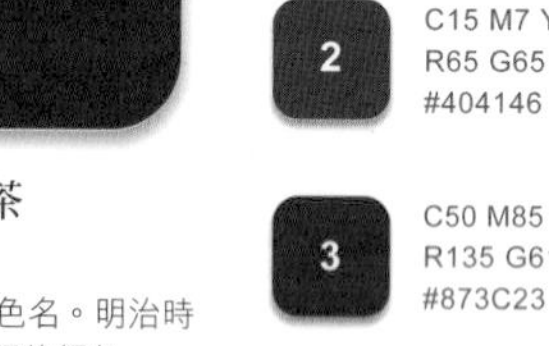

④ 赤墨
あかずみ
帶有紅色，予人溫暖穩重之感的黑色。

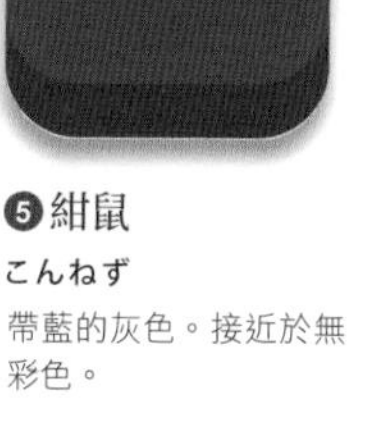

⑤ 紺鼠
こんねず
帶藍的灰色。接近於無彩色。

⑥ 空五倍子色
うつぶしいろ
用來塗黑牙齒，有預防蛀牙的效果。

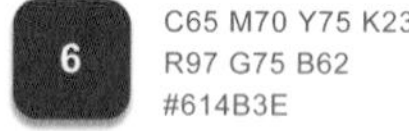

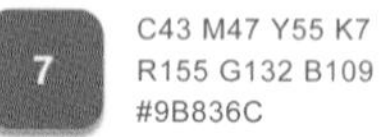

⑦ 澀茶
しぶちゃ
帶灰的深沉褐色，以「澀」字形容。

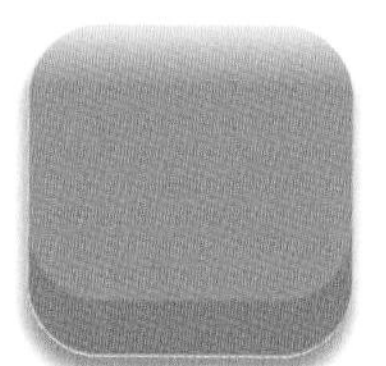

⑧ 鴇色鼠
ときいろねず
現為天然紀念物的朱鷺，江戶時隨處可見。

⑨ 翁茶
おきなちゃ
老年人的白髮般，帶著微微褐色的顏色。

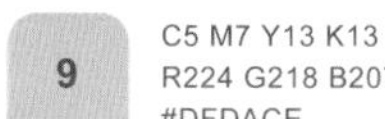

	CMYK	RGB	HEX
1	C5 M7 Y17 K0	R245 G238 B218	#F4EDD9
2	C15 M7 Y0 K85	R65 G65 B70	#404146
3	C50 M85 Y100 K15	R135 G61 B36	#873C23
4	C0 M40 Y40 K90	R63 G33 B19	#3E2012
5	C25 M27 Y0 K75	R78 G72 B87	#4E4757
6	C65 M70 Y75 K23	R97 G75 B62	#614B3E
7	C43 M47 Y55 K7	R155 G132 B109	#9B836C
8	C15 M33 Y35 K5	R214 G176 B155	#D5B09A
9	C5 M7 Y13 K13	R224 G218 B207	#DFDACE

雙色配色 Two-colors combination

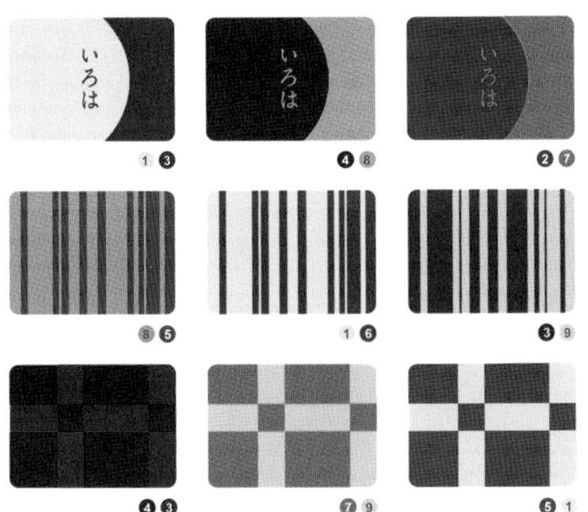

三色配色 Three-colors combination

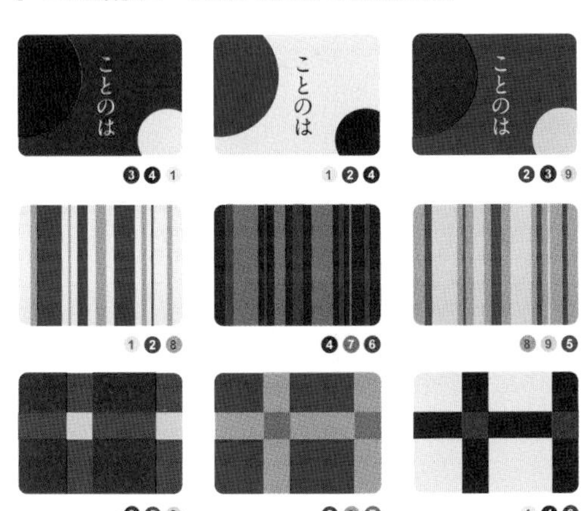

意匠設計 Design

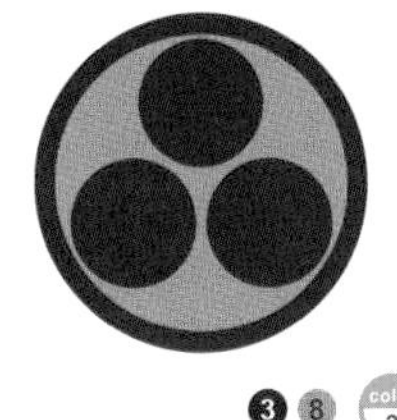

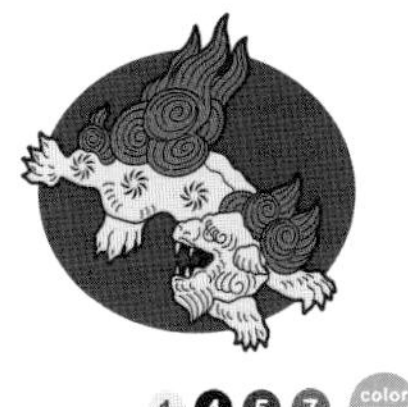

紋樣 Pattern

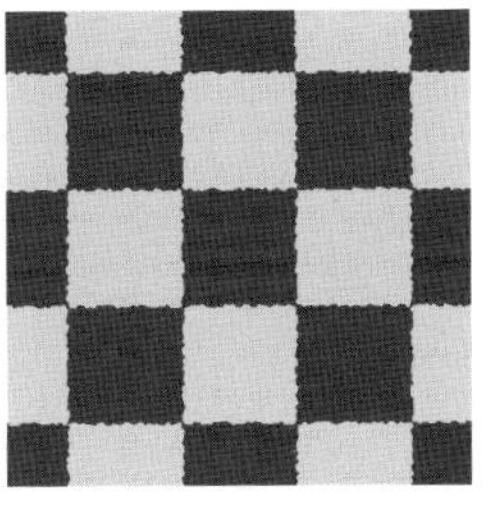

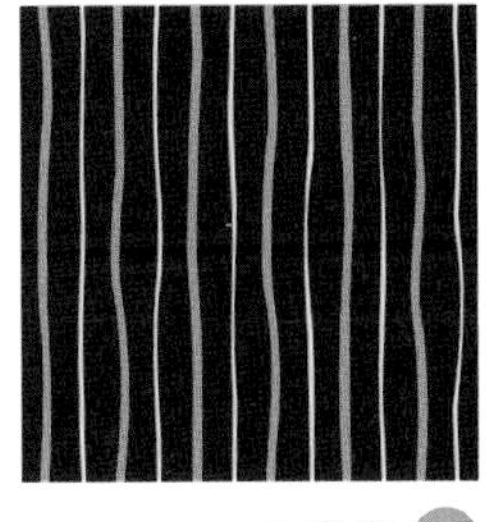

插畫 Illustration

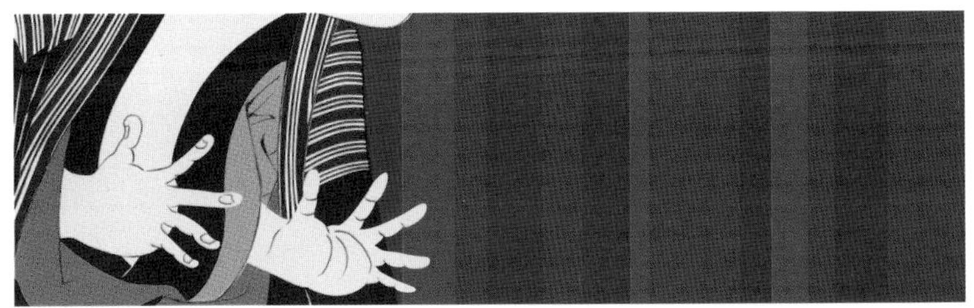

018

竹久夢二

Yumeji Takehisa

「大正浪漫」風格的代表畫家。夢二描繪了數量眾多的美人畫，其畫風被稱為「夢二式美人畫」。他不僅以畫家身分活動，也創作詩與童話，並活躍於書籍裝幀、廣告宣傳品、日用雜貨設計等諸多領域。夢二的詩作《宵待草》更有譜曲，曾經風靡一世。

印象	風情萬種的、夢幻的、洗練的
配色方式	以低彩度中間色為中心，進行搭配
重點	將④～⑥作為配合色※大量使用

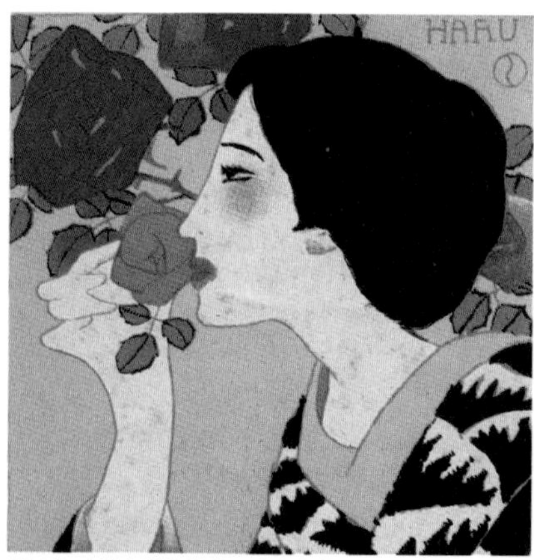

夢二的《新家庭繪葉書　由春向秋 HARU》。

❶日用雜貨

にちようざっか

日常生活所需要的各色物品。

❷一世風靡

いっせいふうび

於某時代掀起一陣壓倒性的流行風潮。

❸白肌

しらはだ

彷彿透明般白皙細緻的膚色。

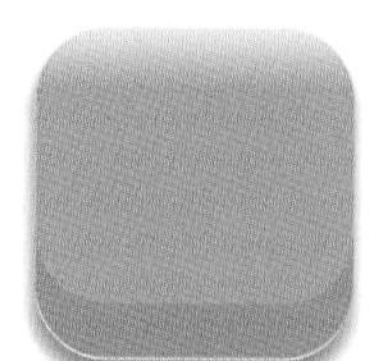

❹乙女色

おとめいろ

給人溫柔婉約的印象，偏黃的粉紅色。

❺桃紅色

ももべにいろ

比桃色偏黃，相當華麗的顏色。

❻薔薇

そうび

玫瑰之意。來自中國，曾在枕草子中登場。

❼甘味處

かんみどころ

夢二熱愛甜食，常和情人一同前往甘味處。

❽摩登女孩

もだん・がーる

當代女性。大正末年至昭和初期的流行語。

❾辮子

おさげがみ

明治、大正時代女學生的經典髮型。

1 C30 M17 Y35 K0 R191 G198 B172 #BEC6AB

2 C17 M15 Y30 K0 R219 G212 B184 #DBD4B8

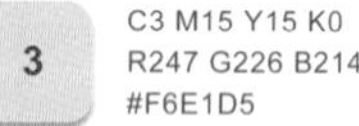

3 C3 M15 Y15 K0 R247 G226 B214 #F6E1D5

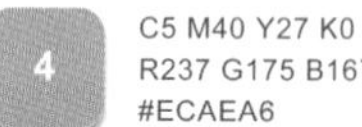

4 C5 M40 Y27 K0 R237 G175 B167 #ECAEA6

5 C15 M67 Y50 K0 R213 G112 B105 #D56F68

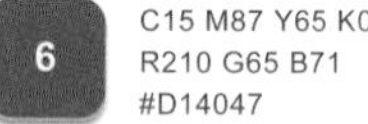

6 C15 M87 Y65 K0 R210 G65 B71 #D14047

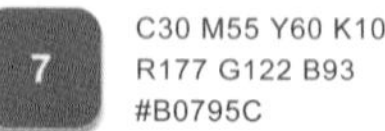

7 C30 M55 Y60 K10 R177 G122 B93 #B0795C

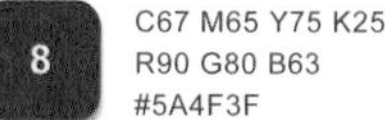

8 C67 M65 Y75 K25 R90 G80 B63 #5A4F3F

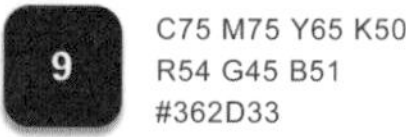

9 C75 M75 Y65 K50 R54 G45 B51 #362D33

※配合色：指負責連結基色與強調色的顏色。在配色中，使用面積僅次於基色。

雙色配色 Two-colors combination

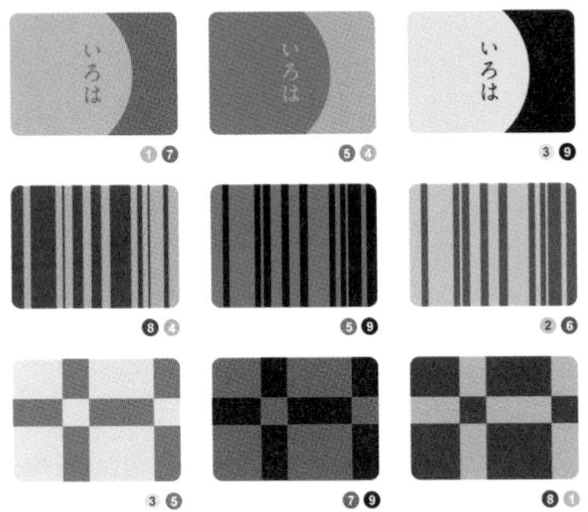

三色配色 Three-colors combination

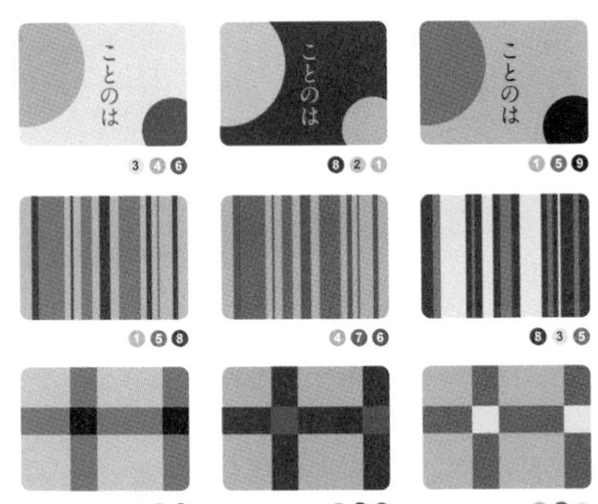

意匠設計 Design

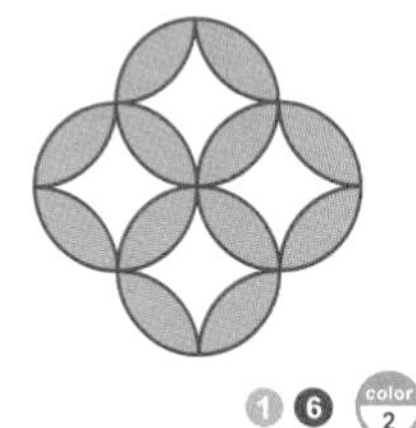
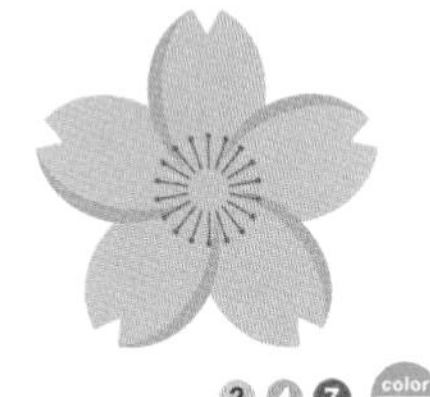
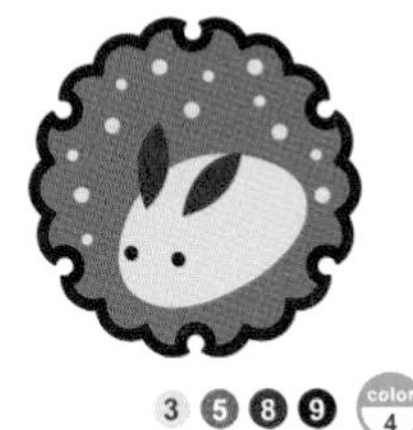

1 6 color 2　2 4 7 color 3　3 5 8 9 color 4

紋樣 Pattern

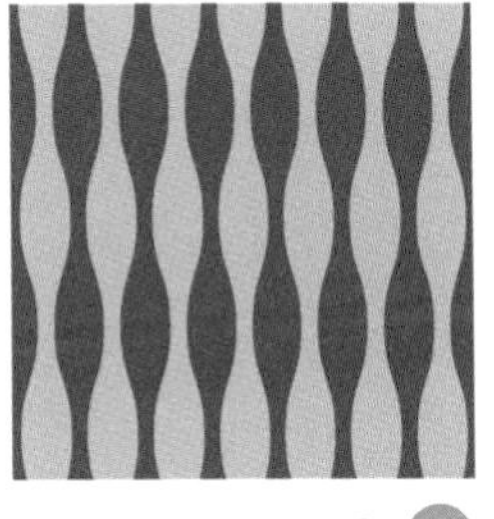

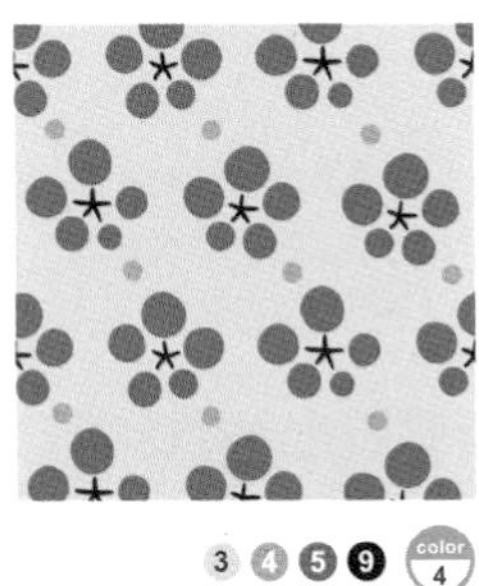

2 6 color 2　1 4 8 color 3　3 4 5 9 color 4

插畫 Illustration

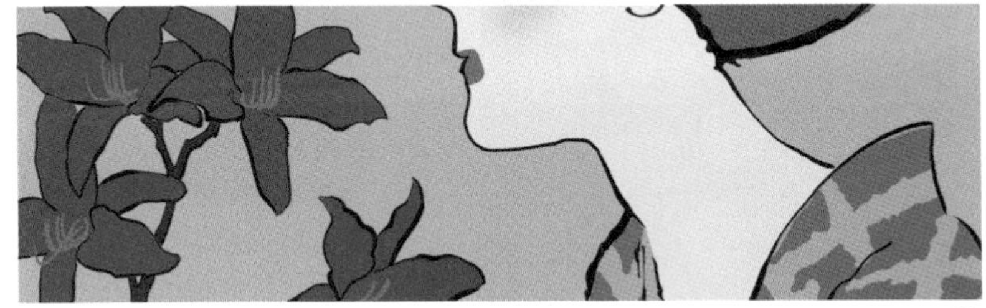

1 2 3 4 5 7 9 color 7

019

岡本太郎

Taro Okamoto

1970 年的大阪萬國博覽會中，散發強烈存在感的《太陽之塔》，以及 1968～69 年的《明日的神話》，皆為岡本太郎的代表作。他在 80 年代常參與電視節目演出，創造出許多流行語，並因不受既有觀念束縛的生活之道與言論，到晚年都極受矚目。

印象	有魄力的、激烈的、強而有力的
配色方式	選擇深暗色系做為配色的底色
重點	利用高彩度的紅橙黃綠白做為點綴

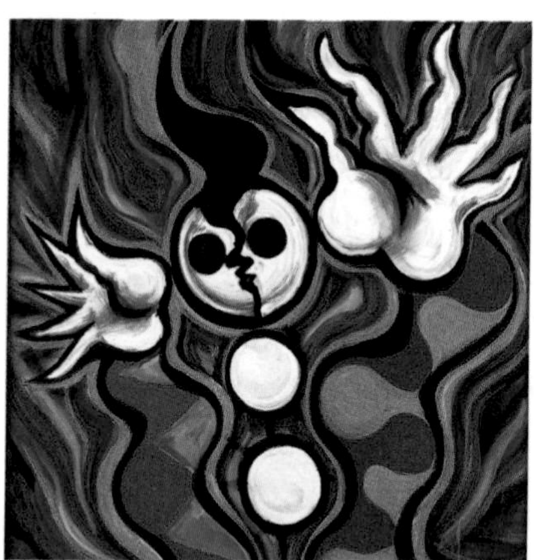

岡本太郎美術館所藏的《喜悅》。

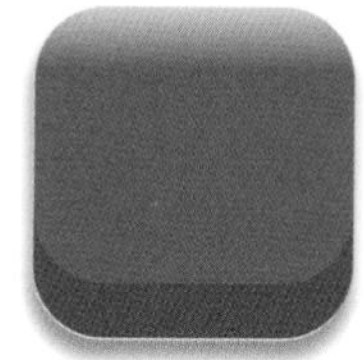

❶這是什麼東西！

なんだ、これは

岡本太郎在節目中的臺詞，成為流行語。

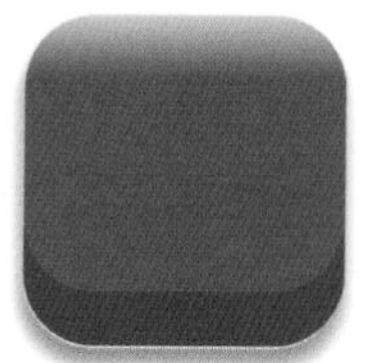

❷流洩

ながれ

以作品背景流洩的能量為意象。

❸明日的神話

あすのしんわ

澀谷站內以反戰為主題的大型壁畫。

❹法蘭西

ふらんす

邁入 20 歲時，在法國待了 10 年左右。

❺太陽之塔

たいようのとう

高度為 70m，最頂端有個黃金顏面。

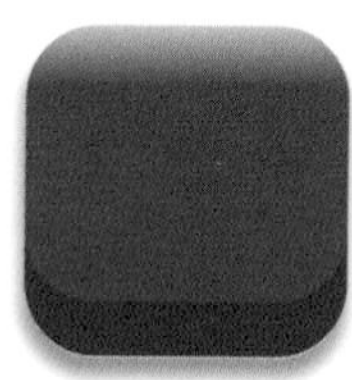

❻南青山

みなみあおやま

私宅兼工作室，現為岡本太郎紀念館。

❼藝術即為爆發！

げいじゅつはばくはつだ

1980 年代初期成為話題的發言。

❽太陽

たいよう

日本以紅色象徵太陽。國際上多為黃色。

❾喜悅

よろこび

如光環般圍繞作品中人物的黃色。

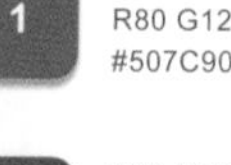

1 C45 M0 Y0 K55 R80 G124 B144 #507C90

2 C33 M13 Y0 K65 R87 G100 B116 #566474

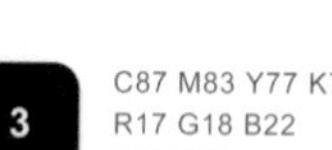

3 C87 M83 Y77 K70 R17 G18 B22 #111115

4 C83 M73 Y0 K0 R63 G77 B159 #3E4D9E

5 C13 M1 Y1 K0 R228 G243 B251 #E3F2FB

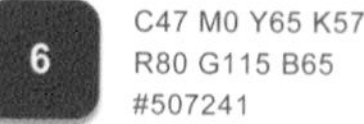

6 C47 M0 Y65 K57 R80 G115 B65 #507241

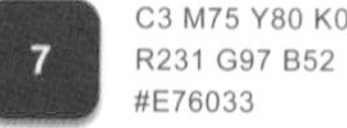

7 C3 M75 Y80 K0 R231 G97 B52 #E76033

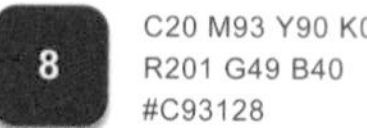

8 C20 M93 Y90 K0 R201 G49 B40 #C93128

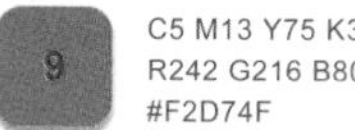

9 C5 M13 Y75 K3 R242 G216 B80 #F2D74F

雙色配色 Two-colors combination

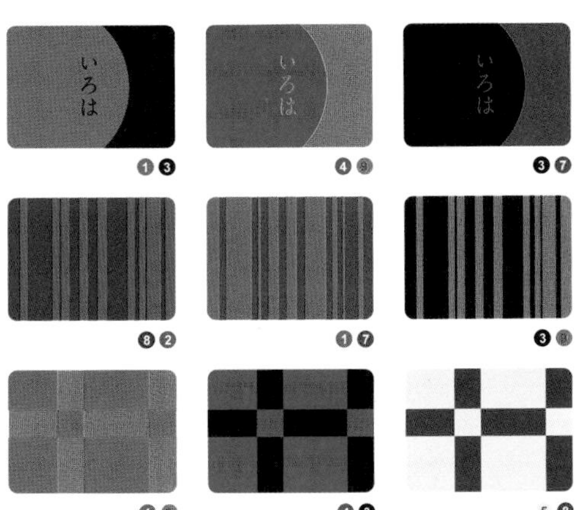

三色配色 Three-colors combination

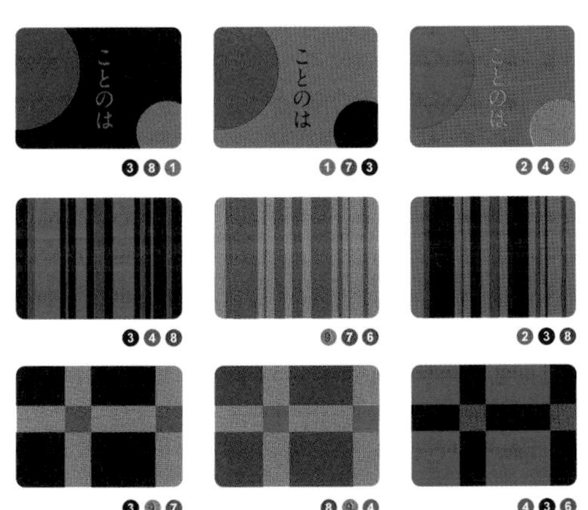

意匠設計 Design

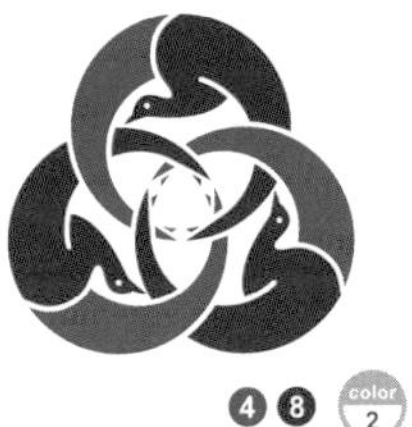

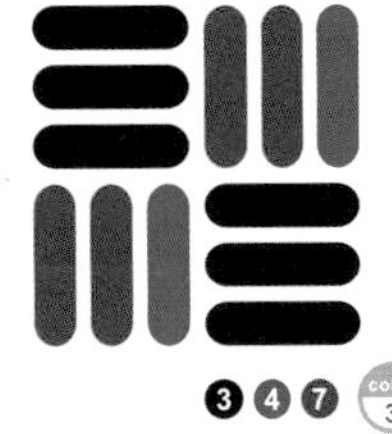

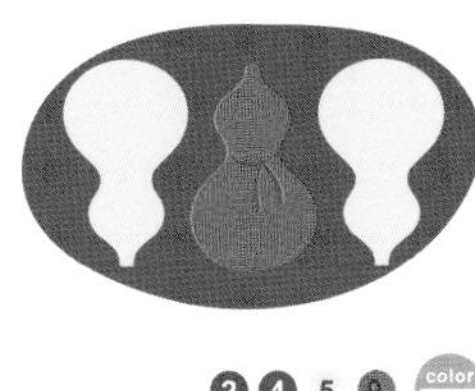

紋樣 Pattern

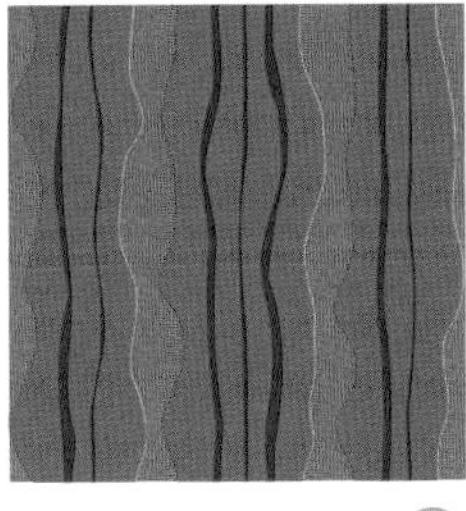

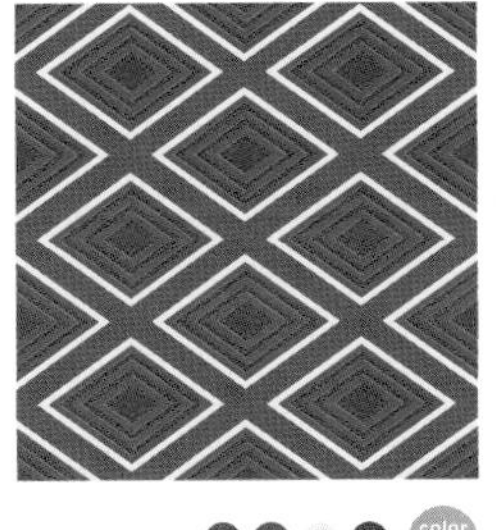

插畫 Illustration

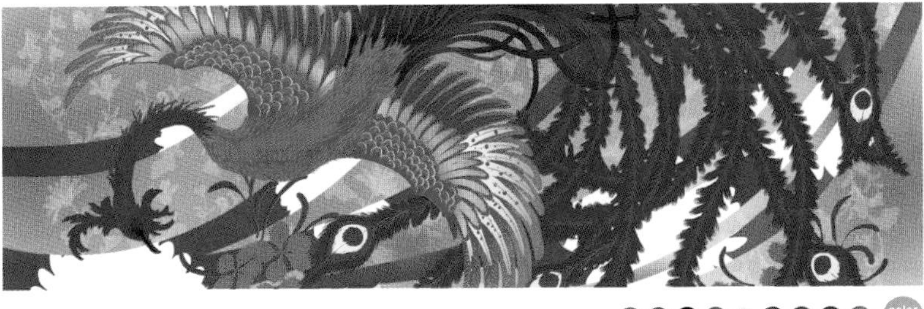

020
紅梅匂

Koubai-no-Nioi, (Twelve-layered Kimono)

平安貴族女官的服飾十二單（重疊十二層的傳統服飾），其配色被稱為「襲色目」。下方圖片中的「襲色目」名為紅梅，是《源氏物語》中也曾登場的代表性配色。古代在不同的季節，既定服飾也不同，平安後期的《滿左須計裝束抄》中，留有詳細的記錄。

印象	華麗的、女性氛圍、美麗的
配色方式	同色相配色典型，組合深淺不一的紅色
重點	注意別讓顏色間的界線曖昧不清

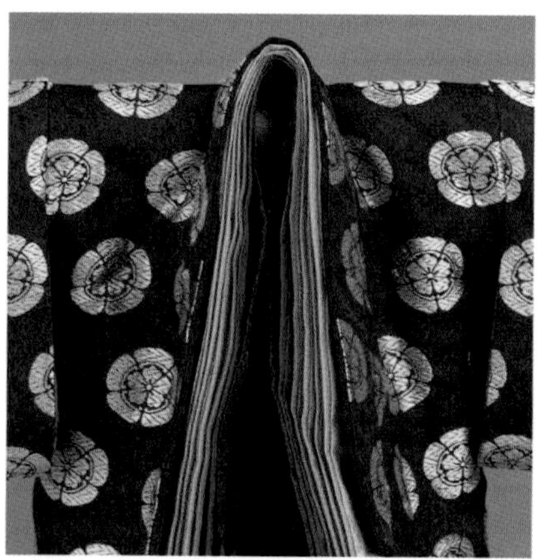

日文的「匂い」，指同色系的漸層配色。

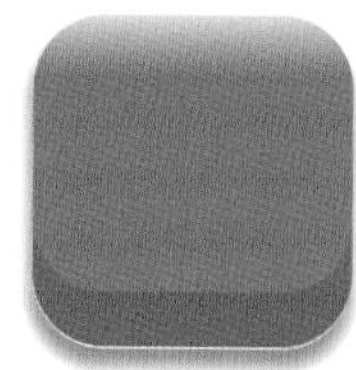

❶傾心

こころよす

對某人有好感，且特別關心。

❷焦慮

もえこがる

對意中人的戀慕之情，令人心焦難耐。

❸蘇芳

すおう

以豆科落葉灌木蘇芳所染成的顏色。

4 深尋

おくゆかし

內心十分在意，想知道更多意中人的消息。

5 羞赧

おもはゆい

害羞、難為情之意。

6 薄花櫻

うすはなざくら

表現比櫻花顏色更淺的紅色色名。

7 一重梅

ひとえうめ

明亮的紅梅色。與紅梅相關的色名很多。

8 御所染

ごしょぞめ

江戶寬永年間，流行於仕女間的顏色。

❾長春色

ちょうしゅんいろ

長春花又名月季。始於明治後的新色名。

1 C0 M60 Y35 K10 R224 G125 B125 #DF7C7C

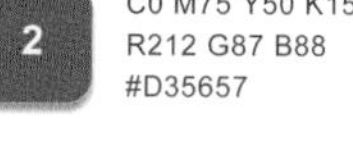

2 C0 M75 Y50 K15 R212 G87 B88 #D35657

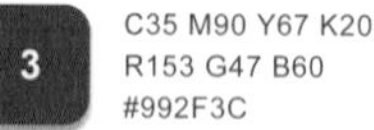

3 C35 M90 Y67 K20 R153 G47 B60 #992F3C

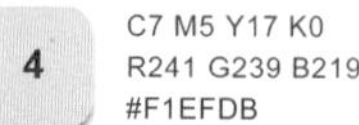

4 C7 M5 Y17 K0 R241 G239 B219 #F1EFDB

5 C0 M15 Y7 K0 R252 G229 B228 #FBE4E4

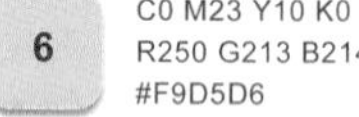

6 C0 M23 Y10 K0 R250 G213 B214 #F9D5D6

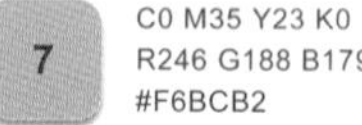

7 C0 M35 Y23 K0 R246 G188 B179 #F6BCB2

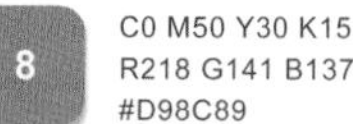

8 C0 M50 Y30 K15 R218 G141 B137 #D98C89

9 C0 M70 Y40 K30 R187 G85 B91 #BA545B

※本篇①～⑨的色名，包含由古代沿襲至今、後世出現與為了擴大讀者想像而創作的色名。

雙色配色 Two-colors combination

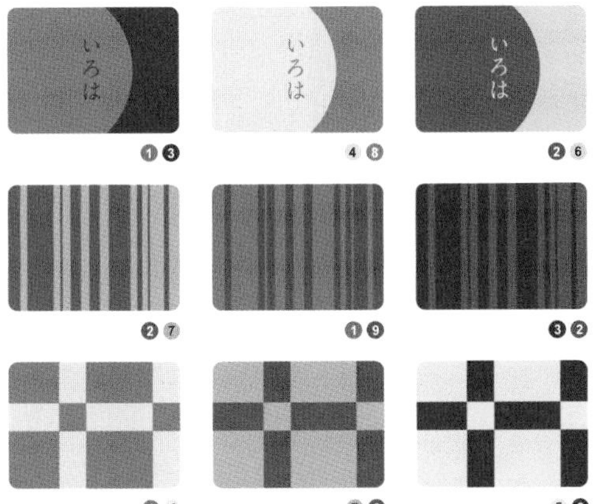

三色配色 Three-colors combination

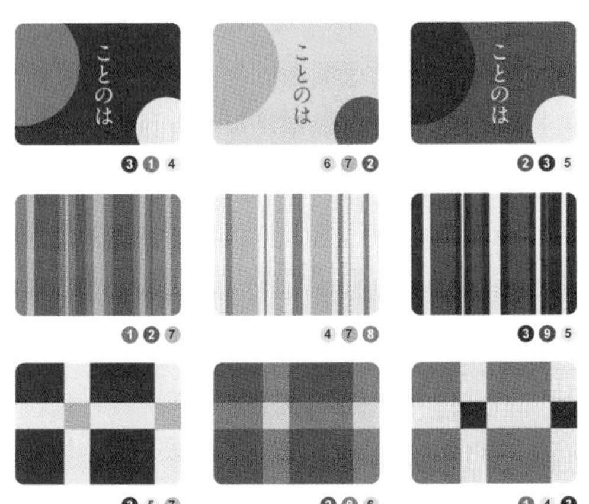

意匠設計 Design

紋樣 Pattern

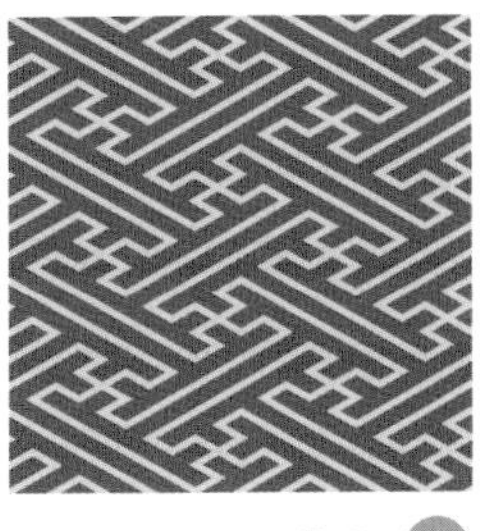

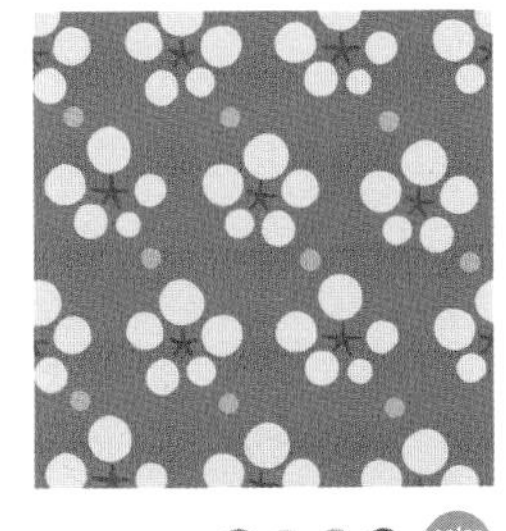

插畫 Illustration

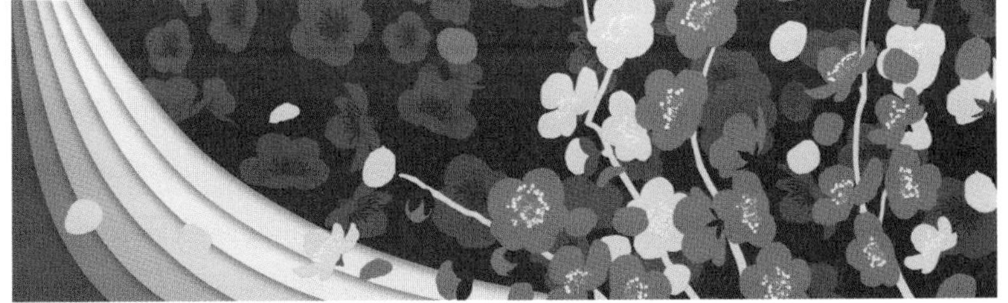

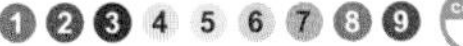

021

紫薄樣

Murasaki-no-Usuyo, (Twelve-layered Kimono)

名為「紫薄樣」的襲色目，曾在《源氏物語》出現，是明石上所穿著的衣飾。「梅枝蝶鳥飛舞／見明石姬著唐風白袿衣／披掛於明豔濃紫衣外／紫姬倍覺可恨」。紫薄樣是五節（奈良時代後，以五節舞為中心的宮中儀式）後到春天這段期間所穿的衣飾。

印象	典雅的、高雅的、低調的
配色方式	大面積使用高明度、低彩度的紫色
重點	少量使用⑦～⑨來整合配色

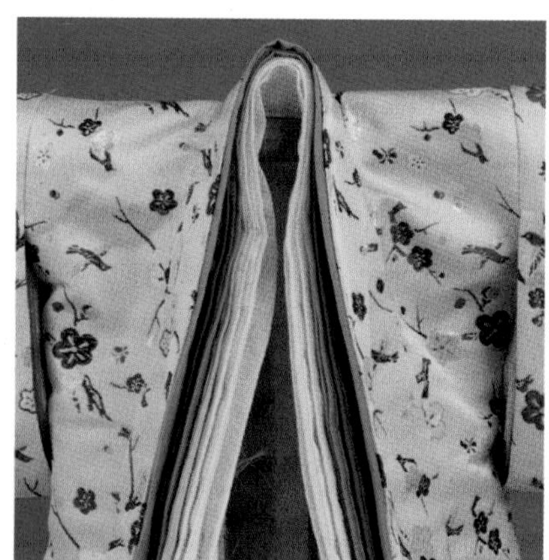

「薄樣」指越往裏層顏色越淡，最內兩層單為白色。

① 姿容秀麗

みめうるわしい

容貌與儀態均十分美麗之意。

② 止事無

やんごとない

「特別」之意。意指身分或地位高貴。

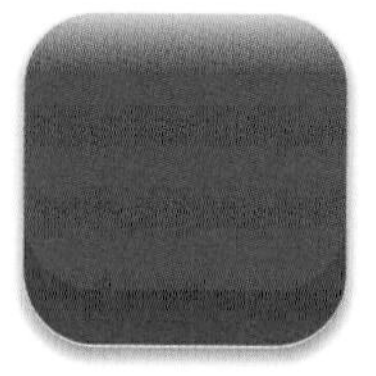

❸ 京紫

きょうむらさき

比江戶紫更偏紅的紫色。

④ 朦朧

ほのめく

只能微微看見。微微現身之意。

⑤ 飄盪

たゆたう

浮於水面之上。或指煙霧飄動的樣子。

⑥ 薄色

うすいろ

明亮的紫色。平安時代的「色」即為紫色。

❼ 葵色

あおいいろ

蜀葵花色。在重色目中，是夏天的配色。

❽ 紫苑色

しおんいろ

紫苑花色。在重色目中，是秋天的配色。

❾ 深紫

ふかむらさき

在飛鳥時代的冠位十二階中，象徵最高位階。

1 C5 M13 Y13 K0 / R243 G228 B219 / #F3E3DB

2 C7 M17 Y17 K10 / R223 G205 B195 / #DFCCC2

3 C50 M75 Y45 K0 / R147 G85 B108 / #93556C

4 C0 M3 Y8 K1 / R254 G249 B238 / #FEF8EE

5 C0 M3 Y8 K7 / R244 G239 B229 / #F3EFE5

6 C10 M20 Y3 K0 / R231 G212 B228 / #E7D4E3

7 C40 M60 Y10 K0 / R167 G117 B165 / #A675A5

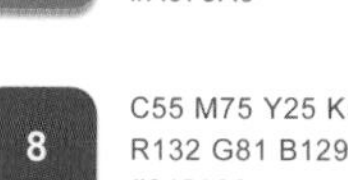

8 C55 M75 Y25 K5 / R132 G81 B129 / #845080

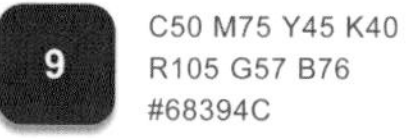

9 C50 M75 Y45 K40 / R105 G57 B76 / #68394C

※本篇①～⑨的色名，包含由古代沿襲至今、後世出現與為了擴大讀者想像而創作的色名。

雙色配色 Two-colors combination

三色配色 Three-colors combination

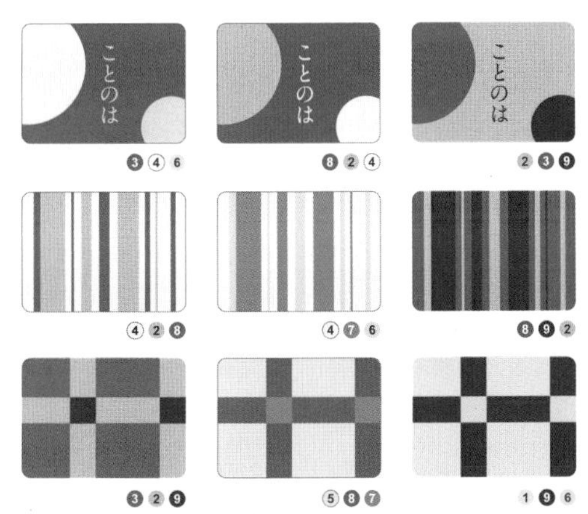

意匠設計 Design

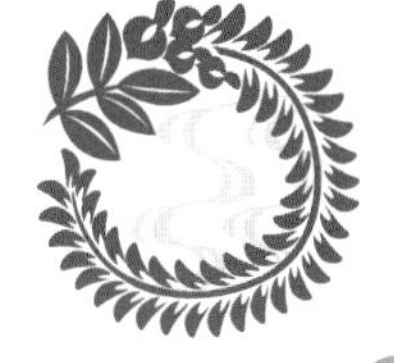

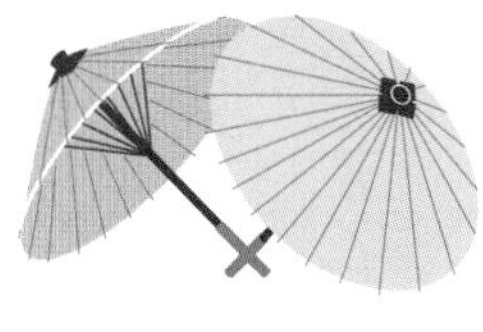

紋樣 Pattern

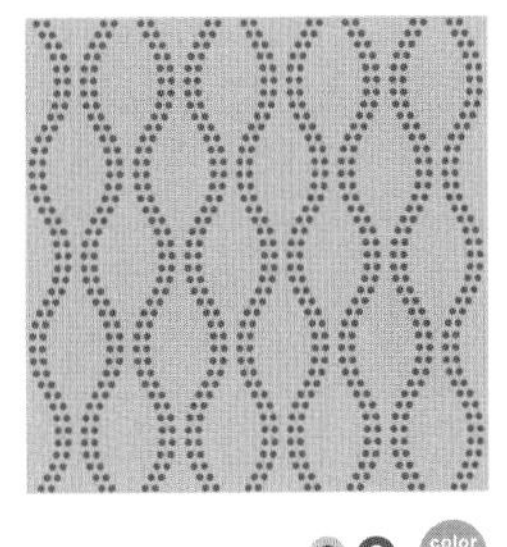

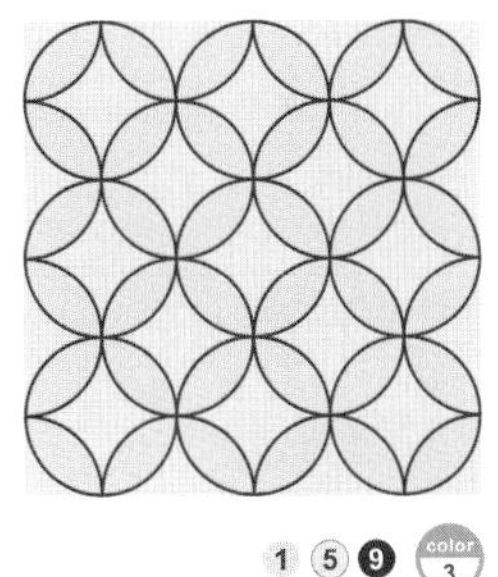

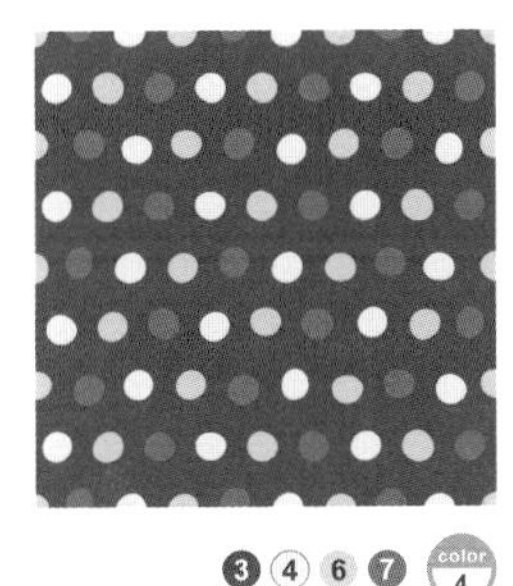

插畫 Illustration

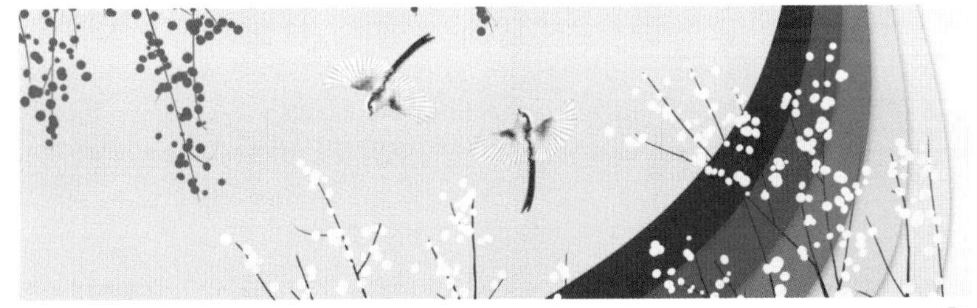

022 紅薄樣

Kurenai-no-Usuyo, (Twelve-layered Kimono)

紅薄樣也是襲色目的名稱。貴族女官裝束的固定配色，日文讀音為「Kasaneirome」，若漢字寫做「重色目」而非「襲色目」時，指的是將兩件薄絹衣物重疊穿著時，外層和內層的顏色組合。這樣的配色組合，有著紅梅、葵、落栗※等風雅的名字。

印象	楚楚動人、有透明感的、稚嫩的
配色方式	以淡色調緩和紅色與藍色的對比
重點	深藍搭配淡紅色、深紅搭配淡藍色

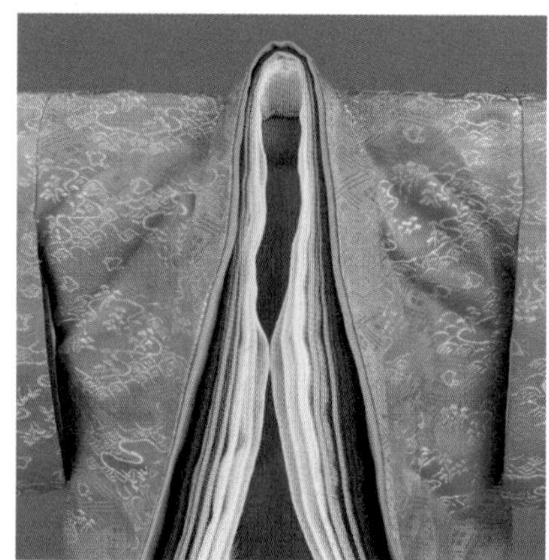

不同於紫色薄樣的色相，此為紅色薄樣。

① 水色

みずいろ

澄澈的水色。此色名代表的顏色範圍很廣。

② 淺縹

あさきはなだ

明亮的縹色（淡藍色）。明亮而寧靜的藍色。

③ 花色

はないろ

鴨跖草的花色。也有人將縹色稱為花色。

④ 冰色

こおりいろ

像冰一般令人感到寒冷的白色。

⑤ 真珠色

しんじゅいろ

能感受到高雅光澤的白色。

⑥ 尾花色

おばないろ

尾花指的是芒草。

⑦ 練色

ねりいろ

手揉後變得柔軟的絹絲顏色。

⑧ 淡紅

うすくれない・たんこう

由紅花染出的紅色中，較淡的顏色。

⑨ 濃紅

こきくれない

以紅花重複印染多次而成的深紅色。

1
C23 M7 Y7 K0
R205 G223 B233
#CCDFE8

2
C40 M13 Y13 K5
R159 G192 B207
#9EC0CF

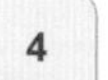

3
C47 M27 Y0 K10
R136 G160 B203
#889FCB

4
C3 M3 Y0 K5
R242 G241 B245
#F1F1F4

5
C0 M1 Y5 K7
R244 G243 B236
#F4F2EC

6
C0 M10 Y23 K0
R254 G236 B204
#FDEBCC

7
C0 M15 Y20 K0
R252 G227 B205
#FCE2CC

8
C13 M67 Y50 K0
R217 G113 B105
#D87068

9
C15 M77 Y60 K10
R198 G83 B78
#C6534D

※紅梅、葵、落栗的配色，請參閱P.072-073。

※本篇①～⑨的色名，包含由古代沿襲至今、後世出現與作者創作的色名。

雙色配色 Two-colors combination

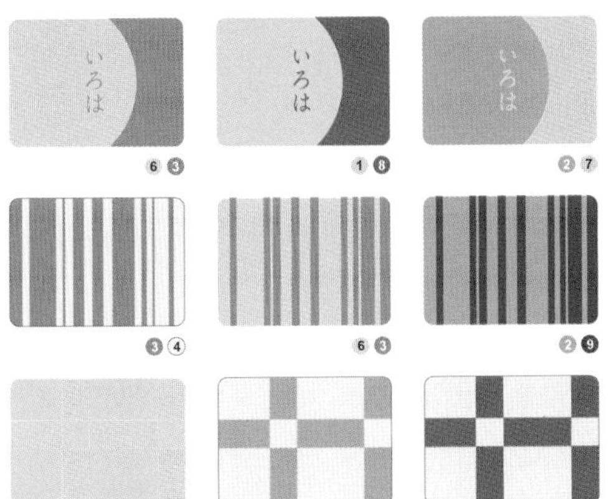

三色配色 Three-colors combination

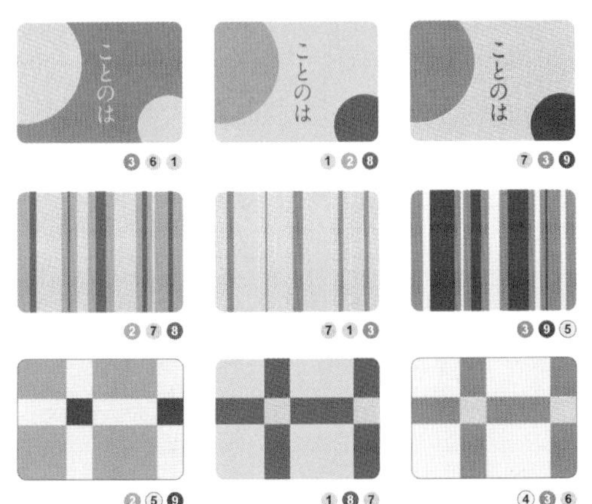

意匠設計 Design

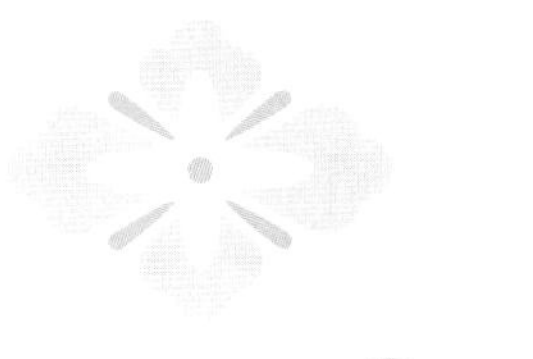

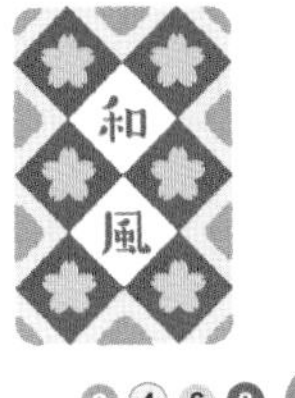

紋樣 Pattern

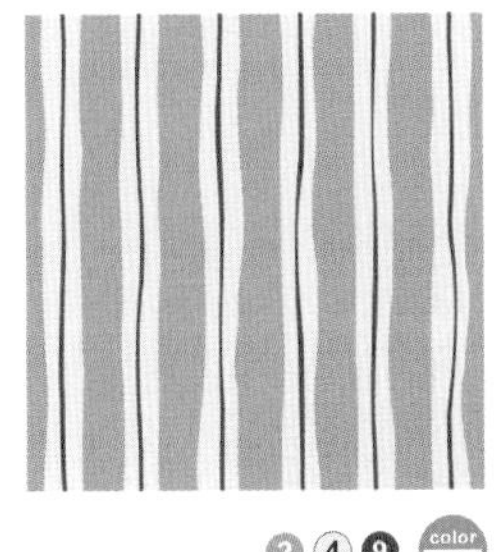

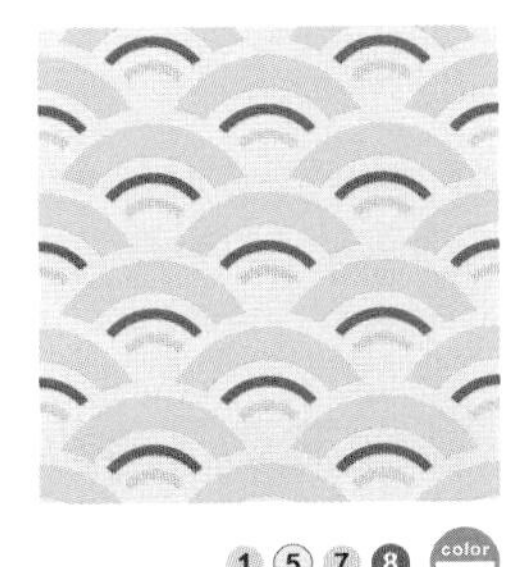

插畫 Illustration

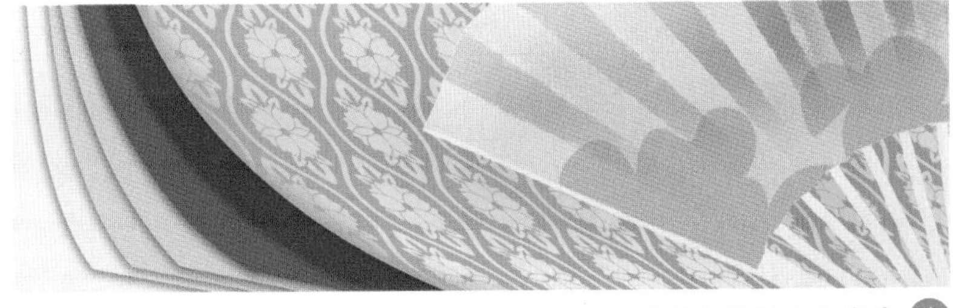

023
色色

Iro-Iro, (Twelve-layered Kimono)

名為色色的襲色目，意指多色配色。古時的染料，大多來自植物，若要取得鮮豔的色彩，就需要花費更多的材料與時間。由紫根萃取的紫色，以及由紅花萃取的紅色，皆為「禁色」的代表，是只有特權階級的人才能使用的顏色。

印象	動感的、熱鬧的、開心的
配色方式	以多色配色來表現具透明感的亮色系
重點	色調若統一，使用 4 種顏色以上也沒問題

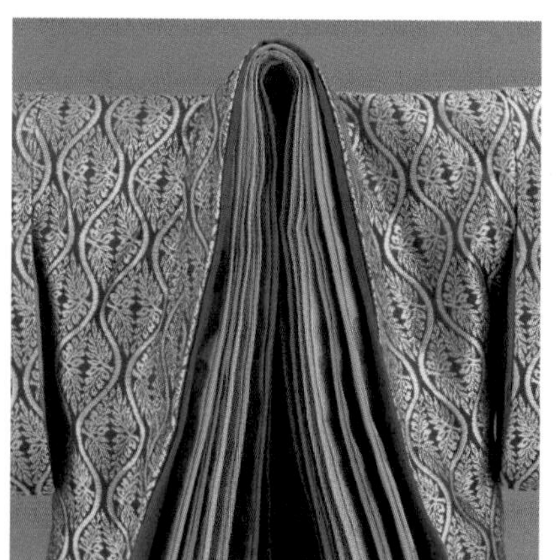

相對於禁色，任何人都能使用的顏色稱為聽色。

❶紫陽花青
あじさいあお
宛如繡球花般，帶紫色的藍色。

❷雲居鼠
くもいねず
雲居指的是「如遠在雲端的地方＝宮中」。

❸月草色
つきくさいろ
月草是鴨跖草的別名。

❹薄藤色
うすふじいろ
明亮的紫藤色。明亮以「薄、淡、淺」表現。

❺夏蟲色
なつむしいろ
宛如剛羽化的蟬，翅膀的顏色。

❻氛圍
たたずまい
指事物的外觀或散發的氣氛。

❼徵兆・萌發
きざす
事物即將發生或開始的意思。

❽京藤
きょうふじ
高雅大方，偏紅色的紫藤色。

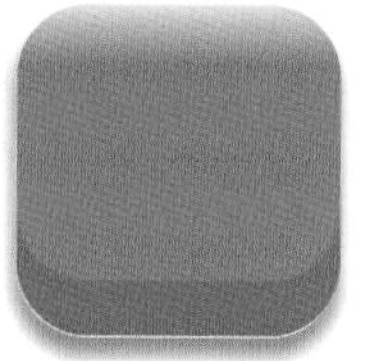

❾婀娜
たおやか
姿態輕盈瘦弱、動作溫婉優雅的意思。

1 C60 M47 Y10 K0 R117 G129 B179 #7581B2

2 C7 M7 Y0 K10 R225 G223 B232 #E0DFE7

3 C50 M30 Y10 K0 R139 G163 B199 #8BA3C6

4 C15 M23 Y0 K3 R217 G200 B223 #D8C7DF

5 C43 M7 Y40 K0 R158 G200 B168 #9DC8A8

6 C0 M20 Y0 K3 R246 G217 B230 #F5D8E5

7 C0 M7 Y37 K3 R251 G235 B175 #FBEAAF

8 C20 M50 Y20 K20 R179 G127 B144 #B37E8F

9 C10 M57 Y35 K7 R214 G130 B131 #D68282

※本篇①～⑨的色名，包含由古代沿襲至今、後世出現與為了擴大讀者想像而創作的色名。

雙色配色 Two-colors combination

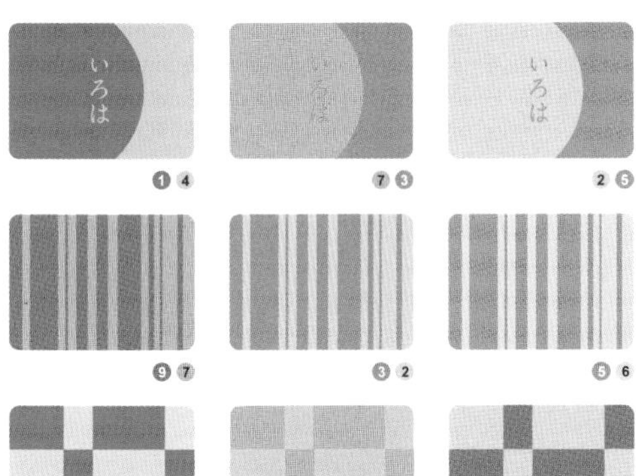

三色配色 Three-colors combination

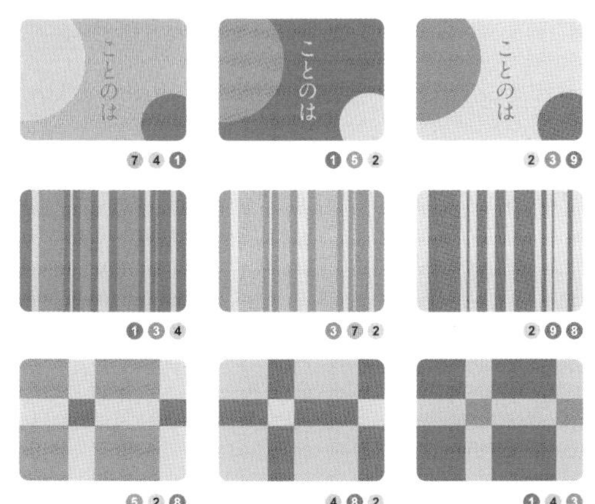

意匠設計 Design

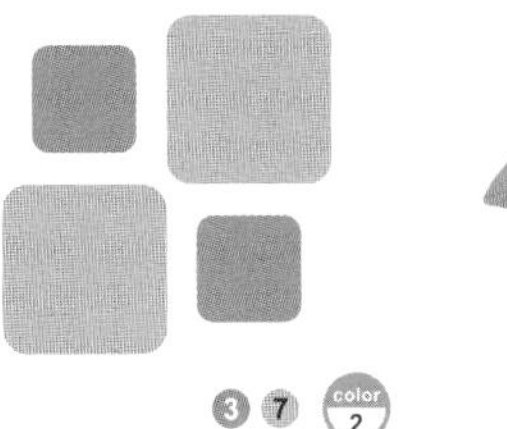

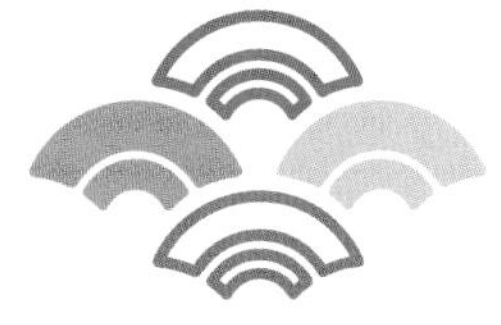

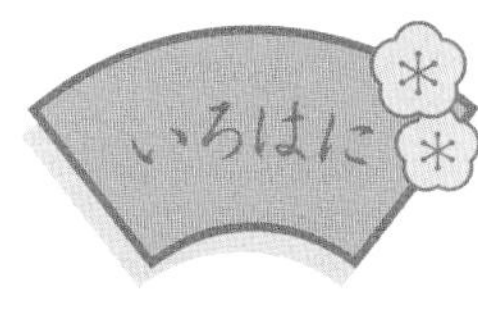

紋樣 Pattern

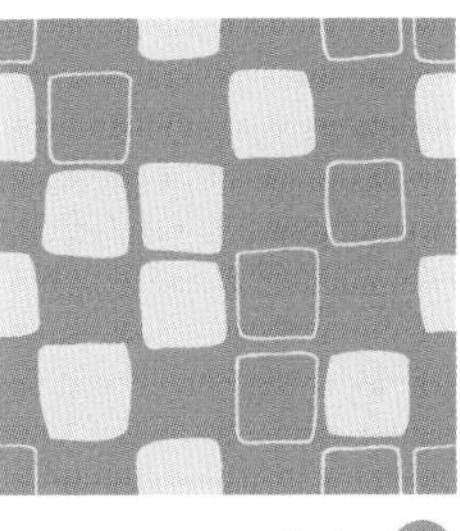

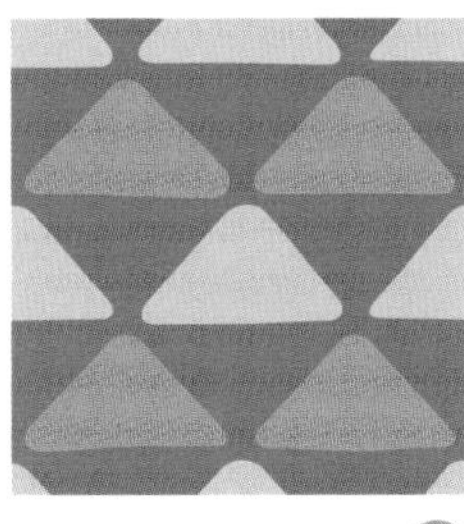

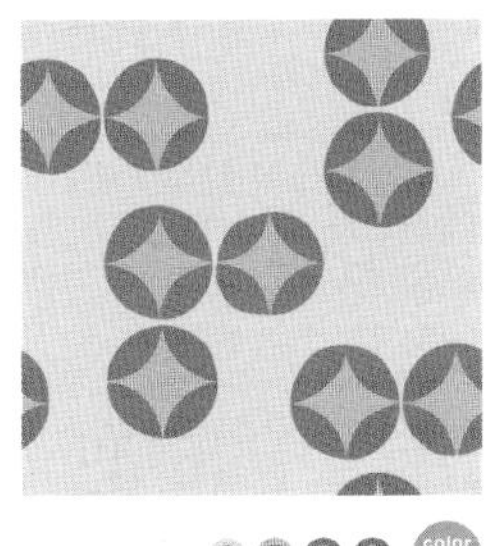

插畫 Illustration

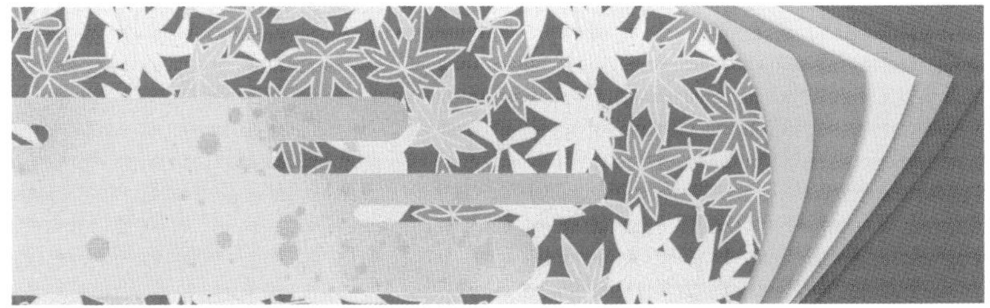

配色專欄

日本人的色彩根源

日本史上誕生最多色名的時代，就是平安時代與江戶時代。平安之雅以紫色為主，江戶的瀟灑則以茶色與鼠色為主流。

初始的顏色

日本人最早認知的原始顏色，據說是「紅（赤）、黑、白、藍」四色。這些顏色，與隨著太陽轉動而變化的大自然樣貌息息相關。

①隨著黎明到來，天空逐漸明亮〔明（あかし）＝赤（あか）〕→②白晝，物體的模樣清晰明顯〔顯（しろし）＝白（しろ）〕→③黃昏時分，周遭風景看起來朦朧不清〔朦朧＝漠し（あおし）＝青（あお）〕→④夕陽西下，世界被夜晚的黑暗包圍〔暗（くらし）＝黑（くろ）〕。

之後，由中國傳入了「陰陽五行說」。五行「木、火、土、金、水」的對應色彩也得到了廣泛的應用。五行元素分別有對應的顏色、方位、季節、十干十二支、人體臟腑等，也就是「世間萬象皆以木、火、土、金、水五種元素的運作與循環所構成」這樣的思維（請參閱次頁的「陰陽五行關係圖」）。

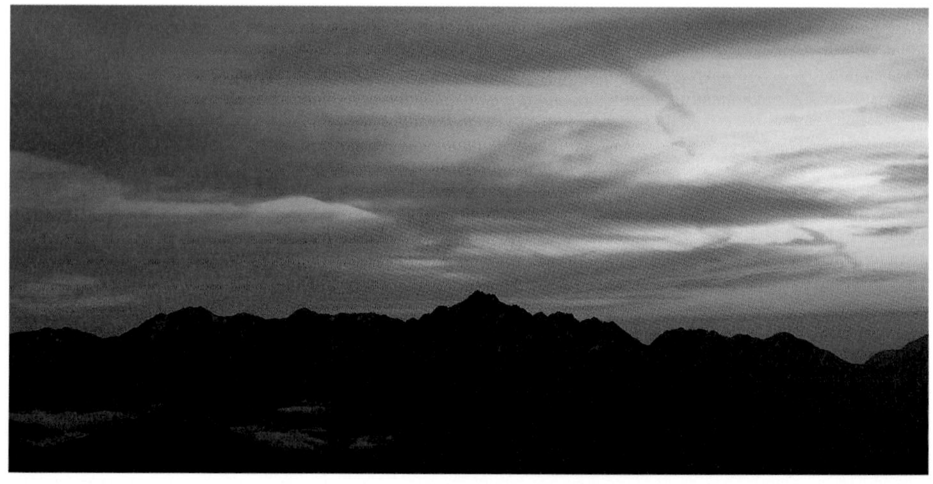

冠位十二階

推古11年（603年），聖德太子制定了冠位十二階，依據位階，規定了相應的冠色。最高位階的顏色為紫色，接下來的顏色便是由五行對應的藍（木）、紅（火）、黃（土）、白（金）、黑（水）依序排列而下。

陰陽五行關係圖

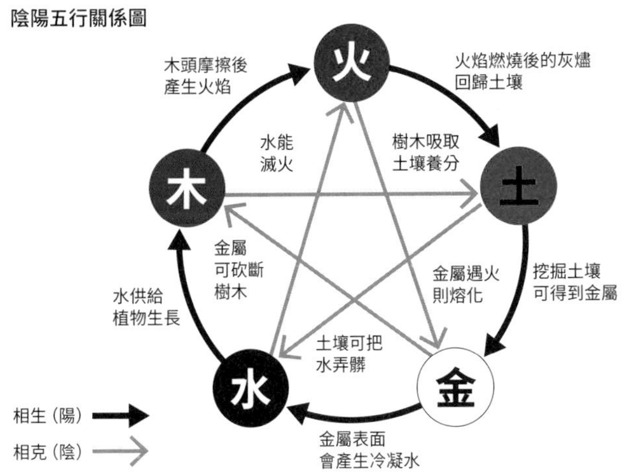

五行	五色	五方	季節	五臟	十干	十二支
木	青	東	春	肝	甲乙	寅卯
火	赤	南	夏	心	丙丁	巳午
土	黃	中央	土用	脾	戊己	丑辰未戌
金	白	西	秋	肺	庚辛	申酉
水	黑	北	冬	腎	壬癸	子亥

禁色與聽色

與律令制同時制定了「僅允許特定位階者穿著之顏色」，稱為禁色。例如深紫、深緋、深蘇芳等，皆屬於需要大量染色材料，耗費許多時間與工夫，才能染製而成的深色系及鮮豔色系顏色。禁色中，「黃櫨染」只有天皇可以使用，「黃丹」則是只有皇太子可使用的位色。相對而言，「任何人都可以使用的顏色」，則稱為聽色。

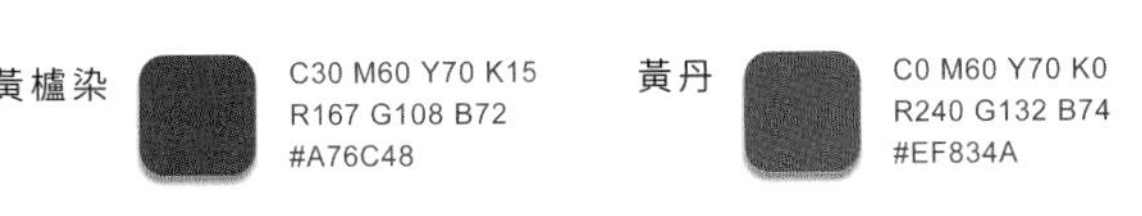

襲色目・重色目

接下來的平安時代，確立了國風文化。貴族社會間，將隨著四季更迭的自然風物，以「配色」的方式融入衣飾之中，成為慣例。不論男女，都詳細規定了該季節與年齡應當穿著的顏色，遵守這套慣例，亦成為重要的禮節。雖然正確的寫法各有不同，不過，本書是將疊穿十二單的貴族女性服飾的配色，寫做「襲色目」；由兩件薄絹重疊而成的衣飾，其外層與內層的配色，寫做「重色目」。

重色目·春

紅梅：[表]濃紅、[裏]蘇芳

白梅：[表]白、[裏]薄紅

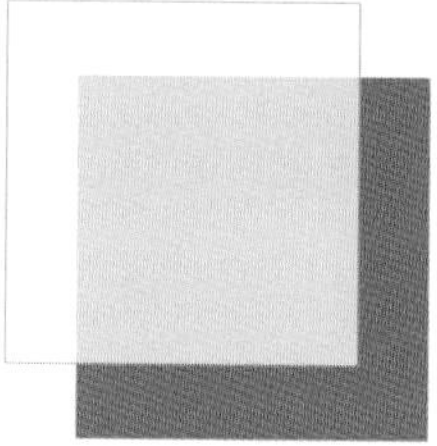

櫻襲：[表]白、[裏]紅

牡丹：[表]薄蘇芳、[裏]白

若綠：[表]青(綠)、[裏]紫

藤：[表]紫、[裏]萌黃

重色目·夏

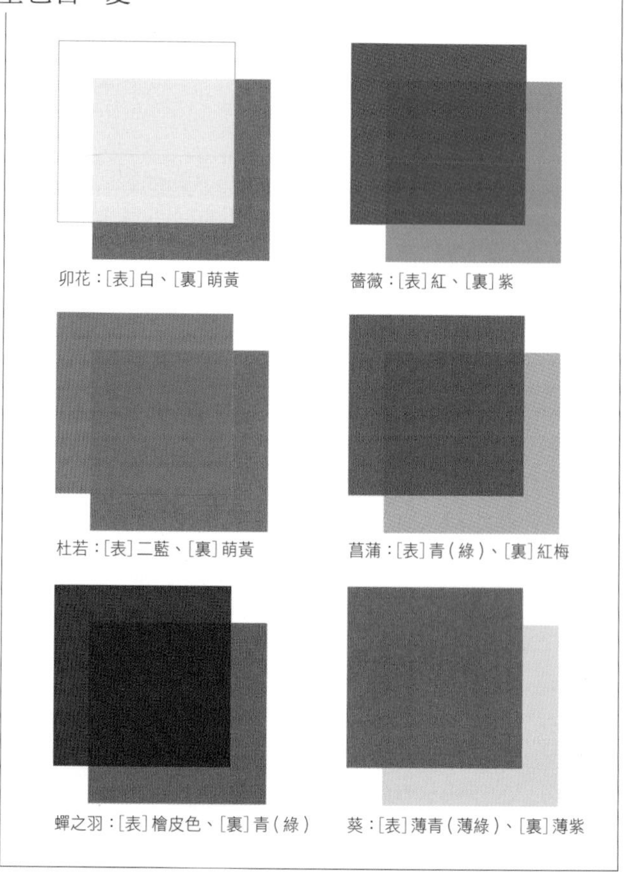

※本篇介紹各季節的「重色目」。「襲色目」相關的配色，請參閱 P.062「紅梅匂」～ P.069「色色」。

※平安時代的「青」色，色相範圍相當廣泛，實際上較接近現代的「綠色」，因此標記為「青(綠)」。

重色目・秋

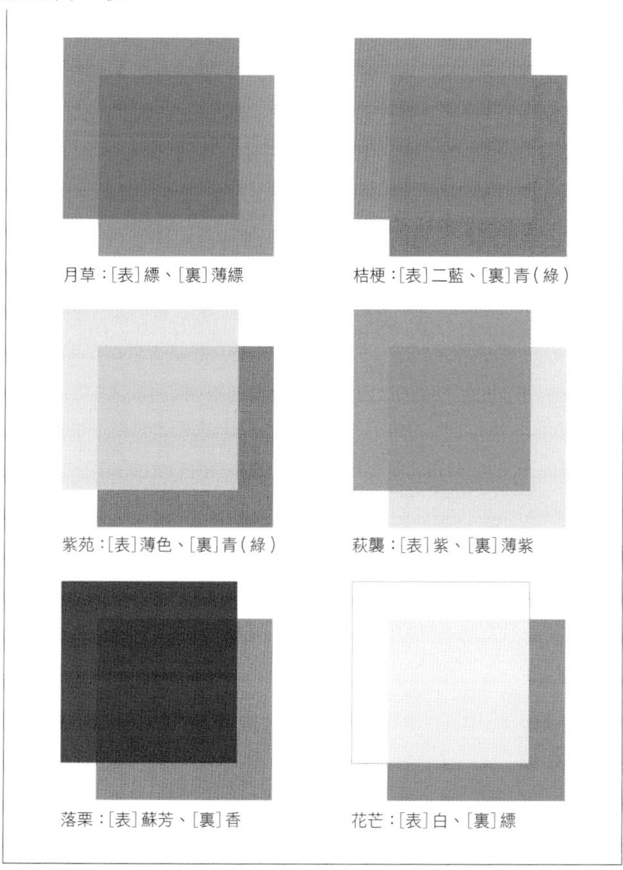
月草：[表]縹、[裏]薄縹
桔梗：[表]二藍、[裏]青（綠）
紫苑：[表]薄色、[裏]青（綠）
萩襲：[表]紫、[裏]薄紫
落栗：[表]蘇芳、[裏]香
花芒：[表]白、[裏]縹

※顏色重疊的部分，色彩不透明度設定為80%。

重色目・冬

松之雪：[表]白、[裏]青（綠）
雪之下：[表]白、[裏]紅梅
枯色：[表]薄香、[裏]青（綠）
椿：[表]蘇芳、〔裏〕紅

▼本頁所使用的顏色如下所示。

顏色	數值
紅	C0 M90 Y73 K0／R232 G56 B57
濃紅	C15 M77 Y60 K10／R198 G83 B78
薄紅	C0 M33 Y0 K0／R246 G195 B217
紅梅	C0 M48 Y25 K0／R242 G160 B161
蘇芳	C35 M90 Y67 K20／R153 G47 B60
薄蘇芳	C35 M90 Y67 K10／R153 G47 B60
檜皮色	C10 M40 Y50 K75／R92 G63 B42
縹	C70 M20 Y20 K30／R48 G128 B152
薄縹	C70 M20 Y20 K20／R55 G140 B166
青（綠）	C63 M0 Y85 K10／R92 G173 B75
薄青（薄綠）	C63 M0 Y85 K0／R98 G184 B80
萌黃	C38 M0 Y84 K0／R175 G209 B71
紫	C40 M63 Y5 K0／R166 G111 B167
薄紫・薄色	C15 M23 Y0 K3／R217 G200 B223
二藍	C50 M45 Y0 K30／R112 G109 B155
香	C0 M15 Y40 K30／R199 G177 B131
薄香	C0 M15 Y40 K20／R218 G194 B144
白	C0 M0 Y1 K0／R255 G255 B254

第 3 章

春曆與行事

（如月·彌生·卯月）

第 3 章～第 6 章，是將季節更迭、節氣與年中行事轉化為配色。在導入西曆（太陽曆）之前，日本採用的曆法為太陰太陽曆；日期由月亮的陰晴圓缺制定，季節的轉換則是依照太陽運轉，將一年分割成二十四等分。這就是所謂的「二十四節氣」。

二十四節氣以「立春」為始，由此展開新的一年。最後為冬季的「大寒」，在季節交替前驅除邪氣，結束這一年。

由象徵新一年開始的「立春」，到夏季將至的「穀雨」

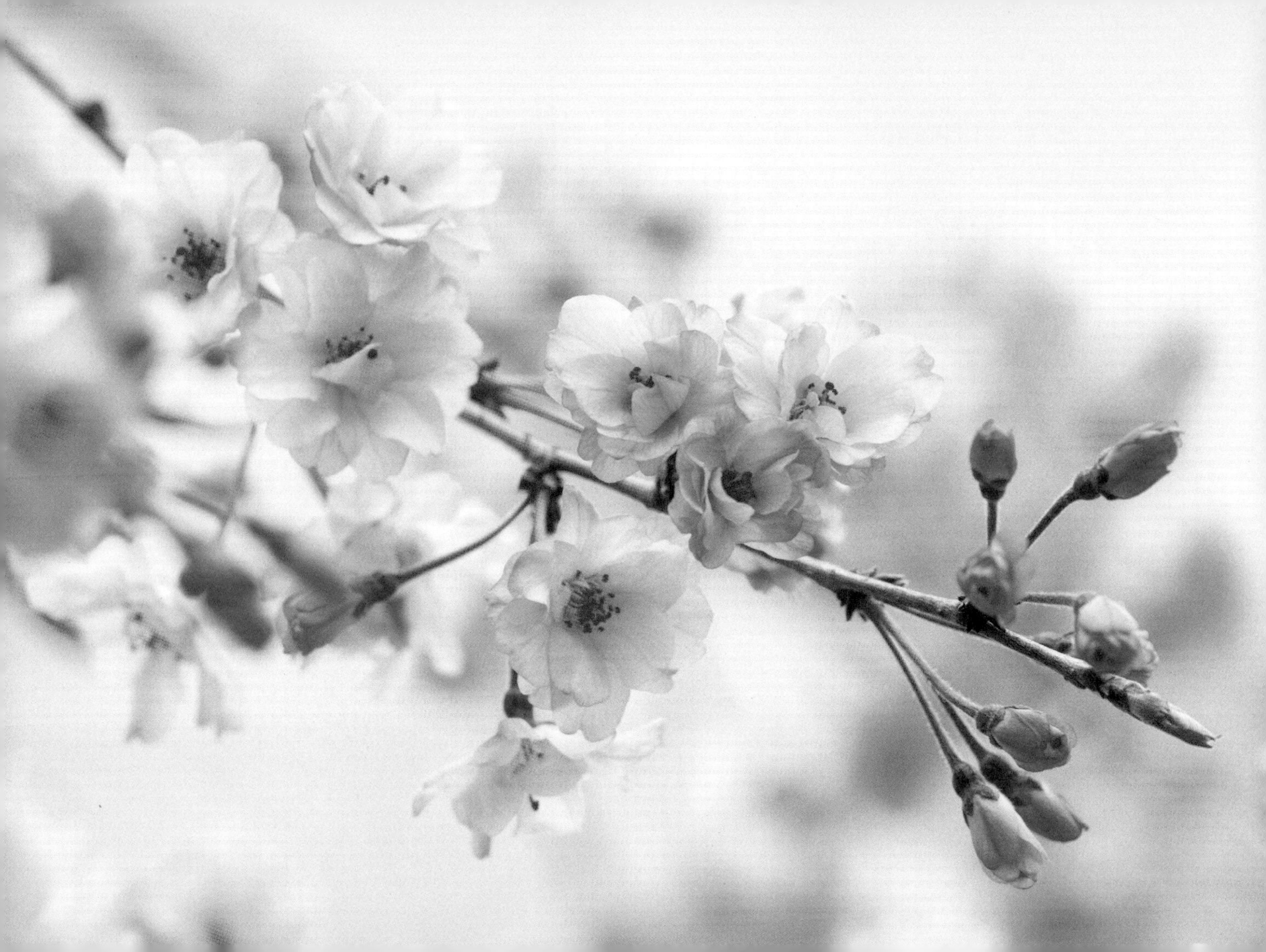

024

立春(2月4日～18日前後)

Risshun, one of the 24divisions in the old Japanese almanac.

節分的隔天。在農曆（太陰太陽曆）中是一年的開始。日本直到明治5年導入格里曆前，都是靠以月亮表示日期、以太陽表示季節所組合而成的月曆生活。二十四節氣指的是依太陽運轉將一年分割為24等份，是農務作業不可或缺的指標。

印象	平穩、安穩的、幸福的
配色方式	以溫和沉穩的粉色系為底色
重點	使用低彩度色系，表現空氣的冷冽感

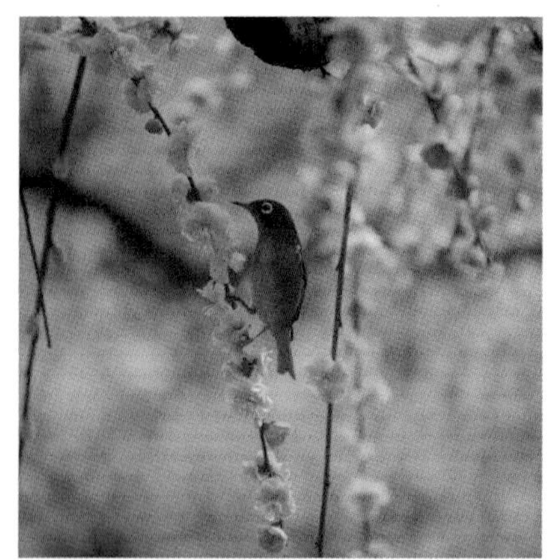

在節分驅除厄運，在立春時張貼立春大吉的護符。

❶幸

さいわい

心願成真，令人心懷感謝。

❷薄紅梅

うすこうばい

淡淡紅梅色。平安時代的古老色名。

❸梅紫

うめむらさき

明治後的新色名。遙想平安時代的優雅氛圍。

❹兆

きざし

原意為草木，現指草木初生的樣子。

❺事始（開工）

ことはじめ

農事在舊曆2月8日開工，結束於12月8日。

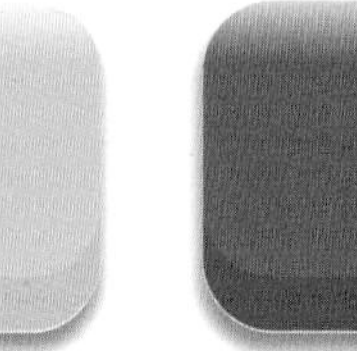

❻立春大吉

りっしゅんだいきち

寫在驅邪護符上的文字。四字均左右對稱。

❼鶯

うぐいす

如黃鶯羽毛的顏色。帶灰的黃綠色。

❽春寒

しゅんかん

立春之後，仍有些許寒氣殘留。也稱餘寒。

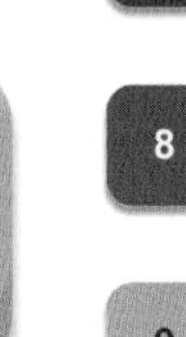
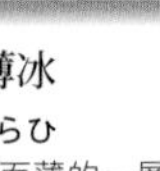

❾薄冰

うすらひ

平坦而薄的一層冰。春日季節語。

No.	CMYK	RGB	HEX
1	C0 M23 Y20 K0	R250 G212 B197	#F9D4C4
2	C0 M37 Y25 K0	R246 G184 B173	#F5B7AD
3	C0 M45 Y17 K35	R183 G126 B134	#B67D86
4	C0 M20 Y10 K0	R250 G219 B218	#FADBD9
5	C0 M7 Y25 K0	R255 G241 B203	#FEF0CB
6	C5 M0 Y60 K30	R195 G191 B101	#C3BE64
7	C5 M0 Y57 K60	R132 G129 B69	#848145
8	C25 M7 Y30 K57	R112 G123 B107	#707B6A
9	C10 M20 Y23 K13	R213 G193 B178	#D4C0B1

雙色配色 Two-colors combination

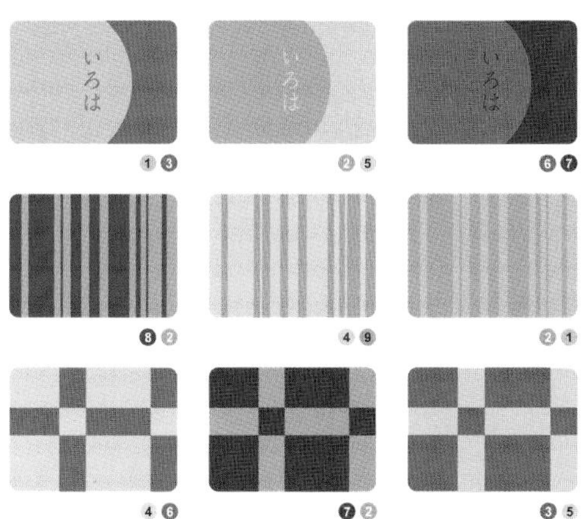

三色配色 Three-colors combination

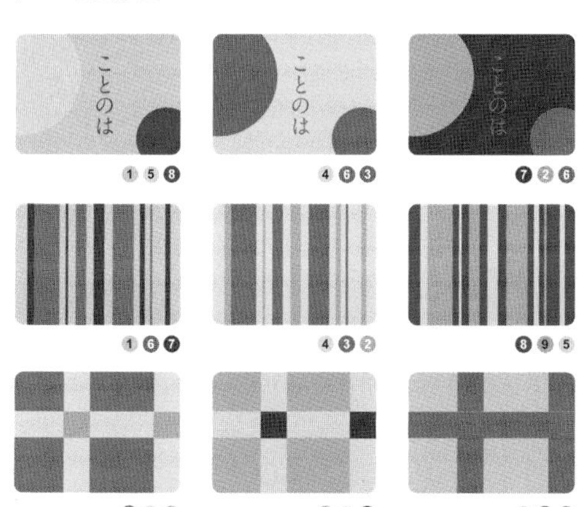

意匠設計 Design

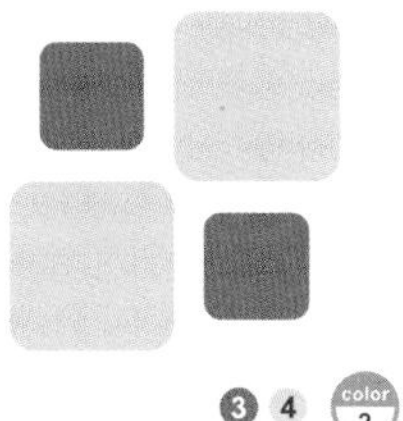
3 4 color 2

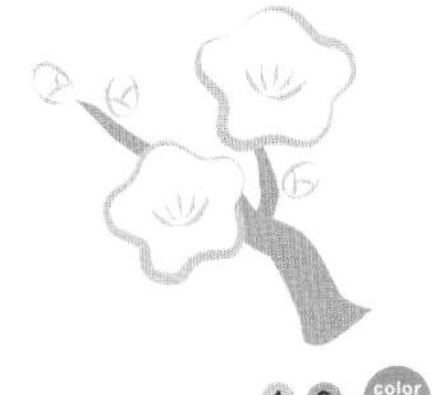
1 9 color 2

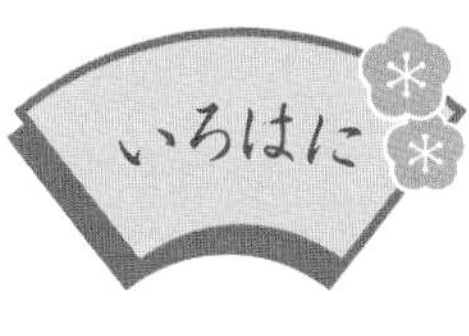

2 5 6 8 color 4

紋樣 Pattern

4 9 color 2

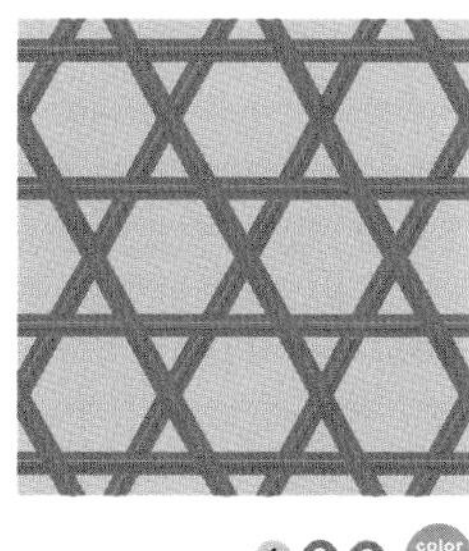
1 3 6 color 3

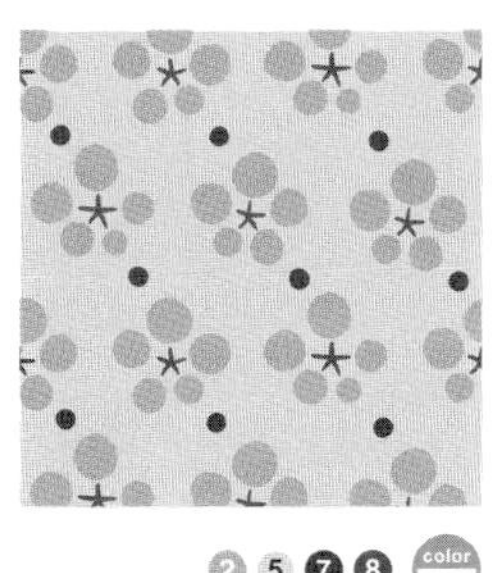
2 5 7 8 color 4

插畫 Illustration

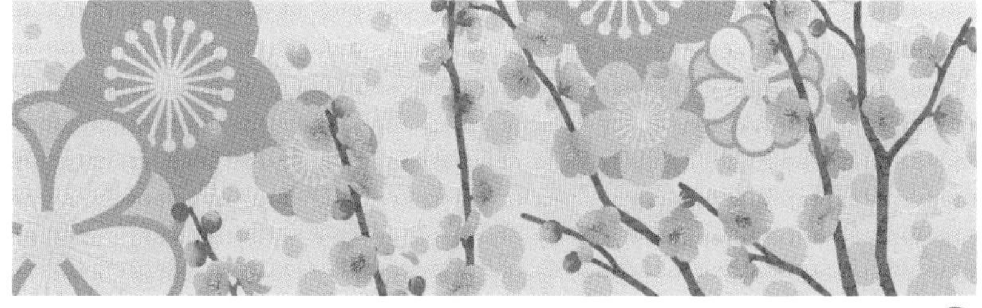
1 2 3 4 5 8 color 6

025

雨水(2月19日～3月5日前後)

Usui, one of the 24divisions in the old Japanese almanac.

立春過後第 15 天是「雨水」，也是氣溫上升、降雪轉為降雨的時期。山上堆積的白雪逐漸融化，滋潤了大地。二十四節氣傳自中國，不過，將每個節氣再以 5 天為單位，細分成為七十二候，則是日本的獨創。

印象	濕潤水亮的、像春天的、嶄新的
配色方式	以明亮的黃綠與水藍色，搭配褐色系
重點	使用時需注意純白容易帶來寒冷的印象

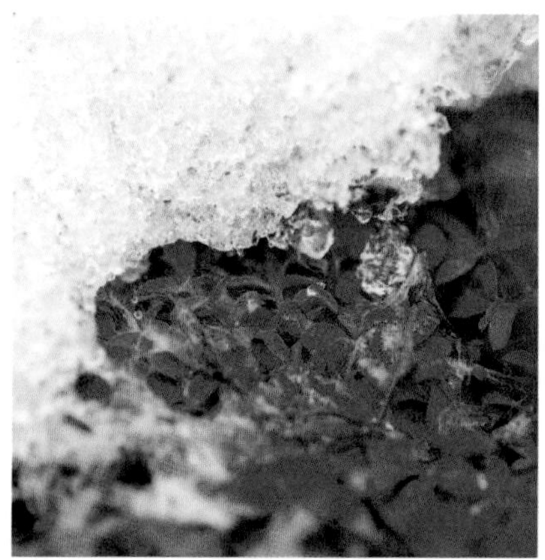

七十二候中草木萌動之時。

①乍暖還寒

かんのもどり

立春過後，暫時又變得寒冷。

②融雪

ゆきどけ

山野雪融後所形成的冰冷水色。

③萌野

もえの

自大地一齊萌芽的草木顏色。

④三寒四温

さんかんしおん

形容日本初春時天候不穩定的樣子。

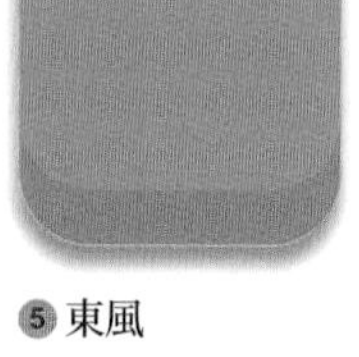

⑤東風

こち・とうふう

冰雪漸消、捎來春日消息的東風之色。

⑥常盤木

ときわぎ

一整年都不會枯黃的常綠樹木。

⑦憩

いこい

以令人身心放鬆的溫暖飲品為意象。

⑧土筆

つくし

杉菜的孢子莖，在初春發芽。

⑨春一番

はるいちばん

立春與春分間，一年吹起的第一陣強風。

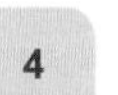
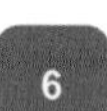

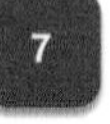
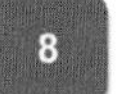
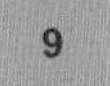

No.	CMYK	RGB	HEX
1	C5 M0 Y0 K3	R241 G247 B250	#F1F6FA
2	C15 M0 Y0 K15	R201 G218 B228	#C8DAE3
3	C53 M10 Y80 K0	R134 G183 B85	#86B655
4	C13 M0 Y20 K3	R226 G237 B213	#E1EDD5
5	C20 M10 Y55 K0	R215 G215 B135	#D7D687
6	C65 M23 Y65 K20	R85 G137 B97	#558860
7	C25 M25 Y57 K50	R126 G116 B75	#7D744A
8	C10 M7 Y60 K35	R177 G170 B93	#B0AA5D
9	C23 M5 Y33 K15	R187 G201 B168	#BAC9A8

雙色配色 Two-colors combination

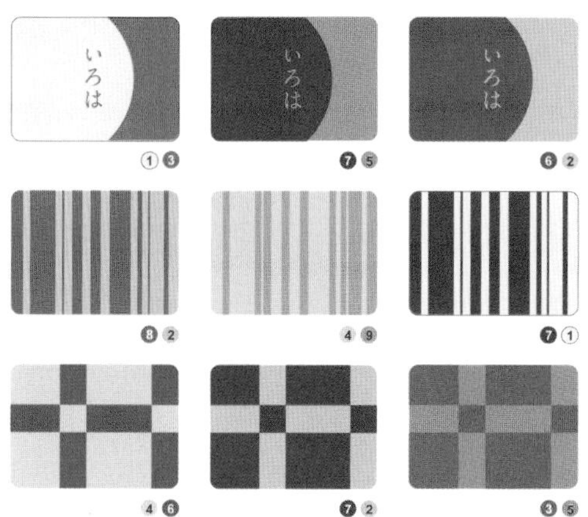

三色配色 Three-colors combination

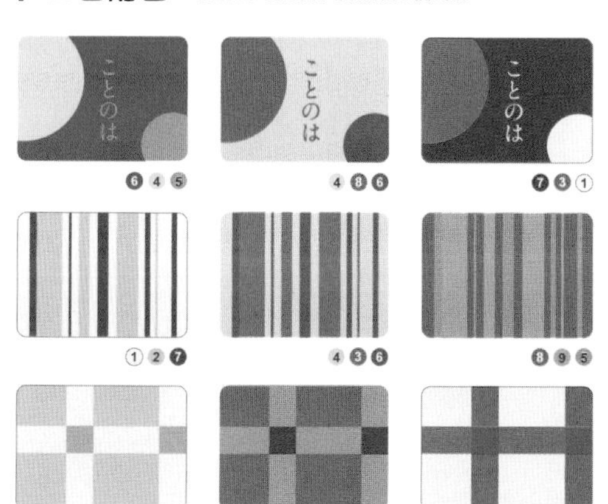

意匠設計 Design

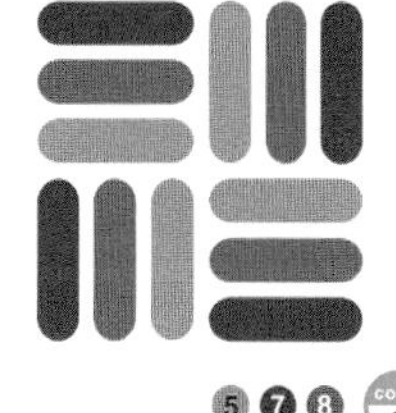
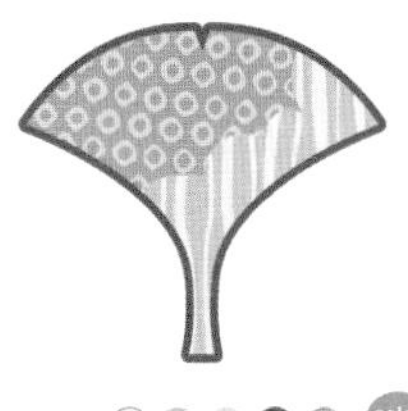

② ⑨ color 2　⑤ ⑦ ⑧ color 3　① ② ④ ⑥ ⑨ color 5

紋樣 Pattern

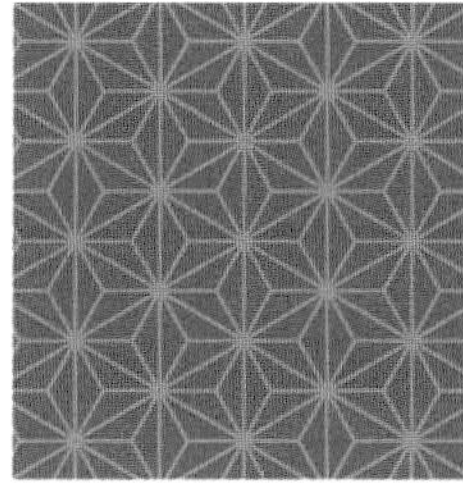
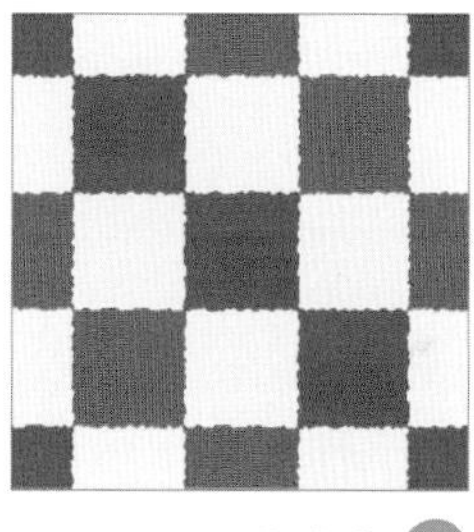
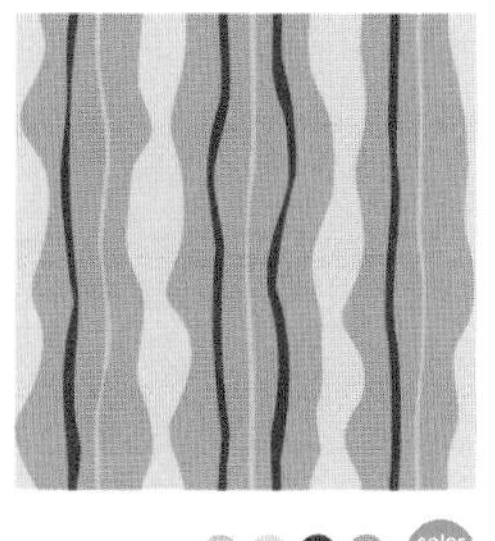

③ ⑤ color 2　① ⑥ ⑧ color 3　② ④ ⑦ ⑨ color 4

插畫 Illustration

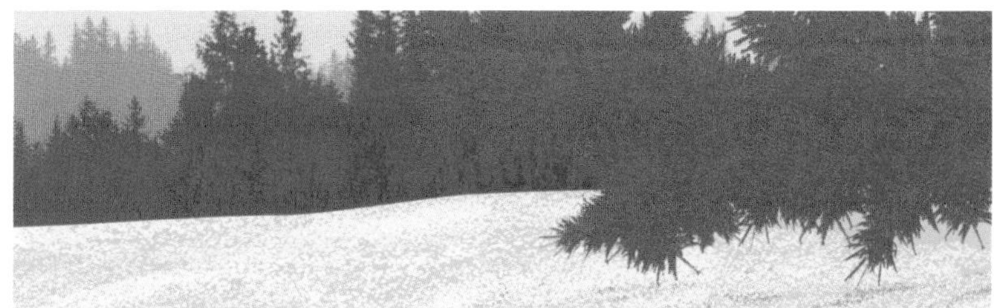

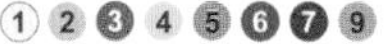
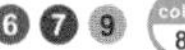

026 桃花節

Doll's Festival

也稱為上巳節。在中國，有在 3 月第一個巳日，去河邊清洗身體的習俗，傳到日本後，轉化成將厄運轉移到紙片、稻桿或草木做成的人偶上，放到河中順流漂走的「流雛」儀式。桃花節會吃三色菱餅，以紅、白、綠色，象徵雪上綻放的桃花與雪底下的新芽。

印象	惹人憐愛的、可愛的、女孩子的
配色方式	以黃綠或茶色襯托深淺不一的粉紅
重點	避免混濁色，使用具透明感的顏色

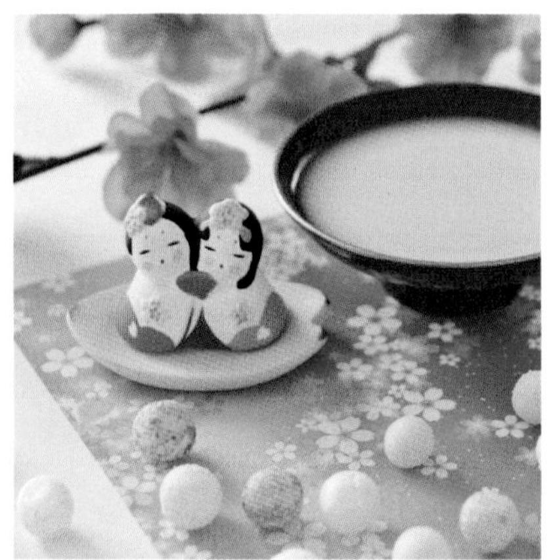

3 月 3 日的雛祭是屬於女孩子的節日。

❶桃花色

ももはないろ

桃花般鮮艷又可愛的粉紅色。

❷薄紅

うすべに

將紅色漂淡的細緻粉紅色。

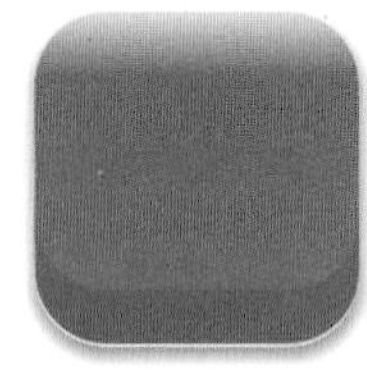

❸新芽

しんめ

在雪下抽芽，水嫩的新芽顏色。

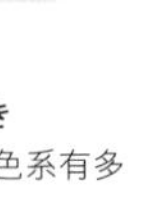

❹淺紫

あさきむらさき

平安時代的紫色系有多種色名。

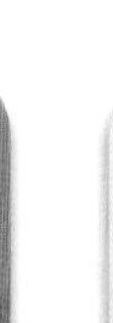

❺洗朱

あらいしゅ

明亮的朱紅。「洗」是顏色很淡的意思。

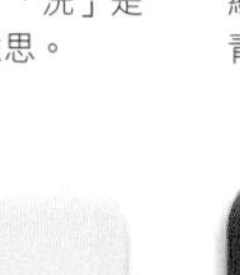

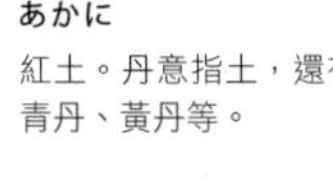

❻赤丹

あかに

紅土。丹意指土，還有青丹、黃丹等。

❼麥稈色

むぎわらいろ

將稻、麥等的莖稈風乾後的顏色。

❽甘酒

あまざけ

使用米麴，使澱粉發酵而成的甜味飲料。

❾焦茶色

こげちゃいろ

接近黑的暗茶色。有著食物香氣四溢的意象。

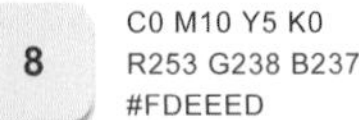

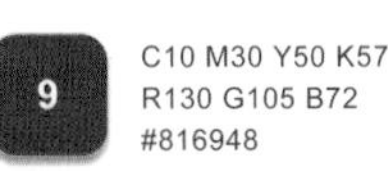

1	C0 M70 Y0 K0 R235 G110 B165 #EB6DA5
2	C0 M33 Y0 K0 R246 G195 B217 #F6C2D9
3	C35 M5 Y75 K0 R182 G206 B92 #B6CE5C
4	C25 M45 Y0 K0 R197 G154 B197 #C49AC5
5	C0 M60 Y40 K0 R239 G133 B125 #EE847D
6	C0 M90 Y60 K25 R192 G42 B60 #BF293B
7	C0 M10 Y53 K15 R229 G208 B126 #E5D07E
8	C0 M10 Y5 K0 R253 G238 B237 #FDEEED
9	C10 M30 Y50 K57 R130 G105 B72 #816948

雙色配色 Two-colors combination

三色配色 Three-colors combination

意匠設計 Design

5 9 color 2

1 3 color 2

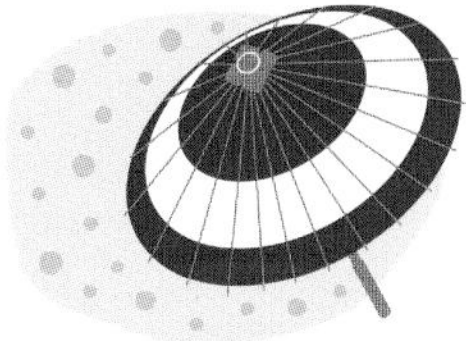

2 6 7 8 color 4

紋樣 Pattern

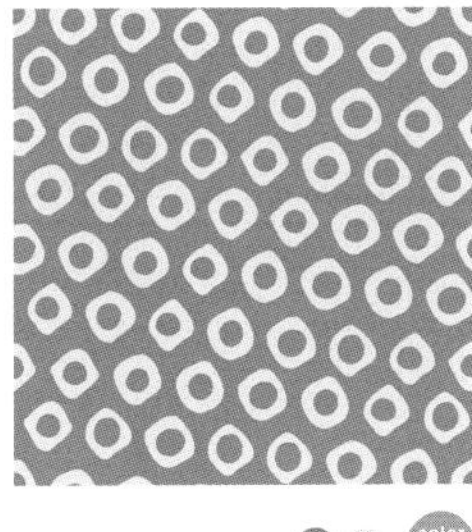

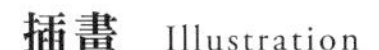

1 8 color 2

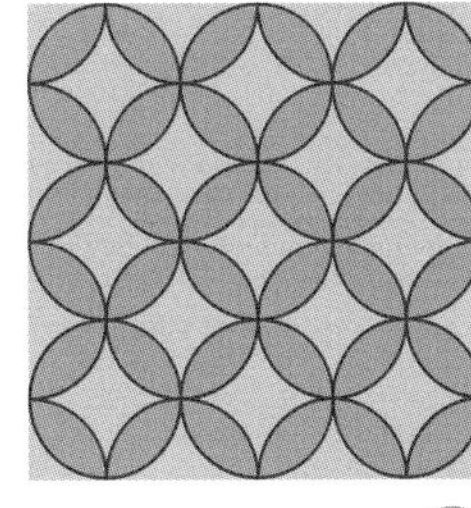

2 4 6 color 3

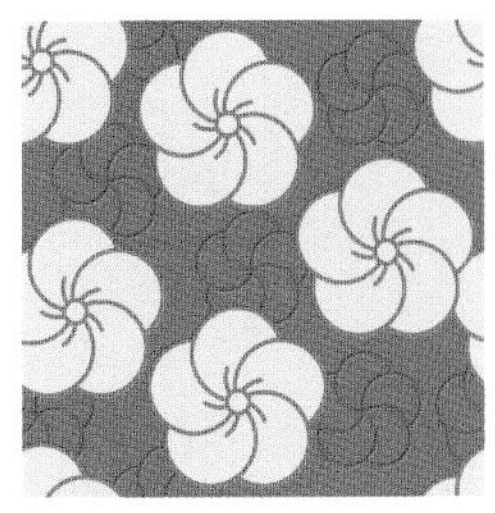

3 5 7 8 color 4

插畫 Illustration

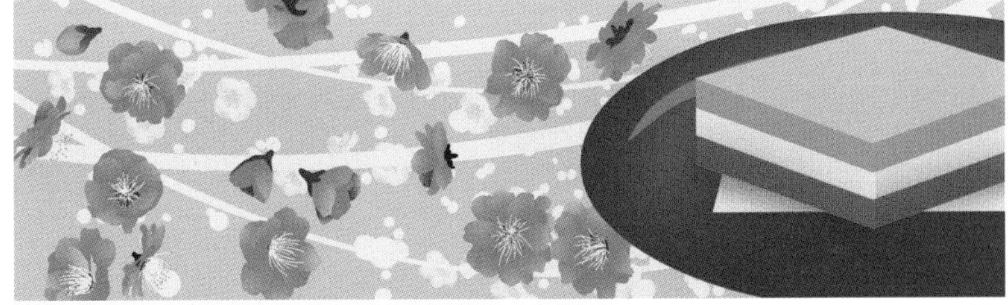

1 2 3 4 6 8 color 6

027

驚蟄(3月6日～20日前後)

Keichitsu, one of the 24divisions in the old Japanese almanac.

驚蟄土壤中冬眠的昆蟲與生物，開始探出頭來的時候。雖然還有寒氣殘留，不過日照時間逐漸變長。這段時期，隨著冷鋒過境，容易聽到雷聲。古人認為，地底的昆蟲會被雷聲驚醒並爬出土外，因此春雷也稱為「蟲出之雷」。

印象	春天氣息的、新鮮的、有變化的
配色方式	組合帶春天氣息的顏色和沉穩的色彩
重點	利用色彩明暗，表現出對比感

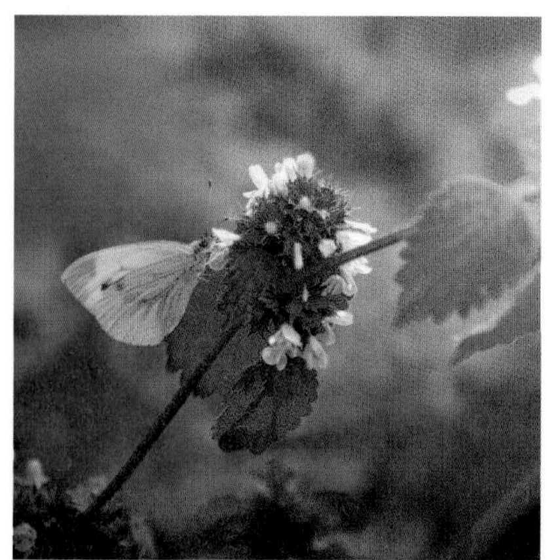

七十二候中的「菜蟲化蝶」。

❶春意

はるめく

能感受到春季來臨的徵兆。日漸濃郁的綠色。

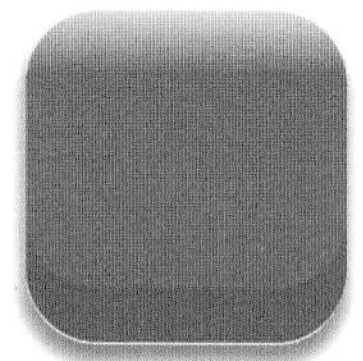

❷明媚

うららか

心靈得到解放，舒適而安穩的狀態。

❸祈禱

いのり

日本人非常重視言靈（言語蘊含的力量）。

❹蝶衣

ちょうい

如蝴蝶翅膀般輕盈美麗的衣服。

❺分享福氣

おふくわけ

將降臨的福氣分享給周圍的人。

❻千恩萬謝

せんおんばんしゃ

領受恩惠，心中懷有千百倍的感謝。

❼暗語

あいことば

別人說「山」時要回答「川」。夥伴間的暗語。

❽新芽遇寒

このめびえ

樹木冒出新芽時，氣溫突然驟降。

❾末雪

なごりゆき

春臨的最後一場雪。也稱終雪。

C53 M0 Y63 K10
R121 G184 B117
#79B874

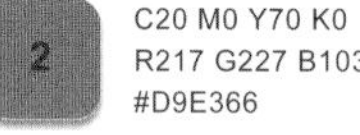

C20 M0 Y70 K0
R217 G227 B103
#D9E366

C33 M0 Y10 K23
R151 G189 B196
#97BCC3

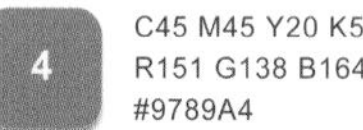

C45 M45 Y20 K5
R151 G138 B164
#9789A4

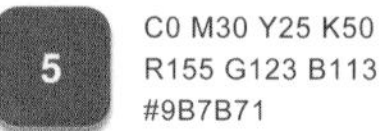

C0 M30 Y25 K50
R155 G123 B113
#9B7B71

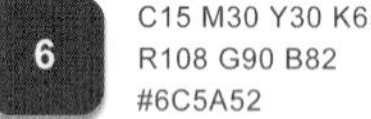

C15 M30 Y30 K65
R108 G90 B82
#6C5A52

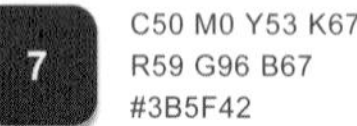

C50 M0 Y53 K67
R59 G96 B67
#3B5F42

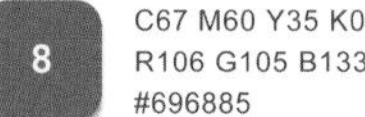

C67 M60 Y35 K0
R106 G105 B133
#696885

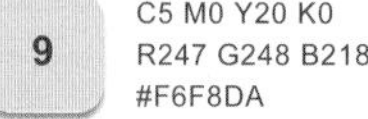

C5 M0 Y20 K0
R247 G248 B218
#F6F8DA

雙色配色 Two-colors combination

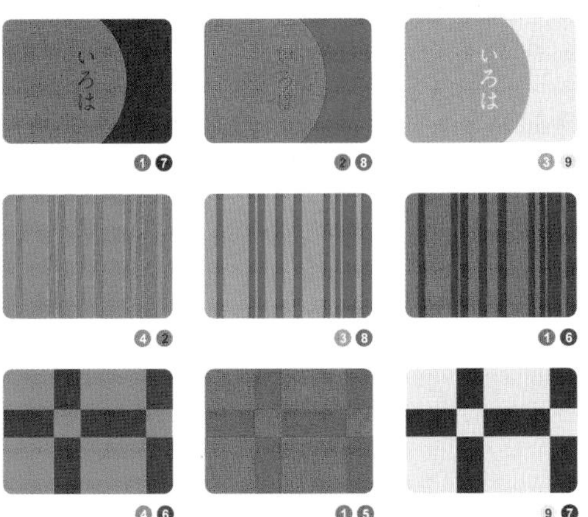

三色配色 Three-colors combination

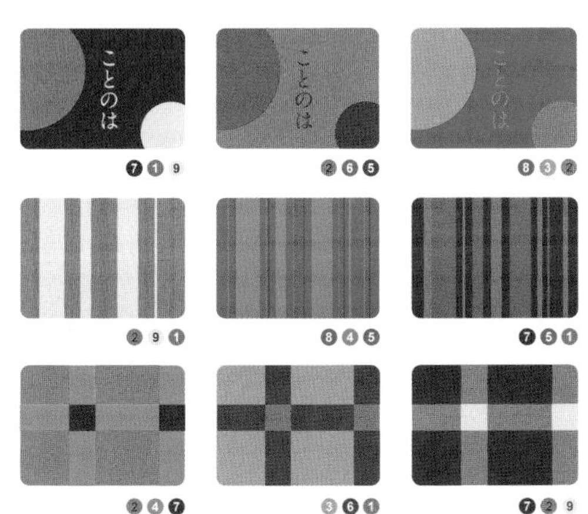

意匠設計 Design

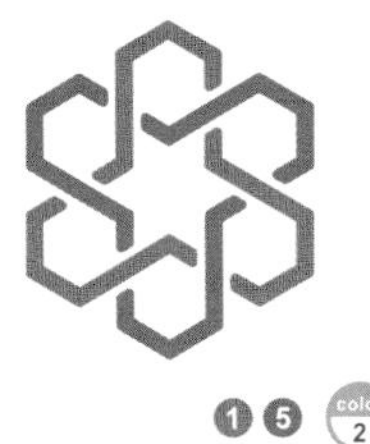

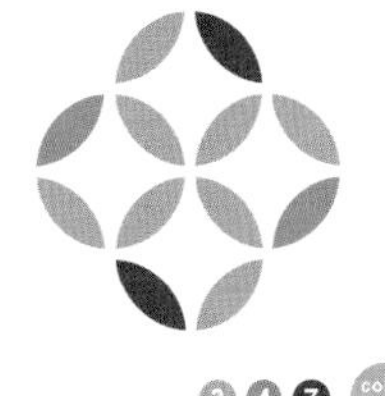

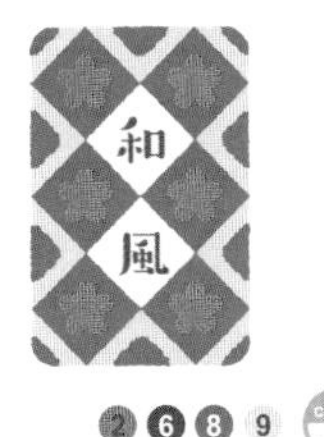

紋樣 Pattern

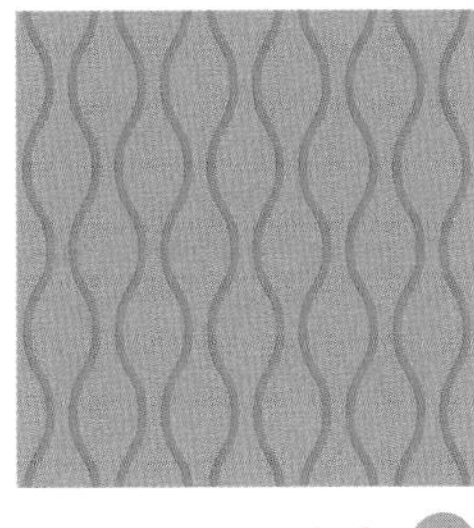

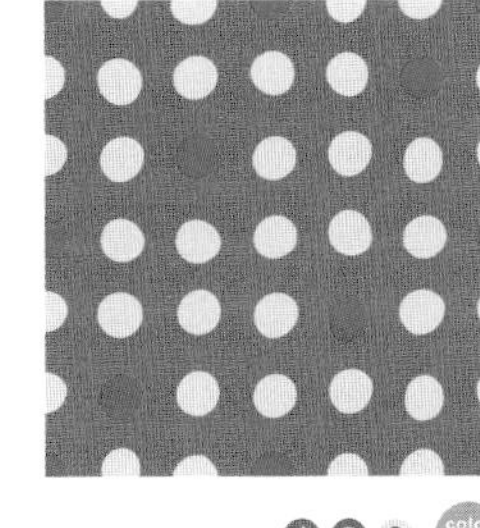

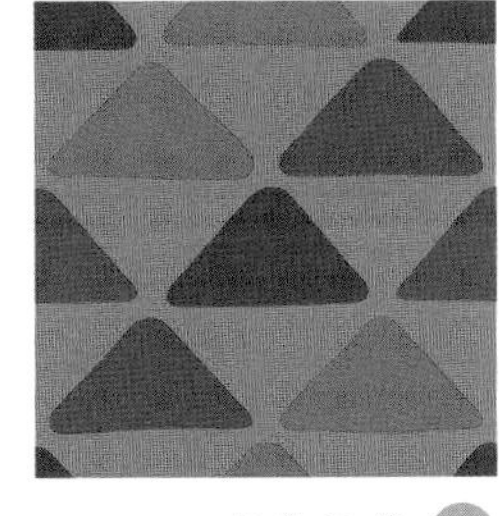

插畫 Illustration

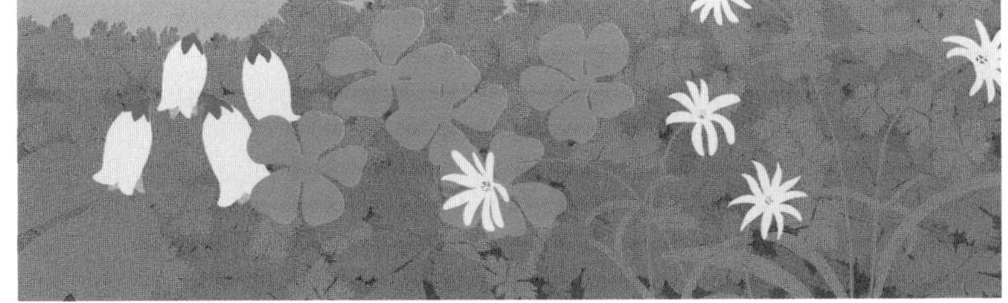

028

春分(3月21日～4月4日前後)

Shunbun, one of the 24divisions in the old Japanese almanac.

晝夜長度幾乎相同，以春分為中心的前後 3 天期間（共 7 天），日文稱為春之彼岸。佛教認為往生者所住的彼岸世界位於西方，而我們生活的世界（此岸）位於東方。據說太陽由正東升起、下沉於正西的這段期間，是最容易將思念傳達給祖先的時間。

印象	光與影、幻想的、女性形象的
配色方式	使用如朝夕時分天空的自然顏色
重點	以紅紫為中心，依相近色相配色

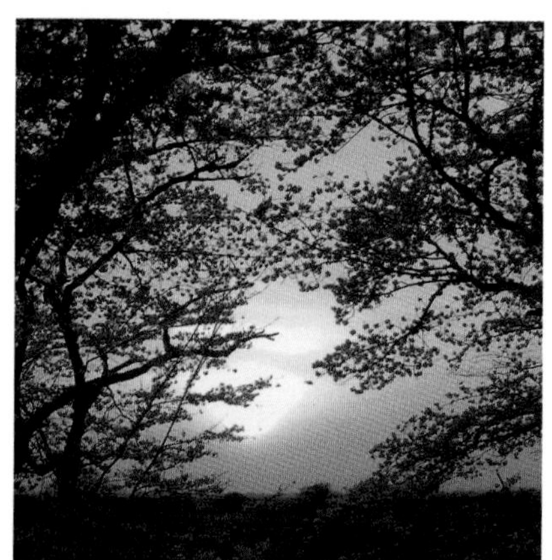

春日霞光色調朦朧而美麗。

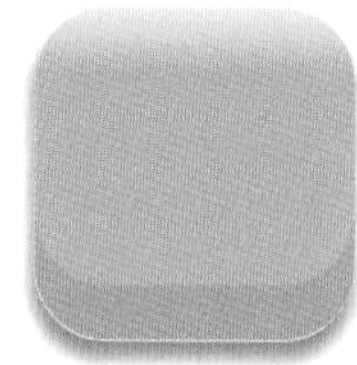

①色音

いろね

花的色彩與鳥的鳴音。花鳥風月的花與鳥。

②終日

ひねもす

從早到晚一整天，日本古語。

③紅掛花色

べにかけはないろ

將花色（藍）以紅色重複暈染。

④曙

あけぼの

於《枕草子》開頭登場，黎明時的天色。

⑤朧月

おぼろづき

春天夜晚，在雲霧中月色微微可見。

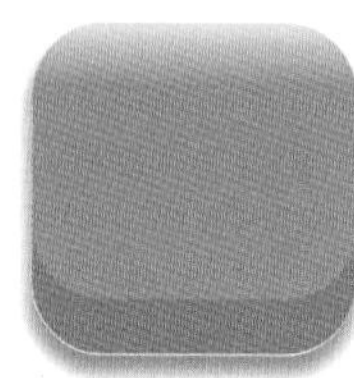

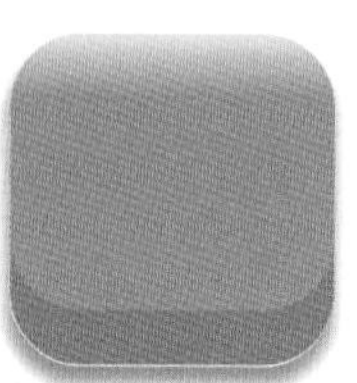

⑥東雲色

しののめいろ

黎明時分，東方天空所出現的顏色。

⑦藍色鳩羽

あいいろはとば

比鳩羽色更暗，沉著穩重的顏色。

⑧白羽之矢

しらはのや

立起白羽之矢，是萬中選一之意。

⑨埋木

うもれぎ

埋在土壤或水中逐漸炭化的木頭。

1 C5 M25 Y23 K0 R241 G205 B189 #F0CCBD

2 C3 M40 Y17 K27 R195 G144 B150 #C38F95

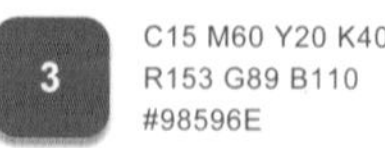

3 C15 M60 Y20 K40 R153 G89 B110 #98596E

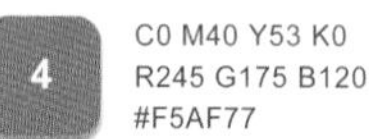

4 C0 M40 Y53 K0 R245 G175 B120 #F5AF77

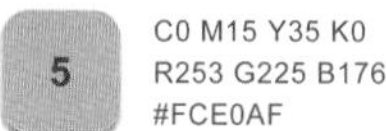

5 C0 M15 Y35 K0 R253 G225 B176 #FCE0AF

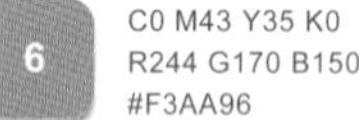

6 C0 M43 Y35 K0 R244 G170 B150 #F3AA96

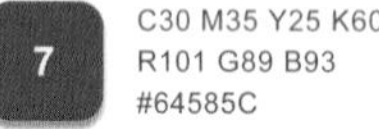

7 C30 M35 Y25 K60 R101 G89 B93 #64585C

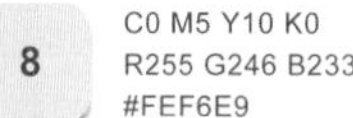

8 C0 M5 Y10 K0 R255 G246 B233 #FEF6E9

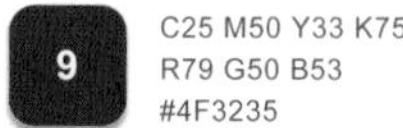

9 C25 M50 Y33 K75 R79 G50 B53 #4F3235

雙色配色 Two-colors combination

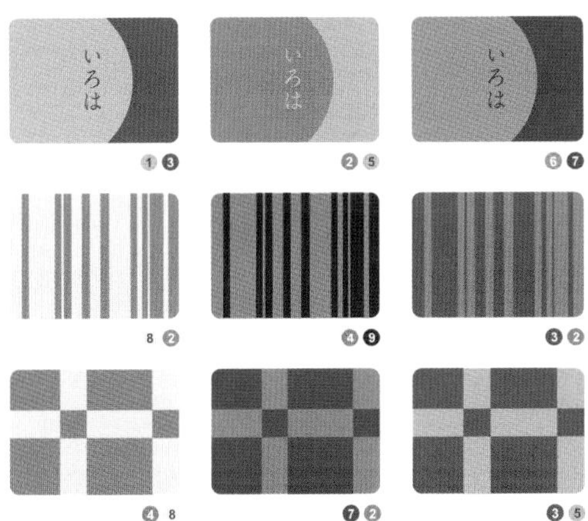

三色配色 Three-colors combination

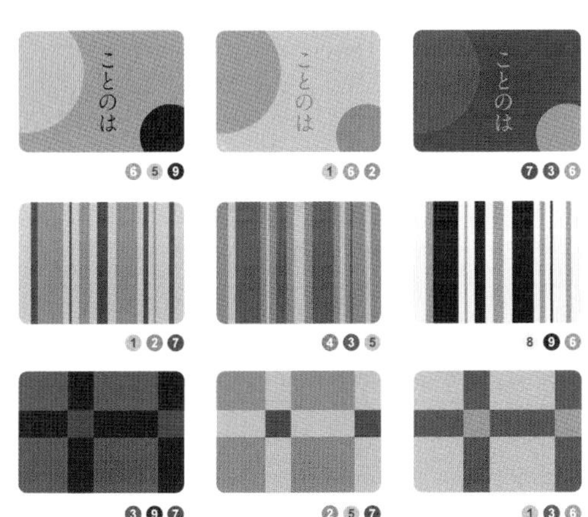

意匠設計 Design

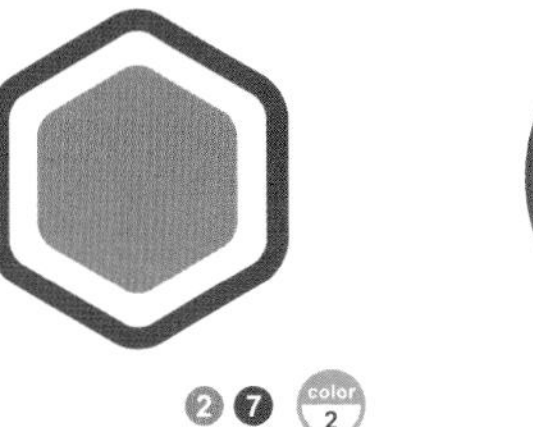

2 7 color 2

3 5 8 color 3

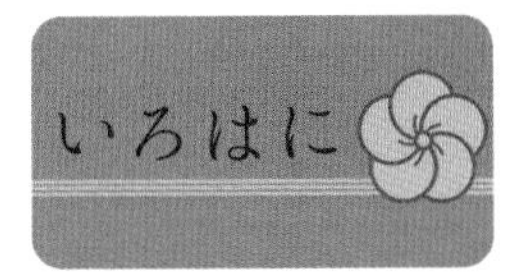

紋樣 Pattern

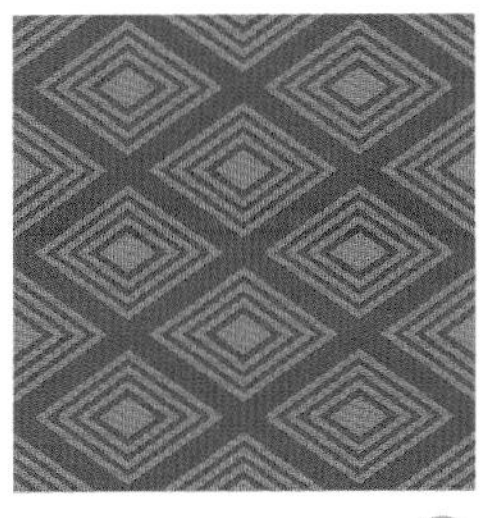

3 4 color 2

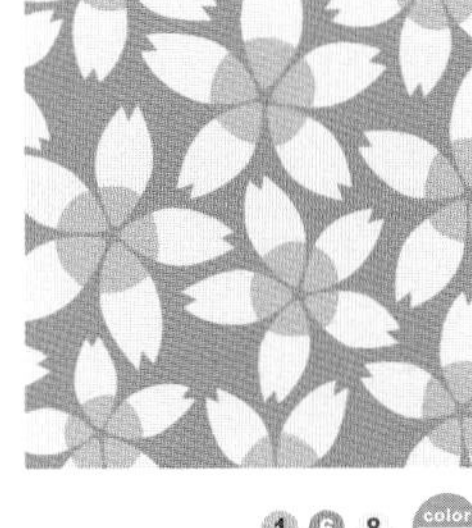

1 6 8 color 3

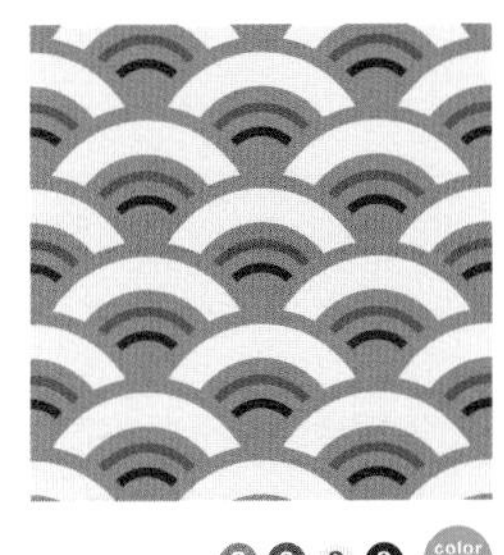

2 3 8 9 color 4

插畫 Illustration

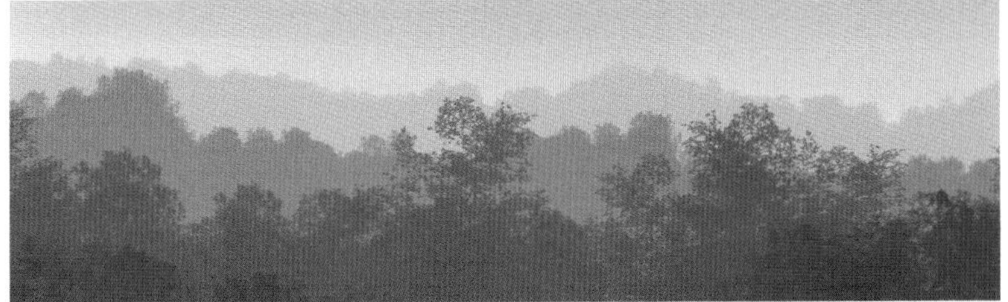

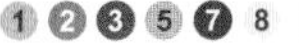

029 賞花

Cherry-blossom Viewing

據說賞花的起源，是源自奈良時代的貴族活動。奈良時代的日本人喜愛梅花，平安時代以後，提到「花」，變成指「櫻花」，也開始以櫻花來形容女子的美貌。在現代，預測在同一天開花的地區會連成「櫻前線」，櫻前線的北移也成為大家關心的大事。

印象	明媚的、幸福的、充滿希望的
配色方式	以①②的天空色或③的草色為底色
重點	利用櫻花或油菜花增添華麗點綴

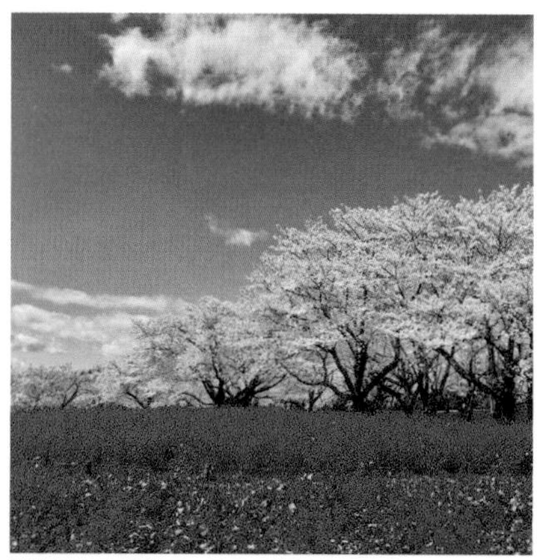

櫻花道與油菜花田，是春天的代表性風光。

① 花灰雲

はなぐもり

櫻花綻放時節，灰濛濛的多雲天空。

② 花日和

はなびより

安穩晴朗、最適合賞花的日子。

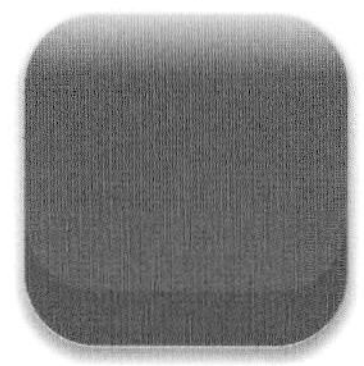

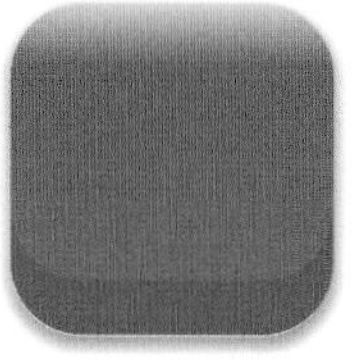

③ 若草色

わかくさいろ

剛長出不久，新鮮水嫩的草色。

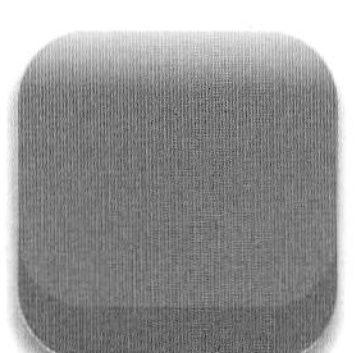

④ 萌黃色

もえぎいろ

初春時萌芽的植物新芽顏色。

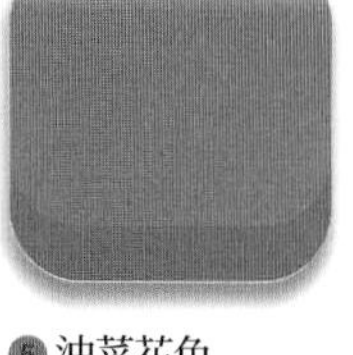

⑤ 油菜花色

なのはないろ

一齊綻放的油菜花，擁有明亮的黃色。

⑥ 花衣

はなごろも

平安時代，櫻重（外白內紫）衣飾之稱。

⑦ 花明

はなあかり

櫻花滿開，讓夜晚也微微明亮了起來。

⑧ 染井吉野

そめいよしの

代表日本的櫻花。於江戶染井村所培育。

⑨ 八重紅枝垂櫻

やえべにしだれざくら

八重櫻的品種。八重櫻也稱為牡丹櫻。

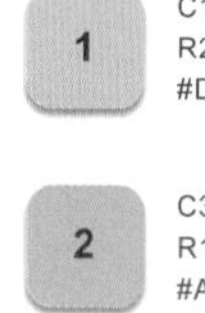

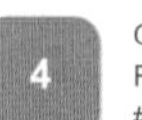

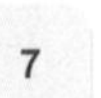

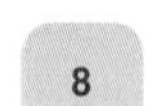

	CMYK	RGB	HEX
1	C15 M10 Y0 K10	R208 G212 B227	#D0D3E2
2	C35 M17 Y0 K0	R175 G197 B230	#AEC4E6
3	C47 M0 Y67 K15	R134 G182 B104	#85B667
4	C27 M0 Y60 K7	R192 G213 B123	#BFD47B
5	C0 M0 Y70 K7	R247 G234 B94	#F7E95E
6	C0 M50 Y0 K15	R217 G142 B176	#D98EAF
7	C0 M10 Y0 K0	R253 G239 B245	#FCEEF4
8	C0 M25 Y0 K0	R249 G211 B227	#F8D2E3
9	C0 M40 Y0 K0	R244 G180 B208	#F4B4CF

雙色配色 Two-colors combination

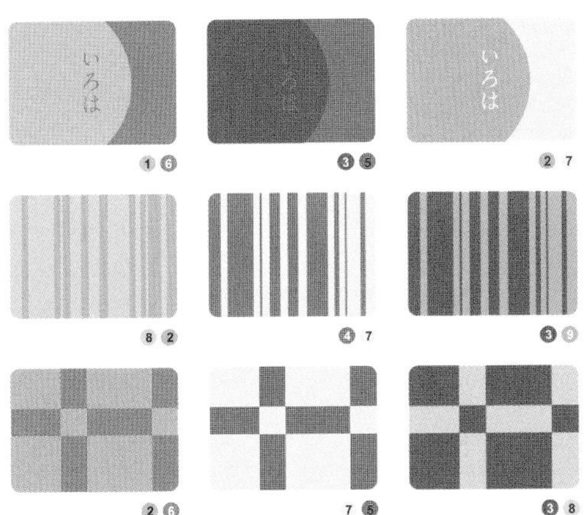

三色配色 Three-colors combination

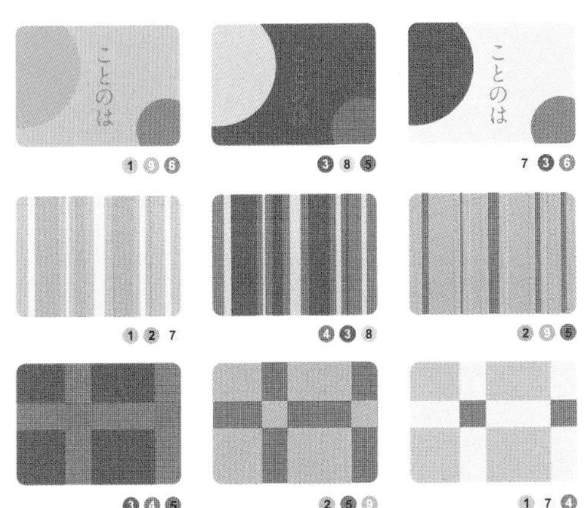

意匠設計 Design

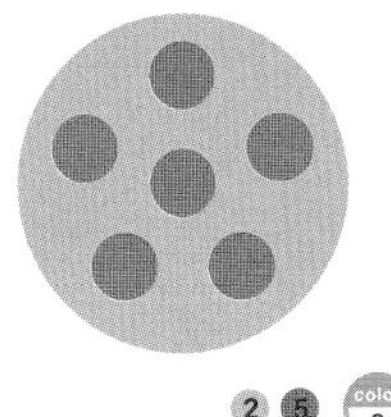

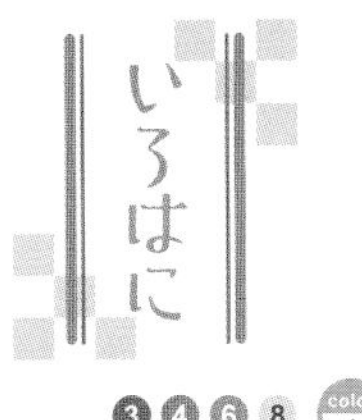

紋樣 Pattern

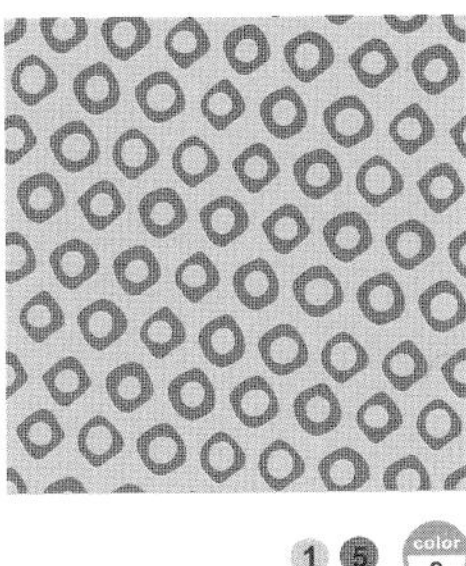

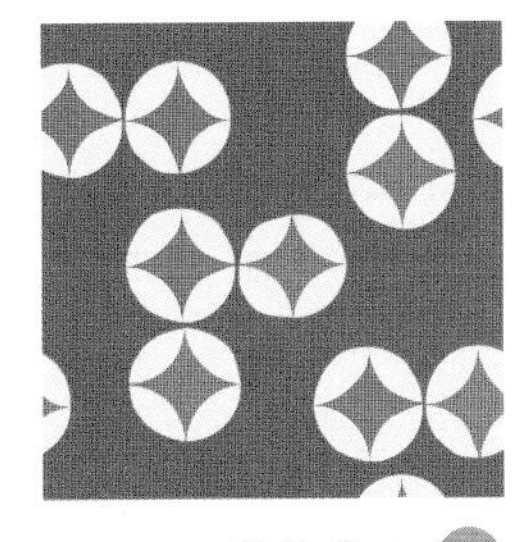

插畫 Illustration

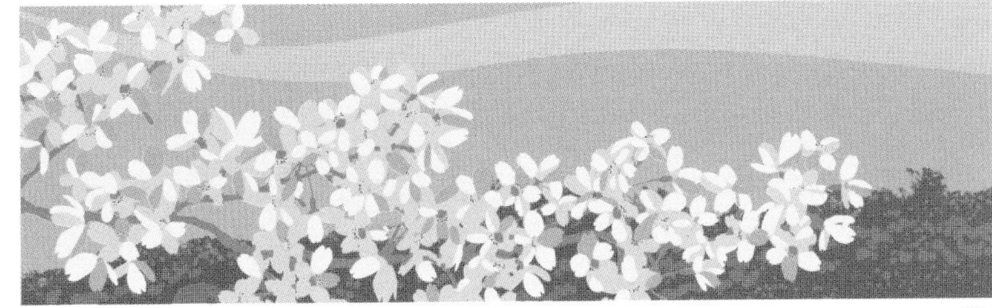

030

清明(4月5日～19日前後)

Seimei, one of the 24divisions in the old Japanese almanac.

清明這個詞，來自於描述萬物明亮、清新而美麗的「清淨明潔」一詞。每到這個時節，空氣較為濕潤，也比較容易能看到彩虹。彩虹來自陽光在雨滴中曲折反射而分成七色的現象。在午後雷陣雨之後，彩虹會背對西方的太陽，出現在東方的天空中。

印象	澄澈的、清淨的、清爽的
配色方式	以明亮的粉彩色為中心
重點	利用色相的差異增添變化

自古以來便傳說「彩虹是幸福的預兆」。

❶天藍

てんせい

明亮、萬里無雲的天空顏色。

❷中空

ちゅうくう

天空中沒有任何遮蔽物。

③綿雲

わたぐも

晴朗日子裡，出現棉花糖般的雲朵。

❹百花繚亂

ひゃっかりょうらん

花朵盛開、爭奇鬥艷的樣子。

❺夢見心地

ゆめみごこち

作夢般令人陶醉的心情。

❻天真爛漫

てんしんらんまん

天真無邪、自然不造作的樣子。

❼草創

くさわけ

先驅。在無路之處首先走出道路的人。

❽清風閃耀

かぜひかる

日本是以4月為始，展開新的年度。

❾夢路

ゆめじ

與戀慕者在夢中相見，連接夢和現實之路。

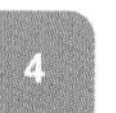
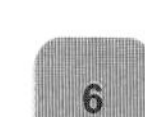
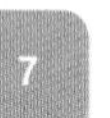

	CMYK	RGB	HEX
1	C47 M7 Y0 K5	R135 G194 B231	#86C2E7
2	C63 M25 Y0 K0	R94 G160 B215	#5EA0D7
3	C6 M0 Y1 K6	R234 G241 B244	#EAF0F4
4	C0 M50 Y20 K0	R241 G156 B166	#F19CA6
5	C0 M35 Y45 K0	R247 G186 B139	#F6B98B
6	C0 M0 Y50 K0	R255 G247 B153	#FFF798
7	C40 M0 Y40 K0	R165 G212 B173	#A5D4AC
8	C50 M0 Y15 K0	R130 G205 B219	#82CCDA
9	C60 M40 Y0 K0	R113 G140 B199	#718CC6

雙色配色 Two-colors combination

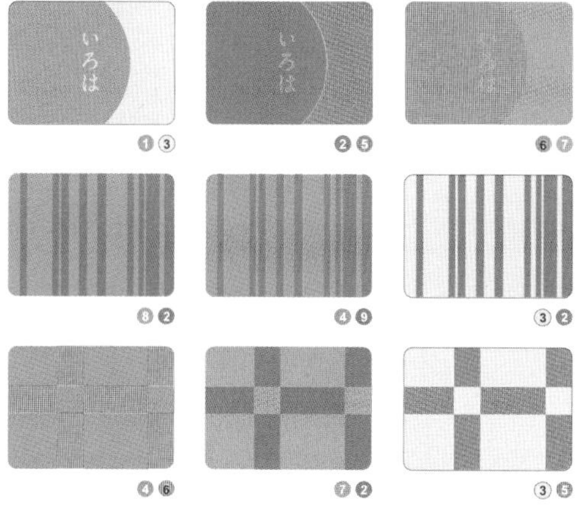

三色配色 Three-colors combination

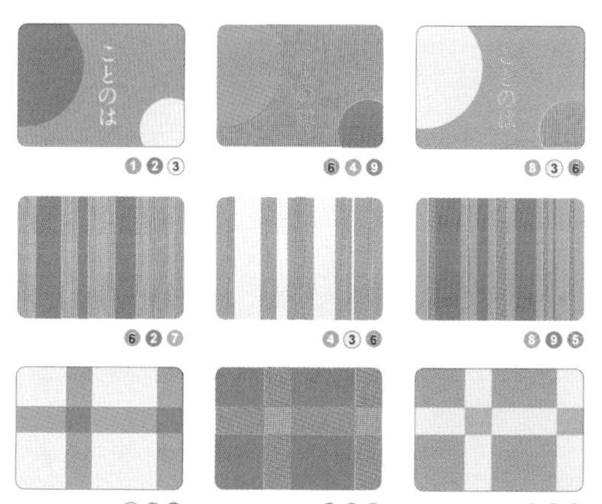

意匠設計 Design

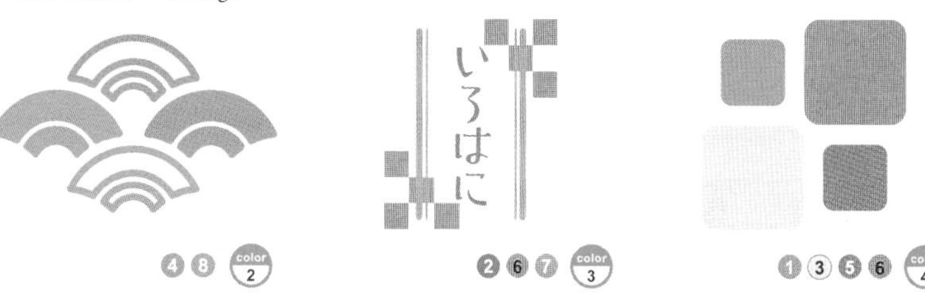

紋樣 Pattern

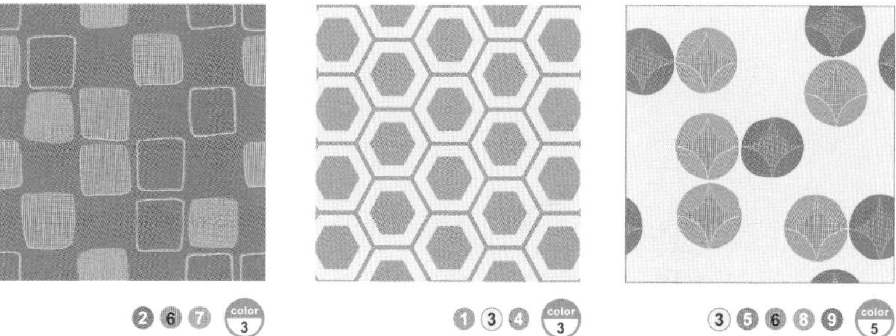

插畫 Illustration

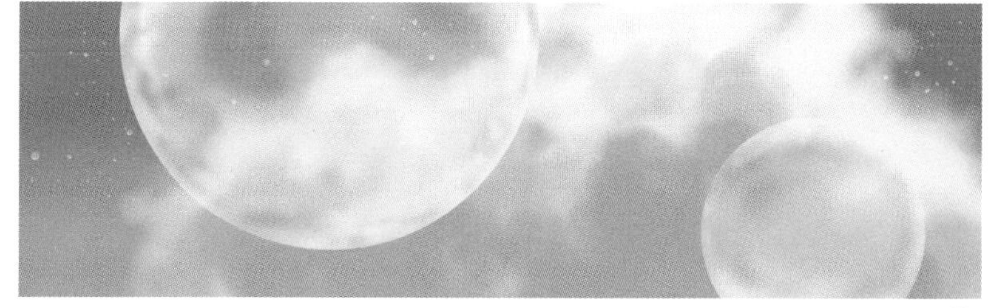

031

穀雨(4月20日～5月5日前後)

Kokuu, one of the 24divisions in the old Japanese almanac.

天上降下了充滿恩惠的雨水，適合播種的時節。雨有各種不同的名稱，櫻花時節的雨，稱為花時雨；3 月下旬到 4 月間，關東以西的長雨稱為菜種梅雨；5 月中旬到下旬的雨稱為迎梅雨。這些名稱，能令人感受到日本民族豐沛的感受性。

印象	鮮明的、艷麗的、華美的
配色方式	以明亮黃綠色，搭配鮮豔紫紅色
重點	紫紅與黃綠對比強烈，為相對色

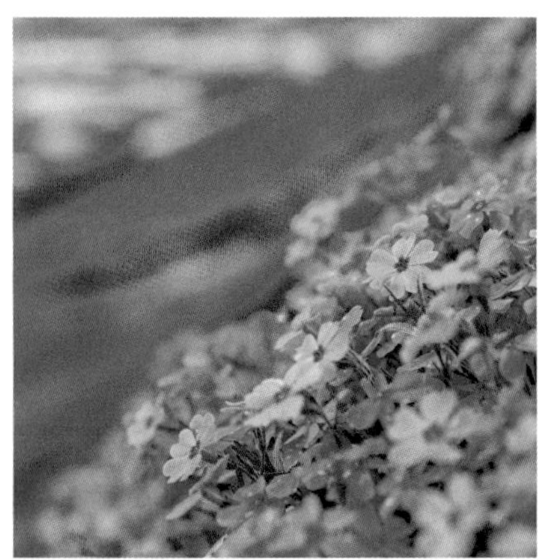

芝櫻宛如披覆地面般密密生長，妝點成一片美景。

❶牡丹
ぼたん
如百花之王牡丹花般的艷麗紫紅色。

❷芝櫻
しばざくら
宛如覆蓋大地的粉紅色地毯。

❸紅躑躅
べにつつじ
紫紅的杜鵑花色。比①稍亮的顏色。

❹櫻貝
さくらがい
如櫻貝般淺淺的淡粉紅色。

❺灰櫻
はいざくら
帶紅的灰色。鼠色也是灰色。

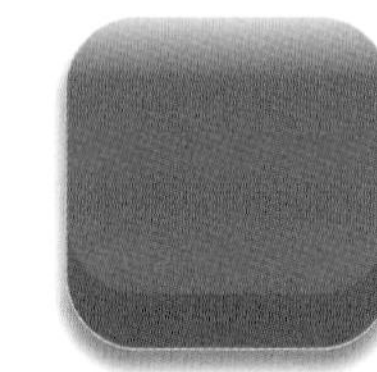

❻夕牡丹
ゆうぼたん
夕陽西下時，眼中所見的牡丹花色。

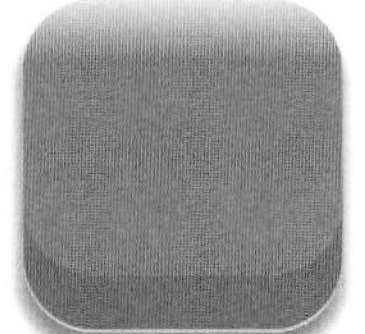

❼薰風
かぜかおる
以穿梭在新芽間的五月微風為意象。

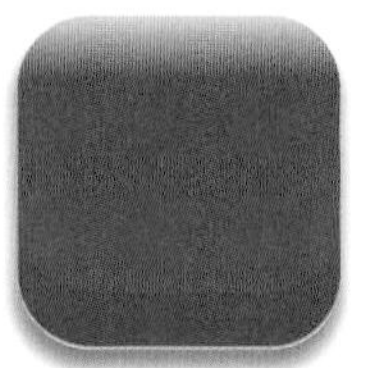

❽櫻若葉
さくらわかば
櫻花凋落後，剛剛冒出的櫻葉顏色。

❾苔色
こけいろ
青苔般的綠色。比實際的青苔色澤更黯淡。

1 C10 M85 Y0 K0 / R216 G65 B145 / #D84091

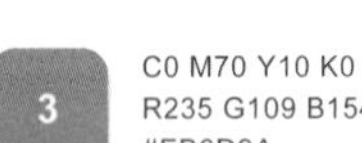
2 C15 M55 Y0 K0 / R214 G139 B185 / #D68AB8

3 C0 M70 Y10 K0 / R235 G109 B154 / #EB6D9A

4 C0 M15 Y0 K0 / R251 G230 B239 / #FBE5EF

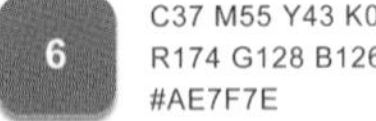
5 C7 M25 Y5 K10 / R221 G192 B206 / #DDC0CD

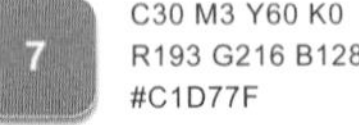
6 C37 M55 Y43 K0 / R174 G128 B126 / #AE7F7E

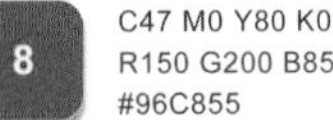
7 C30 M3 Y60 K0 / R193 G216 B128 / #C1D77F

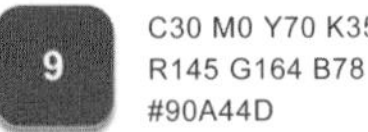
8 C47 M0 Y80 K0 / R150 G200 B85 / #96C855

9 C30 M0 Y70 K35 / R145 G164 B78 / #90A44D

雙色配色 Two-colors combination

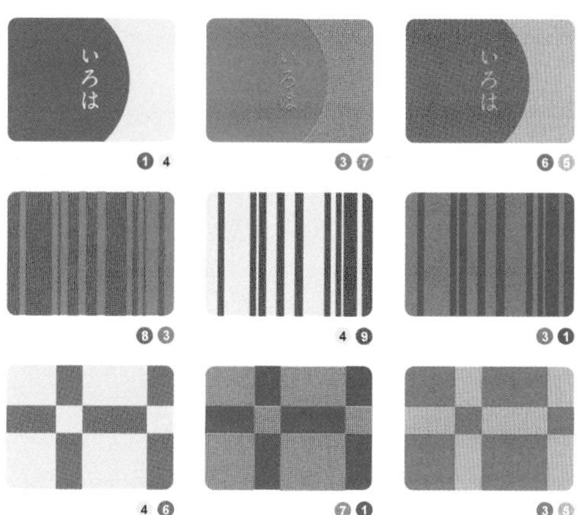

三色配色 Three-colors combination

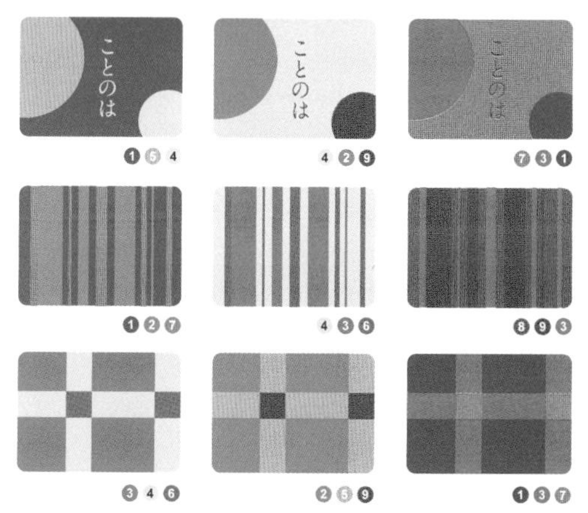

意匠設計 Design

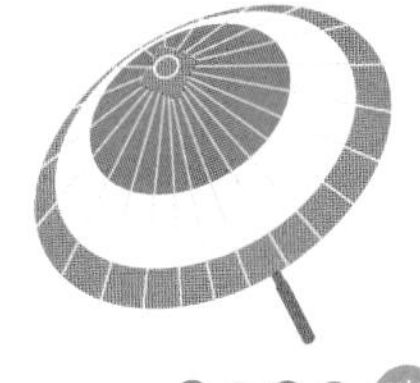

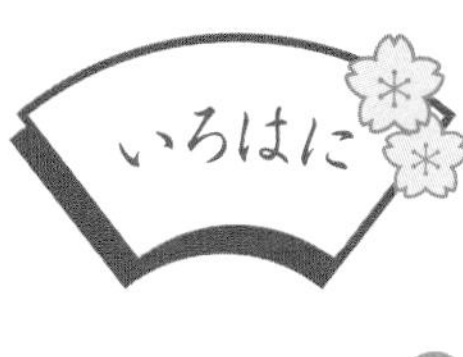

紋樣 Pattern

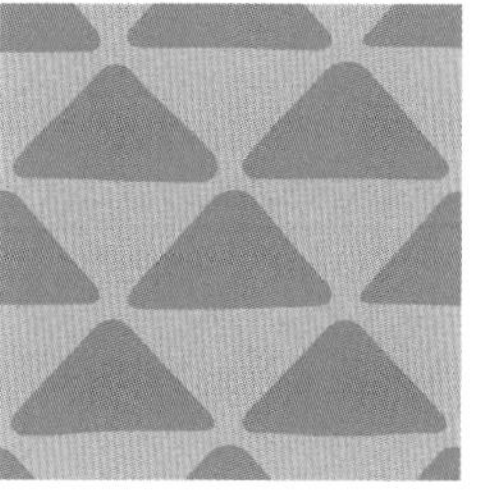

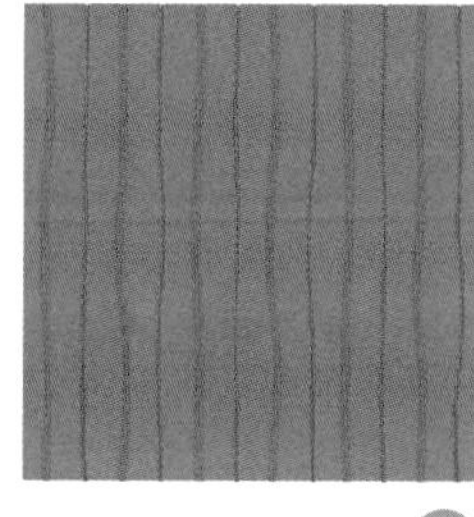

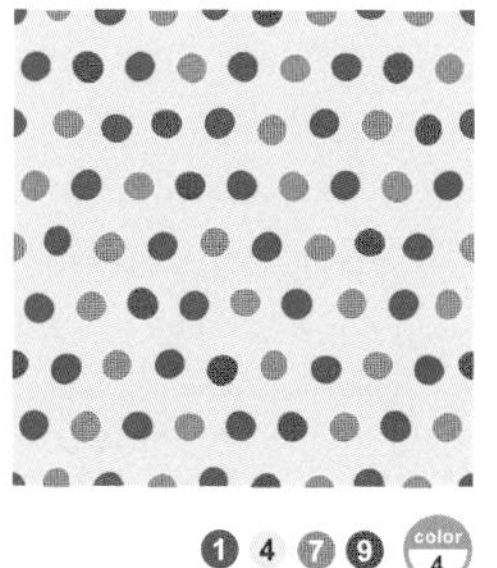

插畫 Illustration

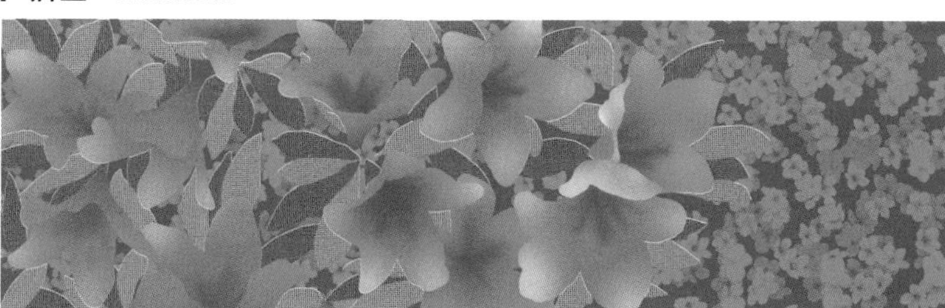

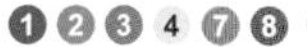

第 4 章

夏曆與行事

（皐月・水無月・文月）

古代日本人為了熬過夏季酷暑，發揮許多巧思，透過五感感受涼意。例如看起來充滿清涼感的藍色浴衣，與隨風搖曳的清脆風鈴聲。在色彩學中，藍綠、綠、紫綠範圍的顏色，被歸類為「冷色」，配色中若採用這些顏色，便能明確地傳遞出「涼快的感覺」。

夏季的巔峰「夏至」，指的是「陽極之至，陰氣始生之日」，因此本書介紹的配色，也融入此精髓。相對而言，冬季的巔峰「冬至」，則是「陰極之至，陽氣始生之日」。

從接近夏天的「八十八夜」，至暑氣達到巔峰的「大暑」

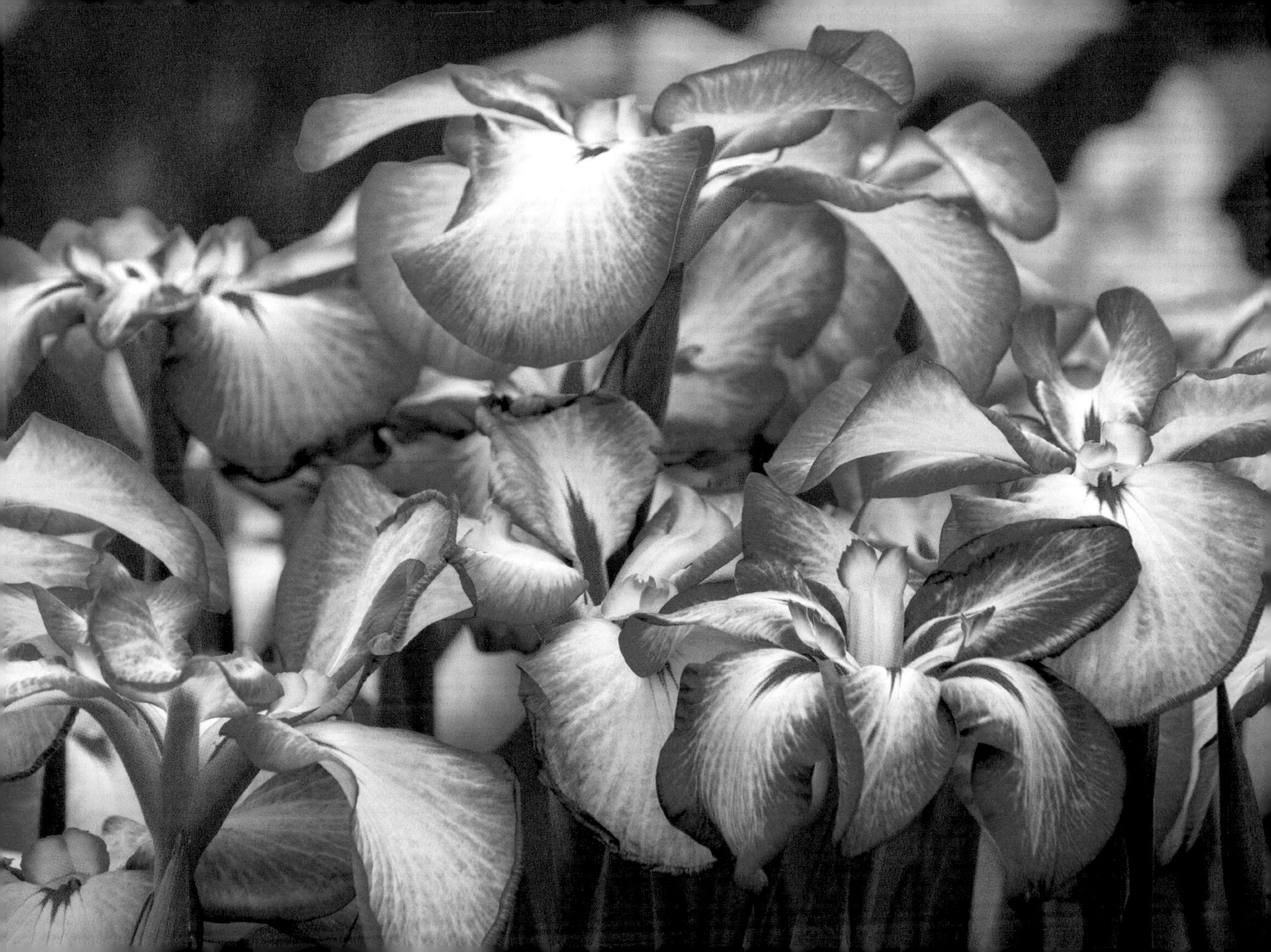

032

八十八夜

Eighty-eighth day after the beginning of spring

立春數來第八十八天的日子。依照現在的曆法，約在 5 月 2 日前後。此時茶葉新芽正茂盛生長，一如採茶歌的歌詞描述：「夏季將臨　八十八夜　原野及山　新芽繁茂」，綠意與日漸濃，農事也開始正式進行。春日的新茶因為香氣芬芳，自古便被視為吉利之物。

印象	新鮮的、充滿希望、自然的
配色方式	以深淺不一的黃綠色來組合
重點	整體配色以自然界常見的顏色構成

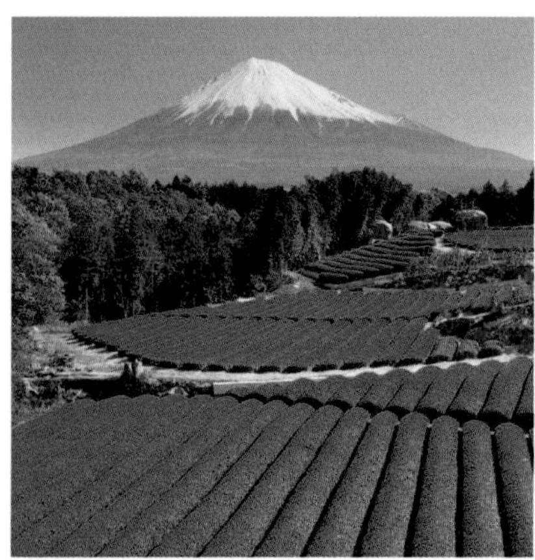

草木的綠也有各種色相與色調。

❶一番茶

いちばんちゃ

以最初生長的新芽做成的茶。日文稱新茶。

❷若葉色

わかばいろ

進入夏季前嫩葉的顏色。色彩範圍廣泛。

❸御空色

みそらいろ

天藍色的美稱。「御」有高貴之意。

❹抹茶色

まっちゃいろ

將碾茶以石臼研磨成抹茶粉。

❺綠茶色

りょくちゃいろ

深蒸茶葉經兩倍蒸菁的時間。濃郁的綠色。

❻白藍

しらあい

淺淺的藍染色。

❼殘雪

ざんせつ

以富士山頂殘雪為意象的顏色。

❽錫色

すずいろ

宛如表面鍍錫的馬口鐵之顏色。

❾鈍色

にびいろ

微帶一點黃綠色的灰色。

1	C35 M7 Y87 K0 R183 G203 B60 #B7CA3B
2	C60 M10 Y100 K0 R114 G175 B45 #72AE2C
3	C43 M27 Y0 K20 R135 G151 B189 #8796BC
4	C50 M0 Y100 K50 R86 G124 B3 #567B02
5	C65 M7 Y75 K65 R35 G87 B44 #22572B
6	C35 M10 Y0 K10 R163 G195 B223 #A3C2DF
7	C10 M2 Y0 K7 R224 G234 B241 #E0E9F1
8	C10 M10 Y20 K30 R184 G180 B166 #B8B4A5
9	C23 M0 Y40 K75 R81 G90 B66 #505A41

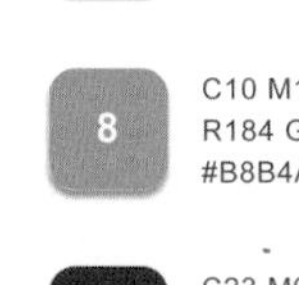

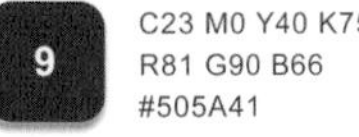

雙色配色 Two-colors combination

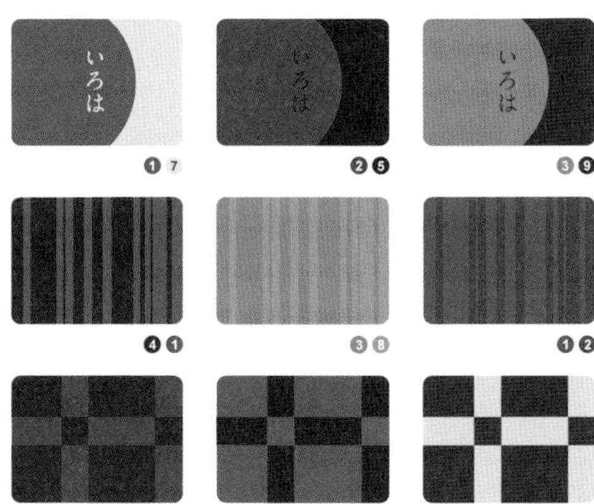

❶ 7　❷❺　❸❾
❹❶　❸❽　❶❷
❹❷　❶❺　❾ 7

三色配色 Three-colors combination

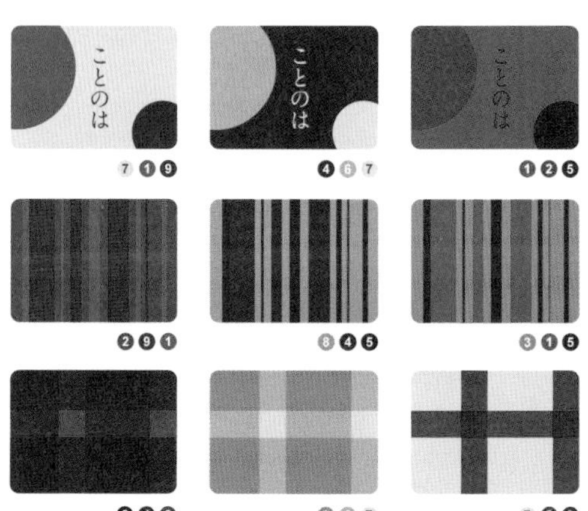

7 ❶❾　❹❻ 7　❶❷❺
❷❾❶　❽❹❺　❸❶❺
❺❹❷　❸❻ 7　7 ❷❾

意匠設計 Design

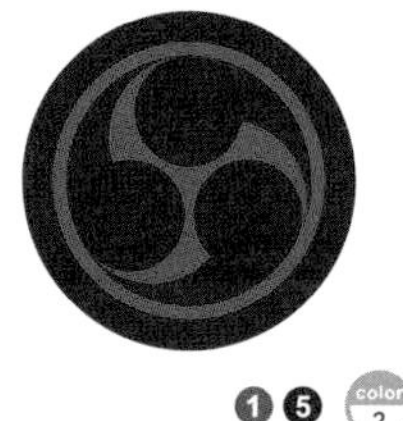

❶❺ color 2

❸❽❾ color 3

❶❷❻ 7 color 4

紋樣 Pattern

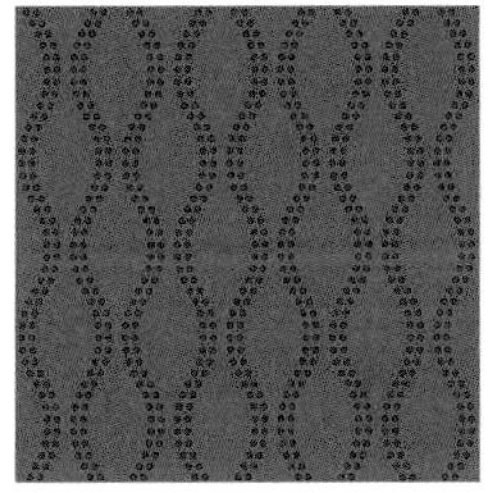

❶❹ color 2

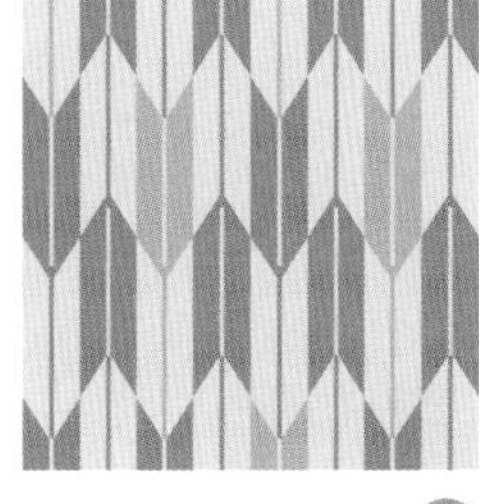

❸❻ 7 color 3

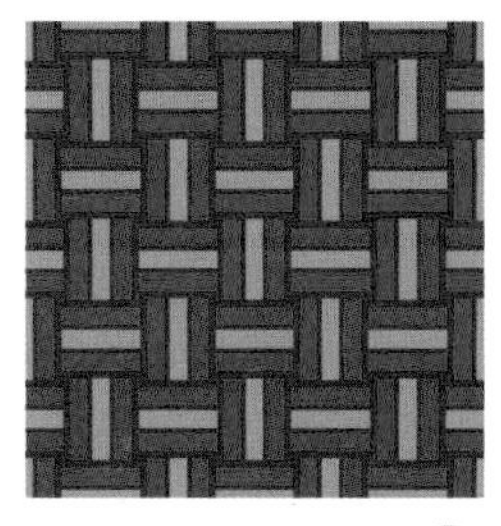

❷❽❾ color 3

插畫 Illustration

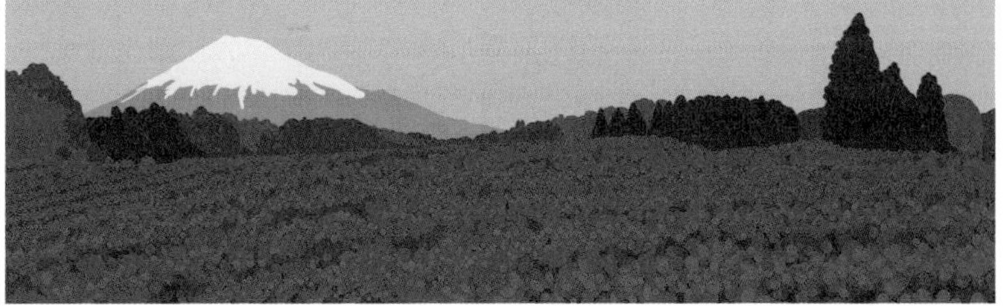

❶❷❸❹❺❻ 7  color 7

033

立夏(5月6日～20日前後)

Rikka, one of the 24divisions in the old Japanese almanac.

過了春意最濃的時刻，夏天的氣息開始出現。陽光日漸增強，綠葉更加繁茂。《萬葉集》（於 7 世紀後半～ 8 世紀後半期間編纂而成，是日本最古老的和歌集）中也經常登場的紫藤花，便是在此時期盛開。本篇以象徵成長的「綠」的色相，延伸出配色組合。

印象	水嫩的、新鮮的、清爽的
配色方式	以綠色為中心，增添柔和的白或灰色
重點	同色相配色，可利用明暗帶出張弛感

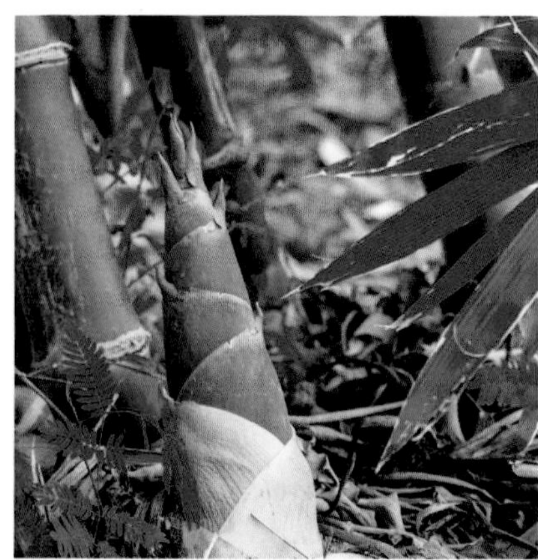

生長力旺盛的竹筍，24 小時可長 1 公尺以上。

❶青竹色

あおたけいろ

長大的竹子般，鮮綠濃郁的綠色。

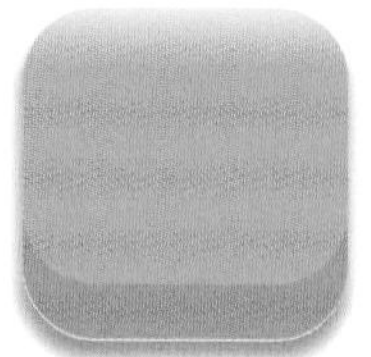

❷薄綠

うすみどり

明度高的亮綠色。也稱淺綠色。

❸深綠

ふかみどり

明度低的暗綠色。

❹翠玉

すいぎょく

五月的誕生石：翡翠般的顏色。

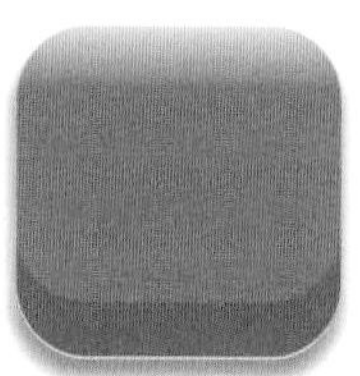

❺若苗色

わかなえいろ

細嫩幼苗般的淺綠色。

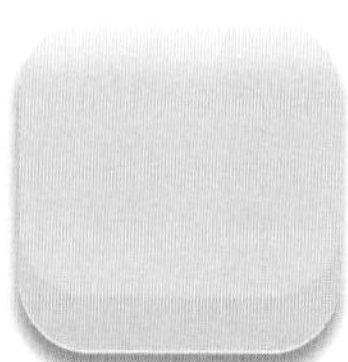

❻花水木

はなみずき

四月下至五月上旬，開著白或淡紅的花。

❼嬰兒

みどりご

剛出生的小寶寶。宛如新芽一般。

❽素鼠

すねず

不帶任何色彩、中立的灰色。

❾利休鼠

りきゅうねず

令人聯想到茶師千利休，帶綠的灰色。

1	C77 M0 Y65 K0 R0 G173 B122 #00AC7A
2	C45 M0 Y35 K0 R150 G208 B182 #95CFB6
3	C85 M0 Y60 K40 R0 G121 B95 #00785E
4	C80 M15 Y100 K0 R2 G153 B59 #02983B
5	C45 M0 Y60 K0 R154 G204 B130 #99CC81
6	C5 M3 Y20 K0 R246 G244 B216 #F6F4D7
7	C20 M5 Y55 K0 R216 G222 B138 #D7DE8A
8	C40 M20 Y45 K25 R139 G153 B124 #8A987C
9	C60 M27 Y55 K10 R108 G147 B119 #6B9277

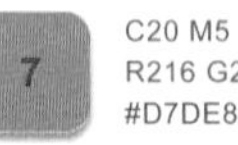

雙色配色 Two-colors combination

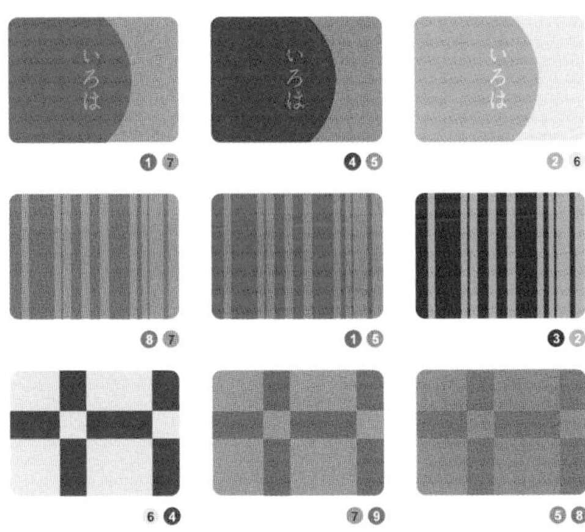

三色配色 Three-colors combination

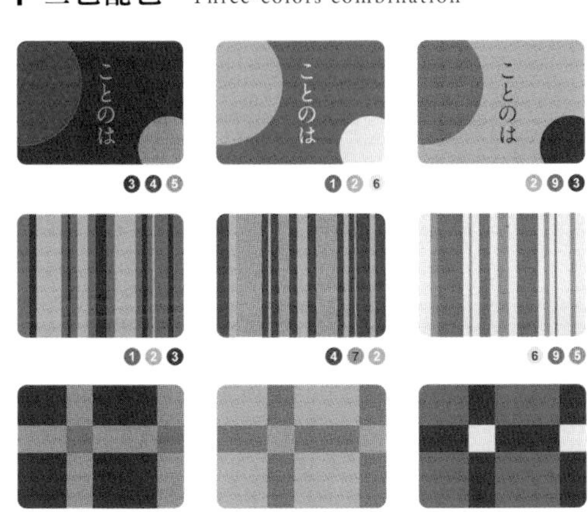

意匠設計 Design

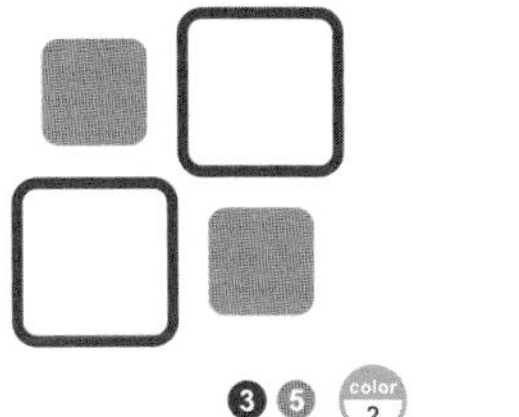

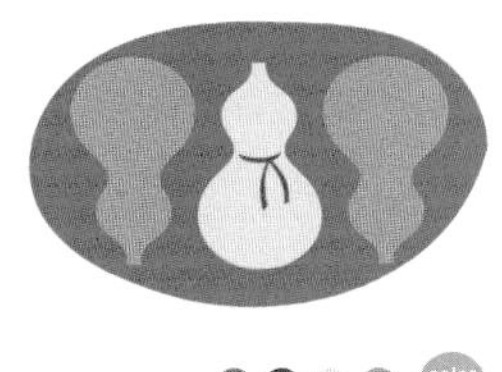

紋樣 Pattern

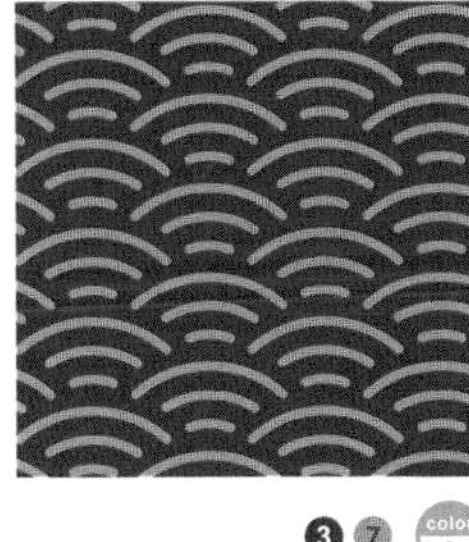

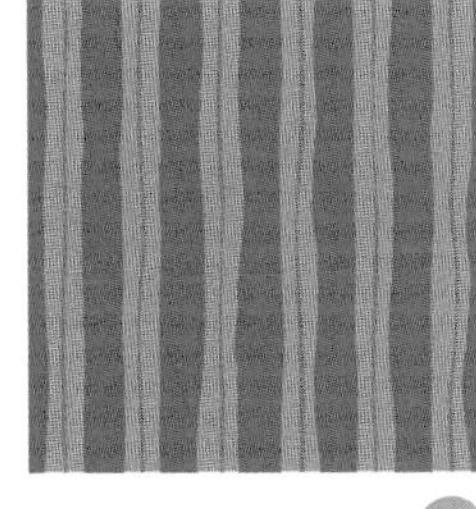

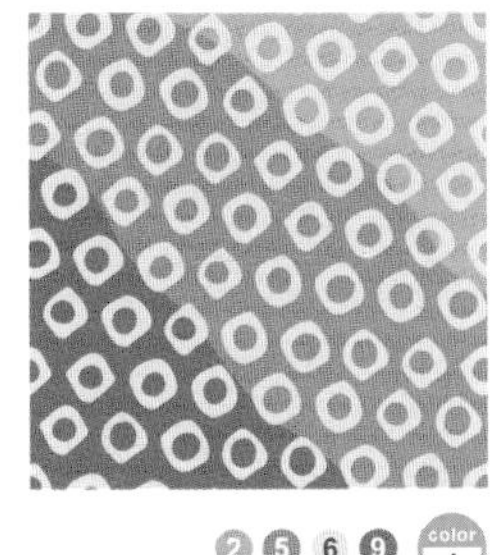

插畫 Illustration

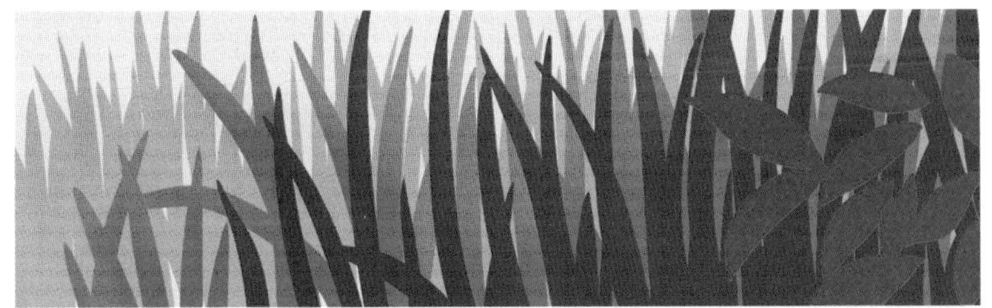

034

端午節

Children's Day

日本五大節（五節句）之一。自鎌倉時代起，端午節成為日本慶祝男孩成長、祈求男孩健康的節日；現在是日本的兒童節，也是國定假日。日本五大節指的是上巳（3 月 3 日）、端午（5 月 5 日）、七夕（7 月 7 日）、重陽（9 月 9 日）與人日（1 月 7 日）。

印象	強而有力的、充滿躍動感、有精神的
配色方式	以鯉魚旗的藍色與紅色為主色
重點	將紅、白、藍三色以和風形象表現

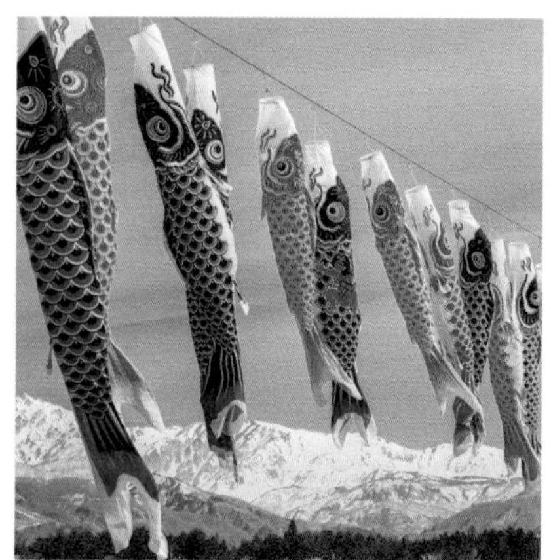

比屋頂還高的鯉魚旗 最大的鯉魚是爸爸♪

❶紺碧
こんぺき
紺碧天空、紺碧之海等，指極深暗的藍色。

❷緋鯉
ひごい
鯉魚旗中，象徵小孩子的紅色鯉魚顏色。

❸五月晴
さつきばれ
意為農曆 5 月梅雨季期間的晴天。

④宿雪
しゅくせつ
入春後仍殘留的雪。

❺未來
みらい
以自由光明的未來為意象。

❻可能性
かのうせい
每個方向都能找到出路，端看如何思考。

❼柏餅
かしわもち
柏葉不會在新芽冒出前凋落，象徵兒孫滿堂。

❽真鯉
まごい
鯉魚旗中，象徵爸爸的鯉魚顏色。

❾銀雪
ぎんせつ
閃耀著銀色光輝的白雪美稱。

編號	CMYK	RGB	HEX
1	C83 M83 Y0 K0	R70 G61 B149	#453D95
2	C0 M87 Y30 K0	R231 G62 B112	#E73D70
3	C75 M45 Y0 K0	R66 G123 B191	#417ABE
4 	C0 M0 Y0 K3	R251 G251 B251	#FAFAFA
5	C35 M15 Y0 K0	R175 G200 B232	#AEC8E8
6	C25 M5 Y0 K3	R196 G221 B241	#C3DDF1
7 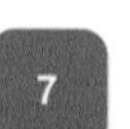 	C47 M0 Y75 K37	R108 G149 B70	#6C9546
8 	C0 M7 Y43 K90	R63 G54 B27	#3F351A
9 	C27 M0 Y0 K40	R137 G164 B178	#89A4B2

雙色配色 Two-colors combination

1 5　4 3　2 6

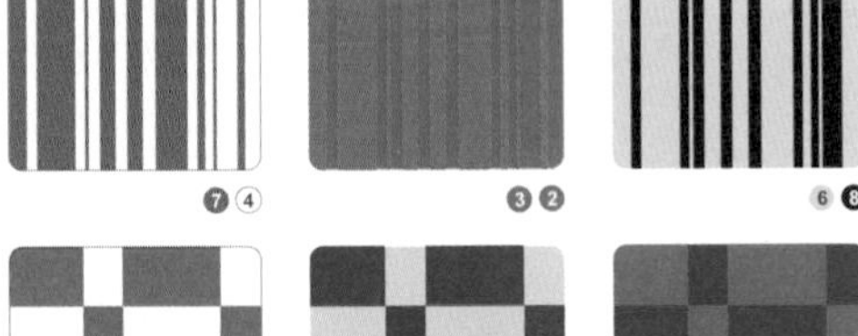

7 4　3 2　6 8

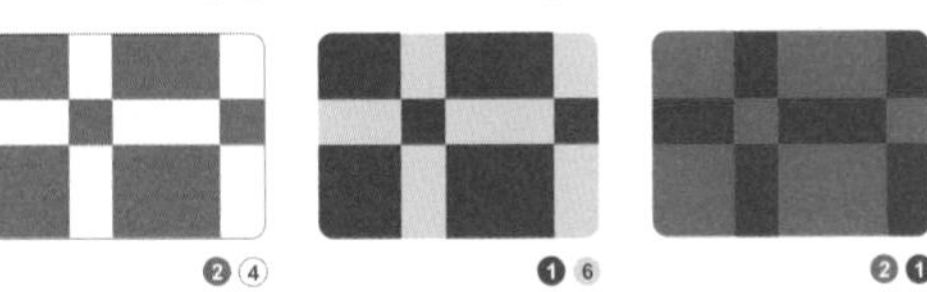

2 4　1 6　2 1

三色配色 Three-colors combination

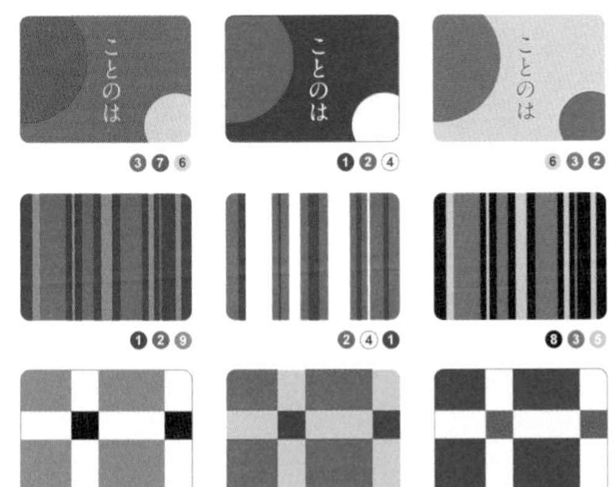

意匠設計 Design

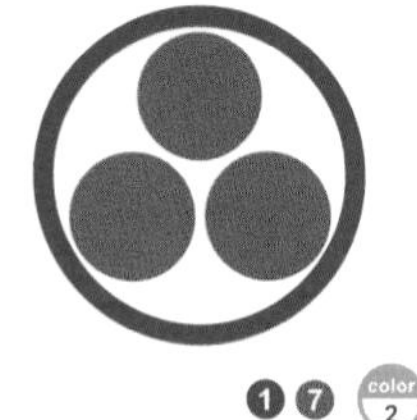

1 7 color 2

2 3 6 color 3

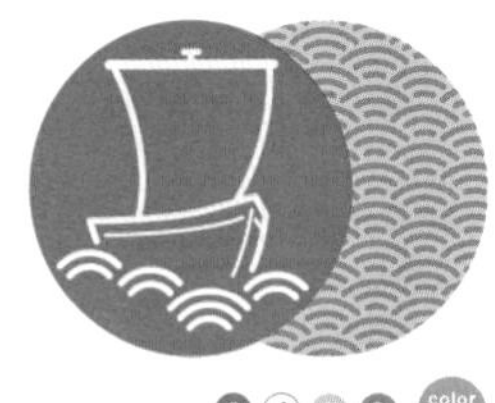

2 4 5 9 color 4

紋樣 Pattern

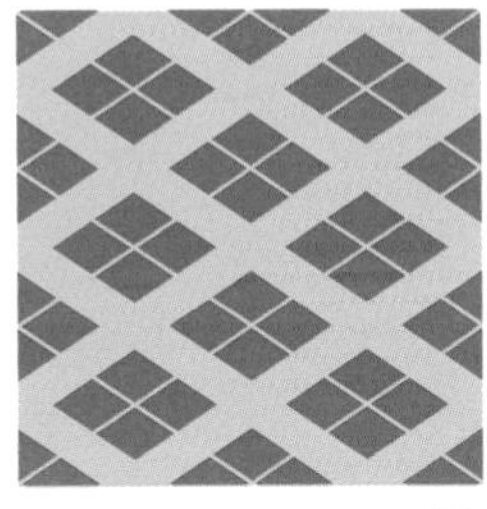

2 5 color 2

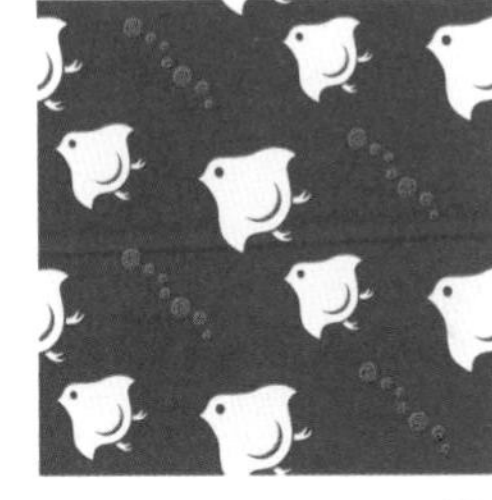

1 4 7 color 3

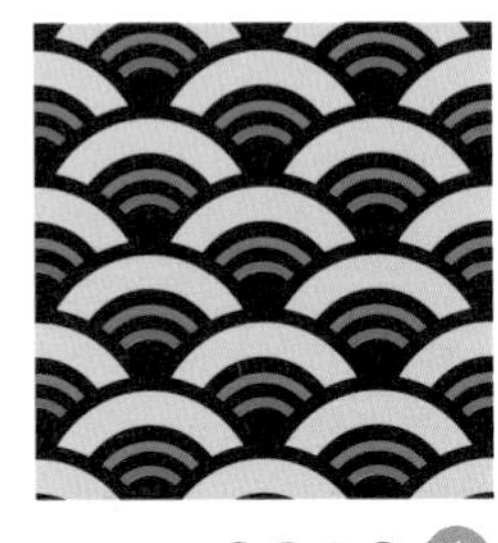

2 3 6 8 color 4

插畫 Illustration

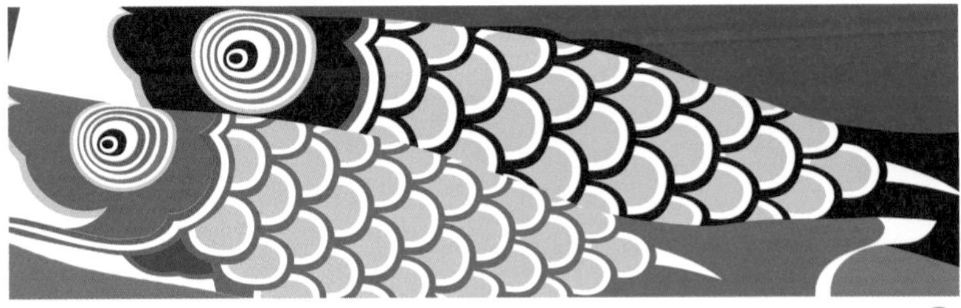

1 2 3 4 5 7 8 color 7

035

小滿(5月21日～6月5日前後)

Shouman, one of the 24divisions in the old Japanese almanac.

萬物茂盛成長的季節。口紅的原料、同時也是紅色染料的紅花，會在此時一齊綻放。麥穗閃耀著金黃，迎來收穫的季節。在七十二候中，小滿的末候名叫「麥秋至」，也稱為麥秋。這時也是農家忙得天翻地覆的繁忙期。

印象	光輝燦爛、閃耀的、積極向前
配色方式	組合金色系的沉穩色與藍色
重點	注意整體配色不要過於晦暗

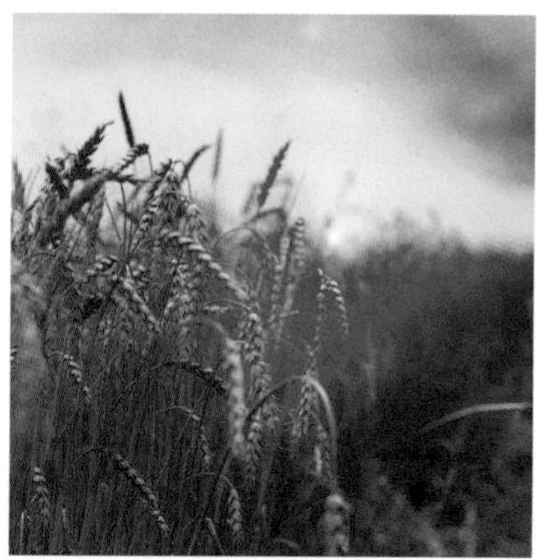

日本國產小麥，常用於製作麵食或甜點。

❶黃金色

こがねいろ

結實飽滿的麥穗般的金色。

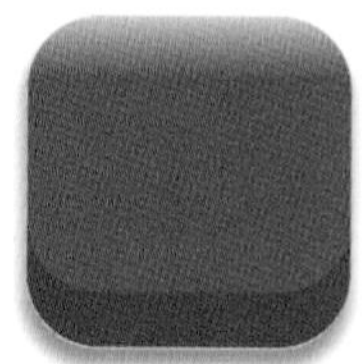

❷雀色

すずめいろ

麻雀羽毛般帶紅的茶色。

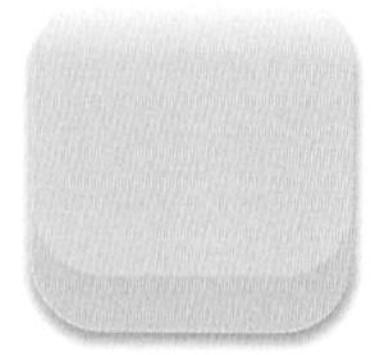

❸絹絲

きぬのいと

蠶寶寶吃了桑葉後，吐出絹絲。

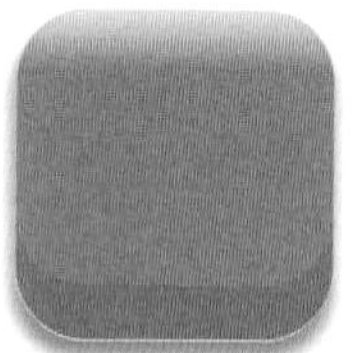

❹陽光

ようこう

以太陽的恩澤、陽光的顏色為意象。

❺薄茶色

うすちゃいろ

相對於焦茶色，較明亮的茶色。

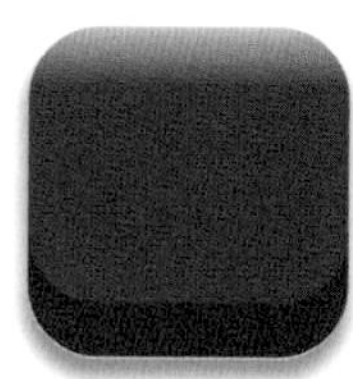

❻桑染

くわぞめ

由桑樹的樹根或樹皮煮後染出的顏色。

❼卯花色

うのはないろ

於此時綻放的卯花（溲疏）花色。

❽健氣

けなげ

在困難中也能展現出凜然的態度。

❾元氣

げんき

身心活動之源的力量。

1 C0 M35 Y75 K0 R248 G183 B74 #F7B749

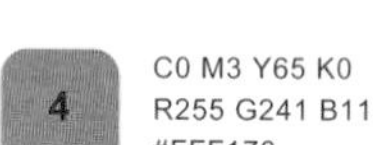

2 C0 M50 Y55 K25 R200 G127 B90 #C87F59

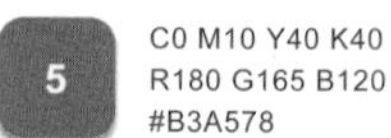

3 C0 M3 Y17 K5 R248 G241 B216 #F7F1D8

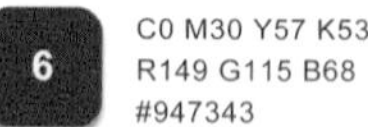

4 C0 M3 Y65 K0 R255 G241 B112 #FFF170

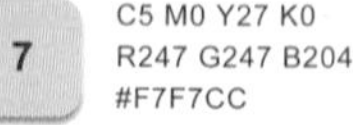

5 C0 M10 Y40 K40 R180 G165 B120 #B3A578

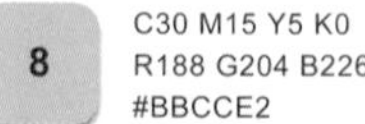

6 C0 M30 Y57 K53 R149 G115 B68 #947343

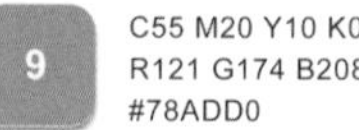

7 C5 M0 Y27 K0 R247 G247 B204 #F7F7CC

8 C30 M15 Y5 K0 R188 G204 B226 #BBCCE2

9 C55 M20 Y10 K0 R121 G174 B208 #78ADD0

雙色配色 Two-colors combination

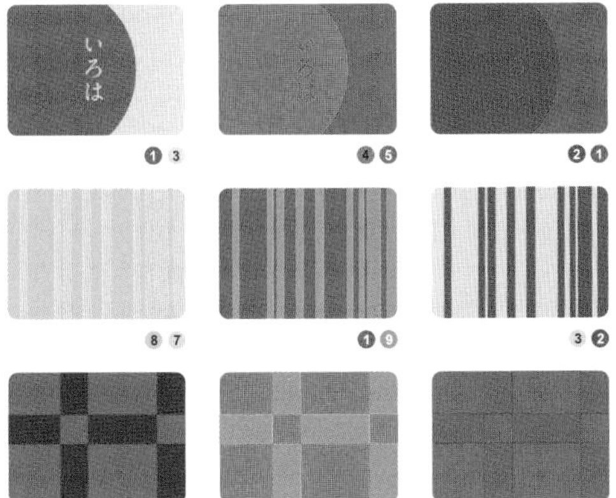

三色配色 Three-colors combination

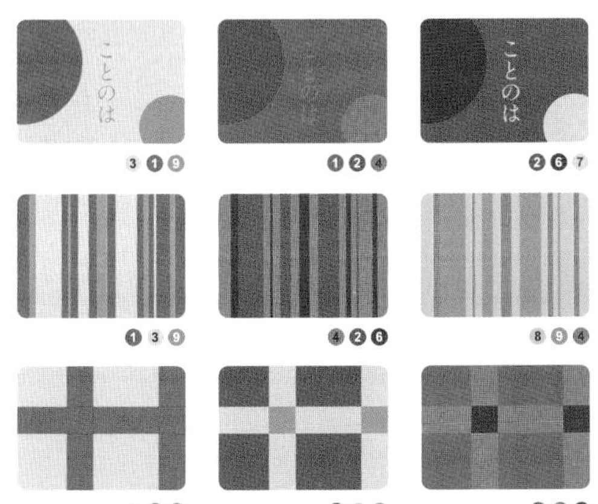

意匠設計 Design

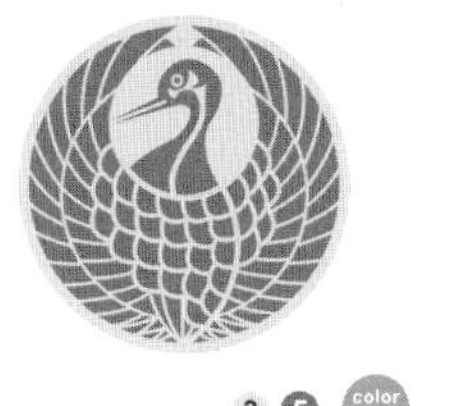

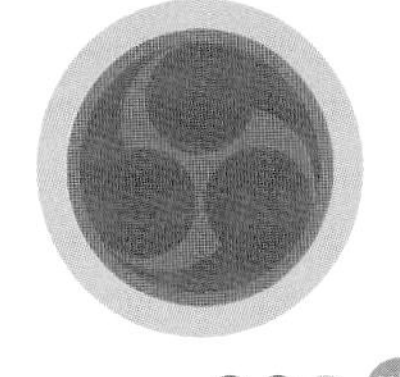

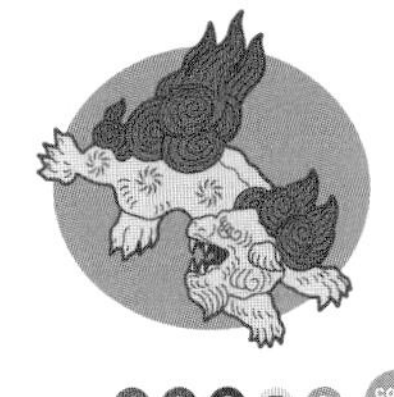

紋樣 Pattern

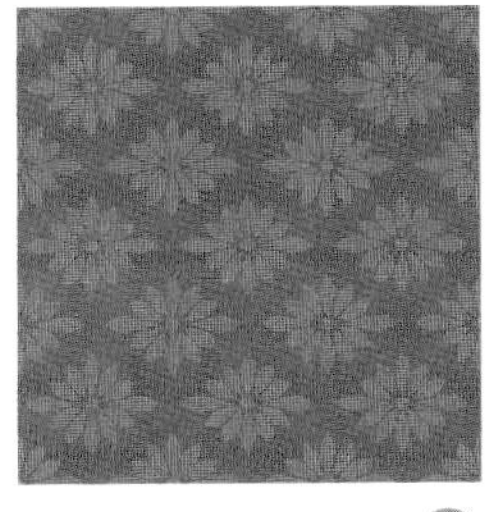

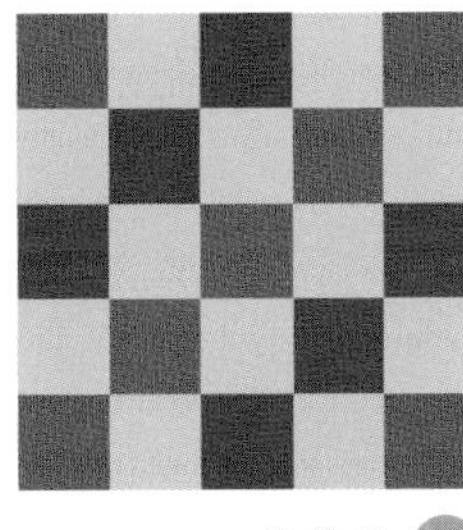

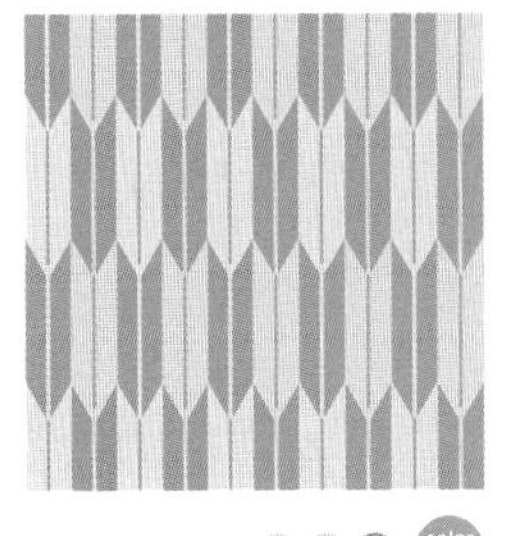

插畫 Illustration

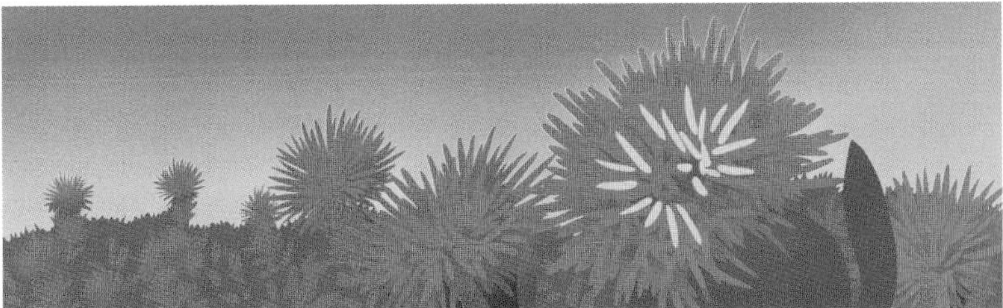

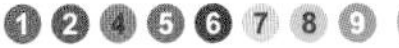

036

芒種(6月6日～21日前後)

Boushu, one of the 24divisions in the old Japanese almanac.

芒指的是禾本科植物前端突起的部分，「芒種」指的是該類穀物播種的時期，農家也在此時迎來耕作的繁忙期。梅子開始成熟，從青梅變化成淡淡的黃色。而在接近梅雨季的晴空下，繡球花展現著艷麗的漸層花色。

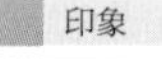

印象	嫻淑的、女性氣質的、細緻的
配色方式	特意使用繡球花色，以相似色相來配色
重點	使用⑦或⑨做點綴色會更好

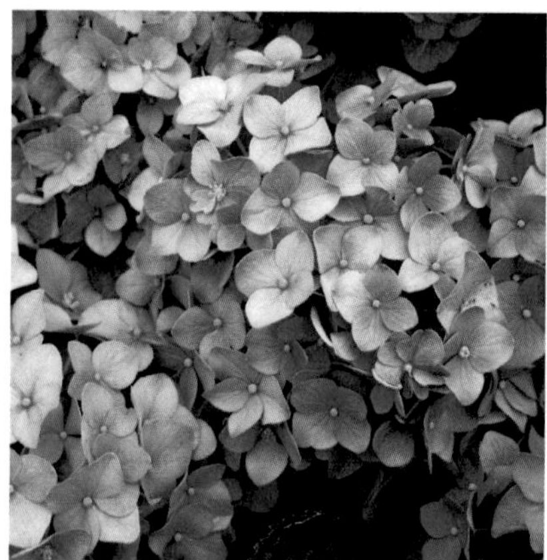

看起來像花瓣的其實是花萼，花是中央的圓形顆粒。

❶青龍
せいりゅう
繡球花品種，花萼（裝飾花）是濃烈的藍。

❷深山八重紫
みやまやえむらさき
繡球花品種，細緻的藍色非常美麗。

❸小町
こまち
繡球花品種，特色是可愛的紫紅色。

❹紅手毬
べにてまり
繡球花品種，白色花萼逐漸變色。

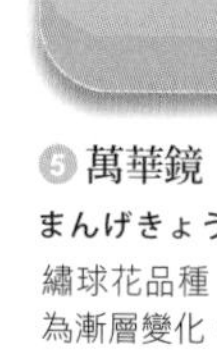

❺萬華鏡
まんげきょう
繡球花品種，花萼顏色為漸層變化。

❻梅雨空
つゆぞら
以進入梅雨季時的陰雨天空為意象。

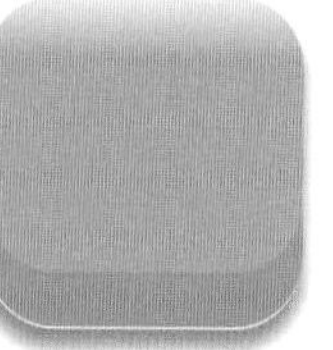

❼梅仕事
うめしごと
將收成的梅子做成梅乾與梅酒。

❽入梅
にゅうばい
進入梅雨季，稱為「入梅」。

❾南十字星
みなみじゅうじせい
繡球花品種，藍紫中帶有白色十字花樣。

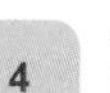

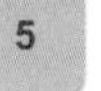

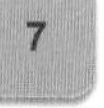

	CMYK	RGB	HEX
1	C60 M27 Y0 K0	R106 G160 B214	#6A9FD5
2	C55 M43 Y0 K0	R128 G139 B196	#808AC3
3	C40 M65 Y5 K0	R166 G107 B165	#A66AA4
4	C10 M27 Y0 K0	R230 G200 B223	#E5C7DF
5	C27 M30 Y0 K0	R194 G181 B216	#C1B5D8
6	C5 M7 Y0 K15	R220 G216 B223	#DBD8DF
7	C20 M0 Y43 K3	R212 G227 B165	#D3E3A5
8	C10 M13 Y0 K45	R155 G151 B161	#9B96A1
9	C67 M67 Y0 K0	R106 G92 B166	#695CA6

雙色配色 Two-colors combination

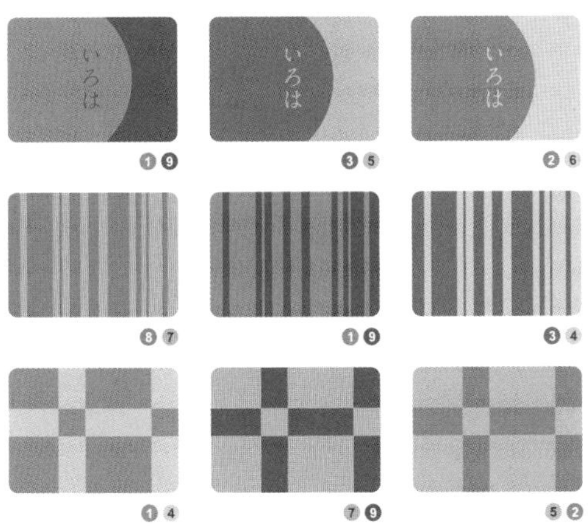

三色配色 Three-colors combination

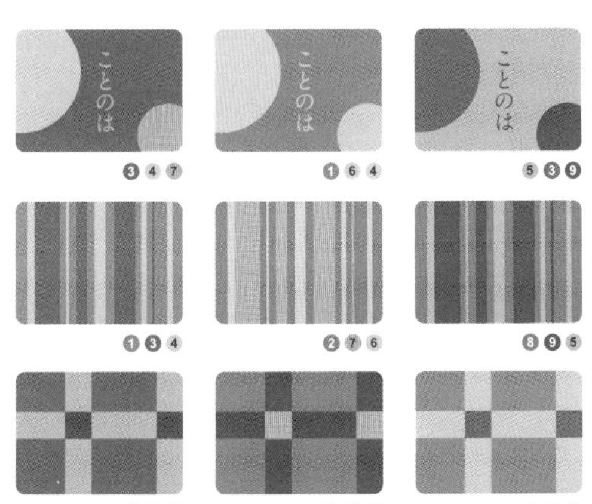

意匠設計 Design

紋樣 Pattern

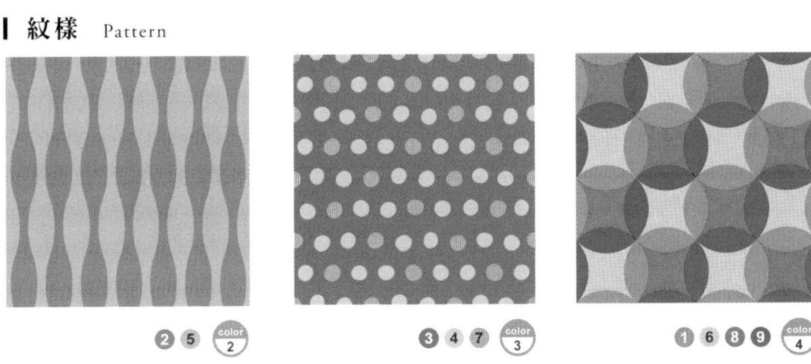

插畫 Illustration

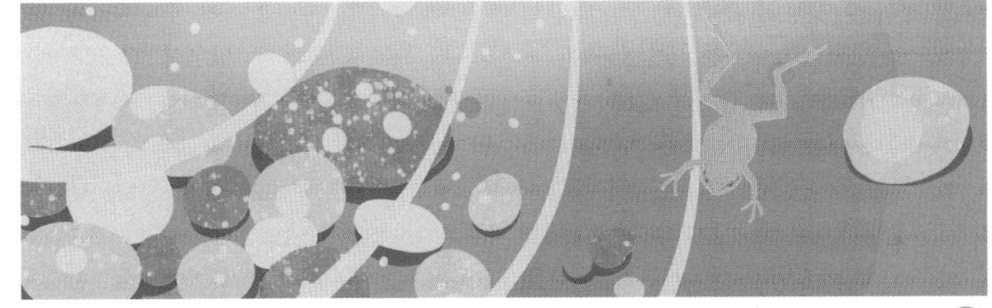

037

夏至(6月22日～7月6日前後)

Geshi, one of the 24divisions in the old Japanese almanac.

一年中日照最長的一天。日本全國的平均日照時間接近 15 小時。與冬至相比，差距約有 5 小時之多。天上降下了令人心懷感謝的雨水，田園植物茂盛生長。梅雨天空下，花菖蒲華麗盛開，它豐富的花色，贏得「色彩魔術師」的美名。

印象	沉靜的、優美的、高雅的
配色方式	使用冷色系的灰粉色調顏色
重點	適度使用④，增添畫面的張弛感

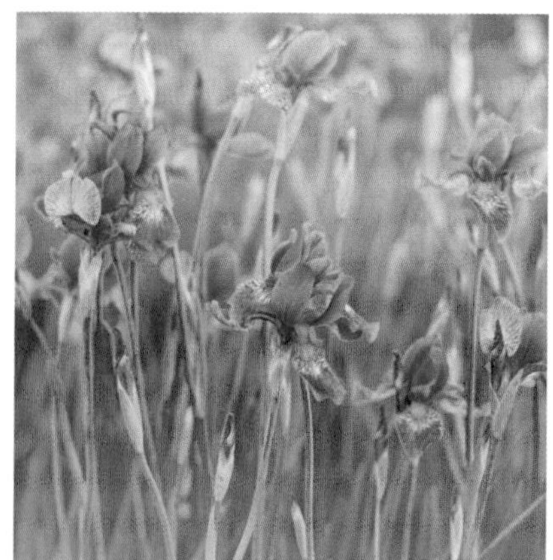

據說花菖蒲的品種多達 2000 種以上。

①大江戶

おおえど

花菖蒲品種，藤色中帶有紫色條紋。

②蝦夷錦

えぞにしき

花菖蒲品種，整體為紫紅色，中心部分較淺。

③五十鈴川

いすずがわ

花菖蒲品種，極淡紫色的花朵朝下盛開。

④陰

いん

夏至是陽氣到達巔峰，陰氣開始產生之日。

⑤梅雨寒

つゆざむ

意指此時期不合時宜的寒氣。

⑥灰綠

はいみどり

被雨淋濕的綠葉，從遠方看起來的顏色。

⑦薄化粧

うすげしょう

花菖蒲品種，淡紫紅色中帶有紅色線條。

⑧青柳

あおやぎ

花菖蒲品種，淺藍色上有暈開的白色花樣。

⑨藍草紙

あいぞうし

花菖蒲品種，濃郁的深藍紫色，色彩濃烈。

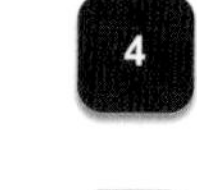

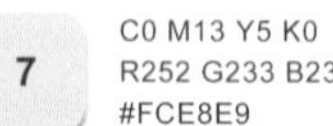

	CMYK	RGB	HEX
1	C35 M30 Y0 K0	R176 G175 B215	#AFAFD7
2	C15 M27 Y0 K0	R219 G196 B222	#DBC3DE
3	C25 M17 Y0 K0	R199 G205 B232	#C6CDE8
4	C63 M0 Y0 K75	R2 G77 B98	#014C62
5	C40 M0 Y30 K0	R164 G214 B193	#A3D5C0
6	C40 M0 Y45 K0	R166 G211 B162	#A5D3A2
7	C0 M13 Y5 K0	R252 G233 B234	#FCE8E9
8	C55 M50 Y0 K10	R122 G119 B176	#7A76B0
9	C70 M60 Y0 K10	R89 G96 B164	#585FA3

雙色配色 Two-colors combination

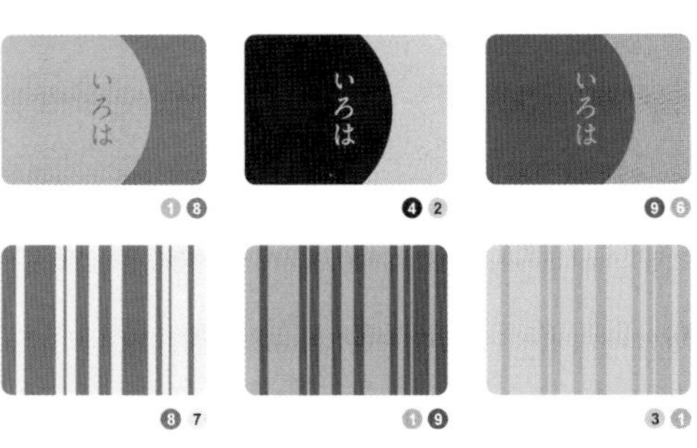

三色配色 Three-colors combination

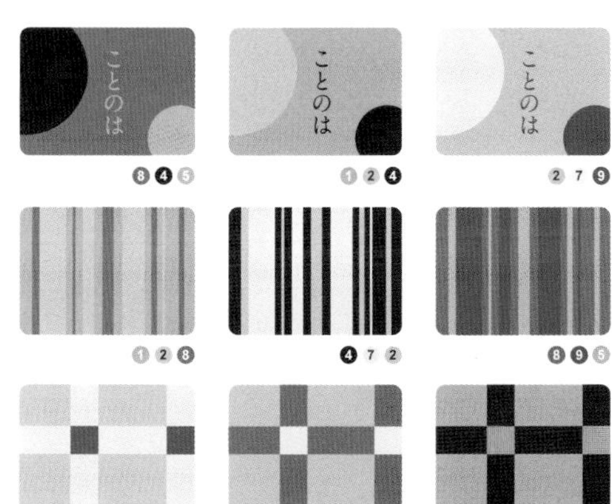

意匠設計 Design

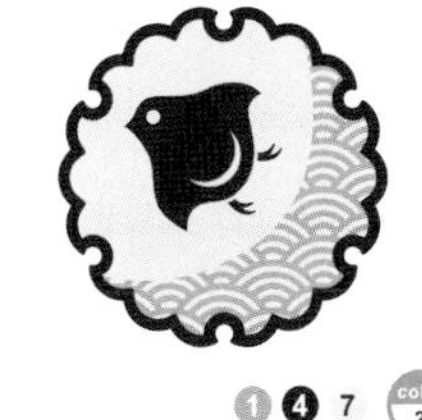

紋樣 Pattern

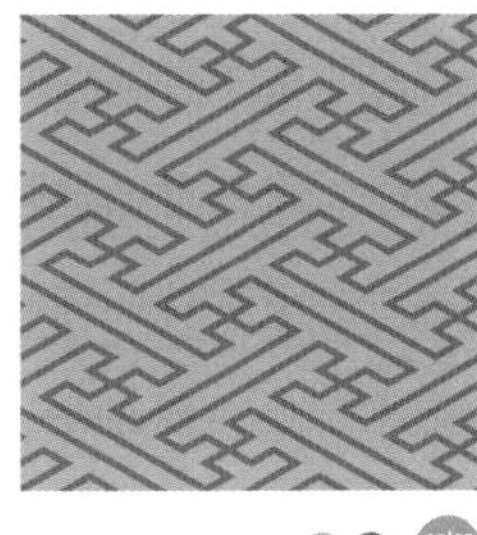

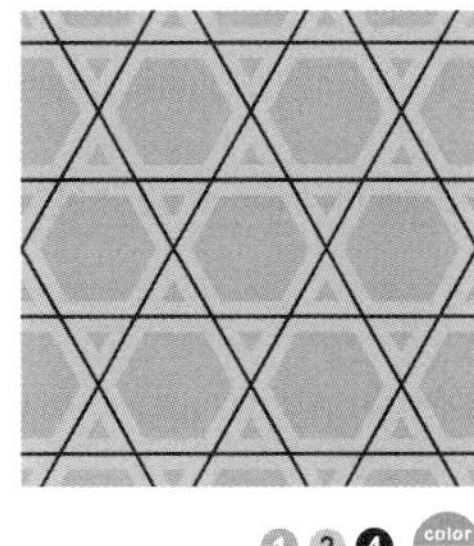

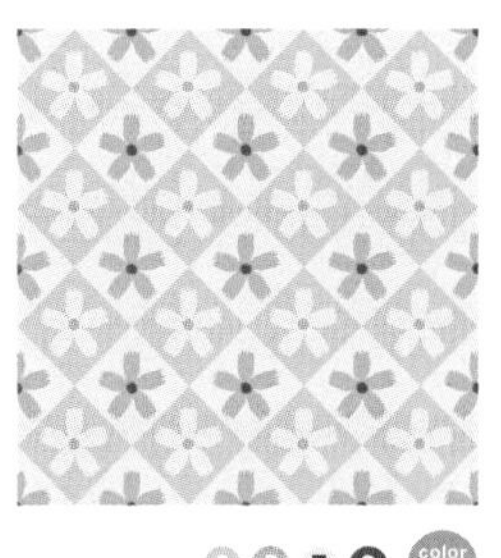

插畫 Illustration

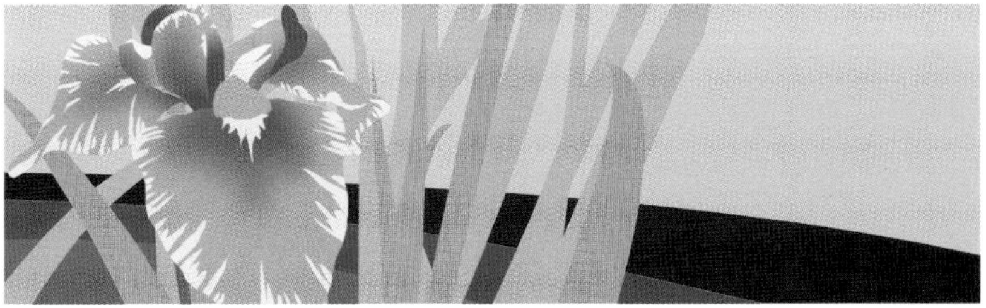

038

七夕

Tanabata（The Star Festival）

在七夕時，會在竹子上掛五色短箋做為裝飾。這五色是源自中國五行說的青（綠）、紅、黃、白、黑（或紫）。每種顏色皆對應著五常（應遵守的五種品格德行），根據願望的內容，選擇呼應的顏色，會更有效果。例如黑色代表「智」，適合學業進步的願望。

印象	凜然的、正直的、壯大的
配色方式	以夜空色為背景色，短箋色為穿插色
重點	帶紫的深藍色令人聯想到宇宙

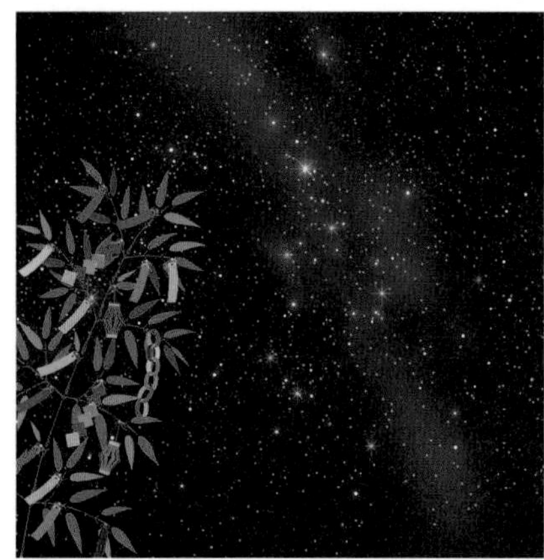

七夕是牛郎和織女跨越銀河相會之時。

❶銀河

ぎんが

令人聯想到浩瀚宇宙的深暗藍色。

❷夜更

よふけ

以寧靜的深夜天空為意象。

❸黎明

あけがた

以逐漸轉白的天空為意象。

❹青竹色

あおざさいろ

希望願望直達天聽，因此使用筆直的竹子。

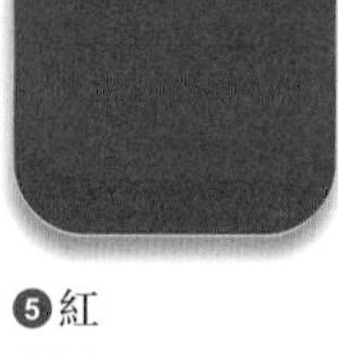

❺紅

くれない

以紅花染製而成，最鮮豔的紅色。

❻梔子色・支子色

くちなしいろ

以梔子果實所染成的黃色。

⑦素麵

そうめん

七夕也是小麥收穫祭，品嚐小麥做的素麵。

❽高貴

こうき

冠位十二階中，紫色是最高貴的顏色。

❾銀河

あまのがわ

以懸掛於空中的白色銀河為意象。

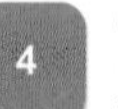

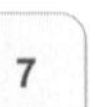
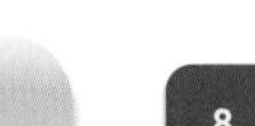
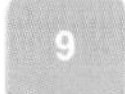

1	C85 M80 Y0 K67	R20 G13 B74	#130D4A
2	C60 M65 Y0 K50	R76 G57 B108	#4B386B
3	C43 M37 Y0 K0	R158 G157 B205	#9D9DCD
4	C67 M0 Y65 K0	R76 G182 B121	#4CB679
5	C0 M90 Y73 K0	R232 G56 B57	#E73738
6	C0 M30 Y60 K0	R249 G194 B112	#F9C26F
7	C0 M5 Y3 K0	R254 G247 B246	#FEF7F6
8	C65 M87 Y0 K0	R115 G55 B145	#733790
9	C27 M23 Y0 K0	R194 G194 B225	#C2C1E0

雙色配色 Two-colors combination

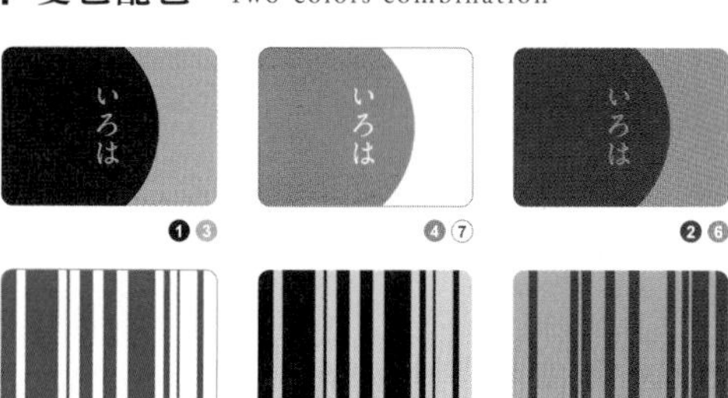

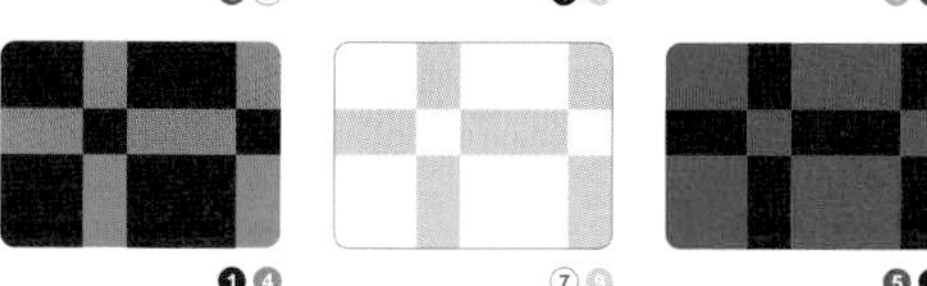

三色配色 Three-colors combination

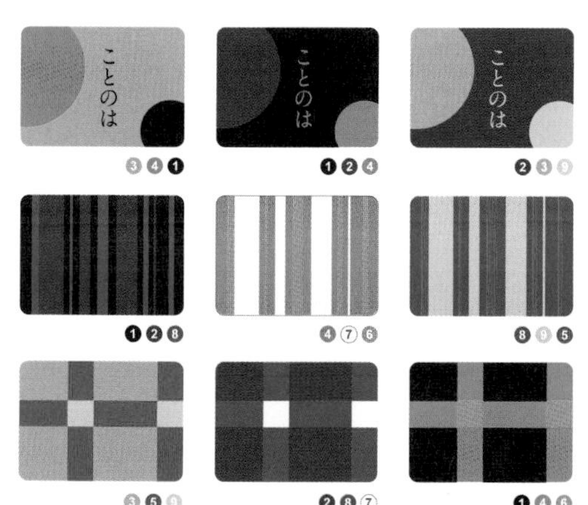

意匠設計 Design

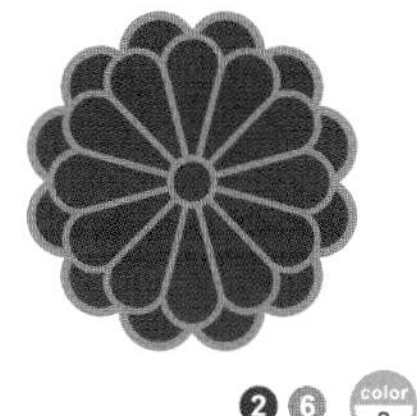

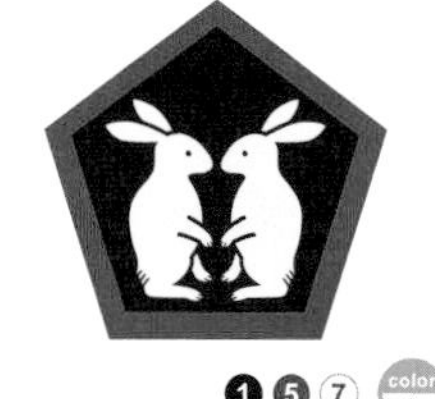

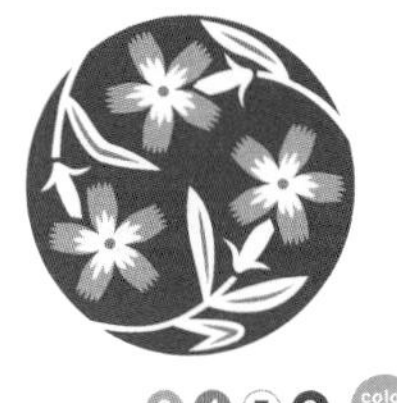

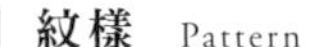

紋樣 Pattern

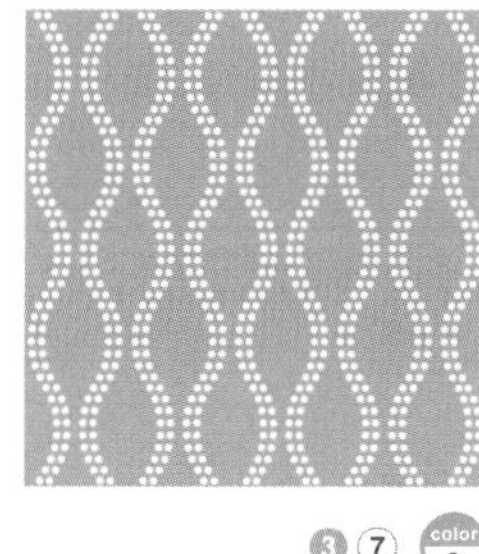

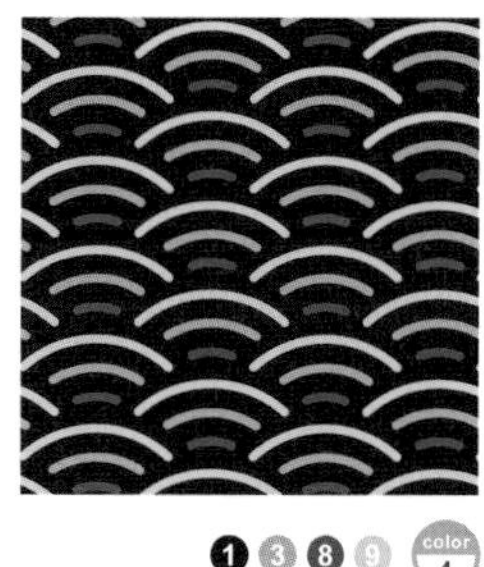

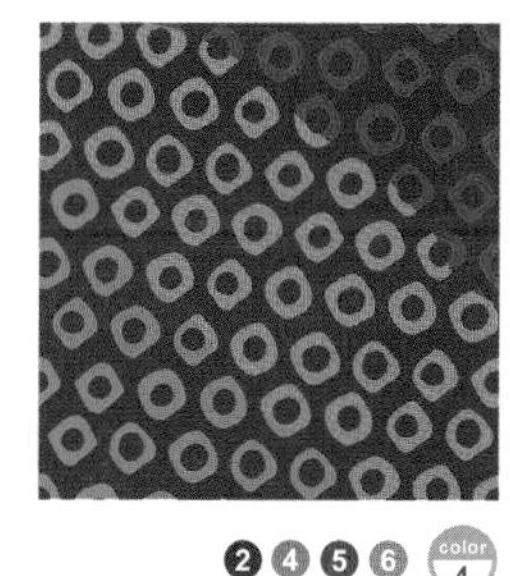

插畫 Illustration

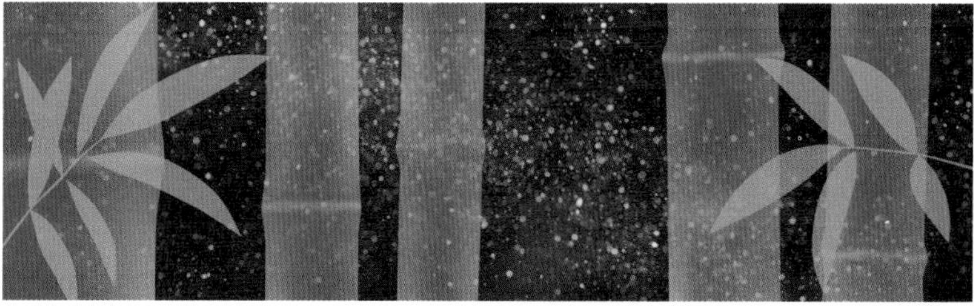

039

小暑(7月7日～22日前後)

Shousho, one of the 24divisions in the old Japanese almanac.

梅雨季過後，便正式迎來夏季。陽光閃耀刺眼，氣溫也逐日升高。此時到立秋間寄出的問候信，稱為盛夏問候（暑中見舞），立秋過後則為末夏問候。土用指的是立夏、立秋、立冬、立春前的 18 天期間，夏季的「土用丑之日」則是一年當中的固定行事。

印象	活潑的、繽紛的、豔麗的
配色方式	以彩度高的顏色為中心組合
重點	紫紅與綠色為對比色相，相互襯托

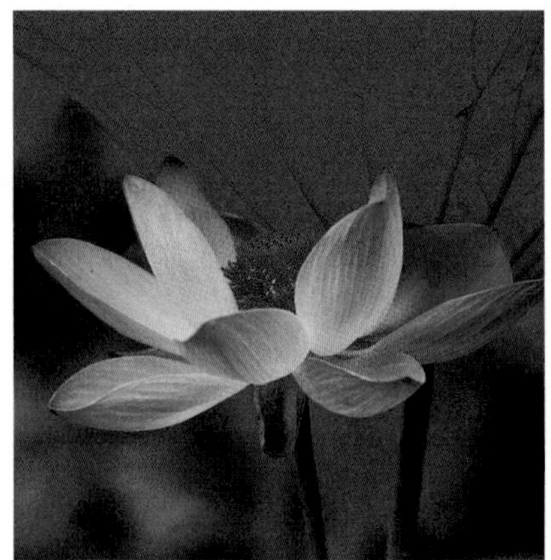
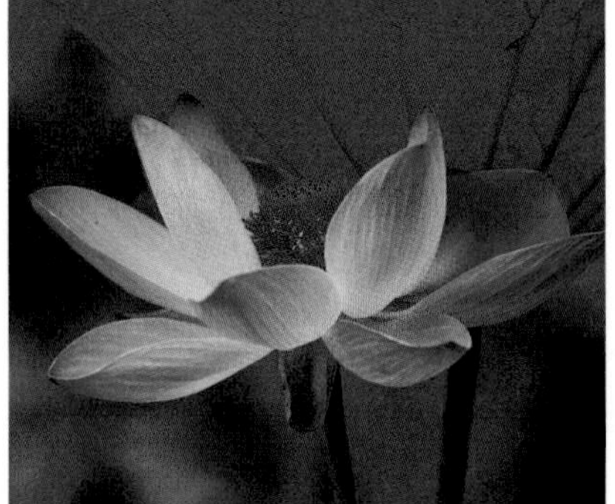

蓮花隨著夜色漸明，緩緩綻放。

❶明日
あした
日文原為早晨之意，太陽明亮地照耀大地。

❷蓮葉
はすのは
即使出於淤泥，仍保有美麗的姿態。

❸蓮花
はすのはな
佛教認為蓮花是綻放於極樂淨土的花。

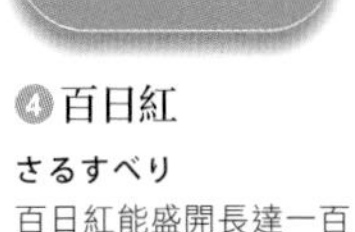

❹百日紅
さるすべり
百日紅能盛開長達一百天。

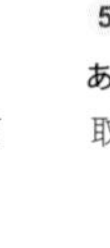

5 鮑玉
あわびだま
取自鮑魚的天然珍珠。

6 蓮藕
れんこん
蓮花的地下莖，以食用為目的栽植。

❼土用期間
どようのいり
一年四次，其中夏之土用約從 7 月 20 日開始。

❽心星
しんぼし
北極星的日本名。位於天空中心的星星。

❾神祕
しんぴ
人類智慧無法辨明的不可思議現象。

1	C40 M0 Y87 K0	R170 G206 B63	#AACE3F
2	C65 M0 Y77 K15	R79 G166 B88	#4FA557
3	C13 M75 Y0 K0	R213 G92 B157	#D55C9D
4	C7 M43 Y0 K0	R231 G169 B203	#E7A9CA
5	C3 M10 Y0 K0	R247 G237 B244	#F7ECF4
6	C5 M0 Y30 K0	R247 G247 B198	#F7F6C5
7	C5 M0 Y70 K0	R250 G240 B99	#F9F063
8	C40 M0 Y33 K15	R148 G193 B169	#93C0A9
9	C77 M0 Y50 K23	R0 G149 B128	#009480

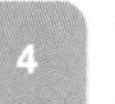
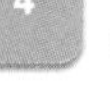
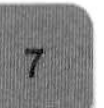

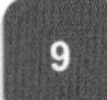

雙色配色 Two-colors combination

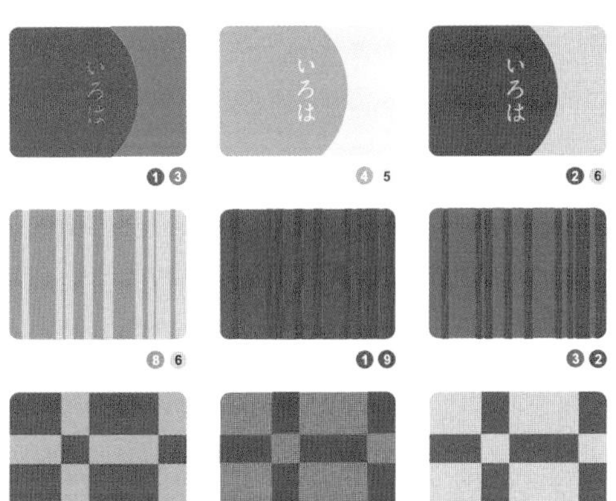

三色配色 Three-colors combination

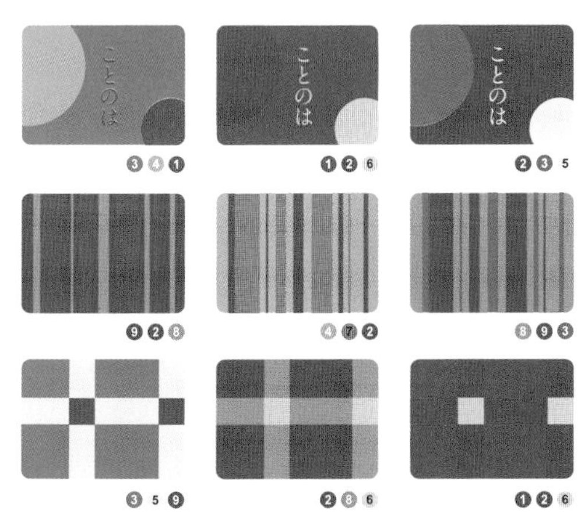

意匠設計 Design

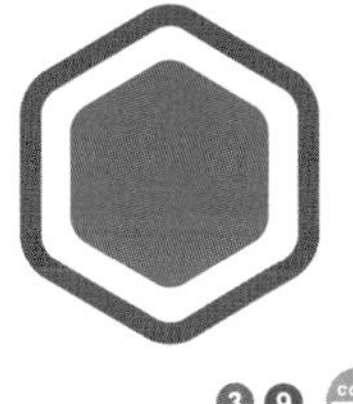

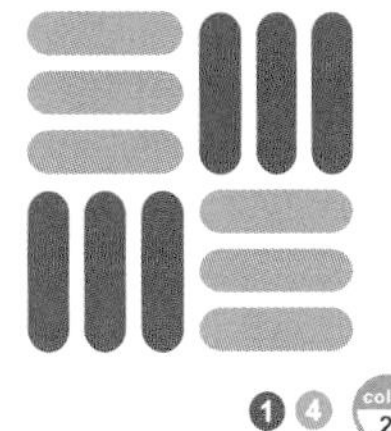

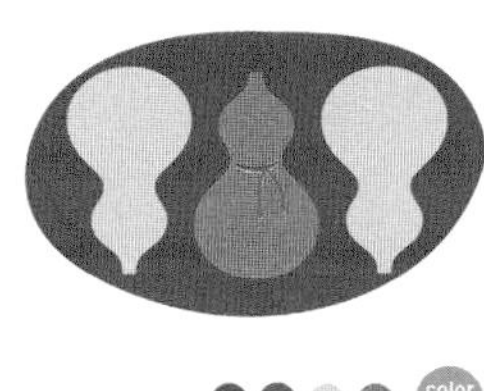

紋樣 Pattern

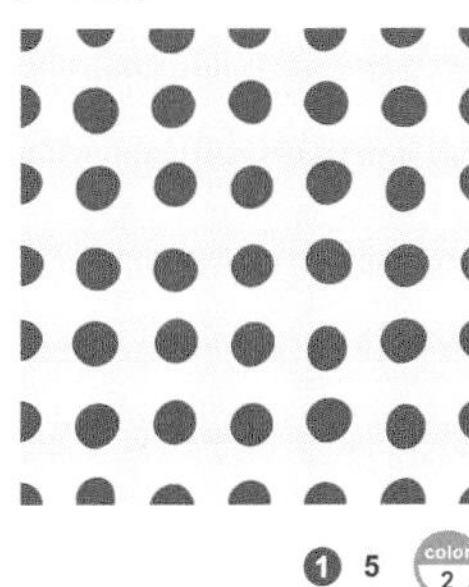

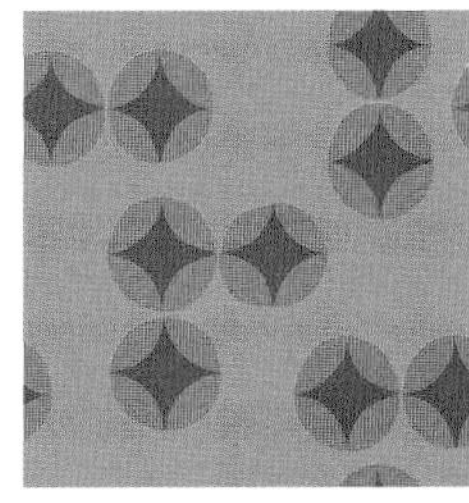

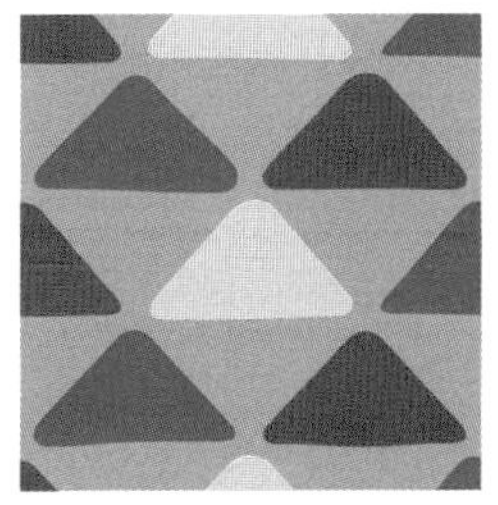

插畫 Illustration

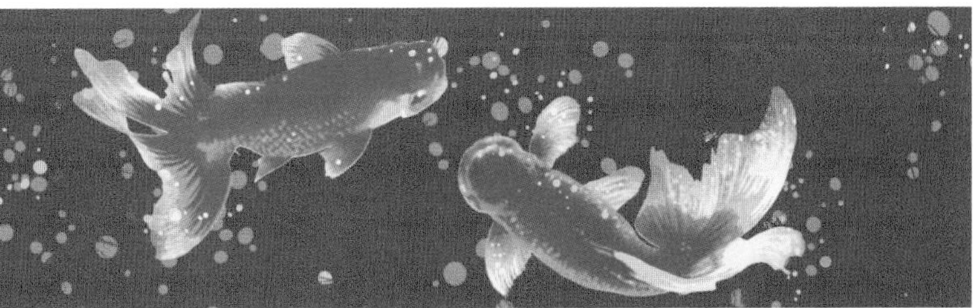

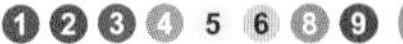

040

大暑(7月23日～8月7日前後)

Taisho, one of the 24divisions in the old Japanese almanac.

在炎熱日子持續的酷暑中，人類利用豐沛的感性，在自然中追求涼意。掛在屋簷的風鈴，清脆的響聲能令人感覺到涼意，納涼床（跨在河川上的座席）與納涼船（有屋頂、座位的船）等，都是夏天的風物詩。將水潑灑在馬路和庭院中，也是降溫的有效方法。

印象	強而有力、筆直的、男性氣息的
配色方式	由藍色系中取同色、以類似色相配色
重點	盛夏時，能在視覺上感受涼意的配色

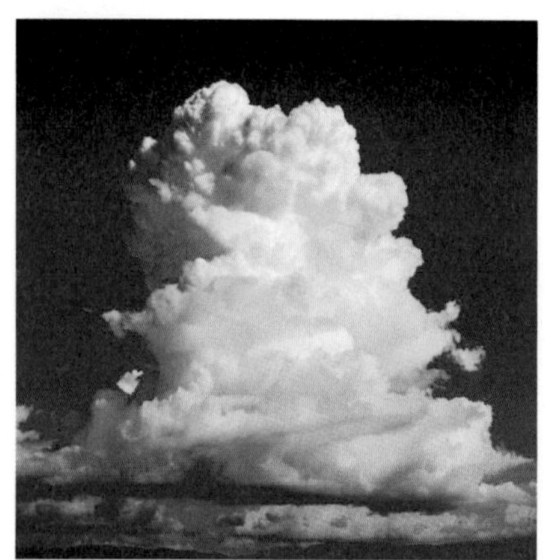

積雨雲以前俗稱為坂東太郎、丹波太郎等。

❶海神

わたつみ・わだつみ

在日本神話中登場的海神。

❷強者

つわもの

原指武器或武具，後成為強大武士的代稱。

❸浴衣

ゆかた

令人聯想藍染浴衣的顏色。

④入道雲

にゅうどうぐも

積雨雲的日文名稱，也稱為雷雲。

⑤土用波

どようなみ

夏季土用期間，打至岸邊的大浪。

⑥潮騒

しおさい

滿潮時波浪發出的聲音。

⑦波綾

なみのあや

將漣漪蕩漾的花紋，比擬為綾織布。

⑧木下闇

このしたやみ

以大樹下的遮蔭處為意象之顏色。

⑨乘晚涼

ゆうすずみ

夏日傍晚，在屋外或日式緣廊上乘涼。

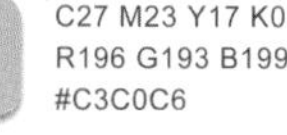

No.	CMYK	RGB	HEX
1	C100 M55 Y0 K0	R0 G98 B177	#0061B1
2	C100 M80 Y0 K10	R0 G59 B144	#003A8F
3	C100 M90 Y0 K30	R4 G34 B117	#042274
4	C2 M1 Y3 K0	R252 G252 B250	#FBFCF9
5	C7 M3 Y3 K5	R234 G238 B240	#E9EDEF
6	C25 M7 Y10 K10	R188 G207 B213	#BBCFD4
7	C40 M5 Y0 K25	R132 G175 B201	#84AEC8
8	C60 M37 Y0 K35	R83 G109 B154	#526C99
9	C27 M23 Y17 K0	R196 G193 B199	#C3C0C6

雙色配色 Two-colors combination

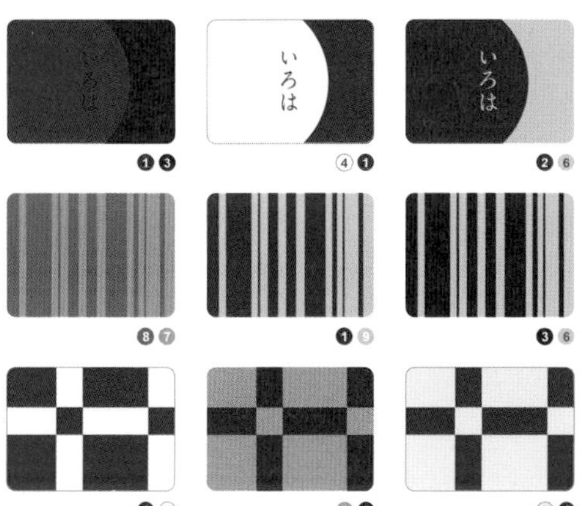

三色配色 Three-colors combination

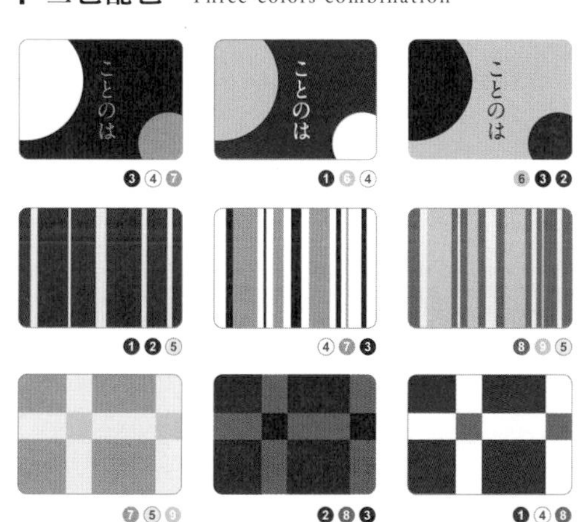

意匠設計 Design

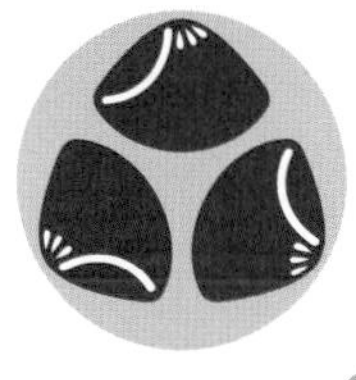

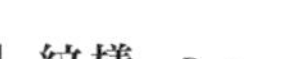

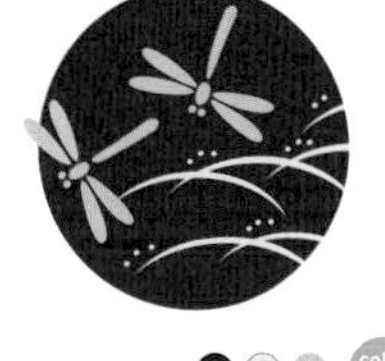

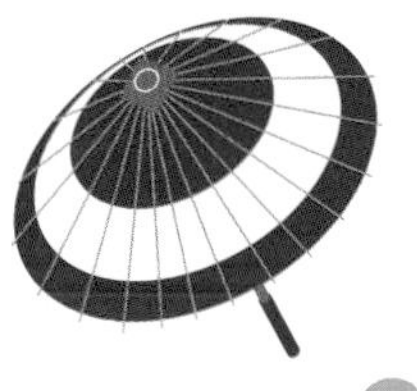

紋樣 Pattern

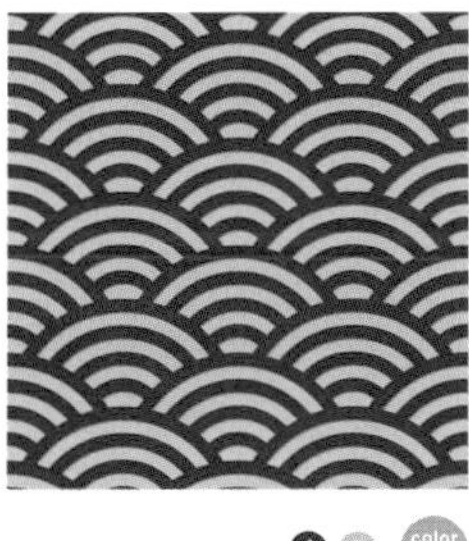

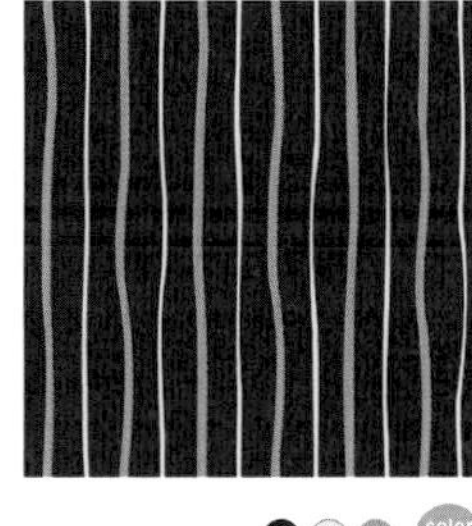

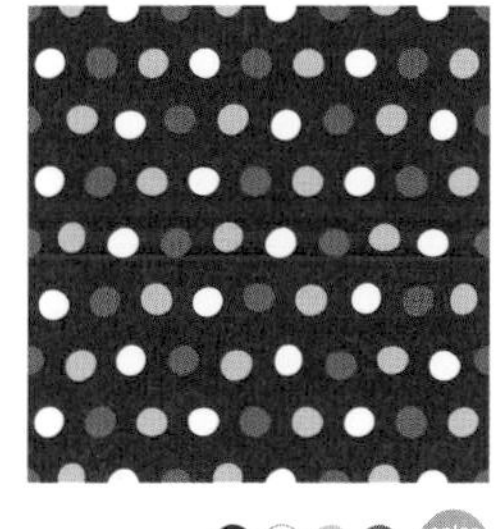

插畫 Illustration

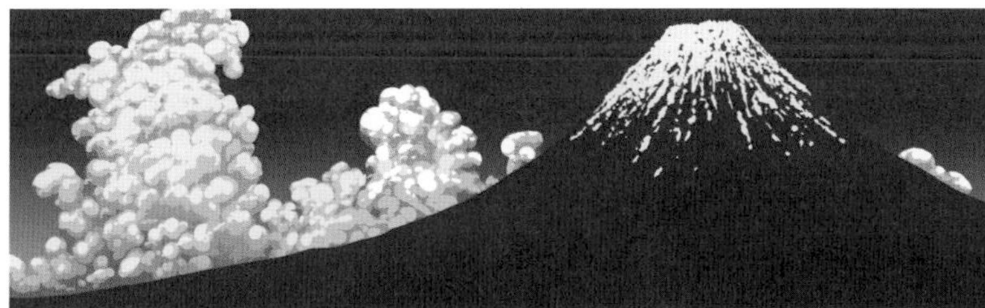

配色專欄

傳統畫材研究所 PIGMENT TOKYO

追求色彩與質地※表現的研究所

寺田倉庫為了擴大發展藝術相關事業，而規劃的 PIGMENT TOKYO，是 2015 年於東京天王洲島開幕的傳統畫材研究所。設立概念是「為擁有優質素材的廠商與具備精實技術的職人、創作者建立連結」。命名的 PIGMENT 為「顏料」之意，廣達 60 坪的廣闊場地內，創作所需的材料、工具一應俱全。另外，所有工作人員皆在不同的美術領域各有專長，研究所也肩負著培育、協助新人創作者的責任。館長岩泉慧表示：「人類自古以來便不斷追求色彩。現在隨處可見、任何人都理所當然地使用的各種顏色，也是經過相當長的旅程，才抵達人們面前。」店面設計出自建築師隈研吾之手，天井上描繪著有機的曲線，並以竹子裝飾，是一座充滿生命力、同時具備優雅氣質的空間。

※ 質地的日文來自法文 matière，意指不同素材材質，呈現出的美術表現效果。

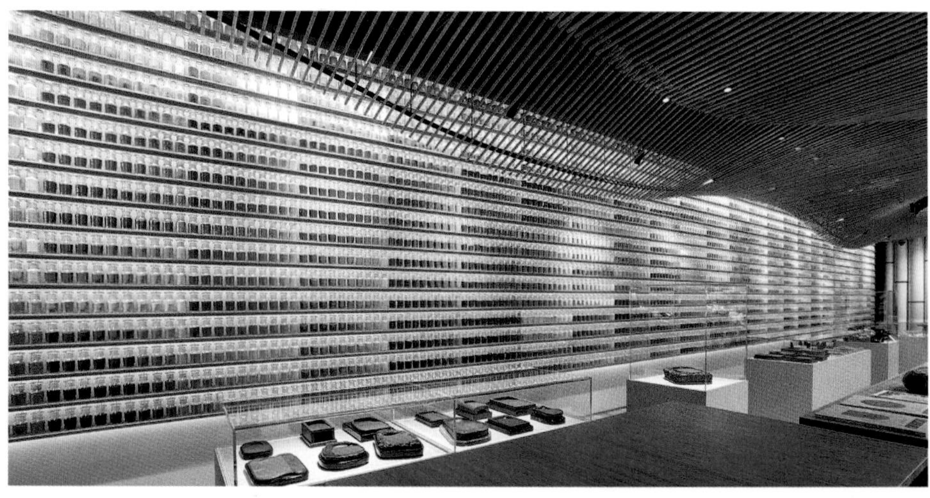

同時具備學術、博物館與商店功能的「綜合創作機構」。有許多訪客自各國遠道而來。

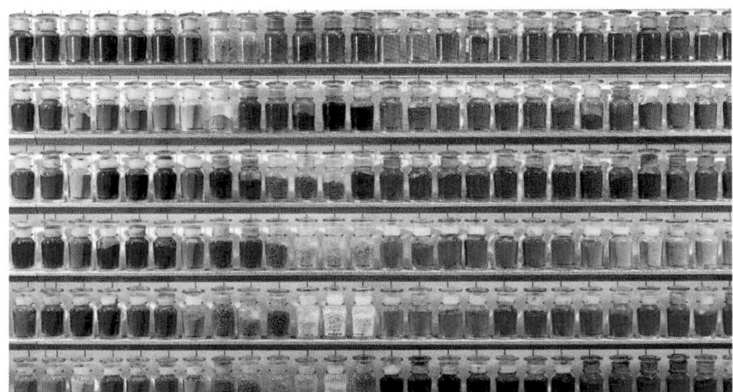

能一眼望盡、約 4500 種色彩的顏料架令人驚嘆不已。這裡是各領域創作者們與「尋覓之色」相遇的地方。

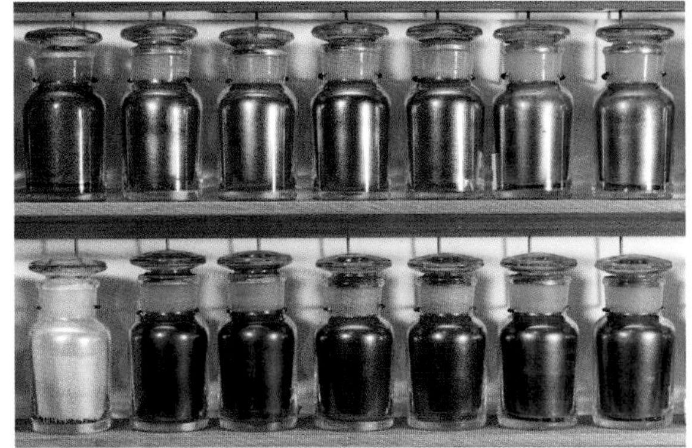

一般市面上買不到的罕見顏料都十分齊全，且可以 15g 為單位購入。單價從數百日圓到數萬日圓都有，相當廣泛。

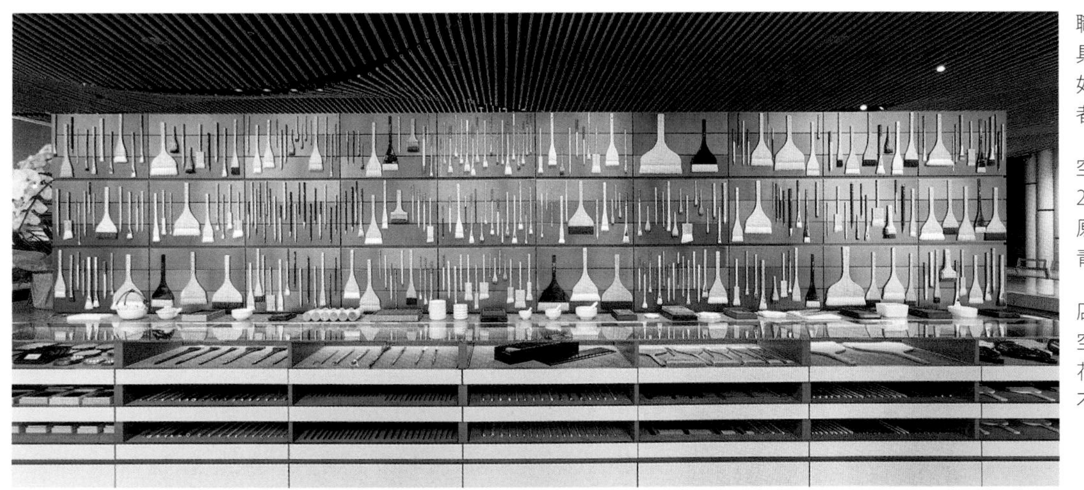

職人手工製作的各種傳統用具，排列起來齊整而美麗，宛如博物館一般，傳達出製作者的意念。

空間中還有約 50 種膠、超過 200 種古墨，以及由最高等級原石所製成的「群青」、「綠青」等天然礦物顏料。

店鋪後方是構思創意靈感的空間，備有大張桌子與椅子；花費數小時思考的創作者也不在少數。

第 5 章

秋曆與行事

（葉月．長月．神無月）

秋天不僅是收穫的季節，也是享受大自然恩惠的時刻。日本早期生活以農業為重心，因此秋天也是感謝神明，並祈禱明年豐收的重要時期。生活在現代的我們，將這段暑氣消散、舒適宜人的時期，以食慾之秋、運動之秋、行樂之秋、藝術之秋、讀書之秋等名稱來稱呼。

另外，日本文化也習慣深刻感受並解讀「隨著時間變化的色彩」。例如將因寒冷而日漸凋零的樹葉，賦予「朽葉色」這樣的名字等，十分重視。

由入秋的「立秋」開始，至冷到會下霜的「霜降」

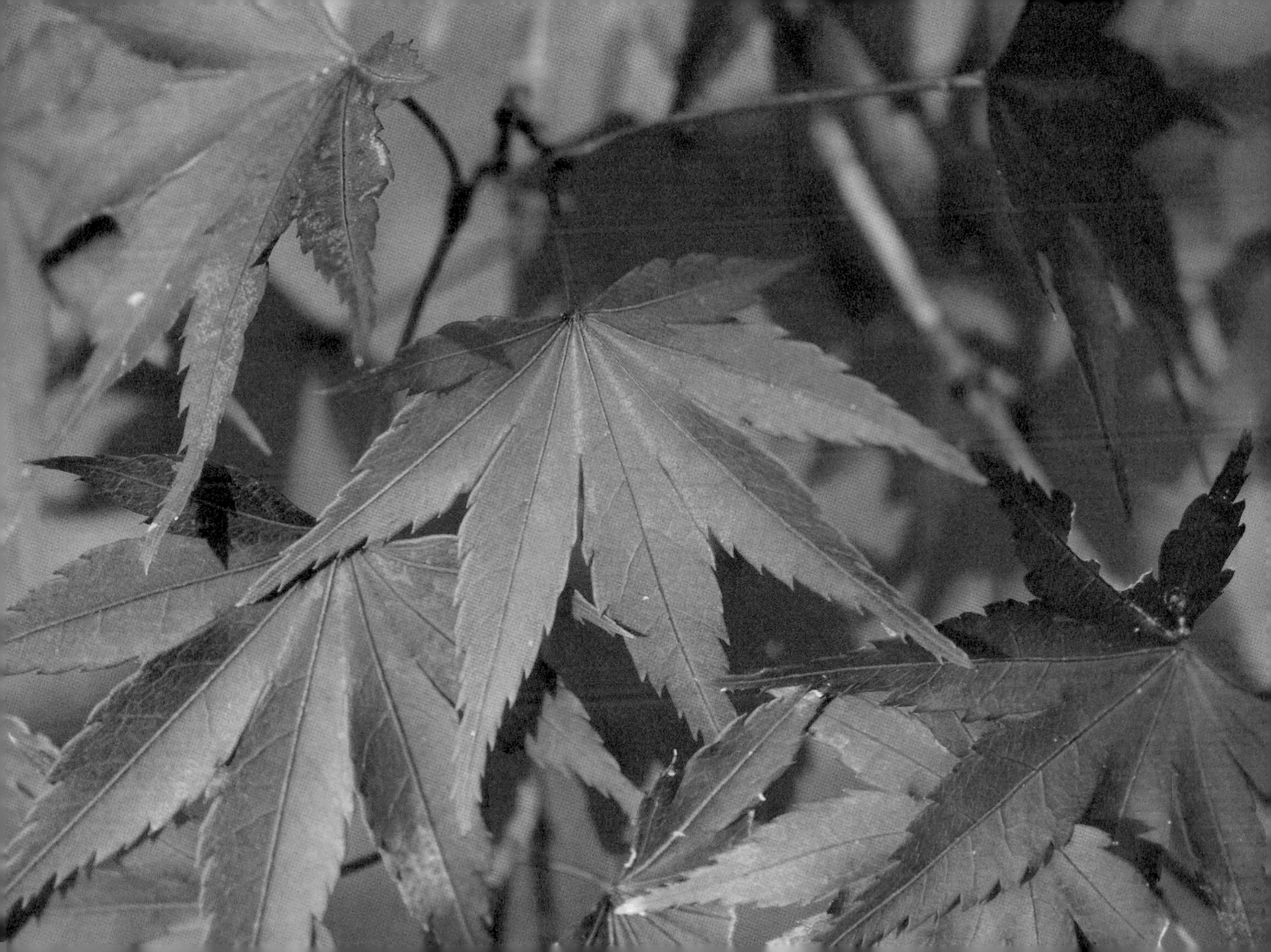

041

立秋(8月8日～22日前後)

Risshu, one of the 24divisions in the old Japanese almanac.

酷熱的天氣持續多日，而月曆上已迎來秋天。夕陽西下時，聽見日本暮蟬「喀拉喀拉喀拉……」的鳴叫聲，心中湧起夏天結束的感覺。此時正是欣賞向日葵的好時節。原產於北美的向日葵，在江戶時代經由中國傳到日本。花語是「憧憬、光輝、眼中只有你」。

印象	活潑的、有精神的、開朗的
配色方式	組合黃、藍兩種對比色
重點	以偏深的茶色或綠色來表現秋天氣息

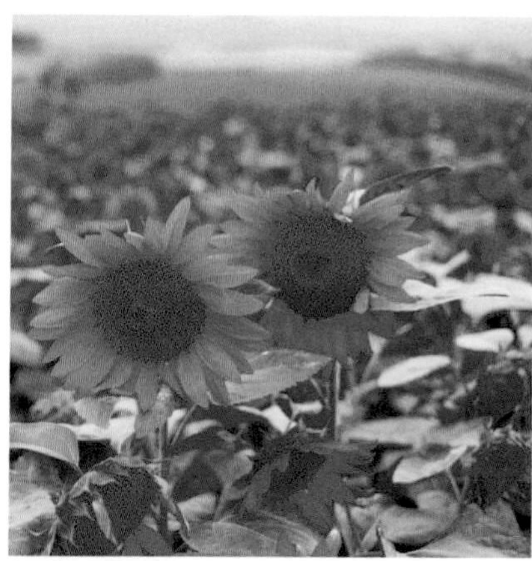

向日葵只在初開花時，才會追著太陽轉。

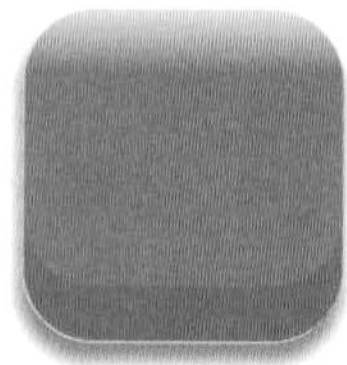

❶向日葵色
ひまわりいろ
向日葵花朵鮮豔的黃色。

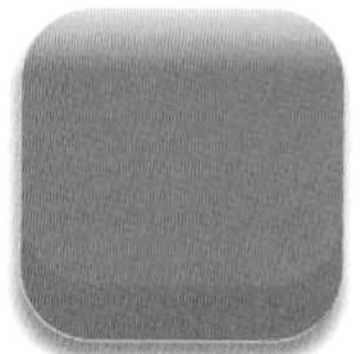

❷玉蜀黍色
とうもろこしいろ
成熟的玉米般溫暖的黃色。

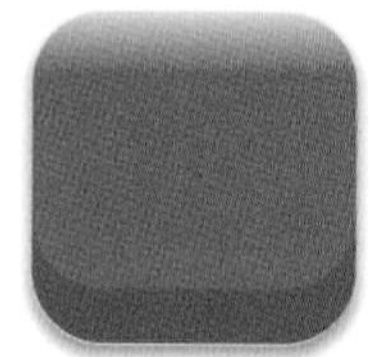

❸樹幹色
みきいろ
表現樹幹時慣用的顏色。

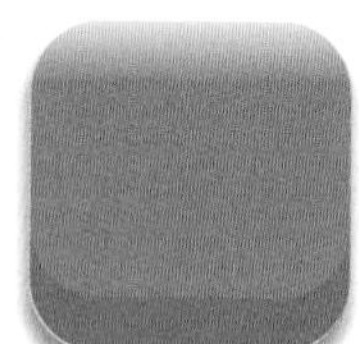

❹道行
みちゆき
行走在道路上的意思，後轉化為旅行之意。

❺過客
かかく
旅人。曾出現於松尾芭蕉的《奧之細道》。

❻蚊香
かとりせんこう
夏季不可或缺的蚊香。

❼虛幻
はかない
脆弱且轉瞬而逝之意。

❽好天
こうてん
晴朗的好天氣，不論做什麼都很合適。

❾暮泥
くれなずむ
夕陽看似要西下，卻又一直未下沉的狀態。

1
C0 M0 Y65 K0
R255 G245 B113
#FFF471

2
C0 M10 Y65 K0
R255 G229 B109
#FFE56D

3
C17 M27 Y60 K10
R205 G177 B108
#CCB06B

4
C37 M7 Y57 K0
R176 G204 B133
#AFCB85

5
C20 M0 Y70 K0
R217 G227 B103
#D9E366

6
C53 M15 Y50 K10
R123 G168 B134
#7BA886

7
C15 M0 Y5 K0
R224 G241 B244
#DFF1F4

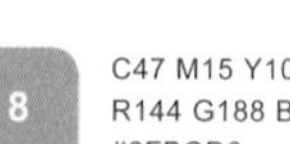

8
C47 M15 Y10 K0
R144 G188 B215
#8FBCD6

9
C47 M13 Y40 K0
R147 G188 B164
#93BCA3

雙色配色 Two-colors combination

三色配色 Three-colors combination

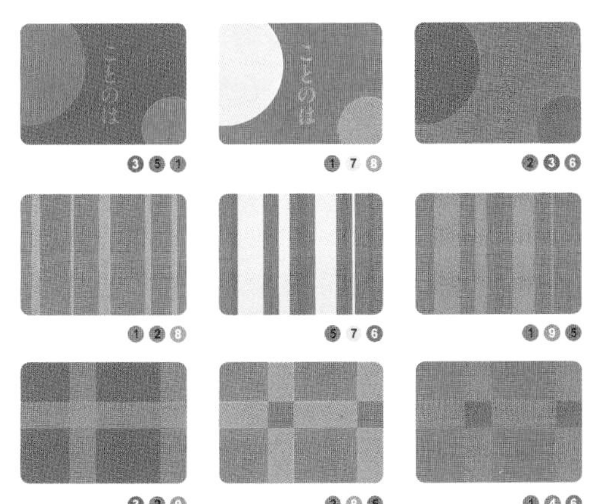

意匠設計 Design

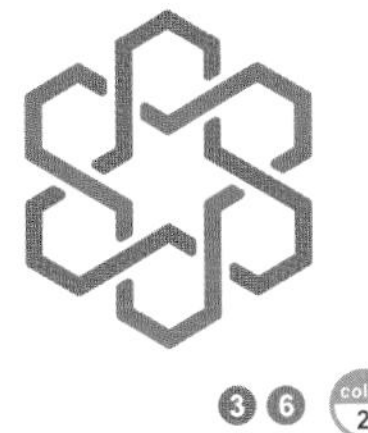

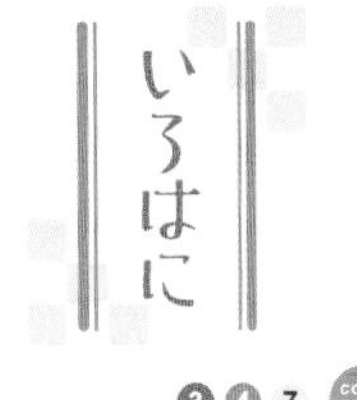

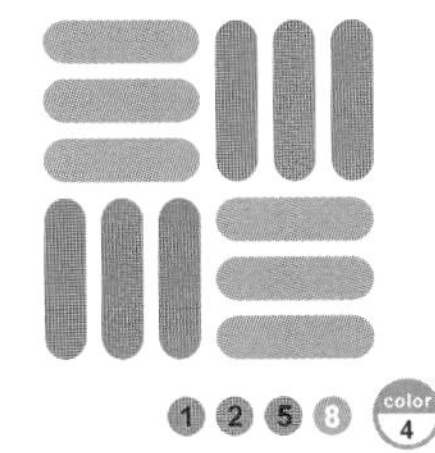

紋様 Pattern

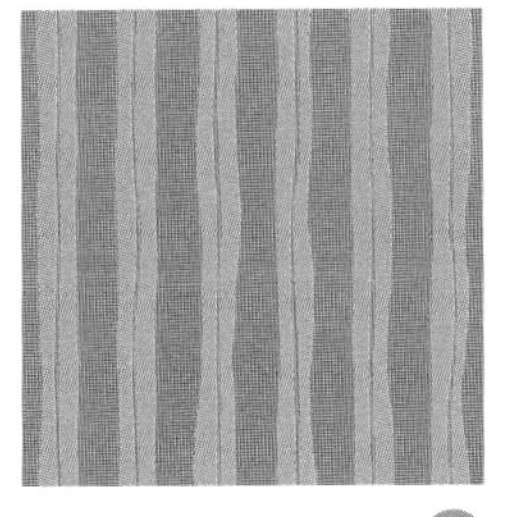

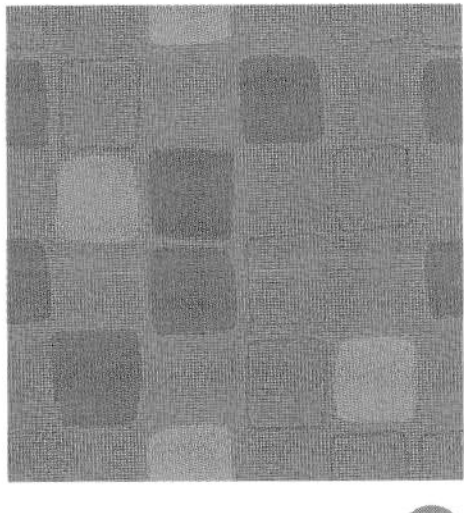

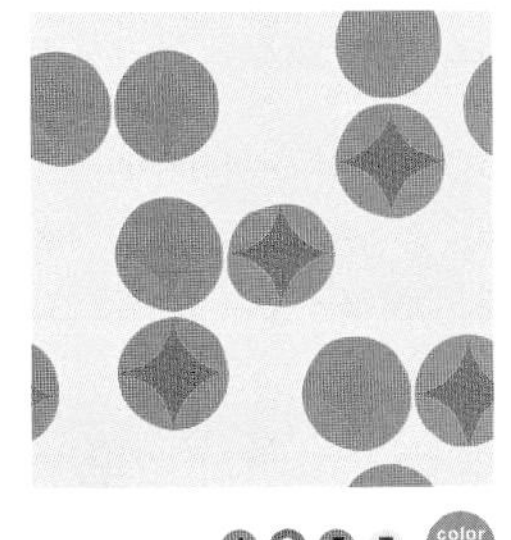

插畫 Illustration

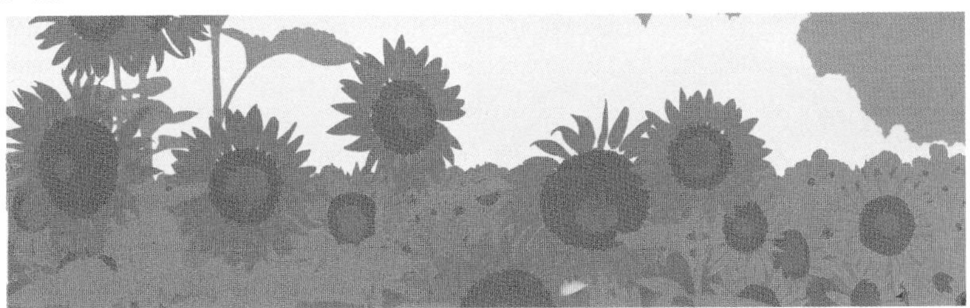

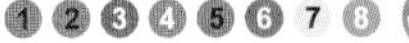

042
盂蘭盆節

Obon（An annual Buddhist Ceremony）

日本人認為，盂蘭盆節是祖先1年1度從另一個世界回來人間的日子。13日會點燃迎火，14日、15日則全家一起掃墓，16日再燃燒送火，請祖先們返回另一個世界。部分地區會以「流送精靈」來取代送火，也就是將花或供品放在河川或海上流走。

印象	傳統的、家族情感、有溫度的
配色方式	以米色等沉穩的顏色為基調
重點	以④⑦⑧⑨為強調色

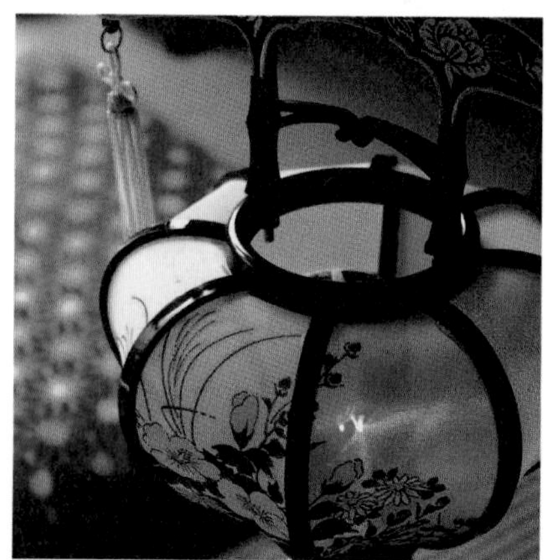

8月13～16日為日本的盂蘭盆節。

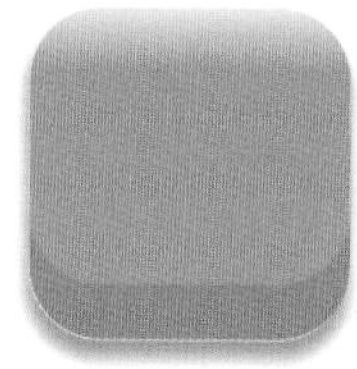

①蒸栗色

むしぐりいろ

蒸熟的栗子般恬淡而溫暖的顏色。

②伽羅色

きゃらいろ

如香木伽羅的顏色。

③緣

えん・えにし

人與人間的關係、連結。事物的相遇。

④俗界

ぞくかい

以我們所生存的世界為意象的藍綠色。

⑤天界

てんかい

以天界雲朵為意象的柔和白色。

⑥利休白茶

りきゅうしらちゃ

命名來自侘茶之祖千利休。江戶時代色名。

⑦精靈馬（馬）

しょうりょううま（うま）

小黃瓜做的馬，讓祖先能快快來到人間。

⑧精靈馬（牛）

しょうりょううま（うし）

茄子做的牛，讓祖先慢慢返回彼世。

⑨鬼燈

ほおずき

為祖先照亮腳下的燈籠、燈火。

1	C15 M15 Y50 K5 R218 G205 B139 #DACD8B
2	C25 M30 Y55 K20 R174 G154 B107 #AE9A6B
3	C50 M20 Y45 K45 R92 G118 B100 #5C7564
4	C85 M17 Y50 K25 R0 G126 B118 #007D76
5	C0 M0 Y15 K5 R248 G246 B222 #F8F5DE
6	C0 M3 Y20 K15 R230 G224 B196 #E6DFC3
7	C50 M0 Y73 K50 R85 G125 B62 #547D3D
8	C27 M47 Y20 K77 R73 G49 B60 #49313C
9	C0 M77 Y80 K0 R235 G92 B50 #EA5C32

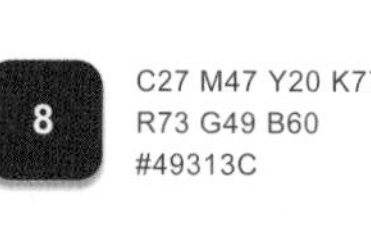

雙色配色 Two-colors combination

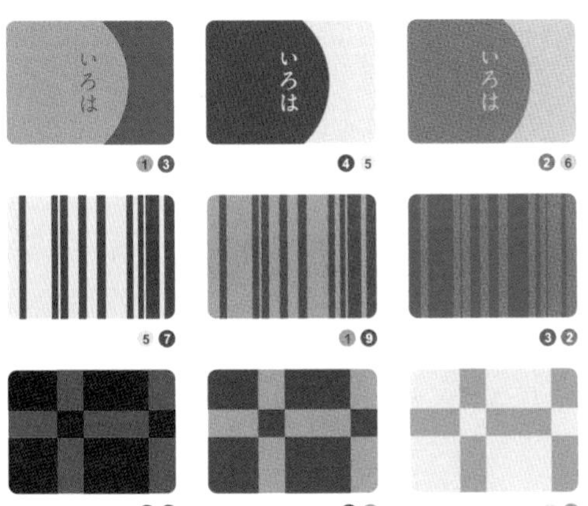

三色配色 Three-colors combination

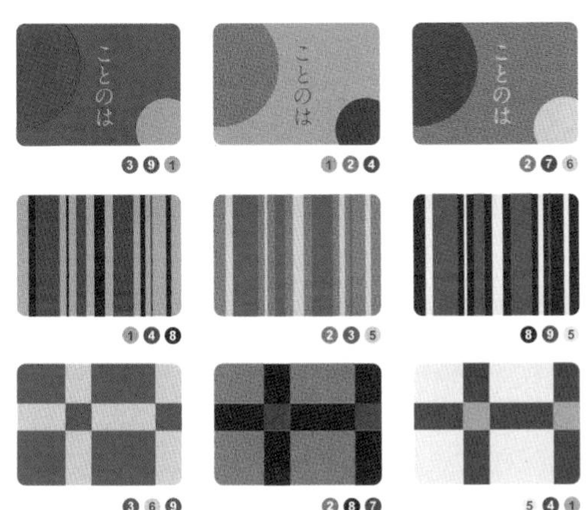

意匠設計 Design

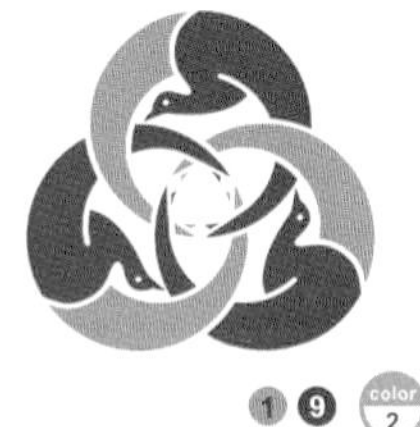

紋樣 Pattern

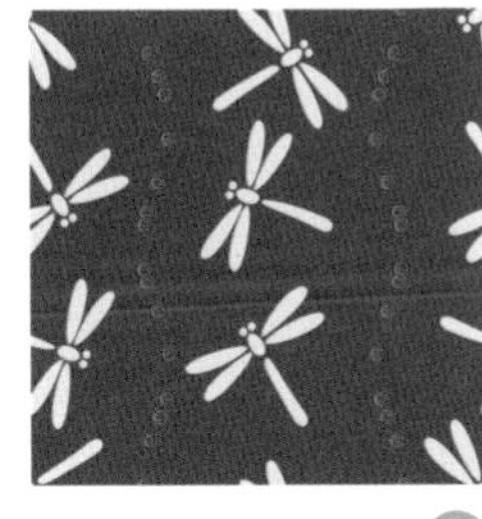

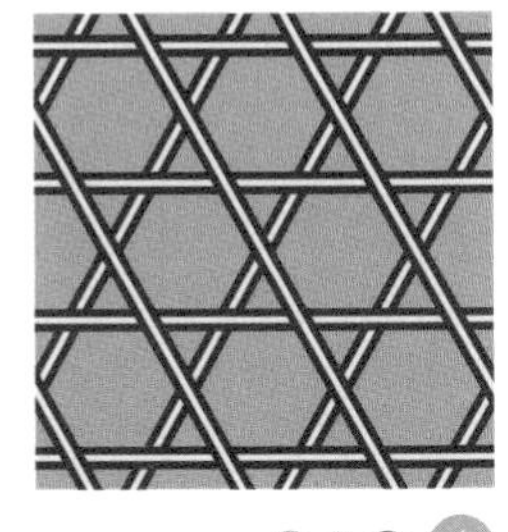

插畫 Illustration

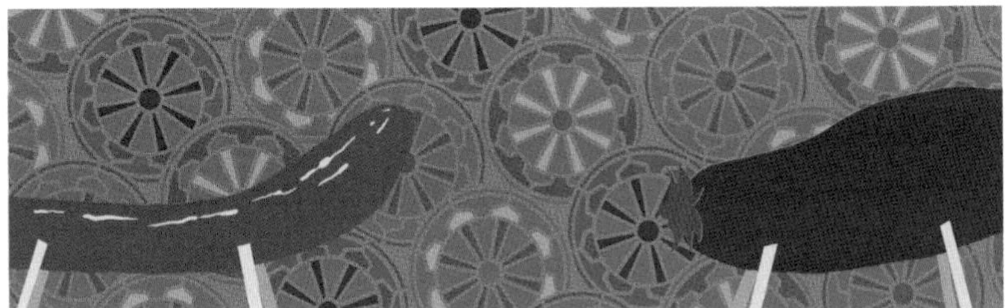

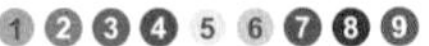

043

處暑(8月23日～9月7日前後)

Shosho, one of the 24divisions in the old Japanese almanac.

晨昏暑氣漸消，氣候變得舒適宜人的時候。孩子們的暑假也結束了，迎來新的學期。「處」有停止、停滯的意思。在七十二候中，處暑的末候為「禾乃登」，也就是稻穗結實飽滿，染上一片金黃色之時。此時部分地區已經開始收割。

印象	冷靜的、沉穩的、涼爽的
配色方式	為了表現秋意，避免太過鮮豔的顏色
重點	有意識、有效率地使用天藍與綠色

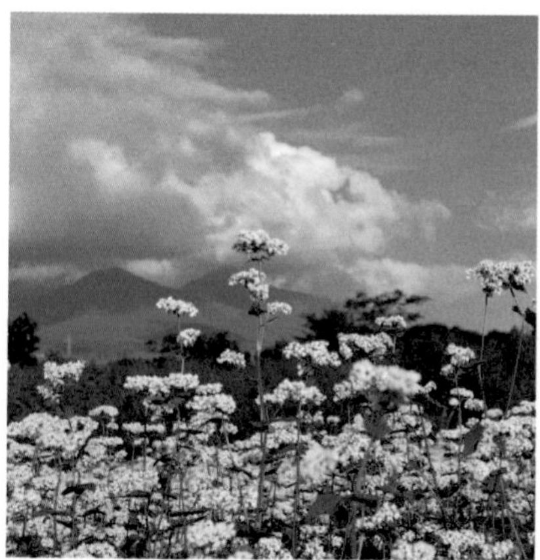

信州的蕎麥花。於 9 ～ 10 月收割麥穗。

①蕎麥花

そばのはな

這段期間一起綻放的可愛白色小花。

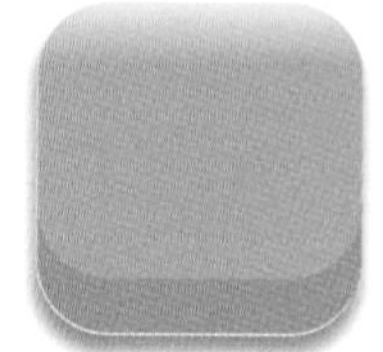

②新蕎麥

しんそば

以剛收成的蕎麥，做成的蕎麥麵。

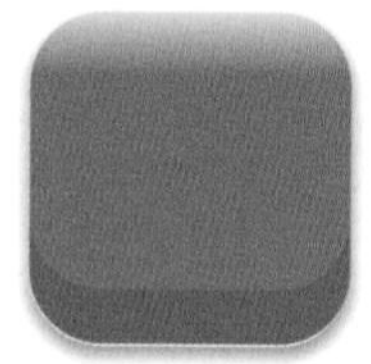

③秋草

あきくさ

在夏日艷陽曝曬下，褪色般的綠色。

④秋空

あきぞら

以秋高氣爽的澄澈天空為意象。

⑤秋風

あきかぜ

以涼爽的秋風為意象。

⑥蕎麥湯（關西風）

そばつゆ（かんさいふう）

昆布高湯。透明的關西風蕎麥麵湯。

⑦蕎麥湯（關東風）

そばつゆ（かんとうふう）

加入深色醬油的鰹魚高湯。關東風蕎麥麵湯。

⑧山肌

やまはだ

比夏季看起來更幽深陰暗的山林顏色。

⑨鱗雲

うろこぐも

秋天可以看見的特殊形狀雲朵。捲積雲。

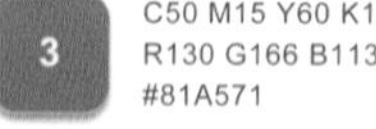
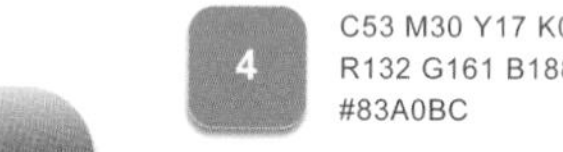
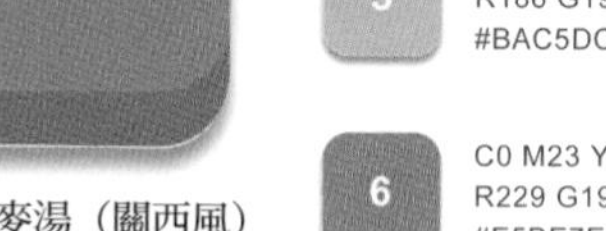
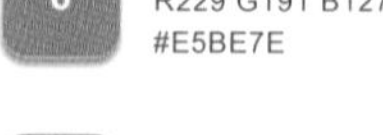
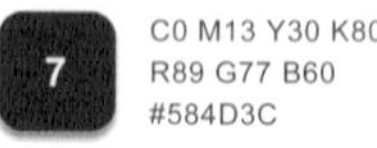
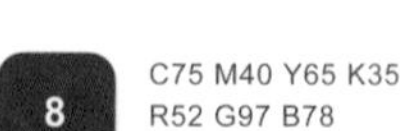

No.	CMYK	RGB	HEX
1	C7 M0 Y10 K0	R242 G248 B237	#F1F7EC
2	C23 M20 Y35 K0	R206 G199 B170	#CDC6A9
3	C50 M15 Y60 K13	R130 G166 B113	#81A571
4	C53 M30 Y17 K0	R132 G161 B188	#83A0BC
5	C25 M14 Y0 K10	R186 G197 B221	#BAC5DC
6	C0 M23 Y50 K13	R229 G191 B127	#E5BE7E
7	C0 M13 Y30 K80	R89 G77 B60	#584D3C
8	C75 M40 Y65 K35	R52 G97 B78	#33604D
9	C13 M13 Y0 K5	R219 G216 B232	#DBD8E8

雙色配色 Two-colors combination

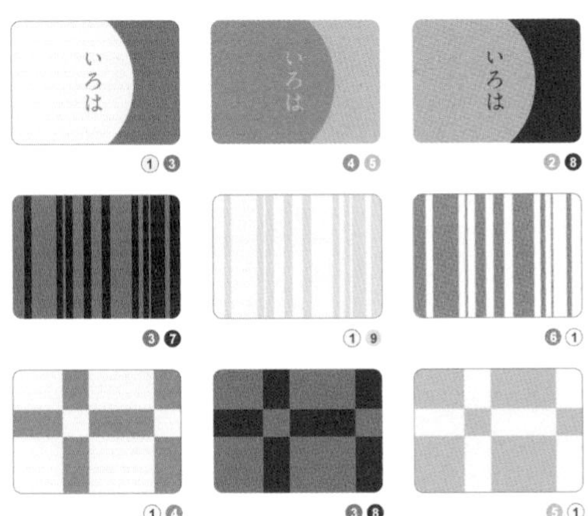

三色配色 Three-colors combination

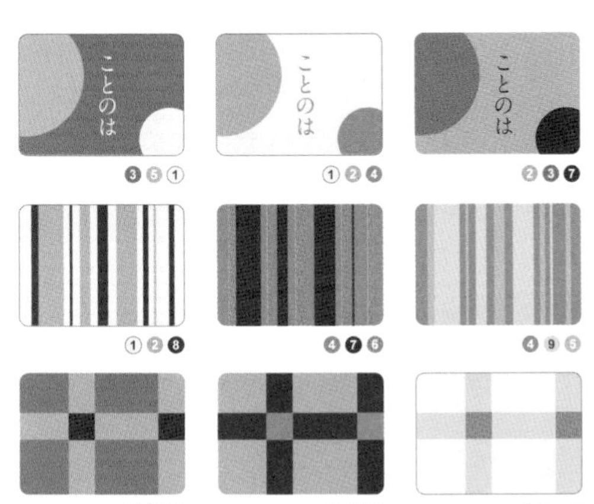

意匠設計 Design

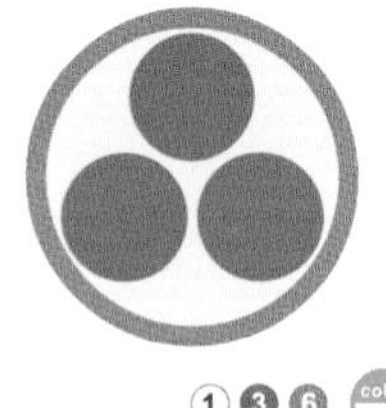

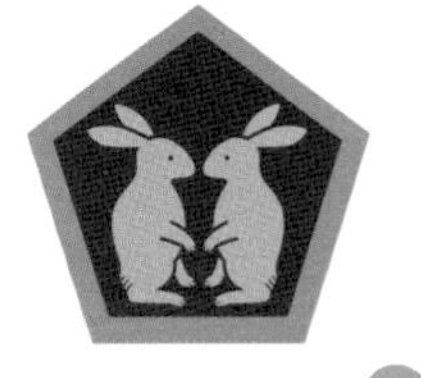

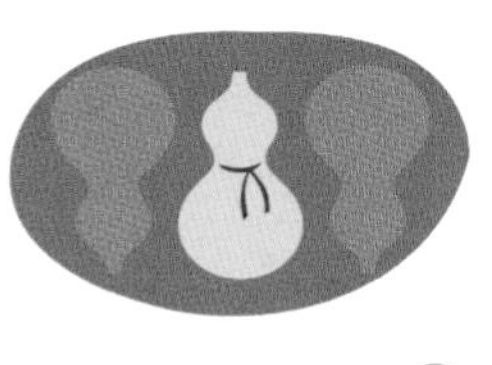

紋樣 Pattern

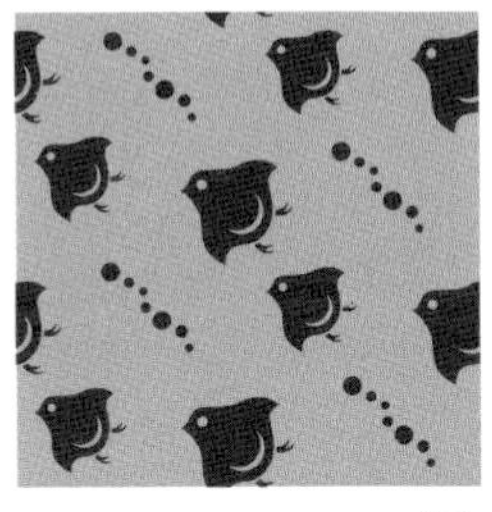

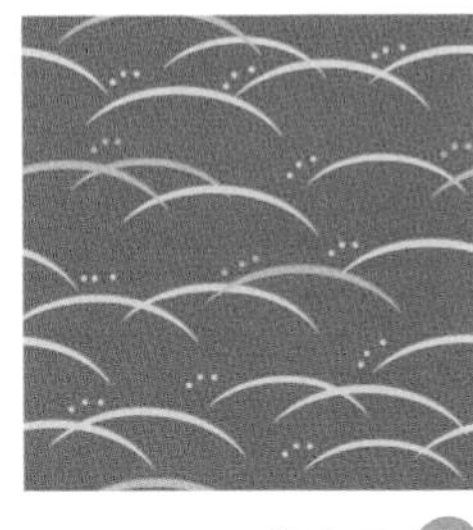

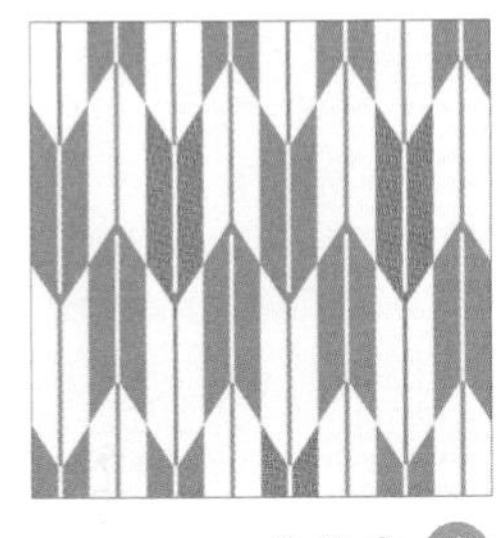

插畫 Illustration

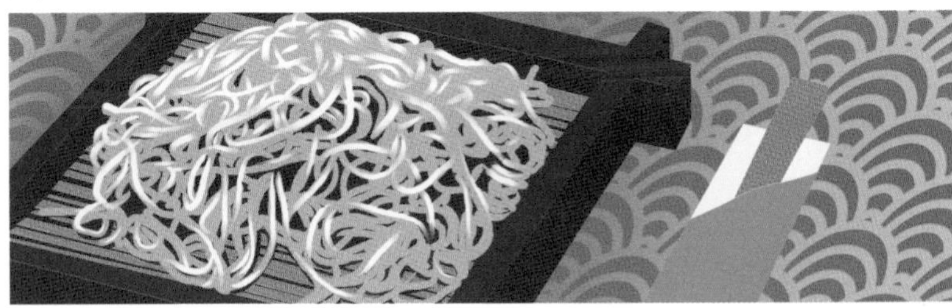

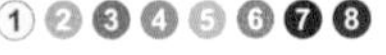

044

白露（9月8日～22日前後）

Hakuro, one of the 24divisions in the old Japanese almanac.

晝夜溫差變大、開始結成露水的時刻。白露用來表現露水滴落草木上，散發出白色光芒的樣子。說到秋天的配色，一般多會使用色澤較深的暖色系顏色，不過這裡為了表現「秋天氣息」，結合了彩度較低的紫紅與灰色，表現令人感到絲絲寒意的空氣感。

印象	有寒意的、涼颼颼的、寧靜的
配色方式	全數使用帶灰的沉靜配色
重點	展現細膩印象、表現曖昧之趣的配色

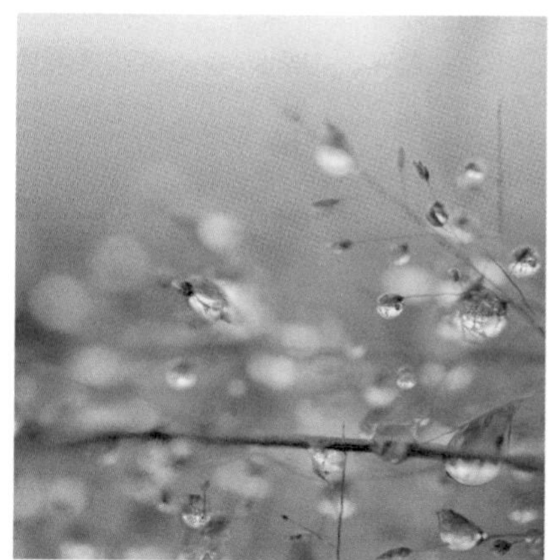

露水是空氣中的水蒸氣凝結後所形成的水滴。

①露華
ろか
因陽光照耀而閃閃發光的露水。

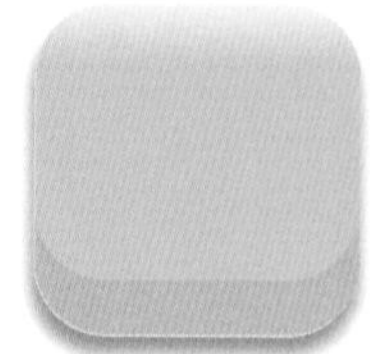

②銀灰色
ぎんかいしょく
明亮的灰色。

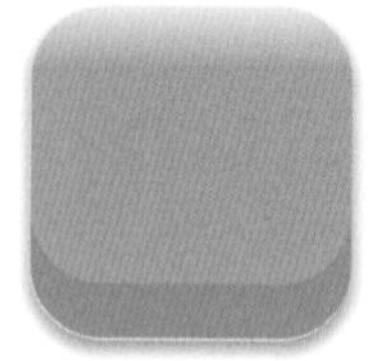
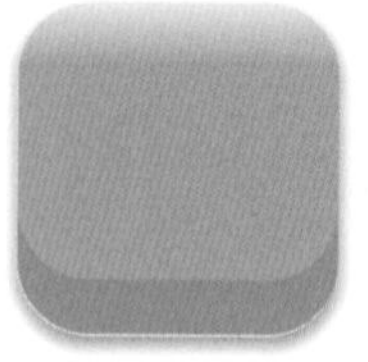

③九十九髮
つくもがみ
指白髮。百字減去一劃，便成了白字。

④撫子色
なでしこいろ
如秋日七草之一：撫子花般的顏色。

⑤藤袴
ふじばかま
澤蘭（藤袴）花色。也是秋日七草之一。

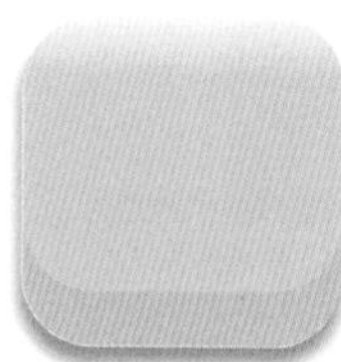

⑥小町鼠
こまちねず
流行於江戶時代，高雅而華麗的鼠灰色。

⑦野分
のわき・のわけ
吹拂著原野的強風，颱風帶來的暴風。

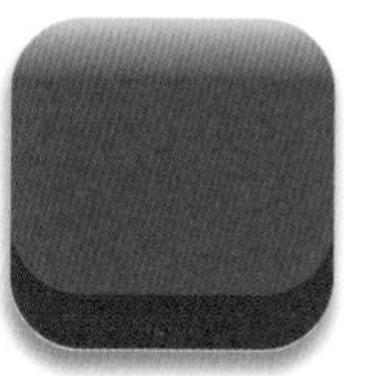

⑧切磋琢磨
せっさたくま
雕刻研磨、敲打拋光。指不斷地努力。

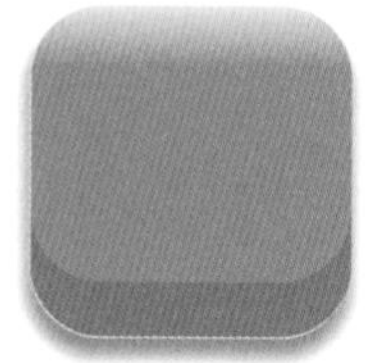

⑨新玉
あらたま
打磨前的寶石。原石。

1 C5 M8 Y0 K6 / R235 G230 B237 / #EAE5ED

2 C10 M13 Y0 K13 / R213 G206 B220 / #D4CEDB

3 C10 M10 Y0 K33 / R178 G177 B187 / #B2B0BA

4 C0 M43 Y0 K0 / R243 G174 B204 / #F3ADCB

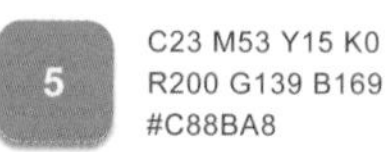

5 C23 M53 Y15 K0 / R200 G139 B169 / #C88BA8

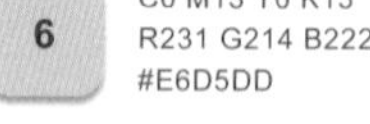

6 C0 M13 Y0 K13 / R231 G214 B222 / #E6D5DD

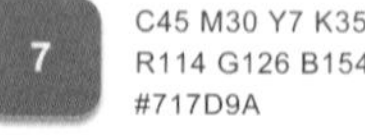

7 C45 M30 Y7 K35 / R114 G126 B154 / #717D9A

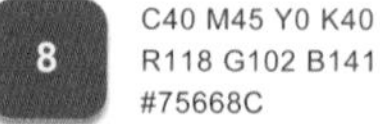

8 C40 M45 Y0 K40 / R118 G102 B141 / #75668C

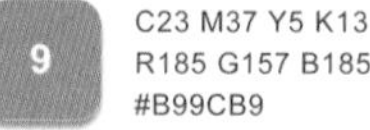

9 C23 M37 Y5 K13 / R185 G157 B185 / #B99CB9

雙色配色 Two-colors combination

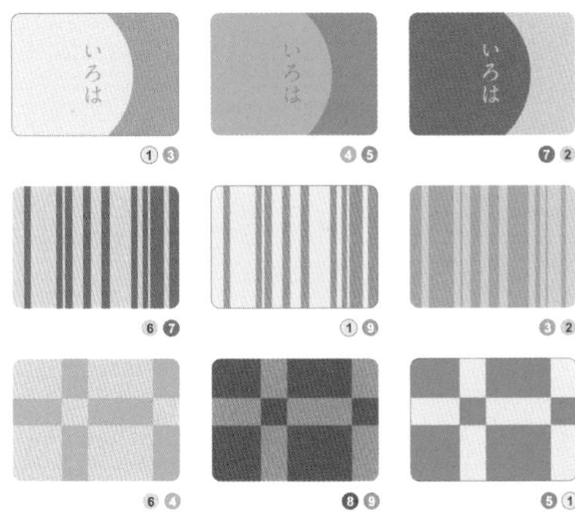

三色配色 Three-colors combination

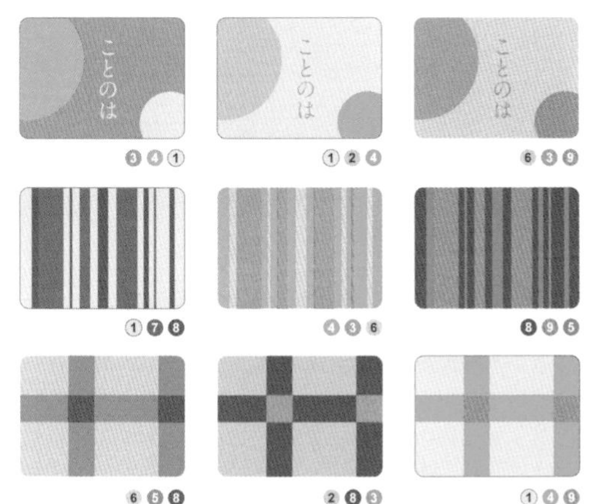

意匠設計 Design

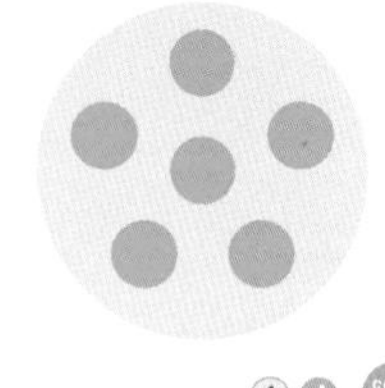

① ④ color 2

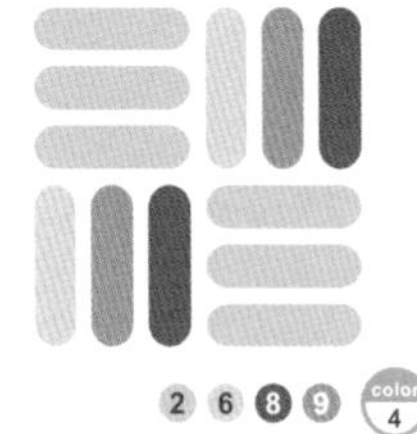

② ⑥ ⑧ ⑨ color 4

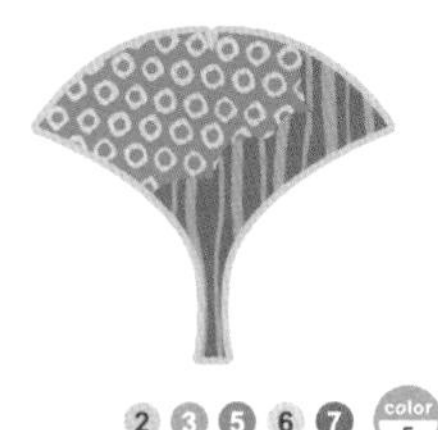

② ③ ⑤ ⑥ ⑦ color 5

紋樣 Pattern

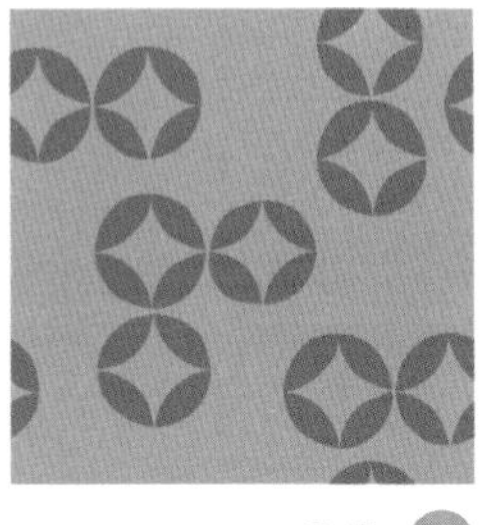

③ ⑦ color 2

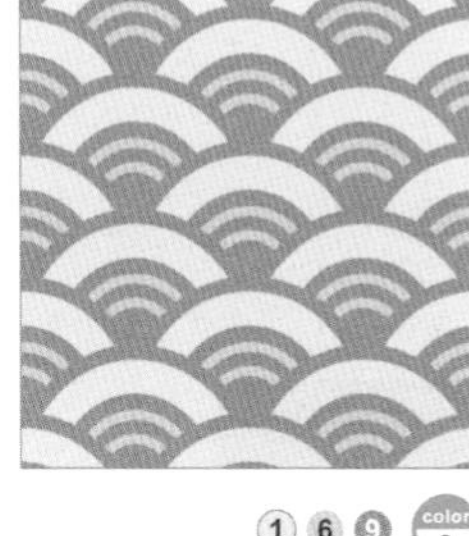

① ⑥ ⑨ color 3

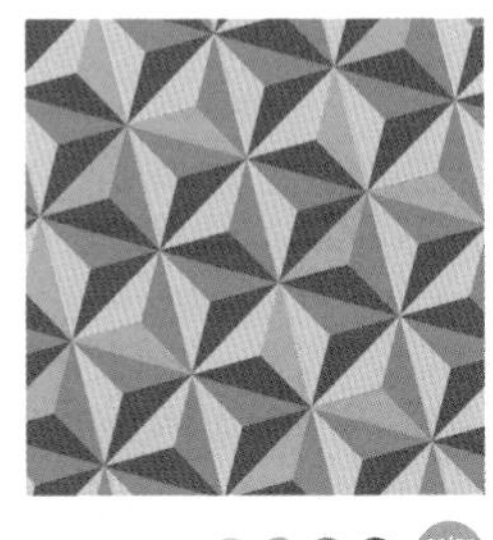

② ④ ⑤ ⑧ color 4

插畫 Illustration

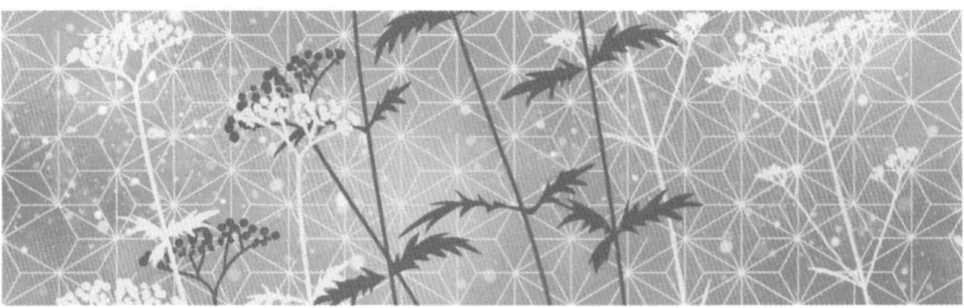

① ② ③ ④ ⑤ ⑥ ⑦ color 7

045

重陽節

Chrysanthemum Festival

中國的陰陽思想中，世間萬物皆分為陰與陽。以數字來說，偶數為陰，奇數為陽。由最大奇數重疊的9月9日為重陽節，人們在這天驅除邪氣，祈求身體健康。農曆9月9日大約是現在的10月中旬。由於正是菊花美麗盛開的時刻，因此也稱為「菊花節」。

印象	秋日氣息的、沉靜的、沉穩的
配色方式	以菊花的黃、紫紅、白色為中心
重點	避免太過華麗，刻意降低彩度

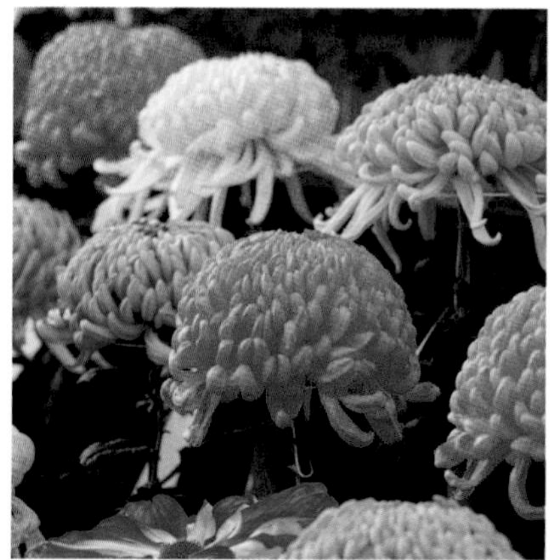

象徵日本的花是春之櫻花與秋之菊花。

❶ 大菊（豐厚型）

おおぎく（あつもの）

如照片中的菊花，花瓣朝花心盛開的菊花。

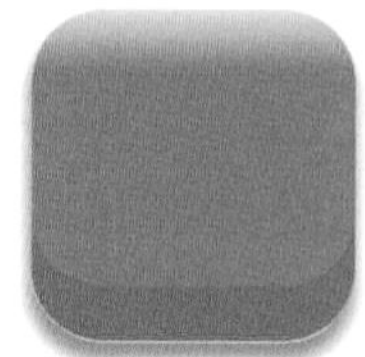

❷ 大菊（細針型）

おおぎく（くだもの）

細長的花瓣，從花心以放射狀向外伸展。

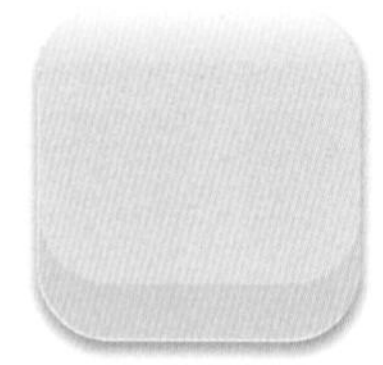

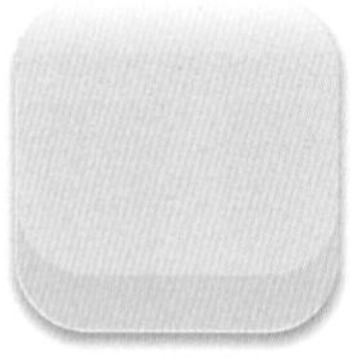

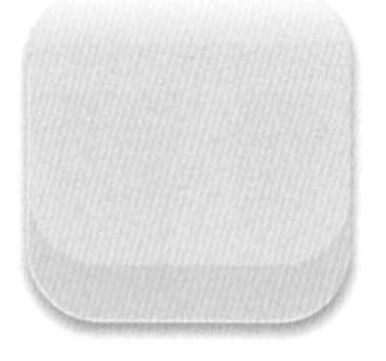

❸ 霜見草

しもみぐさ

菊（寒菊）的別名。開花時間約在12月。

❹ 西洋菊

せいようぎく

名為mum的西方菊花所擁有的粉彩色。

❺ 小菊

こぎく

花朵直徑為1～3cm，用於製作菊人形※。

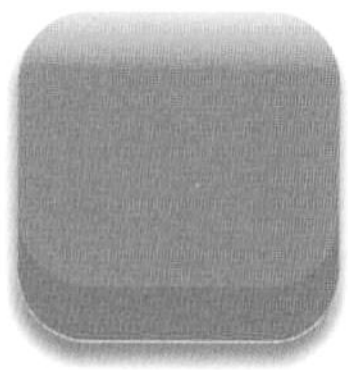

❻ 食用菊

しょくようぎく

燙熟後做成小菜或漬菜食用。

❼ 高貴

こうき

菊花花語之一，其他還有高潔、高尚等。

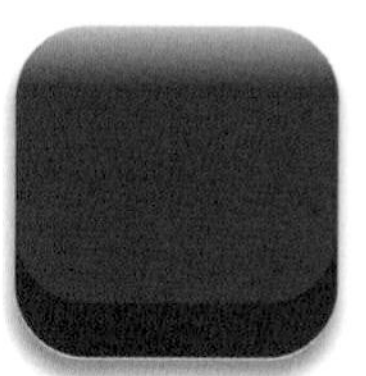

❽ 菊葉

きくのは

以菊花葉子為意象的深綠色。

❾ 五十元硬幣

ごじゅうえんこうか

現在流通的50元日幣，正面為菊花圖案。

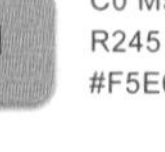

1 C0 M5 Y47 K7 R245 G230 B151 #F5E696

2 C0 M10 Y65 K7 R245 G219 B105 #F4DB68

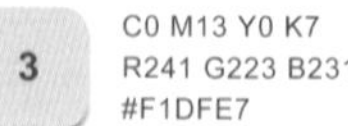

3 C0 M13 Y0 K7 R241 G223 B231 #F1DFE7

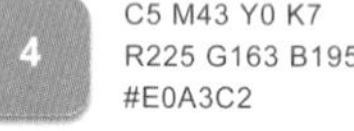

4 C5 M43 Y0 K7 R225 G163 B195 #E0A3C2

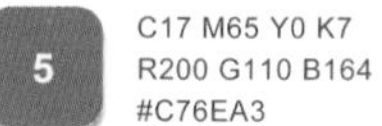

5 C17 M65 Y0 K7 R200 G110 B164 #C76EA3

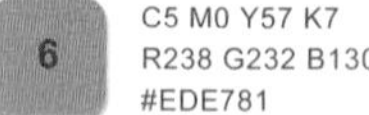

6 C5 M0 Y57 K7 R238 G232 B130 #EDE781

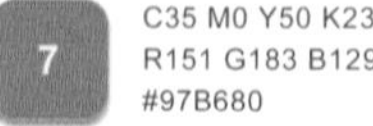

7 C35 M0 Y50 K23 R151 G183 B129 #97B680

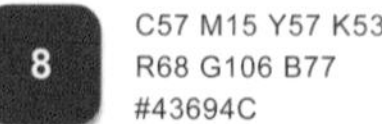

8 C57 M15 Y57 K53 R68 G106 B77 #43694C

9 C0 M0 Y0 K20 R220 G221 B221 #DCDCDD

※真人大小的人偶，身上的衣服以小朵菊花做成。起源於江戶時代。

雙色配色 Two-colors combination

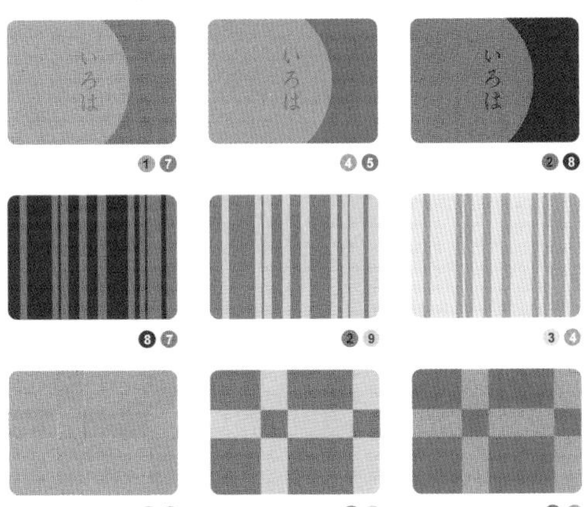

三色配色 Three-colors combination

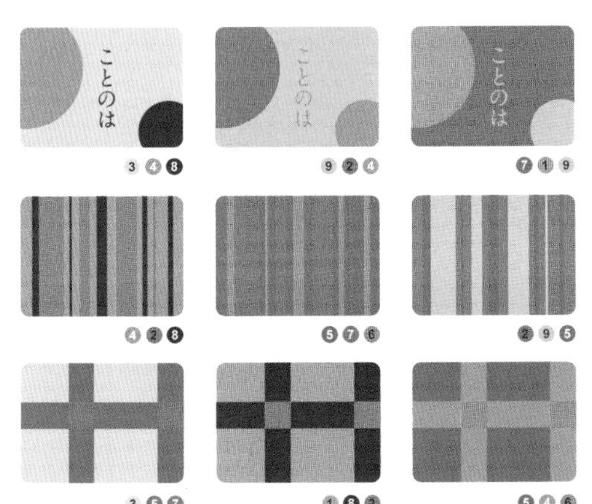

意匠設計 Design

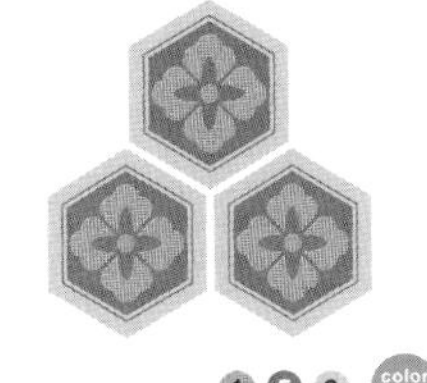

紋樣 Pattern

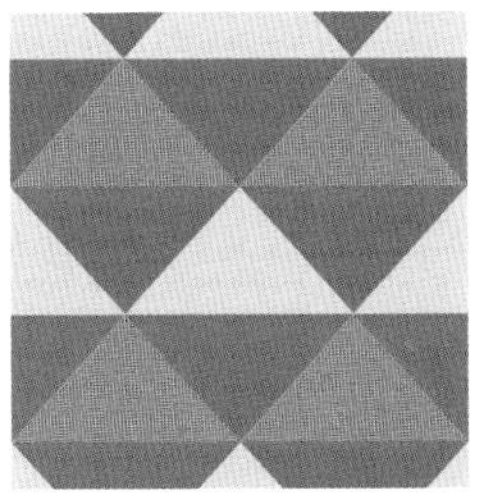

插畫 Illustration

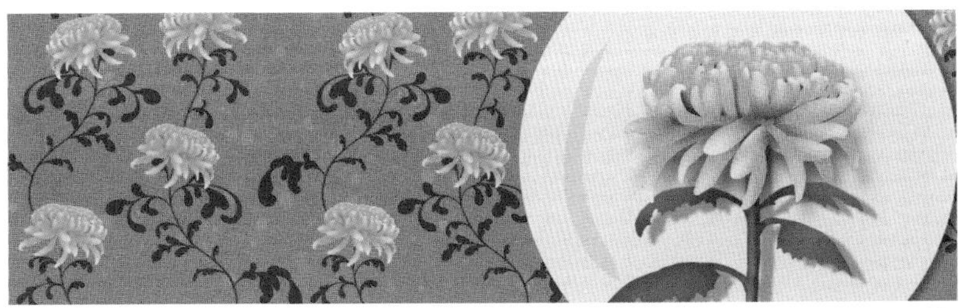

046

賞月

An event to thank God after the yearly harvest

農曆 8 月 15 日是中秋節。日本人會準備象徵稻穗的芒草、月見糰子、芋頭、紅豆、栗子等，感謝秋日豐收。十五夜過後，月亮會越來越晚出現，等待月亮的風俗也轉為詞彙。如立待月（十七夜）、居待月（十八夜）、寢待月（十九夜）、更待月（二十夜）。

印象	澄澈的、清晰的、豐富的
配色方式	以③或⑥的顏色象徵豐富的月色
重點	小面積使用⑦或⑧，更有質感

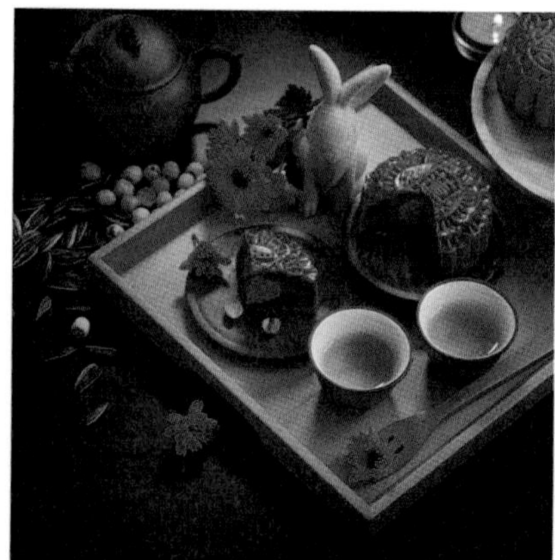

缺後再次圓滿的月亮，也被視為不滅的象徵。

①芒

すすき

也稱為尾花，秋季七草之一。

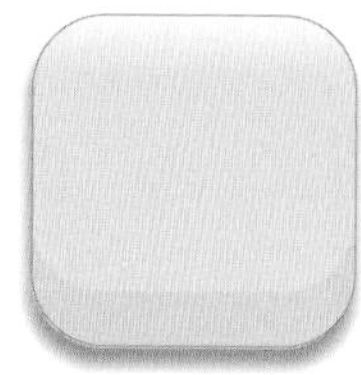

②月見糰子

つきみだんご

象徵滿月的糰子。15 日當晚供奉 15 個糰子。

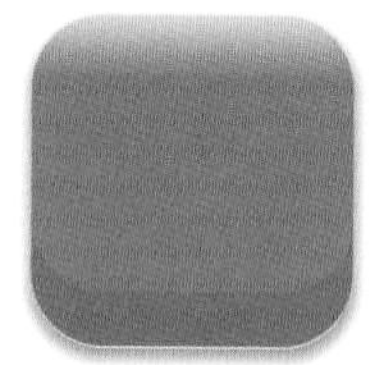

③十五夜

じゅうごや

意指中秋的美麗滿月。

④月餅

げっぺい

中國古時在中秋節供奉的祭品甜點。

⑤栗皮色

くりかわいろ

成熟後落下的山栗子皮顏色。也稱為栗色。

⑥女郎花

おみなえし

秋日七草之一：女郎花的顏色。

⑦龍膽色

りんどういろ

與桔梗齊名的秋花。因根部較苦而得名。

⑧宵闇

よいやみ

農曆 16 至 20 日，月亮較晚現身的深沉夜色。

⑨土器色

かわらけいろ

素燒陶器之色。不添加釉藥，以低溫燒製。

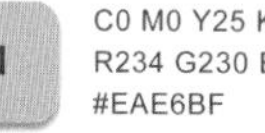

C0 M0 Y25 K13
R234 G230 B192
#EAE6BF

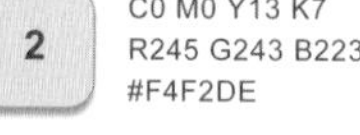

C0 M0 Y13 K7
R245 G243 B223
#F4F2DE

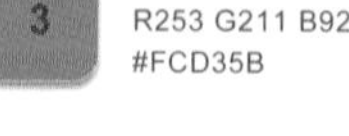

C0 M20 Y70 K0
R253 G211 B92
#FCD35B

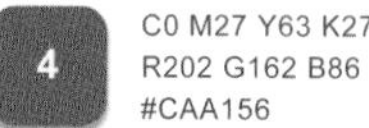

C0 M27 Y63 K27
R202 G162 B86
#CAA156

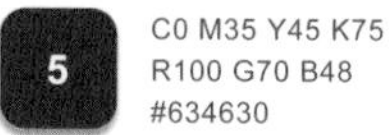

C0 M35 Y45 K75
R100 G70 B48
#634630

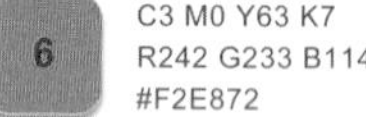

C3 M0 Y63 K7
R242 G233 B114
#F2E872

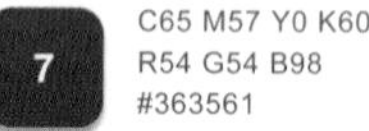

C65 M57 Y0 K60
R54 G54 B98
#363561

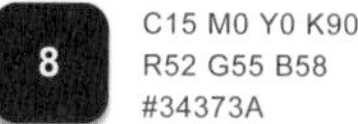

C15 M0 Y0 K90
R52 G55 B58
#34373A

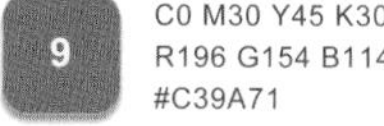

C0 M30 Y45 K30
R196 G154 B114
#C39A71

雙色配色 Two-colors combination

いろは ①⑦

いろは ③⑤

いろは ④⑥

⑥⑦

①⑨

⑧②

②④

⑦⑨

④⑧

三色配色 Three-colors combination

ことのは ③⑤⑧

ことのは ②⑥⑤

ことのは ⑦③①

⑥②③

④⑦⑧

⑧⑨③

③②⑤

②⑧⑥

①④⑦

意匠設計 Design

紋様 Pattern

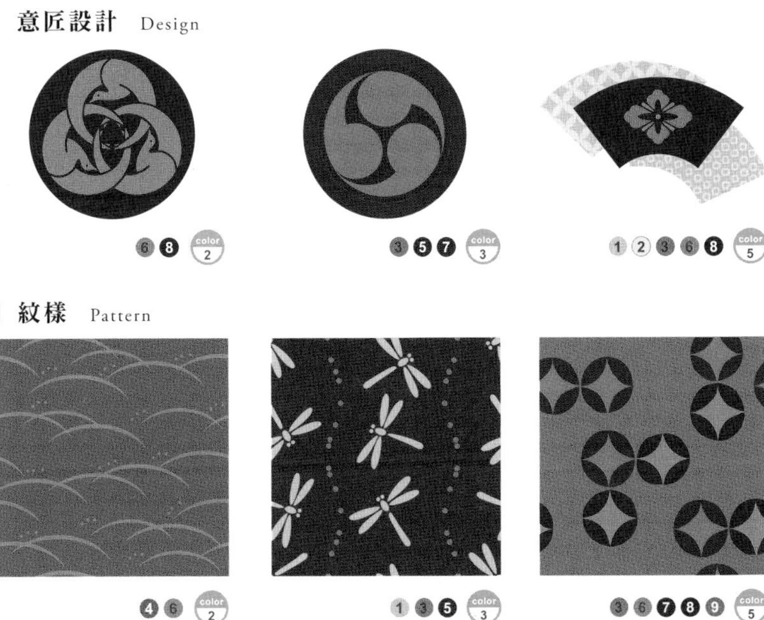

插畫 Illustration

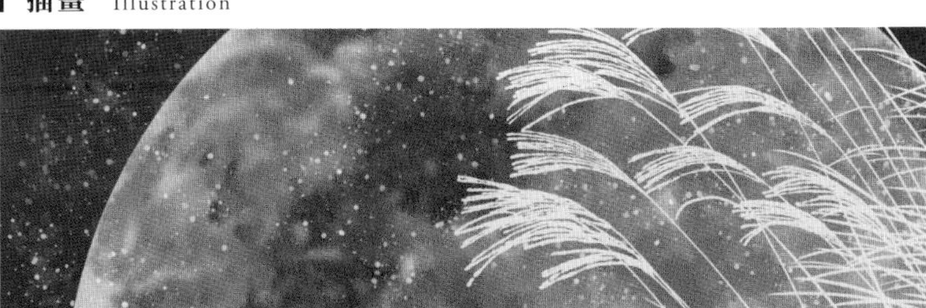

①②③④⑤⑥⑦⑧⑨ color 9

047
秋分(9月23日～10月7日前後)

Shubun, one of the 24divisions in the old Japanese almanac.

日本俗語說：「暑氣與寒氣皆止於彼岸※。」季節以此為界，逐漸邁向冬季。秋季彼岸品嘗的「萩餅」，與春季彼岸所吃的「牡丹餅」，其實是相同的東西，但名稱會配合季節變換。自古與自然共存的日本人，才擁有如此值得驕傲的美感。

印象	充實的、滿足的、有溫度的
配色方式	使用多種暖色系的沉穩色彩
重點	享樂的秋季到來，表現出歡樂氣息

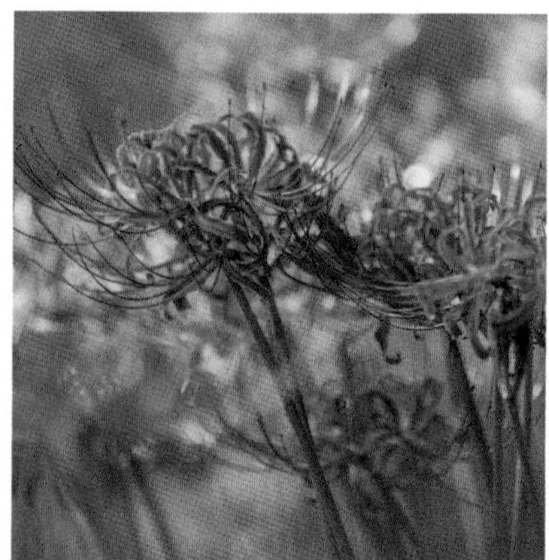

紅花石蒜（曼殊蓮華）又稱為彼岸花。

❶茜空

あかねぞら

秋日夕陽。茜與藍都是日本最古老的染料。

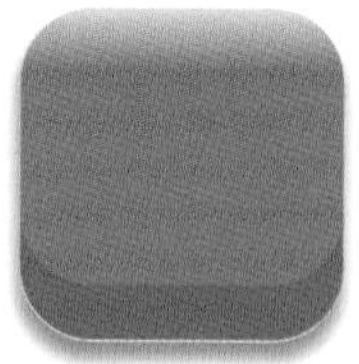

❷報恩

おんがえし

蒙受恩惠的人，直接報答恩人。

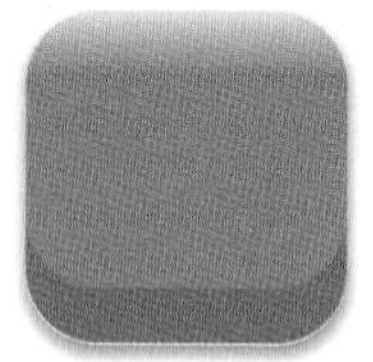

❸施惠

おんおくり

將受人之恩施予別人，讓善意傳遞下去。

❹炎星

ほのおぼし

在夜空中閃耀著紅色光芒的火星。

❺鶸萌黃

ひわもえぎ

界於萌黃與鶸（黃雀）色之間的顏色。

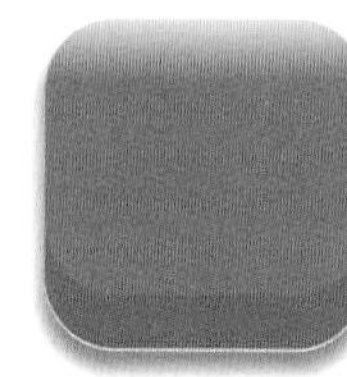

❻鶸色

ひわいろ

如黃雀羽毛般明亮的黃綠色。

❼橡色

つるばみいろ

以橡實熬煮後染出的顏色。

❽山女色

あけびいろ

山女鰟是從前在山裡玩的孩子必吃的點心。

❾小豆色

あずきいろ

紅豆加上砂糖，做成紅豆餡。

1 C10 M85 Y50 K5 / R211 G67 B88 / #D34358

2 C5 M60 Y35 K0 / R231 G131 B133 / #E78384

3 C0 M37 Y37 K13 / R225 G167 B140 / #E1A78C

4 C0 M55 Y55 K0 / R241 G143 B105 / #F08F68

5 C50 M20 Y85 K0 / R145 G172 B72 / #91AB47

6 C20 M10 Y65 K0 / R216 G213 B112 / #D7D56F

7 C45 M25 Y55 K57 / R86 G96 B70 / #556045

8 C20 M57 Y27 K40 / R147 G92 B105 / #925C69

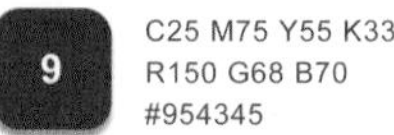

9 C25 M75 Y55 K33 / R150 G68 B70 / #954345

※以春分、秋分為準，前後約一週的時間稱為彼岸。

雙色配色 Two-colors combination

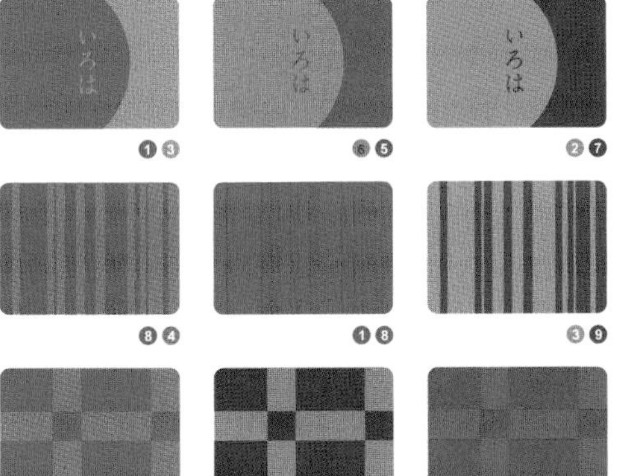

三色配色 Three-colors combination

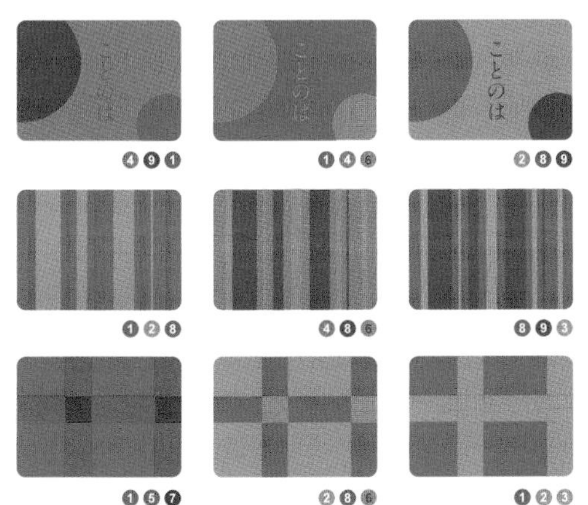

意匠設計 Design

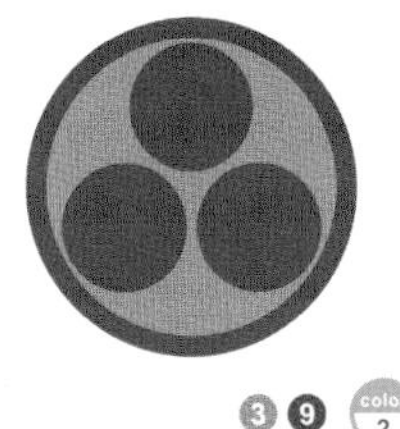

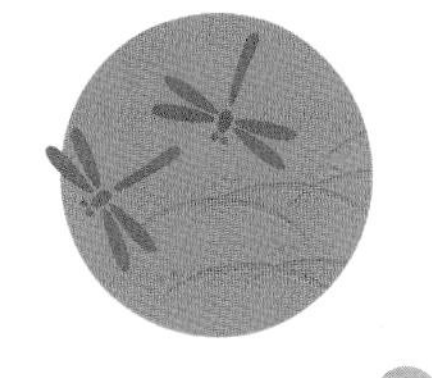

3 9 color 2

2 6 8 color 3

1 4 5 6 7 color 5

紋樣 Pattern

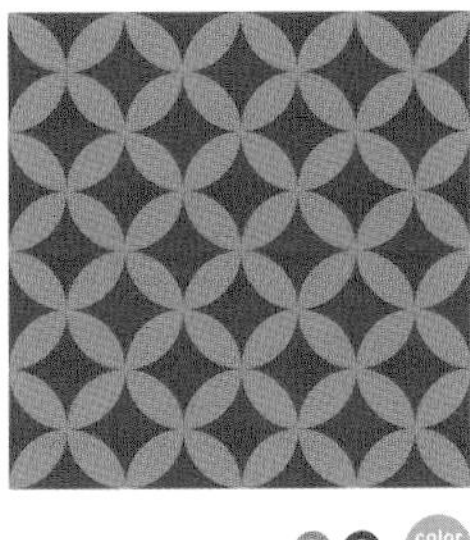

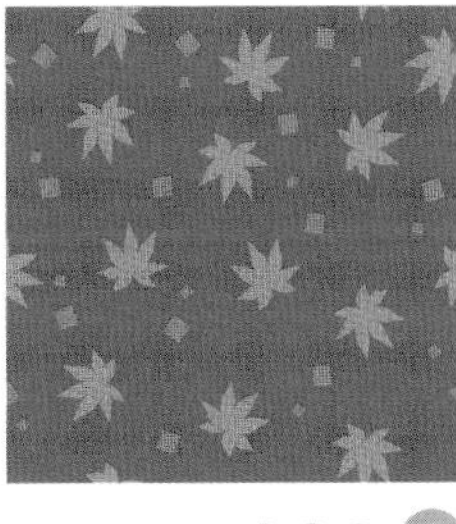

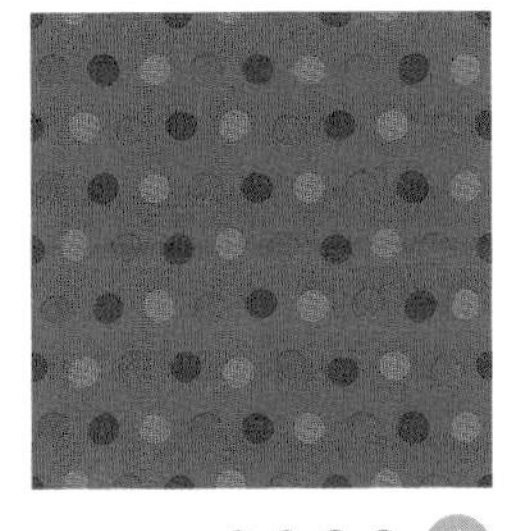

2 9 color 2

3 6 8 color 3

1 4 5 7 color 4

插畫 Illustration

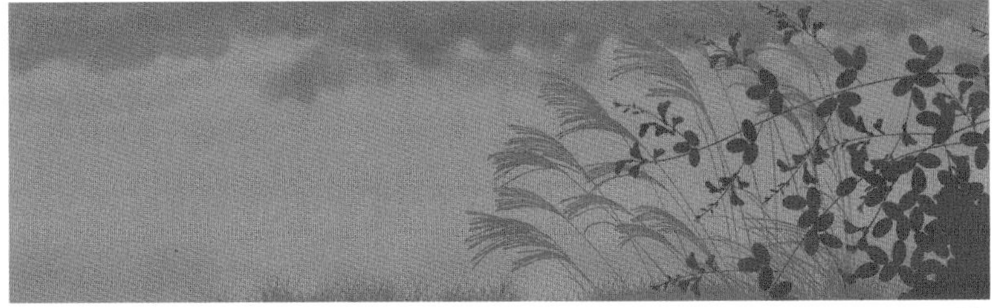

1 2 3 4 6 9 color 6

048
寒露（10月8日～23日前後）

Kanro, one of the 24divisions in the old Japanese almanac.

秋意漸深，日照時間一下子縮短不少，果實、菇類等也正值收穫之時。富士山在此之前會出現初冠雪※。根據紀錄，史上最早的初冠雪為 8 月 9 日（2008 年），最晚的初冠雪則是 10 月 26 日（1956 年）。富士山初冠雪每年都會登上新聞。

印象	沉穩的、寧靜的、樸實的
配色方式	以①～③的顏色做為底色
重點	小範圍使用強烈或深暗的顏色

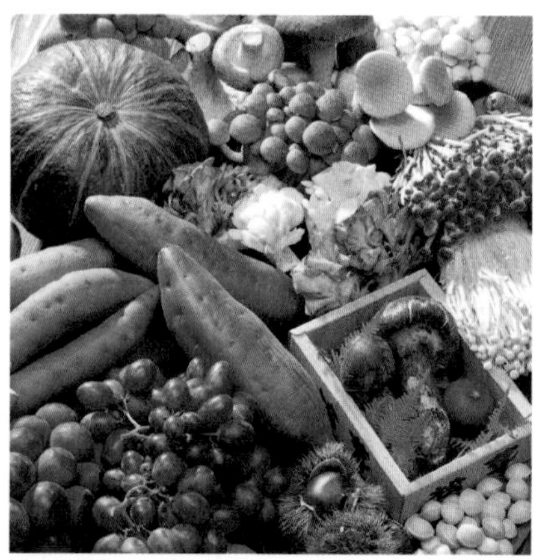

再加上秋刀魚，秋之珍味便全員到齊了。

①舞菇
まいたけ
據說得名自外型有如飛舞的蝴蝶。

②王茸
しめじ
香氣如松茸、滋味如鴻喜菇的萬用菇類。

③衣被
きぬかつぎ
將小芋頭帶皮煮成的料理。

④薩摩芋
さつまいも
薩摩芋（地瓜）般鮮豔的紫紅色。

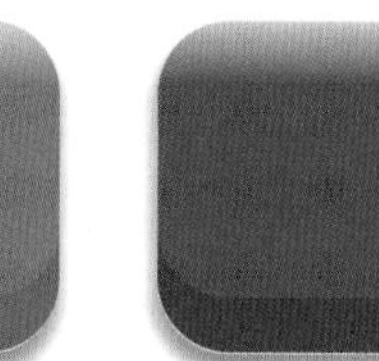

⑤葡萄酒色
ぶどうしゅいろ
將葡萄發酵後釀造而成的酒。

⑥秋櫻色
こすもすいろ
大波斯菊的日文漢字為秋櫻。

⑦酢橘
すだち
原產於德島縣。香氣濃郁，常做成食用醋。

⑧巨峰
きょほう
深紫色葡萄中的代表性品種。

⑨松茸
まつたけ
松茸獨特的香氣來自於蘑菇醇。

1	C5 M10 Y13 K5 R237 G226 B216 #ECE2D7
2	C7 M13 Y30 K40 R170 G159 B133 #A99E85
3	C10 M30 Y40 K53 R138 G113 B90 #89705A
4	C25 M57 Y25 K13 R180 G119 B138 #B4768A
5	C0 M47 Y15 K60 R131 G85 B95 #83545E
6	C7 M65 Y0 K0 R225 G120 B172 #E177AB
7	C43 M0 Y65 K50 R98 G130 B73 #618148
8	C15 M57 Y0 K70 R97 G53 B80 #613550
9	C45 M45 Y73 K50 R98 G86 B49 #625530

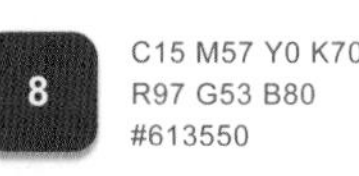
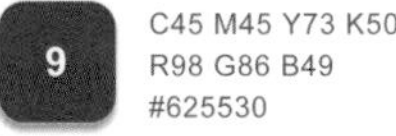

※夏季過後，山頂初次積雪變白。

雙色配色 Two-colors combination

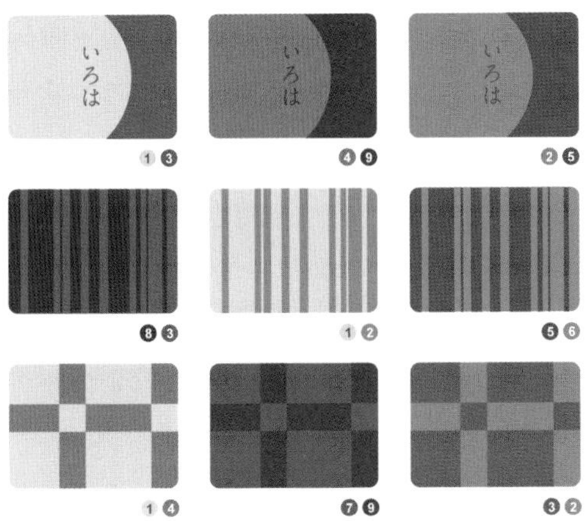

三色配色 Three-colors combination

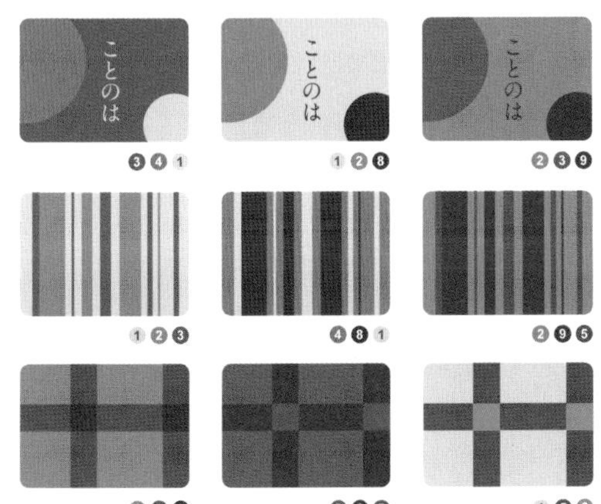

意匠設計 Design

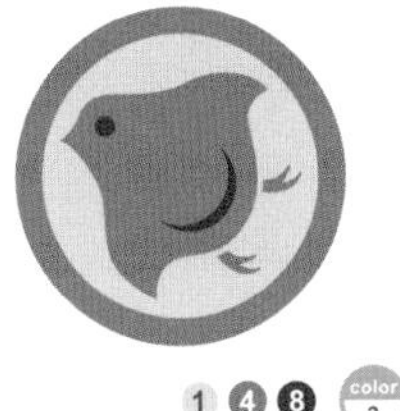

2 6 9 color 3

紋樣 Pattern

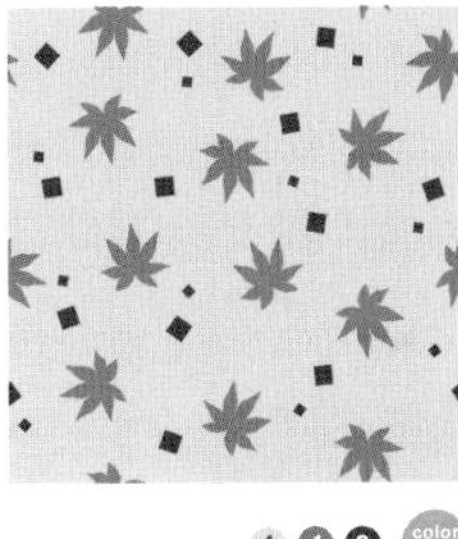

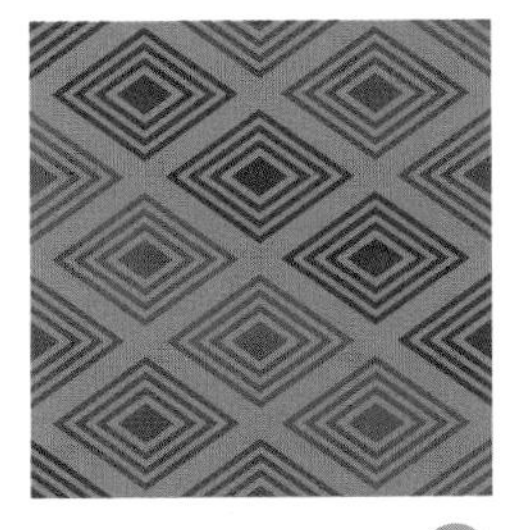

插畫 Illustration

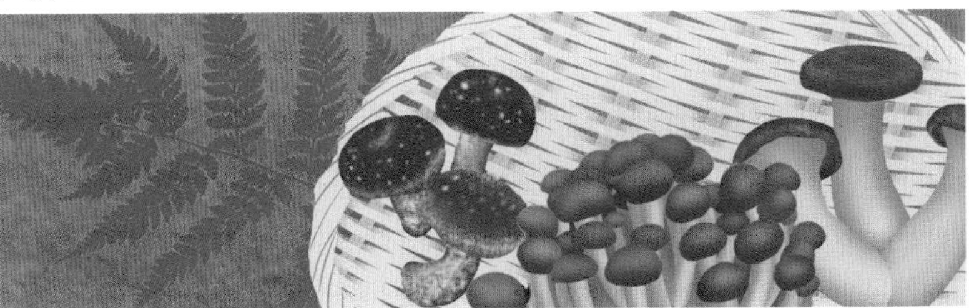

1 2 3 4 5 6 7 8 9 color 9

049

霜降（10月24日～11月7日前後）

Soukou one of the 24divisions in the old Japanese almanac.

天氣越來越冷，山邊小村開始降下白霜的時刻。令人感受到冬季即將到來的晚秋時分。這段時間能見到空氣澄澈的晴朗天空，不過如同日本俗語所說：「秋天的太陽宛如吊瓶落地。」白晝一天天縮短，轉眼間便來到日落黃昏。

印象	凝縮的、摩登的、富有深蘊的
配色方式	以①～⑤為底色，⑥～⑨為襯托色
重點	深暗色的組合，展現成熟的大人風格

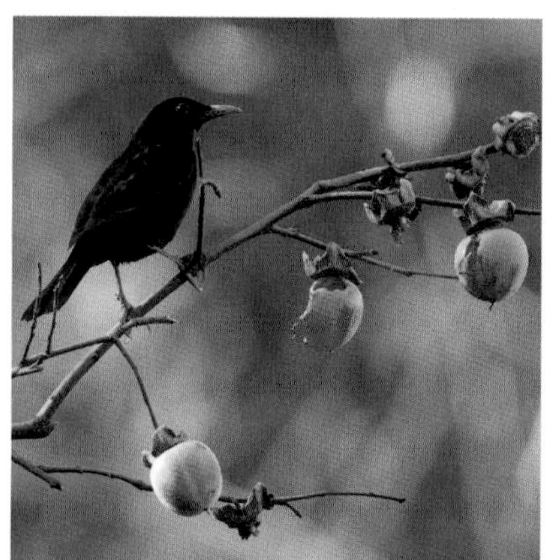

熟透的柿子吸引鳥兒聚集。

❶木枯風

こがらし

晚秋至初冬期間吹起的冷冷北風。

❷玄人

くろうと

技藝純熟之人。專業人士。

❸素人

しろうと

對某事經歷尚淺，技藝未熟的人。

❹夜幕

よるのとばり

幕指垂掛的絹布。一般常說夜幕低垂。

❺靜寂

しじま

沒有一點聲音，萬籟俱寂之意。

❻柿色

かきいろ

成熟柿子的顏色。有別於澀柿色的色名。

❼金木犀（丹桂）

きんもくせい

小巧的橘色花朵，擁有豐厚迷人的香氣。

❽喜色

きしょく

欣喜的臉色。相對詞為憂色。

❾絆

きずな

肉眼看不見的心之連結。

1 C30 M20 Y10 K30 R149 G155 B169 #949AA9

2 C35 M20 Y23 K60 R94 G101 B102 #5D6566

3 C10 M7 Y20 K15 R211 G210 B191 #D3D2BF

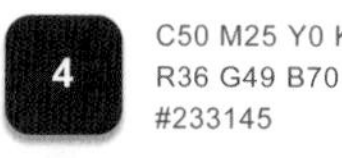

4 C50 M25 Y0 K83 R36 G49 B70 #233145

5 C50 M20 Y0 K65 R62 G87 B112 #3D566F

6 C13 M65 Y63 K0 R217 G117 B86 #D97455

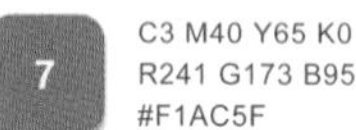

7 C3 M40 Y65 K0 R241 G173 B95 #F1AC5F

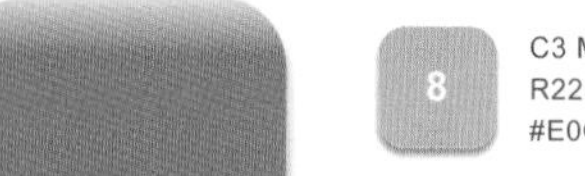

8 C3 M20 Y15 K13 R225 G198 B192 #E0C6BF

9 C10 M55 Y45 K0 R224 G140 B122 #E08B7A

雙色配色 Two-colors combination

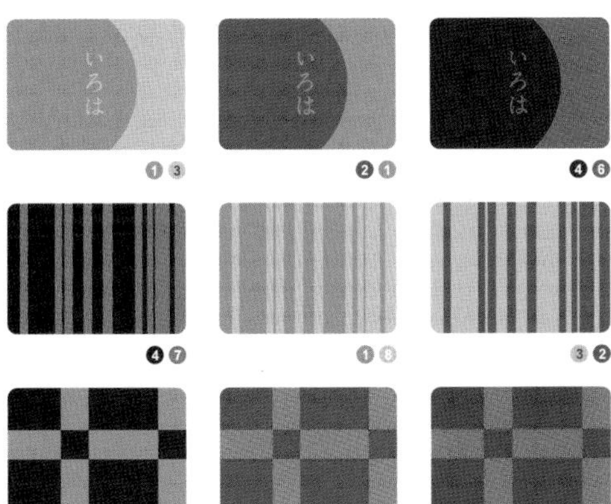

三色配色 Three-colors combination

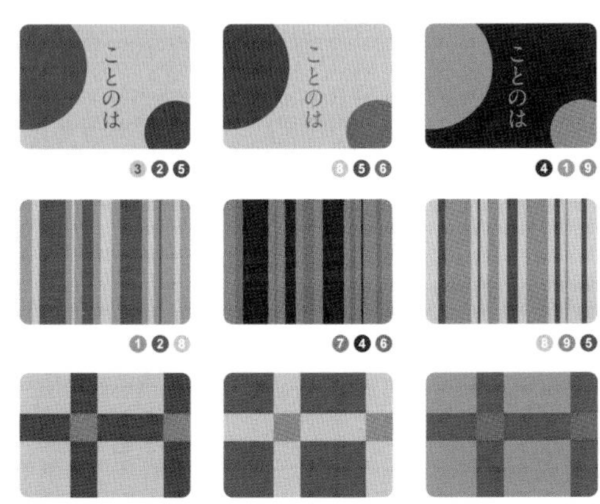

意匠設計 Design

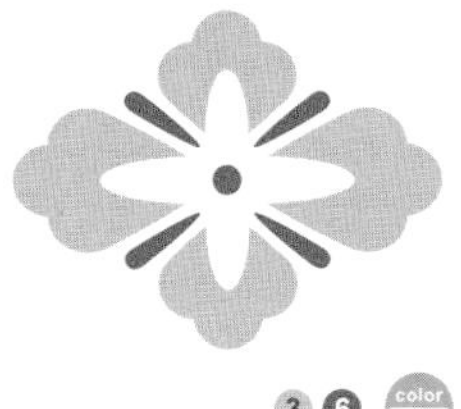

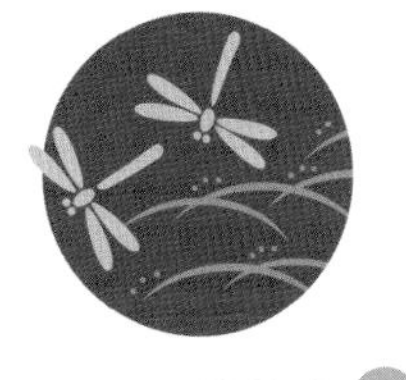

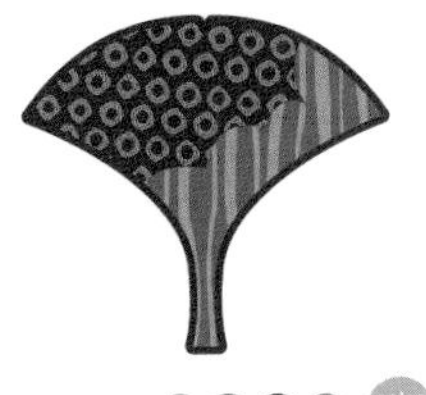

紋樣 Pattern

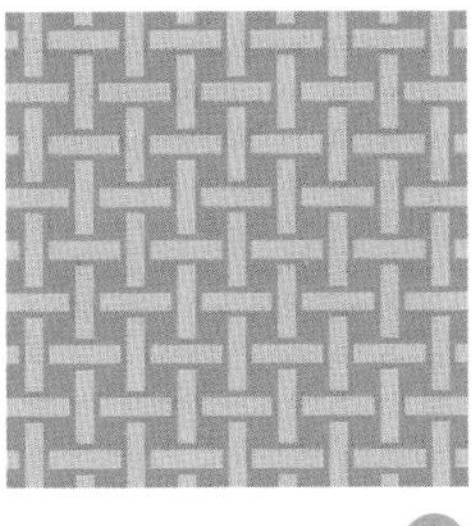

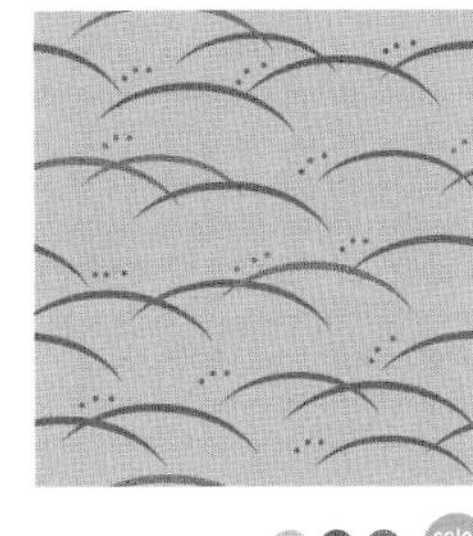

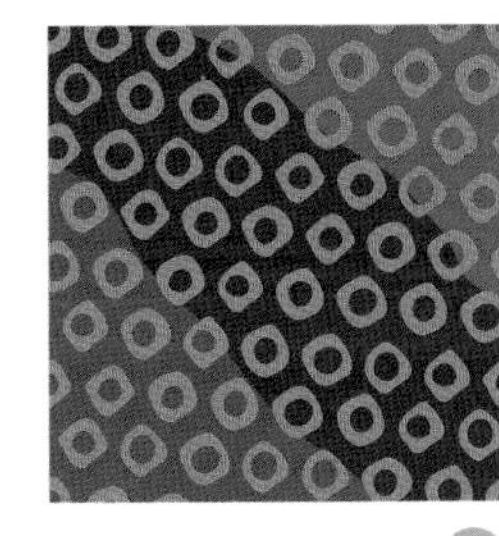

插畫 Illustration

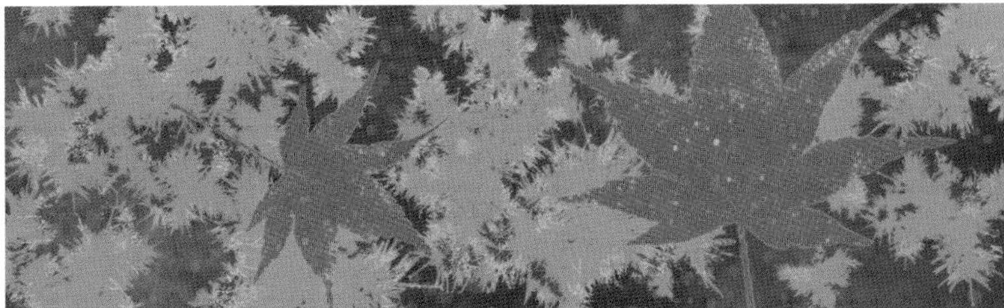

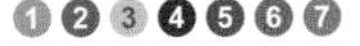

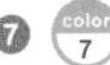

第 6 章

冬曆與行事

（霜月．師走．睦月）

寒氣懾人的冬季，對動植物而言是「準備之時」。許多動物會直到春天來臨，才再次開始活動，這段時間躲進巢穴或土裡過冬。植物葉片凋落，直到天氣回暖，才會再冒出新芽。

日本人是透過「自然色彩的更迭」，感受「季節變化」的民族，這也如實反映在日本的傳統色彩上。春天喜愛梅花與櫻花，空氣澄澈的秋天愛慕明月，寒冷的冬天則品味著霜雪之美。這就是我們的祖先。

由循環至最後的節氣「立冬」，至春季開始的前一天「節分」

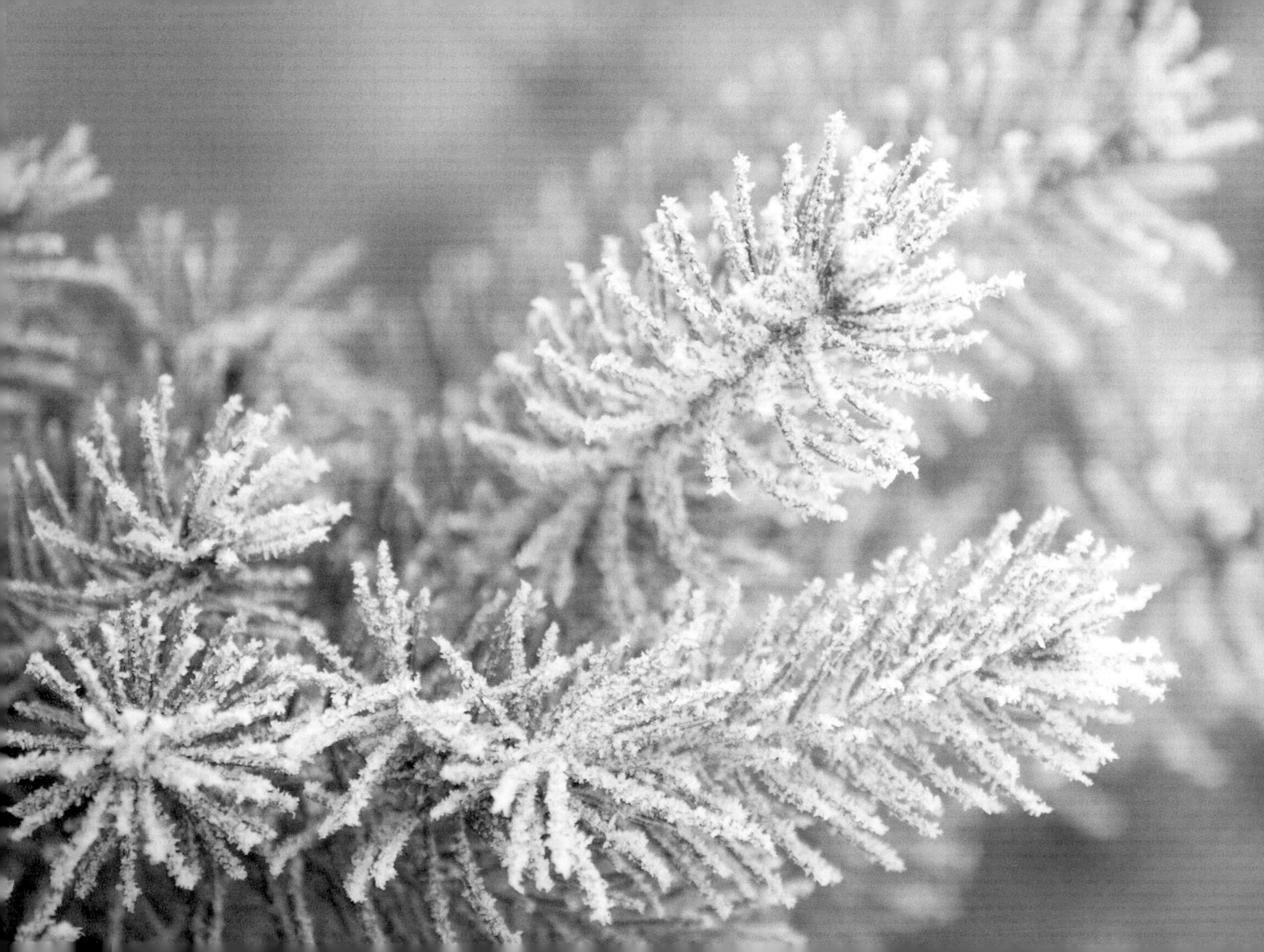

050

立冬（11月8日～21日前後）

Rittou, one of the 24divisions in the old Japanese almanac.

月曆上的冬季之始。農曆10月20日，在日本各地皆舉辦「惠比壽講」，人們向惠比壽神祈求五穀豐收、漁獲滿載、生意興隆。另外，在11月的酉之日，神社會舉辦酉之市。若購買傳統吉祥物「熊手」，便會得到賣方的祈願掌聲，也成為此時特有的季節風情。

印象	精悍的、引人注目的、充滿張力的
配色方式	紅白配色，時尚又有魄力
重點	有效利用如③⑦⑨等極淡的顏色

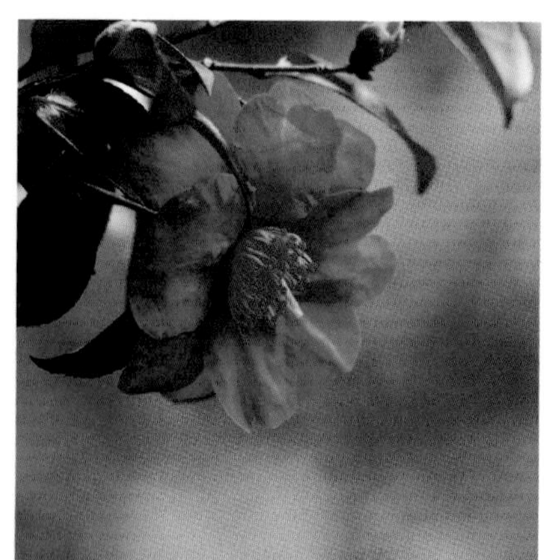

椿花與山茶花凋謝的方式不同。

❶山茶花

さざんか

常用於綠籬，在童謠《篝火》中曾登場。

❷紫式部

むらさきしきぶ

生長在日本各地，會結美麗的紫色果實。

③千歲飴

ちとせあめ

七五三節的紅白色糖果，用來祈求長壽。

❹寒椿

かんつばき

11月～2月寒冬期間綻放的山茶花。

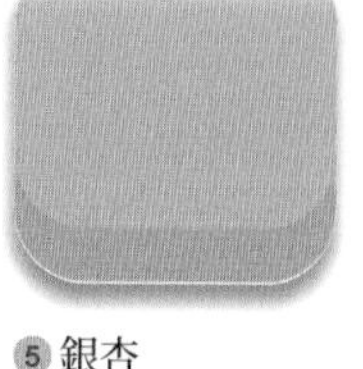

⑤銀杏

ぎんなん

堅硬外殼中的黃綠色果實可以食用。

❻銀杏（晚秋）

いちょう

凋落前的葉片會變成鮮豔的黃色。

⑦水仙

すいせん

水仙花般，帶著微微溫度的白色。

❽銀杏（由春至夏）

いちょう

最古老的樹種之一。常做為行道樹。

⑨初冰

はつごおり

冬天時，地面積水等初次結成的冰。

1 C0 M95 Y15 K10 R215 G16 B113 #D71070

2 C0 M70 Y0 K33 R181 G82 B128 #B55280

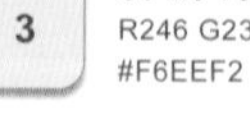

3 C0 M6 Y0 K5 R246 G239 B242 #F6EEF2

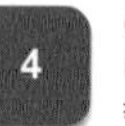

4 C0 M90 Y55 K15 R209 G47 B72 #D02F47

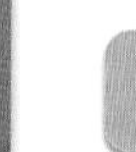

5 C0 M0 Y30 K13 R235 G230 B182 #EAE5B6

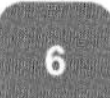

6 C0 M25 Y55 K10 R234 G191 B118 #EABF76

7 C0 M0 Y13 K0 R255 G253 B232 #FFFDE8

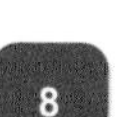

8 C50 M0 Y67 K37 R101 G147 B84 #649354

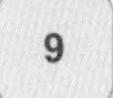

9 C7 M0 Y0 K7 R231 G238 B243 #E6EEF3

雙色配色 Two-colors combination

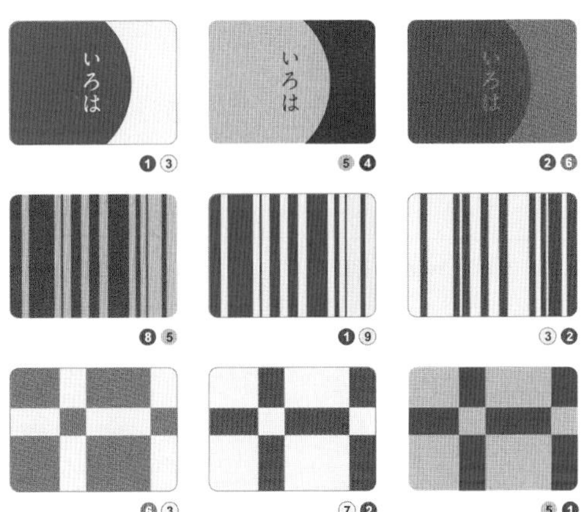

三色配色 Three-colors combination

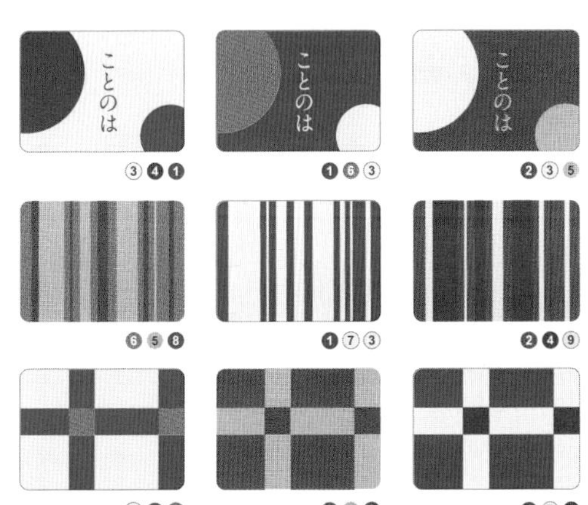

意匠設計 Design

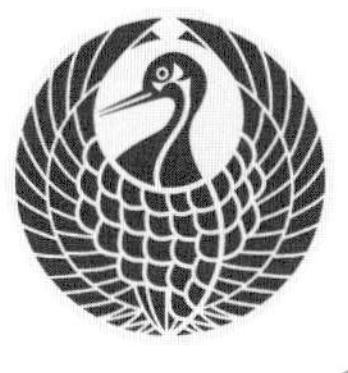

4 7 color 2

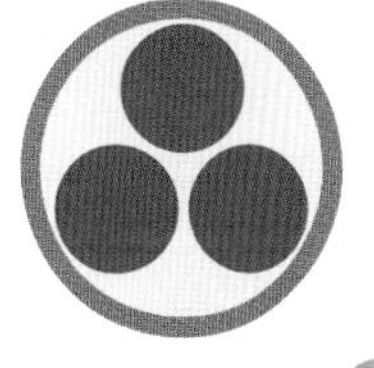

2 3 6 color 3

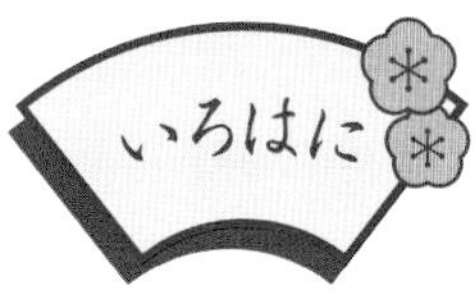

3 4 5 8 color 4

紋樣 Pattern

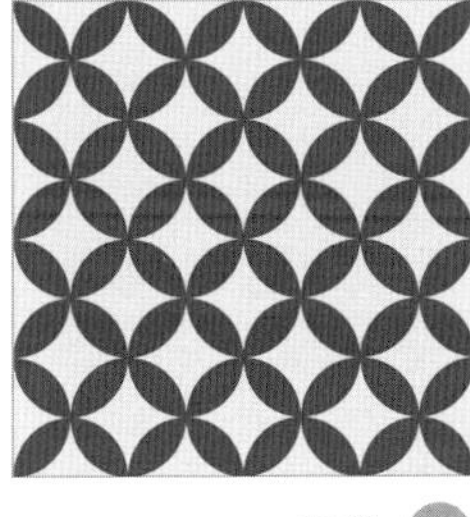

1 9 color 2

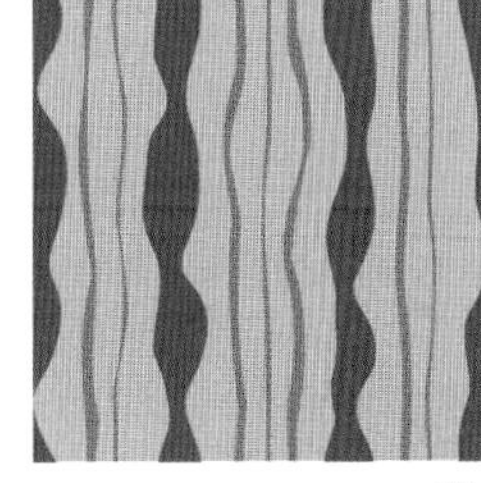

2 5 6 color 3

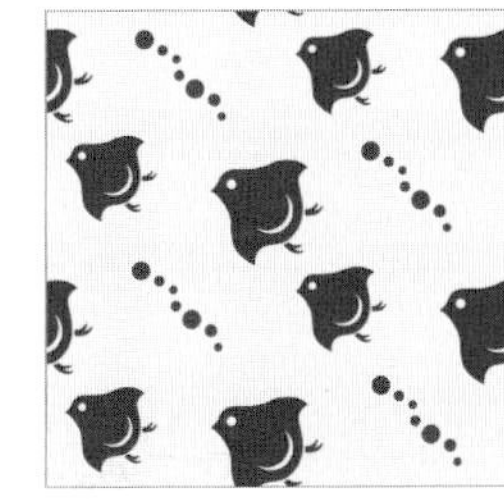

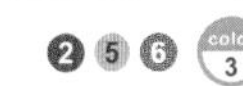

4 7 8 color 3

插畫 Illustration

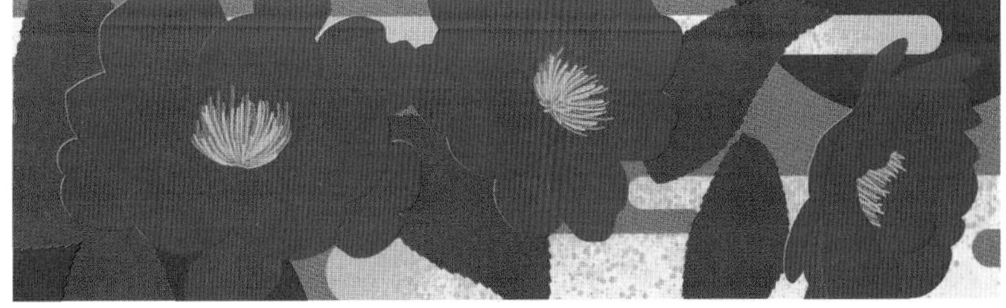

1 2 3 4 5 6 8 color 7

051

小雪(11月22日～12月6日前後)

Shousetsu, one of the 24divisions in the old Japanese almanac.

寒氣增強，由霜變雪的時刻。京都清水寺的紅葉如雲。染上紅色的樹葉，宛如燃燒的火焰般美麗。「從清水舞臺一躍而下」這句俗語，意為抱著覺悟、做出重大決定，不過事實上，並不能真的從高達 12 公尺的舞臺往下跳。

印象	豐富的、滿足的、充實的
配色方式	偏深的紅色系，搭配沉穩色彩
重點	⑦～⑨與①～④的紅褐色系很搭

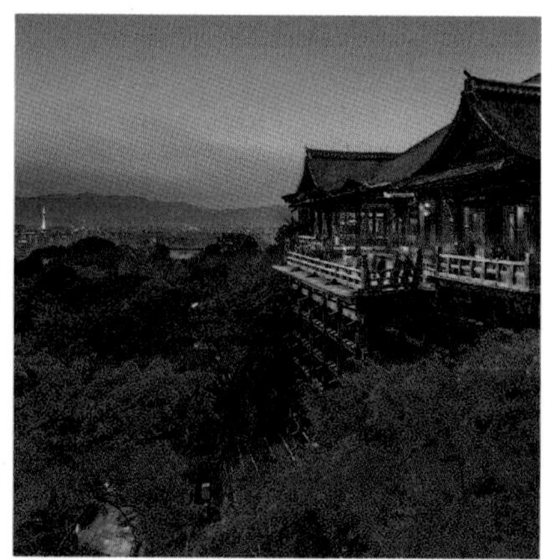

江戶時也有人為了達成心願而往下跳。

❶紅葉

もみじ・こうよう

紅色楓葉。日文有兩個不同讀法。

❷楓

かえで

日文音同蛙手，因葉形像青蛙的手。

❸紅絹

もみ

先以薑黃等染黃後，再以紅花染成的顏色。

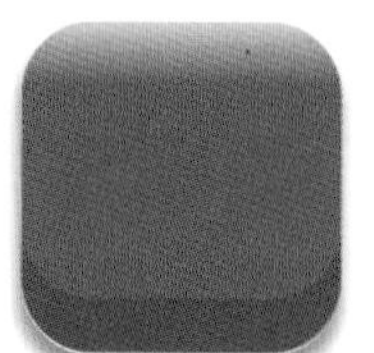

❹小春日和

こはるびより

此時偶而出現，如春日般溫暖的日子。

❺酒林

さかばやし

吊在日本酒鋪屋簷下、用杉樹做成的球。

⑥初雪

はつゆき

入冬後第一次下的雪。

❼檜舞臺

ひのきぶたい

能在人前一展技藝的耀眼舞臺。

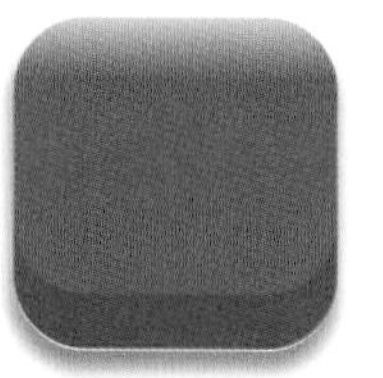

❽冬草

ふゆくさ

以冬季乾枯的草原為意象。

❾山眠

やまねむる

形容冬山。春為山笑，夏為山滴，秋為山裝。

1 C0 M85 Y90 K5 R226 G69 B31 #E2451E

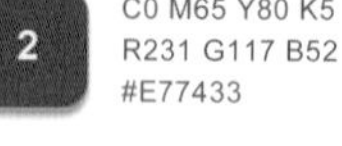

2 C0 M65 Y80 K5 R231 G117 B52 #E77433

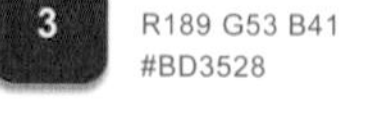

3 C20 M90 Y87 K10 R189 G53 B41 #BD3528

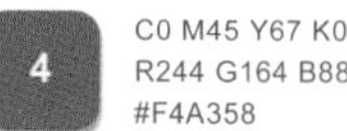

4 C0 M45 Y67 K0 R244 G164 B88 #F4A358

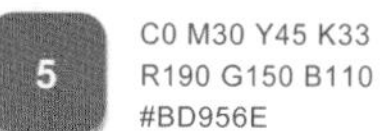

5 C0 M30 Y45 K33 R190 G150 B110 #BD956E

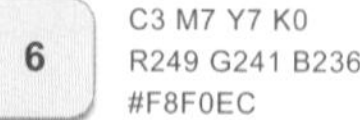

6 C3 M7 Y7 K0 R249 G241 B236 #F8F0EC

7 C0 M17 Y33 K30 R198 G175 B142 #C6AE8D

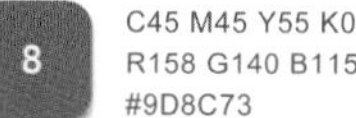

8 C45 M45 Y55 K0 R158 G140 B115 #9D8C73

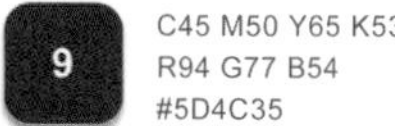

9 C45 M50 Y65 K53 R94 G77 B54 #5D4C35

雙色配色 Two-colors combination

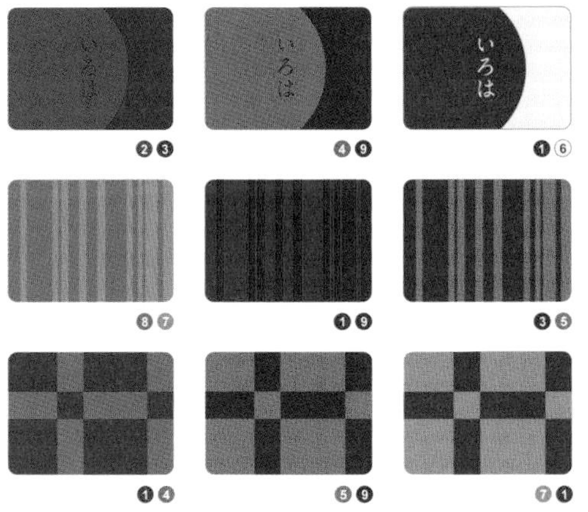

三色配色 Three-colors combination

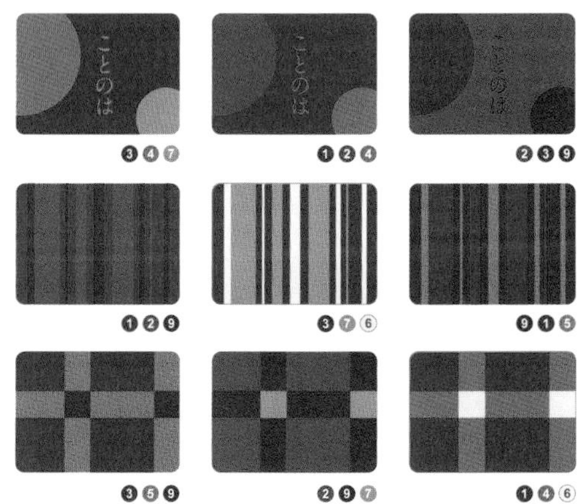

意匠設計 Design

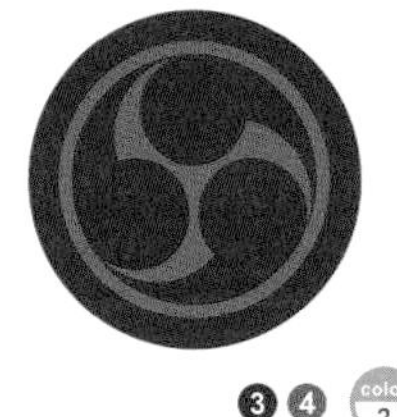

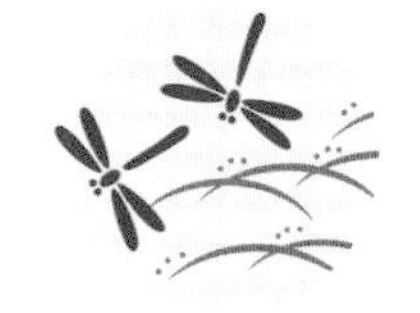

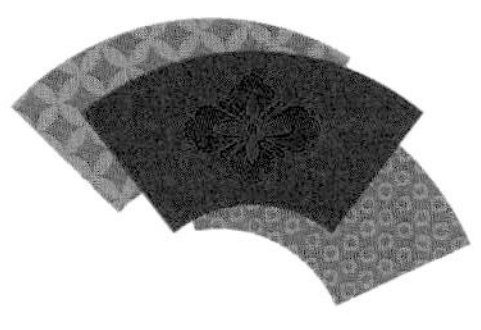

紋樣 Pattern

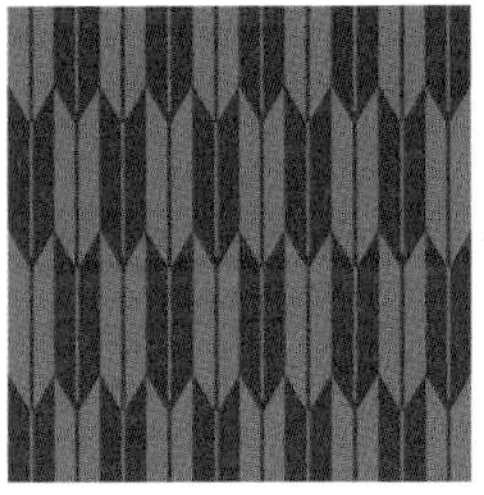

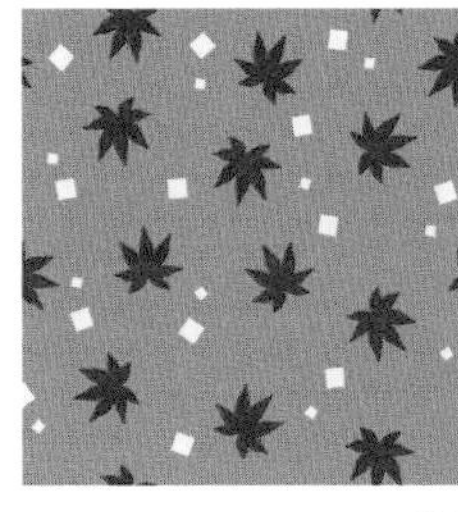

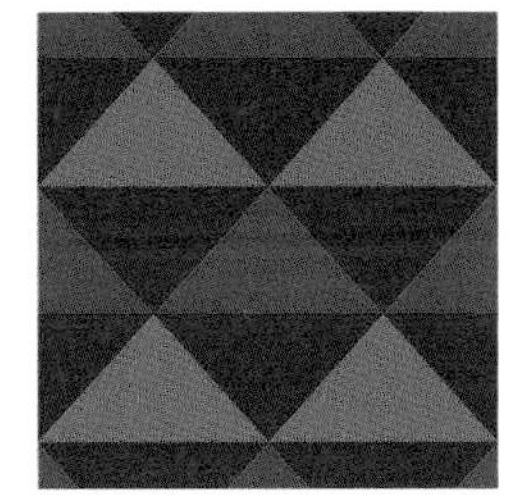

插畫 Illustration

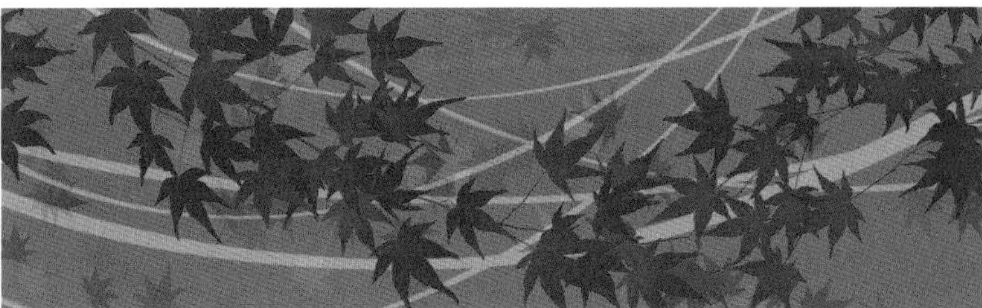

052

大雪(12月7日～21日前後)

Taisetsu, one of the 24divisions in the old Japanese almanac.

開始下起真正的雪，季節轉為寒冬。冬至將近，白晝變得短暫的時刻。「花鳥風月」這個詞彙，表現所有隨著四季更迭轉變的自然美麗風物，其中富有雅趣者統稱為「雪月花」。表現日本人珍愛冬雪、秋月、春花的心。

印象	清晰的、強而有力、寧靜的
配色方式	以①～③、⑥4 個淺色為基調
重點	以淺色表現出冬日寒氣

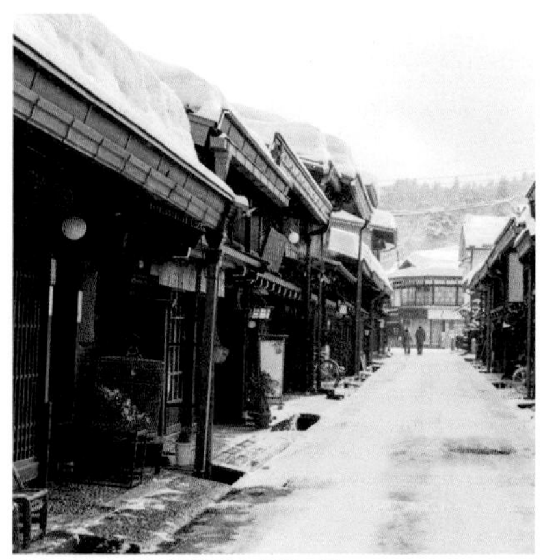

有小京都之稱的飛驒高山老街一景。

①粉雪

こなゆき

指如粉末般輕盈鬆散的雪。

②細雪

ささめゆき

細小的雪。也是谷崎潤一郎所寫的小說名。

③雪見

ゆきみ

欣賞下雪或雪景風光。

④熨斗目色

のしめいろ

江戶時代武士禮服所使用的絹布色。

⑤栗鼠色

くりねずいろ

與如栗色般紅褐色接近的灰色。

⑥銀煤竹

ぎんすすたけ

江戶享保年間流行的小袖※顏色。

⑦濡羽色

ぬればいろ

烏鴉羽毛被水淋濕，更加醒目的黑色。

⑧澀紙色

しぶがみいろ

將紙張疊合後塗上澀柿染的扎實和紙。

⑨海老色

えびいろ

龍蝦殼般的棕色。江戶時代色名。

	CMYK	RGB	HEX
1	C2 M0 Y4 K5	R244 G246 B241	#F4F5F1
2	C4 M2 Y8 K4	R242 G243 B234	#F2F2EA
3	C15 M10 Y17 K3	R220 G221 B210	#DBDCD1
4	C20 M0 Y0 K73	R87 G98 B105	#566268
5	C0 M15 Y20 K60	R135 G121 B109	#87786D
6	C5 M7 Y23 K25	R202 G196 B172	#CAC4AB
7	C10 M10 Y20 K90	R57 G51 B44	#38322B
8	C5 M35 Y55 K25	R197 G151 B99	#C59663
9	C5 M45 Y43 K50	R148 G100 B83	#936452

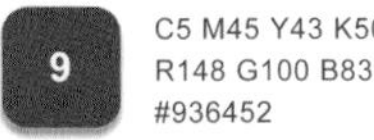

※袖口較小的垂領和服。

雙色配色 Two-colors combination

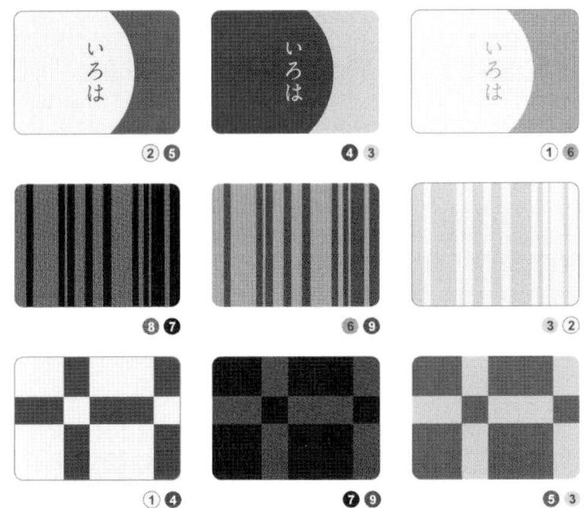

三色配色 Three-colors combination

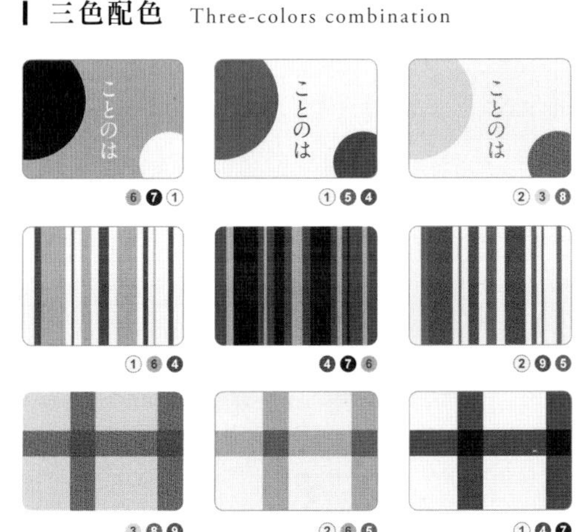

意匠設計 Design

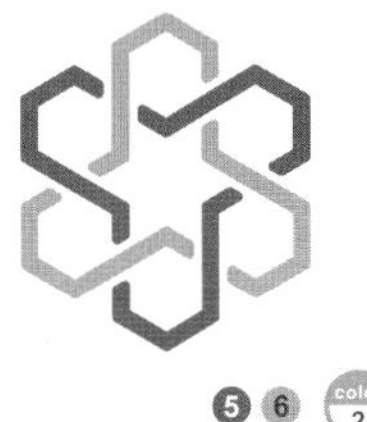

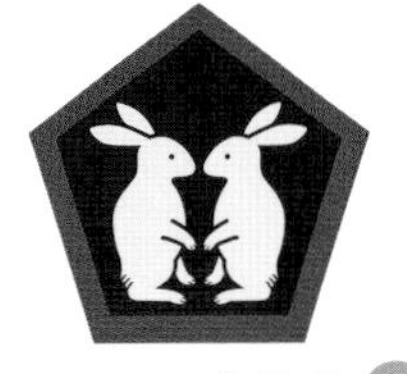

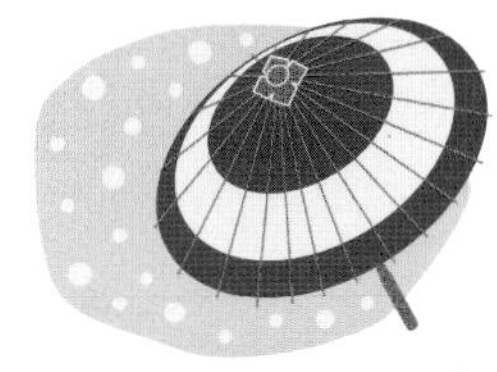

紋樣 Pattern

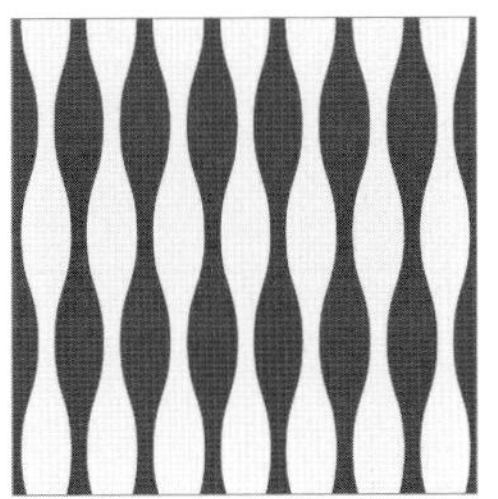

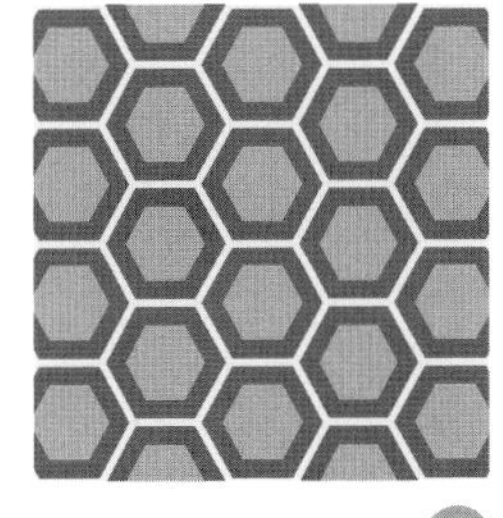

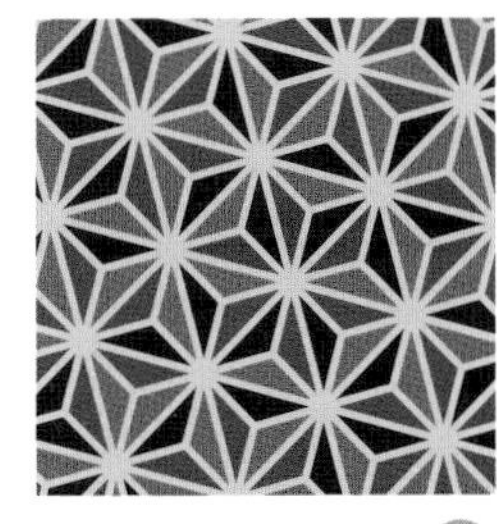

插畫 Illustration

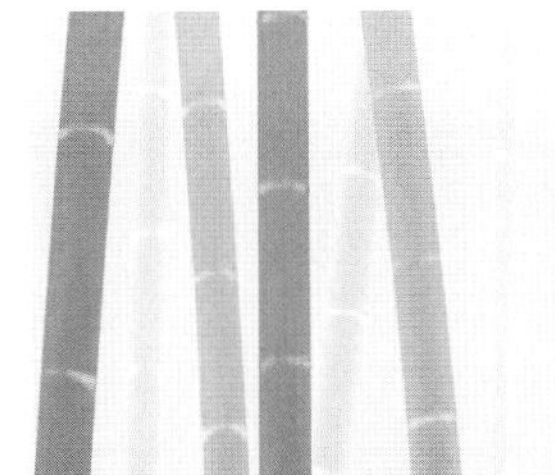

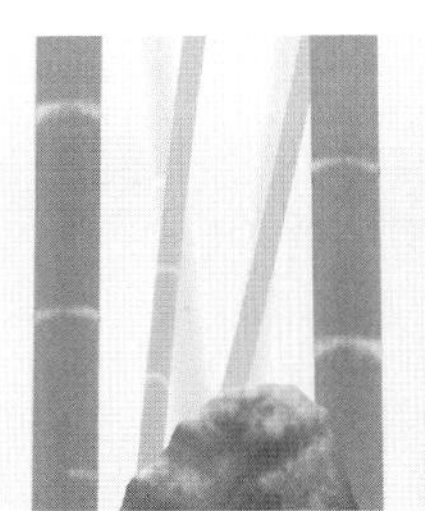

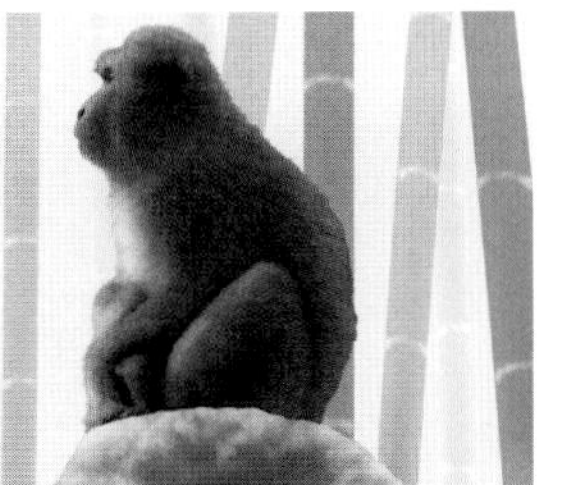

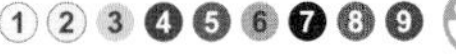

053

冬至(12月22日～1月5日前後)

Touji, one of the 24divisions in the old Japanese almanac.

一年中白天最短的日子。「一陽來復」這句日文成語，意思是壞事接連發生後，便會開始走向幸運，其源由便是冬至陰極之至、陽氣始生之意。由於日文的五十音順以「ん」作結，因此日本人認為在冬至吃有「ん」音的食物，會帶來好運。

印象	結束與開始、陰與陽之融合
配色方式	將暗藍色與亮黃或白色相組合
重點	選用明度對比性高的配色更佳

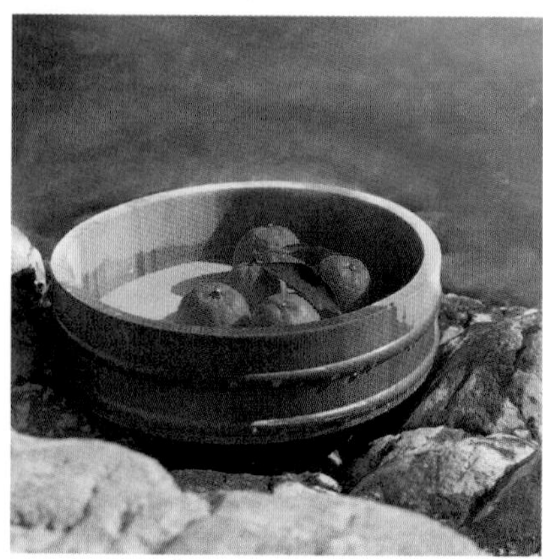

在冬至泡柚子澡，有消災解厄之意。

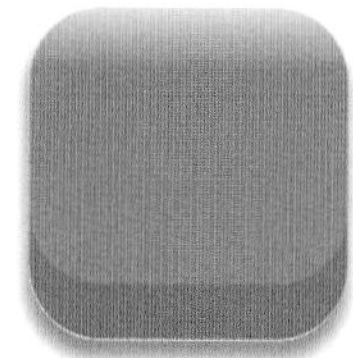

❶悲喜交加

ひきこもごも

喜悅和悲傷同時或交互來訪。

❷除夕

おおみそか

一年的最後一天。也稱為大晦日。

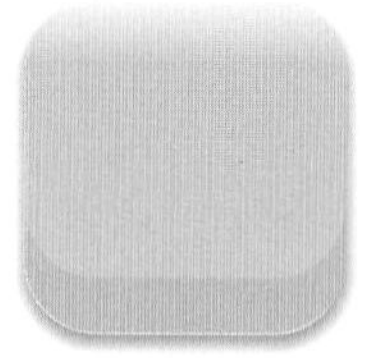

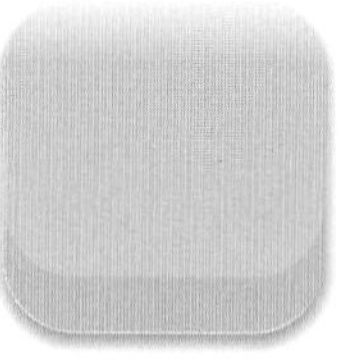

③跨年蕎麥

としこしそば

除夕吃的蕎麥麵。祈求長壽與消災。

④陽

よう

冬至是陰極之至、陽氣始生的日子。

⑤轉念一想

しんきいってん

以某事為契機，心境往好的方向轉變。

❻年之瀨

としのせ

年末、年尾之意。用於12月後半時節。

⑦檜風呂

ひのきぶろ

檜木做的浴缸。迷人的香氣療癒人心。

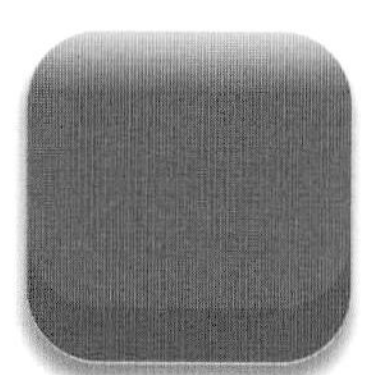

⑧柚子

ゆず

冬至是太陽復活之日。以柚子象徵太陽。

❾南瓜

なんきん・かぼちゃ

在冬至吃南瓜，祈求運勢提升。

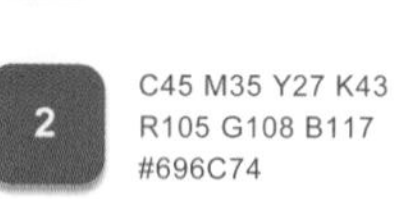

1	C25 M10 Y45 K15 R183 G191 B142 #B7BF8E
2	C45 M35 Y27 K43 R105 G108 B117 #696C74
3	C7 M5 Y20 K7 R231 G229 B205 #E7E4CC
4	C0 M6 Y7 K0 R254 G245 B238 #FEF5EE
5	C3 M3 Y2 K0 R249 G248 B249 #F9F8F9
6	C30 M10 Y25 K30 R149 G166 B156 #95A69C
7	C0 M15 Y20 K15 R227 G205 B186 #E3CCB9
8	C0 M5 Y70 K15 R231 G213 B88 #E7D557
9	C50 M3 Y63 K57 R75 G112 B67 #4A6F43

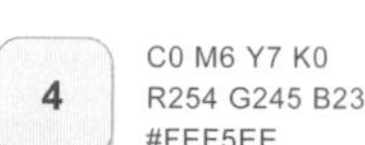
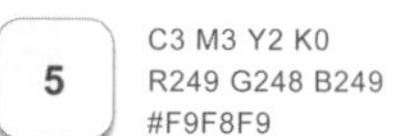
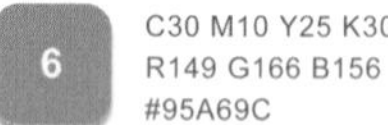
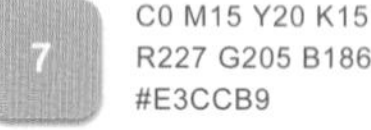
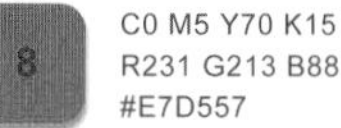
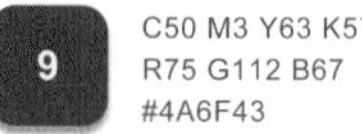

雙色配色 Two-colors combination

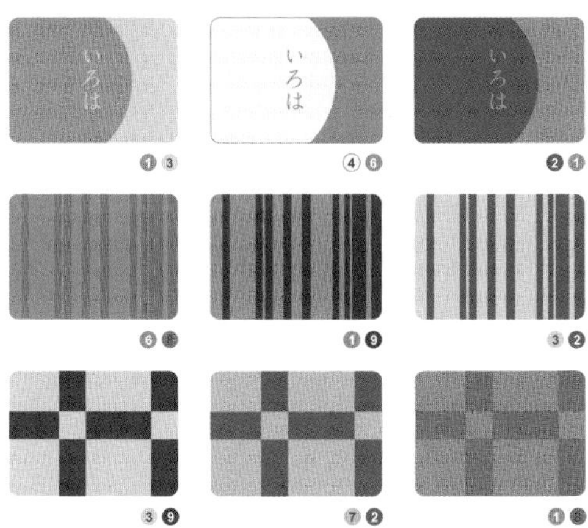

三色配色 Three-colors combination

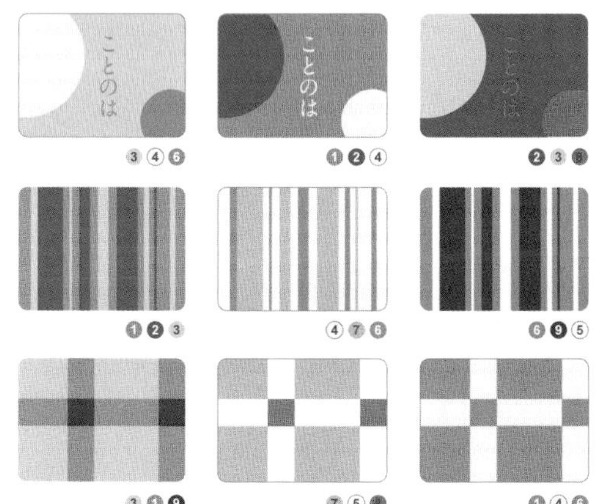

意匠設計 Design

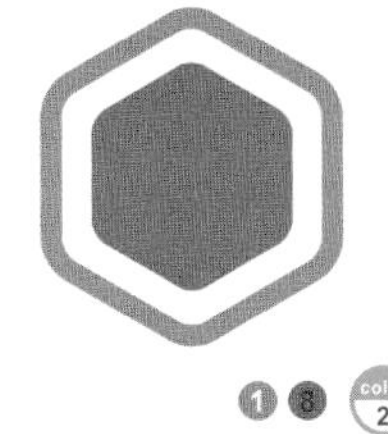

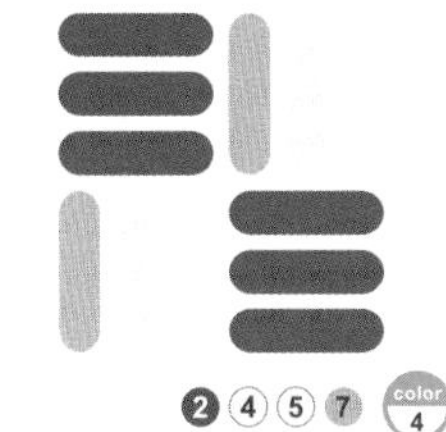

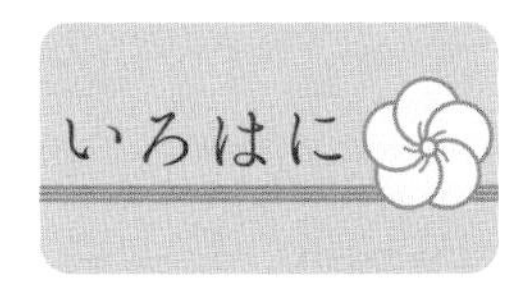

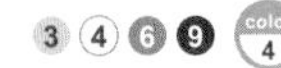

紋樣 Pattern

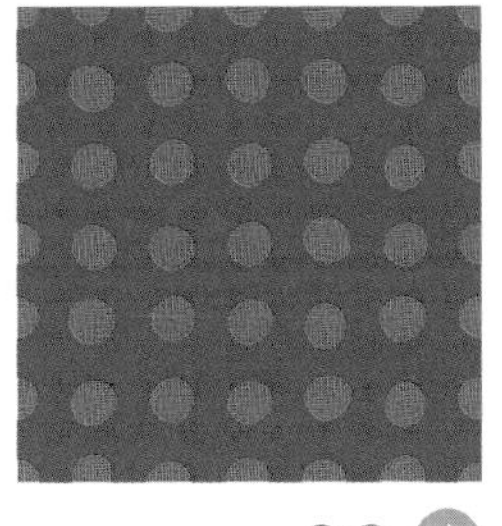

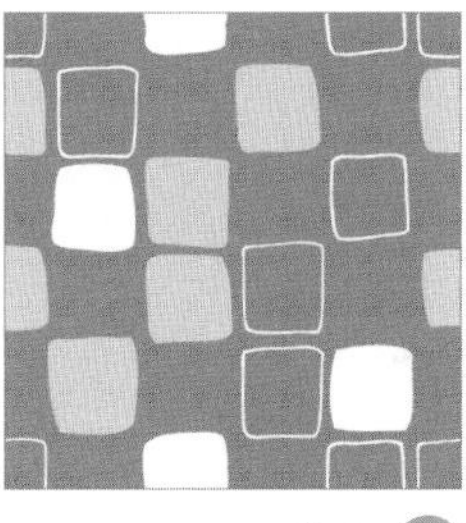

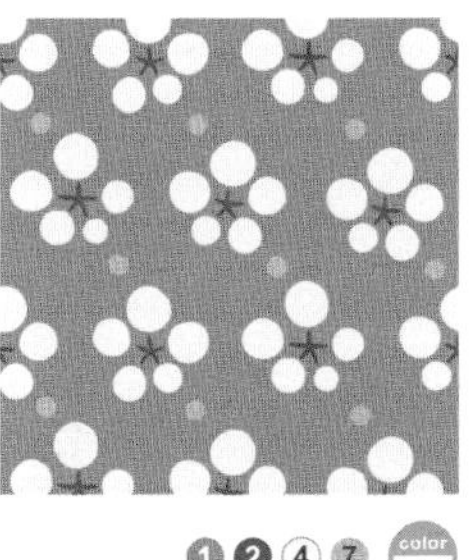

插畫 Illustration

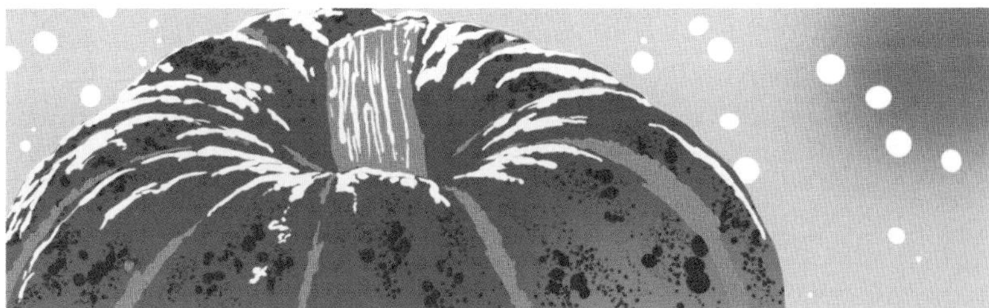

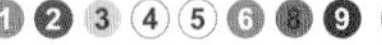

054
正月
New Year's Day

正月一詞指的是年初迎接年神的傳統儀式。門松是引領神明下凡的標記，注連飾（裝飾的稻草繩）則是為了迎接神明，向神明表示這裡是適合神明的神聖之地的標記。古人認為神明會寄宿於鏡子中，因此在家中擺放鏡餅裝飾。全家人一起品嘗供奉的年菜。

印象	華麗的、喜氣的、美味的
配色方式	由紅到黃的暖色，搭配各種茶色
重點	使用具安心感與整體感的類似色

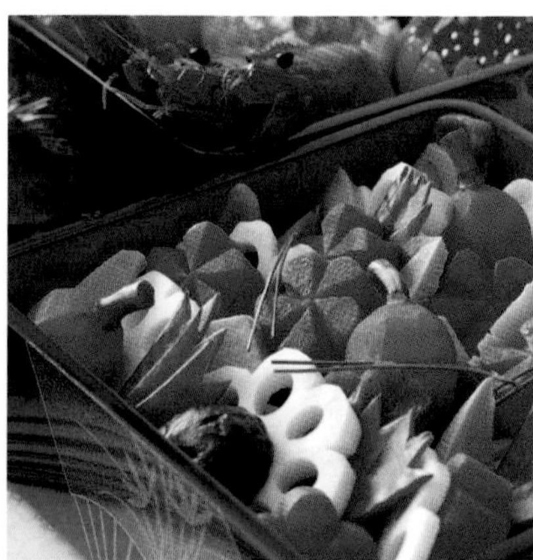

將便當盒擺滿，有「喜氣層疊」的寓意。

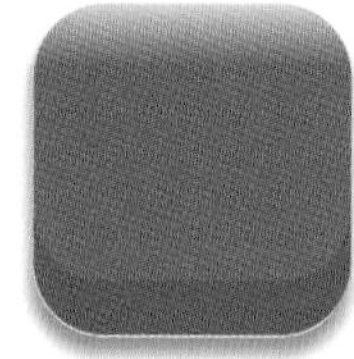

❶蝦
えび
祈求長壽。活到鬍鬚長長、彎腰佝僂。

❷魚卵
かずのこ
鯡魚卵。有早生貴子、兒孫滿堂之意。

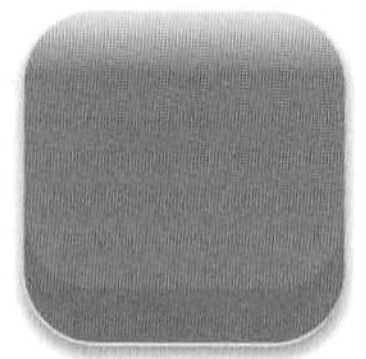
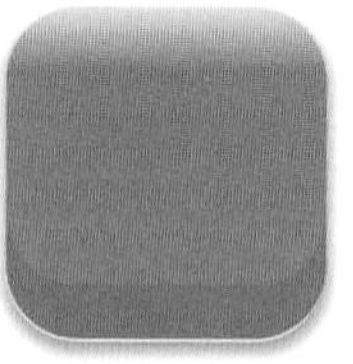
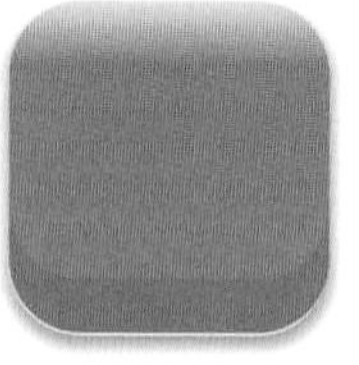

❸栗金團
くりきんとん
象徵金黃財寶。是相當受歡迎的年菜。

❹小鯷魚乾
たづくり
小魚能讓田地肥沃，祈求五穀豐收。

❺牛蒡
ごぼう
象徵細水長流的幸福。相當吉祥的食材。

❻慈姑
くわい
冒出新芽的模樣充滿喜氣。祈求出人頭地。

❼黑豆
くろまめ
祈求身體健康以勤奮工作。豆音同勤奮。

❽昆布卷
こぶまき
昆布音近喜悅，是象徵家庭興旺的吉祥菜。

❾祝賀
しゅくが
紅白色相當吉利。白麻糬與紅豆飯的顏色。

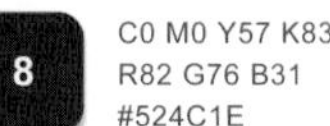
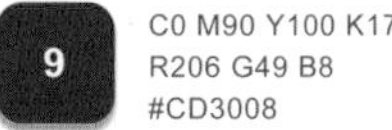

No.	CMYK	RGB	HEX
1	C0 M55 Y60 K0	R241 G143 B96	#F08F5F
2	C0 M5 Y27 K3	R251 G240 B198	#FBEFC5
3	C3 M7 Y73 K0	R252 G231 B88	#FCE757
4	C20 M13 Y30 K30	R167 G169 B148	#A7A893
5	C5 M20 Y45 K50	R151 G131 B93	#97835D
6	C0 M5 Y33 K17	R226 G215 B168	#E2D7A7
7	C43 M20 Y65 K80	R52 G60 B28	#333C1C
8	C0 M0 Y57 K83	R82 G76 B31	#524C1E
9	C0 M90 Y100 K17	R206 G49 B8	#CD3008

雙色配色 Two-colors combination

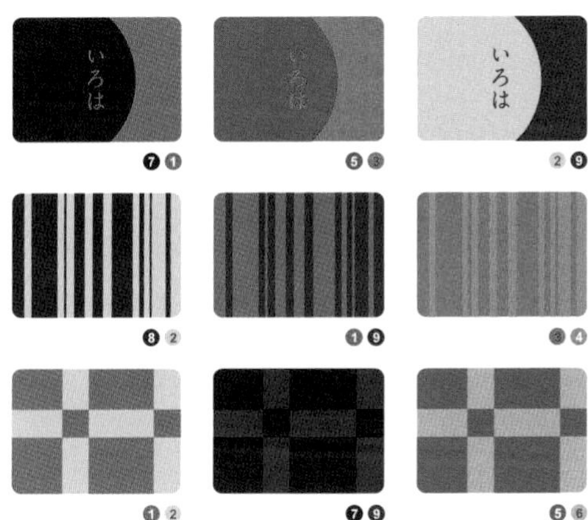

三色配色 Three-colors combination

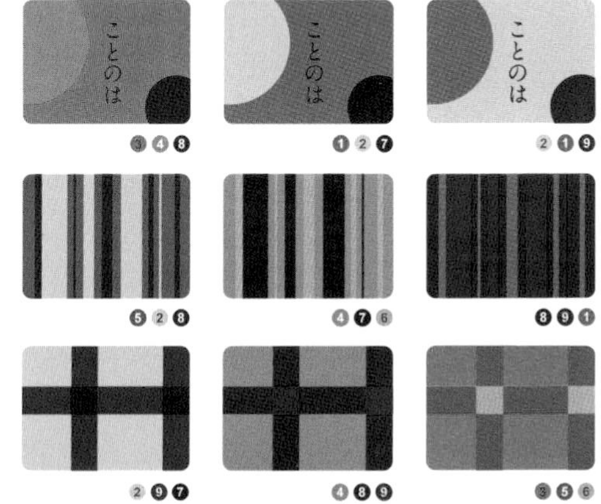

意匠設計 Design

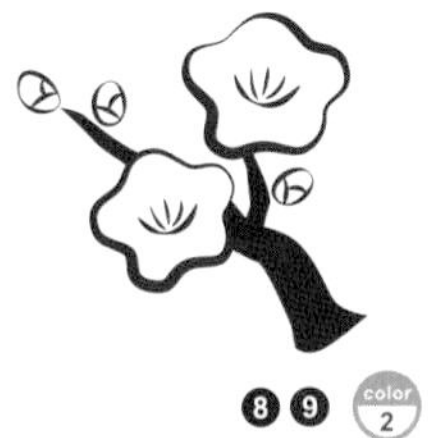

8 9 color 2

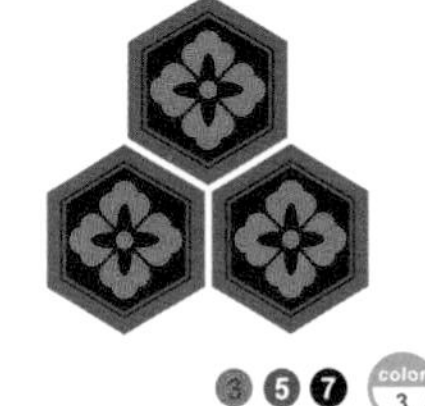

3 5 7 color 3

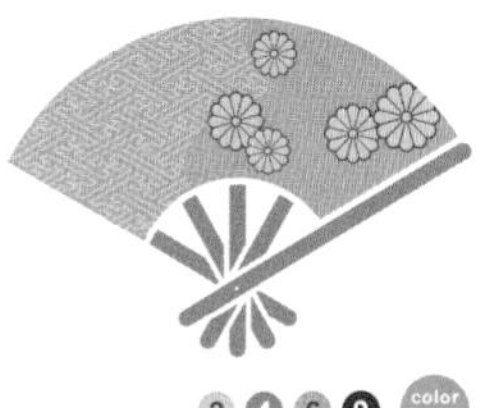

2 4 6 9 color 4

紋樣 Pattern

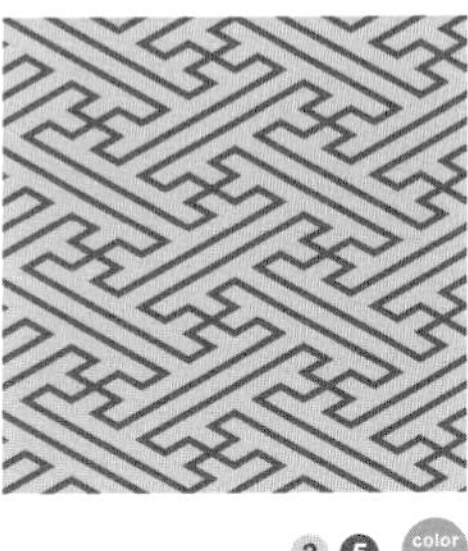

2 5 color 2

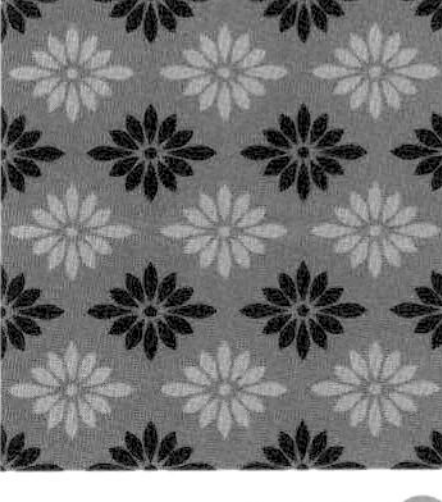

3 6 8 color 3

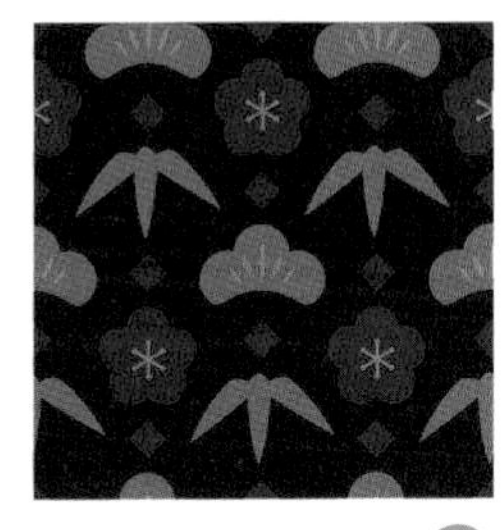

1 3 7 9 color 4

插畫 Illustration

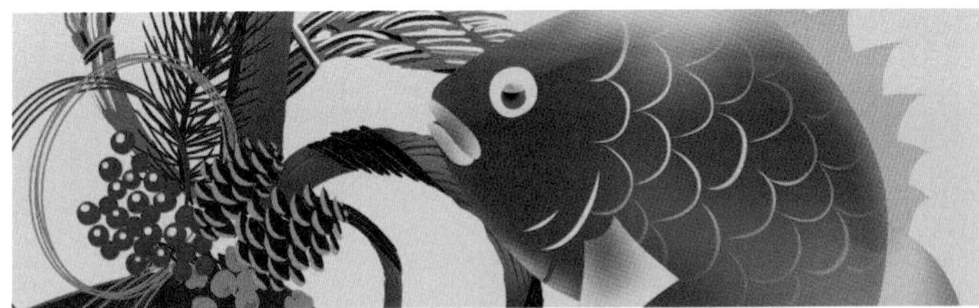

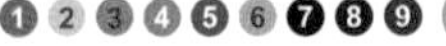

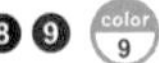

055

小寒(1月6日～19日前後)

Shoukan, one of the 24divisions in the old Japanese almanac.

小寒到立春前一天為止稱為「寒」，進入這段期間則稱為「入寒」，是一年中最寒冷的時期。這段時間人們會互送「寒冬慰問（寒中見舞い）」來代替新年祝賀及賀年卡，冬泳等活動也在此期間舉行。農曆上，在此時迎來年末。

印象	凜然的、整肅的、開始的
配色方式	以灰色搭配彩度低的藍或黃色
重點	要小心藍黃色的搭配容易顯得過分清爽

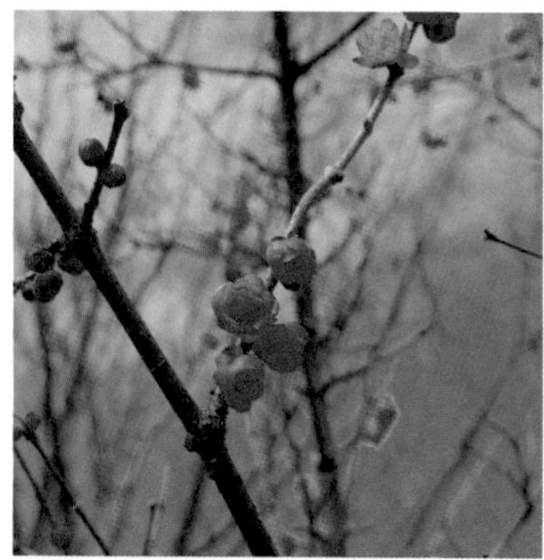

花瓣彷彿蠟製藝術品，而被稱為蠟梅。

① 寒暁

かんぎょう

冬日黎明。《枕草子》中曾出現冬日拂曉一詞。

② 冷冽

さえる

寒冷刺骨的意思。

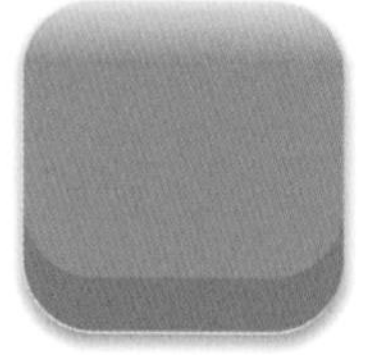
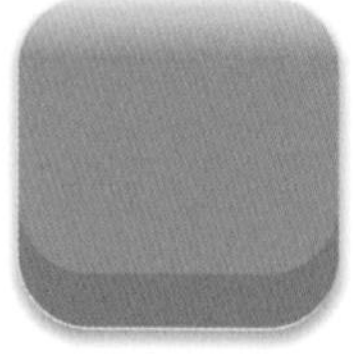

③ 寒之内

かんのうち

寒冬期間之意。以嚴寒為意象的顏色。

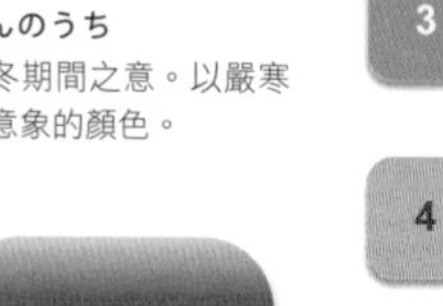

④ 蠟梅

ろうばい

寒冬時綻放的香氣濃郁之花。

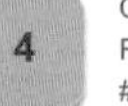

⑤ 結晶

けっしょう

也有努力的結晶、汗與淚的結晶等用法。

⑥ 結果

けつじつ

植物結出果實。付出努力終能開花結果。

⑦ 寒鰤

かんぶり

可在北陸等地區捕獲的當季鰤魚。

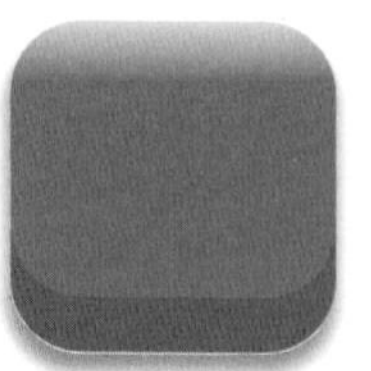

⑧ 凍雲

いてぐも

宛如冰凍般紋絲不動。蕭瑟的雲。

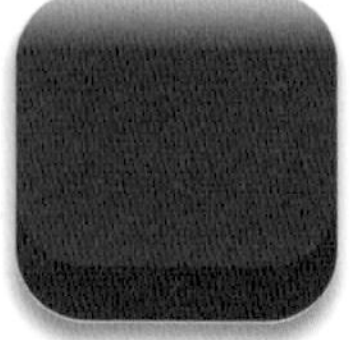

⑨ 寒蜆

かんしじみ

人們認為寒冬中採集的蜆藥效甚佳。

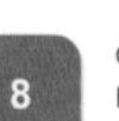

No.	CMYK	RGB	HEX
1	C10 M0 Y0 K17	R208 G219 B225	#CFDAE1
2	C27 M10 Y0 K20	R168 G187 B208	#A8BACF
3	C40 M17 Y0 K25	R134 G160 B190	#869FBE
4	C5 M3 Y47 K0	R248 G240 B158	#F7F09E
5	C3 M0 Y0 K10	R234 G237 B239	#E9ECEE
6	C0 M0 Y40 K57	R144 G139 B98	#8F8B61
7	C0 M3 Y10 K40	R181 G177 B168	#B4B1A8
8	C0 M3 Y20 K57	R143 G139 B122	#8F8B79
9	C0 M0 Y35 K77	R97 G93 B66	#615C42

雙色配色 Two-colors combination

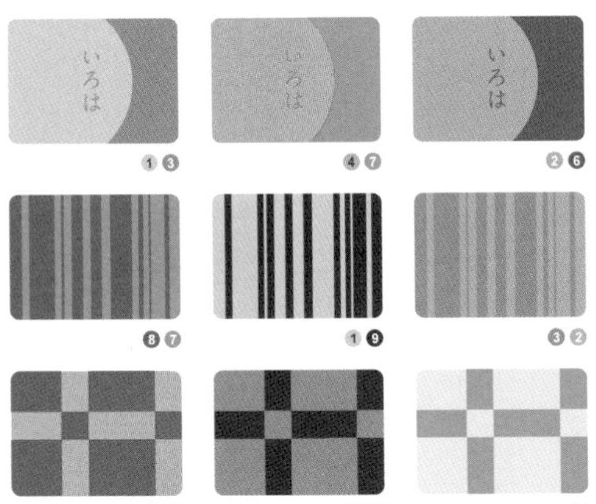

三色配色 Three-colors combination

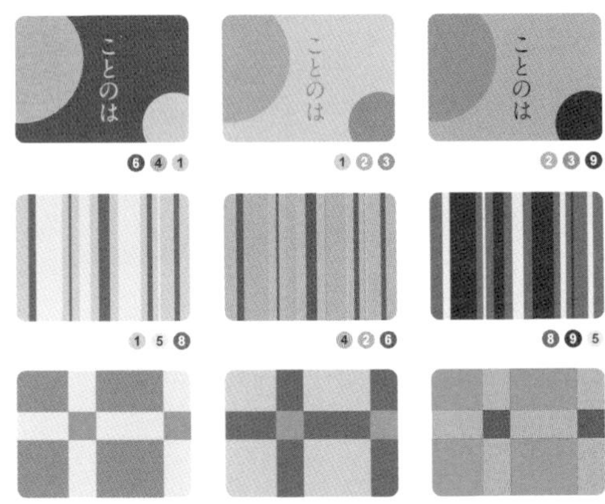

意匠設計 Design

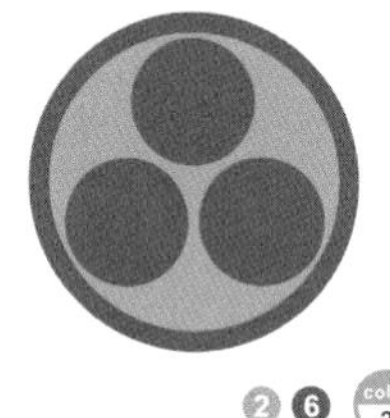

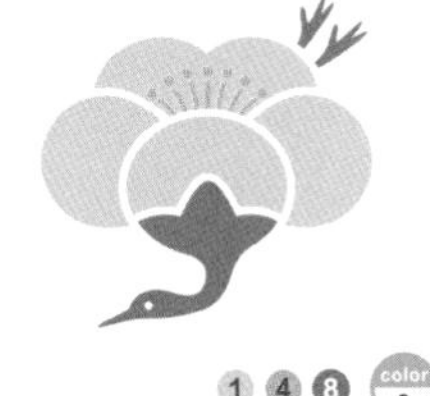

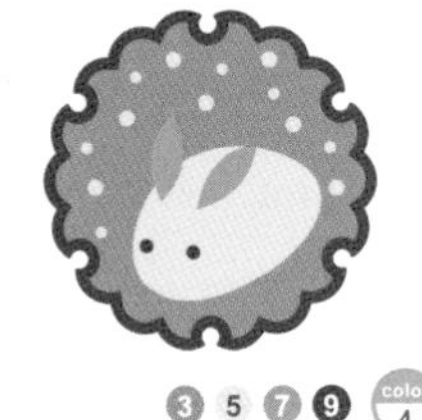

紋樣 Pattern

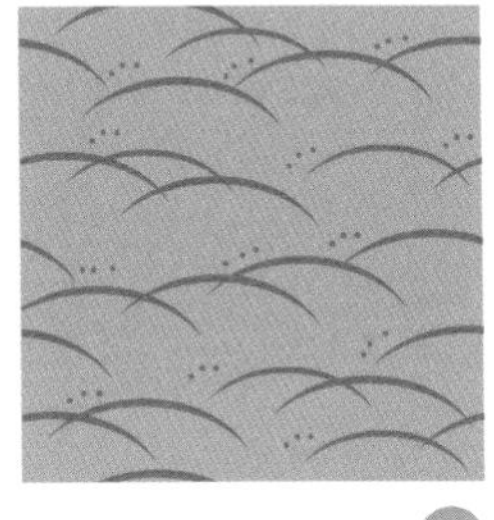

插畫 Illustration

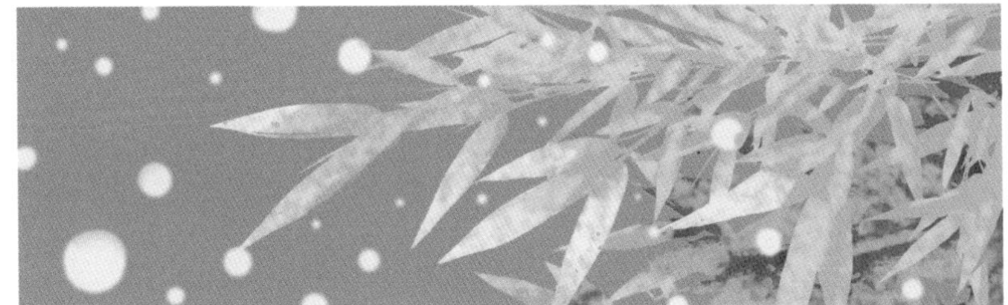

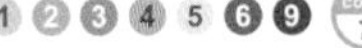

056

七草

Feast of the Seven Herbs of Health

1月7日是「人日節」。日本人會吃加了七種嫩葉（芹菜、薺菜、鼠麴草、繁縷、寶蓋草、蕪菁、白蘿蔔）的粥，來驅除邪氣、祈求健康。這原是平安時代的宮中儀式，到江戶時代才廣泛流傳於民間。七草粥能安撫吃了豐富年菜而疲憊的腸胃，助其恢復健康。

印象	明亮的、安穩的、希望的
配色方式	以溫和柔軟的色調，組合深淺不一的黃綠
重點	若整體太過單調，可用⑥做出變化

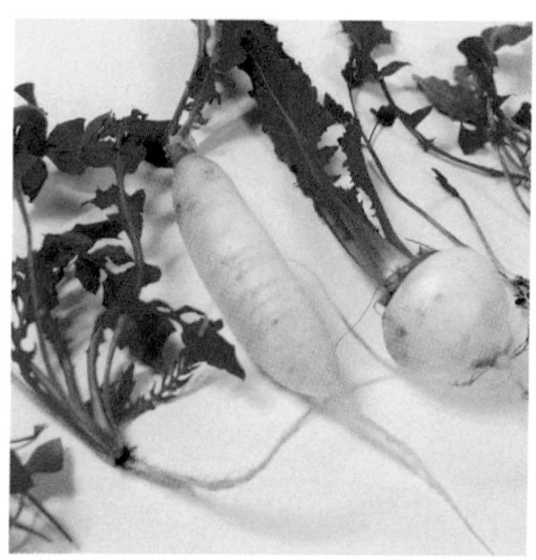

七草以磨細的鹽簡單調味。

❶七草粥

ななくさがゆ

1月7日早晨，為祈求無病無災而吃的粥。

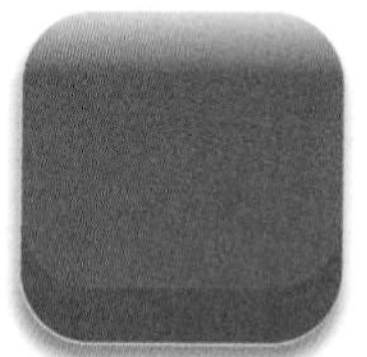

❷希望

きぼう

期待願望實現之意。預見光明的未來。

❸青木

あおき

山茱萸科的常綠灌木。青是綠的意思。

❹若菜色

わかないろ

初春蔬菜的顏色。七草也稱「若菜」。

❺膨雀

ふくらすずめ

膨起羽毛、儲存空氣以抵禦寒冷的麻雀。

❻寒空

さむぞら

冬季寒冷的氣候。蕭瑟清冷的天色。

❼蘿蔔

すずしろ

春天七草之一的白蘿蔔。日本慣稱大根。

❽溫暖

ぬくもり

令人愛上棉被溫暖與肌膚溫度的時候。

❾菘

すずな

春天七草之一的蕪菁。

1 C25 M0 Y57 K0 R205 G224 B136 #CCE087

2 C50 M10 Y67 K0 R142 G186 B112 #8DBA6F

3 C63 M7 Y85 K0 R102 G177 B79 #65B04F

4 C33 M3 Y73 K0 R187 G211 B97 #BBD361

5 C33 M20 Y60 K20 R161 G163 B104 #A0A367

6 C25 M5 Y17 K7 R192 G214 B207 #C0D5CF

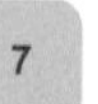

7 C10 M0 Y35 K0 R237 G241 B187 #EDF1BA

8 C0 M0 Y33 K25 R212 G207 B160 #D3CE9F

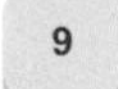

9 C7 M5 Y17 K0 R241 G239 B219 #F1EFDB

雙色配色 Two-colors combination

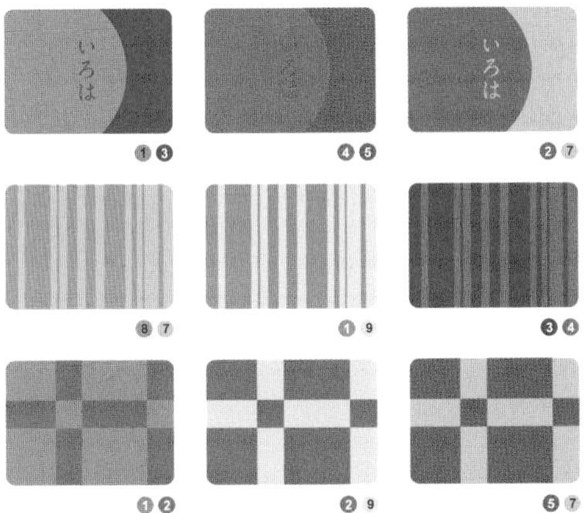

三色配色 Three-colors combination

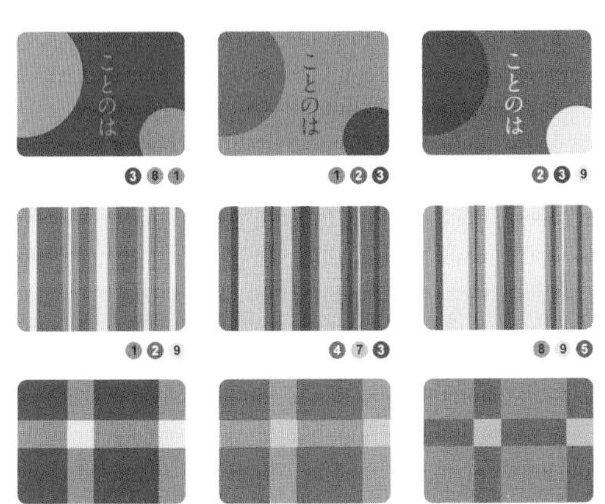

意匠設計 Design

紋樣 Pattern

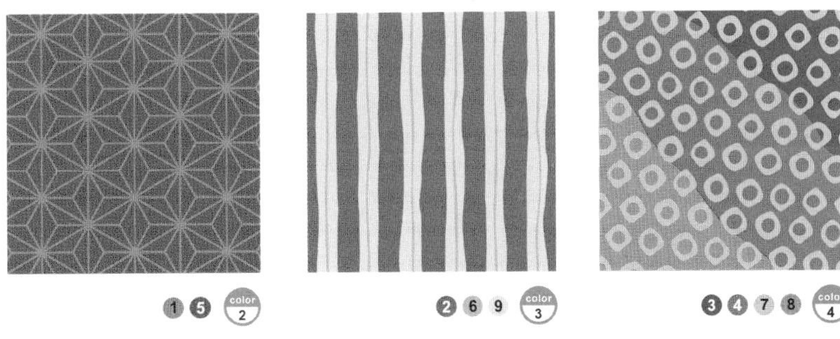

插畫 Illustration

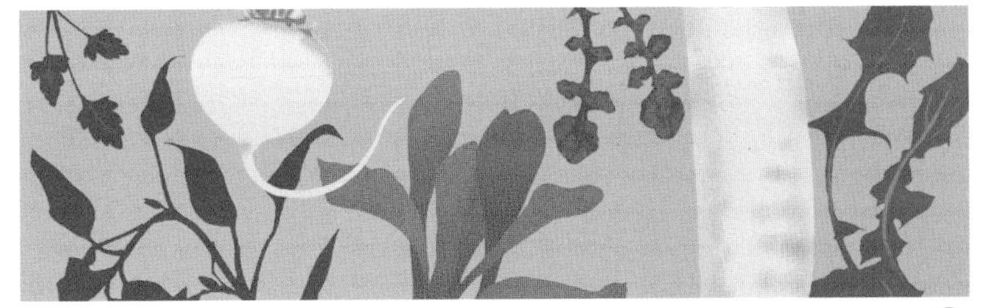

057

大寒(1月20日～2月3日前後)

Daikan, one of the 24divisions in the old Japanese almanac.

一年中最為嚴寒的時期。這段期間釀造的酒稱為「寒釀」，因數量稀少而十分有價值。味噌、醬油、寒天、凍豆腐等也是利用寒氣釀造及製作。另一方面，太陽的熱力逐漸增強，也開始能感覺到微微的春日氣息。大寒過後，即為立春。

印象	冷冽懾人的、寂靜的、寧靜的
配色方式	細緻地組合各種極淺的顏色
重點	使用⑦或⑧，讓配色有整體感會更好

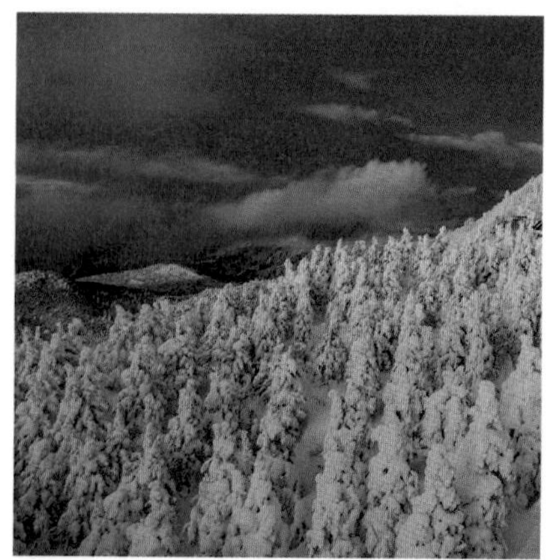

滿山遍野的樹冰，又被稱為「雪怪」。

① 雪原
せつげん
積了一片雪的原野。殘留著降雪的地區。

② 春之腳步聲
はるのあしおと
以「聽見春天的腳步聲」表現春天的到來。

③ 雪花
ゆきのはな
以花比喻雪的詞彙。雪的美稱。

④ 雪光
ゆきあかり
堆積的雪因為反光，夜晚也清楚可見。

⑤ 大寒卵
だいかんたまご
人們認為雞在大寒之日所生的蛋，對健康很好。

⑥ 樹冰
じゅひょう
凍結於樹木上的冰。藏王是賞樹冰的名勝地。

⑦ 宙
ちゅう
超越過去、現在、未來，無限的時間。

⑧ 礎
いしずえ
房子的基石。意指為事物基礎的重要元素。

⑨ 流石
さすが
源自於中國的諺語「枕流漱石」。

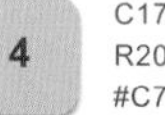
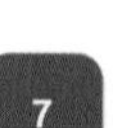
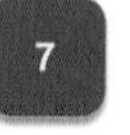

No.	CMYK	RGB	HEX
1	C8 M0 Y7 K5	R232 G240 B235	#E8F0EB
2	C13 M16 Y0 K5	R219 G211 B229	#DAD2E4
3	C30 M13 Y5 K0	R188 G207 B228	#BBCFE4
4	C17 M7 Y3 K13	R200 G210 B221	#C7D1DC
5	C3 M5 Y10 K10	R233 G229 B219	#E9E4DA
6	C10 M5 Y3 K13	R214 G219 B224	#D6DAE0
7	C70 M47 Y20 K35	R65 G92 B126	#405C7D
8	C55 M35 Y20 K40	R89 G107 B128	#596B80
9	C10 M0 Y15 K43	R161 G168 B156	#A0A79C

雙色配色 Two-colors combination

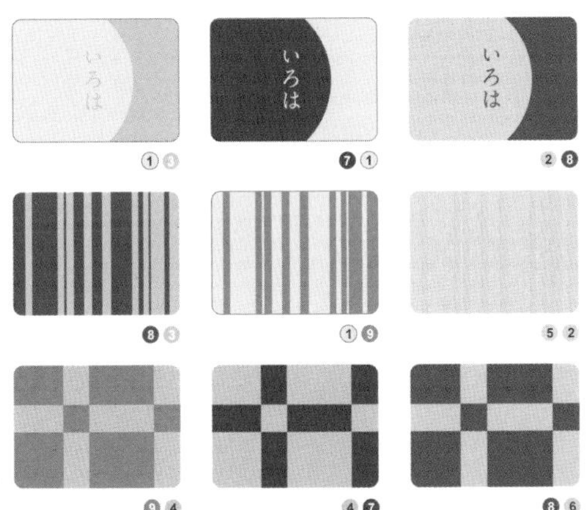

三色配色 Three-colors combination

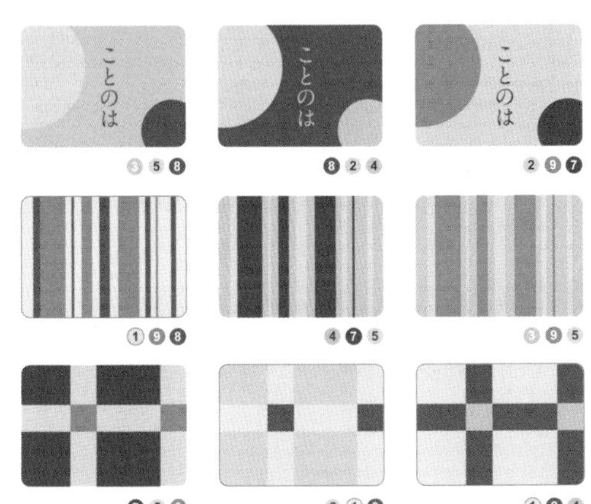

意匠設計 Design

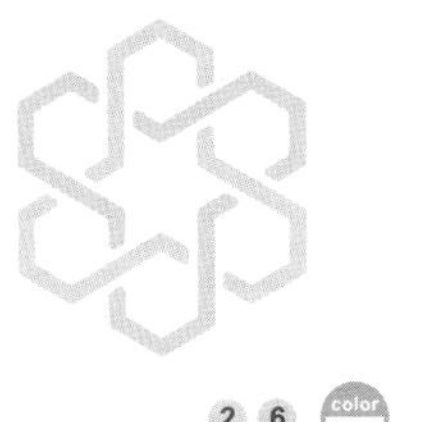

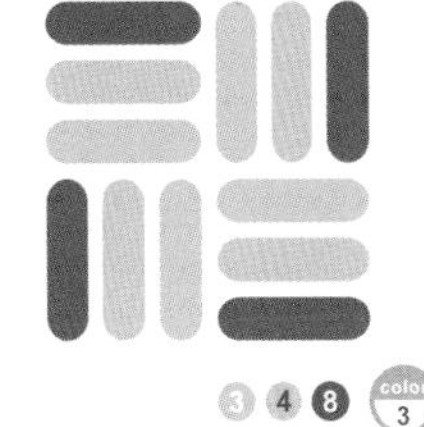

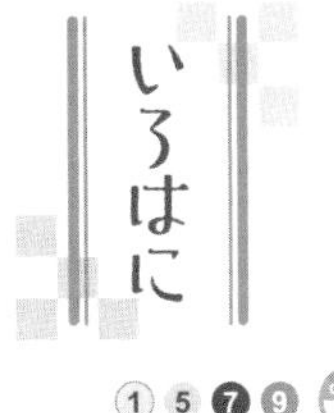

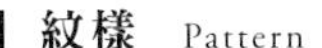

紋樣 Pattern

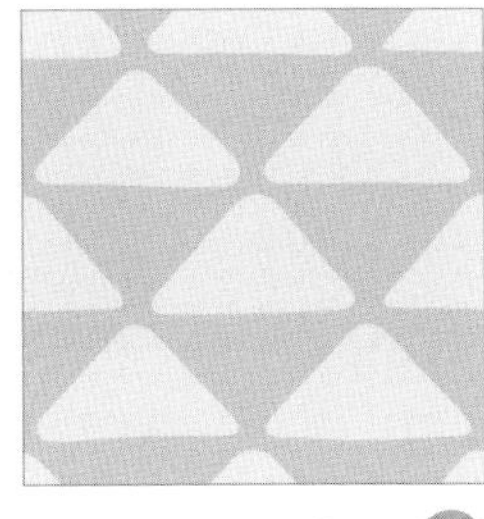

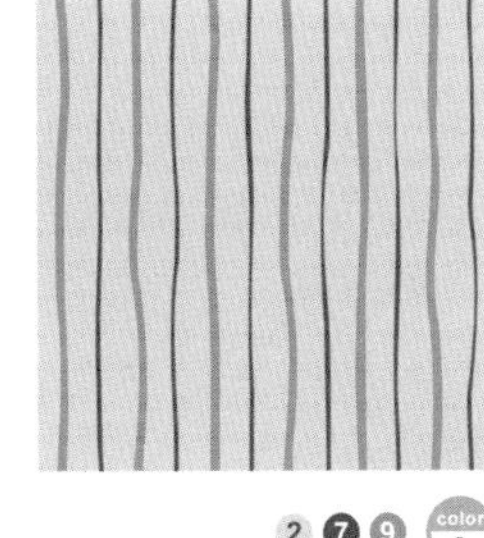

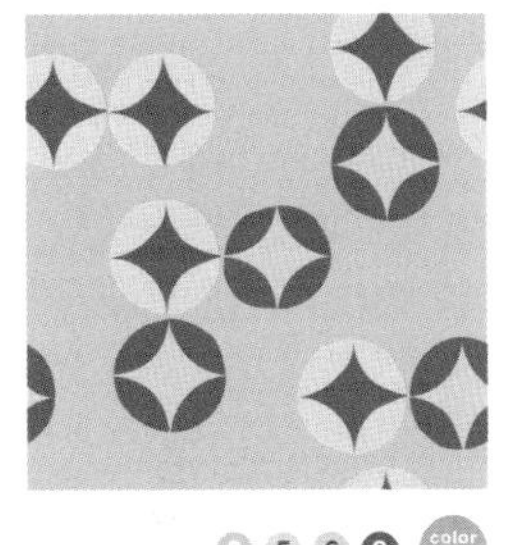

插畫 Illustration

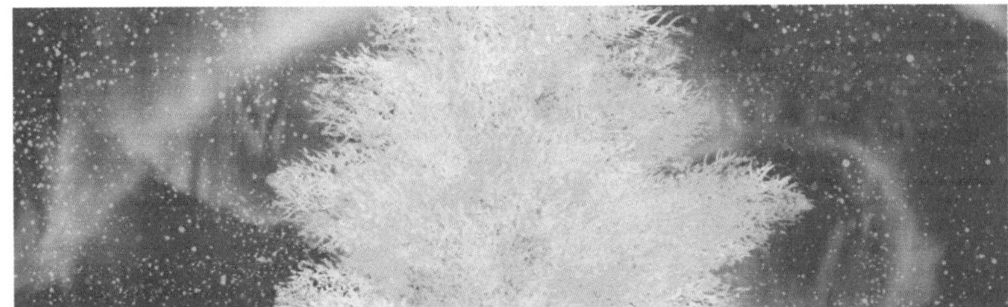

058
節分

The Last day of Winter

節分是「分隔季節」的意思，分別是立春、立夏、立秋、立冬的前一天。在農曆中，春季是一年的開始，因此人們視立春的前一天為特別的日子，會舉行撒豆子儀式等驅邪除厄。撒豆子時會喊著：「鬼在外，福在內」，因地區不同，而有眾多版本。

印象	溫暖的、療癒人心、安穩的
配色方式	使用米色或褐色系等沉穩的顏色
重點	避免使用鮮豔的色彩，以暗色系整合

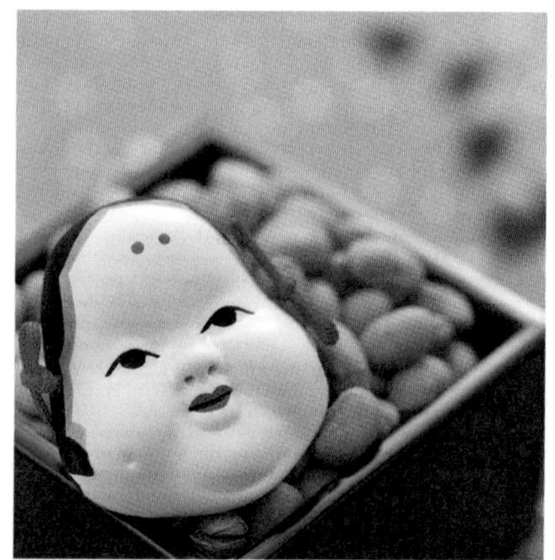

驅邪的豆子要吃與年紀相符（或多一歲）的數量。

①福豆

ふくまめ

節分時吃炒黃豆來驅邪。

②多福

おたふく

表現女性美德或日本女性之美的人偶。

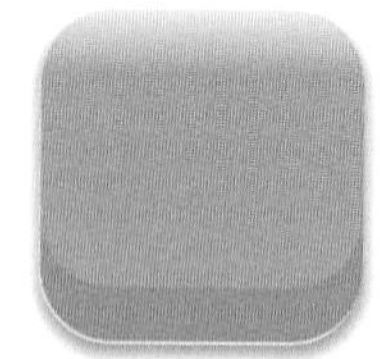
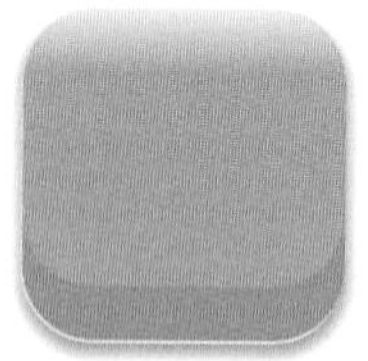

③惠方

えほう

該年年神（歲德神）所在的方位。

④大安吉日

たいあんきちじつ

大安是六曜註記之一，諸事順利的一天。

⑤家内安全

かないあんぜん

全家人都能無病無災、平安生活。

⑥五穀豐收

ごこくほうじょう

稻、麥、豆、粟、稗都結實飽滿之意。

⑦鰯

いわし

在玄關裝飾柊葉沙丁魚（柊鰯）驅邪。

⑧柊

ひいらぎ

碰到葉緣會刺痛，故以「疼」字部分命名。

⑨福茶

ふくちゃ

加了黑豆、昆布、梅乾等吉祥的茶。

No.	CMYK	RGB	HEX
1	C0 M10 Y25 K3	R250 G232 B197	#F9E7C5
2	C0 M7 Y7 K0	R254 G243 B237	#FDF3EC
3	C15 M7 Y47 K0	R226 G225 B155	#E2E09B
4	C0 M35 Y55 K23	R208 G156 B101	#CF9B64
5	C5 M47 Y43 K40	R167 G112 B94	#A76F5D
6	C10 M40 Y40 K80	R81 G54 B42	#50352A
7	C30 M20 Y50 K55	R110 G111 B80	#6E6F4F
8	C50 M5 Y75 K65	R65 G95 B41	#405F29
9	C0 M70 Y60 K27	R192 G87 B69	#C05744

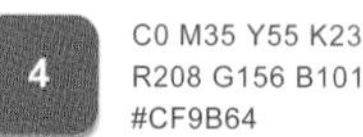

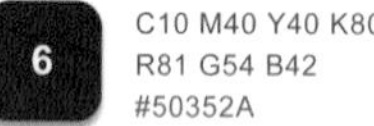
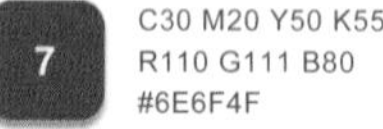
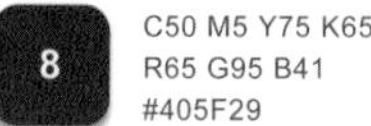
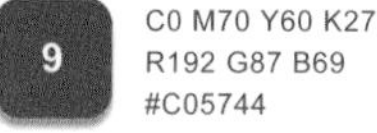

雙色配色 Two-colors combination

三色配色 Three-colors combination

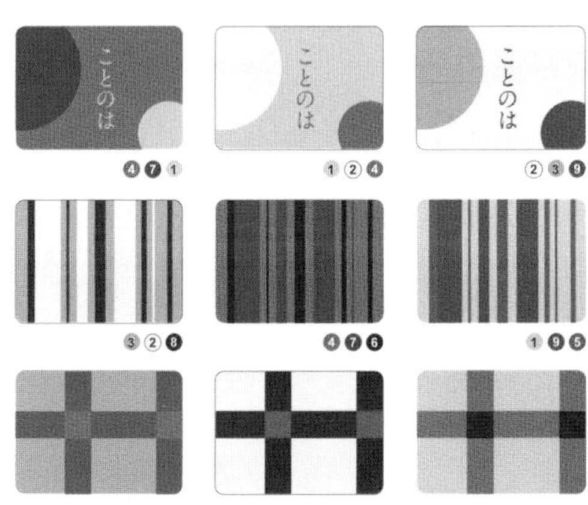

意匠設計 Design

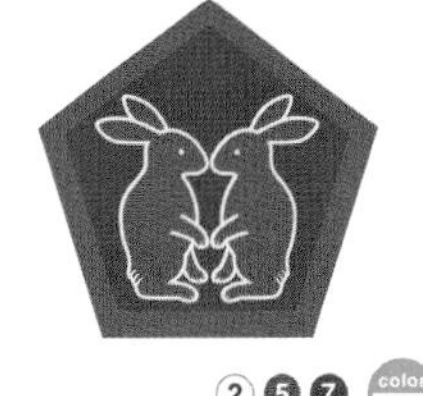

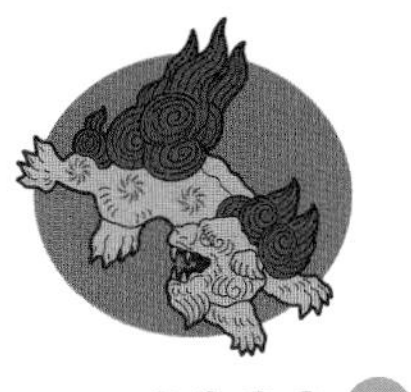

紋樣 Pattern

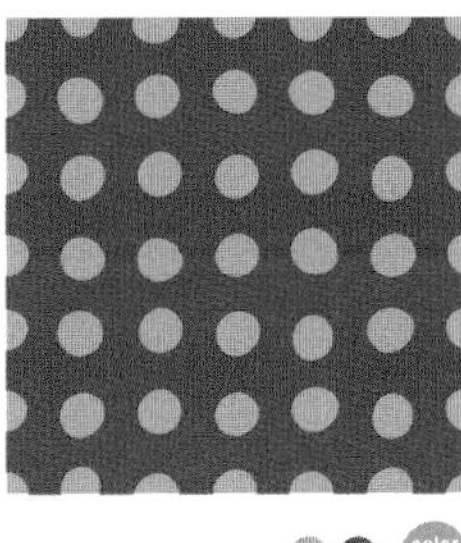

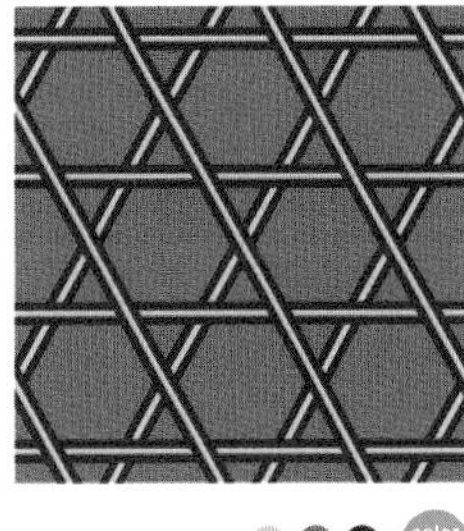

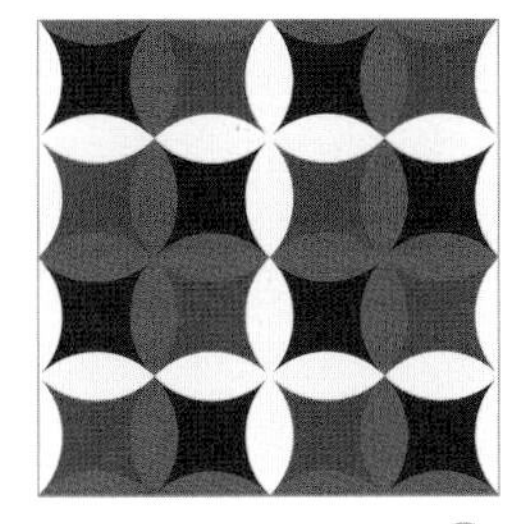

插畫 Illustration

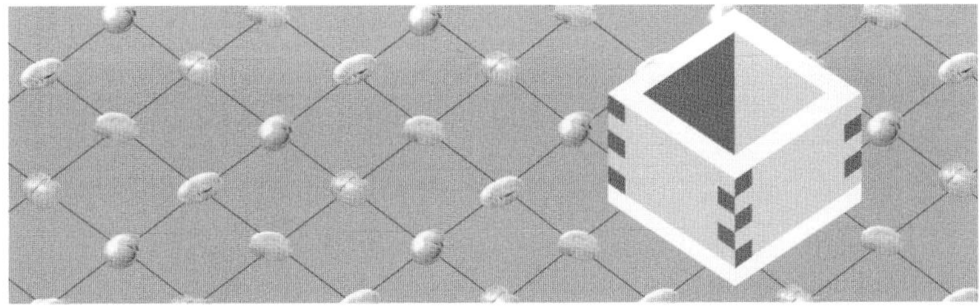

配色專欄

和菓子歲時記

虎屋 とらや

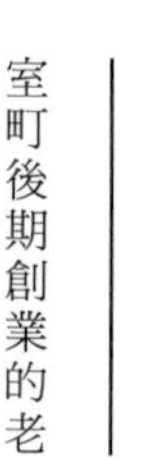

室町後期創業的老字號和菓子店「虎屋」，約五百年來持續守護和菓子傳統。不同季節的「生菓子」，如藝術品般美麗。

和菓子的歷史

菓子本指樹木的果實或水果，日文中還留有以「水菓子」代表水果的用法。而若從材料來考慮，我們可將自古以來就有的麻糬和糰子，視為和菓子的原型。

不過，在和菓子的歷史中，不能不提到外國傳來的各種食物。最早是在飛鳥到平安時代，遣唐使帶回了唐菓子。那是以米粉或麵粉做出麵糰，捏成各種造型並油炸而成的簡易甜點。而在鎌倉至室町時代，赴中國學習佛法的禪僧則帶回了現在流傳甚廣的饅頭、羊羹等點心。在室町末期到江戶時代，從葡萄牙、西班牙等國家傳來了蜂蜜蛋糕和金平糖，這些點心也被稱為「南蠻菓子」。

在這些異國食物的影響下，到了江戶鎖國時期，日本人才開始製作用以比喻四季風物景色、日本獨有的美麗菓子。第八代將軍・德川吉宗致力推廣日本國內的砂糖生產，也讓金鍔餅、大福等各式各樣的菓子在庶民間日漸普及。於是，「和菓子」這個詞彙，為了區別明治時代由西方傳入日本的冰淇淋、巧克力、牛奶糖等「洋菓子」而隨之誕生。

女兒節（上巳節）　左：羊羹製『仙壽』、中央：季節羊羹『雛衣』、右：薯蕷製『蛤形』

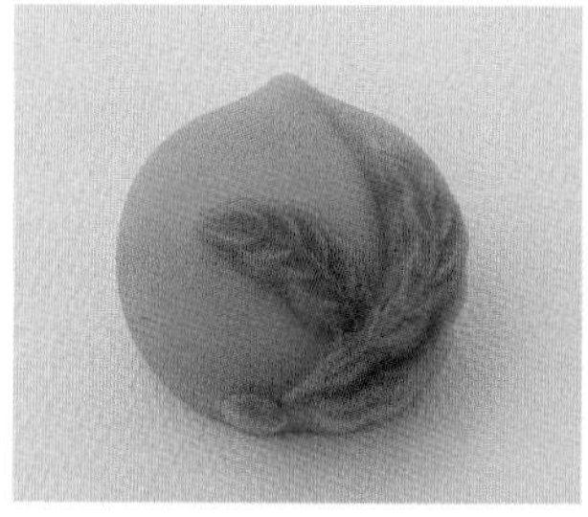

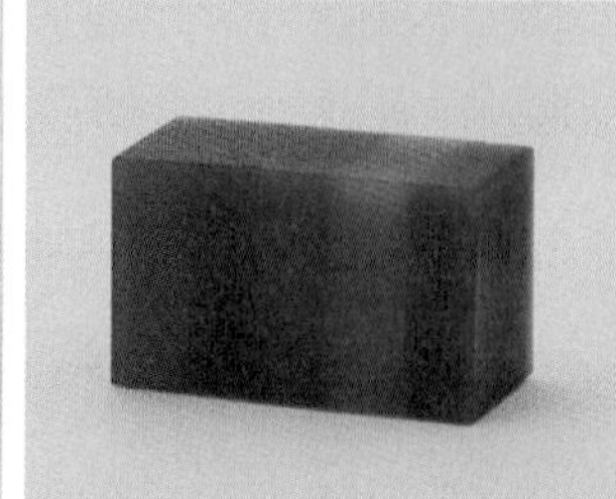

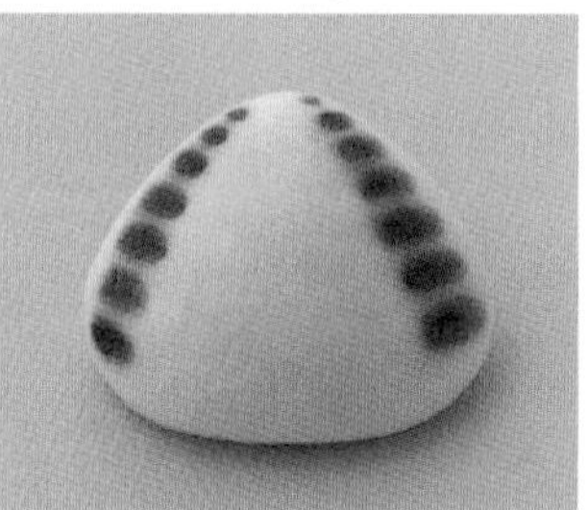

以色彩、外型，巧妙表現自然四季流轉

使用各種素材，展現出四季風物的生菓子，每件都如藝術品般美麗，設計的完成度相當高。將和菓子定位為「五感之藝術」的人，是虎屋第十六代店主，故黑川光朝先生。和菓子不僅能品嘗滋味、欣賞美麗的顏色與外型，也能享受切開時各種不同的質地與幽微香氣。而光是聽見「寒紅梅」、「若葉蔭」、「山路之錦」、「初霜」等和菓子之名，便能讓人展開各種想像。

依行事命名的和菓子

節日（節句）與一年中的儀式習俗，都有各自的意義。例如6月30日所舉行的夏越祓，意味著驅除上半年的厄運，祈求下半年能夠無病無災。日本人會在此時穿過神社內特別架起的茅草輪，並品嚐名叫水無月的和菓子。紅色的紅豆能驅除邪氣，三角形則象徵消除暑氣的冰塊。這裡將會介紹女兒節、兒童節、七夕、重陽節的相關菓子。

兒童節（端午節） 左：柏餅（御膳餡、味噌餡） 右：羊羹粽・水仙粽・白下糖入外良粽

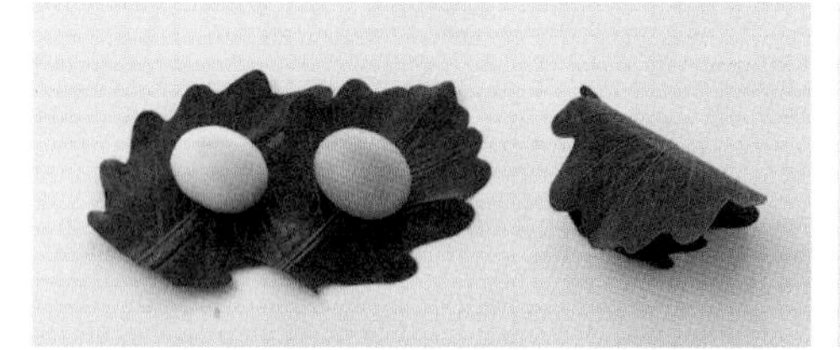

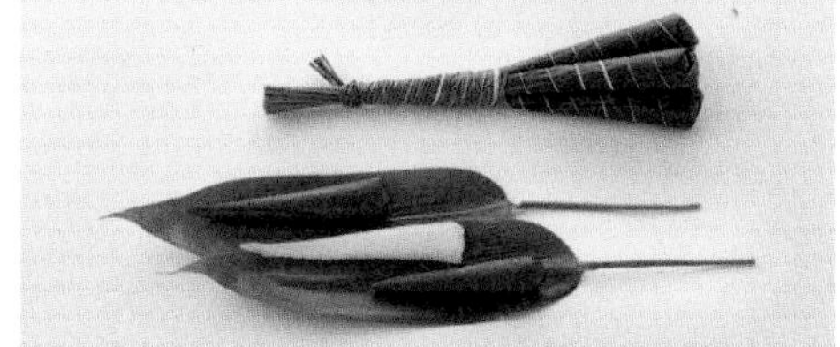

重陽節

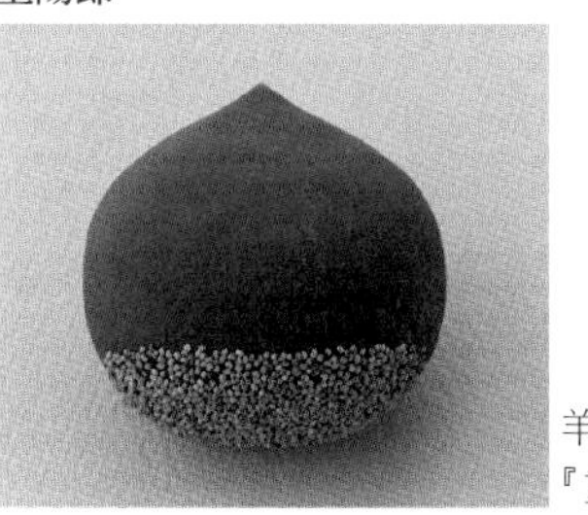

羊羹製『重陽』

夏越祓

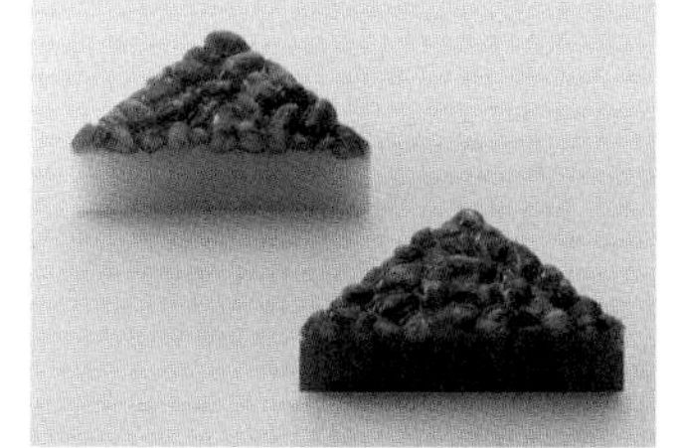

水無月

七夕

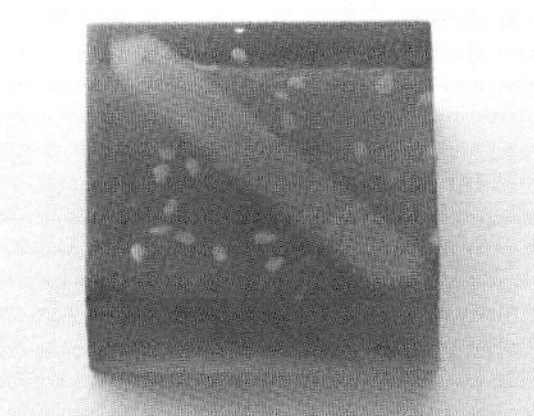

琥珀製『天之川』

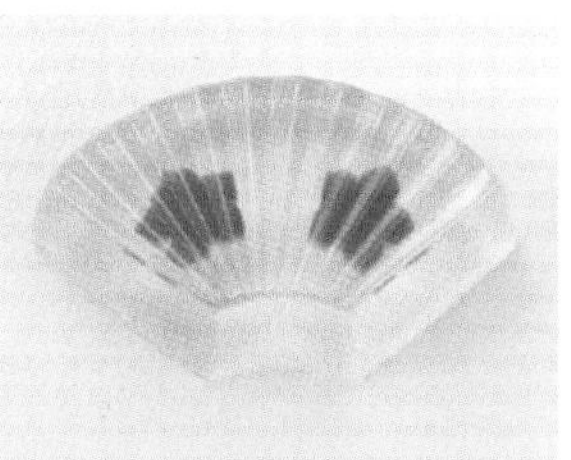

琥珀製『花扇』

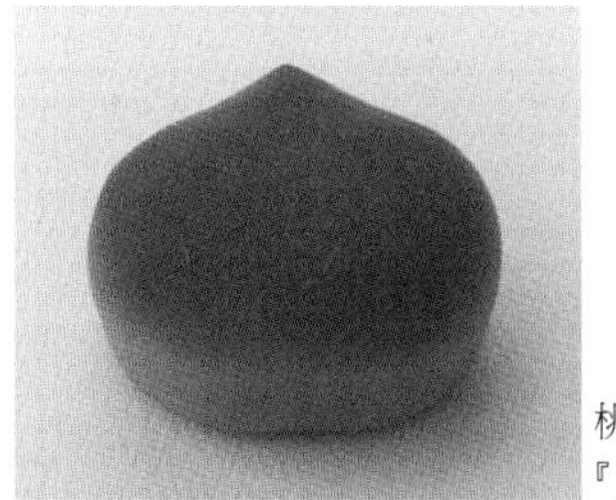

桃山製『重陽』

春季和菓子

月曆上「立春」是新年的開始。和菓子的設計也因應季節變化，由梅花到桃花，再由桃花轉變為櫻。

2 月 如月

頗具和風的月份名，起源於將衣物重疊穿著的「衣更著」（日文發音同如月）。

3 月 彌生

「木草彌生繁茂(草木茂密生長)」之月，是彌生之名的由來。

4 月 卯月

卯花之月。也有一說是來自於天干地支中第四支的「卯」。

羊羹製：在紅豆餡中加入麵粉，蒸煮後揉製而成
金團製：在內餡外黏上形狀細碎的豆沙餡做裝飾
薯蕷製：將日本薯蕷（山芋）蒸熟而得。
葛製：在葛粉中加入砂糖反覆熬煮而成。

求肥製『桃之里』

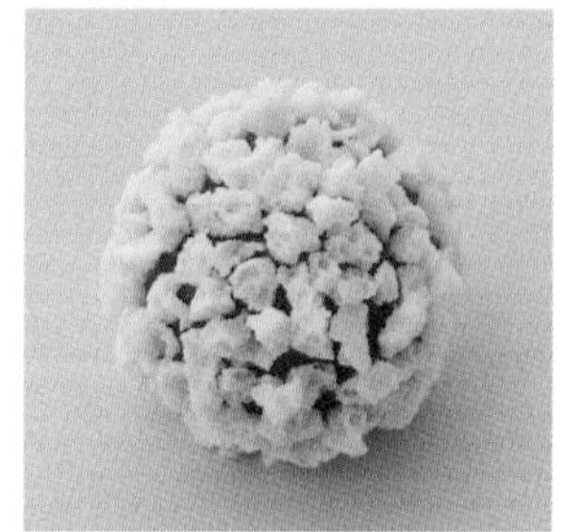

求肥製『鶯餅』

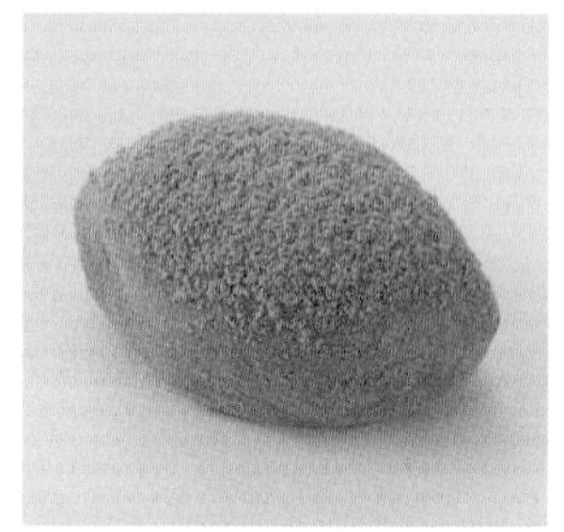

羊羹製『手折櫻』

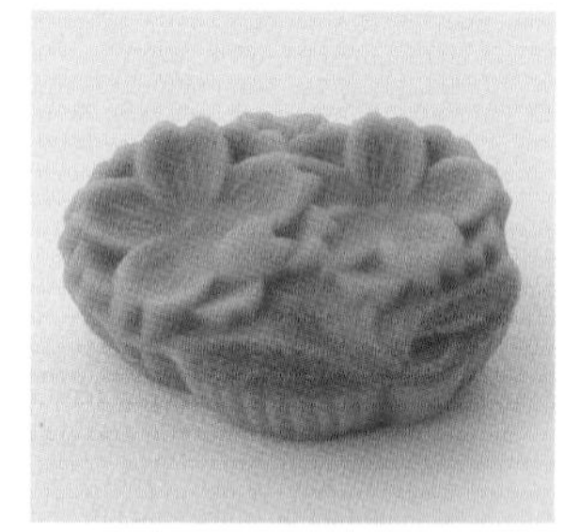

薯蕷製『春之夢』

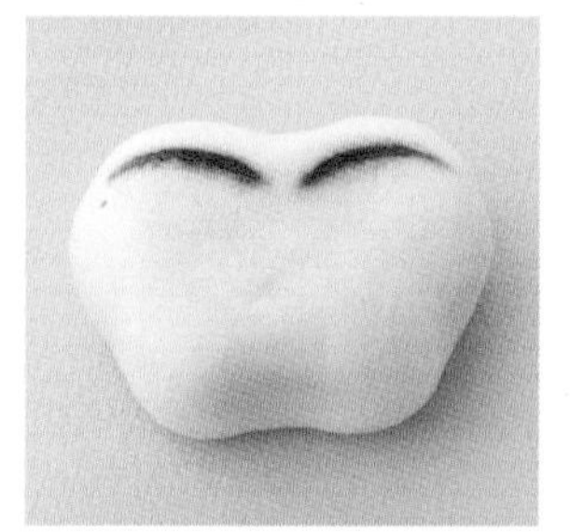

金團製『遠櫻』

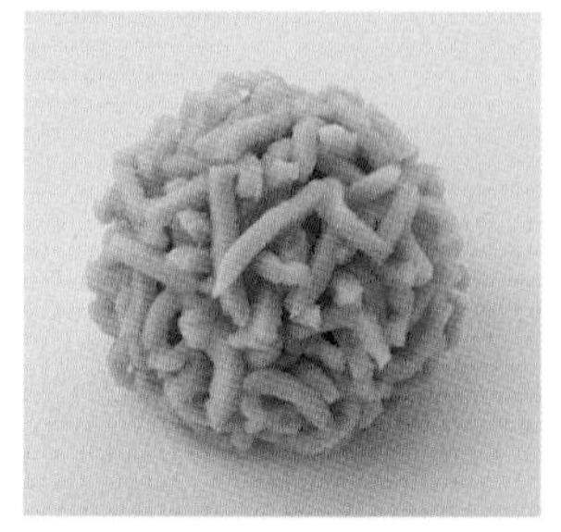

薯蕷製『春之山』

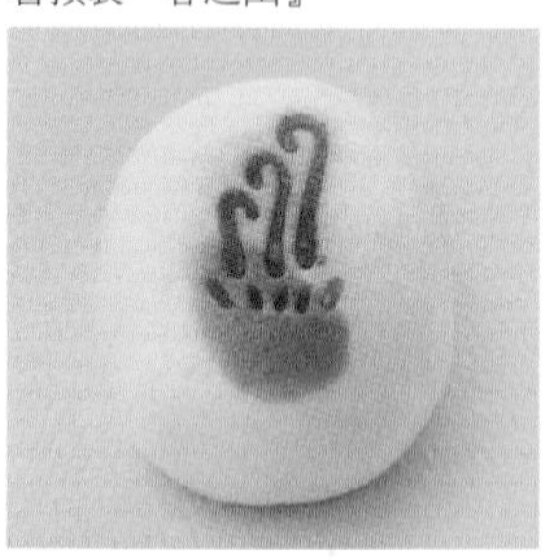

羊羹製『青柳』

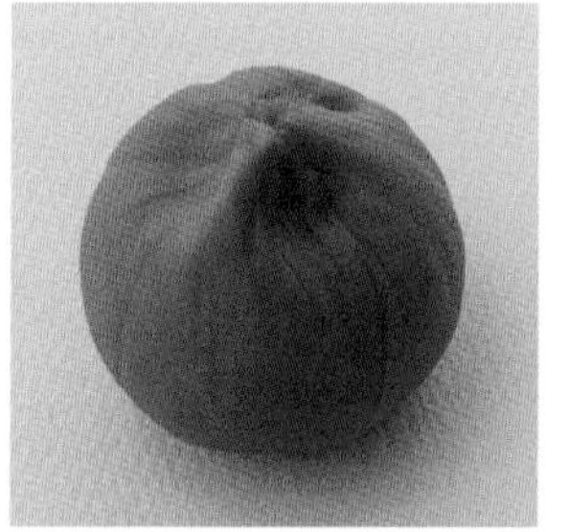

薯蕷製『水山吹』

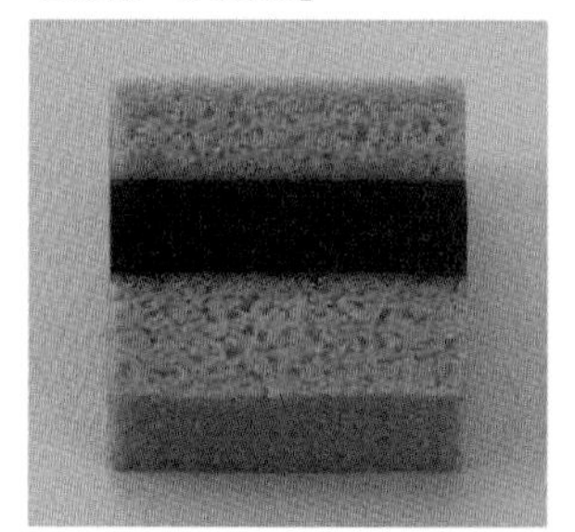

麻糬製『若草餅』

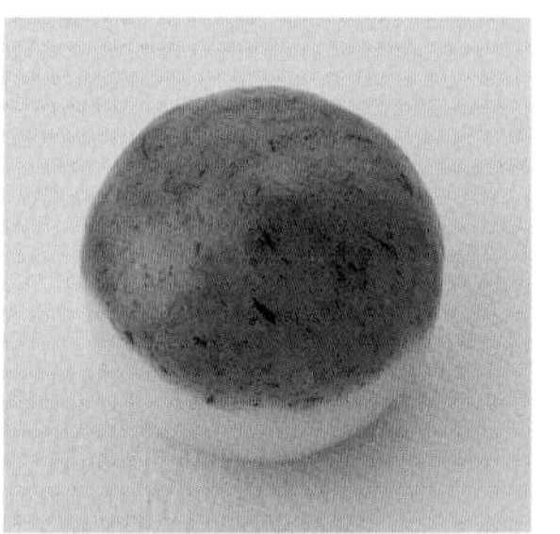

夏季和菓子（5月～7月）

有許多外表看起來很清涼的和菓子。以水的波紋設計、或象徵在嫩葉蔭處游泳金魚的和菓子，非常有日本風情。

5月 皐月

由開始插秧（秧，漢字為早苗，音同皐）的「早苗月」，延伸為皐。

6月 水無月

「無」字表示「的」之意，因此水無月＝水之月，是引水入田的月份。

7月 文月

文月的由來為「穗含月」（音同文月），是稻穗結實的月份。

羊羹製『岩間杜鵑』

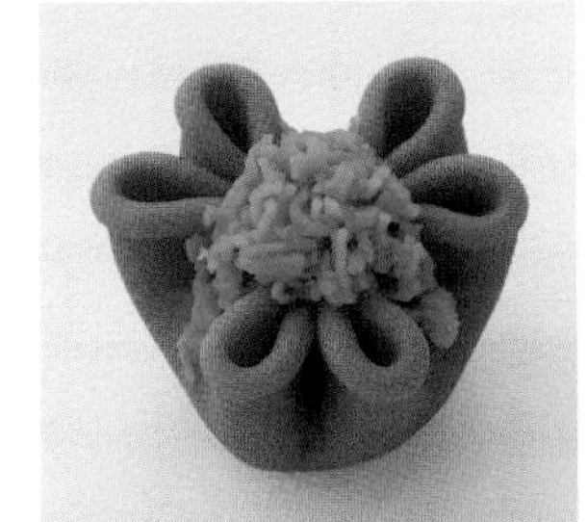

薯蕷製『菖蒲饅』

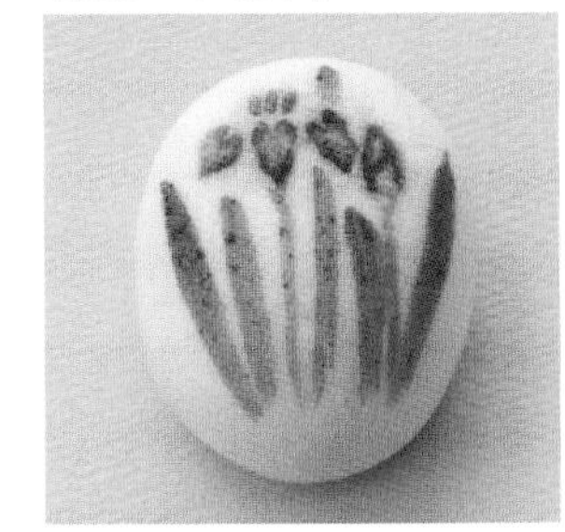

金團製『花冰』

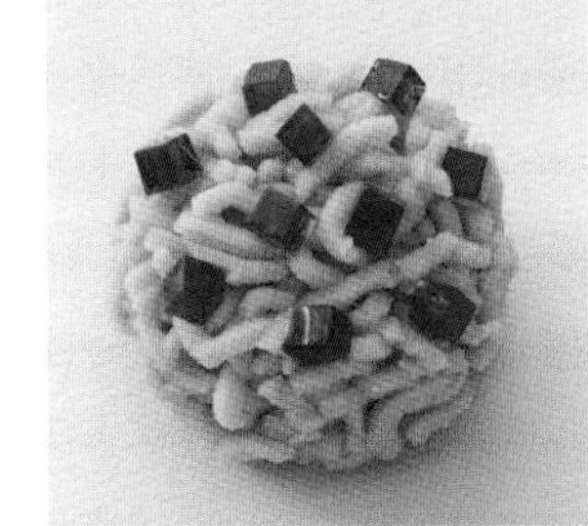

道明寺製『觀世水』

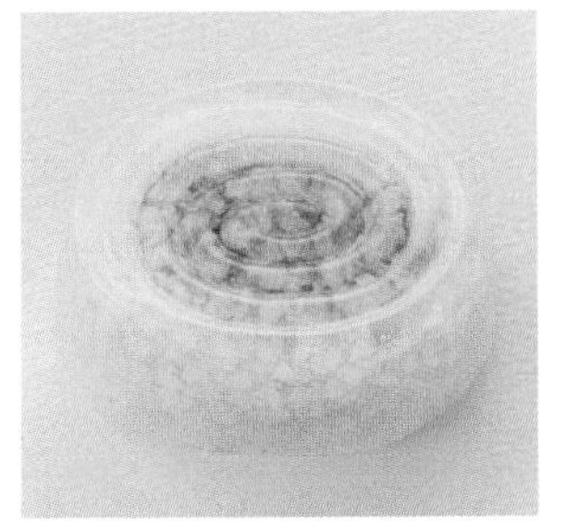

羊羹製『紫之玉』

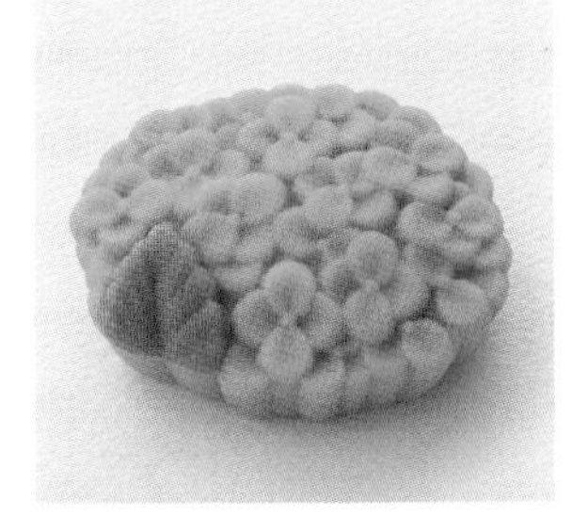

葛製『初螢』

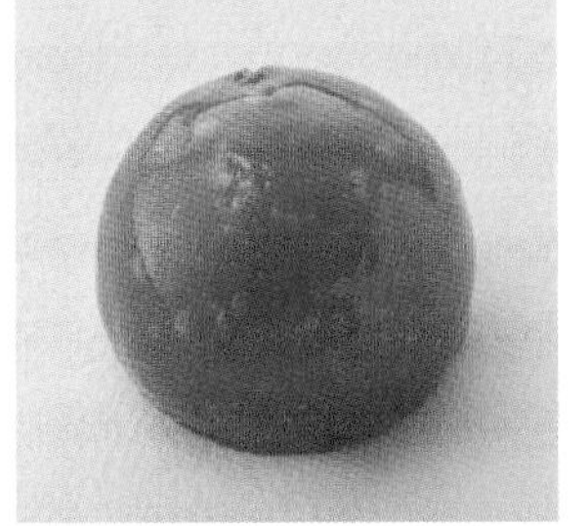

琥珀製『若葉蔭』

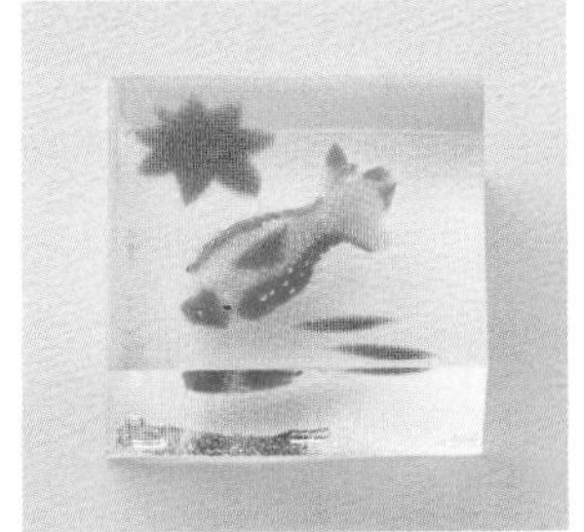

葛製『水仙夕涼』

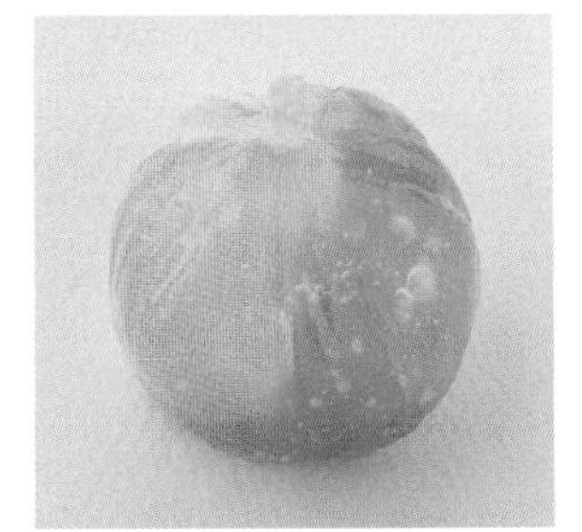

水羊羹製『青梨』

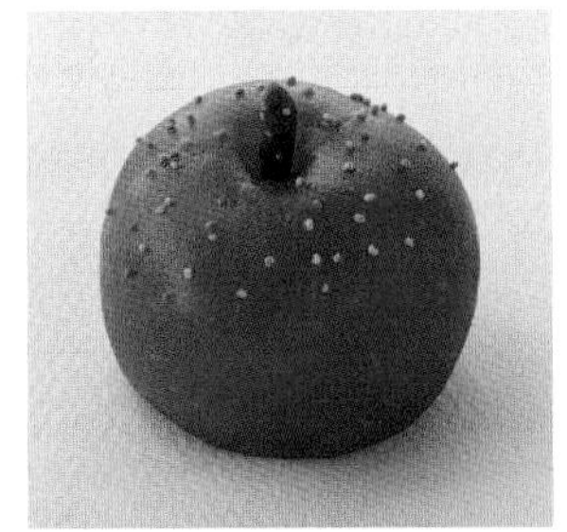

秋季和菓子（8 月～ 10 月）

到了結實之秋，和菓子的設計也變更加豐富。以賞月、紅葉為意象設計的和菓子，是這段期間特有的作品。

8 月 葉月

由來是「落葉之月」，樹木的葉子開始凋落的月份。

9 月 長月

從夜長月轉變為長月。

10 月 神無月

「無」＝「的」，神之月。此時全國神明都會到出雲大社集合，也是各地方無神明留守的月份。

栗製『初秋』

道明寺製『花桔梗』

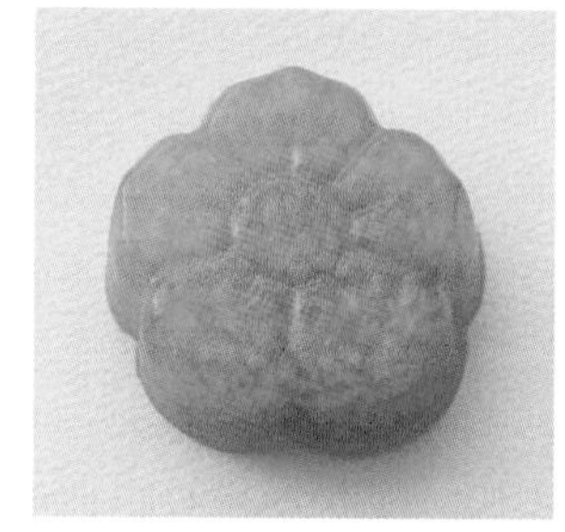

金團製『菊之雨』

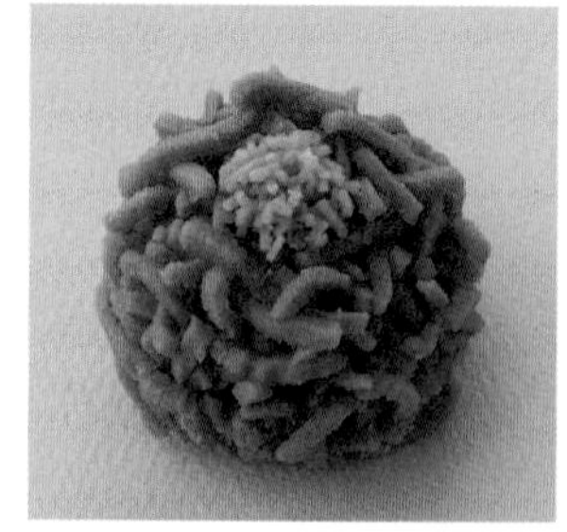

羊羹製『木練柿』

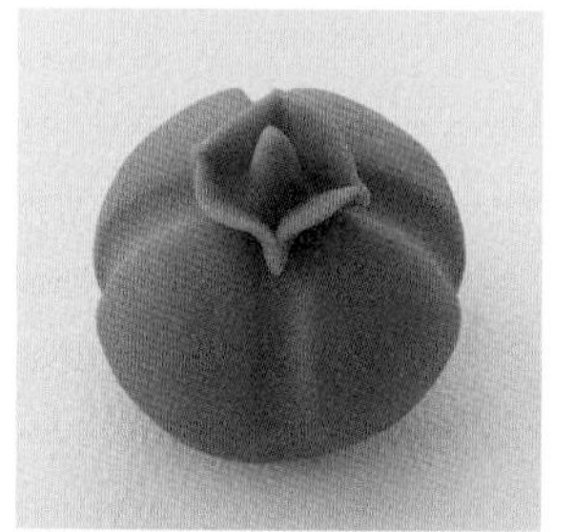

栗製『栗鹿之子』

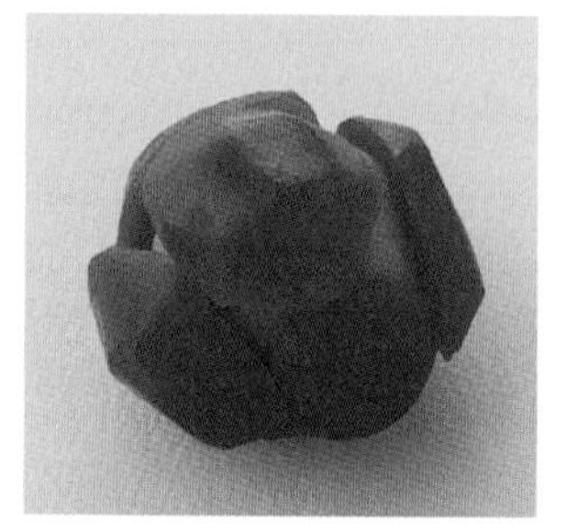

薯蕷製『月下之宴』

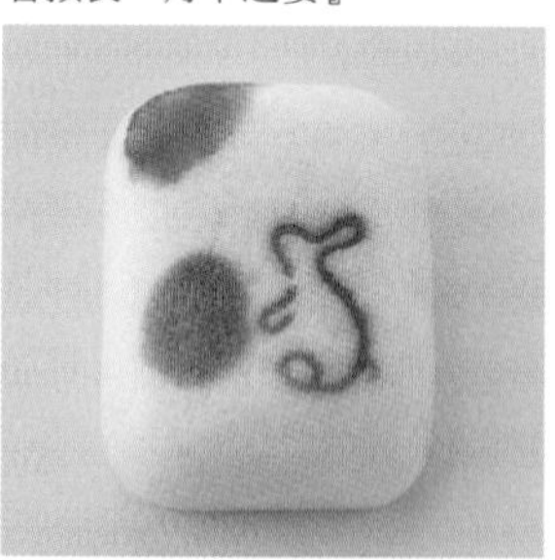

羊羹製『山路之錦』

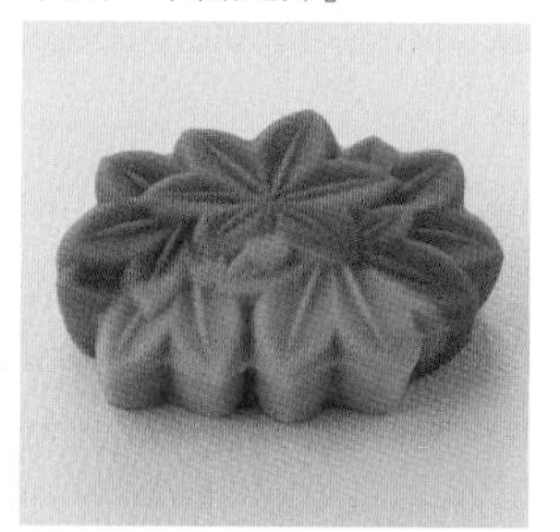

薯蕷製『初雁』

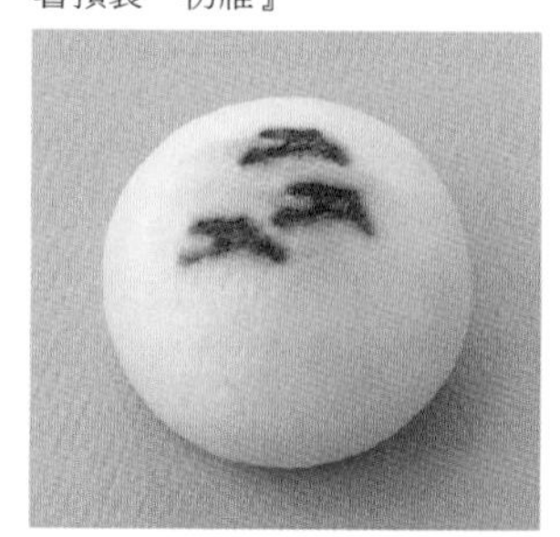

溼粉製『遠紅葉』

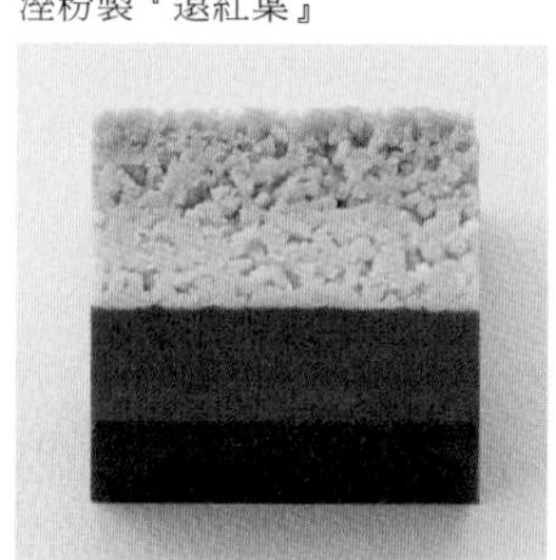

冬季和菓子（11 月～ 1 月）

氣候嚴寒的冬季，除了落葉、霜雪等，象徵等待春天到來如寒風中的梅花等設計也會在此時出現。

11 月 霜月

會下霜的月份，因此稱為霜月。

12 月 師走

即便是師傅，也忙得團團轉，過得十分匆忙的月份。

1 月 睦月

正月時家族團聚，和樂融融度過的月份。

羊羹製『冰之上』

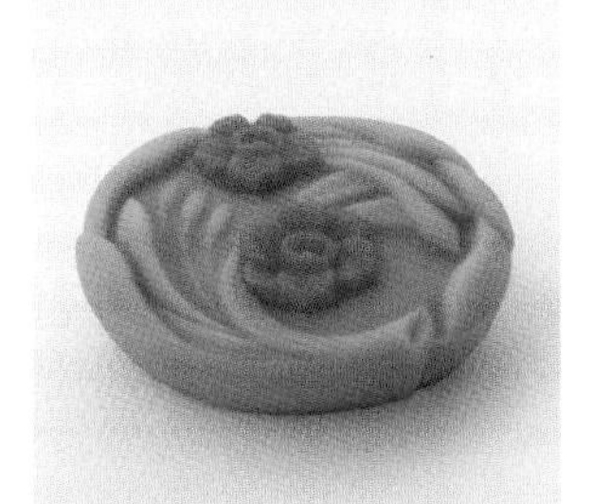

外良製『初霜』

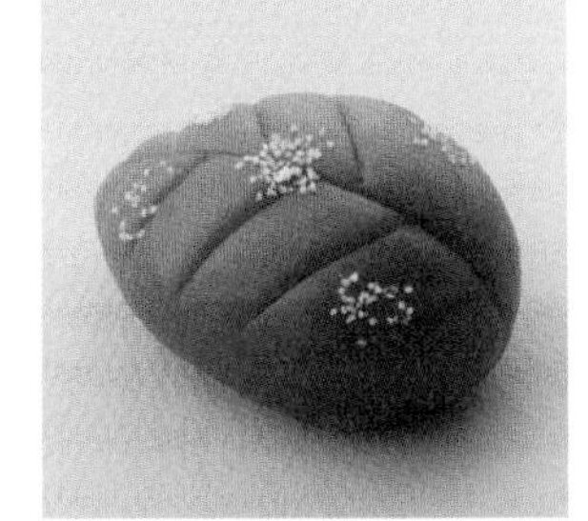

求肥製『落葉之霜』

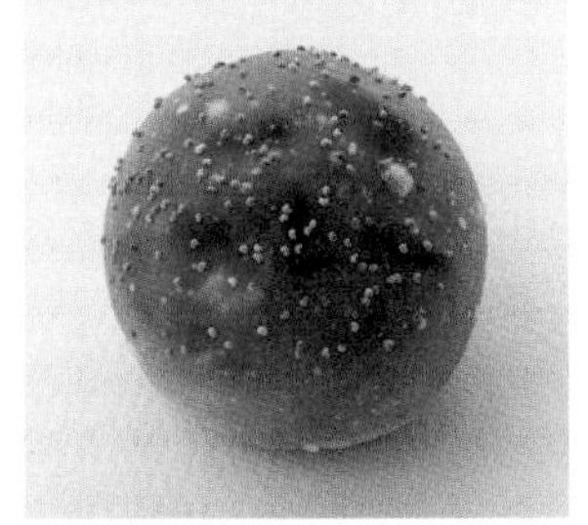

金團製『深山之雪』

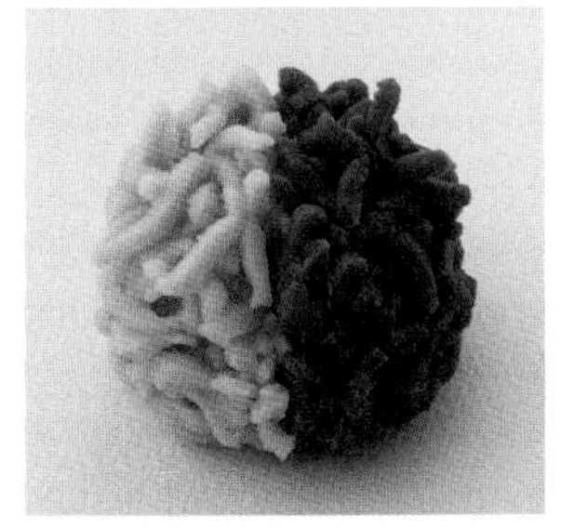

道明寺製『柚形』

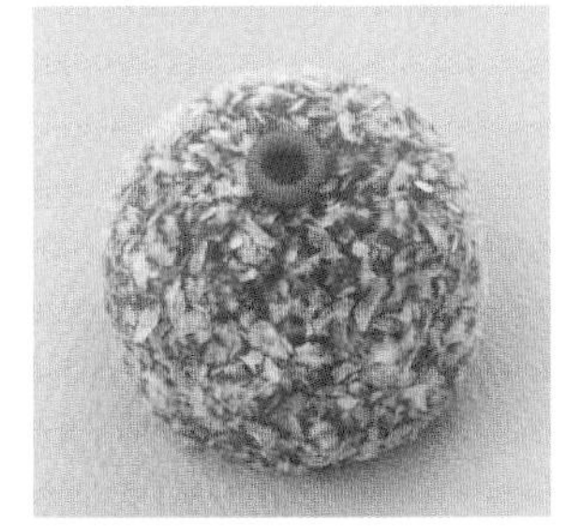

薯蕷製『夕吹雪』

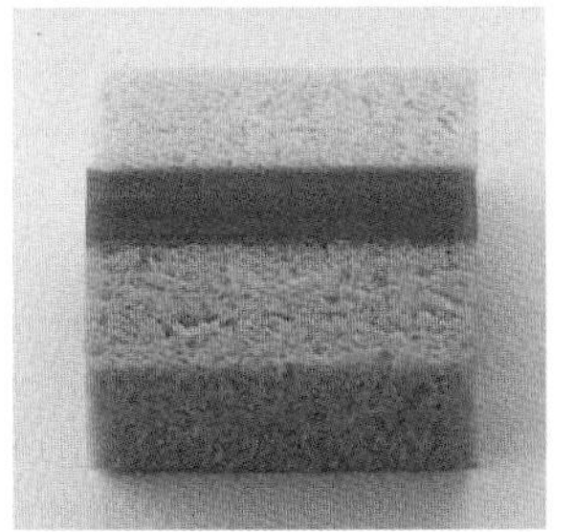

『冬枯』

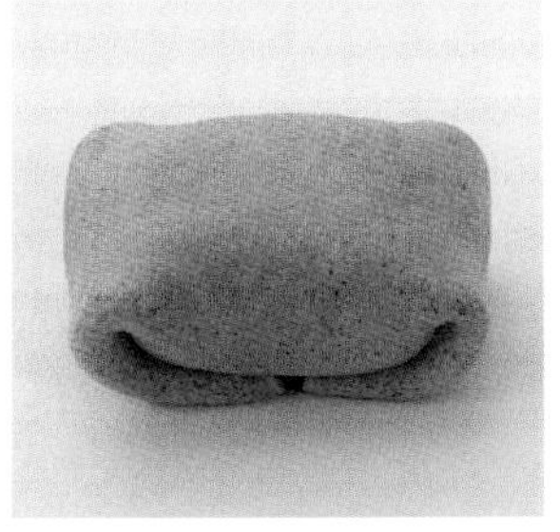

薯蕷製『雪之小草』

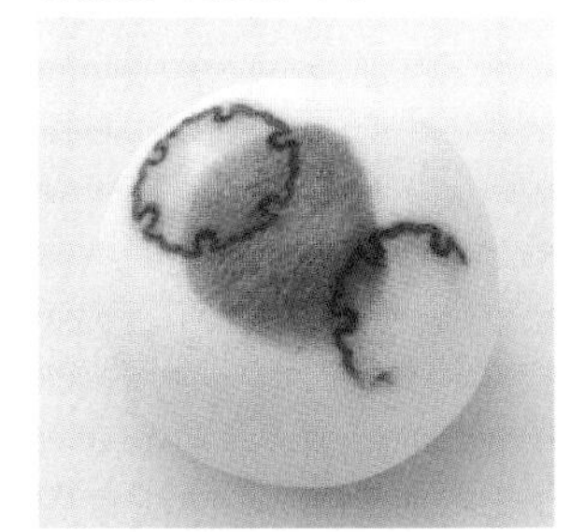

求肥製『霜紅梅』

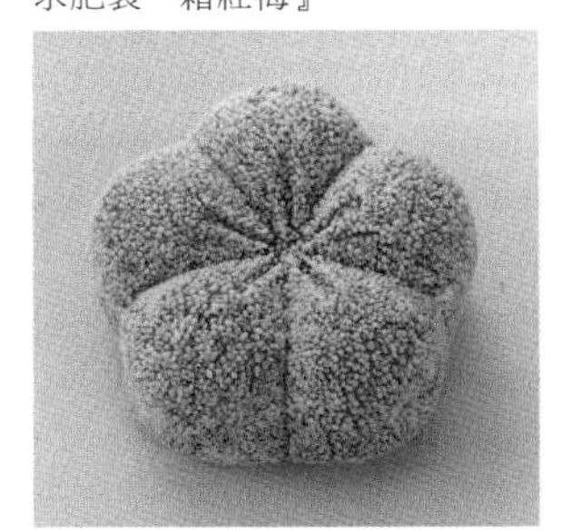

第 7 章

日本七十二候

二十四節氣以每 15 天為單位，告訴人們的季節變化，不過為了農事，人們需要更詳細的指南針。因此古人便制定了「七十二候」。將每種節氣以 5 天為單位、細分成三種，並以更精準，的詞彙表現該時期發生的自然變化。

本章以七十二候相關的插圖，淺顯易懂地解說先人的智慧，同時由各插圖中擷取顏色，組合成三色配色。請盡情感受、體驗階段性變化的季節色彩。

七十二候是日本為了農事獨自發展出來的曆法

※二十四節氣、七十二候的日期每年會略有變動，本書以2019～2020年為基準介紹。
※七十二候出現於西元前4～5世紀左右的中國，本書則以明治7年刊行的《略本曆》為基準介紹。
※每頁所刊載的日曆，除了七十二候，也記錄了其他行事活動和節日。
（●…日期固定的節日或行事活動／○…每年日期會變動的節日或期間）

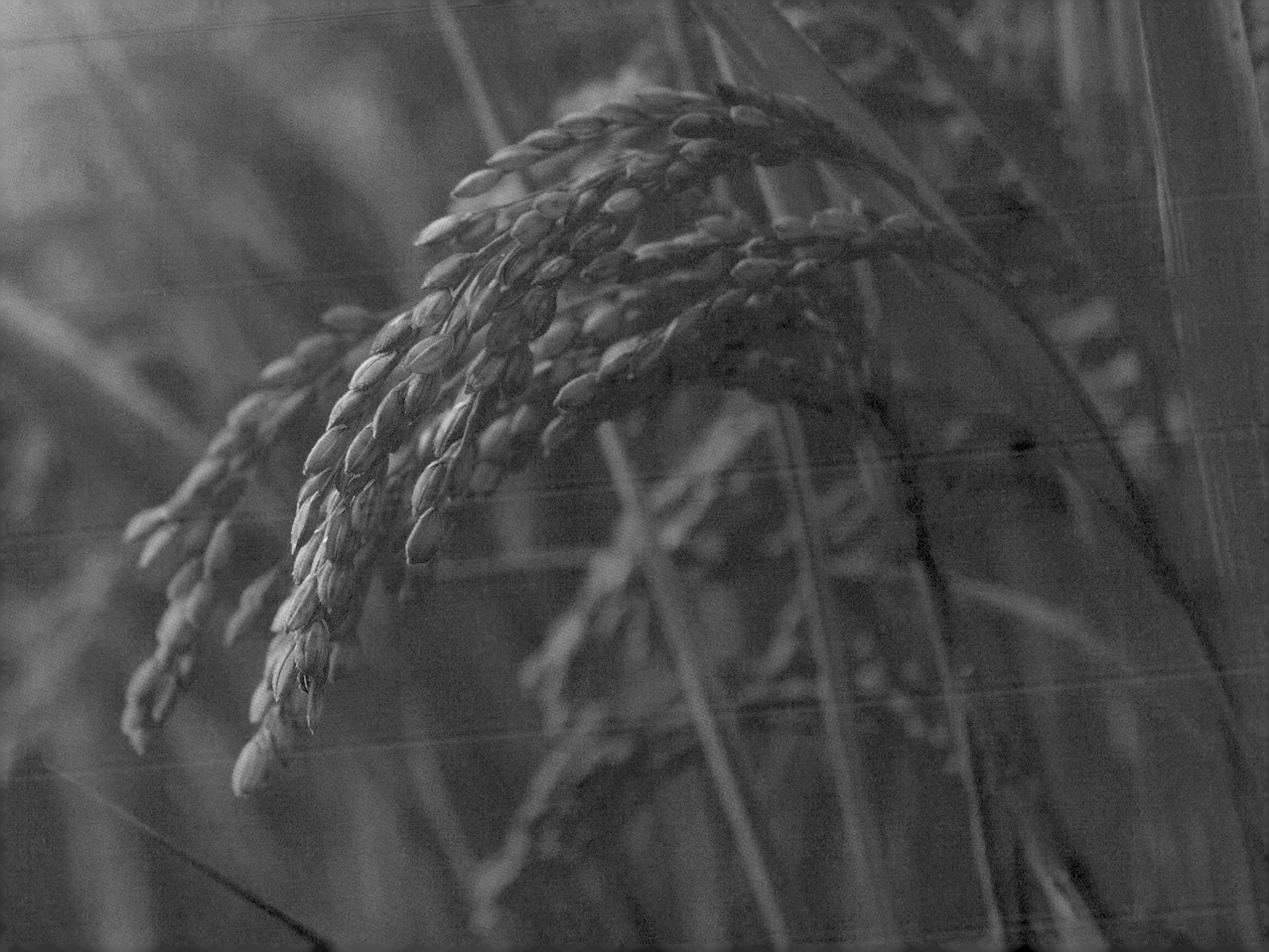

第一候～第三候

立春

りっしゅん

2月4日～18日前後

日	日曆・行事
4	東風解凍
5	
6	
7	
8	
9	黃鶯睍睆
10	
11	●建國紀念日
12	
13	
14	魚上冰
15	
16	
17	
18	

第一候　東風解凍

吹起來自東方的暖風，厚冰開始融化的時刻。

■**紅梅**…奈良時代說到賞花，賞的不是櫻花而是梅花，稱為「梅見」。

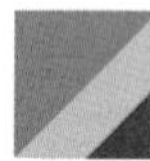

C10 M60 Y25 K0 ／ R223 G130 B147, #DF8293

C5 M27 Y10 K0 ／ R240 G202 B209, #F0CAD1

C23 M95 Y75 K0 ／ R196 G42 B58, #C32939

第二候　黃鶯睍睆

能聽見告知春天到來的「嘰啾啾」鳥鳴聲之時刻。

今年第一次聽到的黃鶯鳴叫聲，稱為初音。

■**黃鶯**…「梅與黃鶯」是象徵春天到訪的組合，自《古今和歌集》的時代流傳至今。

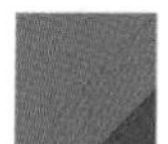

C35 M35 Y55 K0 ／ R180 G163 B121, #B4A379

C23 M0 Y70 K13 ／ R193 G206 B95, #C0CD5E

C45 M43 Y90 K0 ／ R159 G141 B56, #9F8D37

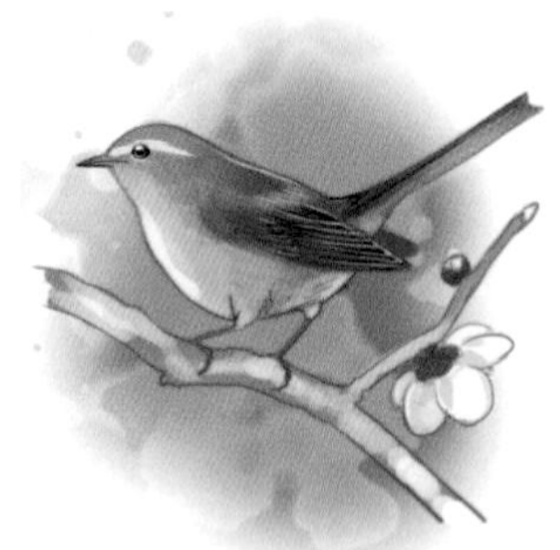

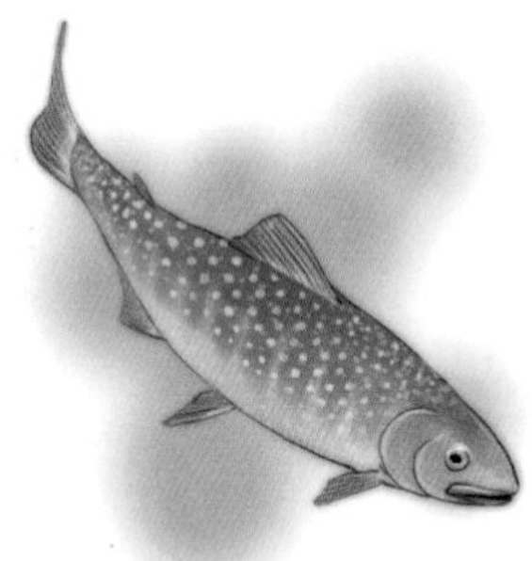

第三候　魚上冰

河魚開始活動，從破裂的冰層底下跳出的時刻。

■**岩魚**…寒冬時的體色是黑色，不過隨著水溫上升，黑色也會逐漸消失。

C0 M0 Y15 K53 ／ R152 G151 B137, #989789

C0 M0 Y0 K50 ／ R159 G160 B160, #9F9FA0

C20 M15 Y25 K0 ／ R212 G211 B193, #D4D2C1

第四候～第六候

雨水

うすい

2月19日～3月5日前後

日	日曆・行事
19	土脈潤起
20	
21	
22	
23	
24	霞始靆
25	
26	
27	
28	
3/1	草木萌動
2	
3	●桃花節
4	
5	

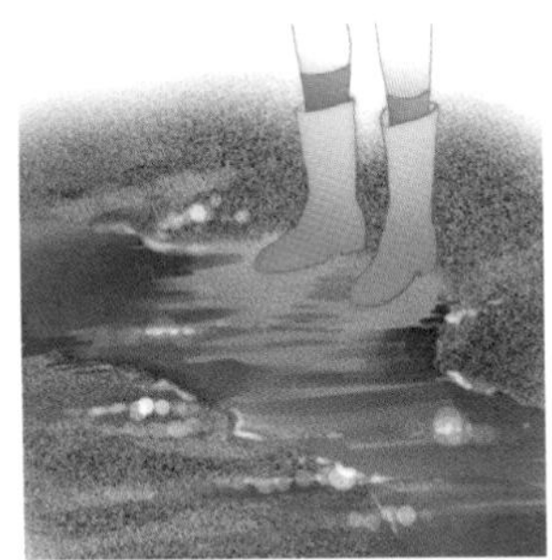

第四候　土脈潤起

冰冷的雪轉變為春雨，大地開始恢復滋潤的時候。

■ **春泥**…初春時霜雪融化形成的泥濘，稱為春泥。

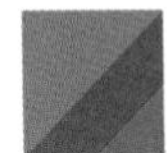

- C45 M43 Y50 K0 ／ R157 G144 B125, #9D8F7C
- C63 M55 Y70 K10 ／ R109 G107 B82, #6D6A52
- C15 M80 Y50 K0 ／ R211 G82 B95, #D2525E

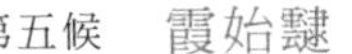

第五候　霞始靆

蒙上一層春霞，遠方景色展現各種豐富表情的時刻。夜晚之霞稱為「朧」。

■ **朧月**…春天夜晚朦朧不清的月亮。日本有一首描繪此情景的詩歌《朧月夜》。

- C0 M0 Y0 K30 ／ R201 G202 B202, #C9C9CA
- C0 M0 Y10 K10 ／ R239 G238 B223, #EFEDDF
- C13 M0 Y0 K20 ／ R197 G211 B219, #C4D2DA

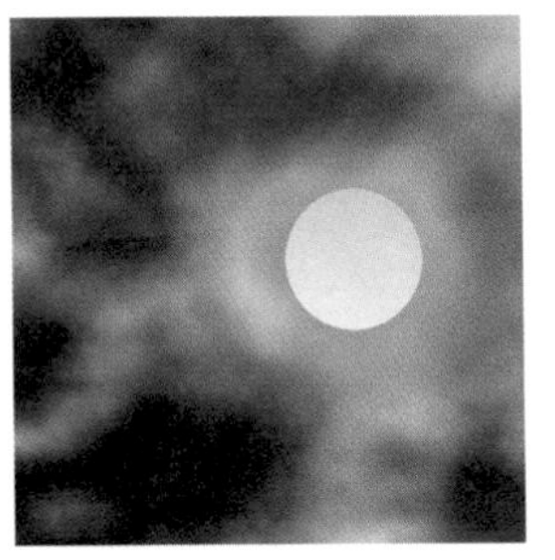

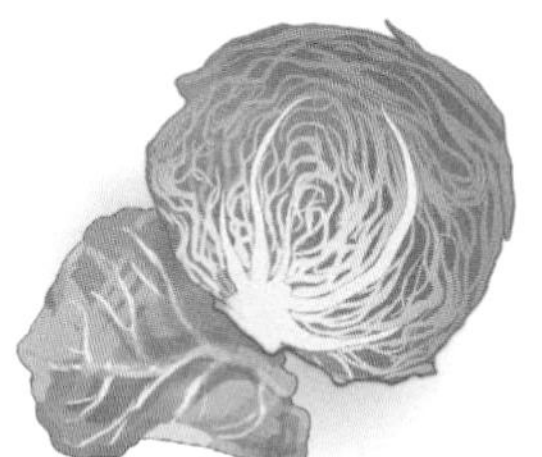

第六候　草木萌動

沐浴在和煦的春陽下，樹木冒出新芽的時刻。

■ **春高麗**…春季高麗菜圓而小，葉子長得較蓬鬆。比冬天的高麗菜水分更多也更柔軟，適合做成沙拉。

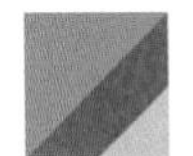

- C33 M0 Y70 K0 ／ R187 G215 B105, #BAD769
- C50 M0 Y100 K0 ／ R143 G195 B31, #8EC31E
- C15 M0 Y30 K7 ／ R216 G228 B188, #D7E3BC

第七候～第九候

啓蟄

けいちつ

3月6日～20日前後

日	日曆・行事
6	蟄蟲啓戶
7	
8	
9	
10	
11	桃始笑
12	
13	
14	
15	
16	菜蟲化蝶
17	
18	
19	
20	

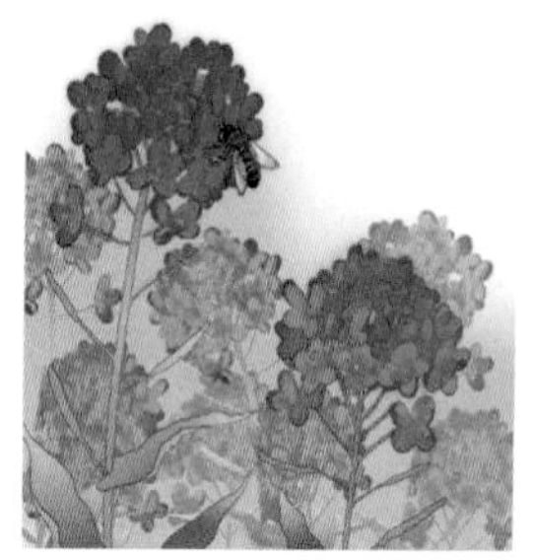

第七候　蟄蟲啓戶

躲在土底下過冬的昆蟲們，探出身子到外頭的時刻。

■油菜花…「菜」有食用之意，油菜花的日文「菜之花」指的是「可吃的花」。可以醬油或芥末涼拌。

- C0 M10 Y70 K0 ／ R255 G229 B95, #FFE45F
- C40 M0 Y47 K0 ／ R166 G211 B158, #A6D39D
- C0 M10 Y95 K0 ／ R255 G226 B0, #FFE100

第八候　桃始笑

桃花的花苞膨大，花朵開始綻放的時刻。

■桃花…日文中的「桃色」表示桃花顏色。英文的「peach」則表示桃子果肉的顏色。文化的差異也能在色名中發現。

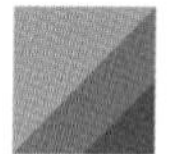

- C7 M35 Y27 K0 ／ R234 G184 B172, #EAB7AB
- C15 M60 Y37 K0 ／ R214 G127 B130, #D67F82
- C17 M80 Y50 K0 ／ R207 G82 B95, #CF515F

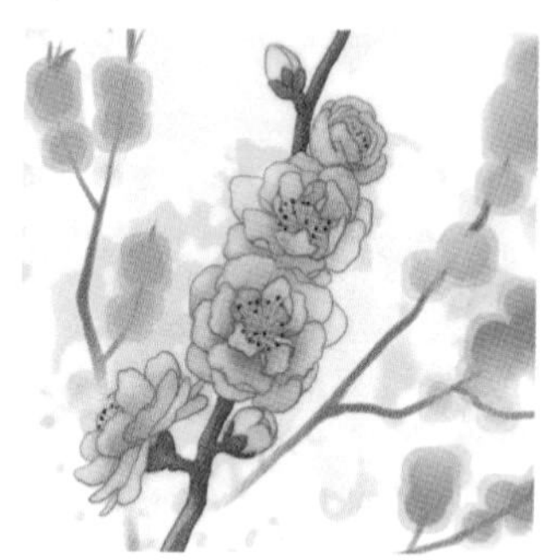

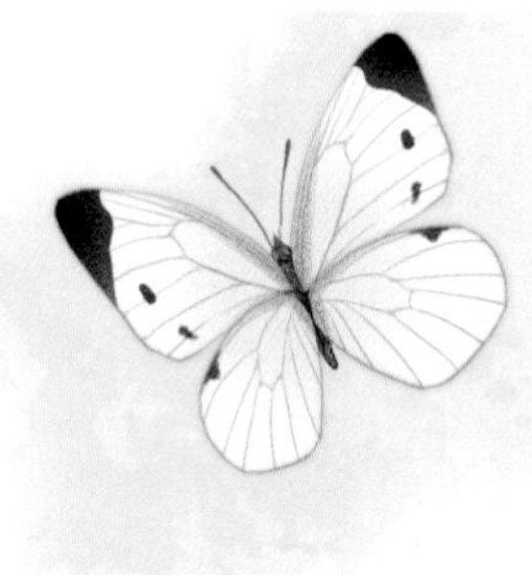

第九候　菜蟲化蝶

菜蟲是綠色的毛毛蟲。蛹羽化成美麗蝴蝶的時刻。

■紋白蝶…翅膀中央的灰黑色斑點，看起來像「紋」一般，因此得名。雌蝶比雄蝶更白。

- C0 M0 Y0 K17 ／ R226 G226 B227, #E2E2E2
- C0 M0 Y2 K5 ／ R248 G247 B245, #F7F7F5
- C0 M0 Y5 K70 ／ R114 G113 B109, #71706D

第十候～第十二候

春分

しゅんぶん

3月21日～4月4日前後

日	日曆・行事
21	○春分之日　雀始巢
22	
23	
24	
25	
26	櫻始開
27	
28	
29	
30	
31	雷乃發聲
4/1	
2	
3	
4	

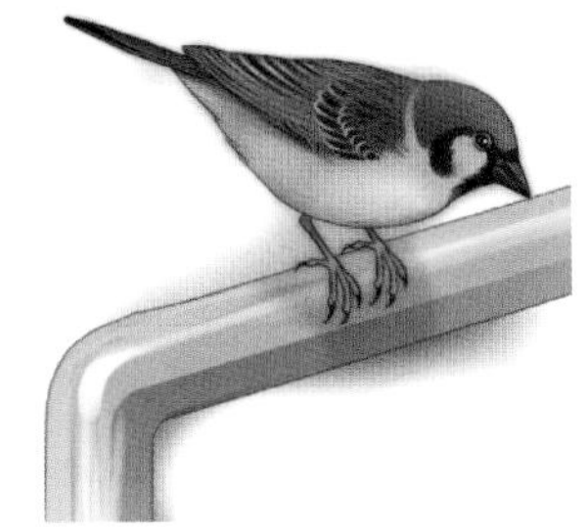

第十候　雀始巢

麻雀蒐集枯枝，開始築巢的時刻。

■**雀**…麻雀是從北海道到沖繩都很常見的鳥，「雀色」也是為人熟知的日本傳統色。

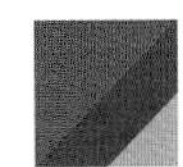

C30 M50 Y63 K10 ／ R178 G131 B91, #B1825A

C60 M57 Y70 K10 ／ R117 G105 B81, #746851

C20 M15 Y40 K0 ／ R213 G209 B164, #D5D0A4

第十一候　櫻始開

各地櫻花盛開的時刻。春光明媚的季節真正到來。

■**櫻**…平安時代以後，櫻花取代梅花，成為「花」的代名詞，現在更與菊花並列，成為國花般的存在。櫻花也是象徵人生轉機的花。

C0 M23 Y0 K0 ／ R249 G215 B230, #F9D6E5

C0 M30 Y0 K0 ／ R247 G201 B221, #F7C9DD

C35 M45 Y35 K5 ／ R173 G143 B143, #AD8E8F

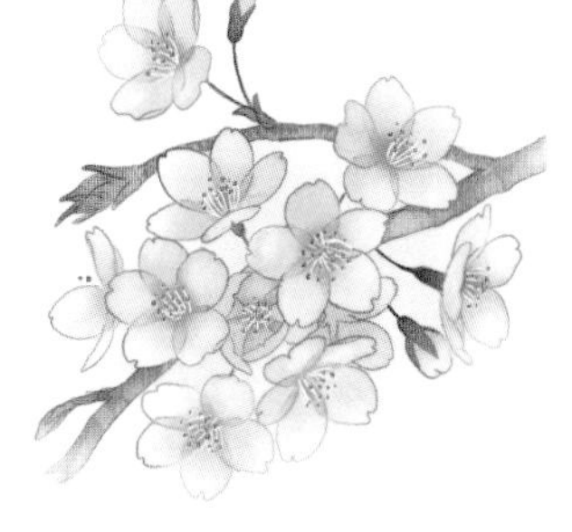

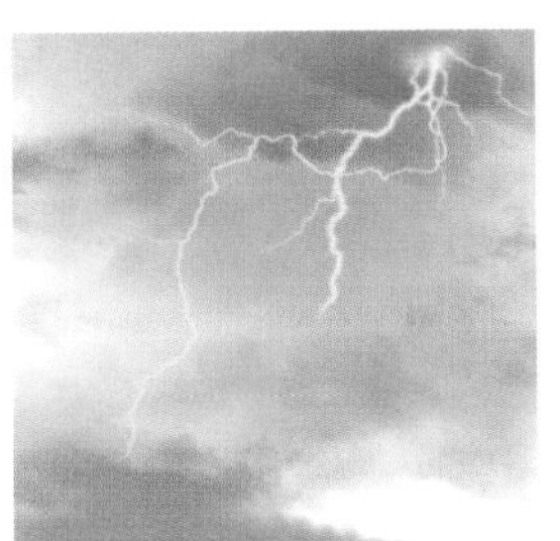

第十二候　雷乃發聲

春雷鳴動的時刻。人們認為春雷會帶來滋潤大地的雨。

■**春雷**…3月～5月期間打的雷。雖是告知春季來臨的象徵，但因天候不穩定，也會帶來雪或冰雹。

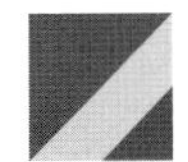

C13 M0 Y0 K65 ／ R111 G119 B124, #6F777C

C0 M0 Y3 K17 ／ R226 G226 B223, #E2E2DE

C0 M0 Y0 K70 ／ R114 G113 B113, #717071

第十三候～第十五候

清明

せいめい

4月5日～19日前後

日	日曆・行事
5	玄鳥至
6	
7	
8	
9	
10	鴻雁北
11	
12	
13	
14	
15	虹始見
16	
17	○進入春季土用期間
18	
19	

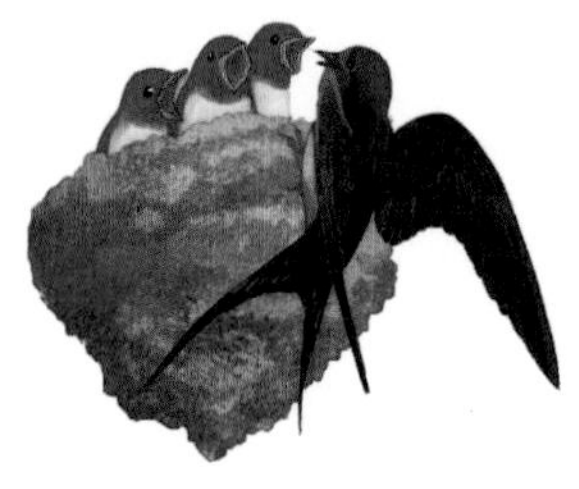

第十三候　玄鳥至

燕子由南方飛越海洋、來到日本的時刻。

■燕…古時稱為 tubakuro，過冬地為臺灣、菲律賓等地。特色是尾羽長，並有相當清楚的分叉。以此做出設計的衣服，稱為「燕尾服」。

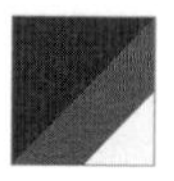

C5 M0 Y0 K80 ／ R85 G86 B87, #555557
C5 M17 Y50 K45 ／ R162 G144 B94, #A28F5E
C0 M3 Y5 K0 ／ R255 G250 B245, #FEFAF4

第十四候　鴻雁北

在日本過冬的雁，回到北方的時刻。

■雁（がん ・ かり）…秋天時從西伯利亞等寒帶來日本過冬的鳥。自古便是詩歌吟詠的對象。

C0 M5 Y15 K65 ／ R125 G120 B109, #7C776D
C15 M27 Y45 K35 ／ R166 G144 B109, #A68F6D
C0 M25 Y65 K0 ／ R251 G203 B103, #FACA66

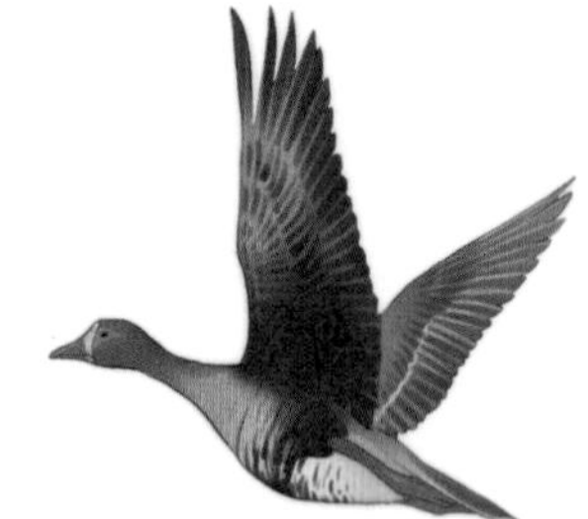

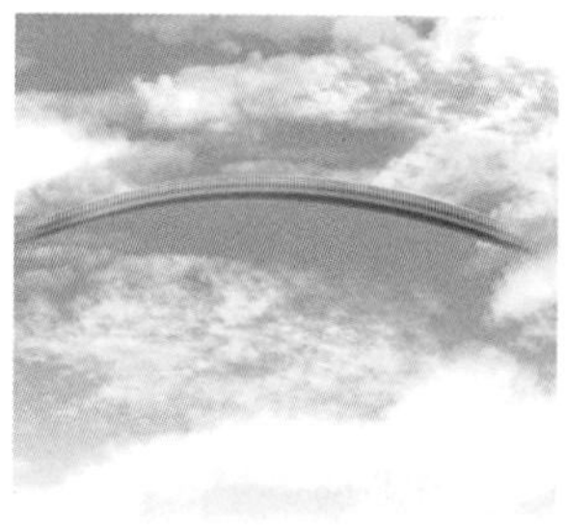

第十五候　虹始見

大氣濕潤，可看見彩虹的時刻。

■虹（にじ）…自古以來便被視為幸福的象徵。光線一進入大氣的水滴之中，可視光線便會因其不同的波長，以不同的角度折射，因此顏色清楚分明。

C0 M40 Y30 K0 ／ R245 G177 B162, #F5B1A2
C0 M23 Y33 K0 ／ R250 G210 B173, #FAD2AD
C0 M10 Y45 K0 ／ R255 G232 B158, #FFE89E

第十六候～第十八候

穀雨

こくう

4 月 20 日～ 5 月 5 日前後

日	日曆・行事
20	葭始生
21	
22	
23	
24	
25	霜止出苗
26	
27	
28	
29	●昭和之日
30	
5/1	牡丹華
2	●八十八夜
3	●憲法記念日
4	●綠之日
5	●端午節

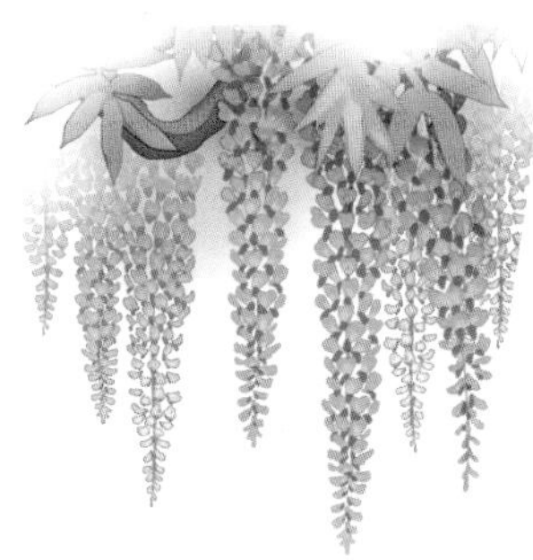

第十六候　葭始生

水邊的蘆葦開始萌芽的時刻。

■**藤**…日本原生植物，花從接近枝幹的地方往前端逐漸綻放。4 月下旬～ 5 月上旬為最佳賞花期。

C30 M55 Y0 K0 ／ R186 G131 B183, #BA83B7

C35 M40 Y0 K0 ／ R176 G157 B203, #B09DCA

C40 M0 Y33 K0 ／ R164 G213 B187, #A4D5BA

第十七候　霜止出苗

降霜漸止，稻子的秧苗開始茁壯成長的時刻。

■**苗代**…在苗田中培育的秧苗，高度長到 20 ～ 30 公分時，會以 2 ～ 3 根為一株，移植到田裡。

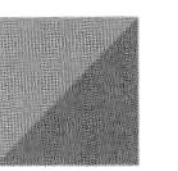

C27 M0 Y60 K0 ／ R201 G222 B129, #C8DD80

C35 M0 Y85 K0 ／ R183 G211 B66, #B6D342

C50 M0 Y85 K0 ／ R142 G197 B74, #8DC44A

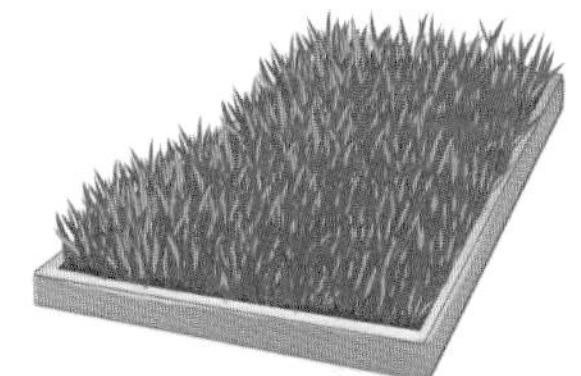

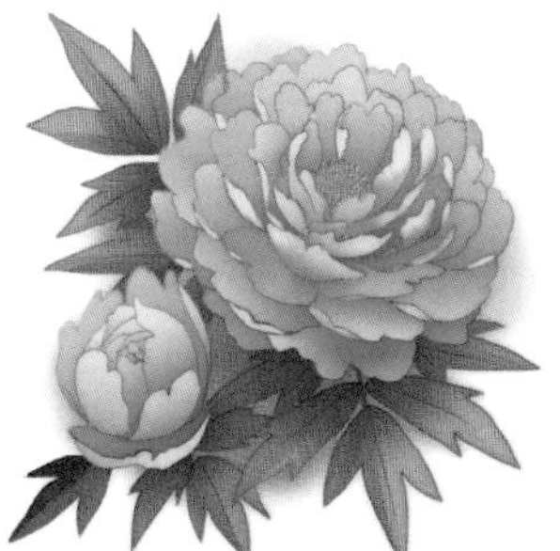

第十八候　牡丹華

又稱為「百花之王」的牡丹花盛開的時刻。

■**牡丹**…在明治時期以後，「牡丹色」成為固定色名。使用外國進口的化學染料，才能染出如此鮮豔的顏色。

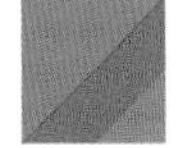

C0 M55 Y0 K13 ／ R219 G134 B172, #DB86AB

C45 M25 Y65 K0 ／ R157 G170 B109, #9DAA6C

C50 M0 Y63 K0 ／ R139 G199 B124, #8BC67B

第十九候～第二十一候

立夏

りっか

5月6日～20日前後

日	日曆・行事
6	蛙始鳴
7	
8	
9	
10	
11	蚯蚓出
12	
13	
14	
15	
16	竹筍生
17	
18	
19	
20	

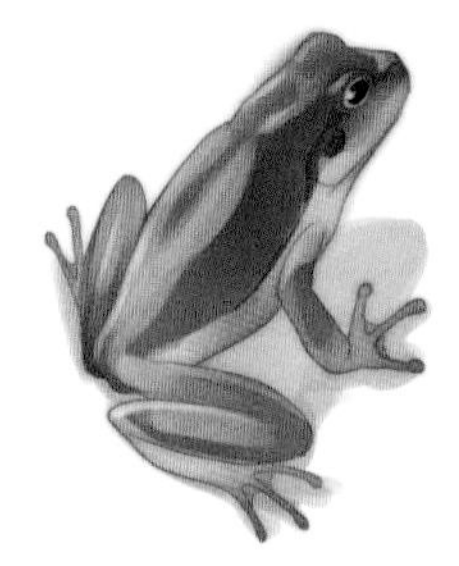

第十九候　蛙始鳴

青蛙開始活躍的時刻。

■**蛙**…說到青蛙，大家可能會想到黃綠色的雨蛙。不過事實上，青蛙因種類與棲地不同，有各種不同顏色。

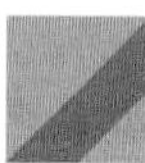

C20 M0 Y45 K0 ／ R215 G231 B164, #D7E6A3
C47 M0 Y65 K0 ／ R148 G202 B119, #94C977
C15 M0 Y40 K7 ／ R217 G226 B168, #D8E2A7

第二十候　蚯蚓出

協助人類鬆土的蚯蚓也開始活動了。

■**明日葉**…生長於房總半島、紀伊半島、伊豆諸島。名字的由來是因「今天摘下，明天又會長出新葉」。

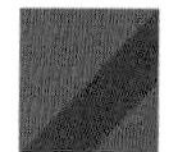

C60 M10 Y60 K15 ／ R98 G161 B115, #62A172
C50 M10 Y87 K0 ／ R144 G185 B68, #8FB844
C75 M23 Y65 K0 ／ R57 G150 B113, #399570

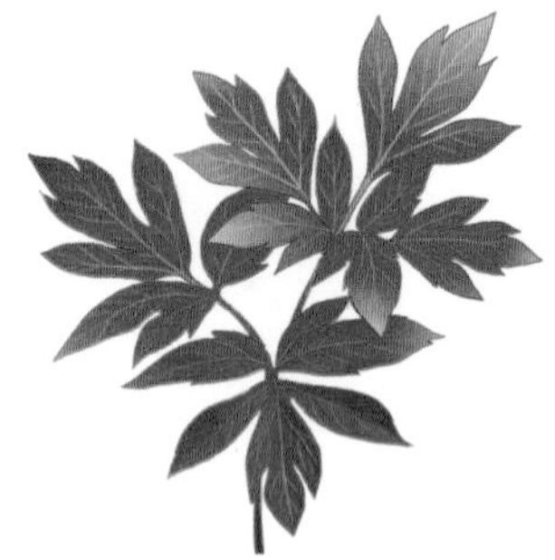

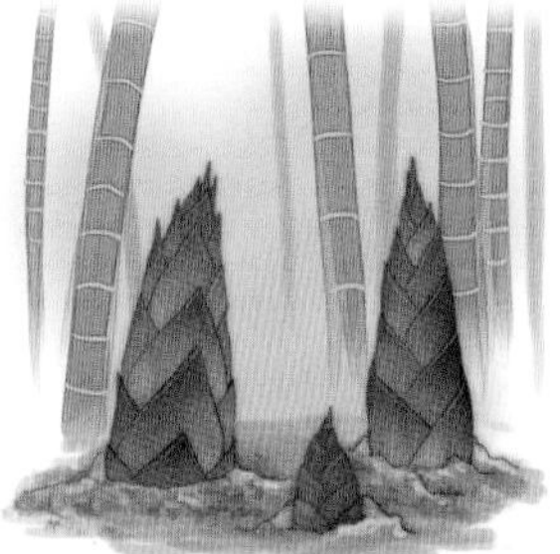

第二十一候　竹筍生

竹筍開始生長的時刻。

■**筍**…竹子地下莖露出地面的嫩芽稱為筍。與竹子相關的色名，依成長順序分別為：若竹色→青竹色→老竹色。

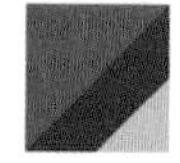

C47 M5 Y70 K0 ／ R150 G196 B106, #95C36A
C45 M35 Y85 K0 ／ R159 G154 B67, #9E9A42
C5 M5 Y27 K0 ／ R246 G240 B200, #F6EFC8

第二十二候～第二十四候

小滿

しょうまん

5月21日～6月5日前後

日	日曆・行事
21	蠶起食桑
22	
23	
24	
25	
26	紅花榮
27	
28	
29	
30	
31	
6/1	麥秋至
2	
3	
4	
5	

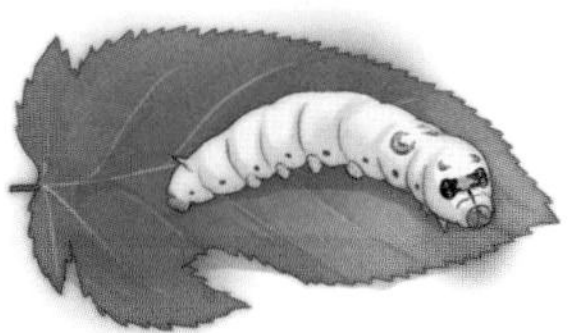

第二十二候　蠶起食桑

蠶啃食桑葉成長的時刻。

■ **蠶**…吃桑葉長大，成蛹時會結繭。採集自繭的纖維稱為絹，一顆繭約能做成 1000 公尺長的絹絲。

C3 M3 Y10 K0 ／ R250 G247 B235, #F9F7EB
C63 M0 Y50 K15 ／ R81 G170 B137, #50AA88
C0 M13 Y15 K0 ／ R253 G231 B216, #FCE7D8

第二十三候　紅花榮

紅花滿開的時刻。

■ **紅花**…萃取自紅花的色素為紅色，不過花瓣卻是黃色。做為染色材料使用時，先用水將黃色沖洗掉，再抽出殘留的紅色色素。

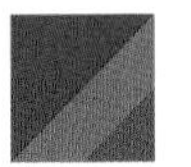

C0 M80 Y75 K0 ／ R234 G85 B57, #EA5439
C0 M30 Y75 K0 ／ R249 G193 B75, #F9C04B
C0 M53 Y75 K5 ／ R235 G142 B66, #EA8E41

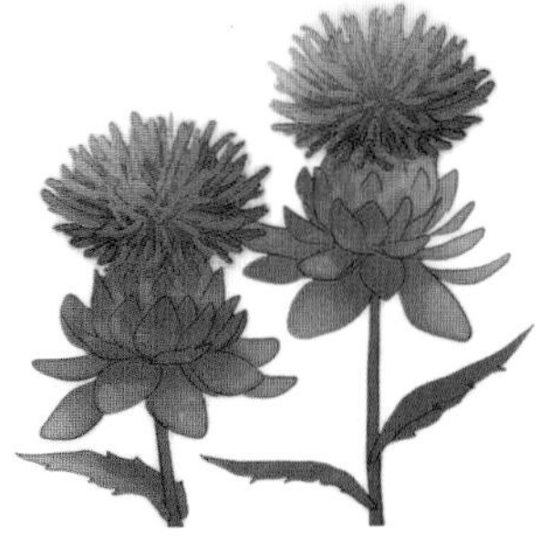

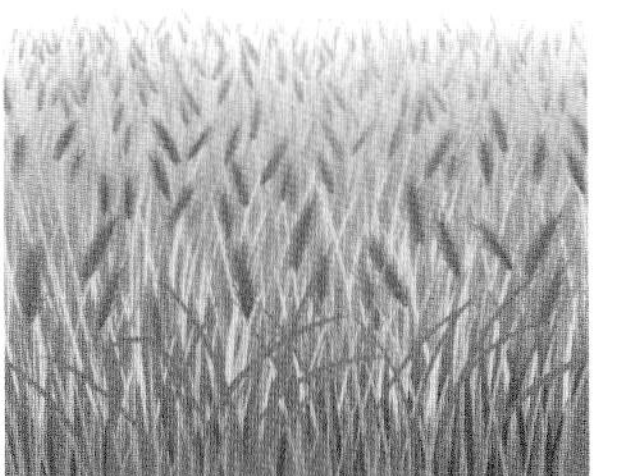

第二十四候　麥秋至

麥穗金黃飽滿、低垂著頭的時刻。

■ **麥秋**…迎來麥穗收割期的初夏，以「麥之秋」來表現。

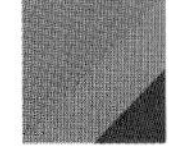

C7 M35 Y55 K0 ／ R235 G181 B120, #EBB577
C0 M10 Y45 K20 ／ R220 G201 B137, #DBC889
C55 M65 Y65 K10 ／ R128 G95 B83, #805E52

第二十五候～第二十七候

芒種

ぼうしゅ

6 月 6 日～ 21 日前後

日	日曆・行事
6	螳螂生
7	
8	
9	
10	
11	腐草為螢
12	
13	
14	
15	
16	梅子黃
17	
18	
19	
20	
21	

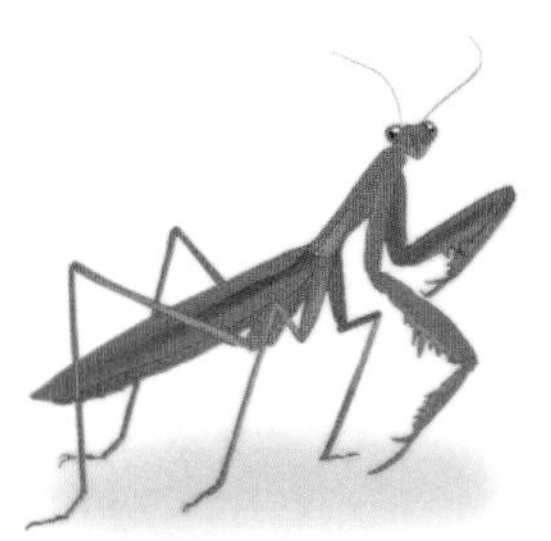

第二十五候　螳螂生

螳螂的幼蟲從秋季卵鞘中孵化而出的時刻。

■**螳螂**…螳螂的體色有綠色與褐色，同一個卵鞘會誕生出不同種顏色的小螳螂。

C30 M0 Y55 K0 ／ R193 G220 B141, #C0DB8C

C0 M3 Y67 K30 ／ R202 G190 B84, #CABD53

C50 M0 Y75 K0 ／ R141 G198 B97, #8CC561

第二十六候　腐草為螢

螢火蟲在土中結蛹，羽化後便從枯草底下飛出，因此古人相信枯草會化為螢火蟲。

■**螢**…日本人所熟知的源式螢火蟲，會在 5 月～ 6 月間羽化成螢。

C53 M0 Y57 K60 ／ R64 G107 B72, #3F6A48

C0 M0 Y0 K85 ／ R76 G73 B72, #4B4848

C25 M75 Y90 K0 ／ R196 G92 B43, #C35B2B

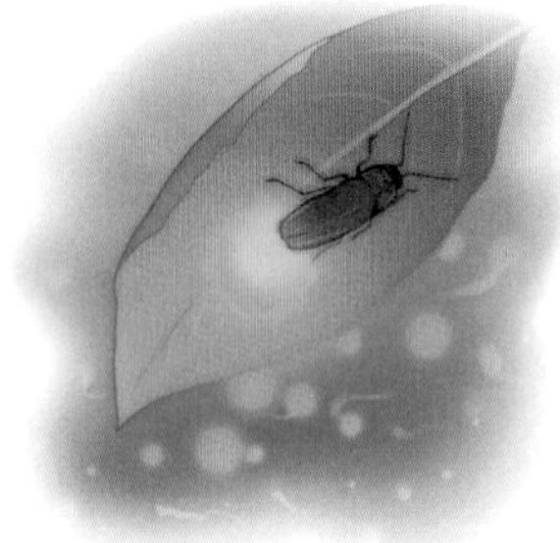

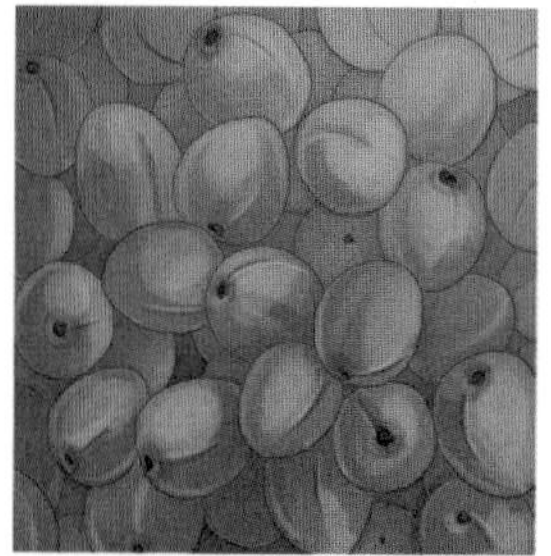

第二十七候　梅子黃

梅子果實完全成熟，變成淡淡黃色的時刻。差不多將進入梅雨季。

■**梅仕事**…使用當年收成的梅子，做成梅酒、梅乾等。

C45 M10 Y70 K0 ／ R156 G191 B104, #9CBE68

C70 M33 Y83 K0 ／ R89 G140 B79, #598B4F

C17 M7 Y60 K0 ／ R222 G221 B125, #DEDD7D

第二十八候～第三十候

夏至

げし

6月22日～7月6日前後

日	日曆・行事
22	乃東枯
23	
24	
25	
26	
27	菖蒲華
28	
29	
30	
7/1	
2	半夏生
3	
4	
5	
6	

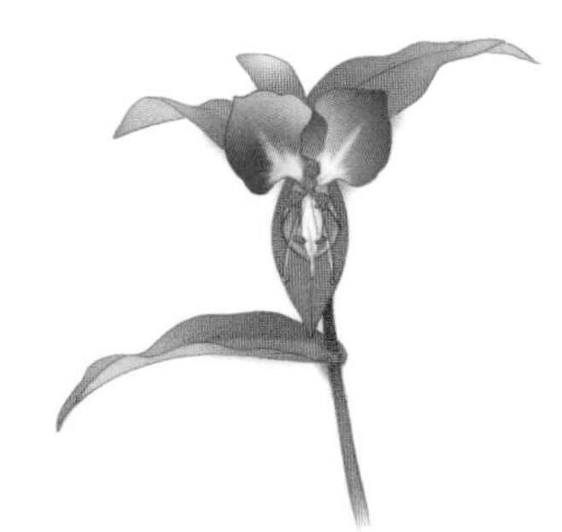

第二十八候　乃東枯

冬天冒出新芽的夏枯草開始枯萎的時刻。

■**露草**…6至9月間，會開出小小的藍色花朵。花朵在早晨盛開，中午便枯萎，令人聯想到朝露。也稱月草。

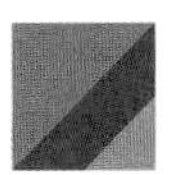

C37 M9 Y70 K0 ／ R177 G200 B103, #B1C767

C62 M59 Y70 K10 ／ R113 G101 B80, #706550

C8 M10 Y61 K0 ／ R241 G224 B120, #F0DF78

第二十九候　菖蒲華

代表梅雨到來的菖蒲花盛開之時刻。

■**菖蒲・文目**…於山野草地自然生長的植物。燕子花與花菖蒲雖然也是菖蒲屬，不過卻生長於溼地。

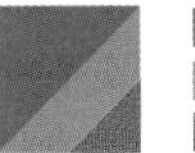

C60 M67 Y0 K0 ／ R123 G95 B166, #7A5EA6

C45 M45 Y0 K0 ／ R154 G142 B195, #998DC2

C0 M30 Y70 K10 ／ R233 G181 B83, #E9B452

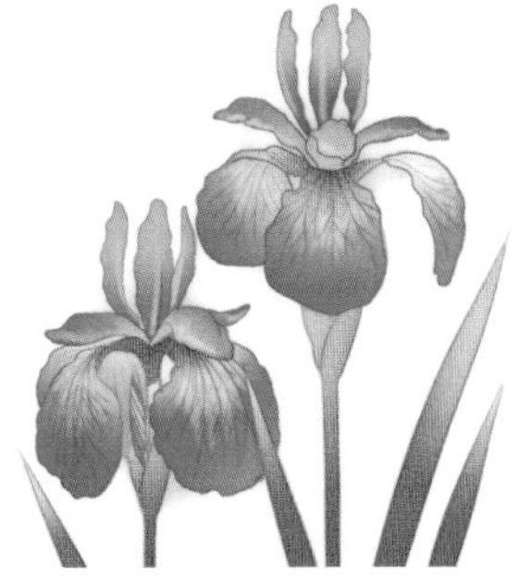

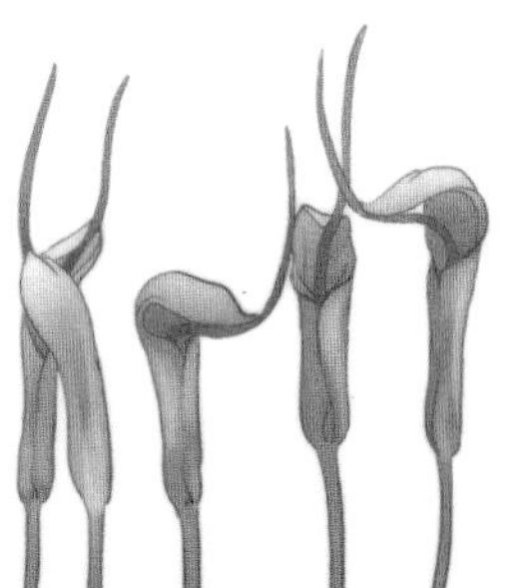

第三十候　半夏生

半夏生長的時刻。在此時以前需結束插秧。由夏至起算，第11天為插秧結束、農家休息之日。

■**半夏**…日文又稱烏柄杓。中文名有地慈姑、貝母等。

C65 M20 Y75 K0 ／ R99 G160 B95, #63A05F

C40 M10 Y80 K0 ／ R170 G195 B81, #AAC250

C55 M70 Y70 K10 ／ R129 G87 B75, #80564A

第三十一候～第三十三候

小暑

しょうしょ

7月7日～22日前後

日	日曆・行事
7	●七夕　溫風至
8	
9	
10	
11	
12	蓮始開
13	
14	
15	○海之日
16	
17	
18	鷹乃學習
19	
20	○進入夏季土用期間
21	
22	

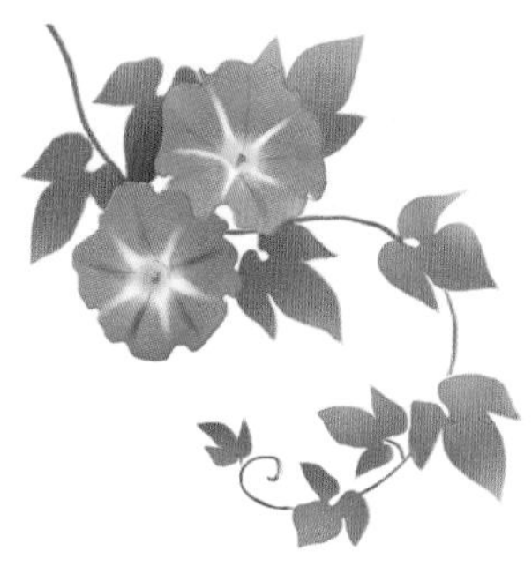

第三十一候　溫風至

風開始變熱的時刻。

■**朝顏**…牽牛花的日文名。在奈良末期傳入日本。最初是由遣唐使將種子帶回日本，做為藥用。

- C10 M77 Y25 K0 ／ R219 G89 B129, #DA5980
- C3 M10 Y0 K0 ／ R247 G237 B244, #F7ECF4
- C50 M45 Y0 K0 ／ R142 G139 B194, #8D8AC2

第三十二候　蓮始開

蓮花開始綻放的時刻。

■**蓮**…又名蓮華，是與佛教同時傳來日本的傳統名稱。地下莖為蓮藕，可食用。

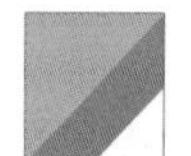

- C0 M43 Y5 K0 ／ R243 G173 B197, #F3ADC5
- C3 M65 Y0 K0 ／ R232 G121 B172, #E879AC
- C0 M4 Y2 K0 ／ R254 G249 B249, #FEF9F9

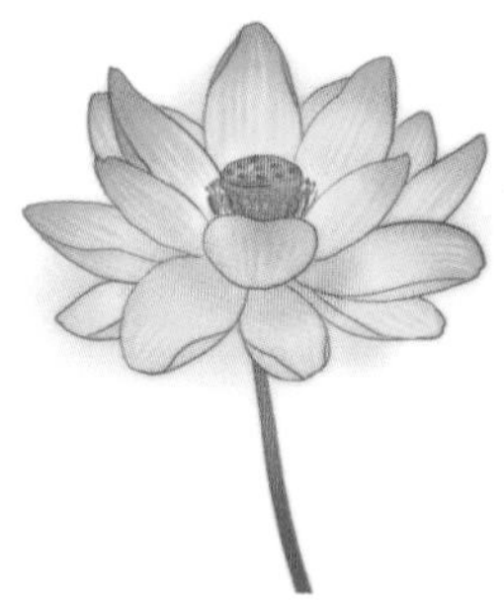

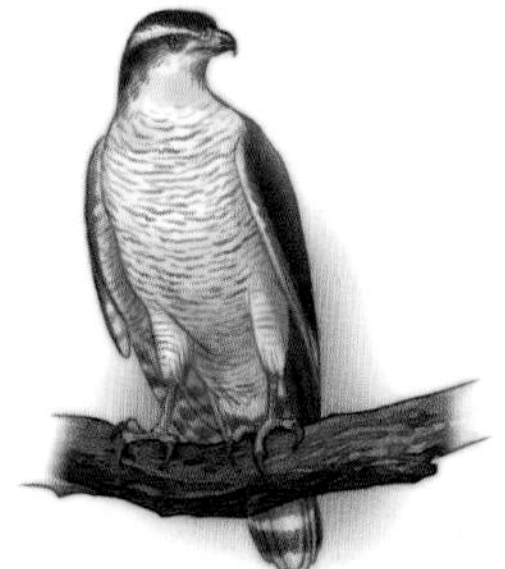

第三十三候　鷹乃學習

老鷹雛鳥開始準備離巢的時刻。

■**鷹**…老鷹給人速度快、充滿力量的印象，因此許多交通工具都以「鷹」字命名。

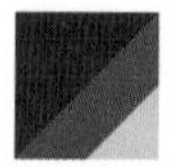

- C0 M10 Y10 K75 ／ R101 G93 B89, #655C58
- C45 M40 Y85 K0 ／ R159 G146 B66, #9E9241
- C20 M15 Y15 K0 ／ R211 G212 B211, #D3D3D3

第三十四候～第三十六候

大暑

たいしょ

7 月 23 日～ 8 月 7 日前後

日	日曆・行事
23	桐始結花
24	
25	
26	
27	
28	土潤溽暑
29	
30	
31	
8/1	
2	大雨時行
3	
4	
5	
6	
7	

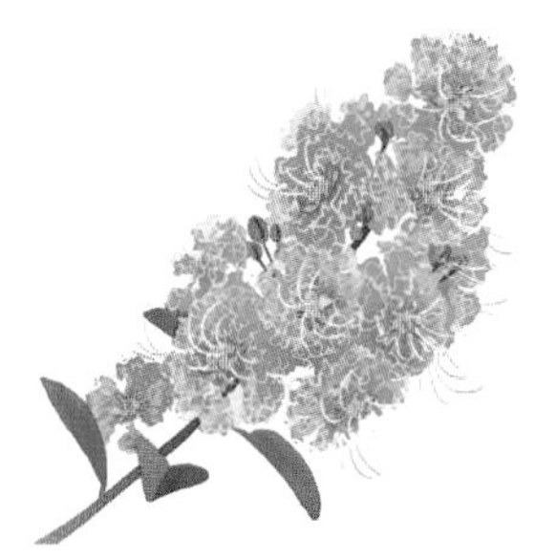

第三十四候　桐始結花

桐花開始結果的時刻。

■ **百日紅**…紫薇。日文又名猴滑，因樹皮白而光滑，就連猴子想爬也會滑下來。7 月到 10 月間開花，花期長達約 100 天。

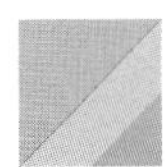

C0 M0 Y15 K23 ／ R215 G213 B193, #D6D5C1
C0 M30 Y0 K0 ／ R247 G201 B221, #F7C9DD
C0 M45 Y0 K0 ／ R243 G169 B201, #F2A9C9

第三十五候　土潤溽暑

土壤濕潤，空氣悶熱的時刻。

■ **鰻**…江戶後期開始，人們認為在夏季土用期間的丑日，吃日文發音「う」開頭的食物如鰻魚，便能熬過炎夏。

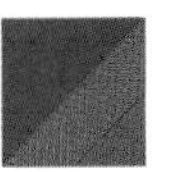

C40 M65 Y95 K0 ／ R169 G106 B43, #A96A2A
C0 M30 Y70 K25 ／ R206 G160 B72, #CD9F48
C45 M57 Y67 K5 ／ R154 G116 B86, #997356

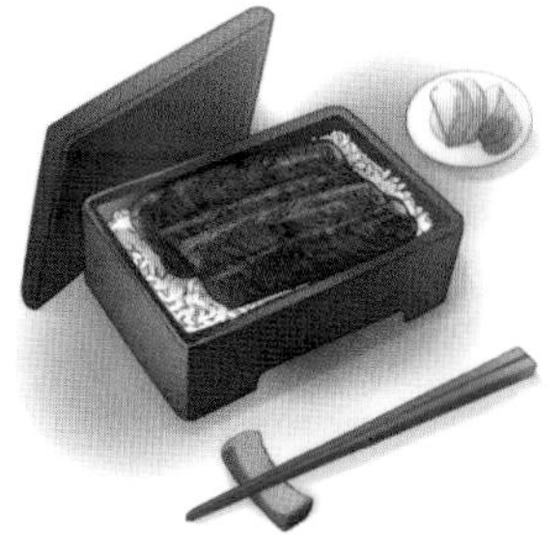

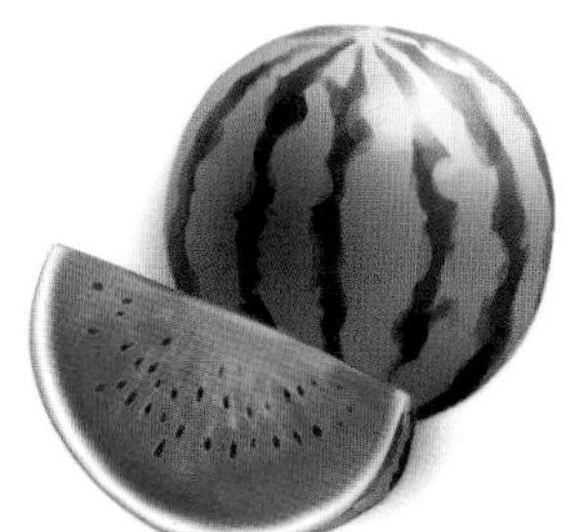

第三十六候　大雨時行

偶爾會降下激烈大雨，帶來一時涼意的時刻。

■ **西瓜**…西瓜的品種很多，還有如祭囃子、必勝、夏日團聚、龍寶等有趣的名字。西瓜的日文唸 suika，南瓜卻是 kabocha。

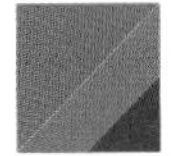

C0 M67 Y45 K0 ／ R237 G116 B111, #EC746F
C50 M0 Y50 K20 ／ R118 G174 B132, #76AE83
C77 M50 Y100 K0 ／ R75 G114 B55, #4B7136

第三十七候～第三十九候

立秋

りっしゅう

8月8日～22日前後

日	日曆・行事
8	涼風至
9	
10	
11	●山之日
12	
13	寒蟬鳴
14	
15	○舊曆7月15日
16	
17	
18	蒙霧升降
19	
20	
21	
22	

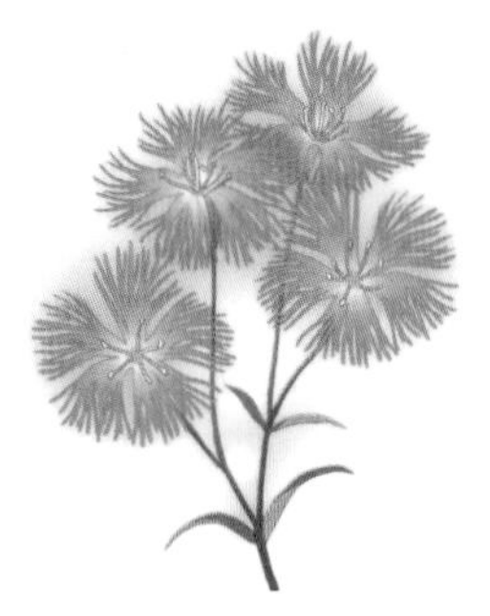

第三十七候　涼風至

開始吹起涼風的時刻。

■ **撫子**…秋日七草之一。大和撫子是讚美日本女性的詞彙。大和指日本、撫子則是「令人喜愛的女子」之意。

C15 M60 Y0 K0 ／ R213 G128 B178, #D57FB1

C10 M25 Y13 K0 ／ R231 G202 B206, #E6CACD

C20 M65 Y0 K0 ／ R203 G114 B171, #CB72AA

第三十八候　寒蟬鳴

日本暮蟬「喀拉喀拉喀拉…」鳴叫的時刻。

■ **蜩**…日本暮蟬。會日出前或日落時，以淒涼高亢的聲音鳴叫，彷彿宣告夏日的結束，令人哀愁。因其叫聲也稱為「喀拉蟬」。

C0 M10 Y23 K50 ／ R158 G147 B128, #9E927F

C45 M53 Y60 K20 ／ R137 G109 B88, #896D57

C67 M20 Y30 K0 ／ R82 G162 B174, #52A2AE

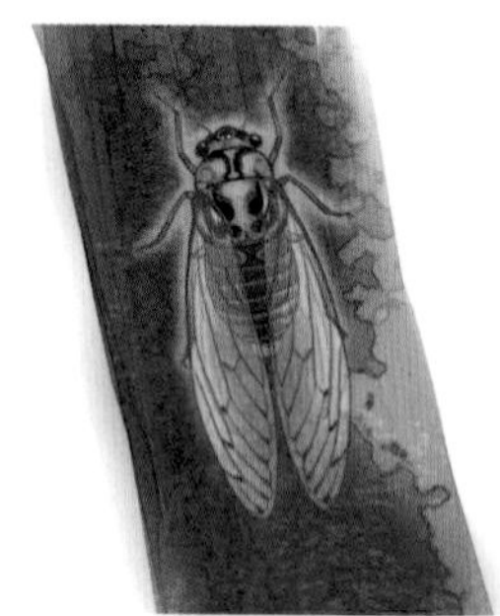

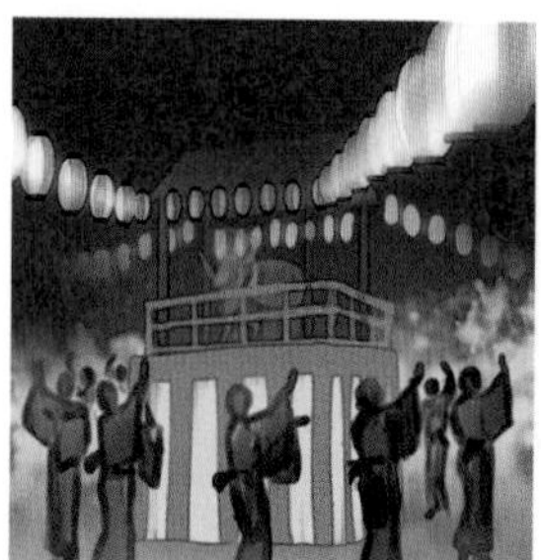

第三十九候　蒙霧升降

濃霧漸起的時刻。

■ **盂蘭盆舞**…盂蘭盆節以農曆 7 月 15 日為中心，是迎接祖先神靈並表達感謝的節日。盂蘭盆舞也是為了獻給祖先所跳。

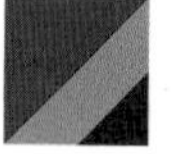

C0 M13 Y0 K70 ／ R113 G103 B107, #70666A

C0 M60 Y23 K0 ／ R238 G133 B150, #EE8596

C0 M0 Y0 K87 ／ R71 G67 B66, #464342

第四十候～第四十二候

處暑

しょしょ

8月23日～9月7日前後

日	日曆・行事
23	綿柎開
24	
25	
26	
27	
28	天地始肅
29	
30	
31	
9/1	
2	
3	禾乃登
4	
5	
6	
7	

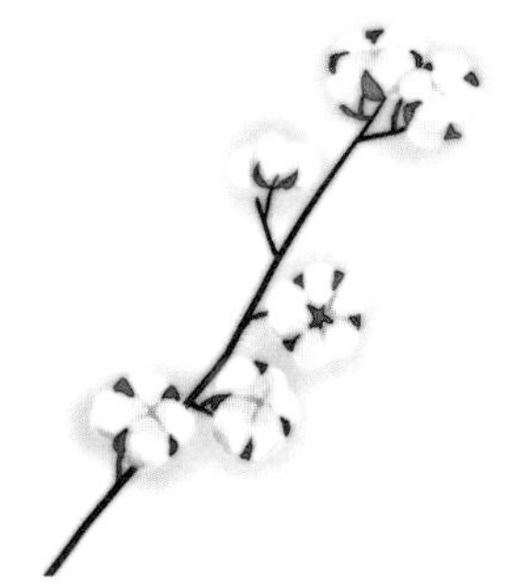

第四十候　綿柎開

棉的蒴果裂開，可從中看見白色棉花的時刻。

■ **木棉**…取自棉花蒴果纖維。英文為「cotton」。蒴果裂開後，看起來就像白色的花，因此稱為「棉花」。

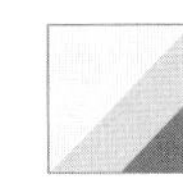

C0 M0 Y10 K0 ／ R255 G254 B238, #FFFDED

C0 M5 Y5 K10 ／ R238 G231 B227, #EEE7E3

C0 M10 Y10 K45 ／ R169 G159 B153, #A89E99

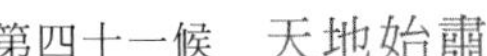

第四十一候　天地始肅

暑氣告終，晨昏開始出現秋天的氣息。

■ **秋櫻**…大波斯菊的漢字寫做秋櫻。花為淡紅色或白色，是日本秋季的代表風景之一。

C0 M35 Y0 K7 ／ R235 G183 B206, #EBB6CD

C0 M10 Y0 K0 ／ R253 G239 B245, #FCEEF4

C0 M70 Y0 K5 ／ R228 G106 B161, #E46AA0

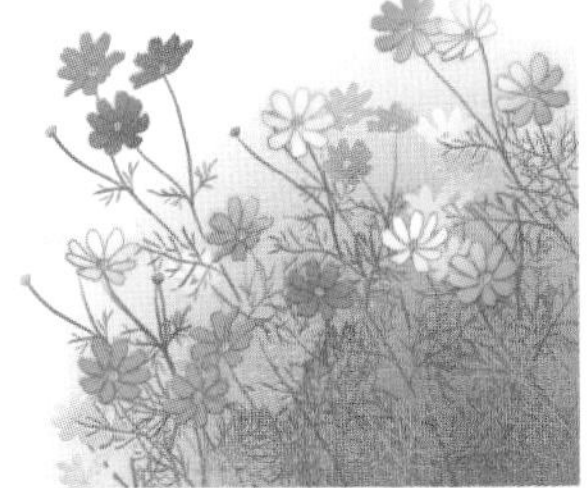

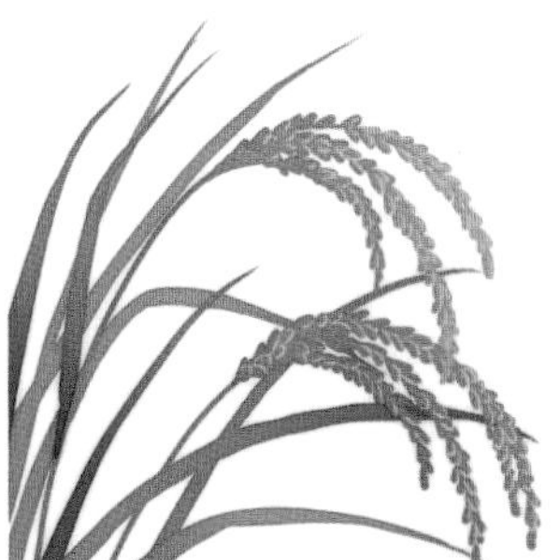

第四十二候　禾乃登

稻子開始結出金黃色稻穗的時刻。

■ **稻**…稻米與小麥、玉米並列為世界三大穀物。

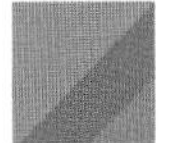

C15 M0 Y55 K10 ／ R213 G219 B132, #D4DB83

C0 M30 Y70 K5 ／ R242 G187 B86, #F1BB55

C55 M69 Y55 K11 ／ R127 G88 B93, #7F575C

第四十三候～第四十五候

白露

はくろ

9 月 8 日～ 22 日前後

日	日曆・行事
8	草露白
9	●重陽節
10	
11	
12	
13	鶺鴒鳴　○中秋節
14	
15	
16	○敬老日
17	
18	玄鳥去
19	
20	
21	
22	

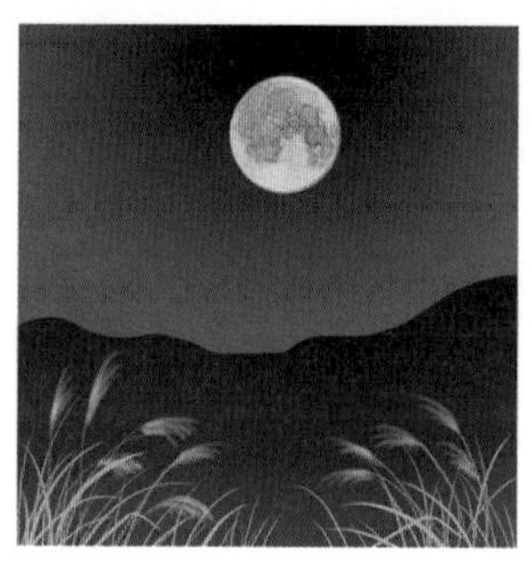

第四十三候　草露白

草上露水反射出閃閃白光的時刻。

■**十五夜**…現在指中秋節。以月亮陰晴圓缺為基準的陰曆，每月 15 日多為滿月，因此古人將滿月的夜晚稱為十五夜。

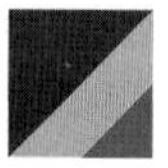

C10 M0 Y0 K80 ／ R81 G84 B87, #515457
C0 M10 Y47 K0 ／ R255 G232 B154, #FFE799
C5 M0 Y0 K60 ／ R131 G134 B137, #838688

第四十四候　鶺鴒鳴

鶺鴒鳴叫的時刻。

■**鶺鴒**…曾於《日本書紀》中登場的鳥類，據說牠告訴伊邪那岐和伊邪那美夫妻圓滿的方法。

C5 M0 Y3 K10 ／ R230 G235 B234, #E5EAEA
C5 M0 Y0 K90 ／ R59 G57 B58, #3B3939
C10 M0 Y0 K70 ／ R104 G109 B113, #676D70

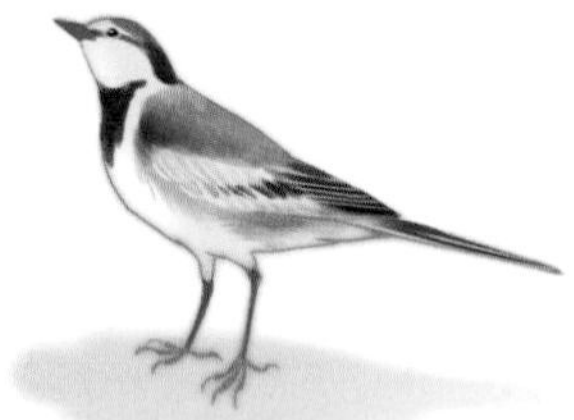

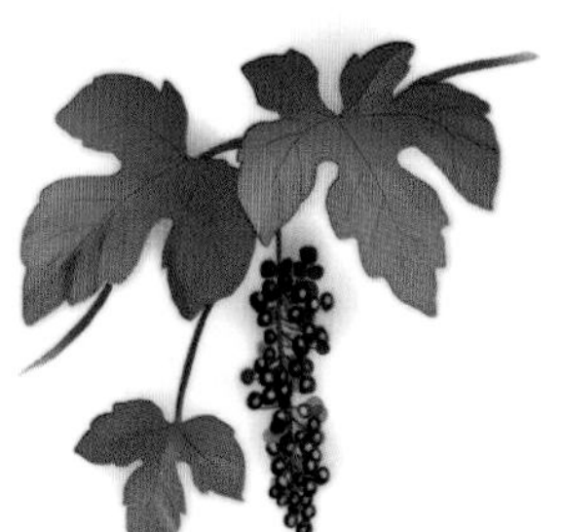

第四十五候　玄鳥去

春天來到日本的燕子，在此時回到南方。

■**山葡萄**…又稱葡萄葛，成熟果實的顏色稱為葡萄色。葡萄色與來自龍蝦殼顏色的海老色日文讀音相同。

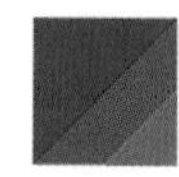

C55 M70 Y50 K13 ／ R125 G85 B97, #7D5460
C35 M35 Y90 K0 ／ R182 G161 B51, #B5A032
C35 M60 Y30 K7 ／ R170 G114 B135, #AA7286

第四十六候～第四十八候

秋分

しゅうぶん

9月23日～10月7日前後

日	日曆・行事
23	○秋分之日　雷乃收聲
24	
25	
26	
27	
28	蟄蟲坏戶
29	
30	
10/1	
2	
3	水始涸
4	
5	
6	
7	

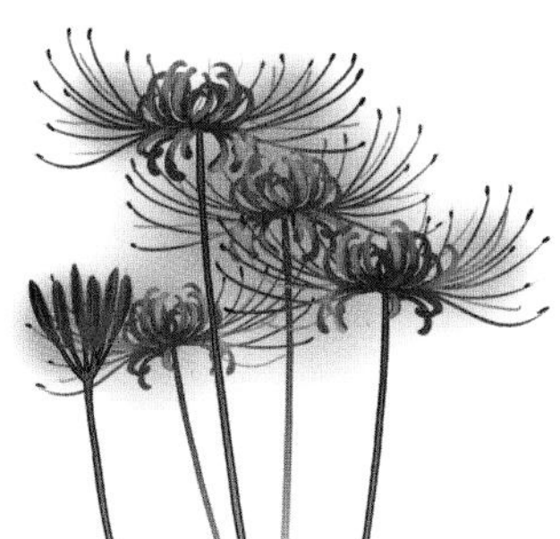

第四十六候　雷乃收聲

雷聲開始減少，天空浮現大片秋雲。

■ **曼殊沙華**…紅色石蒜花。盛開於秋季彼岸之時，因此又稱為彼岸花。

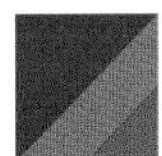

C0 M85 Y95 K3 ／ R229 G70 B21, #E54615
C0 M57 Y47 K0 ／ R240 G139 B117, #EF8B74
C37 M5 Y90 K0 ／ R178 G203 B52, #B2CB33

第四十七候　蟄蟲坏戶

昆蟲開始準備過冬的時刻。

■ **金木樨**…此時綻放、香氣濃郁的橘色小花，中文名為桂花。依花色有金銀之分，白色花的是銀木樨。

C0 M17 Y67 K0 ／ R254 G217 B101, #FDD864
C0 M30 Y67 K0 ／ R249 G193 B95, #F9C15F
C60 M35 Y55 K0 ／ R118 G145 B122, #76917A

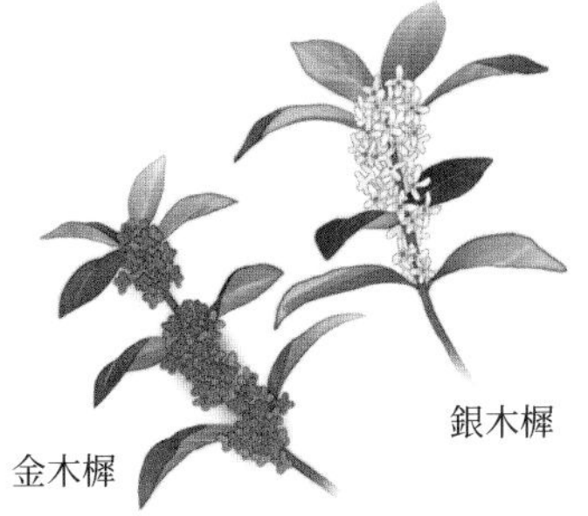

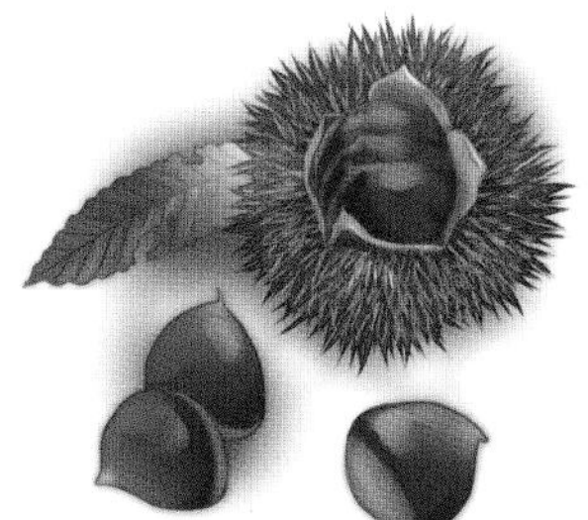

第四十八候　水始涸

抽乾水田，開始準備收割的時刻。

■ **栗**…成熟後會掉落地面的栗子，顏色在平安時代稱為「落栗」。在日本的傳統色中，有許多色名是取自植物。

C45 M70 Y100 K15 ／ R144 G86 B33, #905620
C15 M67 Y90 K15 ／ R193 G100 B34, #C16321
C35 M30 Y85 K0 ／ R182 G169 B63, #B5A83F

第四十九候～第五十一候

寒露

かんろ

10月8日～23日前後

日	日曆・行事
8	鴻雁來
9	
10	
11	
12	
13	
14	菊花開　○體育日
15	
16	
17	
18	
19	蟋蟀在戶
20	
21	○進入秋季土用期間
22	
23	

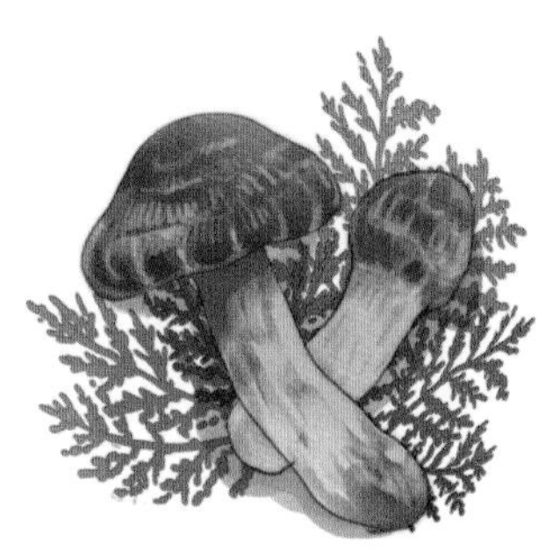

第四十九候　鴻雁來

雁從北方來日本過冬的時刻。每年第一批到訪的雁，稱為初雁。

■**松茸**…擁有獨特濃郁的香氣，日本人視為最高級的菇類。收穫期間為8月底到11月底。

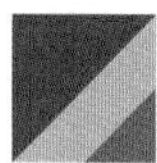

- C47 M55 Y75 K10 ／ R145 G114 B73, #907148
- C13 M15 Y30 K0 ／ R227 G216 B185, #E3D7B8
- C33 M50 Y60 K0 ／ R183 G138 B103, #B78966

第五十候　菊花開

菊花盛開的時刻。

■**菊**…分為觀賞用與食用的品種。鎌倉時代初期的後鳥羽天皇喜愛菊花的造型，因此以「菊紋」當做皇室的家紋。

- C0 M10 Y85 K0 ／ R255 G227 B41, #FFE228
- C7 M20 Y90 K0 ／ R241 G205 B23, #F0CC16
- C55 M30 Y65 K0 ／ R131 G155 B107, #839B6B

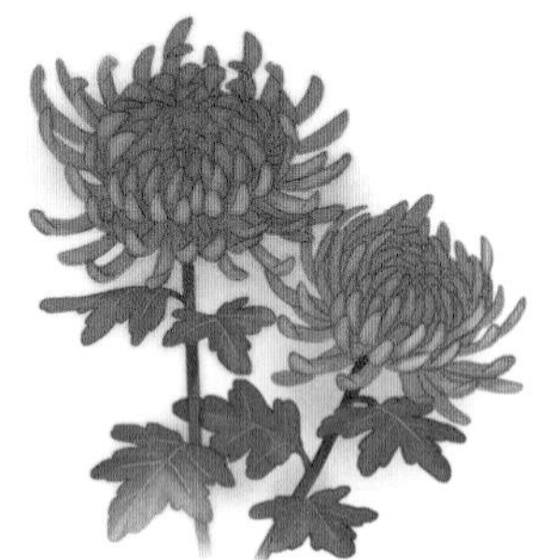

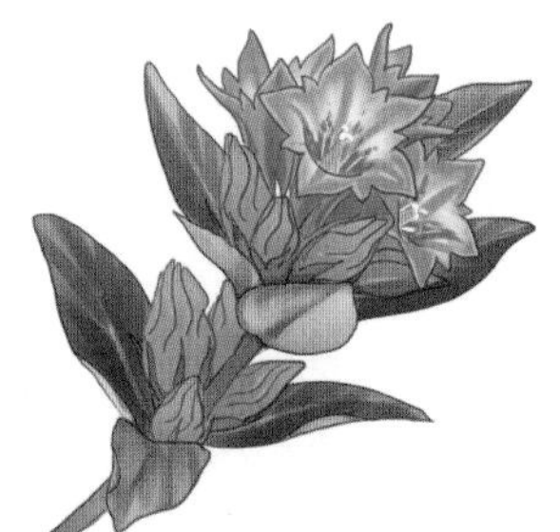

第五十一候　蟋蟀在戶

秋蟲在窗口鳴叫的時刻。這裡的蟲有螽斯和蟋蟀兩種說法。

■**龍膽**…根部可當成中藥，因味道「苦得如龍的膽一般」而得名。

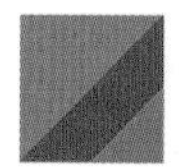

- C60 M47 Y0 K0 ／ R116 G129 B190, #7481BE
- C50 M10 Y75 K15 ／ R129 G168 B85, #80A855
- C70 M40 Y0 K0 ／ R81 G133 B197, #5085C5

第五十二候～第五十四候

霜降

そうこう

10月24日～11月7日前後

日	日曆・行事
24	霜始降
25	
26	
27	
28	
29	霎時施
30	
31	
11/1	
2	
3	楓蔦黃　●文化日
4	
5	
6	
7	

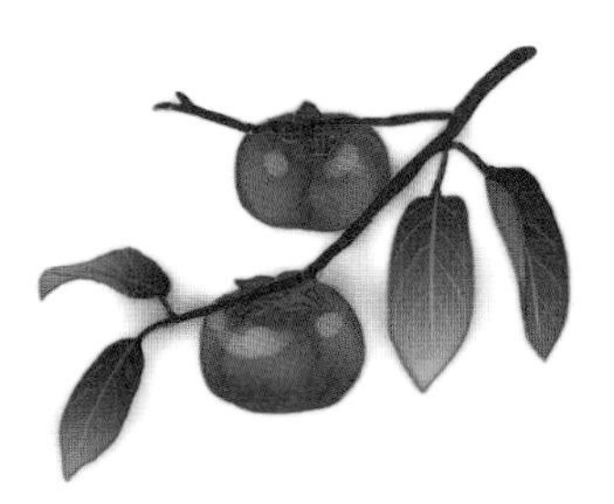

第五十二候　霜始降

開始下霜的時刻。

■ **柿子**…成熟的果實可食用、葉子可泡茶、樹幹是家具材料，澀柿子則可當做防腐劑使用。鎌倉時代，「柿色」指的是暗紅褐色的「柿澀色」。

- C0 M65 Y90 K0 ／ R238 G120 B31, #EE771E
- C50 M45 Y75 K7 ／ R141 G130 B79, #8C824E
- C45 M10 Y60 K15 ／ R140 G174 B114, #8BAD71

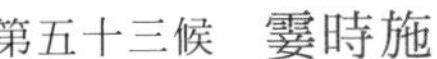

第五十三候　霎時施

偶爾會下起小雨的時刻。

■ **橡實**…山毛櫸科的麻櫟、青剛櫟、枹櫟、橡樹等果實的總稱。以麻櫟果實所染成的顏色，稱為「橡色」。

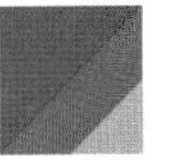

- C0 M27 Y20 K55 ／ R145 G118 B112, #90756F
- C25 M45 Y70 K0 ／ R200 G151 B87, #C89656
- C0 M20 Y20 K15 ／ R226 G197 B181, #E1C4B5

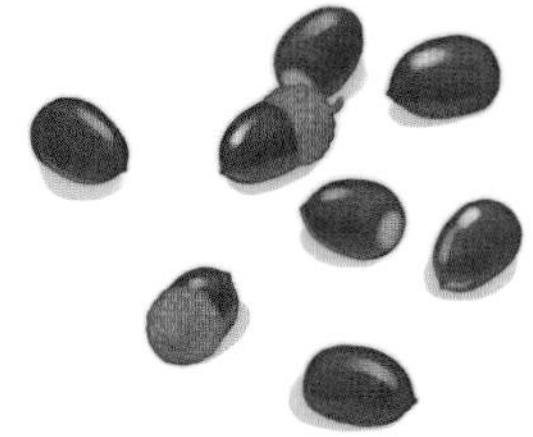

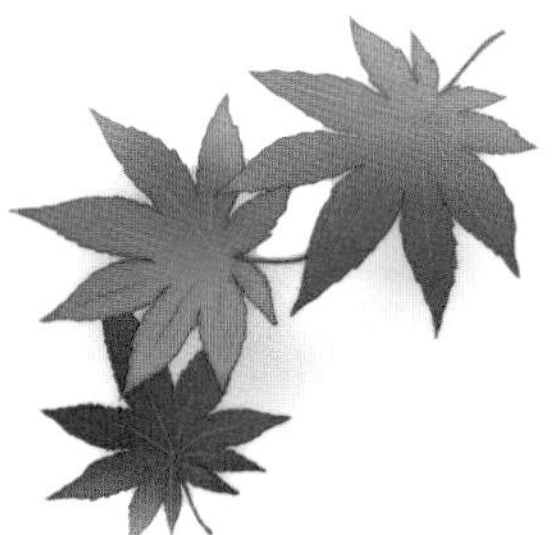

第五十四候　楓蔦黃

紅葉色澤漸深的時刻。

■ **楓**…紅葉是楓的一種，日本代表性的楓葉品種為日本楓（イロハモミジ）。葉片變色即稱為紅葉，日文可唸做「kouyou」或「momiji」。

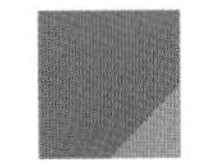

- C17 M73 Y45 K0 ／ R209 G98 B107, #D0626B
- C10 M60 Y55 K0 ／ R223 G129 B102, #DF8065
- C0 M25 Y50 K0 ／ R250 G205 B137, #FACC88

第五十五候～第五十七候

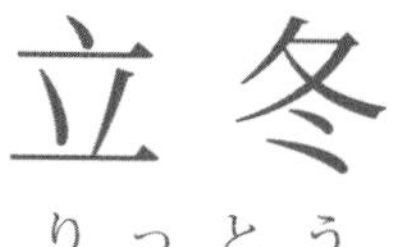

立冬

りっとう

11月8日～21日前後

日	日曆・行事
8	山茶始開
9	
10	
11	
12	
13	地始凍
14	
15	●七五三
16	
17	
18	金盞香
19	
20	
21	

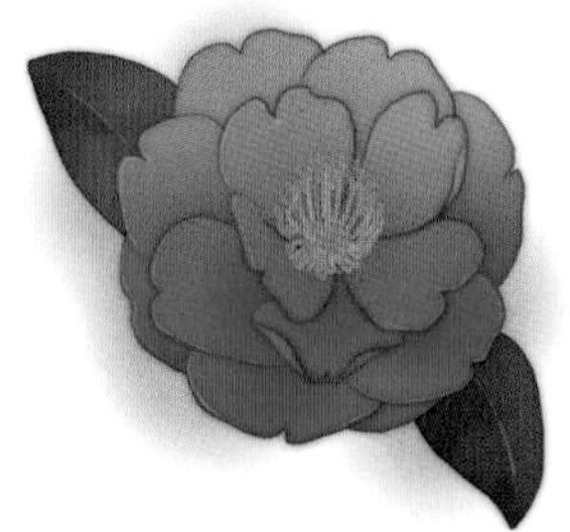

第五十五候　山茶始開

山茶花開始綻放的時刻。

■ **山茶花**…山茶花的古讀音為「sansaka」，之後變化成「sazanka」。常用來做綠籬。

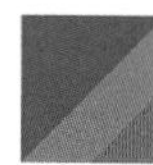

C10 M90 Y25 K0 ／ R216 G51 B116, #D83373

C5 M63 Y10 K0 ／ R230 G125 B163, #E57DA3

C10 M10 Y75 K0 ／ R237 G220 B83, #EDDC53

第五十六候　地始凍

大地開始結凍的時刻。

■ **霜柱**…地底水分因毛細現象而滲出地面，凍結成柱狀。輕輕一踩，便會發出令人愉悅的劈啪聲。

C7 M0 Y0 K7 ／ R231 G238 B243, #E6EEF3

C27 M27 Y0 K50 ／ R121 G116 B139, #79748A

C45 M40 Y90 K25 ／ R132 G121 B44, #84792B

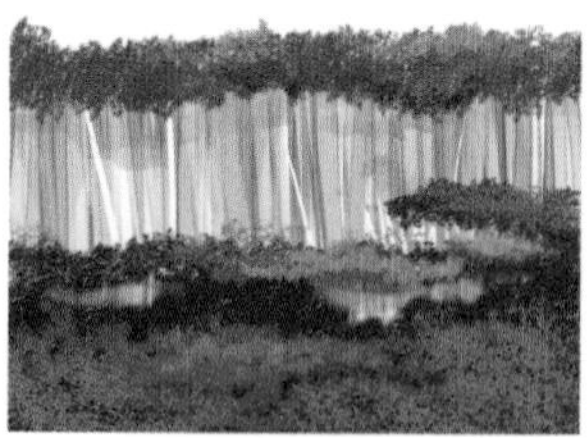

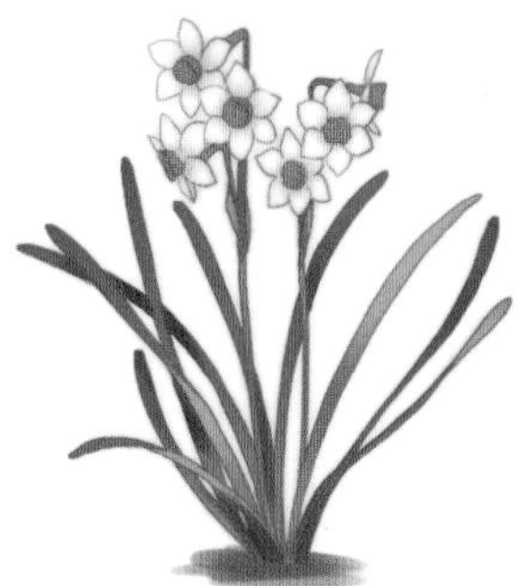

第五十七候　金盞香

水仙開花的時刻。這裡寫的金盞香，指的是水仙花。

■ **水仙**…在雪中依然會綻放出香氣濃郁的花朵，因此又稱為雪中花。

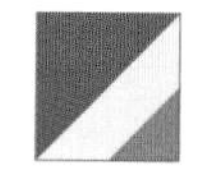

C43 M15 Y75 K0 ／ R162 G185 B92, #A2B95B

C0 M0 Y5 K0 ／ R255 G254 B247, #FFFEF6

C7 M10 Y60 K0 ／ R243 G225 B123, #F2E07A

第五十八候～第六十候

小雪

しょうせつ

11月22日～12月6日前後

日	日曆・行事
22	虹藏不見
23	●勤勞感謝日
24	
25	
26	
27	朔風揮葉
28	
29	
30	
12/1	
2	橘始黃
3	
4	
5	
6	

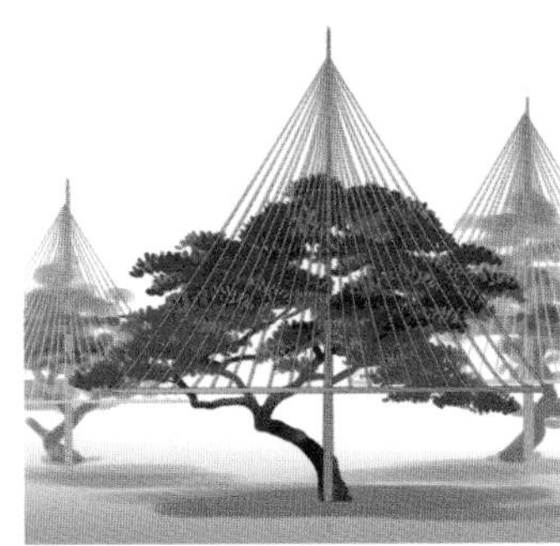

第五十八候　虹藏不見

不會再看到彩虹的時刻。空氣變得乾燥，陽光也逐漸減弱。

■**雪吊**…為防止樹枝因雪的重量折斷，因此將庭院樹木的枝條以細繩吊起。

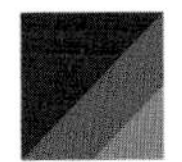

C80 M0 Y85 K57 ／ R0 G98 B45, #00612C

C10 M25 Y77 K30 ／ R184 G154 B57, #B79939

C5 M10 Y55 K20 ／ R212 G196 B117, #D4C475

第五十九候　朔風揮葉

北風將樹葉吹落的時刻。

■**白菜**…晚秋到冬季最具代表性的季節蔬菜。現在常見的結球型白菜，在1990年代後才開始普遍。

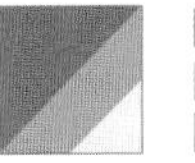

C50 M0 Y80 K0 ／ R141 G197 B86, #8DC556

C30 M0 Y50 K0 ／ R192 G221 B152, #C0DC97

C0 M0 Y10 K3 ／ R252 G250 B234, #FBF9EA

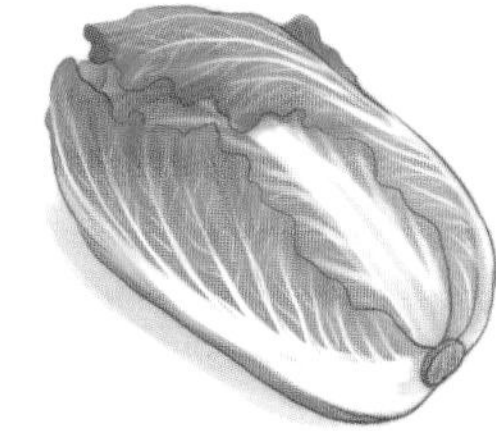

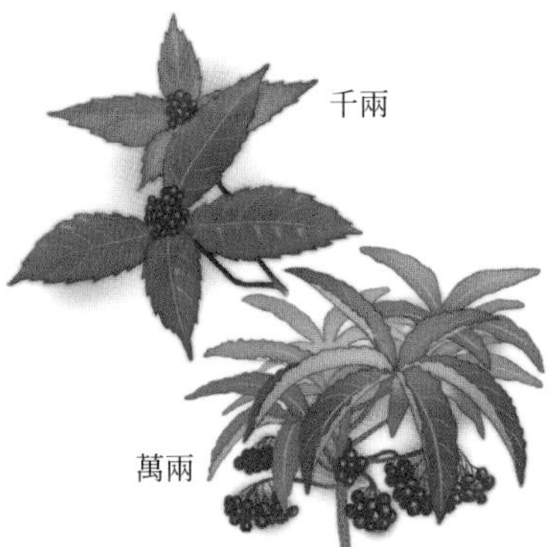

第六十候　橘始黃

日文寫做「橘」的橘柑果實開始轉黃的時刻。橘柑是日本原有的品種。

■**千兩、萬兩**…冬天會結出鮮豔的紅色果實，因此被視為新年吉祥物。另外，紫金牛這種植物又稱為十兩。

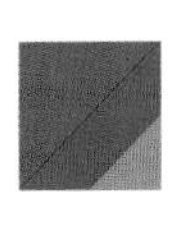

C70 M20 Y75 K15 ／ R72 G142 G86, #488D56

C0 M83 Y60 K5 ／ R226 G74 B75, #E2494B

C40 M0 Y65 K0 ／ R168 G209 B118, #A8D076

第六十一候～第六十三候

大雪

たいせつ

12月7日～21日前後

日	日曆・行事
7	閉塞成冬
8	
9	
10	
11	
12	熊蟄穴
13	
14	
15	
16	
17	鱖魚群
18	
19	
20	
21	

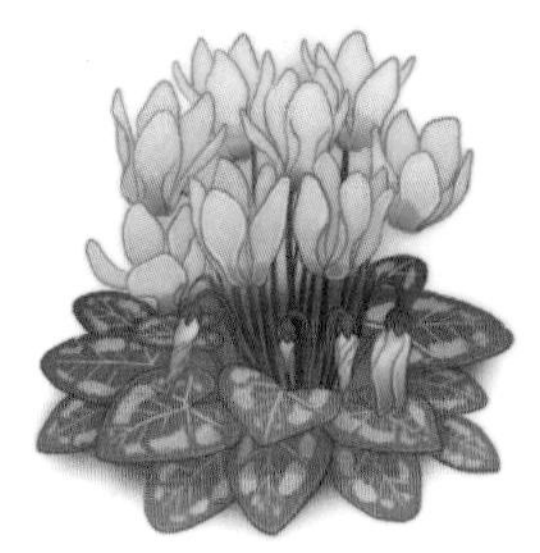

第六十一候　閉塞成冬

冬雲籠罩天空，真正入冬的時刻。

■**篝火花**…就是仙客來。花的姿態像營火般，因而得名。

C23 M53 Y13 K0 ／ R200 G139 B171, #C88BAB

C0 M27 Y0 K5 ／ R241 G201 B219, #F0C8DA

C47 M0 Y55 K35 ／ R109 G154 B107, #6C996A

第六十二候　熊蟄穴

熊開始冬眠的時刻。

■**冬籠**…為了冬眠而吃了許多食物的動物們，正窩在巢穴中的時期。哺乳類中，棕熊、亞洲黑熊、蝙蝠、花栗鼠等都會冬眠。

C60 M75 Y100 K35 ／ R96 G60 B28, #5F3C1C

C75 M75 Y90 K50 ／ R55 G46 B31, #362E1E

C50 M40 Y70 K30 ／ R115 G114 B72, #737148

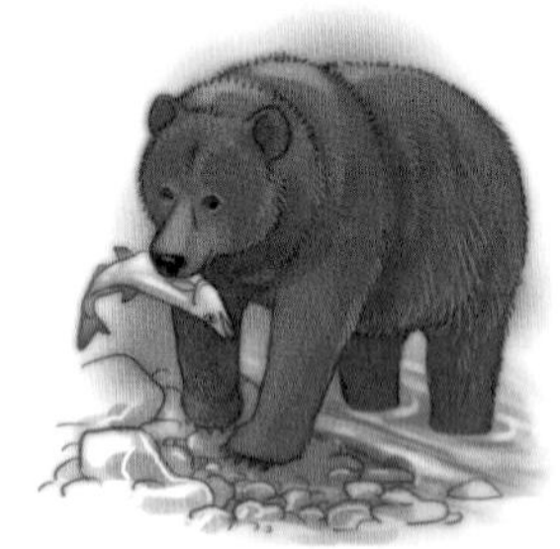

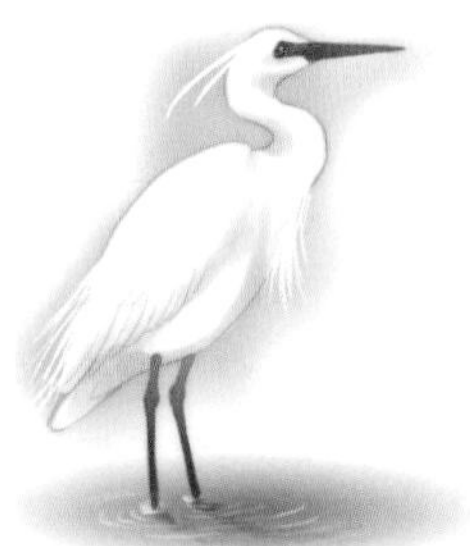

第六十三候　鱖魚群

鮭魚為了產卵，回到出生故鄉的河川之時刻。

■**小鷺**…全身羽毛皆為白色，又名雪客。中文名為小白鷺。

C10 M15 Y0 K0 ／ R232 G222 B237, #E7DDED

C0 M0 Y0 K13 ／ R233 G234 B234, #E9E9E9

C5 M0 Y0 K0 ／ R245 G251 B254, #F5FAFE

第六十四候～第六十六候

冬至

とうじ

12月22日～1月5日前後

日	日曆・行事
22	乃東生
23	
24	
25	
26	
27	麋角解
28	
29	
30	
31	
1/1	雪下出麥 ●元旦
2	
3	
4	
5	

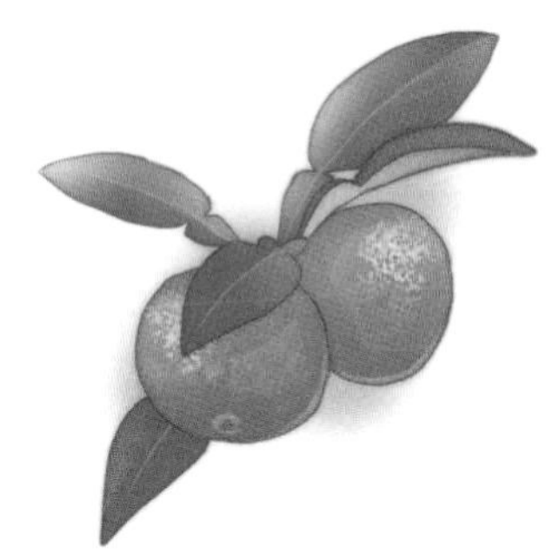

第六十四候　乃東生

夏枯草開始冒出新芽的時刻。夏枯草又稱為靭草。

■**冬至**…一年中日照最短的日子，因此又被視為陰極之至，陽氣始生的「一陽來復」之日。柚子澡原本具有驅除邪氣，清潔身心的「禊」之意。

C60 M7 Y70 K0 ／ R110 G181 B108, #6DB46C
C0 M10 Y73 K0 ／ R255 G228 B86, #FFE456
C20 M10 Y50 K0 ／ R215 G215 B147, #D6D792

第六十五候　麋角解

成年鹿的角開始脫落的時刻。一到春天，鹿便會長出新的角。

■**南瓜**…在冬至吃日文讀音中有「ん」音的食物，可以帶來好運。南瓜的讀音也有「ん」。

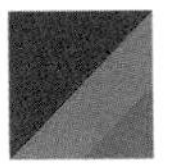

C45 M10 Y63 K55 ／ R88 G112 B67, #577043
C10 M15 Y80 K0 ／ R236 G212 B67, #ECD343
C17 M37 Y80 K0 ／ R217 G169 B66, #D9A942

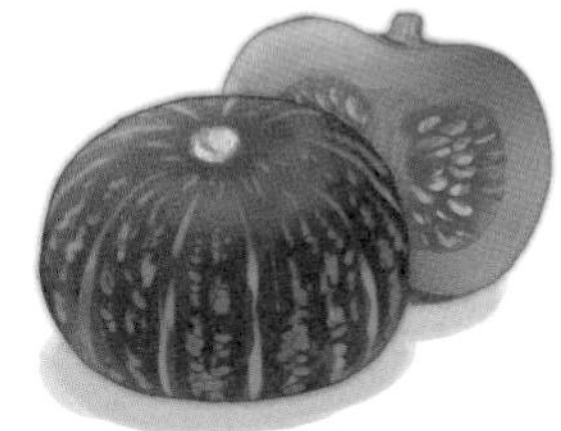

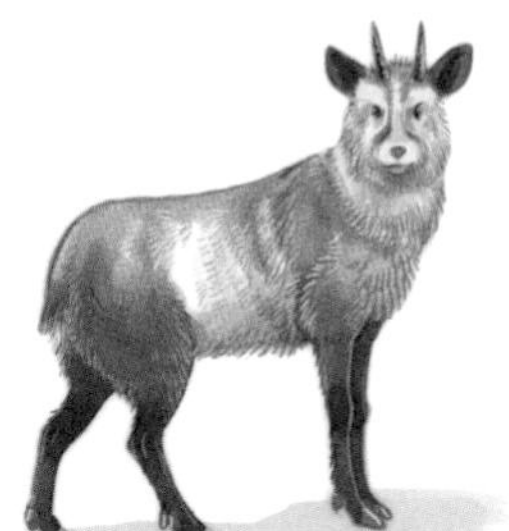

第六十六候　雪下出麥

麥芽從積雪底下冒出頭的時刻。

■**日本長鬃山羊**…與朱鷺齊名的天然紀念物。棲息於山岳地帶，是好奇心旺盛的動物，會靜止不動，盯著人類看。

C45 M45 Y60 K25 ／ R131 G116 B88, #827357
C25 M33 Y35 K0 ／ R200 G175 B159, #C8AF9E
C0 M20 Y20 K75 ／ R101 G84 B76, #64544C

第六十七候～第六十九候

小寒

しょうかん

1月6日～19日前後

日	日曆・行事
6	芹乃榮
7	●人日節
8	
9	
10	
11	水泉動
12	
13	
14	○成人日
15	
16	雉始雊
17	○進入冬季土用期間
18	
19	

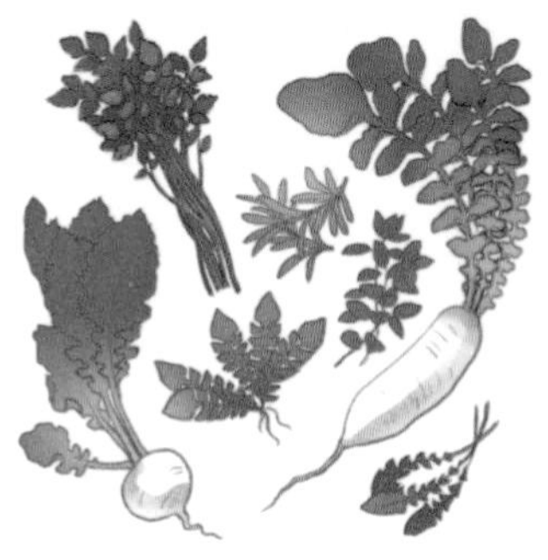

第六十七候　芹乃榮

芹菜茂盛生長的時刻。

■**七草**…秋之七草（胡枝子、桔梗、葛花、白頭婆、女郎花、芒草、石竹花）為觀賞用，春之七草（芹菜、薺菜、鼠麴草、繁縷、寶蓋草、蕪菁、白蘿蔔）為食用。

C43 M5 Y75 K0 ／ R162 G199 B94, #A1C65E

C10 M0 Y20 K0 ／ R236 G244 B217, #EBF3D9

C65 M10 Y85 K0 ／ R96 G171 B79, #5FAB4F

第六十八候　水泉動

結凍的泉水開始流動的時刻。

■**開鏡**…取下元月供奉的鏡餅。用刀切麻糬餅不吉利，因此用木槌敲開，也不用「切、割」，而是以「開」形容。

C25 M90 Y95 K0 ／ R194 G58 B36, #C13A24

C0 M0 Y7 K0 ／ R255 G254 B243, #FFFEF3

C0 M35 Y60 K0 ／ R247 G184 B109, #F7B86C

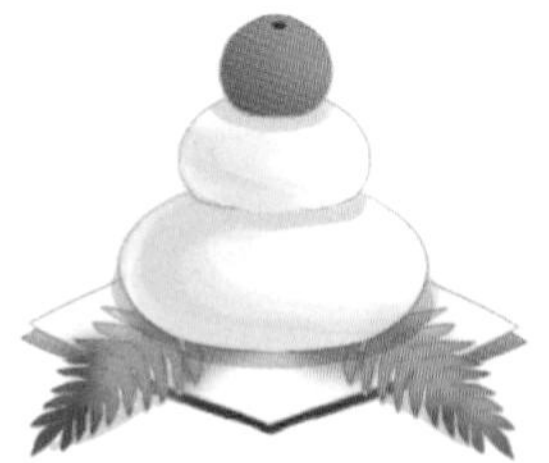

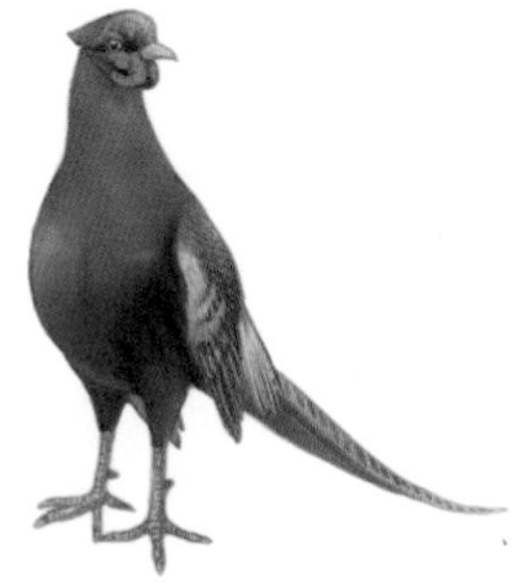

第六十九候　雉始雊

雄雉雞開始「嘎嘎」鳴叫的時刻。

■**雉雞**…有句話說「雉雞不鳴則無禍」，雄雉雞的叫聲便是如此響亮。繁殖期的雄雉雞會爭奪地盤，並攻擊紅色物體。

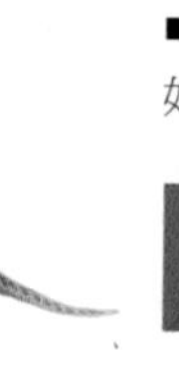

C65 M10 Y70 K15 ／ R84 G156 B97, #539C61

C83 M33 Y60 K0 ／ R0 G133 G116, #008474

C0 M80 Y80 K7 ／ R224 G81 B47, #E0502F

第七十候～第七十二候

大寒

だいかん

1月20日～2月3日前後

日	日曆・行事
20	款冬華
21	
22	
23	
24	
25	水澤腹堅
26	
27	
28	
29	
30	鶏始乳
31	
2/1	
2	
3	●節分

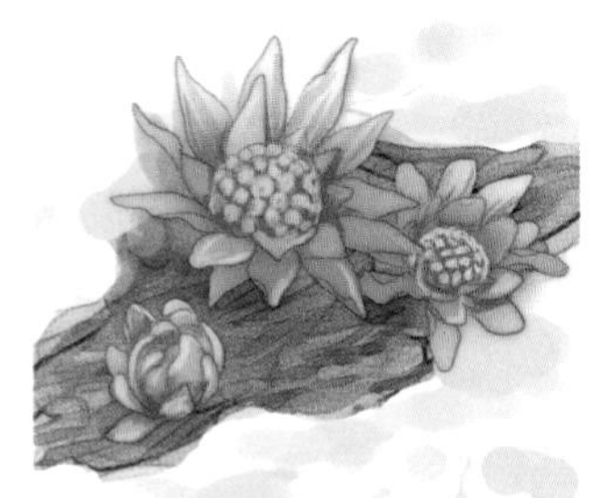

第七十候　款冬華

蜂斗菜（款冬）的嫩芽開始露臉的時刻。

■**蜂斗菜**…在開始融雪時長出新芽的山菜。經常做成天婦羅、涼拌菜、燉菜等。蜂斗菜的花莖稱為蕗。

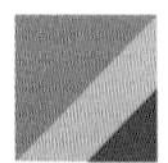

C45 M15 Y65 K0 ／ R156 G185 B113, #9CB870

C13 M0 Y45 K0 ／ R231 G237 B164, #E7EDA4

C45 M40 Y97 K0 ／ R159 G146 B41, #9F9128

第七十一候　水澤腹堅

水面凍結成冰的時刻。

■**蠟梅**…在1月～2月的寒冷時期，綻放香氣芬芳的花朵。花瓣宛如蠟工藝品般平滑有光澤。又稱唐梅。

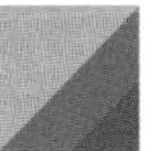

C0 M5 Y53 K0 ／ R255 G240 B143, #FFEF8E

C30 M27 Y83 K0 ／ R193 G177 B66, #C0B142

C45 M45 Y85 K0 ／ R159 G138 B65, #9F8A40

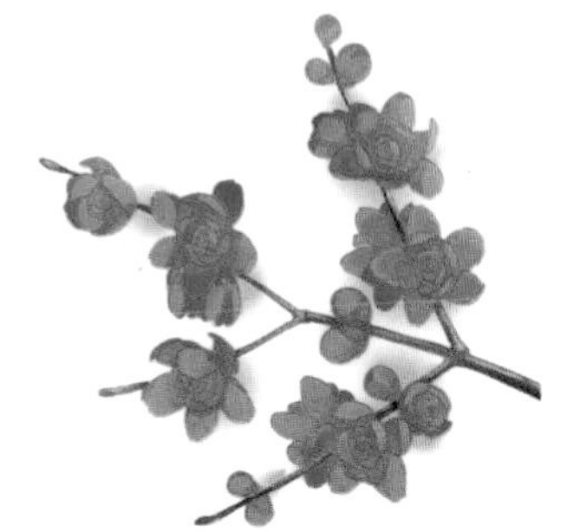

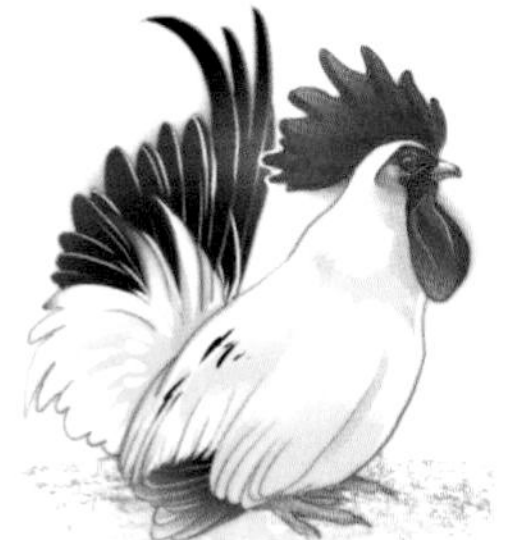

第七十二候　雞始乳

雞開始產卵的時刻。

■**雞**…日文中雞的讀音，源自放養在庭院的「庭鳥」。雞會在早晨鳴叫，因此又稱為「報時鳥」。

C0 M0 Y5 K10 ／ R239 G238 B232, #EFEEE7

C0 M85 Y75 K17 ／ R207 G62 B48, #CE3E30

C0 M37 Y0 K90 ／ R63 G35 B45, #3E222C

第 8 章

日本列島由北到南

北從鄂霍次克海的流冰，南到沖繩的石垣島。這是一場以「配色」巡遊日本名勝古蹟與觀光景點的歡樂之旅。本章經常出現表現天空或大海的「藍」色。不過，「藍」會因各地區的氣候與地理條件，而有完全不同的風貌。即使在相同的地方，色彩也會因季節或時間不同而不斷變化；每翻過一頁，心情也彷彿踏上旅行般，真是不可思議。

將在旅行各地所見到的風景，轉化為配色組合，一定也能更加拓展你的「配色創意」。

透過配色，行旅日本

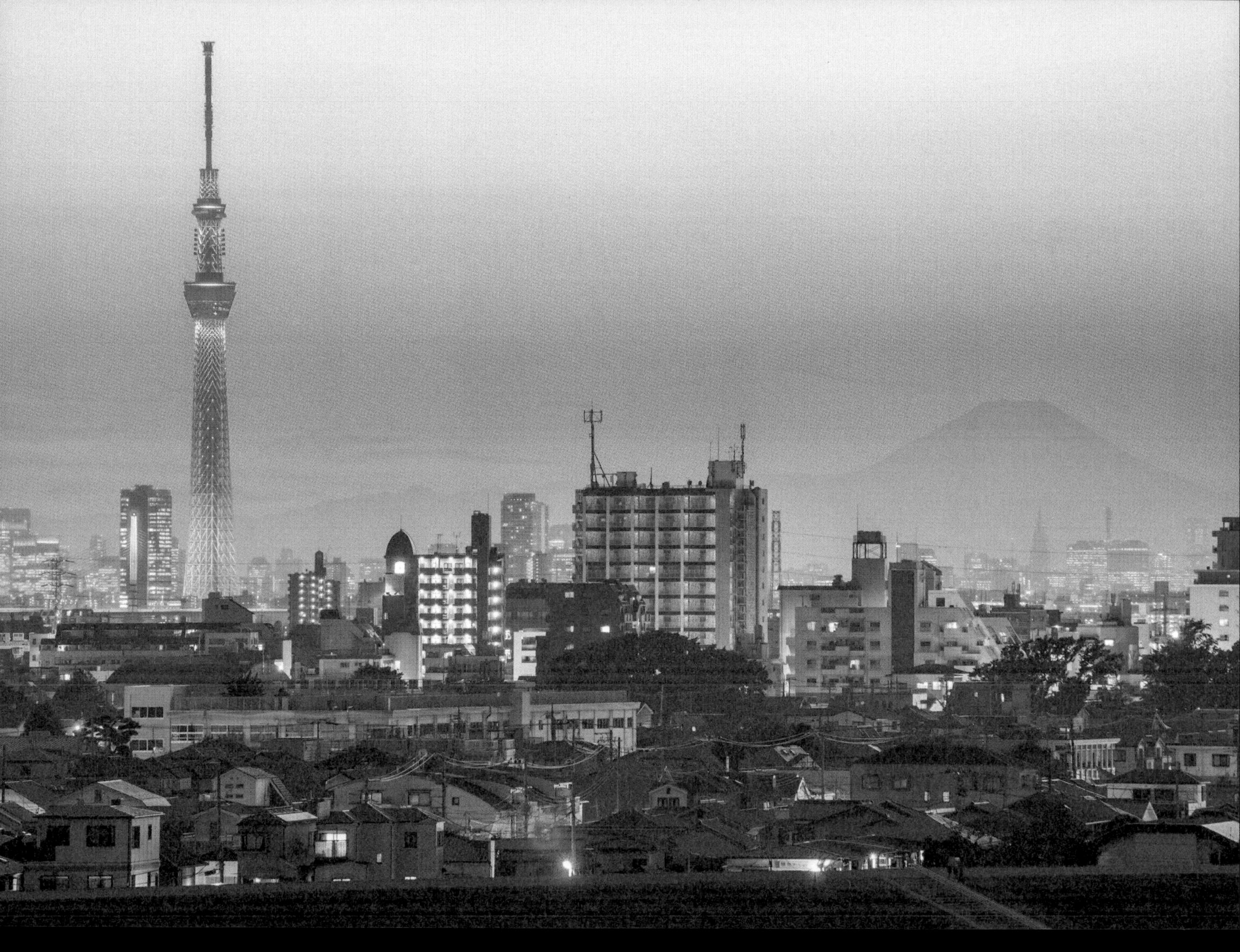

059

鄂霍次克海的流冰

Drift Ice of Okhotsk

流冰是野生動物的棲息地。每年冬天，白尾海鵰與虎頭海鵰會從俄羅斯飛來北海道，牠們以魚為主食，會在流冰上捕獵休息。而斑海豹為了保護自己免受虎鯨等天敵攻擊，也會在流冰上生產並照顧小海豹。（北海道）

印象	北國的、冬季的寒冷、幻想的
配色方式	①～⑥為基本色，⑦～⑨為強調色
重點	帶灰的紅紫色帶來幻想氣氛

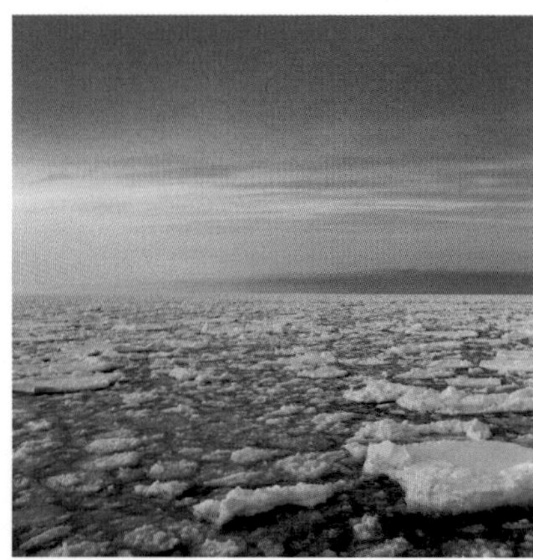

流冰最多的2月，海面七～八成都被流冰所覆蓋。

①流冰

りゅうひょう

漂流海上的冰。海水因寒風而結凍。

②海豹

あざらし

以野生海豹為意象的顏色。

③鄂霍次克海

おほーつくかい

浮游生物豐富的海水，看起來近似黑色。

④黎明

れいめい

清晨。也指新事物的開始。

⑤宗谷岬

そうやみさき

日本本土最北端的地方。

⑥北風

きたかぜ

自北方吹來的冷風。

⑦天使

てんし

「流冰的天使」正式名稱是裸海蝶。

⑧夜明

よあけ

摻入紅與藍，瞬息萬變的清晨天空。

⑨冰點

ひょうてん

水結成冰的溫度。在1大氣壓時為零度。

1
C7 M0 Y0 K5
R234 G242 B246
#E9F1F6

2
C10 M5 Y5 K15
R211 G215 B217
#D2D7D9

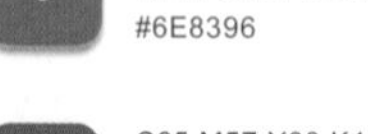

3
C45 M23 Y13 K37
R111 G131 B150
#6E8396

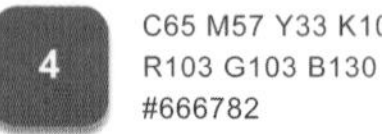

4
C65 M57 Y33 K10
R103 G103 B130
#666782

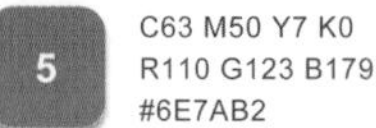

5
C63 M50 Y7 K0
R110 G123 B179
#6E7AB2

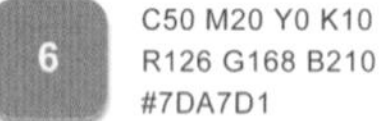

6
C50 M20 Y0 K10
R126 G168 B210
#7DA7D1

7
C23 M23 Y0 K15
R183 G178 B204
#B7B1CB

8
C23 M40 Y7 K10
R189 G155 B183
#BD9AB7

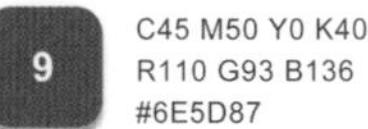

9
C45 M50 Y0 K40
R110 G93 B136
#6E5D87

雙色配色 Two-colors combination

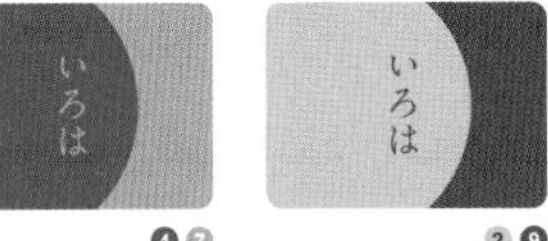

①③ ④⑦ ②⑨

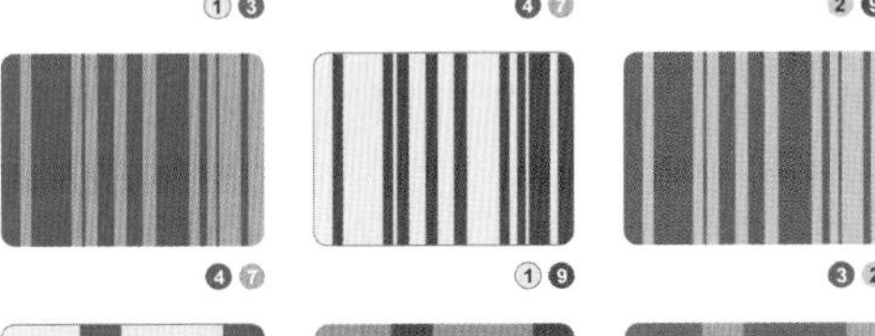

④⑦ ①⑨ ③②

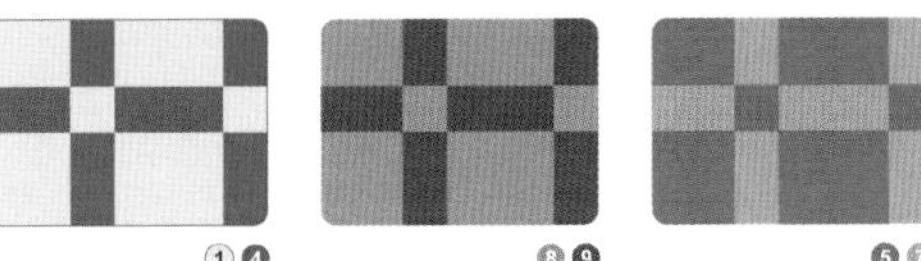

①④ ⑧⑨ ⑤⑦

三色配色 Three-colors combination

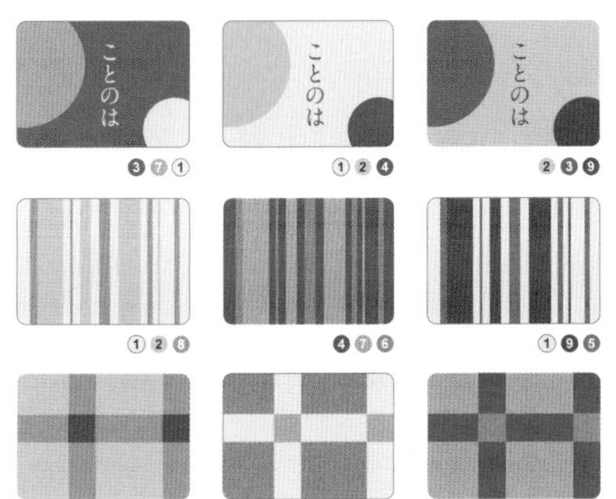

③⑦① ①②④ ②③⑨

①②⑧ ④⑦⑥ ①⑨⑤

②⑧⑨ ⑥①⑦ ⑦④⑥

意匠設計 Design

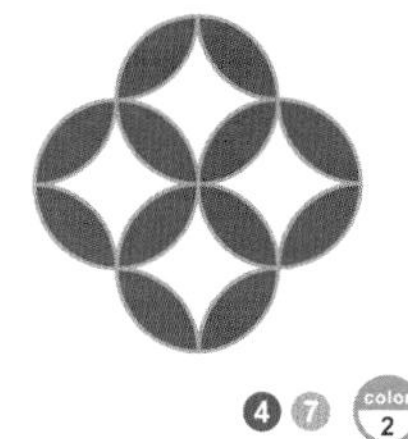

④⑦ color 2

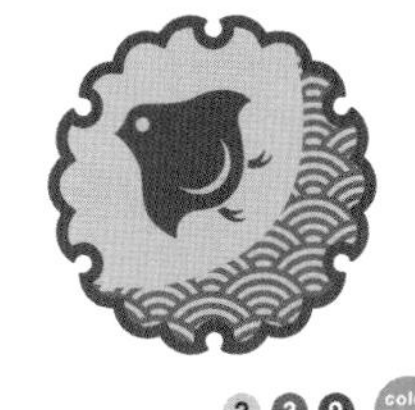

②③⑨ color 3

①⑤⑦⑧ color 4

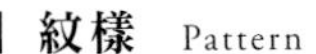

紋樣 Pattern

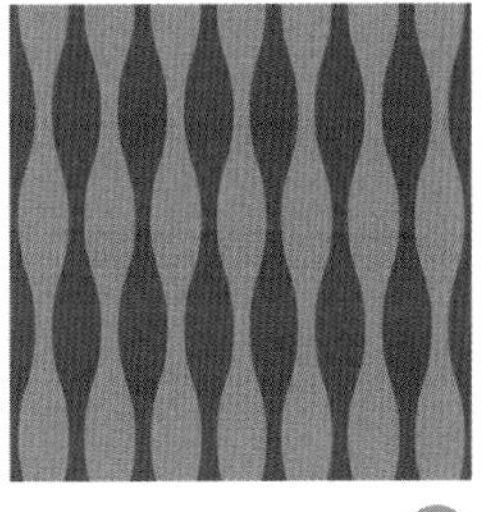

⑥⑨ color 2

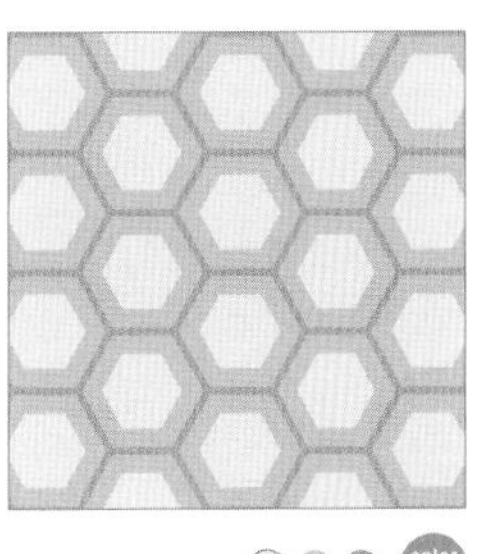

①②⑦ color 3

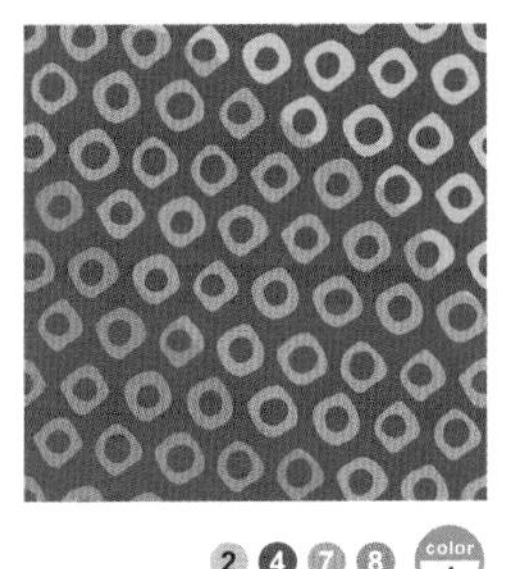

②④⑦⑧ color 4

插畫 Illustration

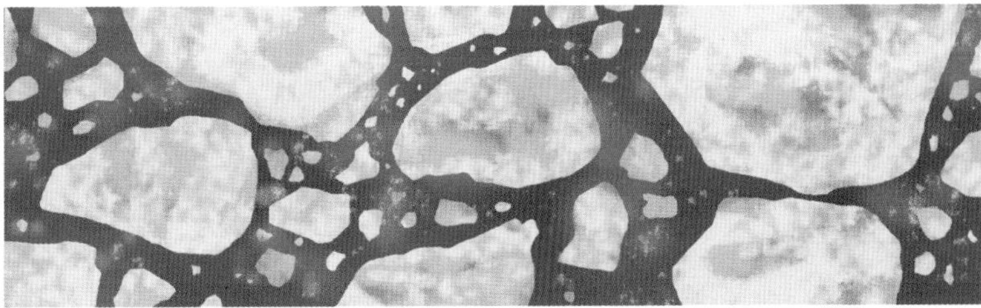

①②④⑤⑥⑦⑧⑨ color 8

060 薰衣草花田

Lavender Field

為了生產化妝品香料使用的薰衣草精油，於昭和 12 年從法國帶回真正薰衣草的種子，並在富良野地區栽種，現在的富良野也成為首屈一指的觀光景點，種植面積最廣的品種「丘紫」，在 7 月中旬左右迎來賞花期。（北海道）

印象	歐風的、有氣質的、洗鍊的
配色方式	藍紫色為主，結合紅紫、白與黃綠色
重點	①②的藍紫，表現出薰衣草印象

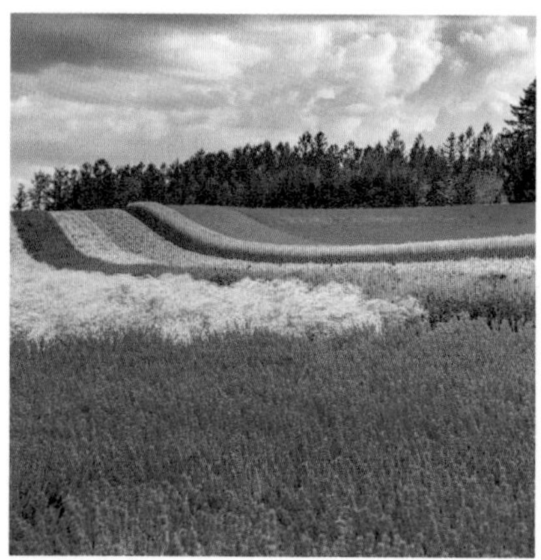

無論早開或晚開，都會在 7 月依序迎來賞花期。

①濃紫

のうし

與「丘紫」齊名的富良野薰衣草。

②精油

せいゆ

無色透明的薰衣草精油中，凝縮了香氣成分。

③雲影

くものかげ

形狀多變的雲影籠罩著大地。

④濃霧

のうむ

視野在 100 公尺以下，便稱為濃霧。

⑤白雲

しらくも

白雲之下，薰衣草的藍紫色十分顯眼。

⑥煉乳

れんにゅう

牛奶加糖濃縮而成的產品。

⑦大地

だいち

遼闊的大地，長滿了豐富的作物與草木。

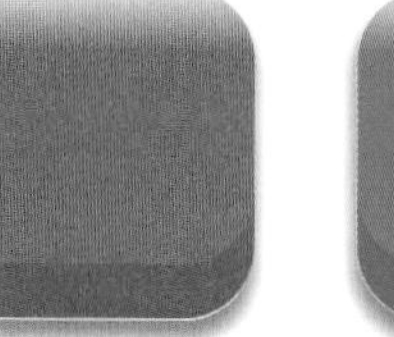

⑧甜瓜

めろん

夕張哈密瓜的皮是淺綠、果肉是深橘色。

⑨紫丁香花

むらさきはしどい

英文為 Lilac，法文為 Lilas。紫丁香花色。

1 C60 M60 Y0 K0 R121 G107 B175 #786BAE

2 C40 M40 Y0 K0 R165 G154 B202 #A59AC9

3 C3 M0 Y13 K25 R207 G208 B193 #CECFC0

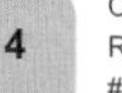

4 C5 M0 Y13 K17 R218 G221 B206 #D9DDCE

5 C10 M0 Y17 K0 R236 G244 B223 #EBF4DF

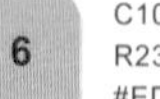

6 C10 M0 Y40 K0 R237 G241 B176 #EDF0AF

7 C45 M0 Y50 K35 R113 G156 B115 #709B72

8 C43 M0 Y65 K0 R160 G206 B119 #9FCD76

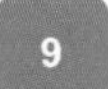

9 C40 M60 Y0 K0 R166 G116 B176 #A574B0

雙色配色 Two-colors combination

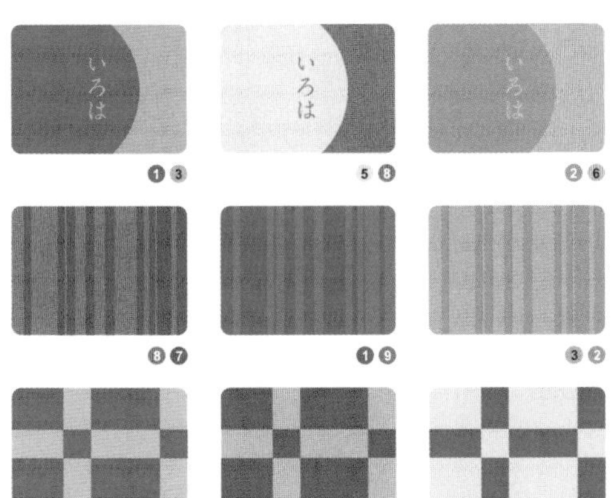

三色配色 Three-colors combination

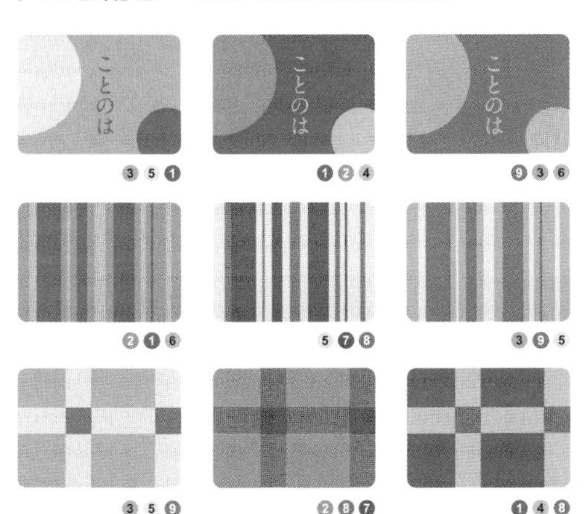

意匠設計 Design

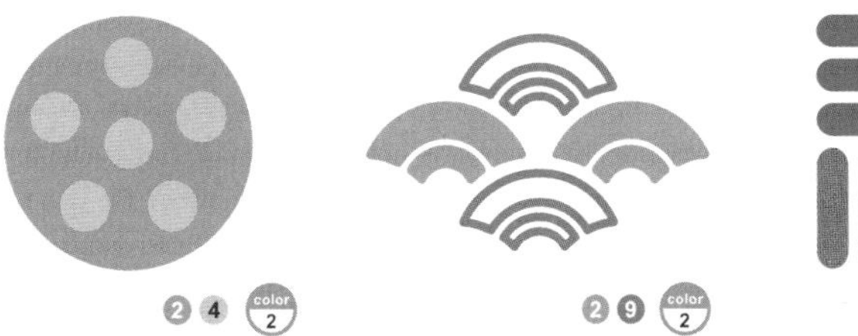

紋樣 Pattern

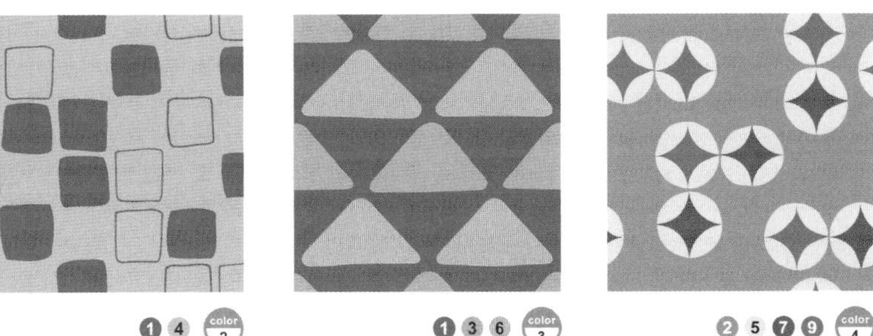

插畫 Illustration

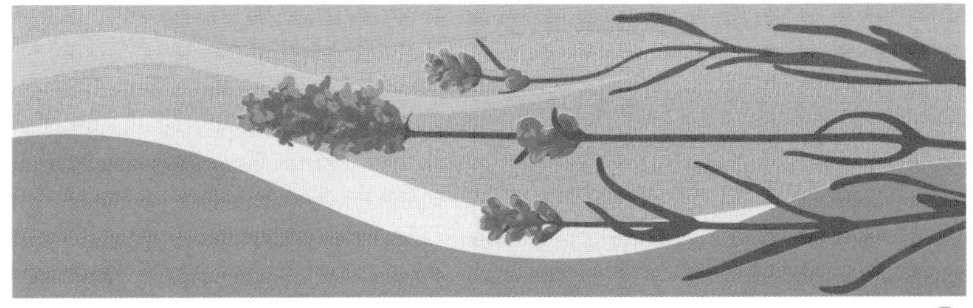

061

白神山地

Shirakami Mountains

白神山地和屋久島同為日本最早被登錄於聯合國世界遺產（自然遺產）的地方。受登錄的理由是這裡有全世界規模最大的山毛櫸原生林。白神山地西部則有湖群，其中「青池」的池水，彷彿打翻的藍色墨水般，色彩鮮豔而迷人。（青森縣）

印象	神祕的、清澈的、印象深刻的
配色方式	藍色系的鮮艷色，搭配少量綠、褐
重點	在配色中加入藍色系色彩會更好

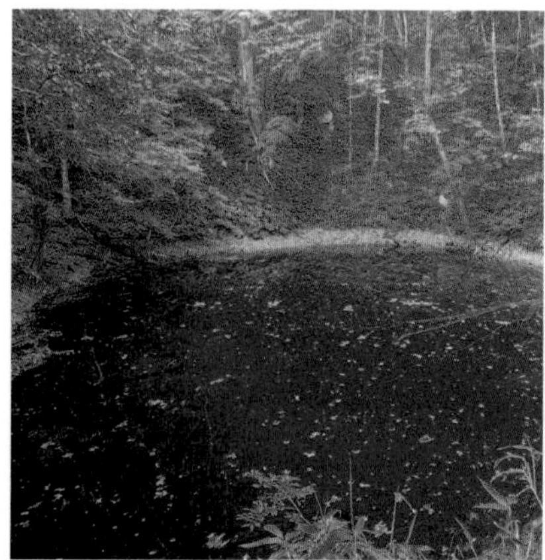

面積 975 平方公尺、深度 9 公尺。奇跡的藍色！

❶青金石

せいきんせき

青金岩的主成分。日文中又稱琉璃。

❷悠久之時

ゆうきゅうのとき

無窮無盡的漫長歲月。永遠持續的時間。

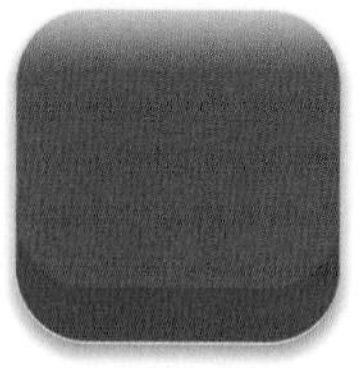

❸孔雀石

くじゃくいし

以孔雀羽毛比喻石頭上的條紋。

❹土耳其石

とるこいし

綠松石。自古以來就經常做為飾品。

❺岩清水

いわしみず

岩石間湧出的澄澈清水。

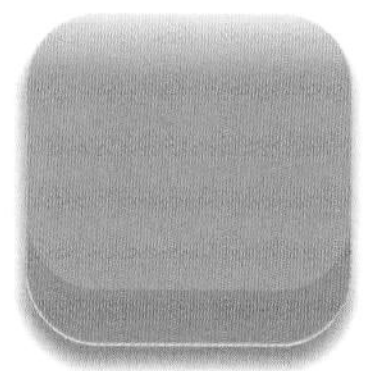

❻樹蔭

こかげ

山毛櫸原生林所形成的涼爽樹蔭。

❼青紅葉

あおもみじ

尚未轉紅的楓葉。

❽氈鹿

かもしか

日本長鬃山羊（氈鹿）棲息於白神山地。

❾白樺

しらかば

樺木科落葉喬木。樹皮白而薄。

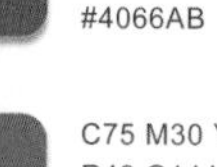

No.	CMYK	RGB	HEX
1	C77 M55 Y0 K7	R65 G102 B172	#4066AB
2	C75 M30 Y17 K0	R49 G144 B185	#308FB8
3	C75 M17 Y60 K20	R39 G137 B108	#26886B
4	C70 M10 Y35 K0	R58 G172 B173	#3AABAC
5	C35 M0 Y23 K0	R177 G219 B207	#B0DBCF
6	C37 M3 Y45 K0	R174 G211 B161	#AED3A0
7	C55 M0 Y55 K10	R113 G183 B132	#71B784
8	C5 M5 Y20 K43	R167 G165 B147	#A7A493
9	C0 M0 Y15 K17	R226 G225 B203	#E2E0CB

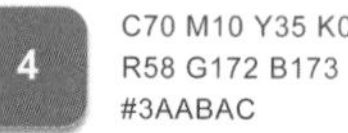

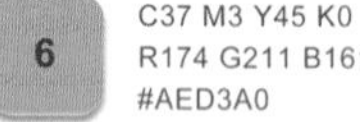
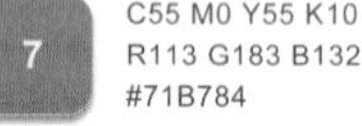

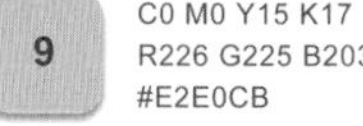

雙色配色 Two-colors combination

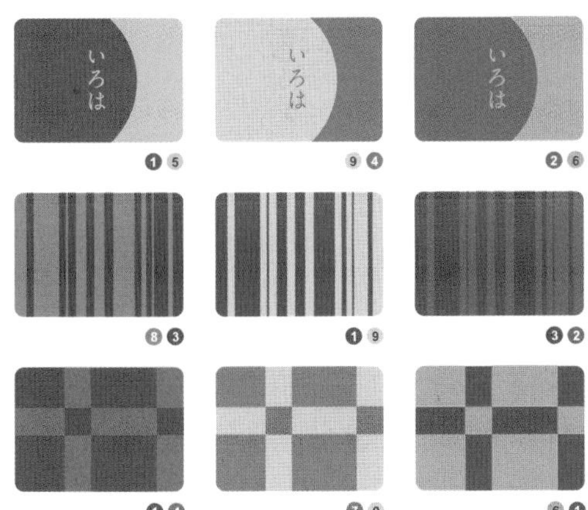

三色配色 Three-colors combination

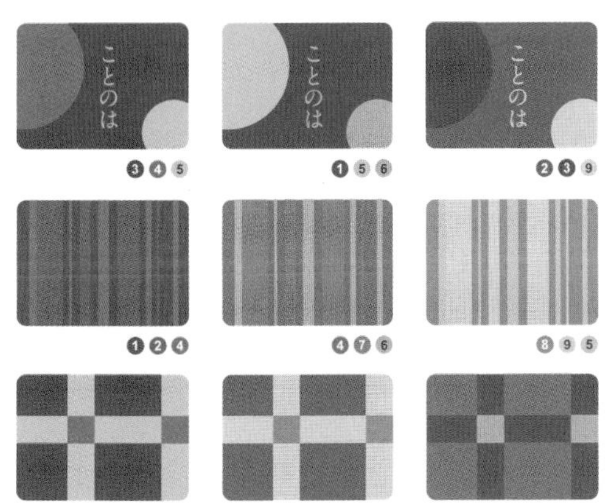

意匠設計 Design

2 5 color 2

2 3 6 color 3

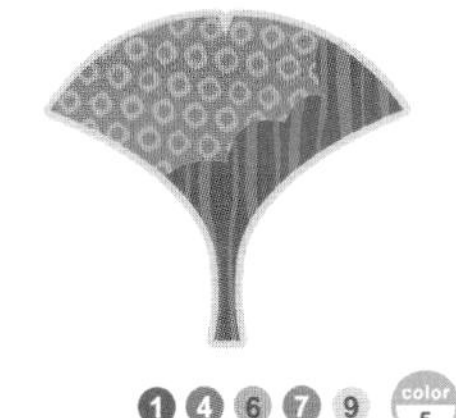

1 4 6 7 9 color 5

紋樣 Pattern

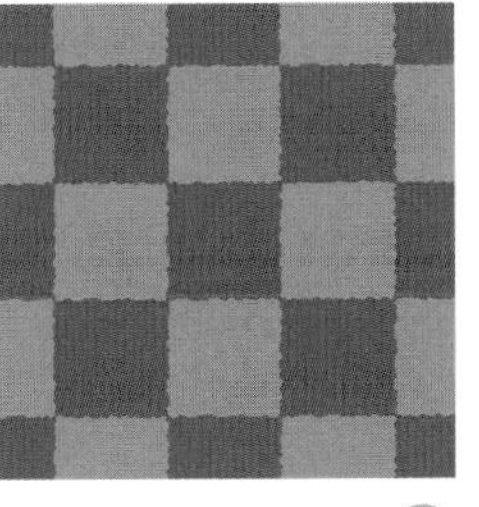

1 8 color 2

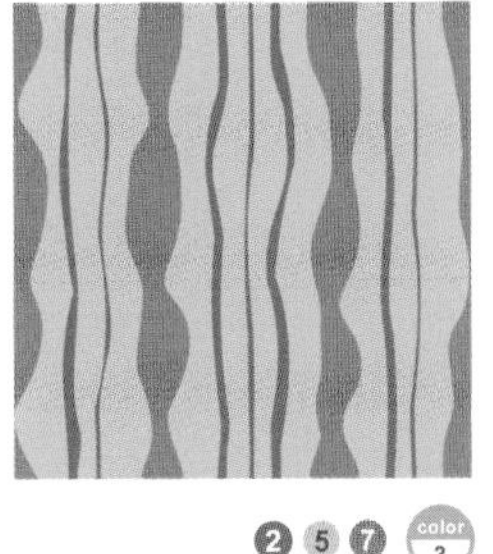

2 5 7 color 3

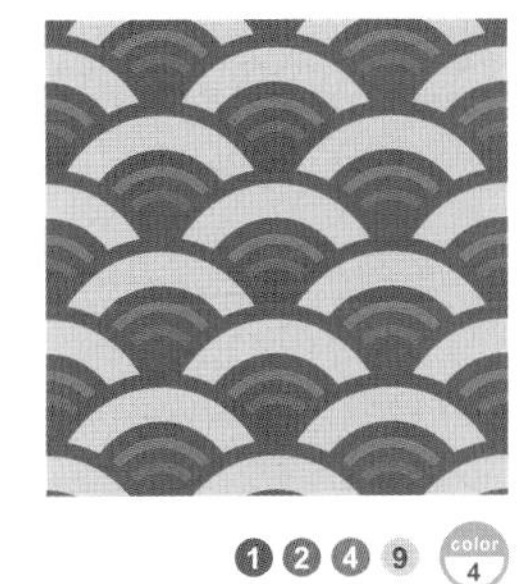

1 2 4 9 color 4

插畫 Illustration

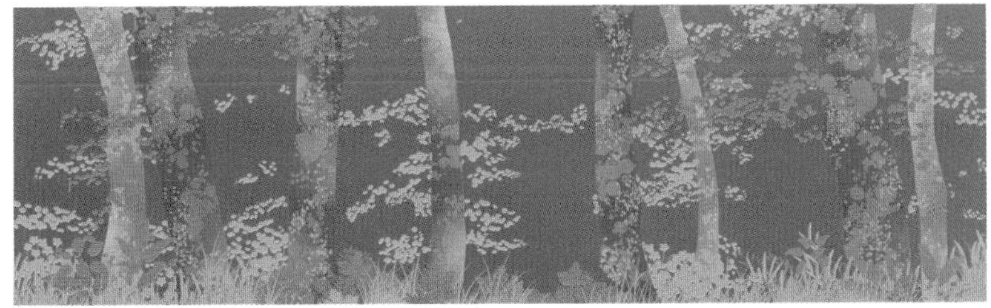

1 2 3 4 5 6 7 9 color 8

062
松島
Matsushima

松島與京都天橋立、廣島宮島，並列為日本三景。宮城縣的《大漁歌》，是首慶祝漁獲豐收的民謠，旋律耳熟能詳。歌詞的開頭便提到了松島。「沒有比松島的嘿唷瑞巖寺（哎呀呀）更雄偉的寺廟唷—♪」（宮城縣）

印象	自然豐富、平穩的、沉穩的
配色方式	使用自然風景存在的沉穩顏色
重點	將使用色的色調統一更佳

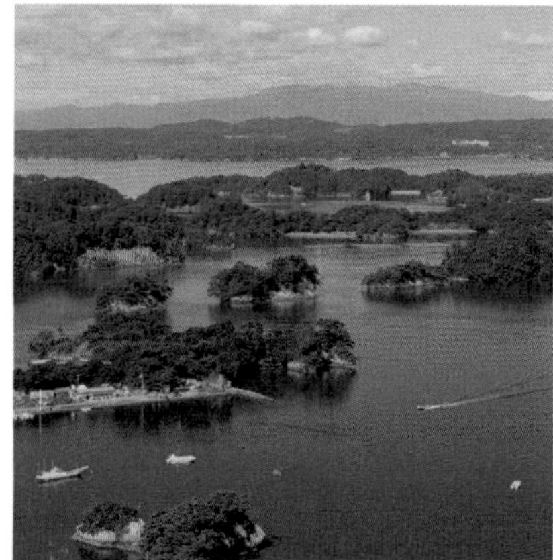
松尾芭蕉曾吟詠：「諸島啊 千千碎散 夏之海。」

❶松島灣
まつしまわん
比沉降海岸更明顯的沉降地形。

❷波間
なみま
浪的波峰與波峰之間。

❸水飛沫
みずしぶき
四處飛散的細小水珠之顏色。

❹瑞巖寺
ずいがんじ
以國寶瑞巖寺的屋瓦為意象。

❺海松色
みるいろ
海藻般的顏色。在鎌倉時代十分受歡迎。

❻老松色
おいまついろ
老松葉片般較深的綠色。比松葉色更暗。

❼月之道
つきのみち
滿月映照海面，波浪閃耀著金色。

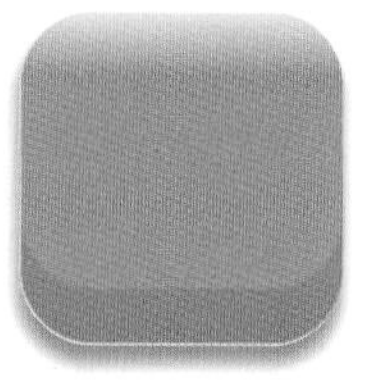
❽千貫島
せんがんじま
日本人認為千貫島是伊達正宗喜愛的島嶼。

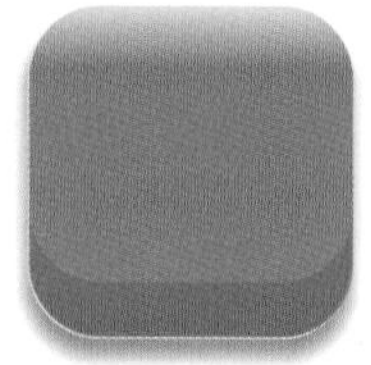
❾八百八島
はっぴゃくやしま
形容島群。實際上的島嶼數量約 260 座。

	CMYK	RGB	HEX
1	C63 M23 Y0 K33	R69 G126 B169	#457DA8
2	C45 M13 Y0 K20	R127 G168 B202	#7FA8C9
3	C23 M7 Y0 K0	R204 G224 B244	#CBDFF3
4	C17 M0 Y25 K53	R131 G142 B124	#838D7B
5	C25 M0 Y70 K60	R109 G120 B51	#6C7732
6	C60 M0 Y80 K60	R51 G102 B43	#33662B
7	C17 M15 Y30 K0	R219 G212 B184	#DBD4B8
8	C20 M27 Y43 K0	R212 G188 B149	#D3BC95
9	C45 M40 Y47 K0	R157 G149 B132	#9C9483

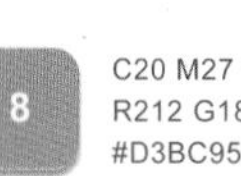
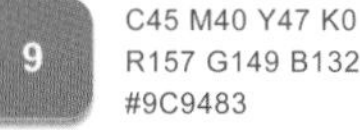

雙色配色 Two-colors combination

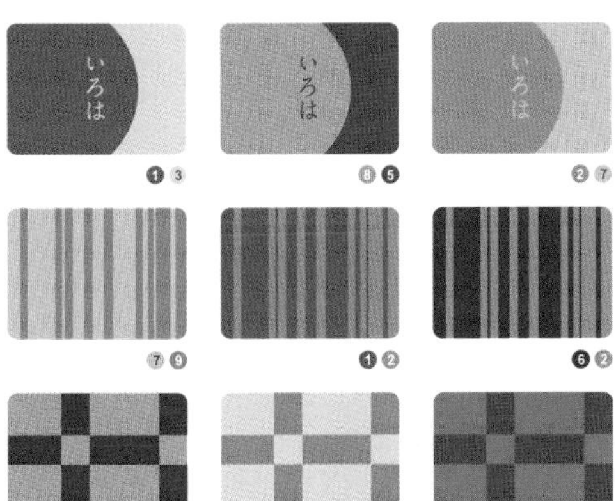

三色配色 Three-colors combination

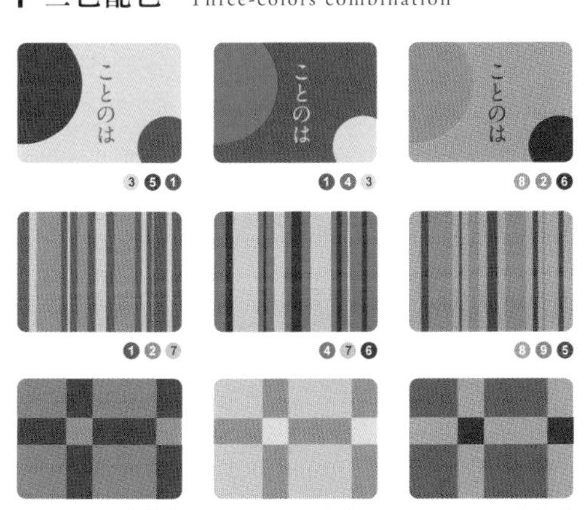

意匠設計 Design

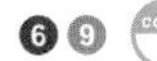

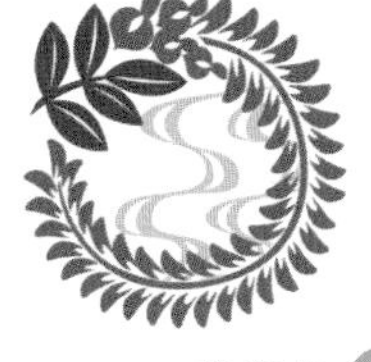

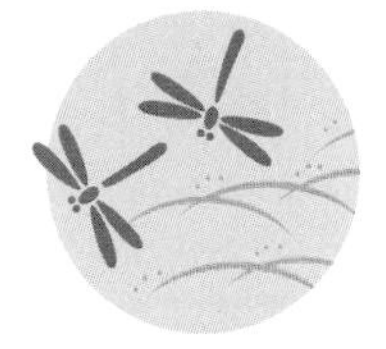

紋樣 Pattern

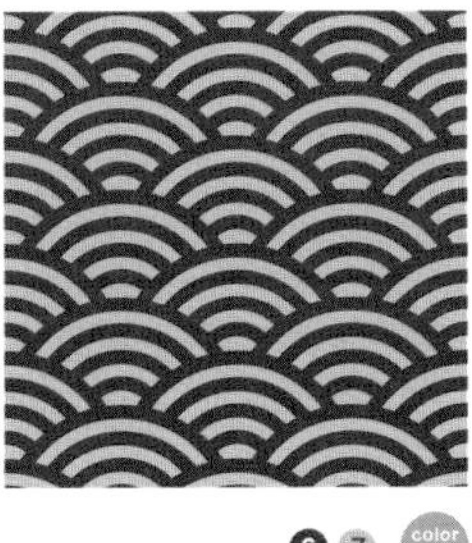

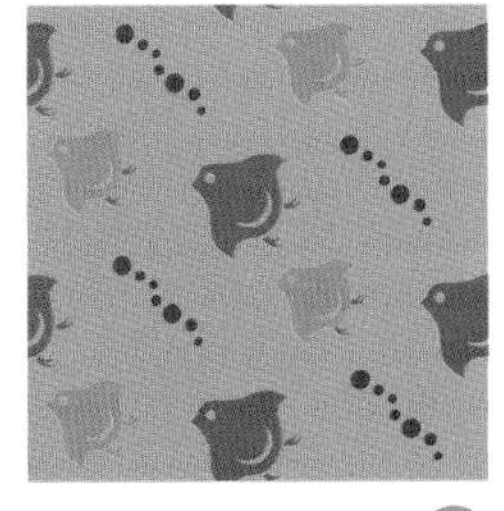

插畫 Illustration

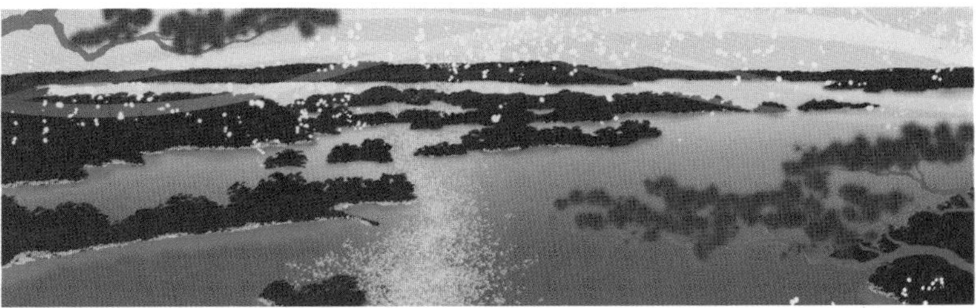

063

夜晚的東京鐵塔

Night View of the Tokyo Tower

正式名稱為日本電波塔。自昭和 33 年開幕以來，一直是為人所熟知的東京地標。冬季期間會點橘色的暖光，在每年 7 月 7 日（日本七夕）的夜晚，會切換為以白色為基調的「夏季版」清爽燈光。（東京都）

印象	閃耀的、熱鬧的、生氣蓬勃
配色方式	以深藍搭配紅、橙、黃等高彩度顏色
重點	讓對比盡量強烈會更好

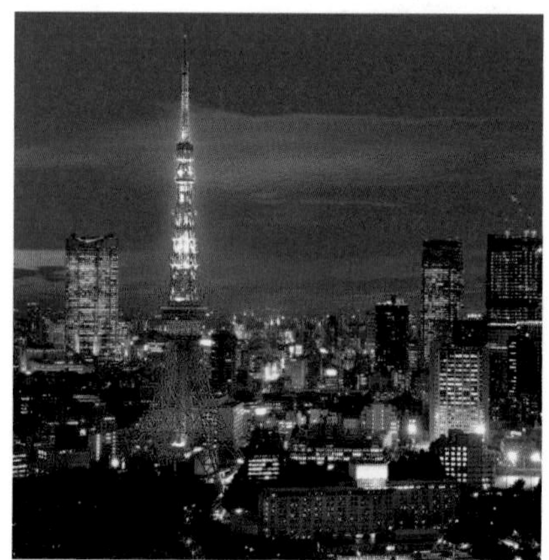
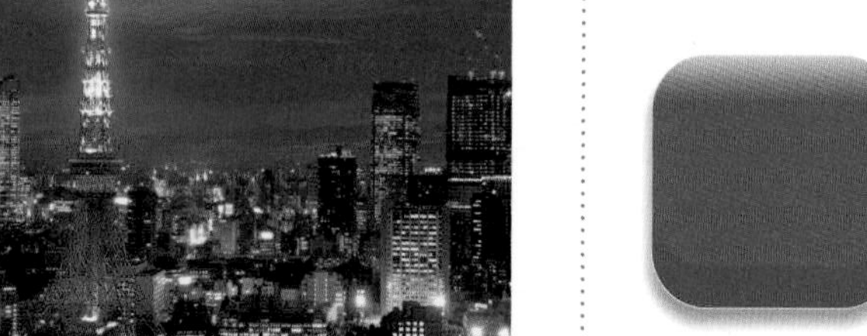

有活動時，燈光的顏色就會改變。

❶真夜中

まよなか

夜晚的中間點。有時亦指 23 點～2 點。

❷不夜城

ふやじょう

夜晚如白晝般熱鬧的地方。漢朝古城名。

❸黎明時分

あけがた

夜色漸明、開始迎來早晨的時刻。

❹晝白色

ちゅうはくしょく

經常用於辦公室照明的燈光顏色。

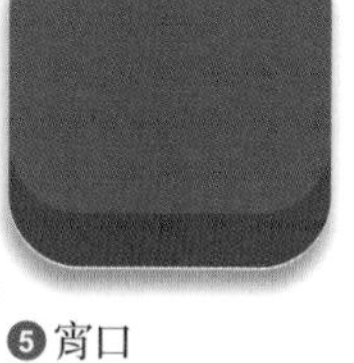

❺宵口

よいのくち

夕陽西下、夜晚開始的時刻。

❻影

かげ

有光的地方就有影。經常做為比喻。

❼飾燈

ねおん

鬧街上常看到的鮮豔霓虹燈。

❽黃紅（航空法）

きあか

鐵塔色是又稱為國際橘的黃紅色和白色。

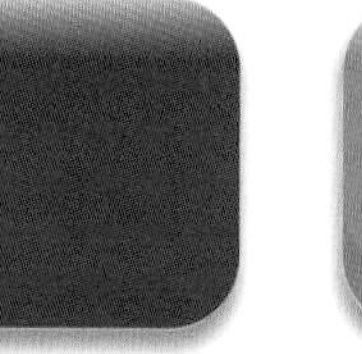

❾宴

うたげ・えん

工作結束，和朋友開心享樂的時刻。

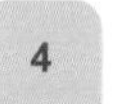

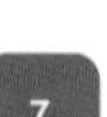
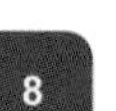
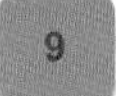

No.	CMYK	RGB	HEX
1	C75 M65 Y10 K60	R39 G43 B87	#272B56
2	C90 M80 Y5 K20	R38 G55 B130	#253782
3	C65 M37 Y5 K20	R84 G122 B170	#537AAA
4	C25 M13 Y10 K0	R200 G211 B221	#C8D3DC
5	C50 M30 Y10 K55	R79 G94 B117	#4E5E75
6	C40 M30 Y30 K85	R45 G44 B45	#2D2B2C
7	C0 M83 Y65 K0	R233 G77 B71	#E94C46
8	C0 M69 Y100 K0	R237 G111 B0	#ED6E00
9	C0 M25 Y60 K0	R251 G203 B114	#FACB72

雙色配色 Two-colors combination

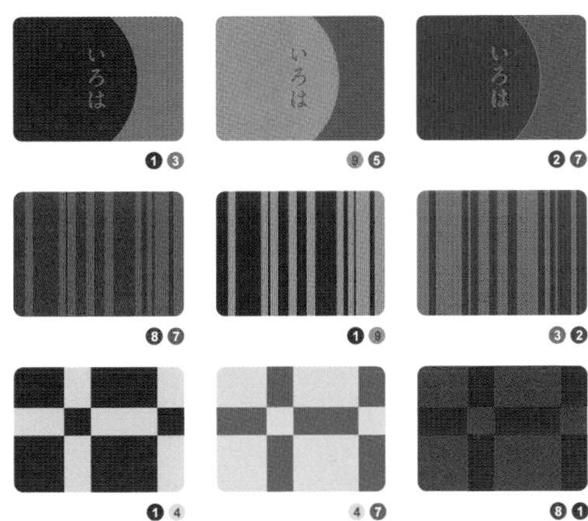

三色配色 Three-colors combination

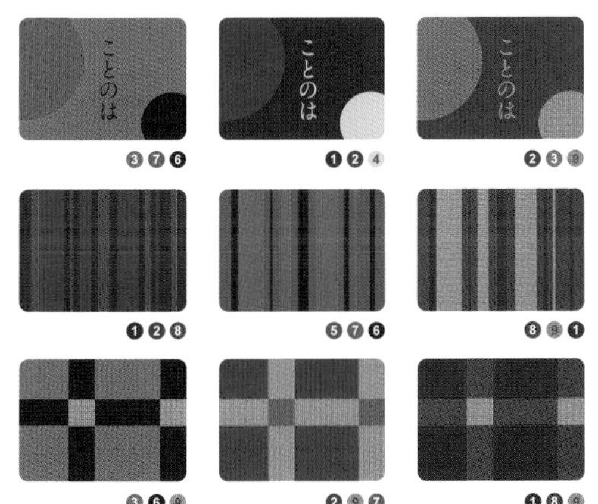

意匠設計 Design

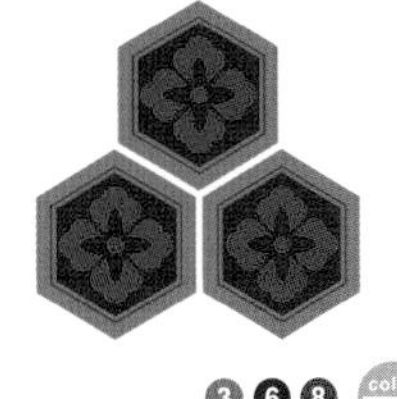

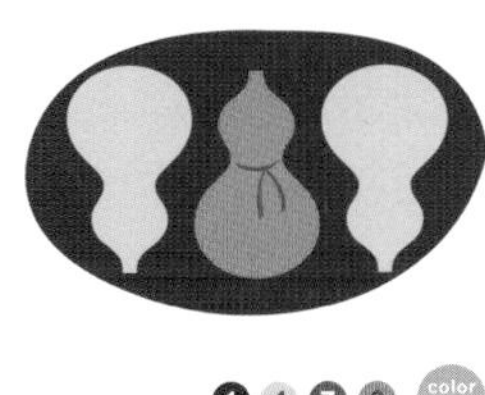

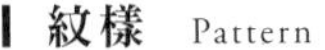

紋樣 Pattern

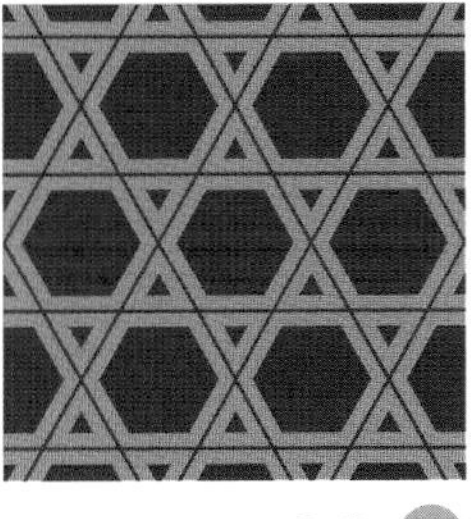

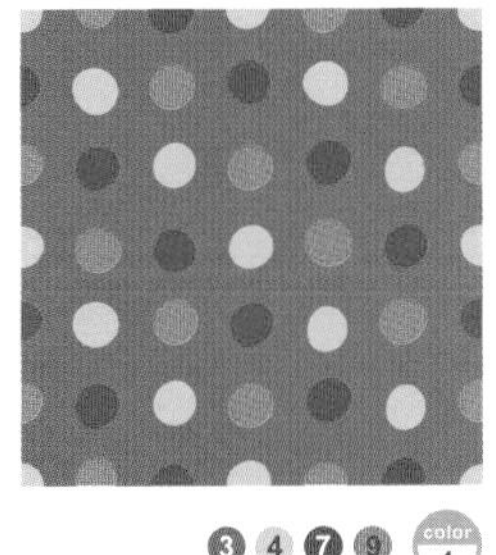

插畫 Illustration

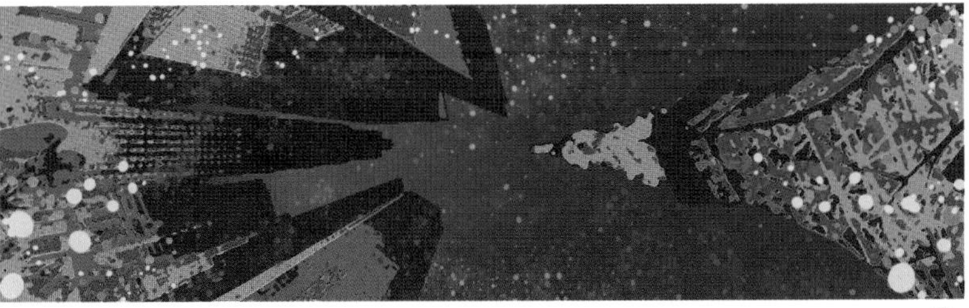

064 白馬三山與八方池

Hakuba sanzan and Happoike

白馬三山是白馬岳、杓子岳、白馬鑓之岳的總稱，而八方池是相當知名、能一眼望盡山群的絕佳景點。搭乘纜車後轉搭吊椅，前往標高 2,060 公尺的雲上之池。池水來自融雪和雨水，有山椒魚和森青蛙棲息。（長野縣、富山縣）

印象	清淨的、澄澈透明、大自然的
配色方式	以低彩度的①～③為主角
重點	以天空與池水共有的藍，為配色重點

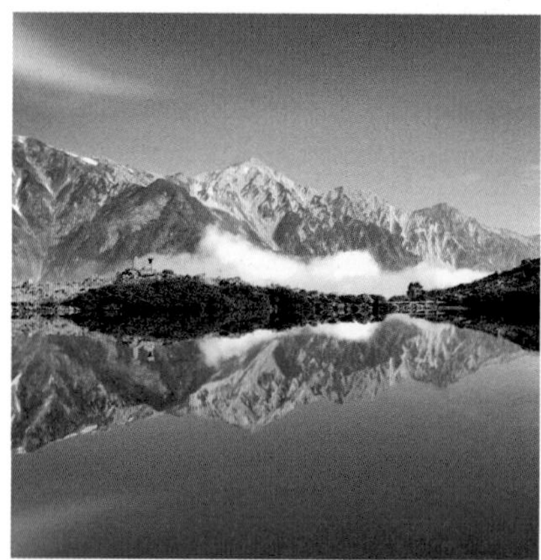

冬季池水冰凍，成為夢幻世界。

① 白馬鑓之岳
はくばやりがたけ
白馬三山之一，山峰因石灰岩呈白色。

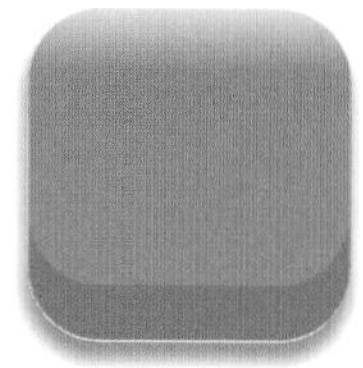

② 稜線
りょうせん
山頂與山頂相連的路線。山脊。

③ 白馬岳
しろうまだけ
積雪融化時，山峰表面會出現犁田馬的形狀。

④ 信州蕎麥
しんしゅうそば
長野縣的蕎麥麵和蘋果同為地方名產。

⑤ 大雪溪
だいせっけい
白馬岳的雪溪是日本三大雪溪之一。

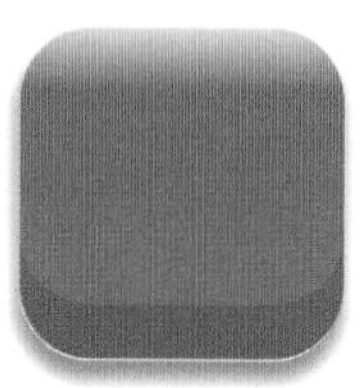

⑥ 野澤菜漬物
のざわなづけ
分為淺漬、古漬等，每個家庭都有自家風味。

⑦ 溪流
けいりゅう
河川上游流域的流水。

⑧ 八方池
はっぽういけ
積雪推移土石，堆積而成的水池。

⑨ 鏡面
きょうめん
水面宛如鏡子般，映出白馬三山的稜線。

1 C17 M5 Y20 K0 / R220 G230 B212 / #DBE6D4

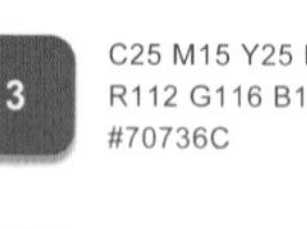

2 C25 M7 Y30 K27 / R164 G178 B155 / #A3B19B

3 C25 M15 Y25 K57 / R112 G116 B109 / #70736C

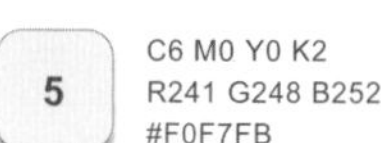

4 C7 M0 Y30 K30 / R191 G193 B157 / #BEC19C

5 C6 M0 Y0 K2 / R241 G248 B252 / #F0F7FB

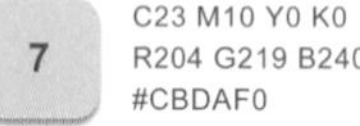

6 C25 M5 Y60 K17 / R181 G193 B113 / #B5C170

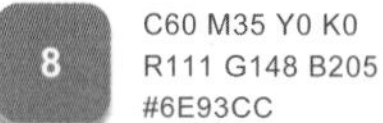

7 C23 M10 Y0 K0 / R204 G219 B240 / #CBDAF0

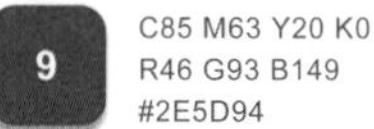

8 C60 M35 Y0 K0 / R111 G148 B205 / #6E93CC

9 C85 M63 Y20 K0 / R46 G93 B149 / #2E5D94

雙色配色 Two-colors combination

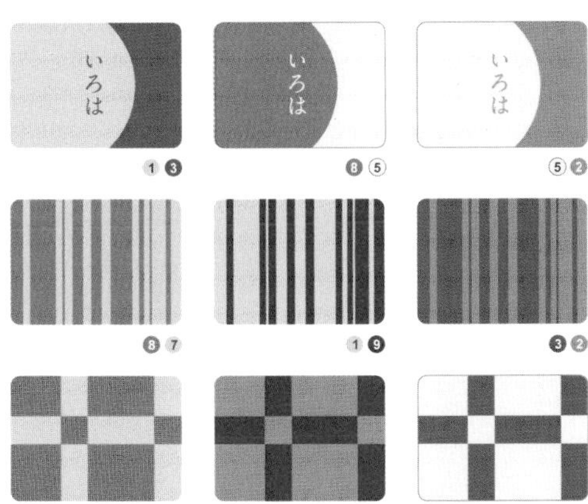

三色配色 Three-colors combination

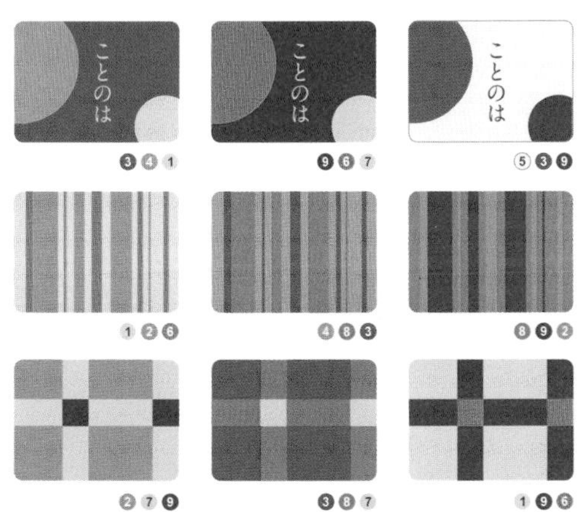

意匠設計 Design

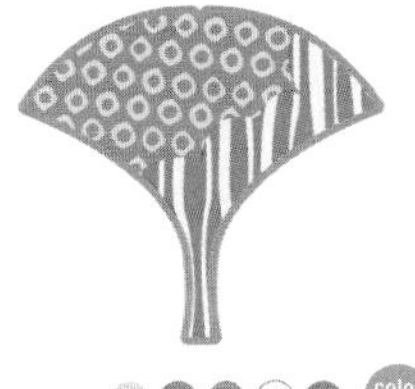

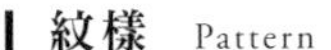

紋樣 Pattern

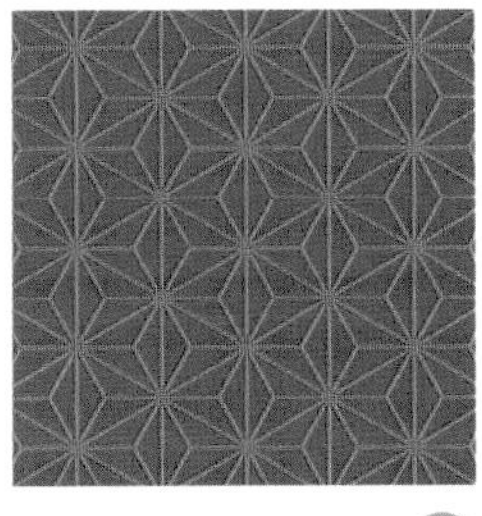

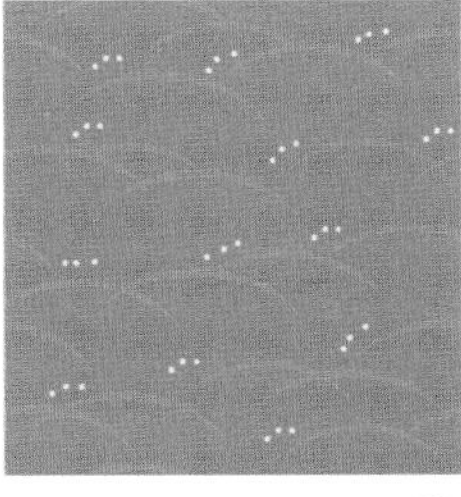

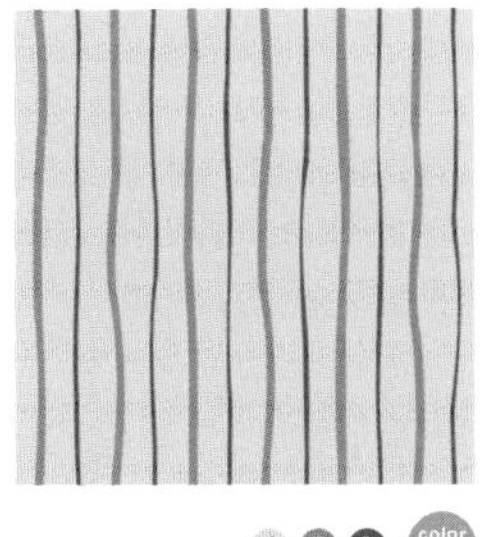

插畫 Illustration

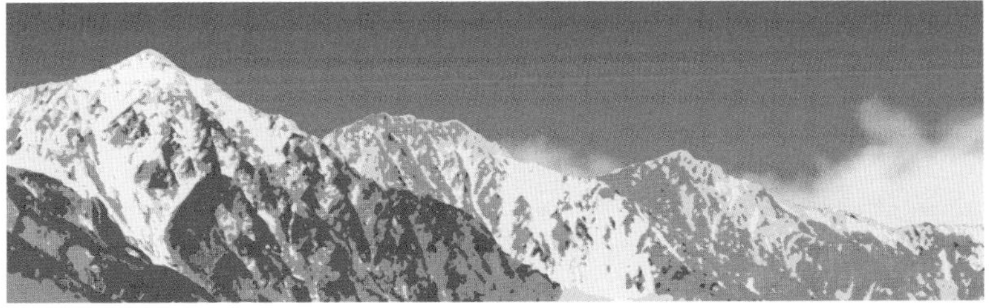

065

白川鄉的雪景

Shirakawago

白川鄉現存超過 100 間合掌建築。將人字型的傳統屋頂樣式，看起來像雙手合十般，因此得名。茅草葺成的屋頂約以 30 年為周期，需定期翻修。直到昭和初期為止，居民都會在屋頂下方的空間養蠶。（岐阜縣）

印象	幻想的、古色古香、寧靜的
配色方式	組合各種帶灰的細緻色彩
重點	利用⑧⑨的強調色整合整體

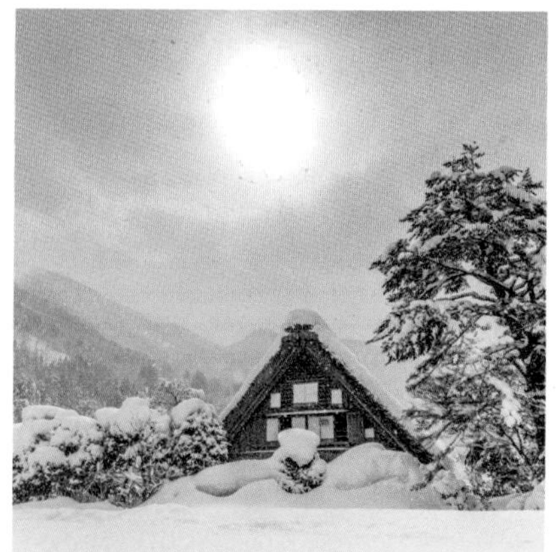

雪景中的合掌建築看起來如夢似幻。

① 燈
ともしび
一片雪景中點亮的燈光。

② 團結心
ゆいのこころ
白川鄉居民十分重視互相幫助的精神。

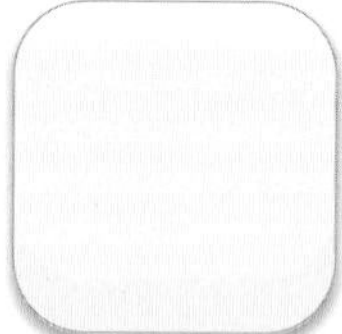

③ 蠶
かいこ
吃桑葉、結繭後取得絹絲。

④ 雪國
ゆきぐに
多雪之地。小說雪國的舞臺是越後湯澤。

⑤ 豪雪
ごうせつ
指該地區的雪下得又重又多。

⑥ 雪陰
ゆきぐもり
現在也指彷彿即將下雪時的天色。

⑦ 適材適所
てきざいてきしょ
原為建築用語，意為按用途區分木材。

⑧ 栗木
くりのき
白川鄉合掌屋的主要部分使用栗木。

⑨ 合掌造
がっしょうづくり
白川鄉與五箇山的聚落群已登錄為世界遺產。

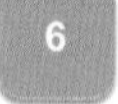
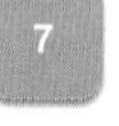
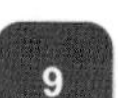

	CMYK	RGB	HEX
1	C0 M10 Y17 K7	R243 G226 B207	#F2E2CE
2	C0 M15 Y20 K15	R227 G205 B186	#E3CCB9
3	C0 M2 Y7 K0	R255 G252 B242	#FFFBF1
4	C13 M3 Y0 K0	R227 G240 B250	#E3EFFA
5	C20 M7 Y0 K15	R190 G204 B221	#BECCDC
6	C33 M15 Y10 K20	R157 G174 B189	#9CAEBC
7	C10 M13 Y15 K25	R193 G185 B179	#C0B9B2
8	C17 M25 Y30 K40	R154 G139 B125	#998A7D
9	C10 M33 Y35 K60	R123 G97 B84	#7B6153

雙色配色 Two-colors combination

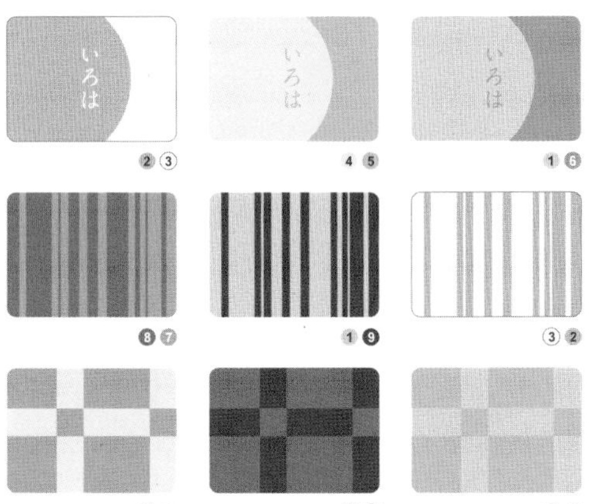

三色配色 Three-colors combination

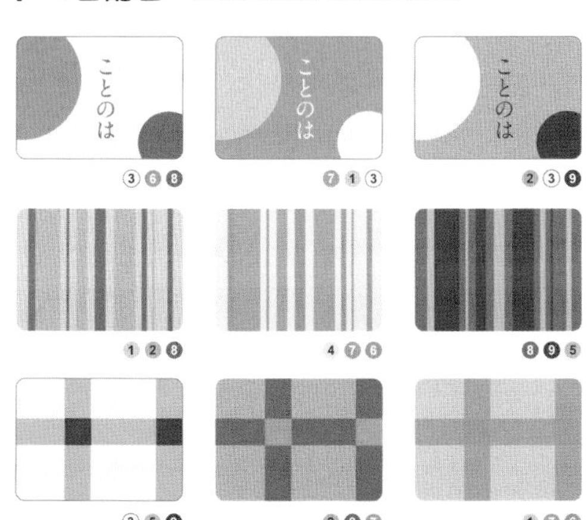

意匠設計 Design

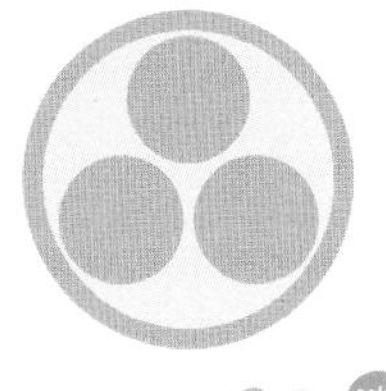

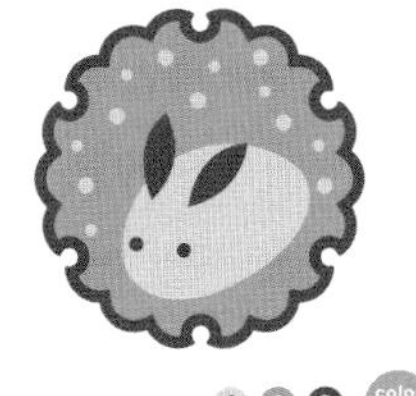

1 6 9 color 3

3 5 6 7 color 4

紋樣 Pattern

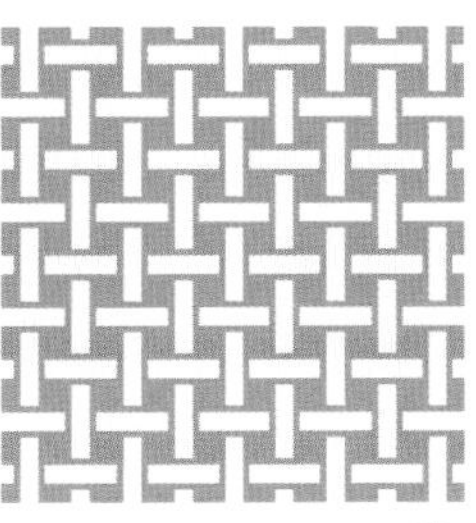

3 6 color 2

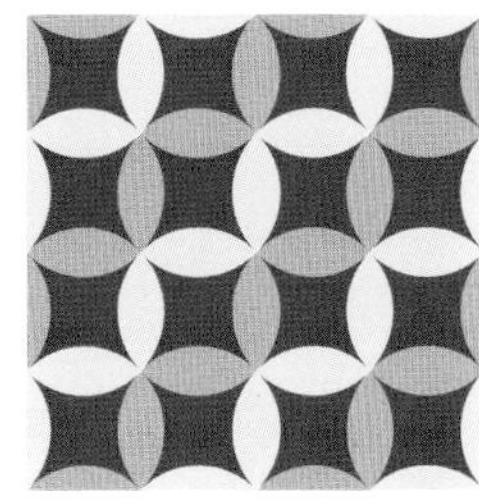

2 4 9 color 3

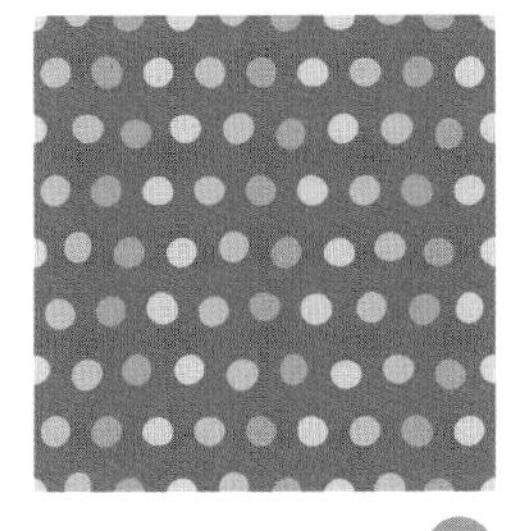

1 5 7 8 color 4

插畫 Illustration

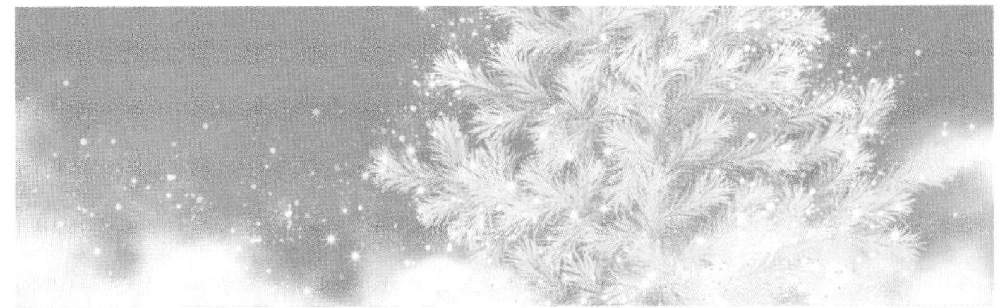

1 2 3 4 5 6 color 6

066

名古屋城

Nagoya Castle

德川家康為了統一天下所佈下的最後一步棋，便是名古屋城。1612 年天守閣竣工，並擺置了鯱。鯱是想像中的生物，身體為魚，頭部是虎或龍的模樣，能夠呼喚水。金鯱不僅是權力的象徵，也具有防火的意義。（愛知縣）

印象	沉穩的、有氣質的、秋季氣息的
配色方式	以名古屋的象徵性顏色為主角
重點	以④～⑥的配合色※來調整整體氛圍

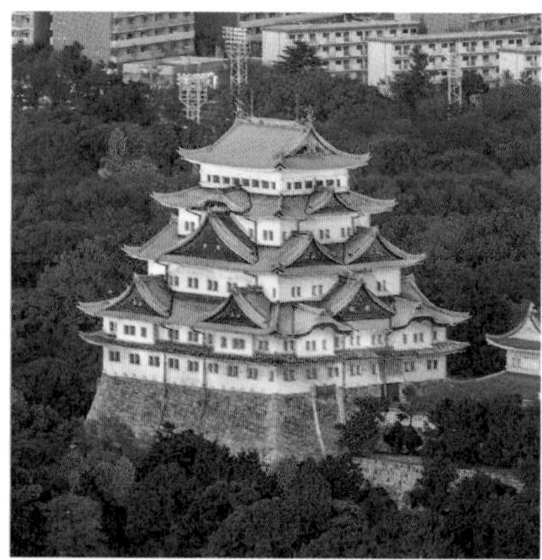

飲食文化方面，「名古屋飯」也相當受歡迎。

① 城牆

じょうへき

在厚櫟木板上抹上土後，再抹上灰泥。

② 銅瓦

どうがわら

銅氧化後形成銅鏽，呈現美麗的藍綠色。

③ 石垣

いしがき

以大大小小的石頭做出石塊地基。

④ 赤朽葉

あかくちば

地面上的多彩落葉的美稱。

⑤ 黄朽葉

きくちば

色彩有些微不同，分別以紅、黃、青稱呼。

⑥ 青朽葉

あおくちば

「青」包含了綠色色相的表現。

⑦ 八丁味噌

はっちょうみそ

長時間熟成的黃豆味噌。岡崎市八帖町產。

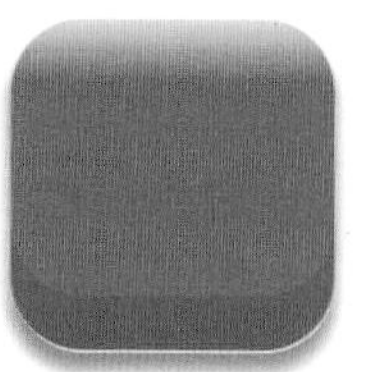

⑧ 金鯱

きんしゃち・きんこ

這裡的金鯱也曾展示於維也納萬國博覽會。

⑨ 小倉餡

おぐらあん

名古屋咖啡店必備的小倉紅豆吐司餡。

1	C3 M0 Y13 K5 R243 G244 B225 #F2F3E1
2	C35 M0 Y27 K10 R166 G205 B187 #A5CDBB
3	C17 M17 Y15 K40 R154 G150 B150 #9A9595
4	C10 M45 Y55 K35 R170 G119 B84 #AA7753
5	C15 M25 Y55 K45 R148 G129 B83 #948153
6	C45 M33 Y55 K40 R111 G113 B87 #6E7156
7	C30 M65 Y55 K60 R101 G54 B49 #643630
8	C10 M7 Y67 K10 R222 G212 B100 #DED363
9	C30 M65 Y55 K23 R158 G93 B84 #9E5C53

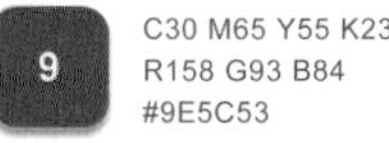

※配合色（assort color）：指負責連結基色、強調色的顏色。配色時，使用面積僅次於基色。

雙色配色 Two-colors combination

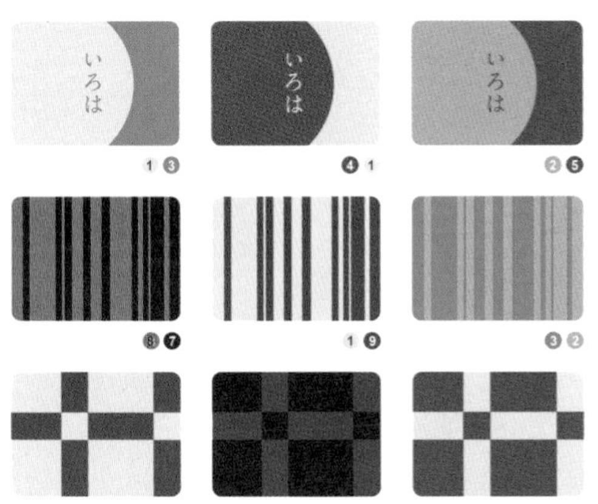

三色配色 Three-colors combination

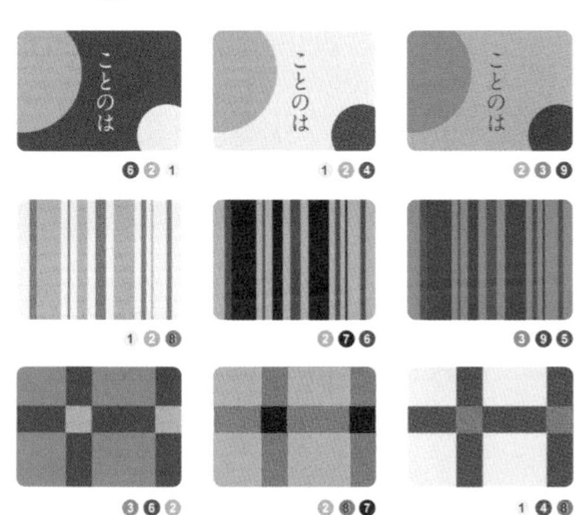

意匠設計 Design

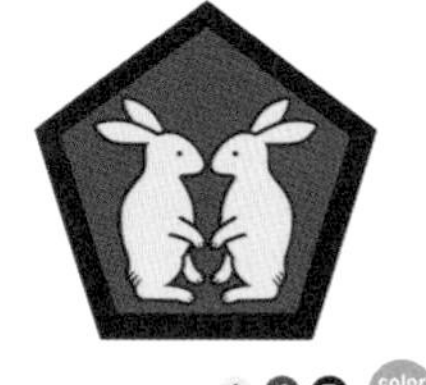

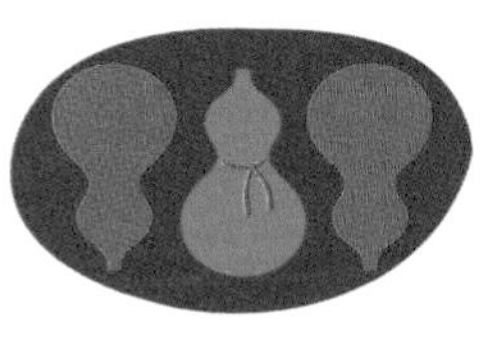

紋樣 Pattern

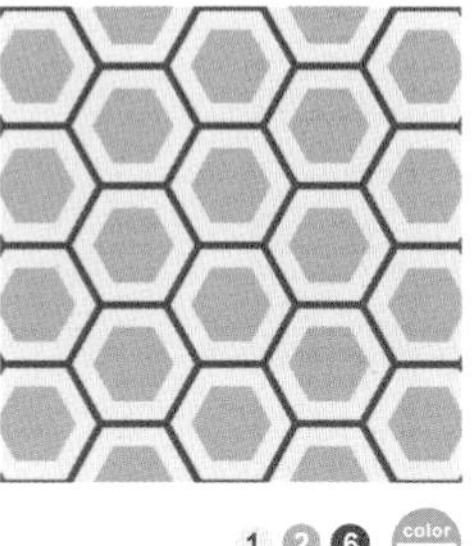

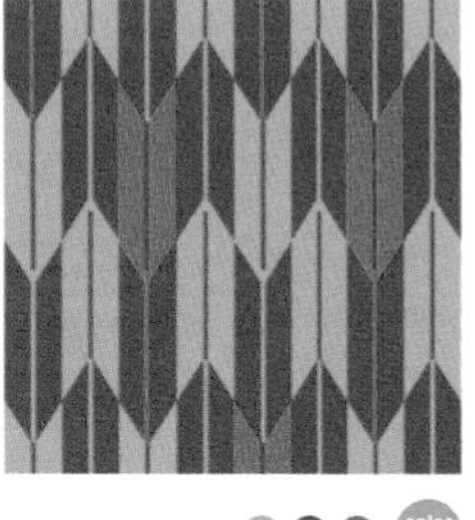

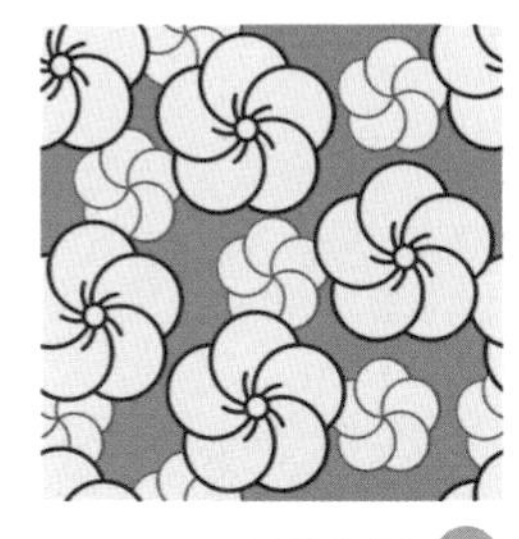

插畫 Illustration

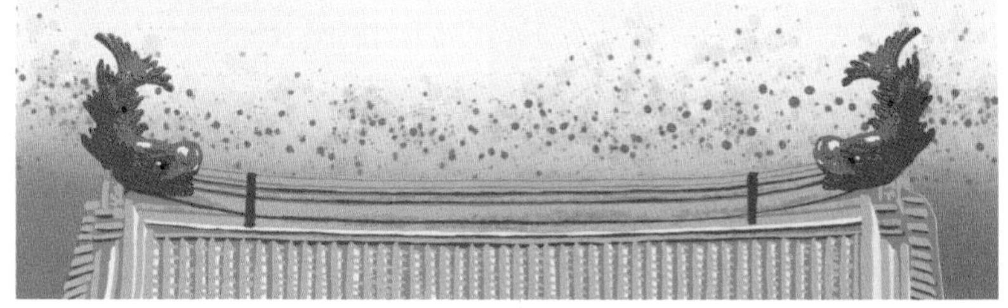

067

大阪之夜

Osaka,It's bright even at night.

「天下的廚房」指的是江戶時代的物流與商業重鎮大阪。近年來，大阪陸續興建了許多摩天大樓，光是梅田的中之島地區，便有70棟之多。本篇的色票，就以因大廈燈火通明，即使夜晚也十分明亮的大阪鬧區為意象。（大阪府）

印象	生氣勃勃、清晰的、層次分明的
配色方式	色相、色調上都做出強烈對比
重點	藍色系的相對色相為⑧

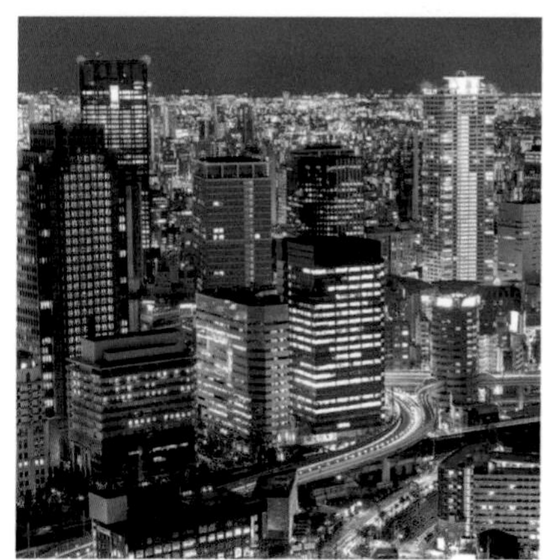

東京西新宿林立的高層大廈群。

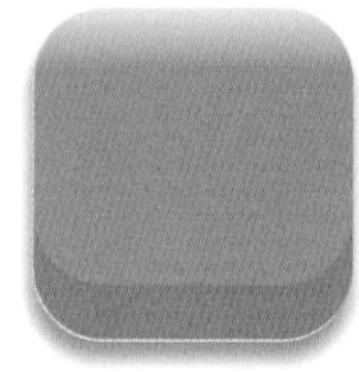

❶夕空

ゆうぞら

傍晚夕陽西下時，充滿透明感的天空。

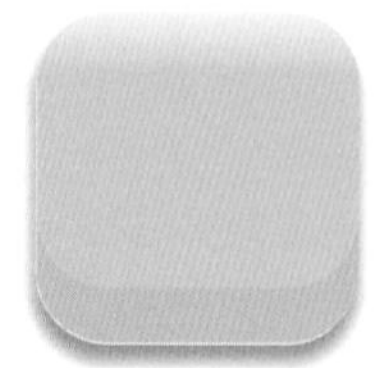

❷高樓

こうそうびる

以櫛比鱗次的高樓群為意象。

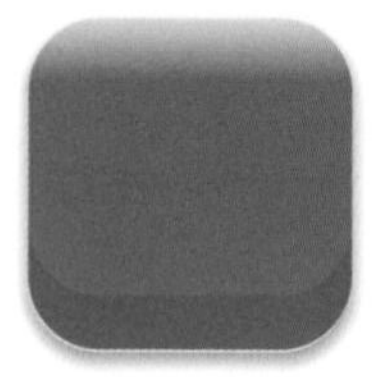

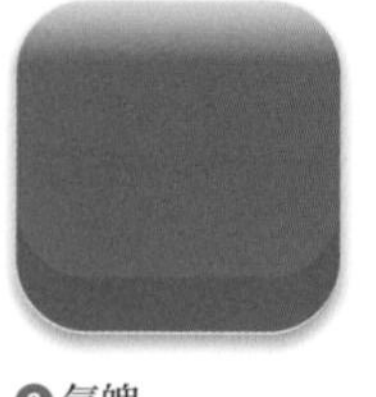

❸氣魄

こころいき

果斷的態度，乾脆的性格。

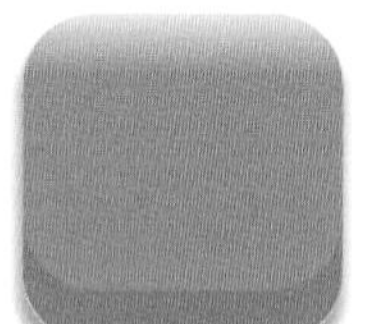

❹商

あきない

日本三大商人為大阪、近江、伊勢商人。

❺大阪灣

おおさかわん

位於瀨戶內海東邊，是商業發展的基礎。

❻暗

くらし

與黑的讀音相近。日落後四周變暗的模樣。

❼串炸

くしかつ

以「禁止沾兩次」的醬汁為意象的顏色。

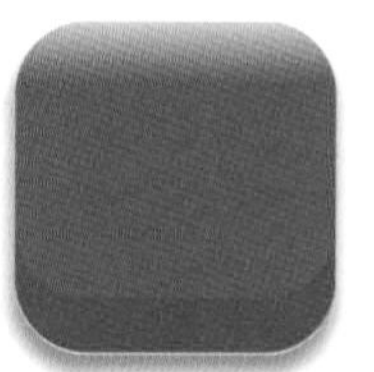

❽道頓堀螃蟹

どうとんぼりのかに

會動的螃蟹招牌。據說靈感來自日本國旗。

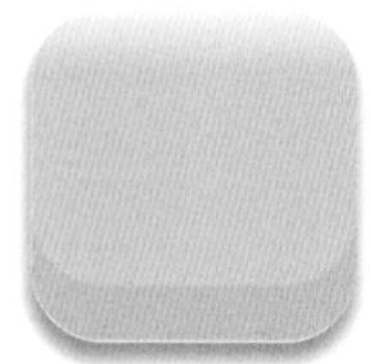

❾熬夜

よふかし

熱衷投入某事，直到深夜仍保持清醒。

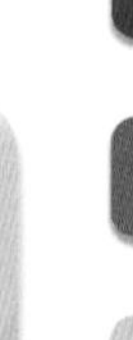

	CMYK	RGB	HEX
1	C50 M27 Y0 K10	R128 G158 B202	#809DCA
2	C13 M0 Y0 K15	R205 G220 B228	#CDDBE4
3	C77 M53 Y15 K0	R68 G111 B165	#436EA4
4	C0 M10 Y53 K10	R239 G216 B131	#EED883
5	C37 M0 Y0 K40	R118 G157 B177	#759DB0
6	C67 M37 Y15 K70	R31 G59 B82	#1F3A52
7	C0 M5 Y13 K77	R97 G91 B84	#605B53
8	C0 M75 Y57 K0	R235 G97 B87	#EA6157
9	C0 M7 Y13 K13	R233 G222 B207	#E8DDCF

雙色配色 Two-colors combination

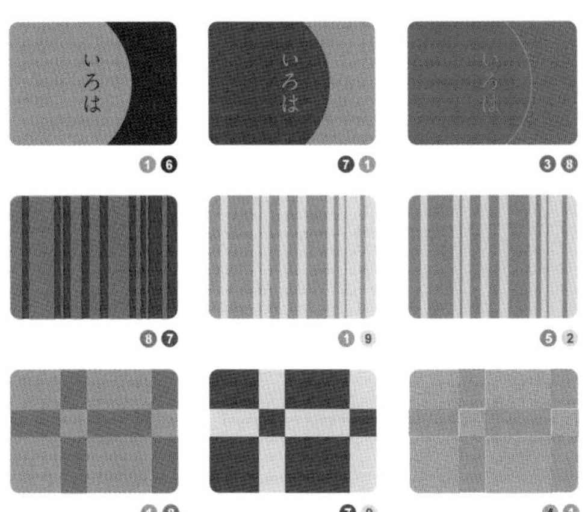

三色配色 Three-colors combination

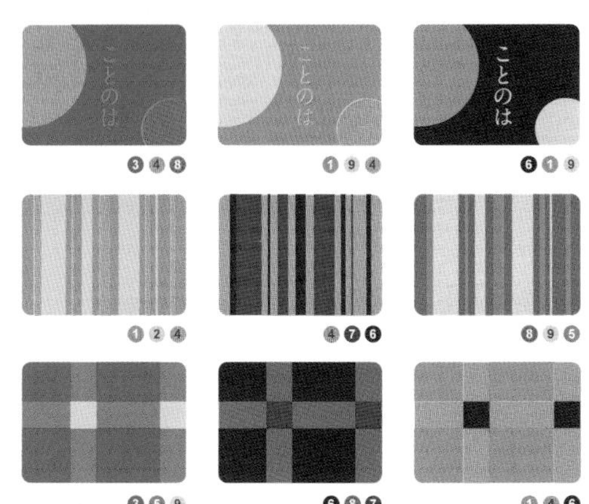

意匠設計 Design

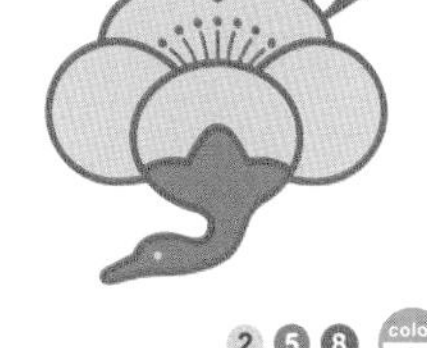

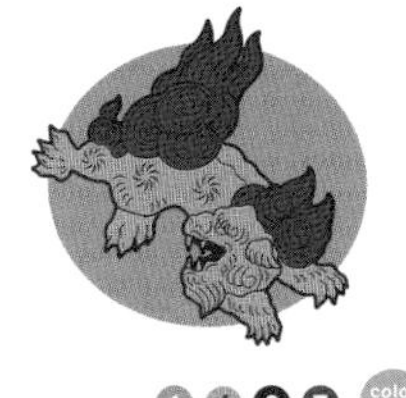

3 9 color 2

2 5 8 color 3

1 4 6 7 color 4

紋樣 Pattern

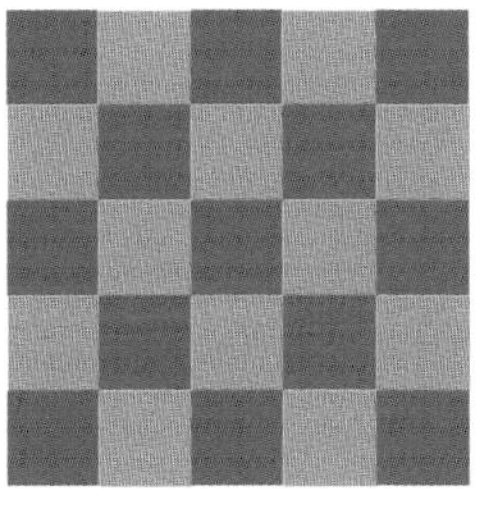

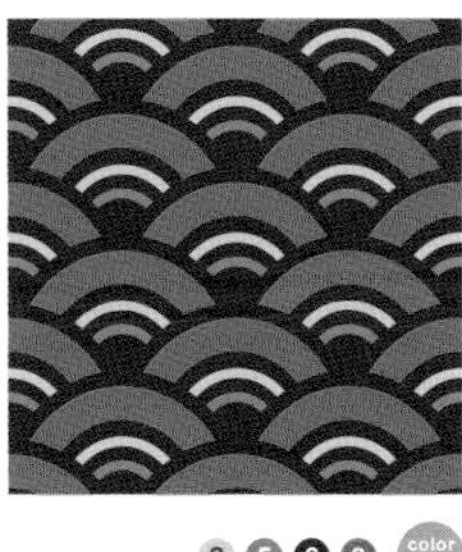

3 4 color 2

2 5 6 8 color 4

1 7 8 9 color 4

插畫 Illustration

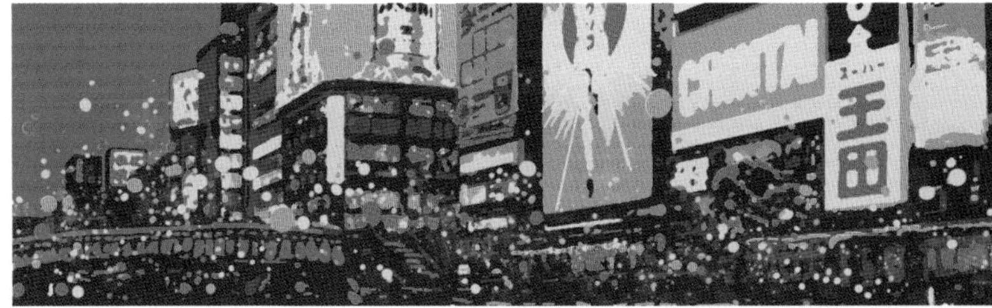

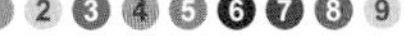

068

竹田城跡與雲海

Takeda Jyouseki and Sea of Clouds

有「天空之城」或「日本馬丘比丘」之稱的絕美景點。費盡辛苦登上山頂的人，才能看見浮現在雲海上的城。晚秋（9 月～ 11 月）的黎明前到清晨，是雲海最容易出現的時間。如果天氣晴朗無風，如夢似幻的白色海洋便會出現在眼前。（兵庫縣）

印象	神祕的、幻想的、壯闊的
配色方式	使用「準無彩色」的低彩度顏色搭配
重點	灰色、棕色透過搭配方式呈現洗鍊感

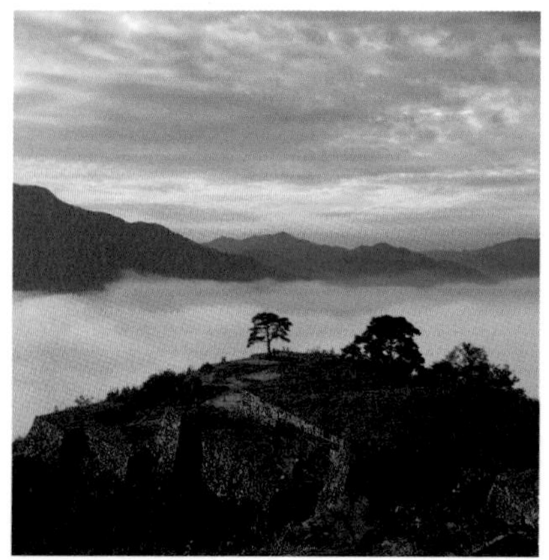

城牆石垣幾乎完全保留了下來。

❶鍿星

いかりぼし

仙后座的日本名稱。因外形像 W 形的船錨。

❷龍田姫

たつたひめ

主掌秋季，擅長染色與織布的女神。

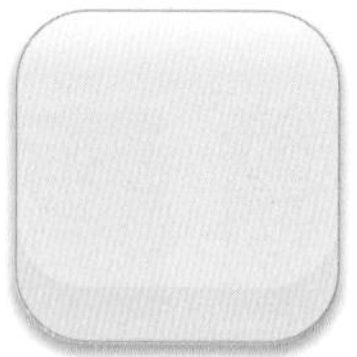

③雲海

うんかい

如同汪洋大海般，一望無盡的雲層。

④筋雲

すじぐも

即卷雲。形成於高空。

⑤羊雲

ひつじぐも

看起來像羊群般的高積雲。

❻四方山話

よもやまばなし

從四方山頭聽來各種話題，熱烈的聊天。

❼晚秋

ばんしゅう

天亮較遲、日落較早的時期。

❽焙茶色

ほうじちゃいろ

指經過烘製的茶。綠茶的一種。

❾團栗色

どんぐりいろ

麻櫟、青剛櫟、橡樹等的果實。染色原料。

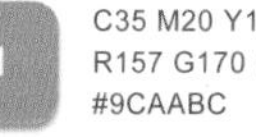

C35 M20 Y10 K17
R157 G170 B189
#9CAABC

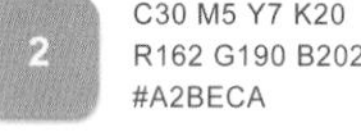

C30 M5 Y7 K20
R162 G190 B202
#A2BECA

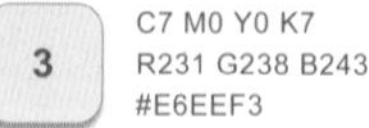

C7 M0 Y0 K7
R231 G238 B243
#E6EEF3

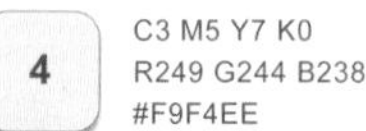

C3 M5 Y7 K0
R249 G244 B238
#F9F4EE

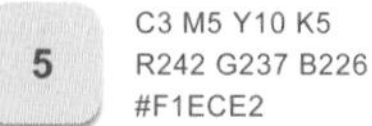

C3 M5 Y10 K5
R242 G237 B226
#F1ECE2

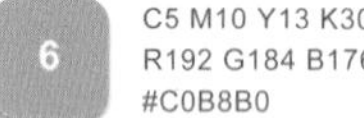

C5 M10 Y13 K30
R192 G184 B176
#C0B8B0

C30 M5 Y0 K73
R76 G91 B102
#4B5B66

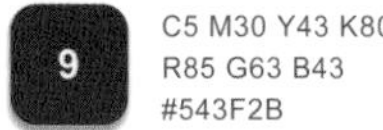

C0 M35 Y45 K35
R185 G139 B105
#B88B68

9

C5 M30 Y43 K80
R85 G63 B43
#543F2B

雙色配色 Two-colors combination

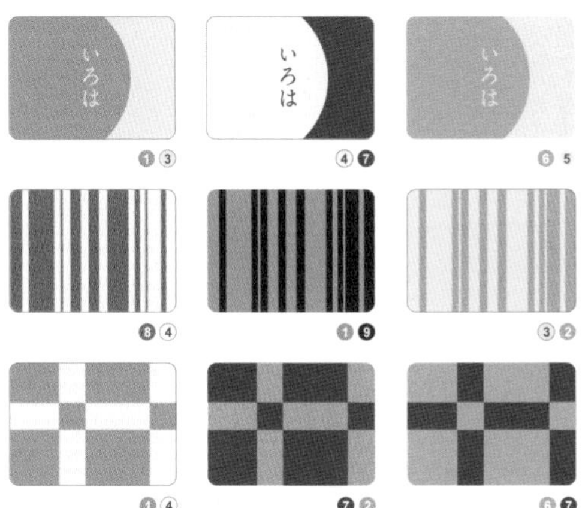

三色配色 Three-colors combination

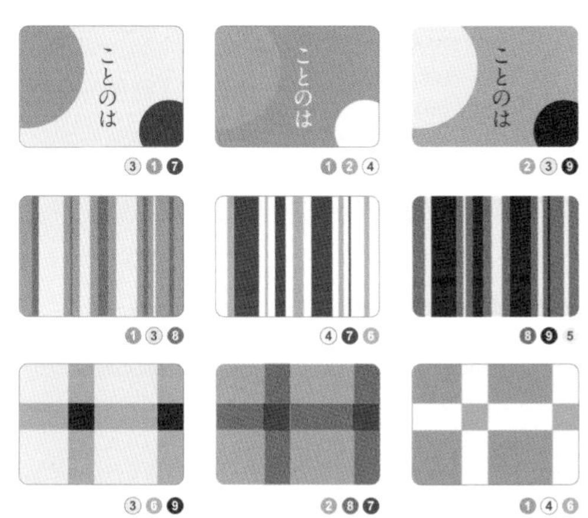

意匠設計 Design

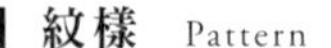

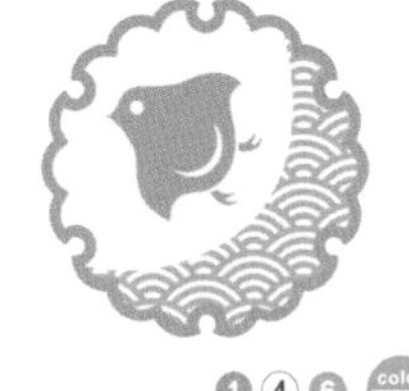

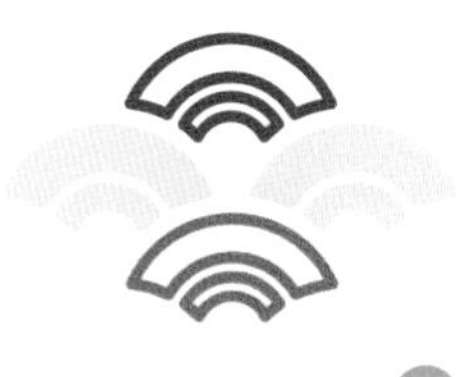

紋様 Pattern

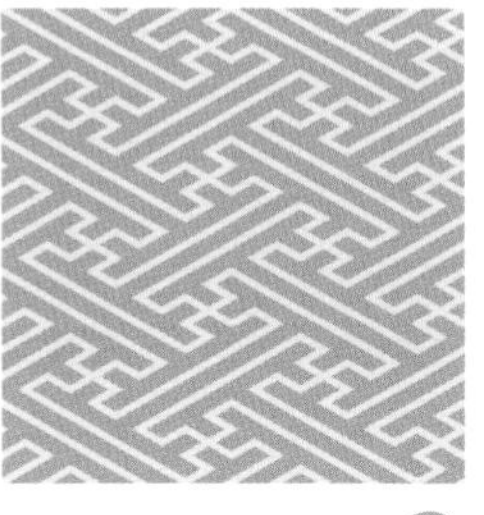

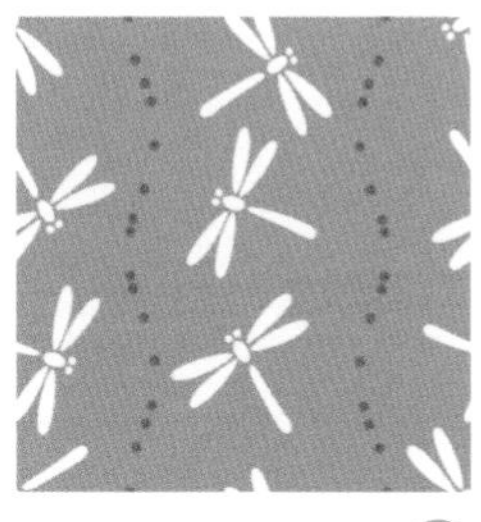

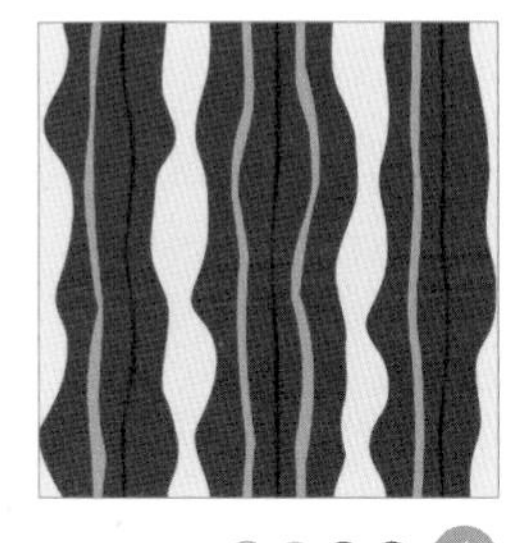

插畫 Illustration

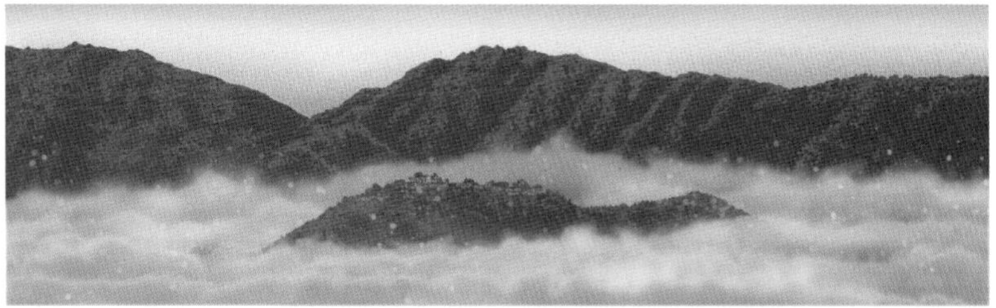

069

鳥取沙丘

Tottori Sand Dunes

日本最大的沙丘地形，能邂逅「偶然的造型之美」。這裡能遠眺日本海，夏季夜晚釣烏賊船的點點漁火十分美麗。附近的田地栽種辣韮，到了秋天，便會開出滿滿紫紅色的花。也有不少人來此享受騎登山車、飛行傘等特殊活動。（鳥取縣）

印象	活動的、有活力的、豐富的
配色方式	強烈偏黃的褐色，搭配清爽天空色
重點	褐色與天空色的面積大小相同

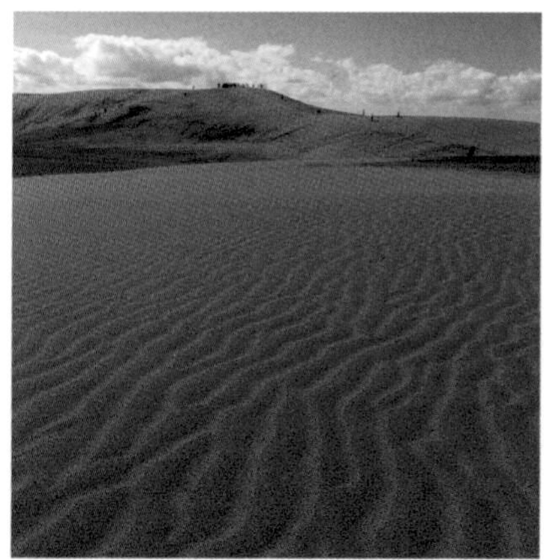

鳥取砂丘南北 2.4 公里、東西 16 公里，幅員遼闊。

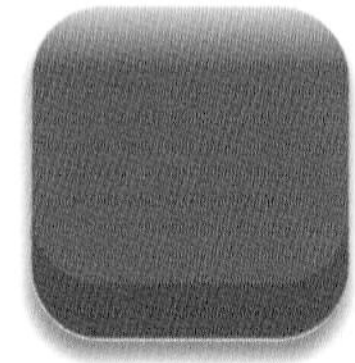
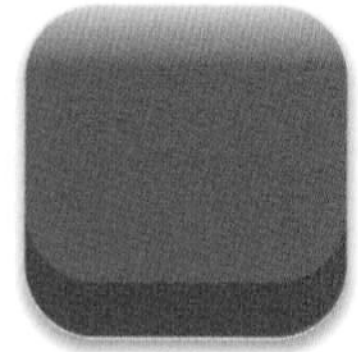

❶金茶
きんちゃ
予人芳醇印象，帶黃的褐色。江戶時代色名。

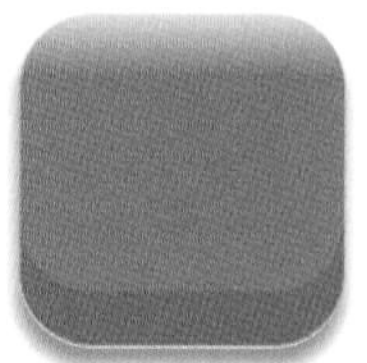

❷砂子
すなご
以金箔、銀箔磨成的細粉，稱為砂子。

❸高砂
たかさご
指砂丘。也是世阿彌的能劇作品。

❹風紋
ふうもん
風所吹出的沙地紋路。

❺砂嵐
すなあらし
沙子因強風而被大片吹起的自然現象。

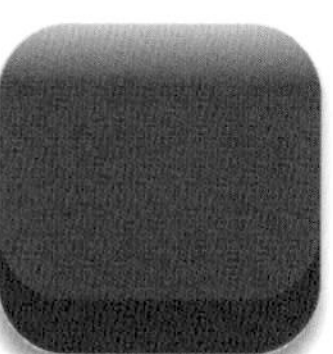
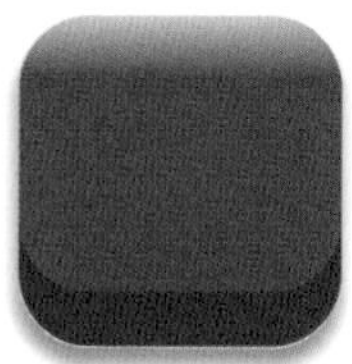

❻馬背
うまのせ
位於鳥取沙丘中心，標高 47 公尺的沙丘名。

❼雪化妝
ゆきげしょう
12 月下旬～2 月左右也會下雪。

❽綠洲
おあしす
位於「馬背」附近的湧泉水池。

❾沙灘之鏡
みらーびーち
沙灘如鏡子般，映照出天空或雲朵的模樣。

1 C0 M30 Y60 K27 R202 G157 B91 #C99D5A

2 C0 M27 Y57 K10 R234 G187 B113 #E9BB70

3 C0 M23 Y43 K45 R167 G139 B102 #A68B65

4 C10 M20 Y43 K30 R183 G164 B123 #B7A37A

5 C5 M17 Y40 K20 R210 G188 B142 #D2BB8E

6 C10 M23 Y43 K57 R130 G113 B84 #827054

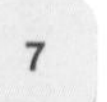

7 C15 M0 Y7 K0 R224 G241 B241 #DFF0F0

8 C30 M5 Y7 K0 R188 G220 B233 #BBDBE9

9 C53 M13 Y10 K0 R124 G185 B215 #7CB9D7

雙色配色 Two-colors combination

三色配色 Three-colors combination

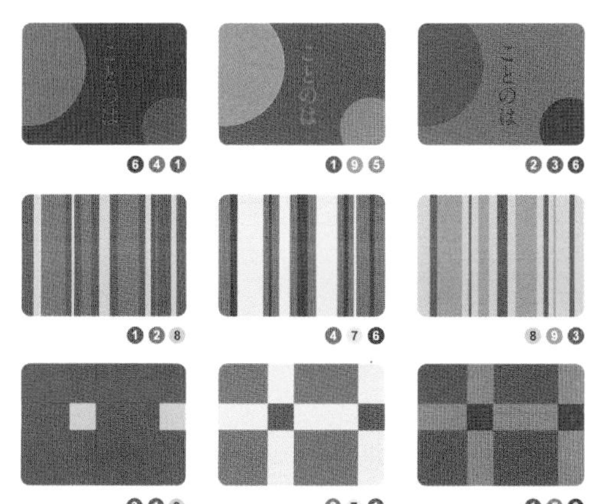

意匠設計 Design

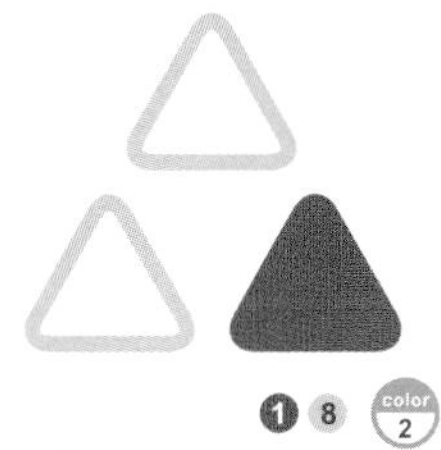

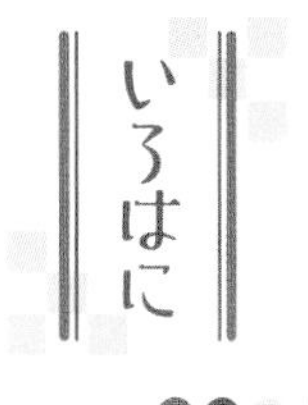

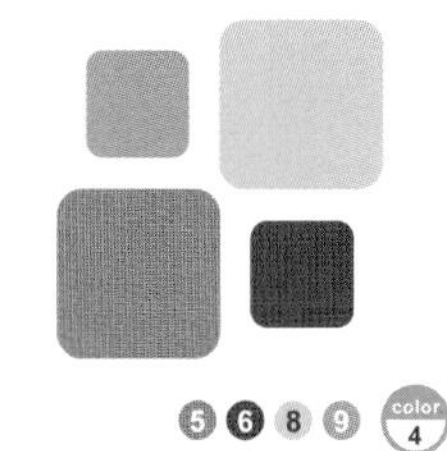

紋様 Pattern

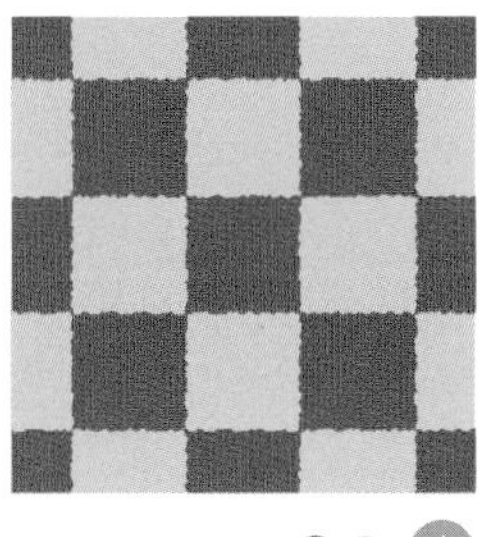

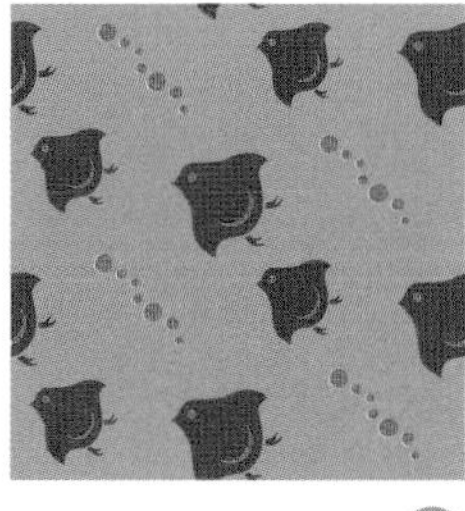

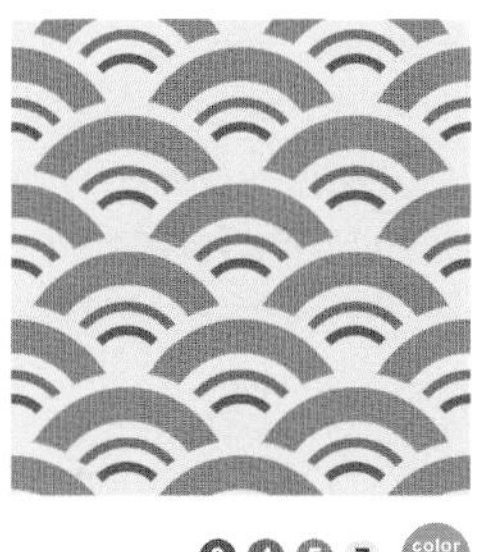

插畫 Illustration

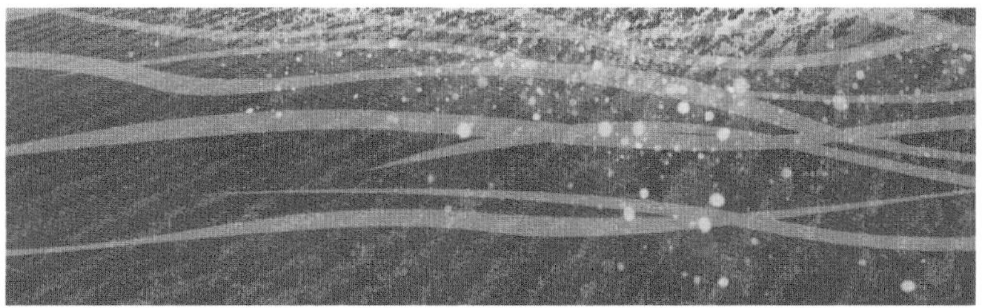

第8章 日本列島由北到南

070

鳴門漩渦

Naruto Whirlpools

直徑約有 15 公尺，有時甚至能到 20 公尺以上，是世界規模最大的漩渦。以《東海道五十三次》廣為人知的浮世繪師歌川廣重，在三連作《雪月花》中，就以「阿波鳴門之風景」為題，將波浪比擬為花，相當美麗。（德島縣）

印象	豪放的、強而有力、不同事物的融合
配色方式	讓漩渦的海水色顯眼些會更好
重點	①②是充滿生命力的有機藍色

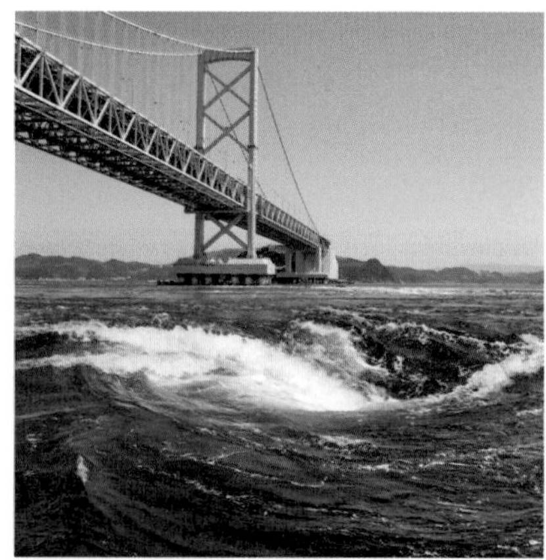

鳴門海峽的海水潮差非常大，流速也很急。

❶阿波藍

あわのあい

德島的藍染產業，在江戶時代達到巔峰。

❷藍玉

あいだま

蓼藍發酵的染料「蒅」固化之物質。

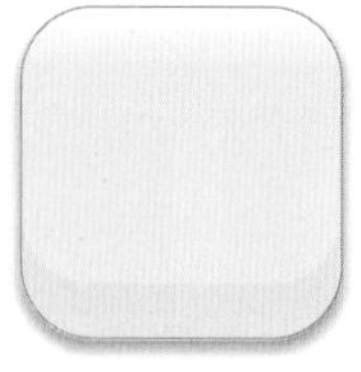

③鳴門大橋

なるとおおはし

連結四國與淡路島的純白色吊橋。

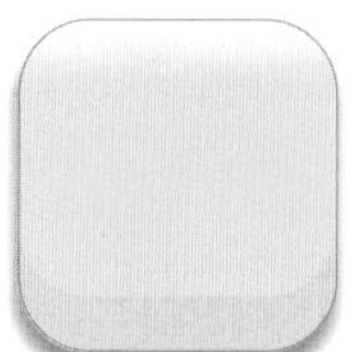

④春花

はるのはな

這裡的花指的是櫻花。

⑤秋月

あきのつき

歌川廣重作品《武陽金澤八勝夜景》的月。

⑥冬雪

ふゆのゆき

歌川廣重作品《木曾路之山川》的雪。

❼渦之道

うずのみち

橋上散步道為玻璃地板，可看見腳下漩渦。

❽四國三郎

しこくさぶろう

由西向東、貫穿德島縣的吉野川別稱。

❾雪月花

せつげつか

四季的自然美。日本有欣賞花月雪的文化。

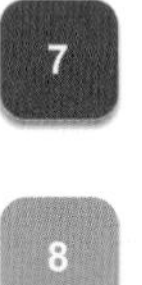

	CMYK	RGB	HEX
1	C83 M35 Y25 K0	R0 G132 B168	#0083A8
2	C65 M0 Y23 K25	R56 G158 B169	#379DA8
3	C6 M3 Y0 K5	R235 G239 B244	#EBEEF4
4	C4 M7 Y10 K3	R243 G236 B227	#F2EBE3
5	C6 M0 Y13 K3	R240 G244 B228	#EFF4E3
6	C4 M5 Y6 K0	R247 G244 B240	#F6F3EF
7	C50 M0 Y17 K55	R72 G120 B127	#47787F
8	C35 M15 Y0 K15	R158 G181 B210	#9DB4D1
9	C20 M0 Y18 K20	R184 G203 B191	#B8CBBE

雙色配色 Two-colors combination

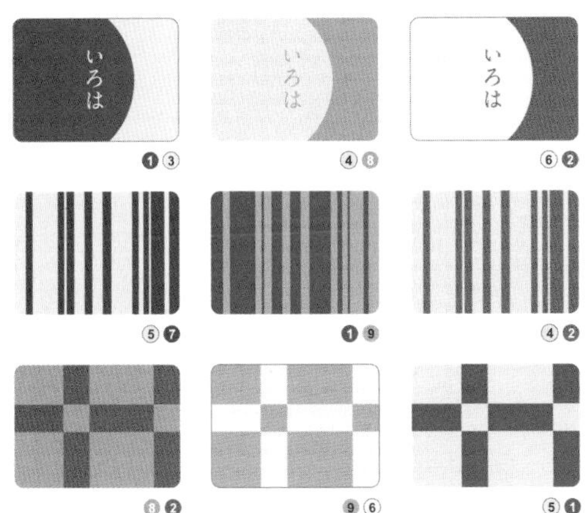

三色配色 Three-colors combination

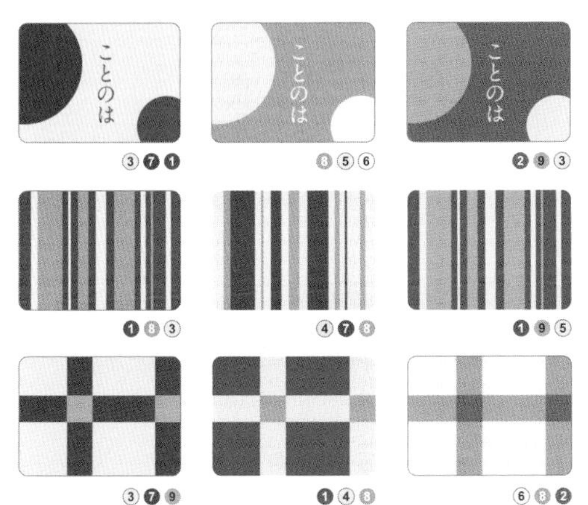

意匠設計 Design

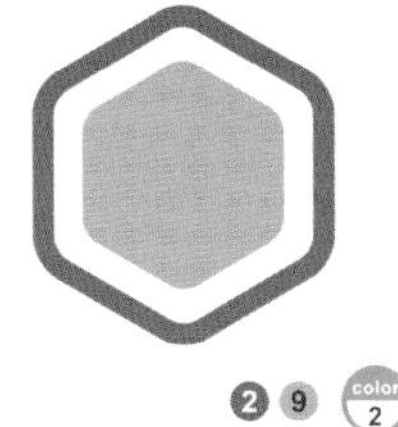

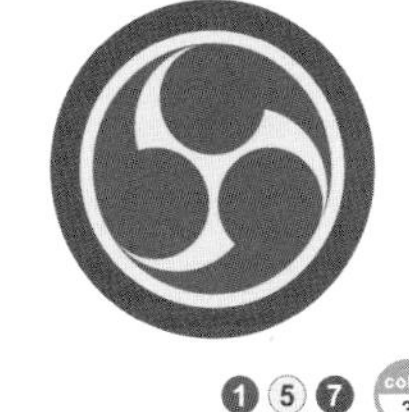

紋樣 Pattern

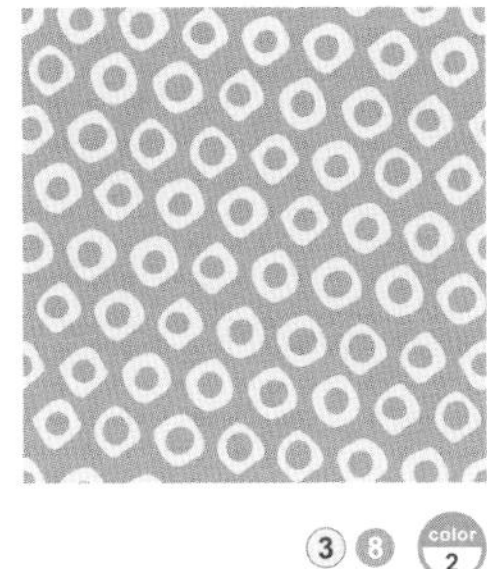

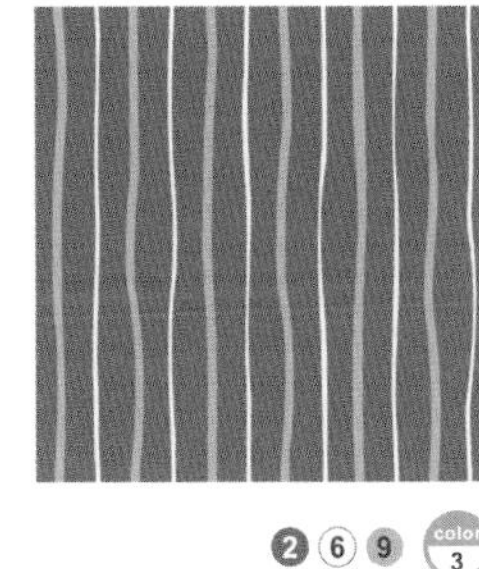

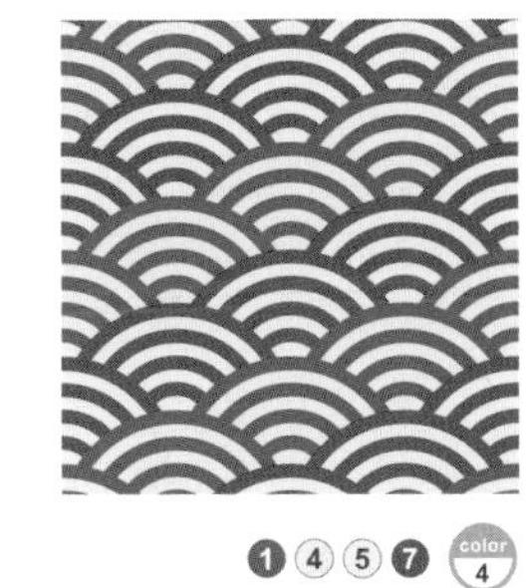

插畫 Illustration

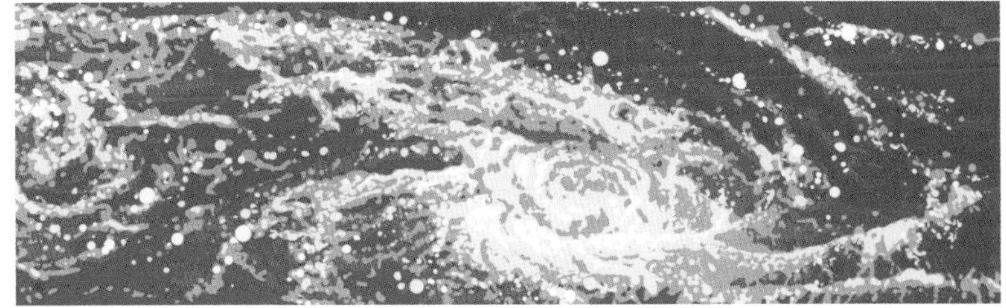

071

軍艦島

Gunkanjima

原名端島，因海底煤礦而繁榮。島嶼經過六次填海造陸，形成現在的模樣。從 1890 年起至 1974 年關閉為止，這裡開採出的優質煤礦，對日本近代化有極大貢獻。1960 年時這裡最為繁榮，有 5300 人居住，人口密度是當時東京市區的九倍之多。（長崎縣）

印象	近代的、時尚的、現代感的
配色方式	組合不同明度的無彩色
重點	使用深藍色做為強調色

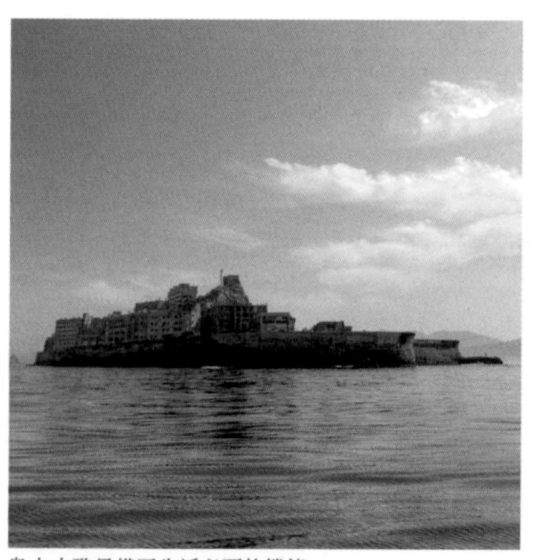

島上大致具備了生活必要的機能。

❶產業革命

さんぎょうかくめい

2015 年，以產業革命遺產之姿成為世界遺產。

❷天主堂

てんしゅどう

基督教教派之一天主教的禮拜堂。

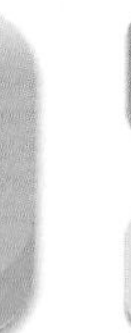

❸中小學校

しょうちゅうがっこう

島上的中小學斜對面，有醫院和派出所。

❹高層鋼筋

こうそうてっきん

日本第一座鋼筋水泥大廈。

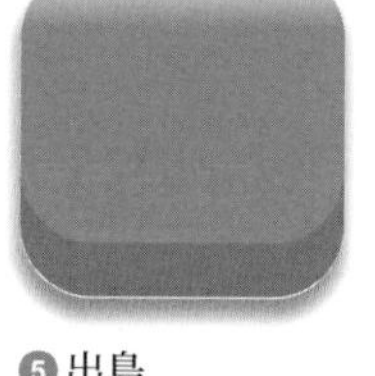

❺出島

でじま

江戶時代位於長崎的扇形人工島。

❻石炭

せきたん

煤。植物在地層中碳化而成的物質。

❼海底煤礦

かいていたんこう

礦藏位於海面約 1000 公尺以下的地方。

❽水平線

すいへいせん

以清晰的藍色水平線為意象。

❾快晴

かいせい

萬里無雲的日子，海與天空的分界線。

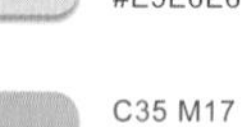

1 C17 M10 Y20 K23 R185 G188 B176 #B8BBAF

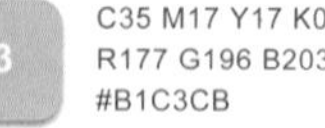

2 C0 M0 Y0 K15 R230 G230 B230 #E5E6E6

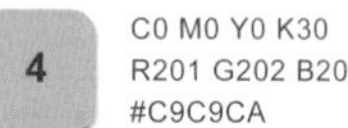

3 C35 M17 Y17 K0 R177 G196 B203 #B1C3CB

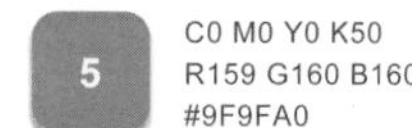

4 C0 M0 Y0 K30 R201 G202 B202 #C9C9CA

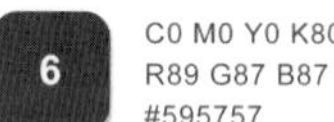

5 C0 M0 Y0 K50 R159 G160 B160 #9F9FA0

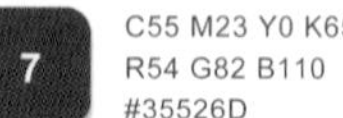
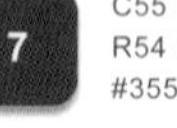

6 C0 M0 Y0 K80 R89 G87 B87 #595757

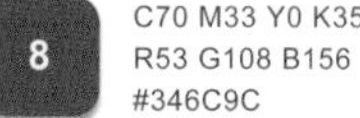

7 C55 M23 Y0 K65 R54 G82 B110 #35526D

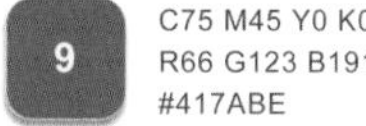

8 C70 M33 Y0 K35 R53 G108 B156 #346C9C

9 C75 M45 Y0 K0 R66 G123 B191 #417ABE

雙色配色 Two-colors combination

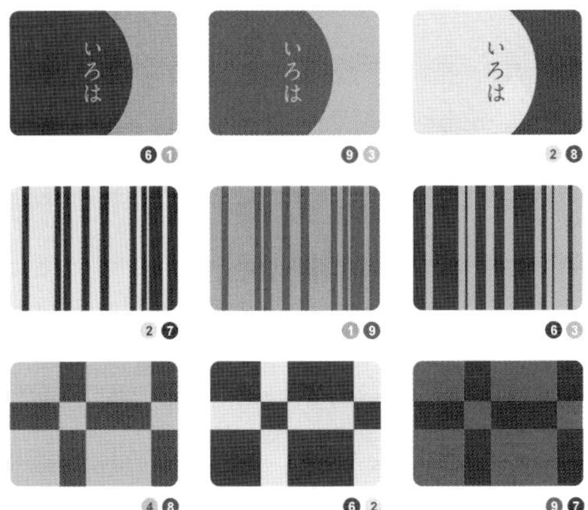

三色配色 Three-colors combination

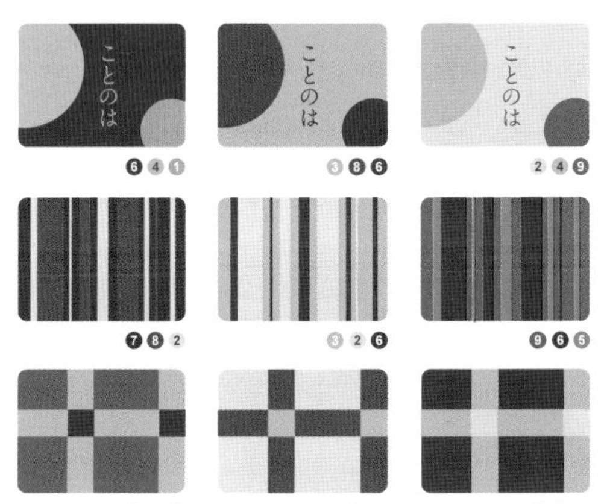

意匠設計 Design

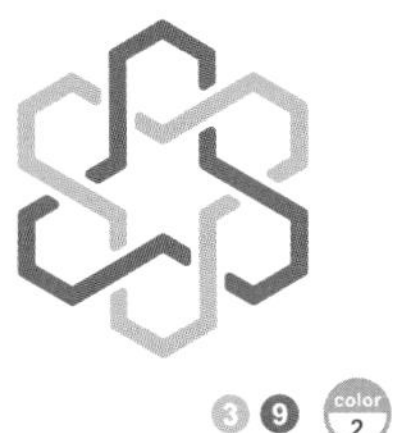

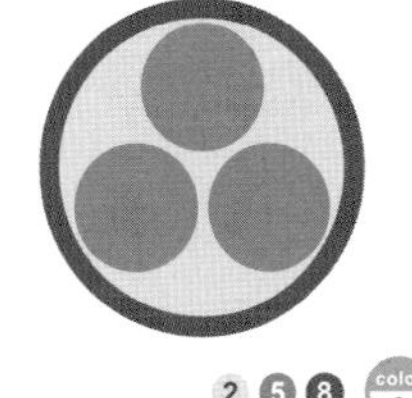

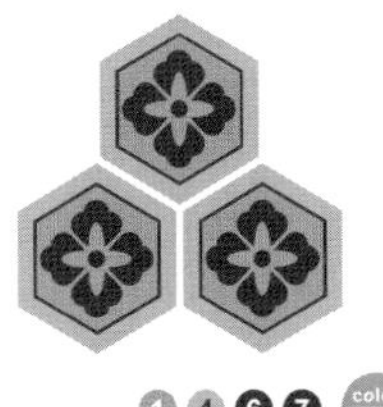

紋樣 Pattern

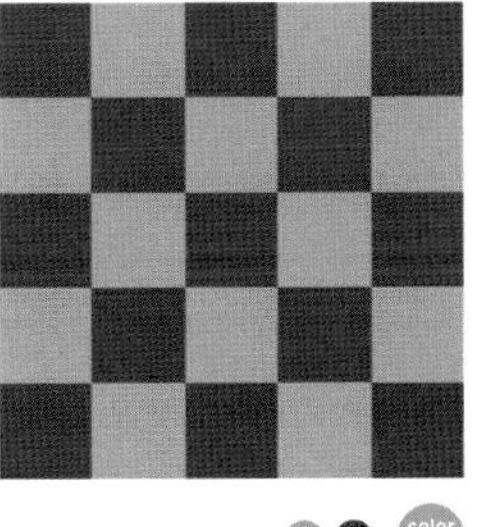

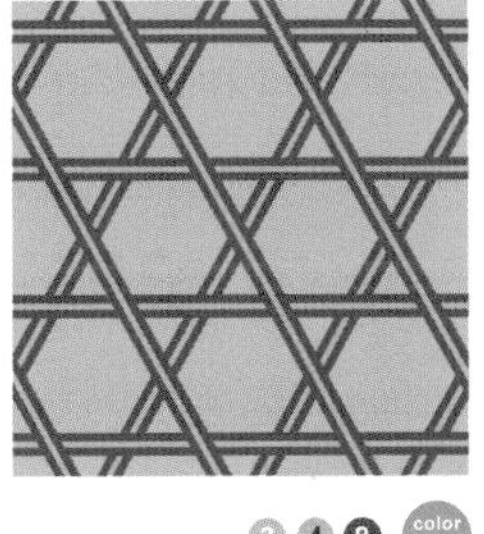

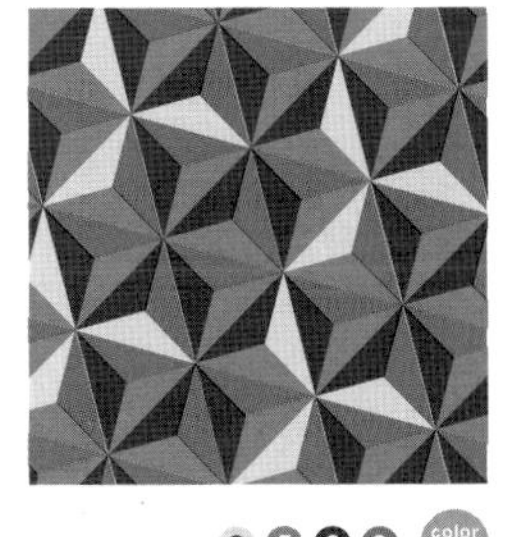

插畫 Illustration

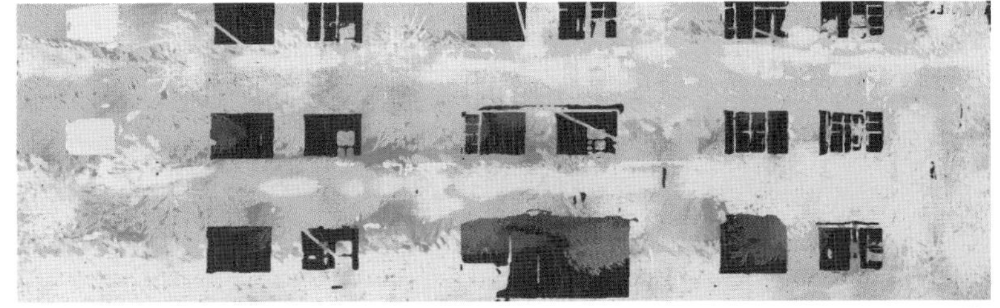

072

油菜花田與開聞岳

Mt.Kaimon and the Field of Canola flower

九州南端的鹿兒島縣指宿市，每年 12 月下旬至 2 月上旬，會有油菜花盛開。一旁的開聞岳彷彿俯視著一片黃毯般。又名薩摩富士的開聞岳是座圓錐形山，有螺旋狀的登山步道，從山頂眺望浮在海面上的屋久島。（鹿兒島縣）

印象	開朗的、清爽的、有精神的
配色方式	大面積使用令人聯想到油菜花的黃色
重點	以③～⑤的黃綠系輔助①②

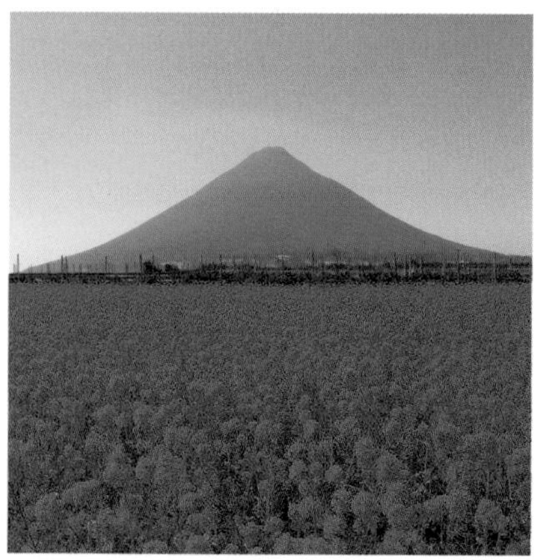

令人難以想像這是冬季的明亮光景。

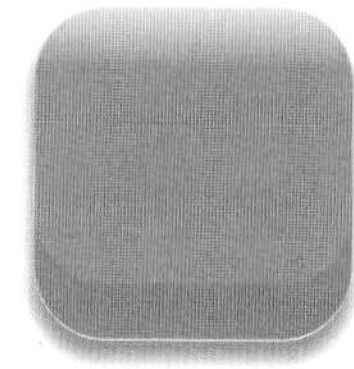

❶閃耀

かがやき

散發出明亮的光芒。華麗而盛大之意。

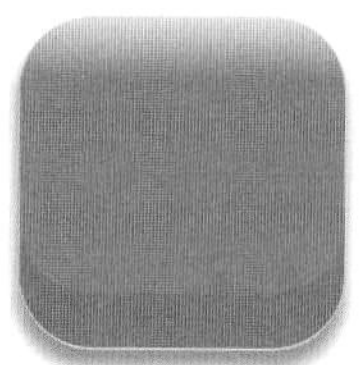

❷耀眼

きらめき

光芒閃耀的樣子。華麗而引人注目。

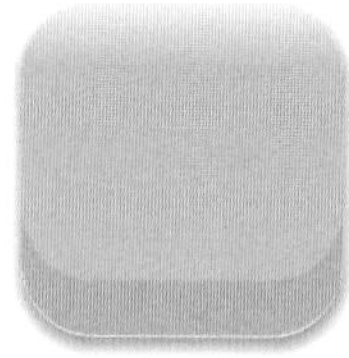
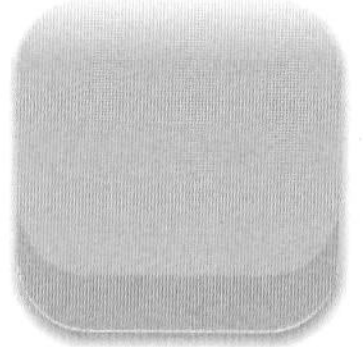
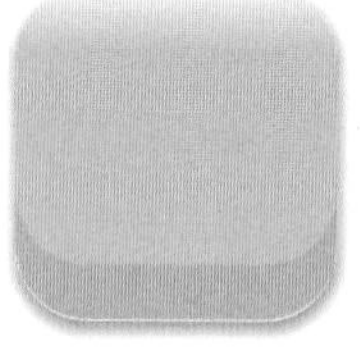
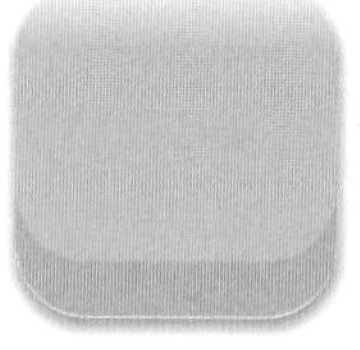

❸親近

したしみ

感到親切的心情。與對方沒有距離。

❹安心

あんしん

沒有擔心的事情，內心很安穩。

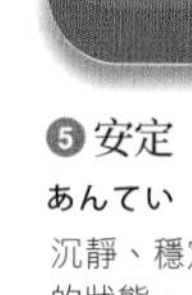

❺安定

あんてい

沉靜、穩定而不感動搖的狀態。

❻信賴

しんらい

相信並足以依靠。可以安心託付事情。

❼關懷

こころくばり

各方面都細心注意。掛懷、用心。

❽爽快

そうかい

清新舒爽的氣氛或感覺。

❾未來的種子

みらいのたね

蘊藏夢想與希望，將在未來開花的種子。

1
C0 M7 Y60 K0
R255 G235 B124
#FFEB7B

2
C5 M0 Y70 K0
R250 G240 B99
#F9F063

3
C15 M0 Y35 K0
R226 G237 B186
#E2ECBA

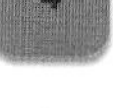

4
C20 M0 Y65 K10
R203 G213 B109
#CAD56C

5
C43 M0 Y63 K15
R144 G186 B111
#8FBA6F

6
C55 M25 Y45 K13
R117 G151 B134
#759685

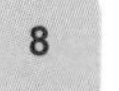

7
C30 M0 Y15 K7
R180 G216 B214
#B4D7D5

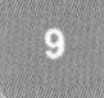

8
C30 M10 Y0 K0
R187 G212 B239
#BAD4EE

9
C47 M15 Y0 K13
R130 G173 B211
#81ADD2

雙色配色 Two-colors combination

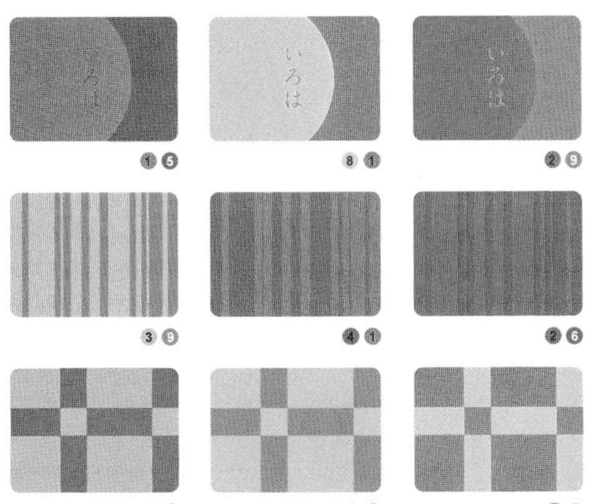

三色配色 Three-colors combination

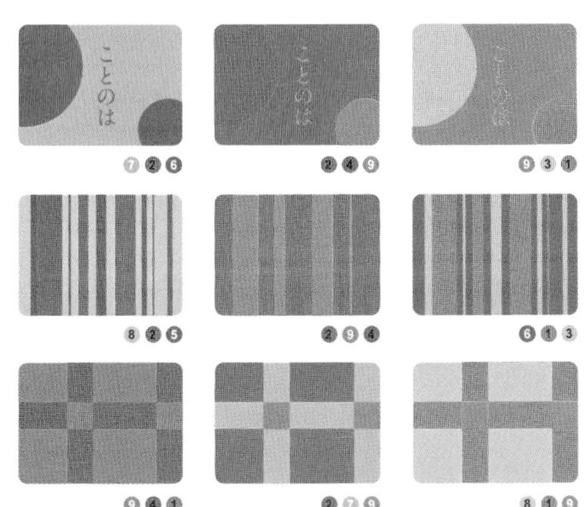

意匠設計 Design

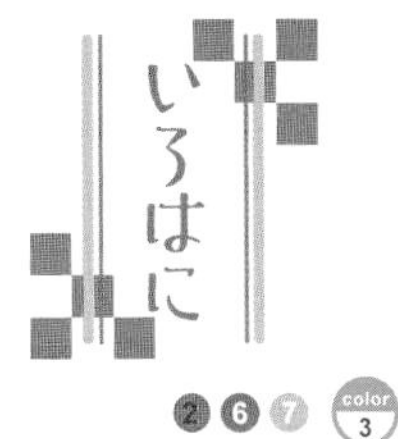

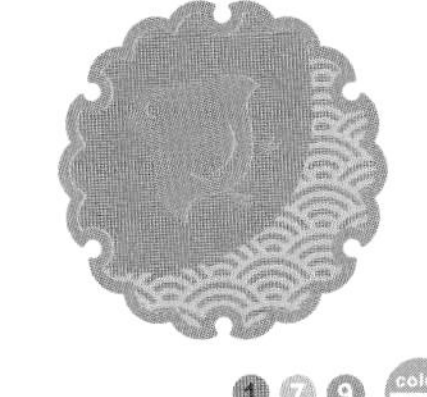

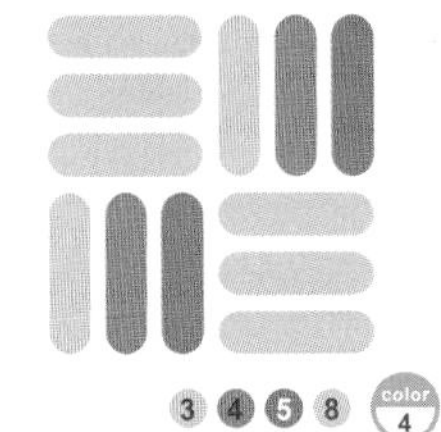

紋様 Pattern

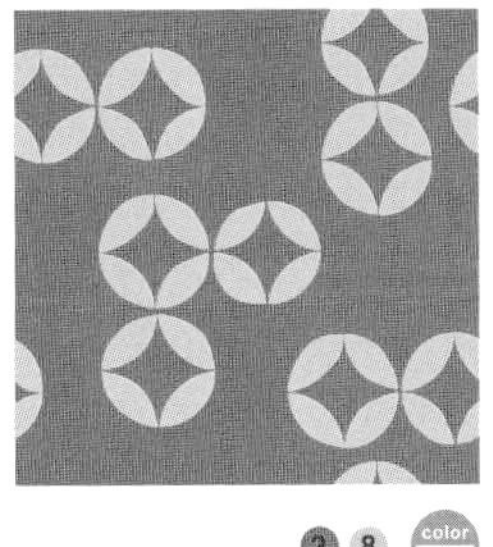

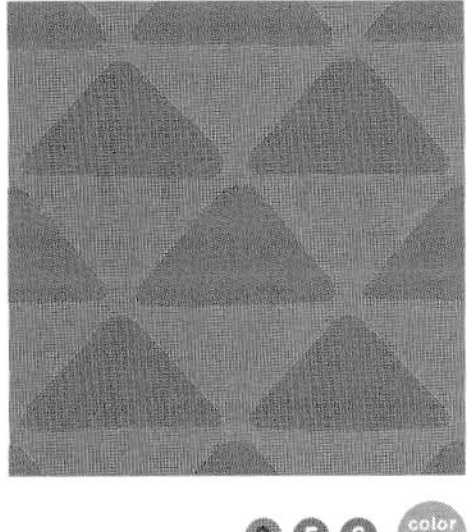

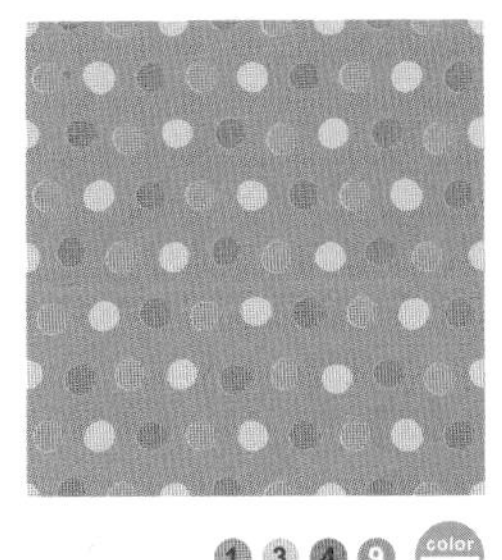

插畫 Illustration

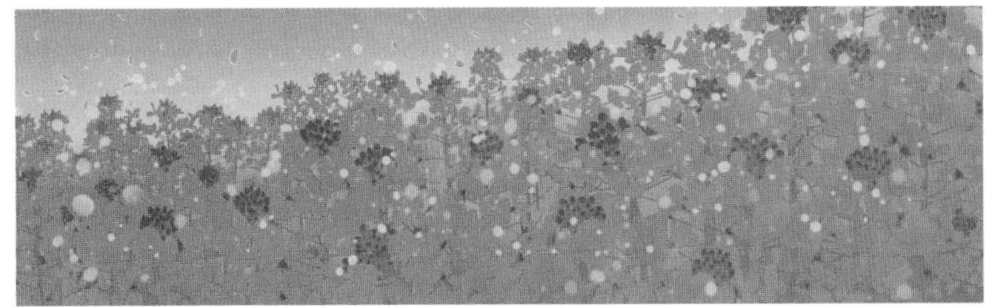

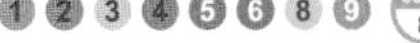

073

琉球舞

Ryukyu Dance

琉球王國是 1429 年至 1879 年存在的王制國家，有 450 年歷史，並透過和周邊國家貿易而繁盛一時。琉球王國的傳統舞蹈，受神樂、能樂等日本傳統，以及中國和東南亞影響，為在宮中表演的傳統藝能。舞者為首里士族的男子。（沖繩縣）

印象	南國的、鮮豔的、流暢而華麗的
配色方式	結合太陽的紅、海水的藍、高貴的黃
重點	以②或⑧的帶綠藍色表現南國海洋

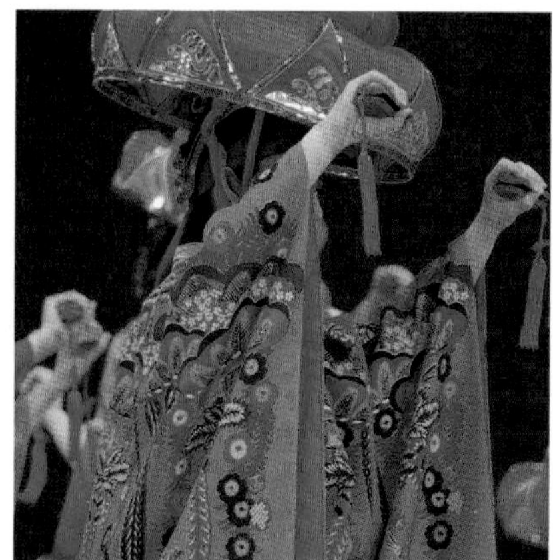

配合三線或古琴所演奏的琉球傳統音樂來跳舞。

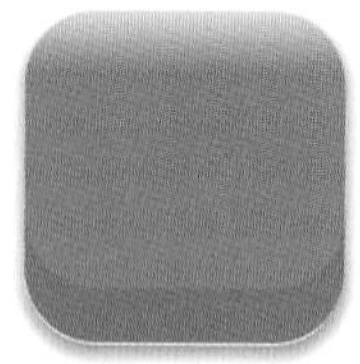

❶首里城

しゅりじょう

琉球王國的政治經濟文化中心，相當繁榮。

❷花笠

はながさ

琉球舞道具。紅色象徵太陽，藍色象徵海洋。

❸紅型

びんがた

傳統染色技法。黃色被視為高貴的顏色。

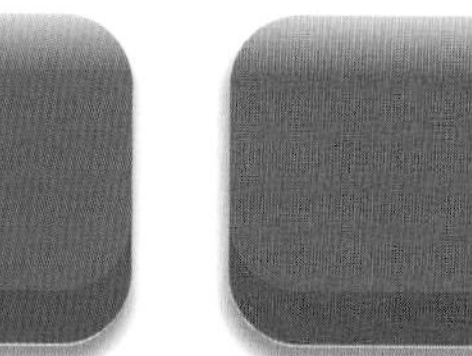

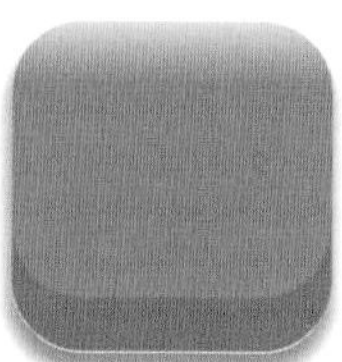

❹紅芋

べにいも

熱帶栽培的紫地瓜，日文中也稱紅山芋。

❺琉球王國

りゅうきゅうおうこく

擁有獨自文化並盛極一時的古代王國。

❻海葡萄

うみぶどう

沖繩西南諸島的淺海可採到這種海藻。

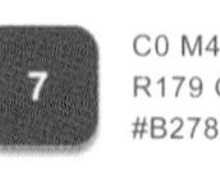

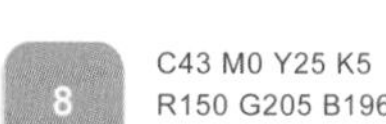

❼獅子

しーさー

傳說中的野獸，常裝飾在建築的門或屋頂上。

❽美之海

ちゅらうみ

沖繩的方言中，是「美麗之海」的意思。

❾黑糖

こくとう

將甘蔗榨汁後熬煮而成。

1	C0 M80 Y63 K0 R234 G85 B75 #E9544B
2	C65 M10 Y27 K0 R82 G177 B187 #51B0BB
3	C0 M25 Y65 K0 R251 G203 B103 #FACA66
4	C27 M67 Y0 K13 R175 G98 B154 #AE6199
5	C0 M0 Y60 K35 R192 G184 B95 #C0B75F
6	C35 M0 Y47 K17 R159 G192 B141 #9FC08D
7	C0 M45 Y53 K37 R179 G120 B85 #B27854
8	C43 M0 Y25 K5 R150 G205 B196 #95CDC4
9	C0 M25 Y65 K60 R134 G107 B49 #866B31

雙色配色 Two-colors combination

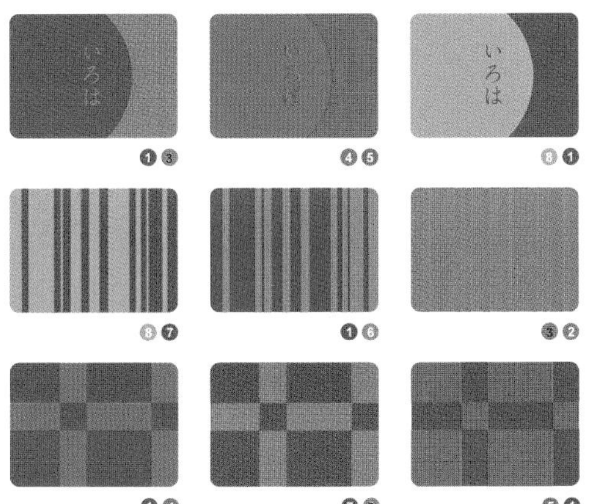

三色配色 Three-colors combination

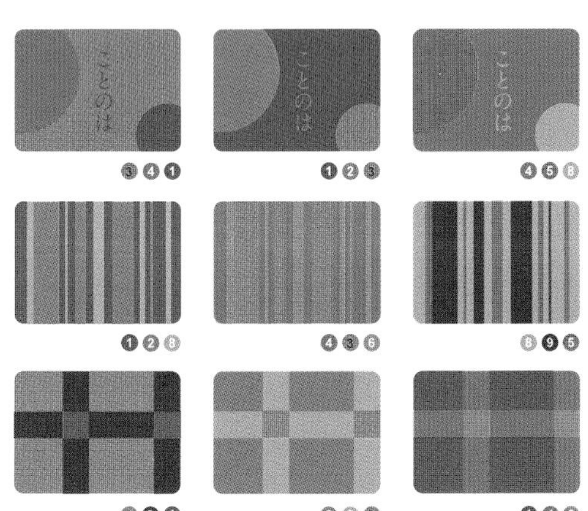

意匠設計 Design

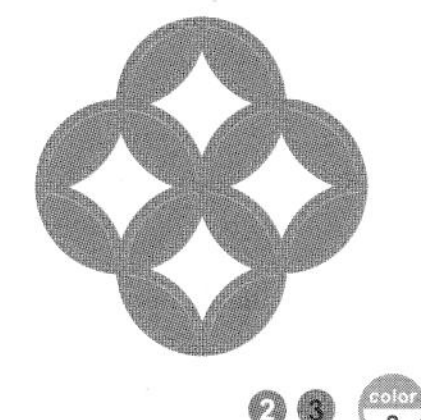

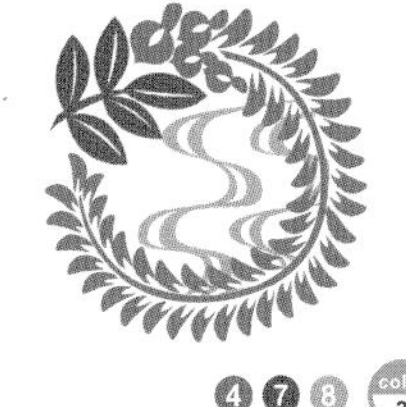

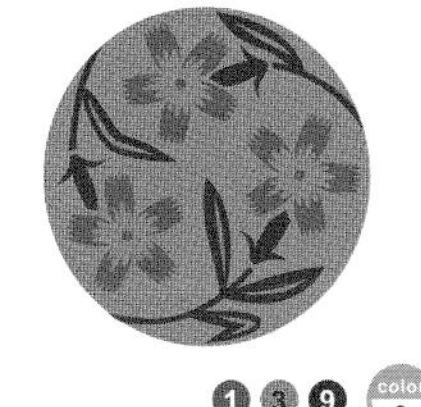

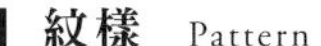

紋樣 Pattern

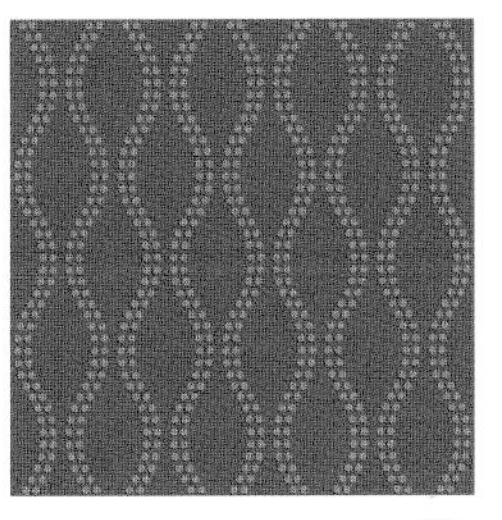

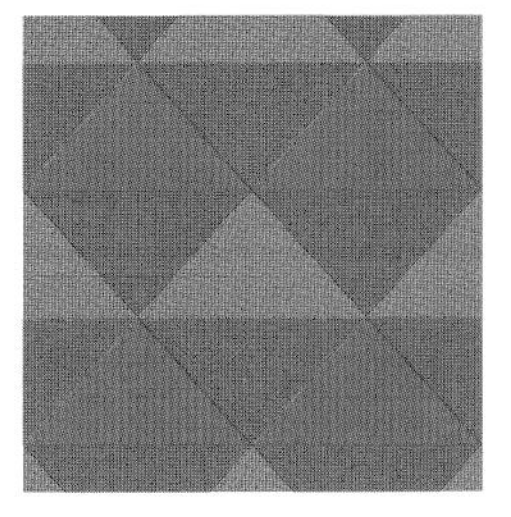

插畫 Illustration

074

石垣島川平灣

Kabira Bay,Ishigaki

擁有世界上數一數二、透明度極高的海水，海灣中散布著許多小島。海色是由藍到綠的美麗漸層，配合光影明暗、潮汐漲退，每一刻都變化萬千。滿潮前後 2 小時的透明度最高。這裡也世界上第一個養殖黑蝶珍珠成功的地方。（沖繩縣）

印象	清爽的、透明的、南國的
配色方式	使用予人乾淨透明感的藍綠色系顏色
重點	以白色為強調色，襯托出各個色彩

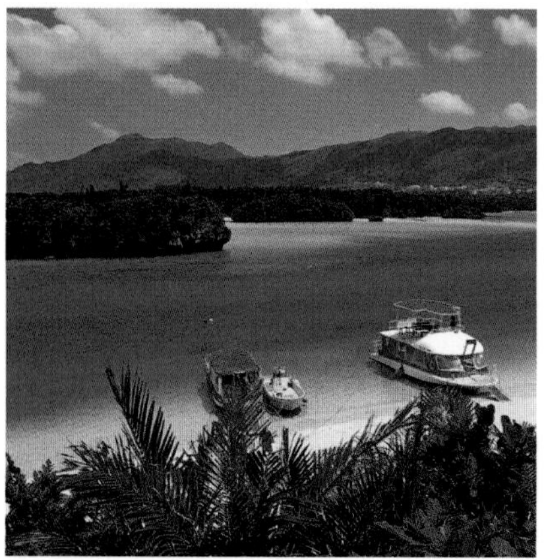

海上運行著船底以玻璃打造的小船。

❶母親之海

ははなるうみ

海洋是許多生物誕生的地方。

❷祖先的智慧

せんじんのちえ

古人累積經驗，得到許多知識與技術。

❸八重山諸島

やえやましょとう

由石垣島、西表島、與那國島等島嶼組成。

❹鸚哥魚

いらぶちゃー

青藍色的白肉魚，在沖繩市場隨處可見。

❺遠淺

とおあさ

從岸邊延伸到遠處的連續淺灘。

❻白砂

しろすな・しらすな

珊瑚殘骸因波浪沖刷而變得細小。

❼紅樹林

まんぐろーぶ

茂密生長於熱帶、亞熱帶海岸及河口的植物。

❽琉球珍珠

りゅうきゅうのしんじゅ

世界首度成功養殖出黑蝶珍珠。

❾刨冰

かきごおり

將冰塊刨細後淋上糖漿的冰涼點心。

1	C80 M10 Y10 K0	R0 G165 B213	#00A4D4
2	C60 M0 Y10 K0	R89 G195 B225	#59C2E1
3	C40 M0 Y13 K0	R161 G216 B225	#A1D7E0
4	C65 M0 Y35 K0	R76 G187 B180	#4BBBB3
5	C50 M0 Y35 K0	R134 G202 B182	#86CAB5
6	C0 M0 Y10 K15	R230 G229 B215	#E6E4D7
7	C60 M0 Y65 K20	R91 G164 B105	#5AA468
8	C0 M7 Y13 K3	R250 G238 B222	#FAEEDE
9	C0 M4 Y0 K5	R247 G242 B244	#F6F1F4

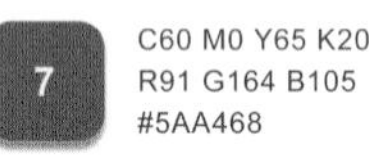
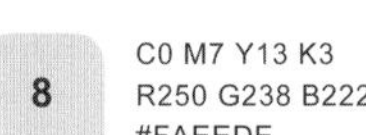
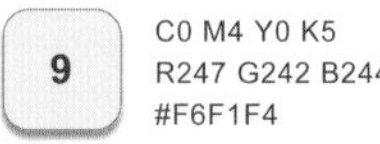

雙色配色 Two-colors combination

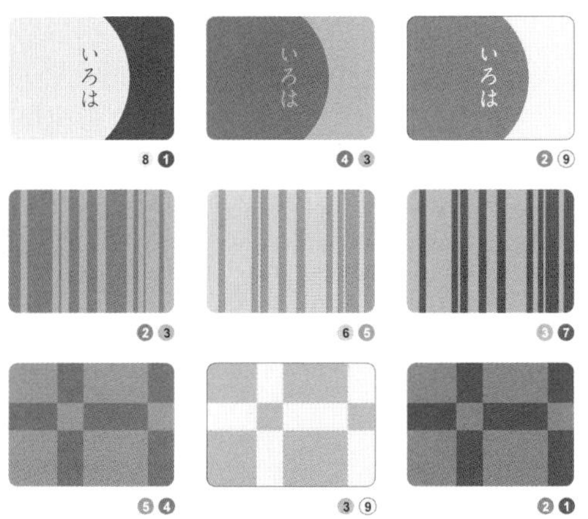

三色配色 Three-colors combination

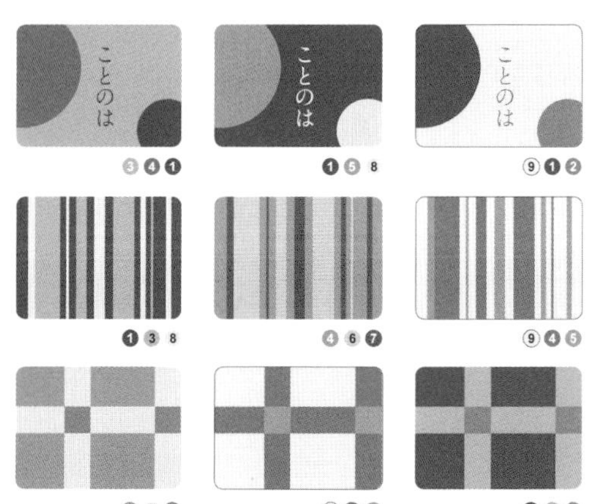

意匠設計 Design

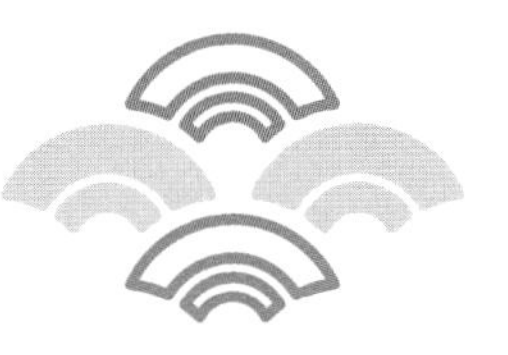

2 6 color 2

1 5 8 color 3

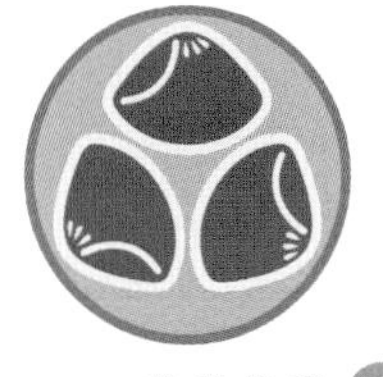

3 4 7 9 color 4

紋樣 Pattern

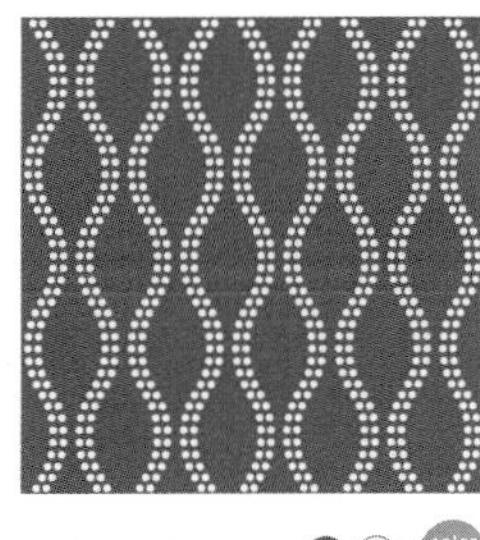

1 9 color 2

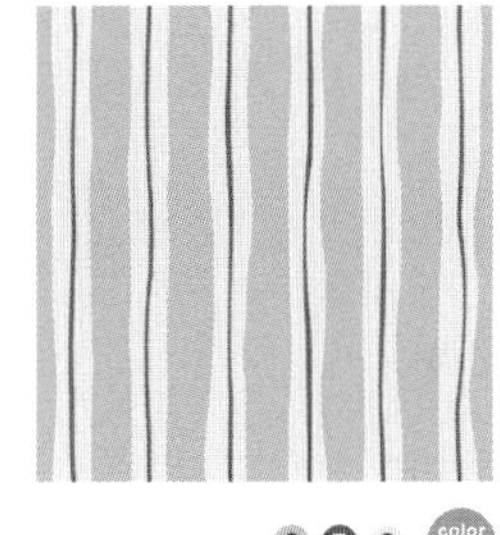

3 7 8 color 3

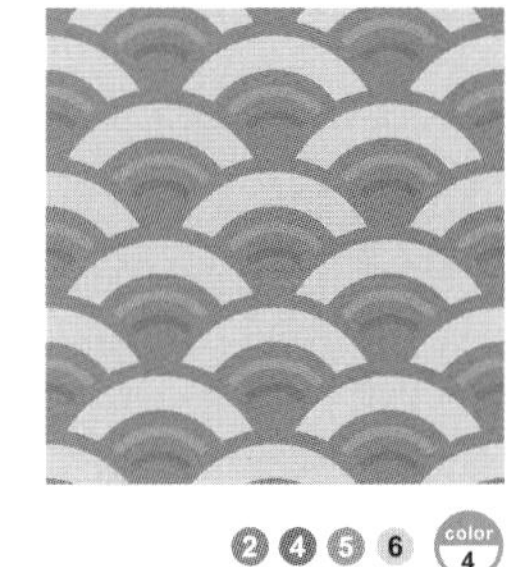

2 4 5 6 color 4

插畫 Illustration

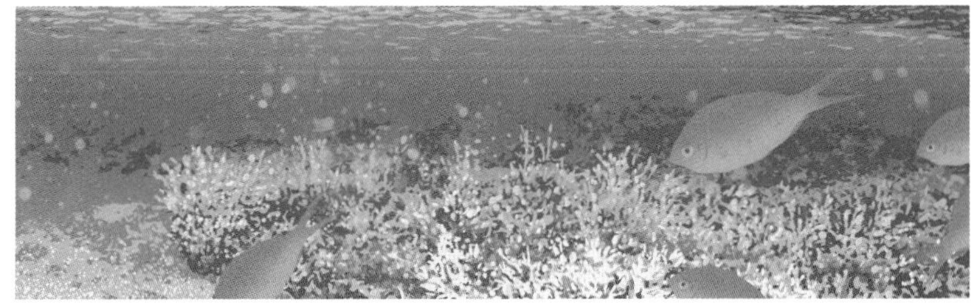

1 2 3 4 5 6 7 8 9 color 9

第 9 章

色相別·日本的風景

漫步在沒有盡頭的竹林中，或是健行於青苔滿布的森林時，視野中幾乎都是「綠」色，彷彿與顏色合為一體。而在眺望被夕陽染紅的天空時，又會滿溢著被「橙光」包圍的感受。在盛放的紫藤花架下深呼吸，紫藤花傳來的香氣，令人不禁讚嘆，這正是所謂的「紫香」。

本章擷取某個地方、某段時節的色彩風景，製作成「不同色相的繽紛色票」。在翻頁的同時，請盡情品味每種顏色擁有的能量，以及每種顏色的個性。

能感受顏色能量與個性的配色

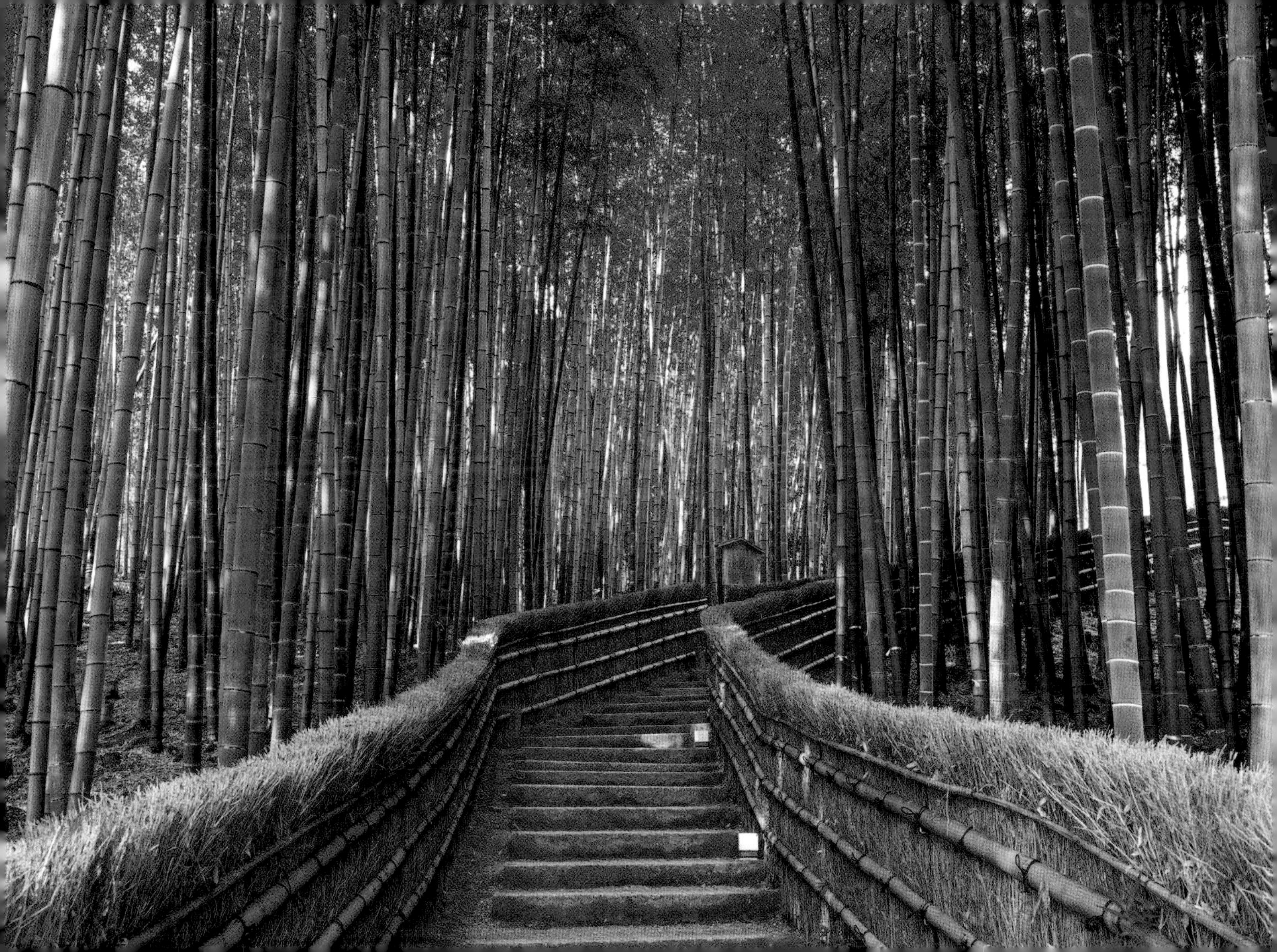

075

紅的風景

Red Scenery

京都的伏見稻荷大社，是在日本全國有 3 萬間分社的稻荷大社總社，也是極受外國人歡迎的知名觀光景點。伏見稻荷大社保佑生意興隆、五穀豐收，虔誠信仰的信徒捐獻的眾多鳥居，稱為千鳥居。灑落在鳥居間的日光，顯得莊嚴神聖。

印象	神聖的、充滿能量的、令人感激的
配色方式	深淺不一、強烈偏黃的紅色，搭配無彩色
重點	小面積地使用⑦～⑨更佳

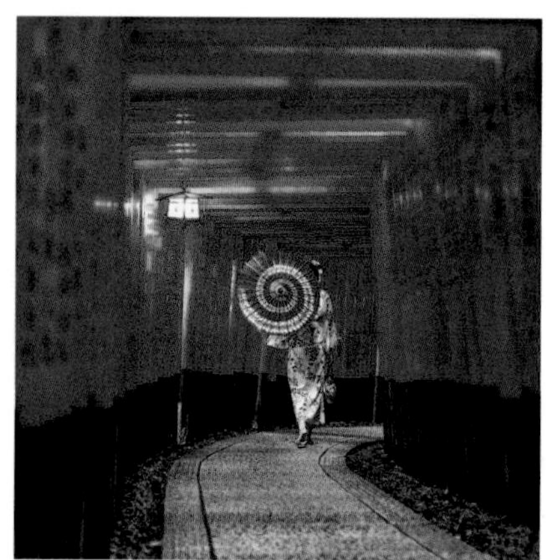

鳥居上寫著捐獻者的名字。

❶千鳥居

せんぼんとりい

數量眾多的紅色鳥居，沿著參道綿延不斷。

❷御朱印

ごしゅいん

原本是抄經奉納後的證明印記。

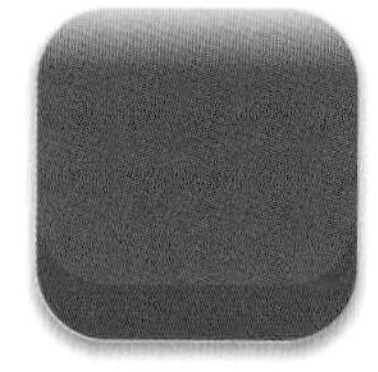

❸祝詞

のりと

向神明上奏。在神前詠唱的文章。

❹驅邪

まよけ

一般認為紅色能保護人不受惡靈侵害。

❺言靈

ことだま

寄宿在言語中，便能令人信服的奇妙之力。

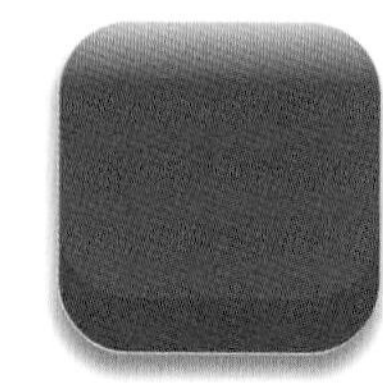

❻御神樂

みかぐら

獻神的歌舞。舉行神樂舞的地點為神樂殿。

❼八百萬神

やおよろずのかみ

世間萬物都有神靈寄宿的概念。

❽天岩戶

あまのいわと

日本神話中登場的岩石洞窟。

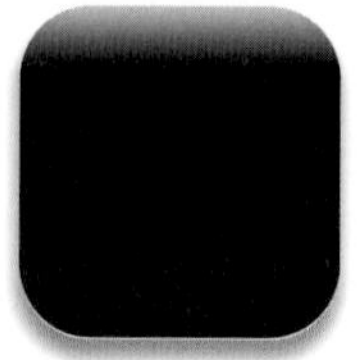

❾岩戶隱

いわとがくれ

太陽神天照大神躲進岩洞中，世界因此黑暗。

1
C0 M80 Y95 K10
R220 G79 B18
#DB4E11

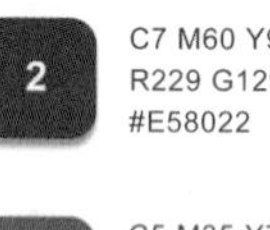

2
C7 M60 Y90 K0
R229 G129 B34
#E58022

3
C5 M35 Y77 K0
R240 G180 B70
#EFB446

4
C10 M73 Y90 K7
R212 G95 B34
#D35F22

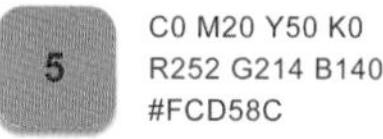

5
C0 M20 Y50 K0
R252 G214 B140
#FCD58C

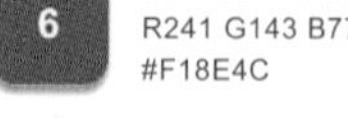

6
C0 M55 Y70 K0
R241 G143 B77
#F18E4C

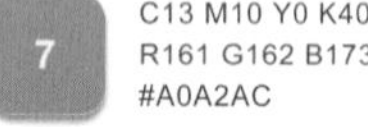

7
C13 M10 Y0 K40
R161 G162 B173
#A0A2AC

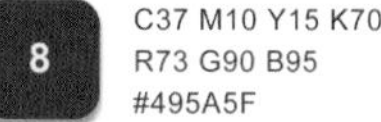

8
C37 M10 Y15 K70
R73 G90 B95
#495A5F

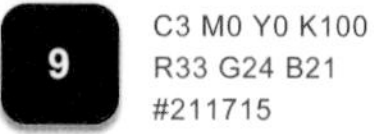

9
C3 M0 Y0 K100
R33 G24 B21
#211715

雙色配色 Two-colors combination

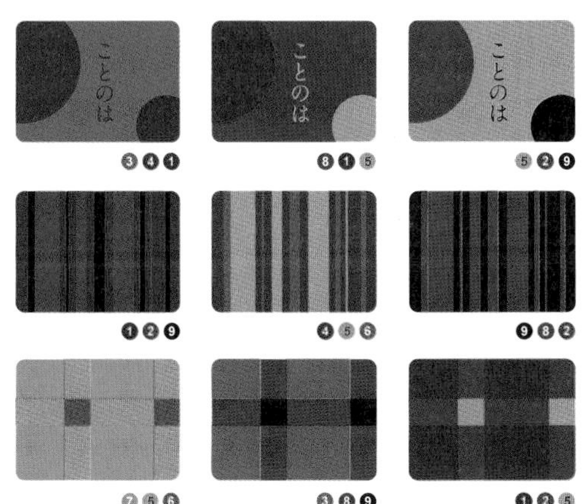

三色配色 Three-colors combination

意匠設計 Design

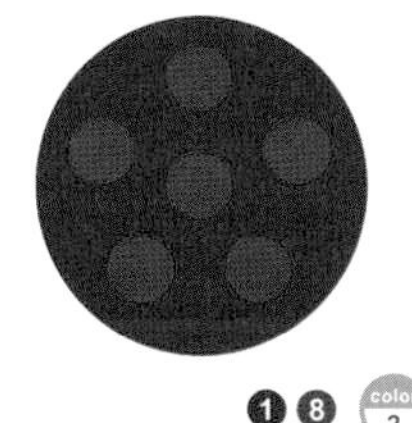

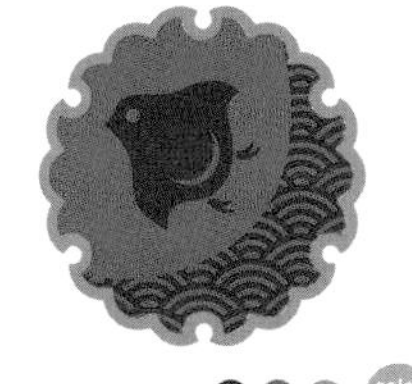

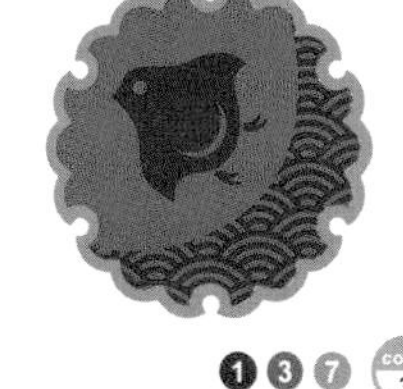

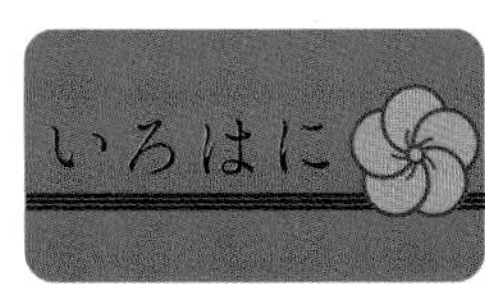

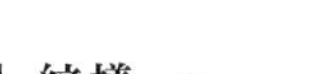

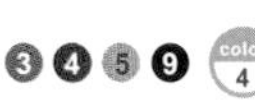

紋樣 Pattern

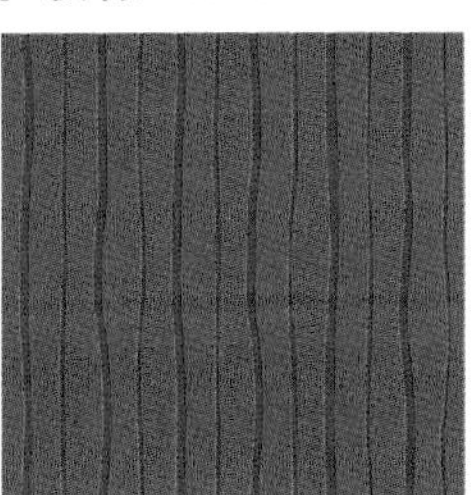

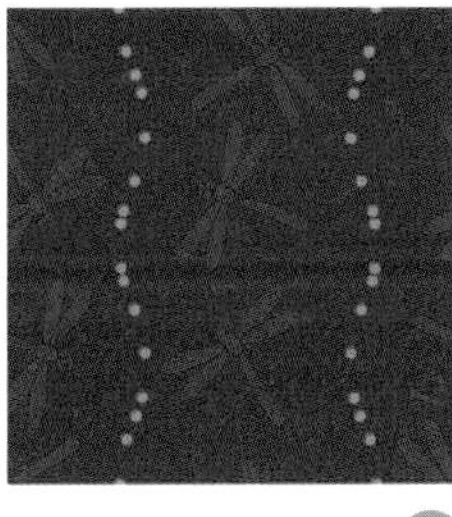

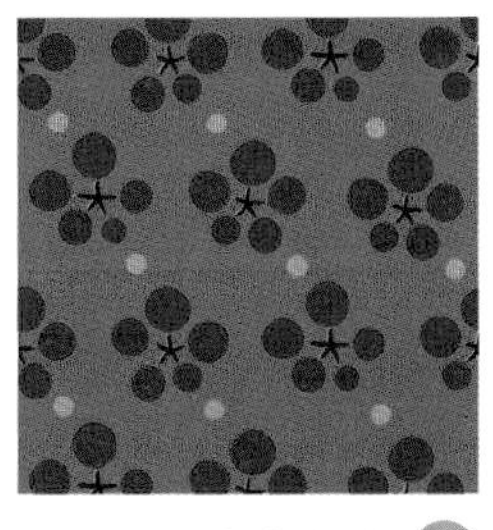

插畫 Illustration

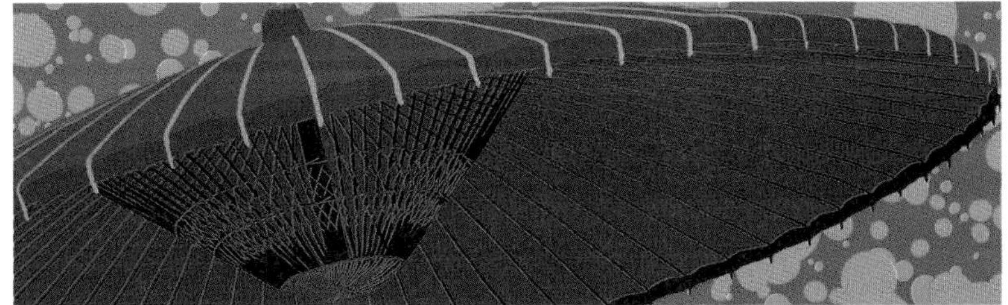

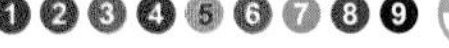

076

橙的風景

Orange Scenery

「鑽石富士」是指太陽落在富士山頂，看起來耀眼迷人的時刻。在富士山位在東方的地區，在朝陽時可能出現鑽石富士，富士山在西方的地區則是夕陽時。神奈川縣的湘南一帶，每年春秋各有一次機會欣賞到紅橙色向晚天空中，富士山頂那顆美麗的鑽石。

印象	充實的、喜悅的、壯大的
配色方式	刻意表現光與影的對比
重點	以暗色讓光芒更耀眼，做出明度對比

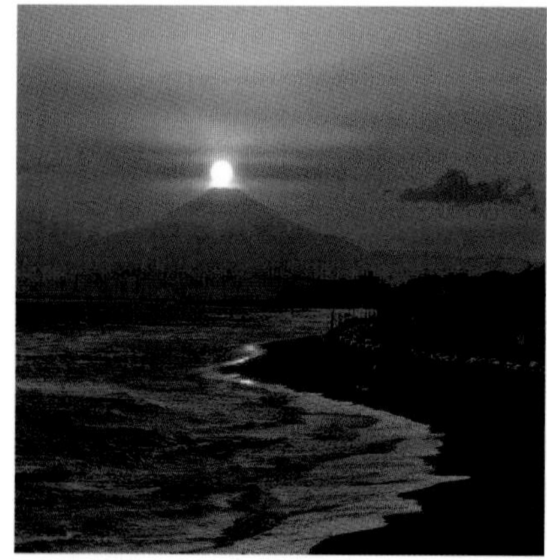

需要諸多條件才會產生的奇蹟瞬間。

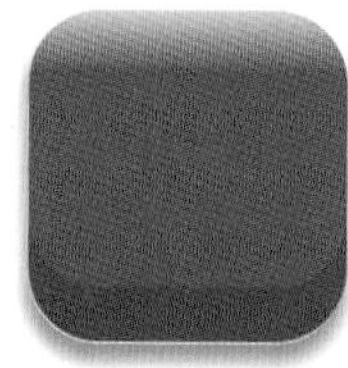

❶黃丹

おうに

8 世紀末起皇太子正式禮袍的顏色。

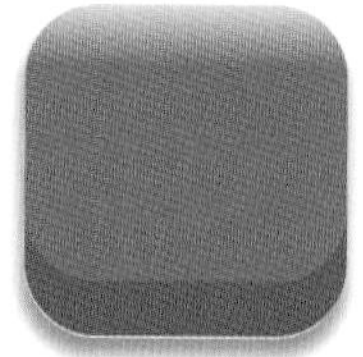

❷橙色

だいだいいろ

橙的發音近似兒孫滿堂，會放在鏡餅上。

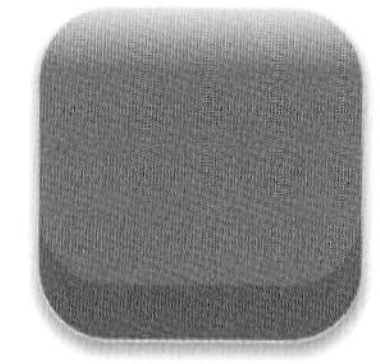
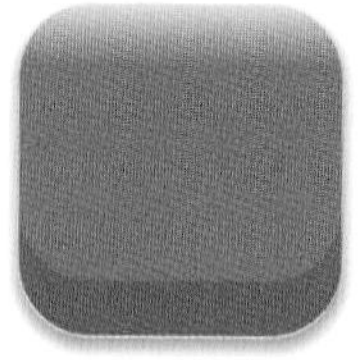

❸琥珀色

こはくいろ

琥珀是古代植物樹脂變成的化石。

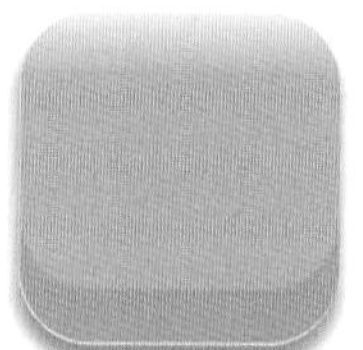

❹日日是好日

にちにちこれこうじつ

每一天都很棒，都是好日子之意。

❺飴色

あめいろ

水麥芽色。可表現積存了一段有意義的時光。

❻鳶色

とびいろ

宛如老鷹羽毛般的茶色。

❼滿潮

みちしお

海水滿潮時，可聽見沙沙的波浪聲。

❽瀨戶

せと

兩側陸地很接近、海變得狹窄的地方。

❾檜皮色

ひわだいろ

如檜木樹皮般帶紅色的棕色。

1 C0 M60 Y70 K0 R240 G132 B74 #EF834A

2 C0 M45 Y60 K0 R244 G164 B102 #F4A466

3 C0 M30 Y60 K7 R238 G186 B107 #EEB96B

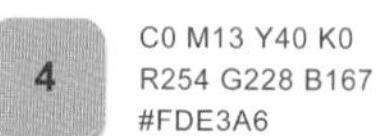

4 C0 M13 Y40 K0 R254 G228 B167 #FDE3A6

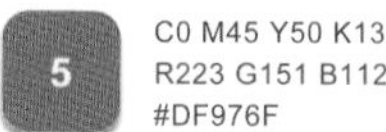

5 C0 M45 Y50 K13 R223 G151 B112 #DF976F

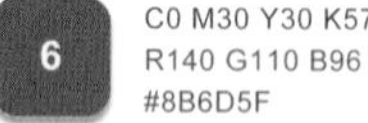

6 C0 M30 Y30 K57 R140 G110 B96 #8B6D5F

7 C0 M7 Y20 K20 R220 G209 B185 #DBD0B8

8 C0 M13 Y17 K67 R119 G108 B99 #776B63

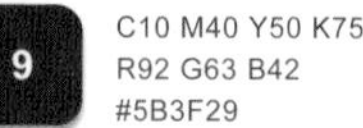

9 C10 M40 Y50 K75 R92 G63 B42 #5B3F29

雙色配色 Two-colors combination

いろは
1 9

いろは
4 5

いろは
6 3

8 7

2 9

4 2

1 4

7 1

5 6

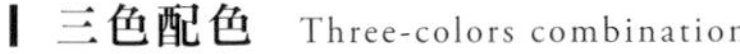

三色配色 Three-colors combination

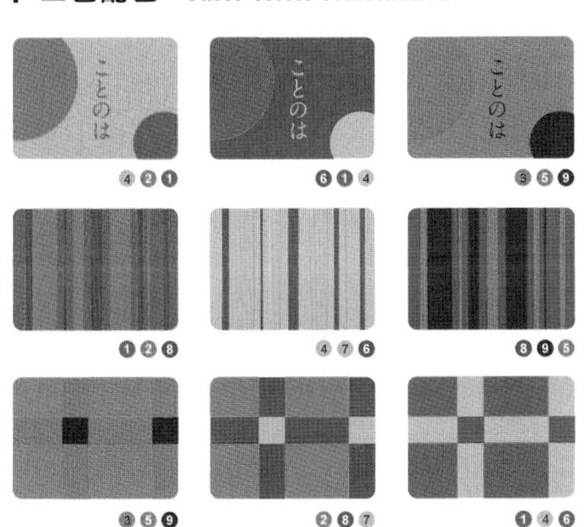

意匠設計 Design

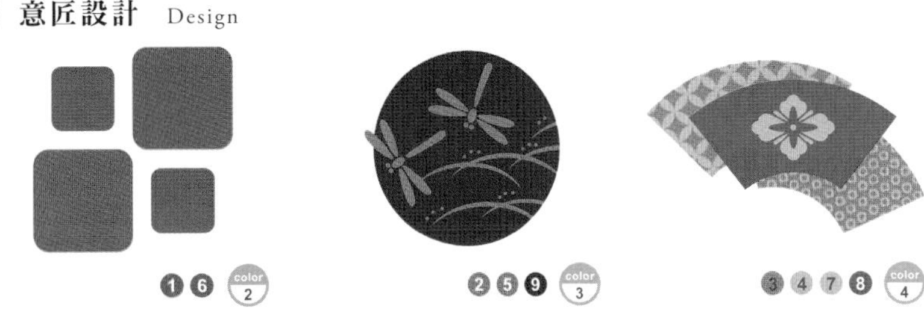

紋樣 Pattern

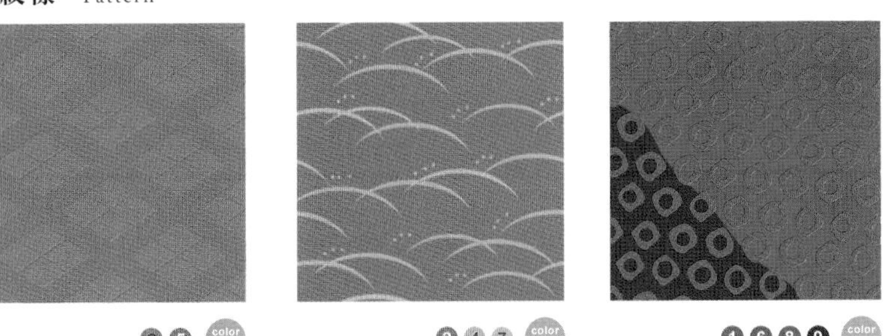

插畫 Illustration

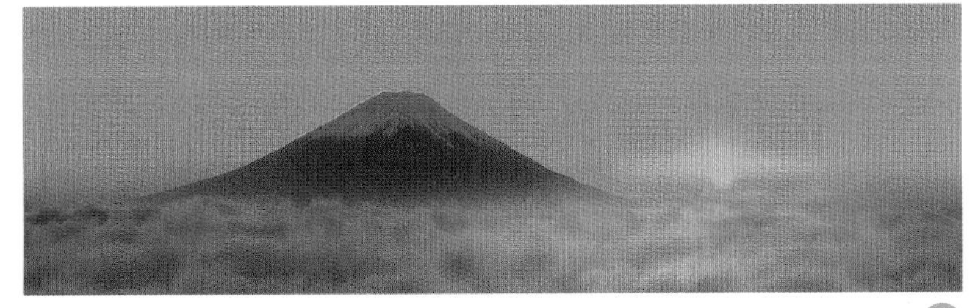

077

黃的風景

Yellow Scenery

東京明治神宮外苑以美麗的銀杏道而聞名，也成為電影、日劇的拍攝聖地。11 月中至 12 月初期間，約 150 棵銀杏樹，會形成一條金黃色的隧道。東京都的象徵符號，是將 TOKYO 的 T 圖像化的綠色圖案，看起來很像綠色的銀杏葉。

印象	豐盈的、時機到來、閃耀的
配色方式	為了使黃色更明亮，使用深暗的棕色
重點	帶黃的棕色，比帶紅的棕色更佳

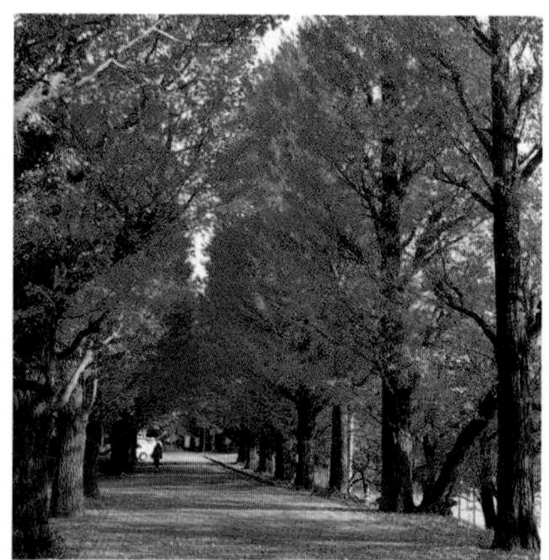

能讓人充滿感動的金黃色散步道。

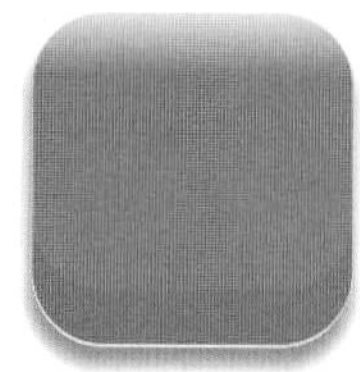

❶日照處

ひだまり

日照充足、溫暖的地方。

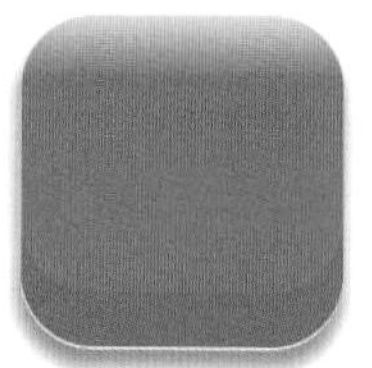

❷充實

じゅうじつ

內在豐富飽滿之意。

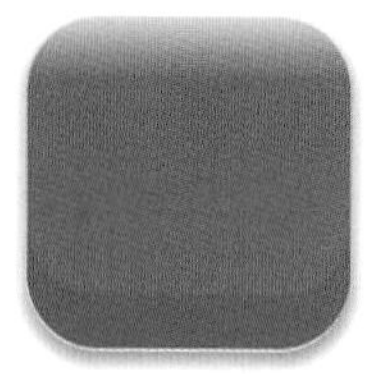
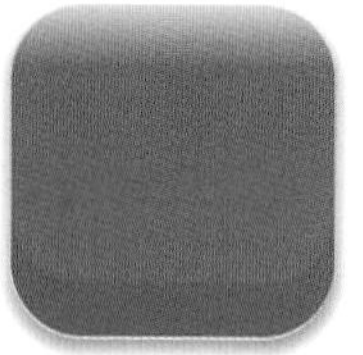
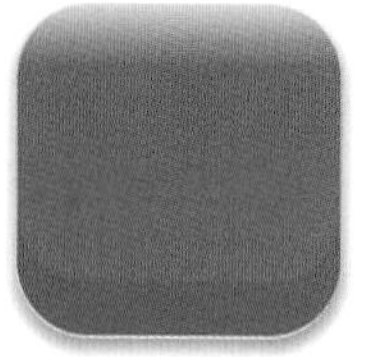
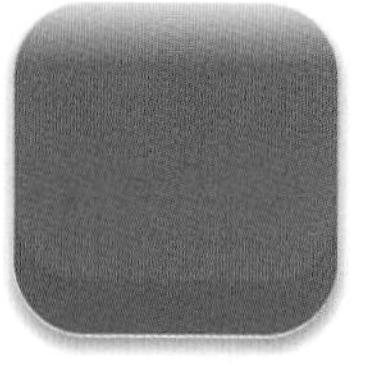
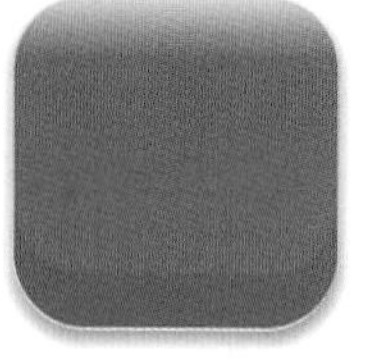
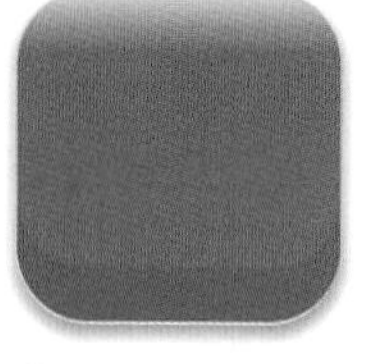
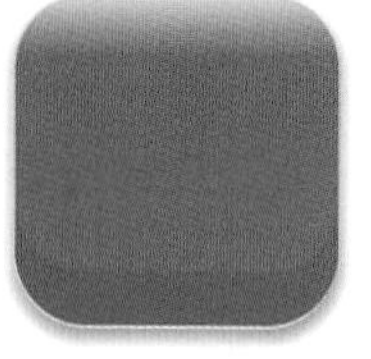

❸圓滿

えんまん

一切和諧、平穩安然的意思。

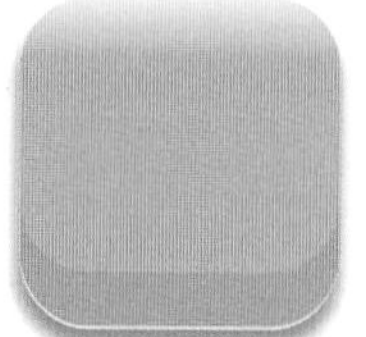

❹平穩

おだやか

寧靜而安逸的狀態。安穩的意思。

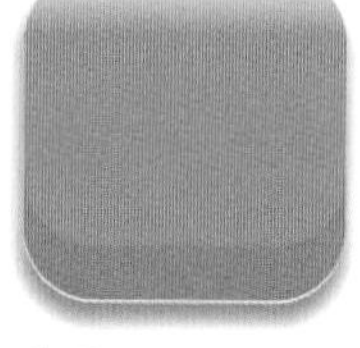

❺滿足

まんぞく

心靈富足，沒有不平或不滿之情。

❻小麥色

こむぎいろ

小麥穀粒之色。也用於表現人肌膚的顏色。

❼枯色

かれいろ

枯萎草木之色。冬天的枯草原野也很美麗。

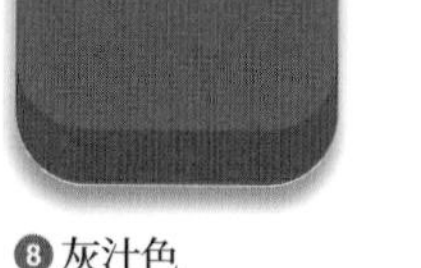

❽灰汁色

あくいろ

將草木灰浸於水中，上層澄澈的液體。

❾豐年滿作

ほうねんまんさく

日本俗語。作物結實飽滿，收穫豐富。

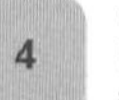

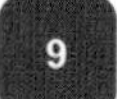

No.	CMYK	RGB	HEX
1	C3 M3 Y75 K0	R253 G237 B82	#FDED52
2	C3 M13 Y83 K0	R251 G220 B53	#FADC34
3	C13 M27 Y83 K0	R227 G189 B58	#E3BD3A
4	C3 M7 Y43 K0	R251 G236 B165	#FAEBA4
5	C13 M10 Y55 K0	R230 G221 B135	#E6DC87
6	C0 M7 Y60 K20	R221 G203 B107	#DCCB6B
7	C0 M10 Y60 K35	R190 G172 B91	#BEAC5B
8	C0 M13 Y35 K55	R147 G132 B102	#928366
9	C15 M33 Y60 K60	R118 G94 B55	#765E36

雙色配色 Two-colors combination

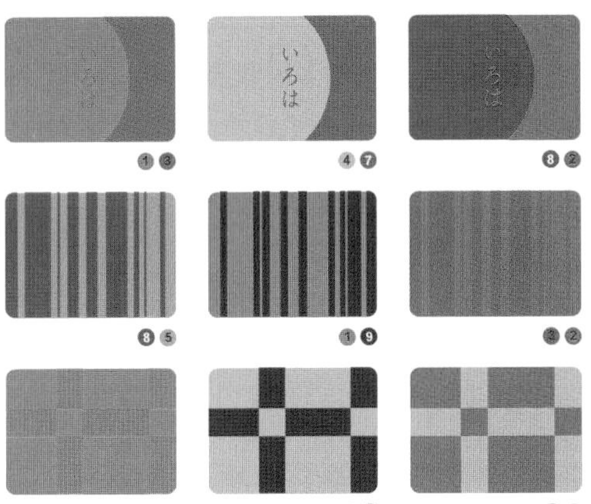

三色配色 Three-colors combination

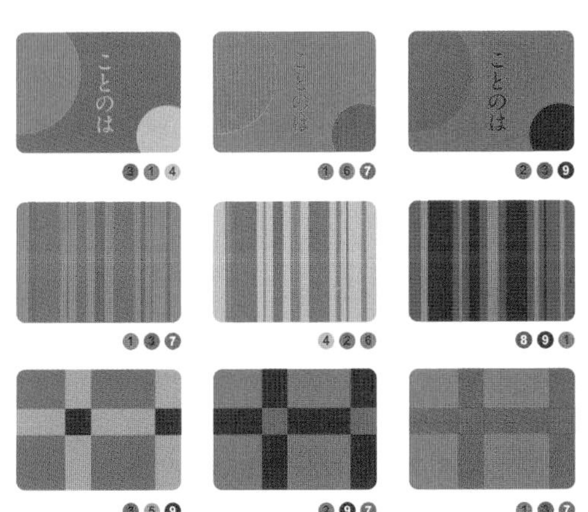

意匠設計 Design

1 9 color 2

3 4 8 color 3

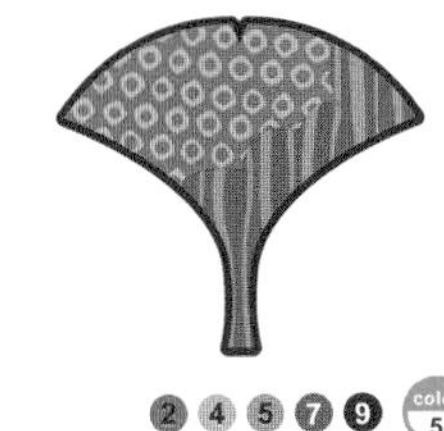

2 4 5 7 9 color 5

紋樣 Pattern

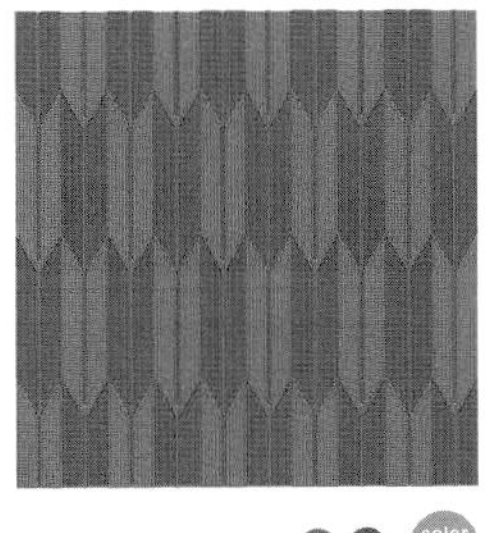

2 8 color 2

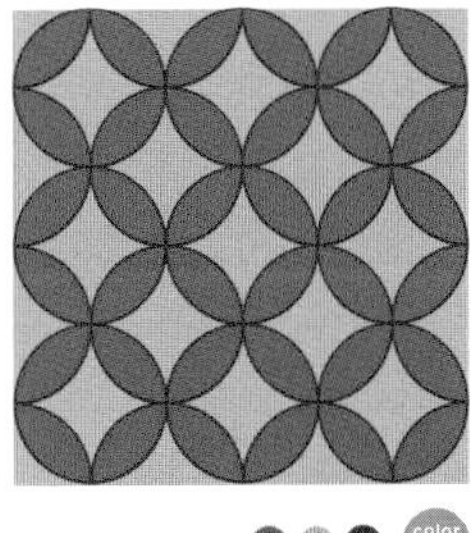

3 4 9 color 3

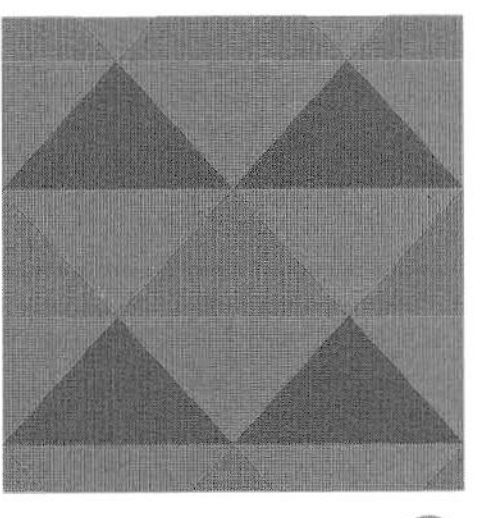

1 6 7 color 3

插畫 Illustration

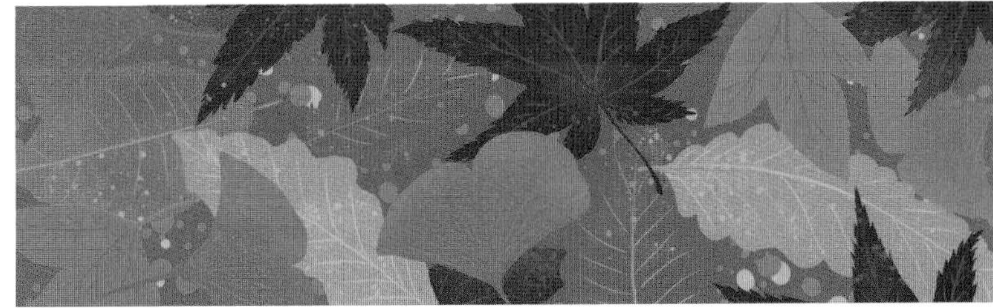

1 2 3 4 5 6 7 8 9 color 9

078

綠的風景

Green Scenery

長野縣北八之岳的白駒池周圍，有片鬱鬱蔥蔥、青苔滿布的原生森林。這裡有 485 種野生青苔（約 1/4 為日本常見的青苔）。距今數億年前，青苔從海洋移往陸地，被視為是最原始的植物，透過光合作用，讓地球充滿氧氣。

印象	平穩的、安然的、療癒的
配色方式	僅以黃綠色系顏色來組合配色
重點	藉由色彩的明暗深淺來做出變化

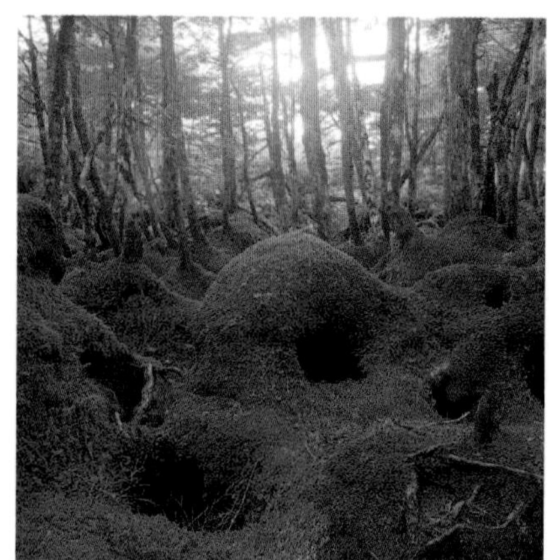

彷彿會遇見森林精靈的神祕原生林。

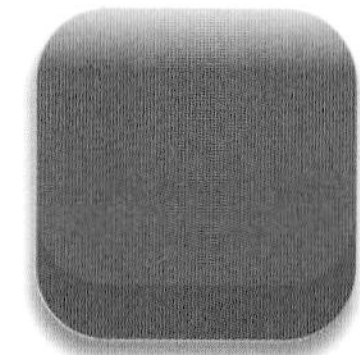

❶背高杉苔

せいたかすぎごけ

杉苔的一種。甚至能長到 20 公分高。

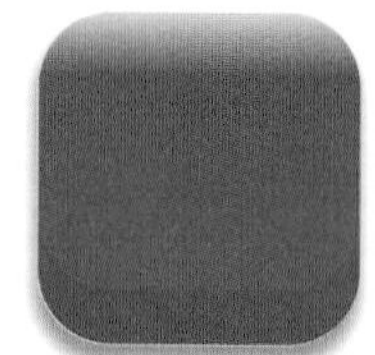

❷六手提燈苔

むつでちょうちんごけ

青苔森林的吉祥物「青苔丸」的原型。

❸米栂

こめつが

北海道鐵杉，為常綠針葉樹。葉子小如米粒。

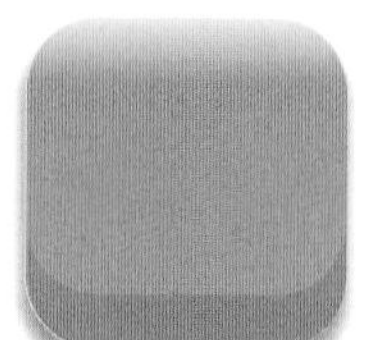

❹森林浴

しんりんよく

沐浴在森林的空氣中，恢復疲勞。

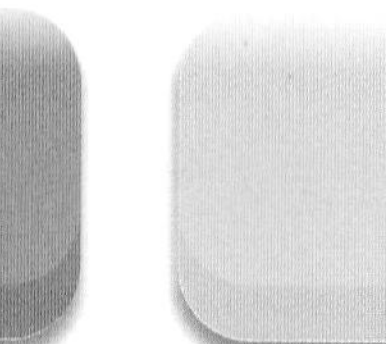

❺朝靄

あさもや

早晨形成的細細水珠、比霧還薄的水氣。

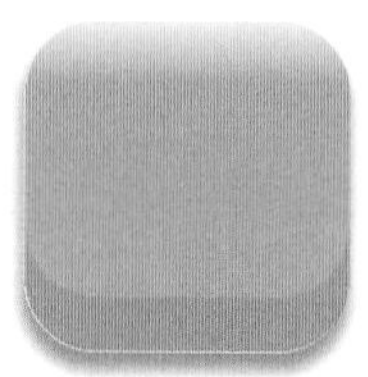

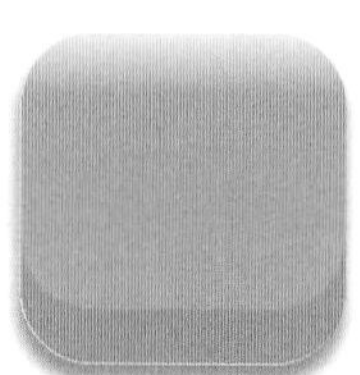

❻木靈

こだま

寄宿於樹木的精靈。也指有精靈寄宿的樹木。

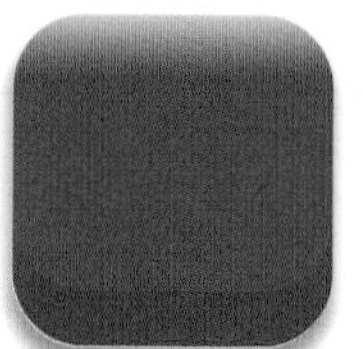

❼白檜曽

しらびそ

常綠針葉樹。分布於海拔 1500 ～ 2500 公尺。

❽山彥

やまびこ

回音現象。原意為山神。

❾木賊・砥草

とくさ

乾燥後硬到能拿來研磨刀刃。

1 C50 M0 Y75 K0 R141 G198 B97 #8CC561

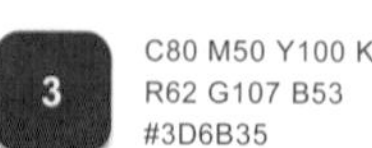

2 C67 M10 Y80 K0 R87 G170 B90 #56AA59

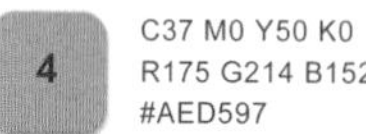

3 C80 M50 Y100 K7 R62 G107 B53 #3D6B35

4 C37 M0 Y50 K0 R175 G214 B152 #AED597

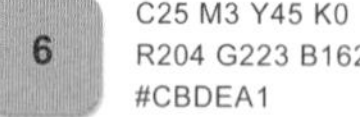

5 C15 M3 Y20 K0 R225 G235 B214 #E0EBD6

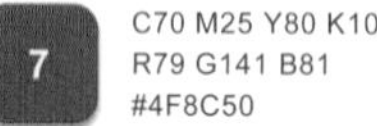

6 C25 M3 Y45 K0 R204 G223 B162 #CBDEA1

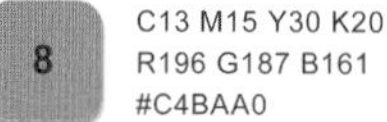

7 C70 M25 Y80 K10 R79 G141 B81 #4F8C50

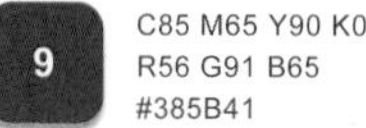

8 C13 M15 Y30 K20 R196 G187 B161 #C4BAA0

9 C85 M65 Y90 K0 R56 G91 B65 #385B41

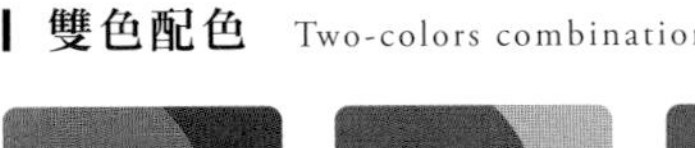

雙色配色 Two-colors combination

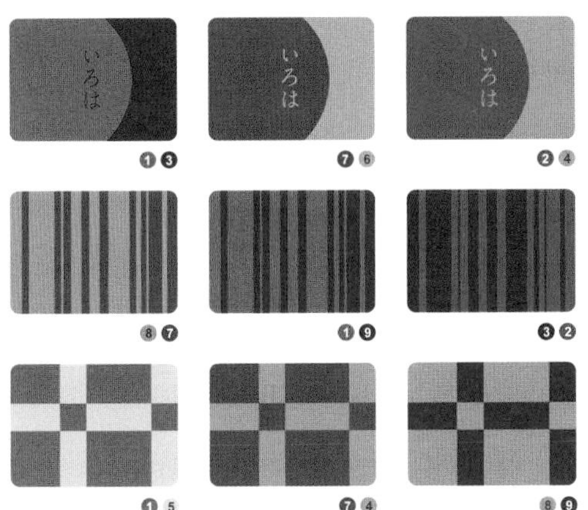

三色配色 Three-colors combination

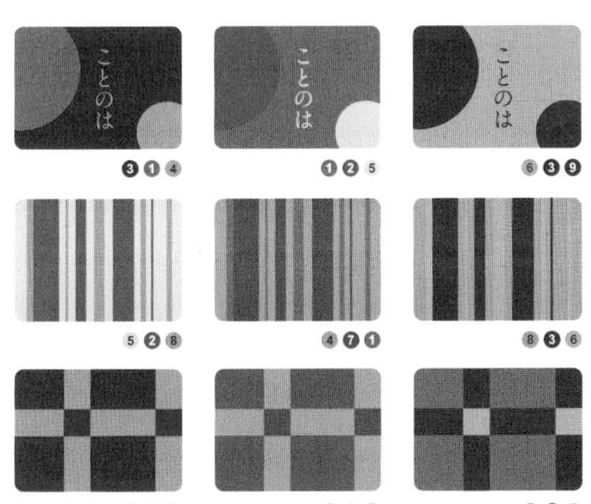

意匠設計 Design

2 5 color 2

1 6 9 color 3

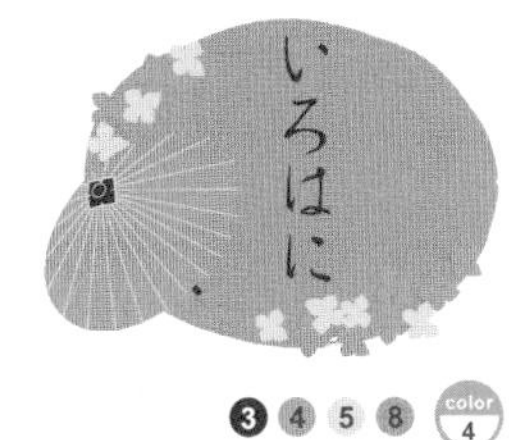

3 4 5 8 color 4

紋樣 Pattern

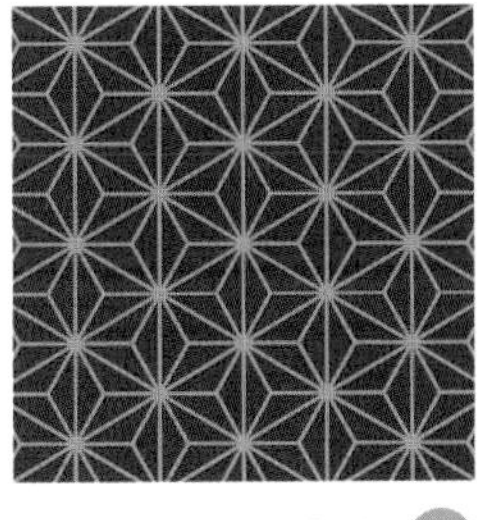

3 8 color 2

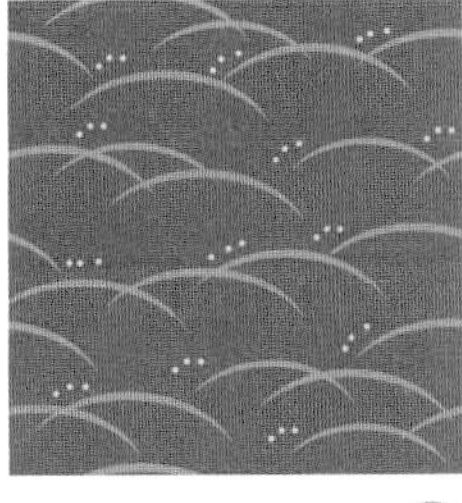

1 4 5 color 3

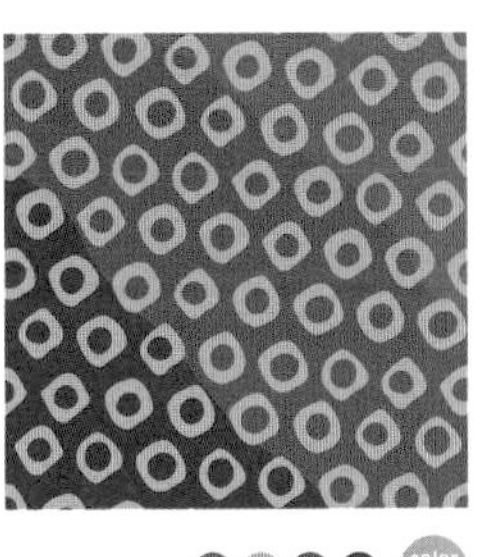

2 6 7 9 color 4

插畫 Illustration

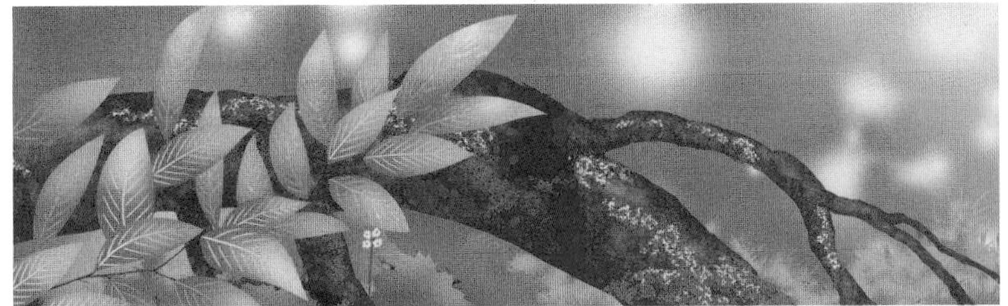

1 2 3 4 5 6 7 9 color 8

079

藍綠的風景

Turquoise Scenery

北海道美瑛的青池，是人氣相當高的絕景地點。本篇以「藍綠色」為中心，擷取出涵蓋「帶藍的綠」到「帶綠的藍」之間、所有色相範圍的顏色，並將每種顏色套入日本的傳統色名。西洋的土耳其藍氣質休閒，日本藍綠色則是充滿神祕。

印象	幻想的、神祕的、理想的
配色方式	以①～⑥為底，再以⑦～⑨增添張力
重點	由於色相接近，明度差距大些會更好

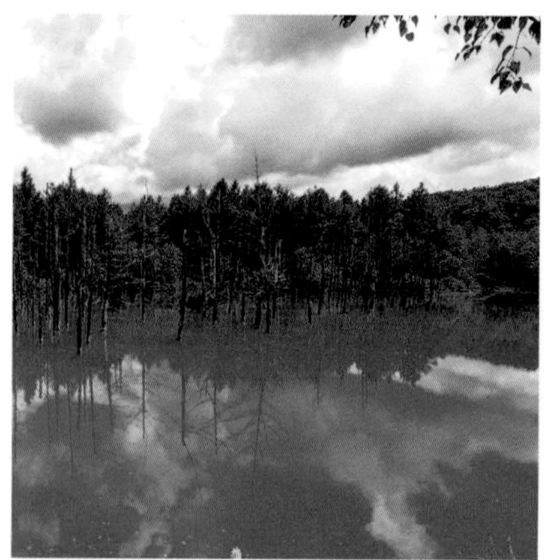

由綠色森林及藍色水池所演奏的二重奏。

❶水淺葱

みずあさぎ

藍染的明亮顏色。明度比淺蔥色高。

❷淺葱

あさぎ

藍染淺至深依序為瓶覗→淺蔥→縹→藍→紺。

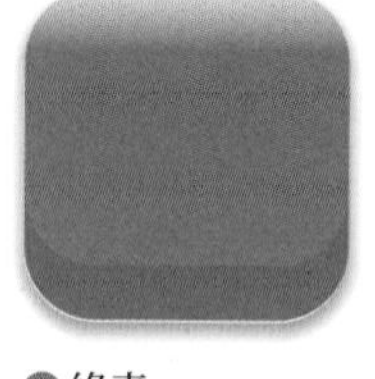

❸綠青

ろくしょう

銅鏽。也指以孔雀石製造的顏料。

❹祕色

ひそく

來自釉藥鐵質的神祕藍綠色。青瓷色。

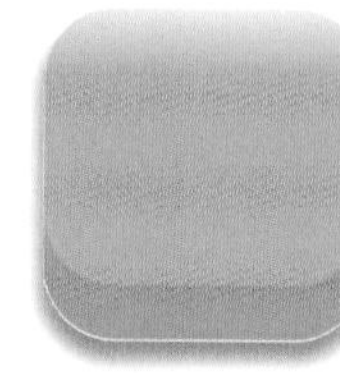

❺薄荷色

はっかいろ

將薄荷葉蒸餾後，採集薄荷油。

❻翡翠色

ひすいいろ

稱為「玉」的貴重翡翠顏色。

❼錆淺葱

さびあさぎ

帶灰、褪色般的淺蔥色。

❽縹色

はなだいろ

藍染色之一，比淺蔥深，比藍色淺。

❾新橋色

しんばしいろ

流行於東京新橋一帶藝妓間，別緻的和服色。

1	C40 M0 Y23 K0	R163 G214 B206	#A2D6CE
2	C60 M5 Y30 K0	R100 G187 B186	#63BBBA
3	C70 M10 Y45 K0	R63 G171 B155	#3EAA9A
4	C50 M0 Y30 K0	R133 G203 B191	#85CBBF
5	C40 M0 Y35 K0	R165 G213 B183	#A4D4B6
6	C63 M0 Y47 K0	R89 G188 B157	#59BB9C
7	C53 M0 Y55 K30	R100 G157 B112	#639C70
8	C70 M20 Y20 K30	R48 G128 B152	#307F98
9	C67 M13 Y25 K0	R74 G172 B188	#4AABBC

雙色配色 Two-colors combination

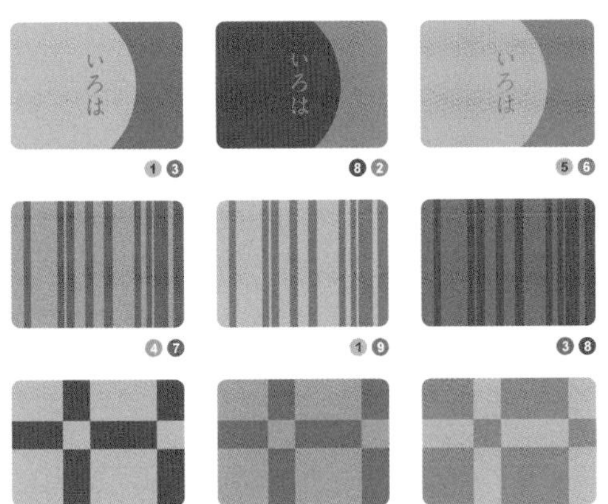

三色配色 Three-colors combination

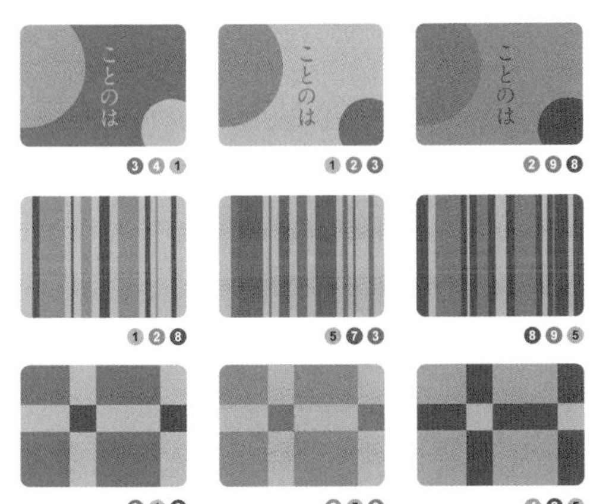

意匠設計 Design

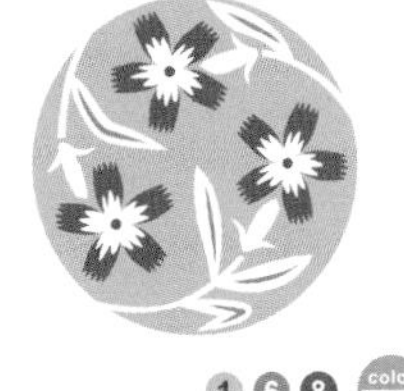

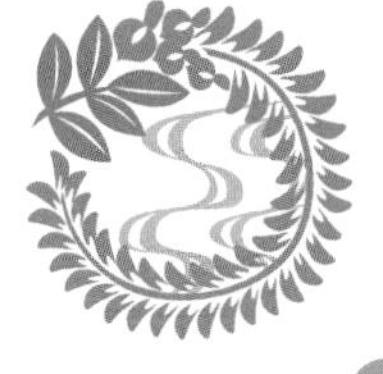

紋樣 Pattern

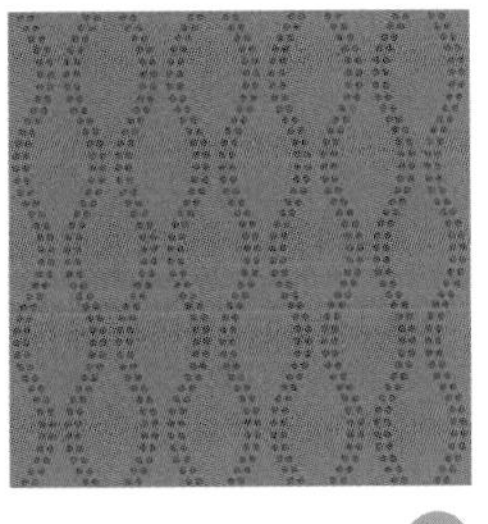

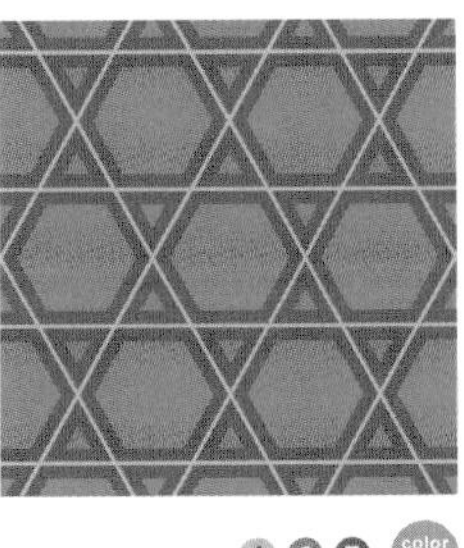

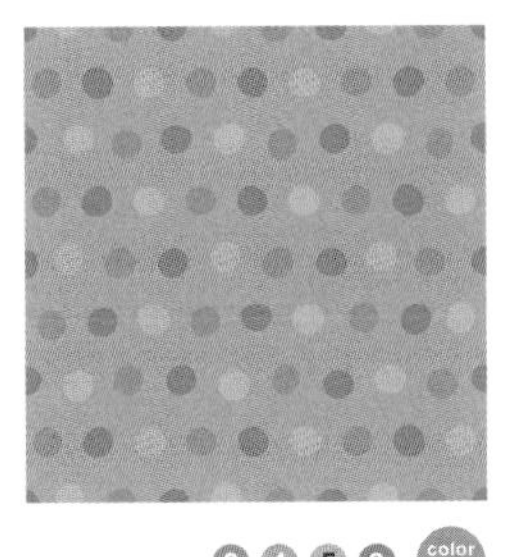

插畫 Illustration

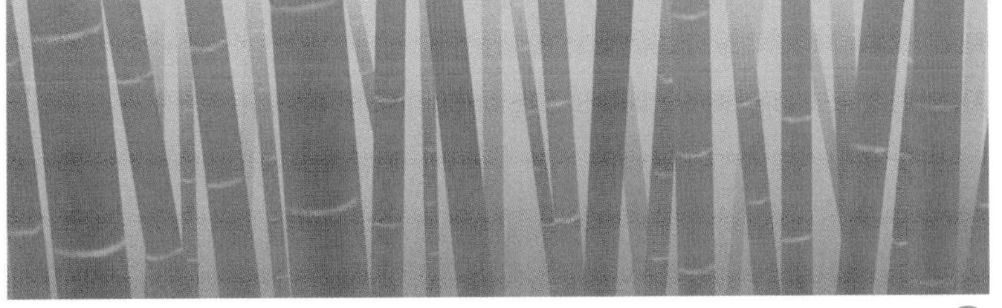

080

藍的風景

Blue Scenery

茨城縣的國營日立海濱公園，擁有約 200 公頃的廣大腹地，四季有不同花卉綻放。春季的粉蝶花很受歡迎，約 450 萬株藍色花朵與天空合而為一，呈現出夢幻的藍色世界。藍色是天空、河海等自然之中出現頻率最高的顏色，且時時刻刻都在變化。

印象	幻想的、清新的、童話世界
配色方式	色相相同，因此在明度上做出變化
重點	小面積使用⑨，可整合所有配色

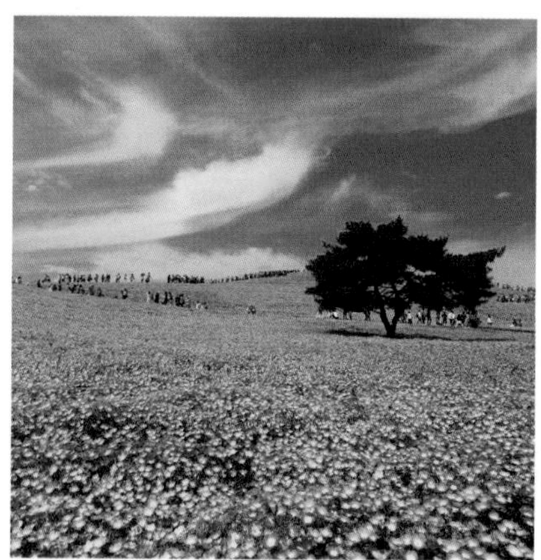

粉蝶花的英文名為Baby blue eyes（嬰兒的藍眼睛）。

❶天之原

あまのはら

廣闊的天空。也指神明居住的世界。

❷瑠璃唐草

るりからくさ

粉蝶花的日本名。學名為 Nemophila。

❸憐愛

かれん

粉蝶花花語之一。粉蝶花原產於北美。

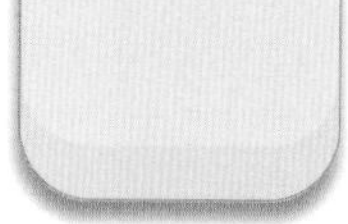

④高天原

たかまのはら・たかまがはら

日本神話中，天津神所居住的地方。

⑤無限大

むげんだい

沒有極限的大。數學上以∞記號表示。

⑥薄雲

うすぐも

在天空微微偏白時，薄薄遍布的雲。

❼藍色絨毯

あおのじゅうたん

粉蝶花海所帶來的美麗藍色。

❽大空

おおぞら

無窮無盡的廣闊天空。

❾大樹

たいじゅ

大棵的樹木。不僅很高，樹幹也很粗。

1	C55 M30 Y0 K0 R123 G159 B211 #7B9FD3
2	C47 M20 Y0 K0 R143 G181 B224 #8FB5E0
3	C30 M13 Y0 K0 R187 G208 B236 #BBCFEB
4	C5 M0 Y0 K7 R235 G240 B243 #EAF0F3
5	C15 M7 Y0 K0 R222 G231 B245 #DEE6F5
6	C23 M7 Y0 K0 R204 G224 B244 #CBDFF3
7	C70 M30 Y13 K0 R74 G148 B191 #4993BF
8	C75 M40 Y0 K40 R37 G92 B142 #255C8E
9	C27 M17 Y70 K70 R88 G86 B35 #575623

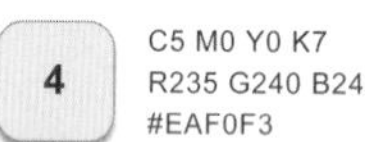

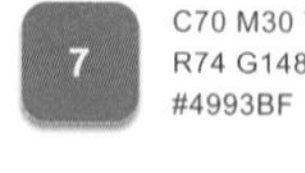

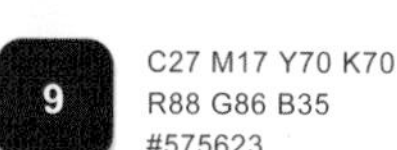

雙色配色 Two-colors combination

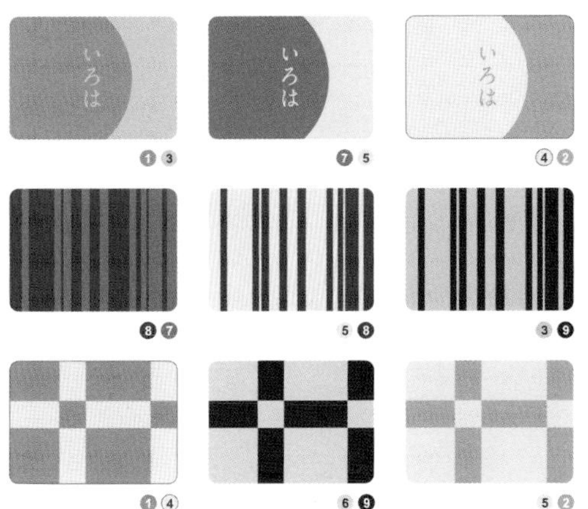

三色配色 Three-colors combination

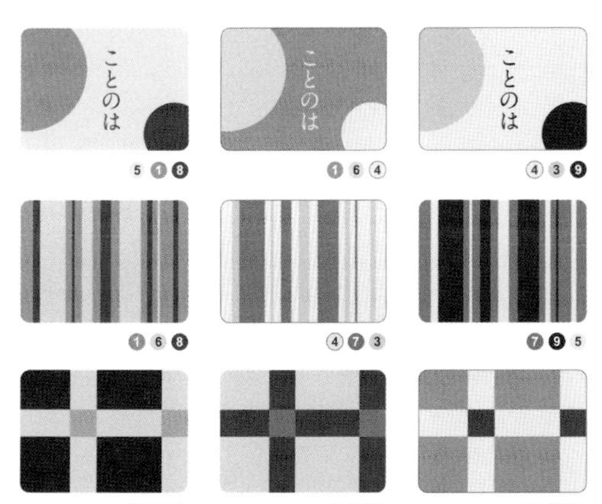

意匠設計 Design

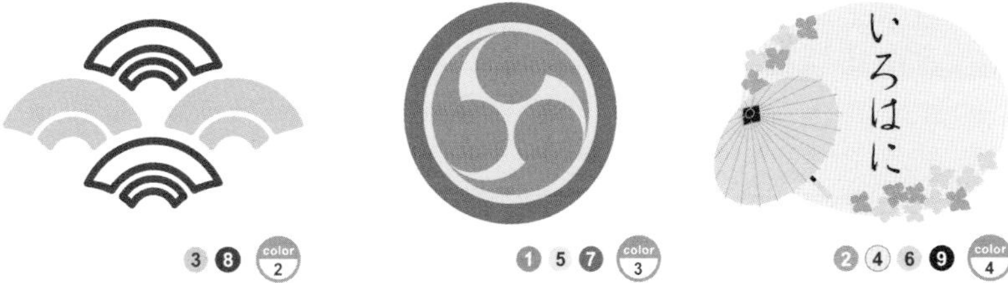

紋樣 Pattern

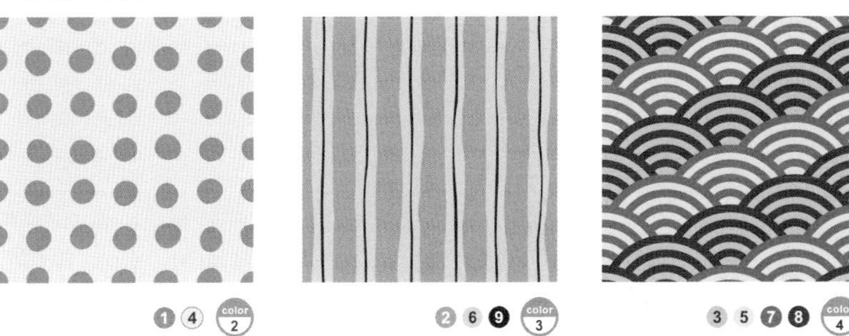

插畫 Illustration

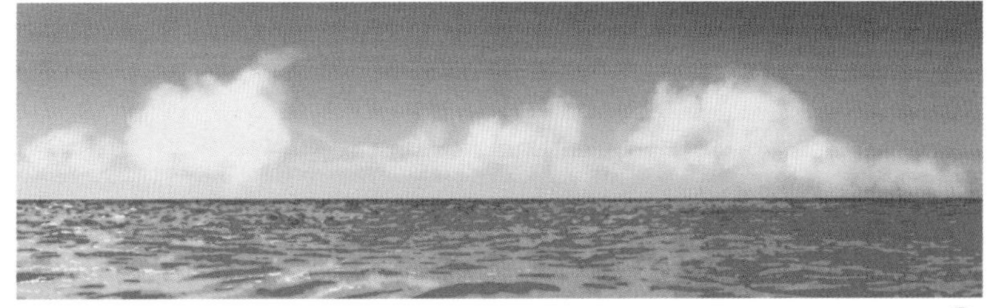

081

藍紫的風景

Violet Scenery

栃木縣的足利花卉公園有棵樹齡 150 年的大藤，當紫色藤花盛開時，優雅的色澤與甜美的香氣令人著迷。紫藤自古以來就備受喜愛，曾於《古事記》的日本神話中登場。《源氏物語》中，光源氏愛慕的女子即名為藤壺中宮。

印象	優雅氣質、纖細的、柔和的
配色方式	以深淺不一的紅紫搭配帶灰的棕色
重點	選色時注重「整體感」會更好

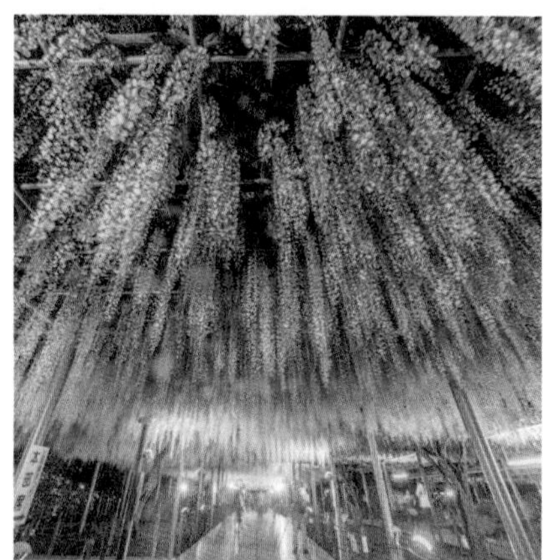

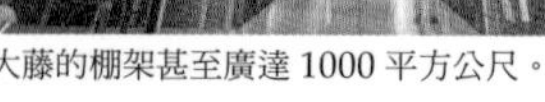

大藤的棚架甚至廣達 1000 平方公尺。

❶大藤

おおふじ

4 月下旬至 5 月上旬期間為最佳賞花期。

❷紫色

むらさきいろ

紫草的根＝紫根染出的顏色。本紫色。

❸濃紫

こきむらさき

冠位十二階中，最高位階者所穿著的顏色。

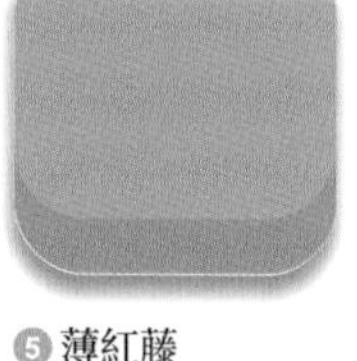

❹白藤

しらふじ

開白花的藤。山藤之園藝品種。

❺薄紅藤

うすべにふじ

開出帶紅的淺色花朵的藤。

❻藤鼠

ふじねず

帶紫的灰色。低調而不張揚的高雅顏色。

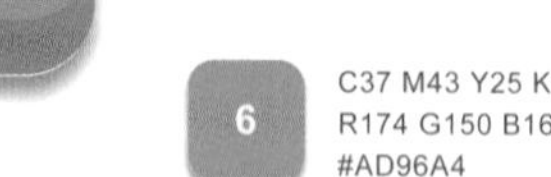

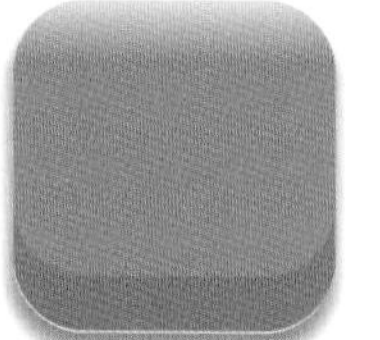

❼躾

しつけ

身字加上美字，代表身教。意為教導禮儀。

❽足利學校

あしかががっこう

日本最古老的學校。沙勿略曾介紹給西方。

❾似藤

にせふじ

不使用紫根，以蘇芳與鐵取代所染出的顏色。

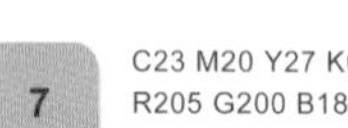

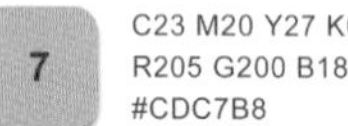

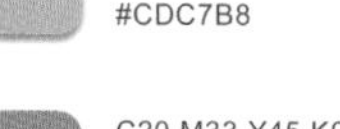

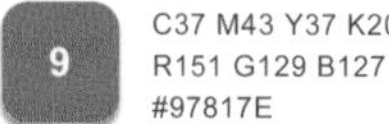

1	C25 M30 Y0 K0 R198 G183 B217 #C6B6D8
2	C40 M63 Y5 K0 R166 G111 B167 #A66EA7
3	C57 M70 Y20 K0 R131 G92 B143 #825B8E
4	C5 M15 Y0 K0 R242 G226 B238 #F2E1EE
5	C20 M37 Y23 K0 R209 G172 B175 #D1ABAF
6	C37 M43 Y25 K0 R174 G150 B165 #AD96A4
7	C23 M20 Y27 K0 R205 G200 B185 #CDC7B8
8	C20 M33 Y45 K0 R211 G177 B141 #D2B18C
9	C37 M43 Y37 K20 R151 G129 B127 #97817E

雙色配色 Two-colors combination

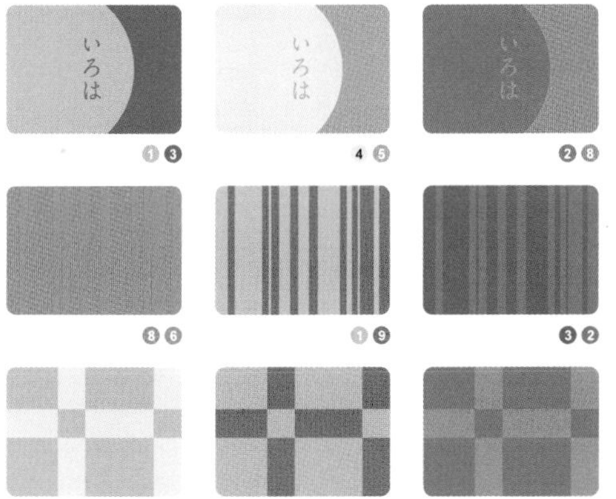

三色配色 Three-colors combination

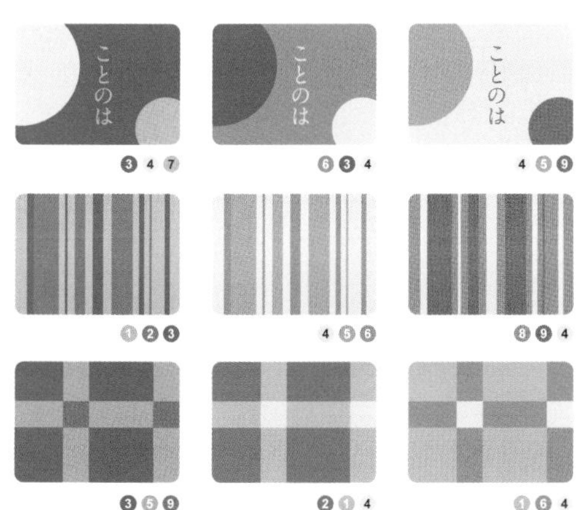

意匠設計 Design

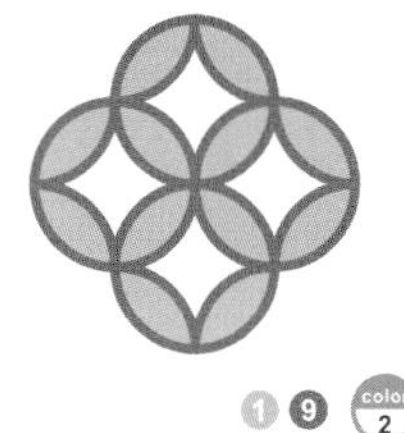

紋樣 Pattern

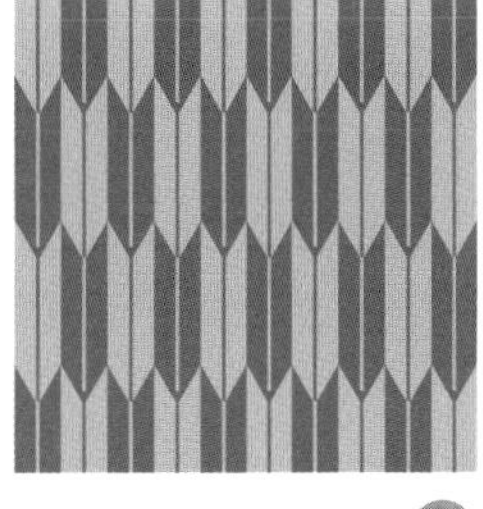

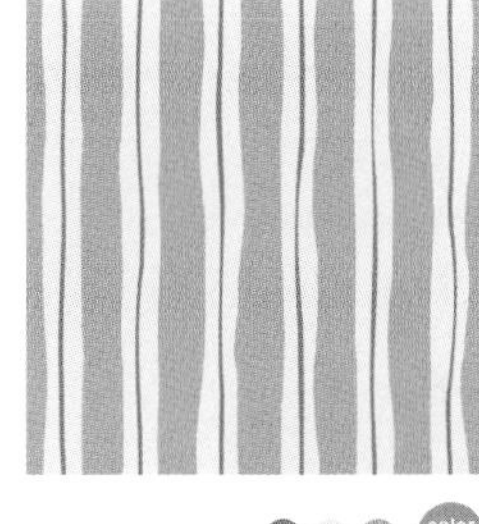

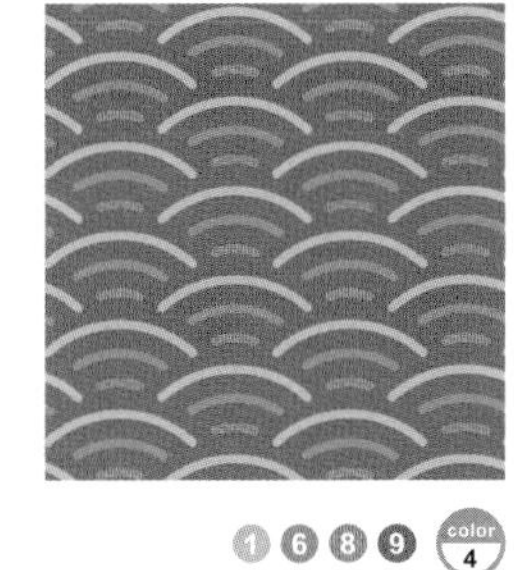

插畫 Illustration

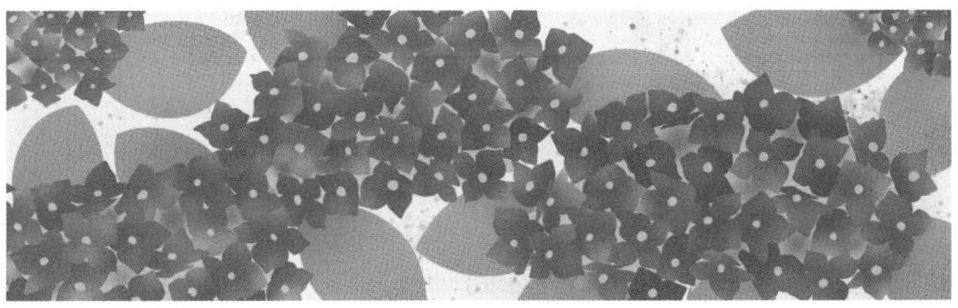

第9章 色相別・日本的風景

082

紅紫的風景

Purple Scenery

岩手縣三陸復興國立公園中的山王岩，有著壓倒性的存在感。中央為 50 公尺高的男岩，左為女岩，右為太鼓岩。白堊紀（約 1 億年前）時，於海中堆積形成的砂岩和礫岩，紋路非常美麗，是大自然所創造的藝術品。

印象	有存在感的、顯眼的、興奮激動
配色方式	使用早晨天空可見的紫紅色、橙色等
重點	以⑦～⑨的深色做為強調色

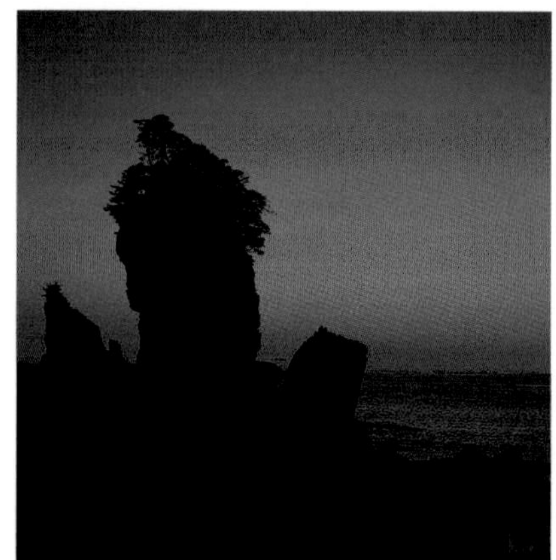

宮古市以南為沉降海岸，北為上升海岸。

❶西洋紅
せいようべに
西方的紅色是以胭脂蟲染成，帶藍色。

❷南京藤
なんきんふじ
江戶時代色名。冠以中國南京之名的藤色。

❸萩色
はぎいろ
秋季七草之一，萩（胡枝子）的花色。

❹朱華
はねず
奈良時代色名，於《萬葉集》中也有登場。

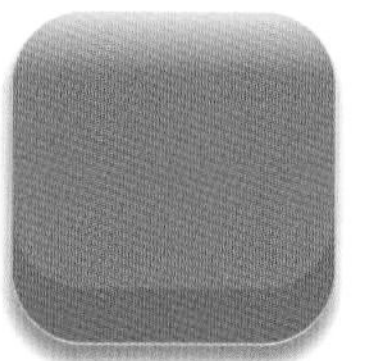
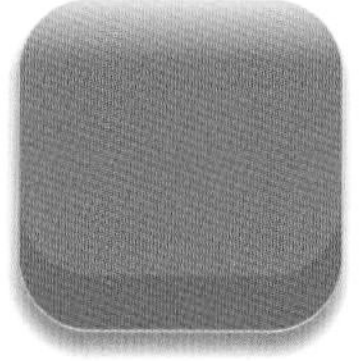

❺桃染
ももぞめ
平安時代色名，曾記錄於《延喜式》中。

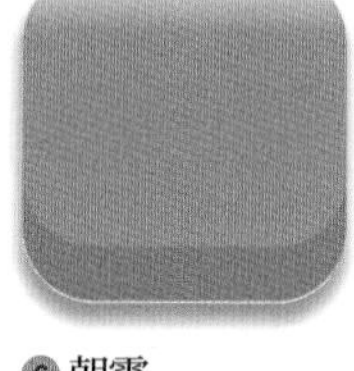

❻朝霞
あさやけ
日出時，東方的天空被染成一片紅色。

❼雞冠色
けいとういろ
雞冠花般深濃而鮮豔的紅色。

❽貝紫
かいむらさき
取自貝類黏液的紫色。稀少昂貴的動物染料。

❾桑葚色
くわのみいろ
成熟桑葚的顏色。也稱桑茶色。

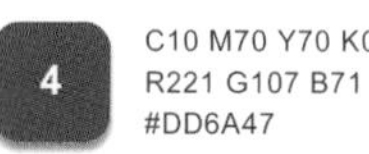

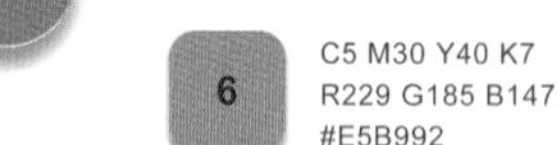
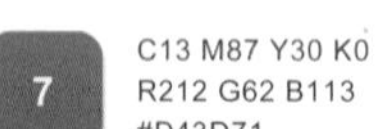

1	C40 M90 Y37 K0	R167 G55 B106	#A63669
2	C25 M63 Y25 K0	R196 G117 B144	#C3758F
3	C0 M80 Y23 K10	R219 G78 B120	#DA4D78
4	C10 M70 Y70 K0	R221 G107 B71	#DD6A47
5	C5 M50 Y40 K0	R234 G153 B135	#EA9886
6	C5 M30 Y40 K7	R229 G185 B147	#E5B992
7	C13 M87 Y30 K0	R212 G62 B113	#D43D71
8	C35 M100 Y30 K40	R125 G0 B74	#7D0049
9	C3 M63 Y30 K65	R117 G55 B64	#74373F

雙色配色 Two-colors combination

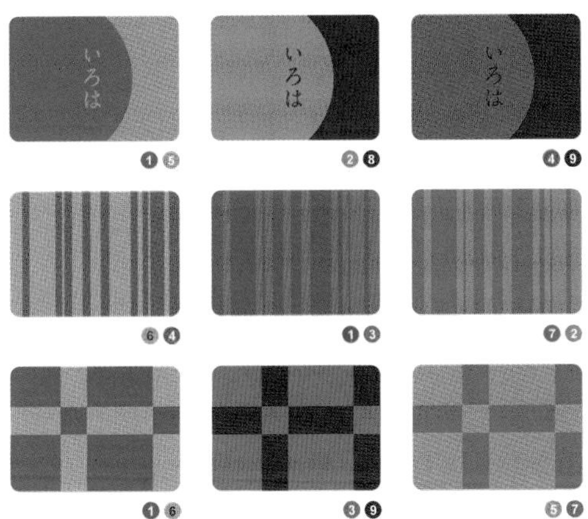

三色配色 Three-colors combination

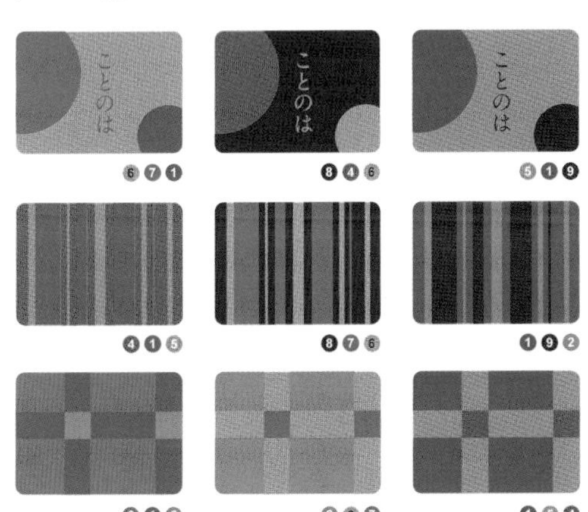

意匠設計 Design

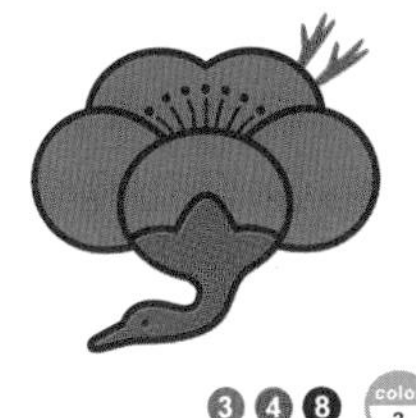

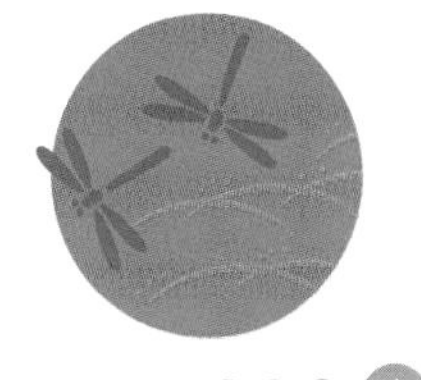

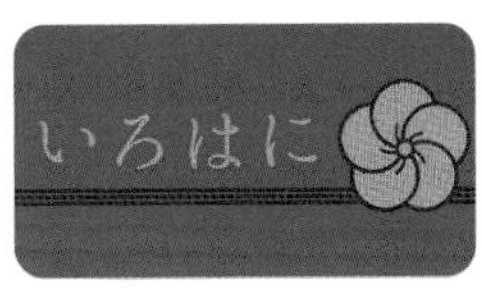

紋樣 Pattern

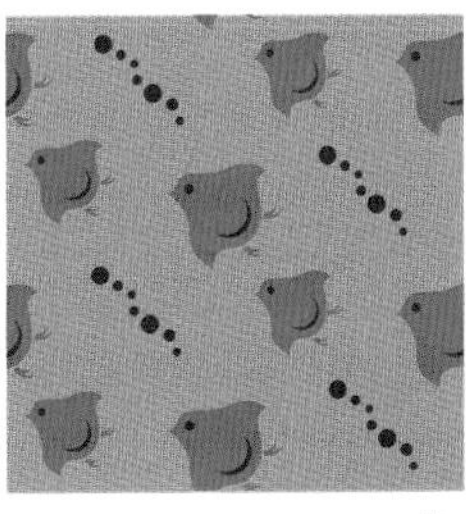

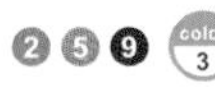

插畫 Illustration

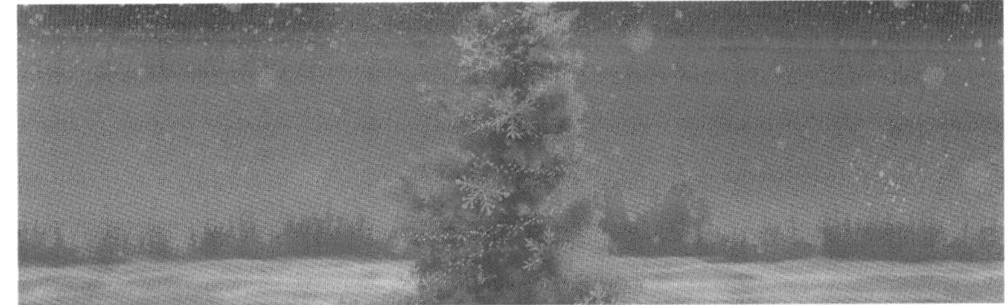

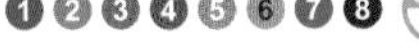

083

櫻色的風景

Pink Scenery

奈良縣吉野山有漫山遍野的櫻花，據說多達200種、共3萬棵。意指一眼就能看到千株櫻花的「一目千本」就是由此誕生。櫻花盛開處由下而上分為下千本、中千本、上千本、奧千本，每年四月初到月底，櫻花會從低處向上依序綻放。

印象	春日浪漫、溫柔的、細緻的氣質
配色方式	組合各種非常淡的粉紅色
重點	以中間色（鈍色）⑦～⑨打造深度

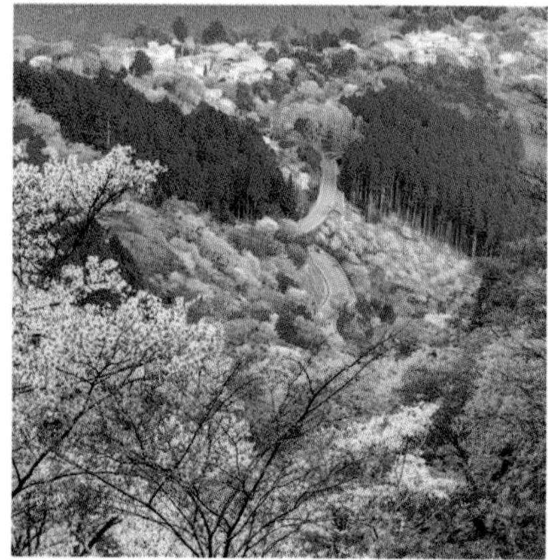

「吉野之櫻」原指這片風景。

① 上千本

かみせんぼん

指吉野山上，櫻花密集的地帶。

② 夢見櫻

ゆめみざくら

位於上千本的名櫻的名字。

③ 桃色珊瑚

ももいろさんご

自古便是常用的飾品，也被視為平安符。

④ 中千本

なかせんぼん

吉野山山腰的櫻花密集地帶。

⑤ 精神之美

せいしんのび

櫻花的花語之一。另外還有「優雅美人」等。

⑥ 白山櫻

しろやまざくら

壽命很長，甚至可長到30公尺高。

⑦ 下千本

しもせんぼん

吉野山山下的櫻花密集地帶。

⑧ 櫻守

さくらもり

一整年負責照顧櫻花樹的人。

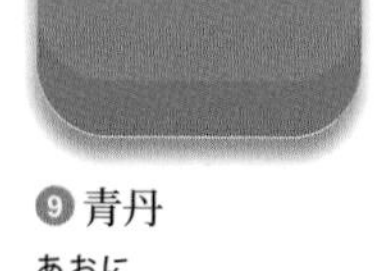

⑨ 青丹

あおに

丹有土的意思。這裡指帶綠色的土。

No.	CMYK	RGB	HEX
1	C0 M15 Y5 K0	R252 G229 B232	#FBE5E7
2	C0 M17 Y13 K0	R251 G224 B216	#FBE0D7
3	C5 M35 Y25 K0	R238 G185 B175	#EEB9AF
4	C13 M17 Y25 K0	R227 G213 B192	#E2D4C0
5	C0 M10 Y10 K0	R253 G237 B228	#FDEDE4
6	C0 M15 Y0 K0	R251 G230 B239	#FBE5EF
7	C0 M25 Y25 K25	R206 G172 B155	#CEAC9B
8	C30 M25 Y45 K10	R179 G173 B138	#B2AC89
9	C50 M30 Y55 K0	R144 G160 B125	#8FA07C

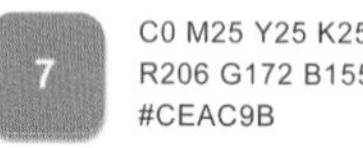

雙色配色 Two-colors combination

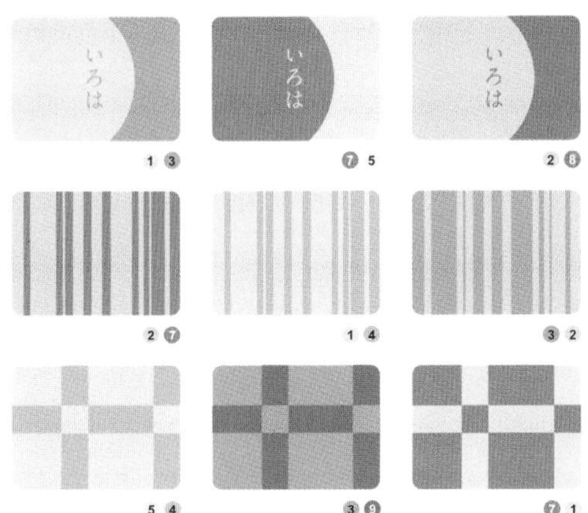

三色配色 Three-colors combination

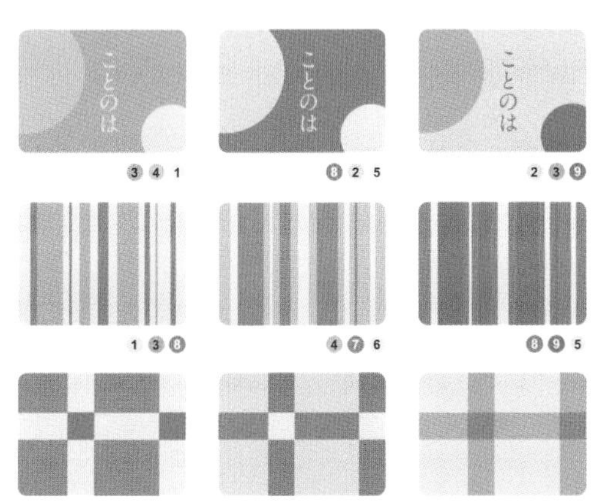

意匠設計 Design

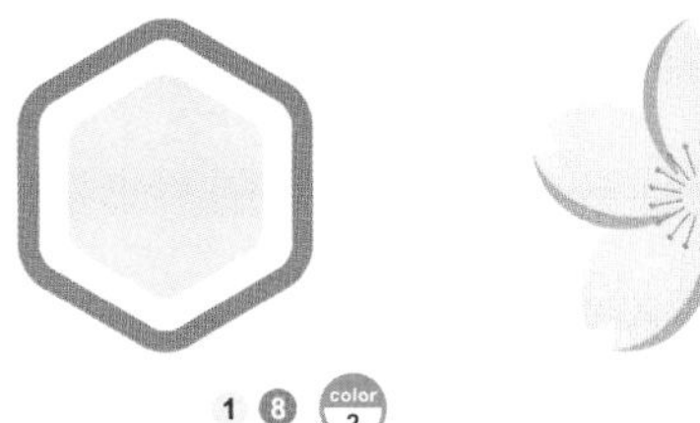

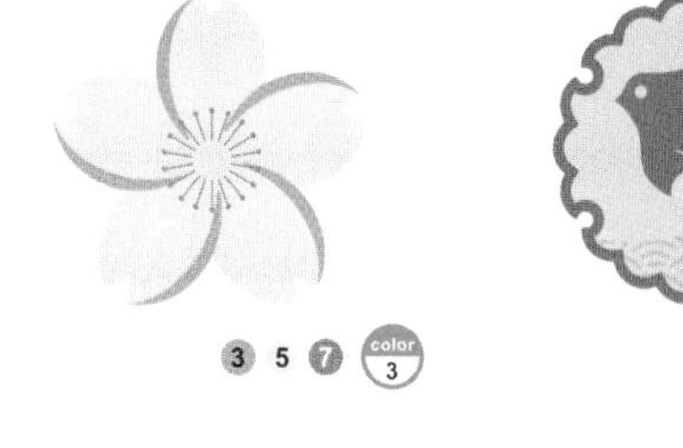

紋樣 Pattern

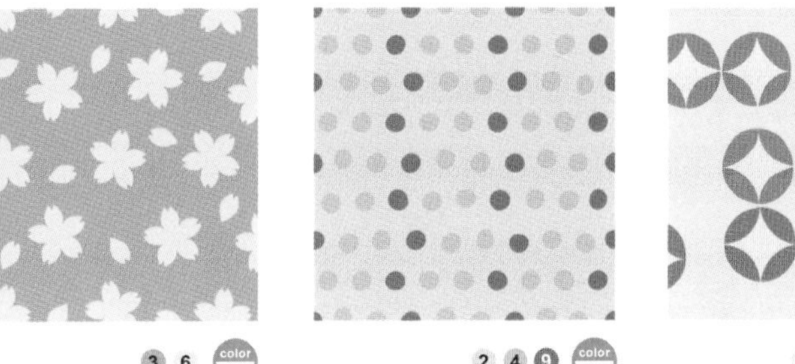

插畫 Illustration

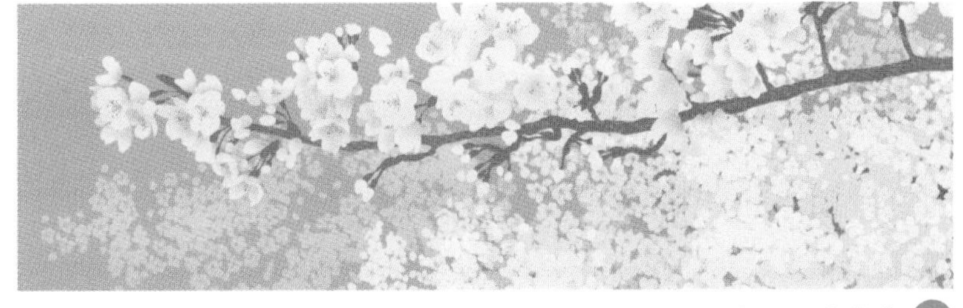

084

金與銀的風景

Gold and Silver Scenery

染上一層白雪的京都鹿苑寺名景。由室町幕府三代將軍足利義滿所建的舍利殿稱為金閣，包括舍利殿在內的整座寺院，便以金閣寺之名廣為人知。金和銀是相當神祕的特別顏色，以一般色標示時，光以「色相、明度、彩度」無法表示出它們耀眼程度。

印象	神祕的、神聖的、耀眼的
配色方式	配色時注意明度須有層次
重點	利用素材或加工來表現光澤感會更好

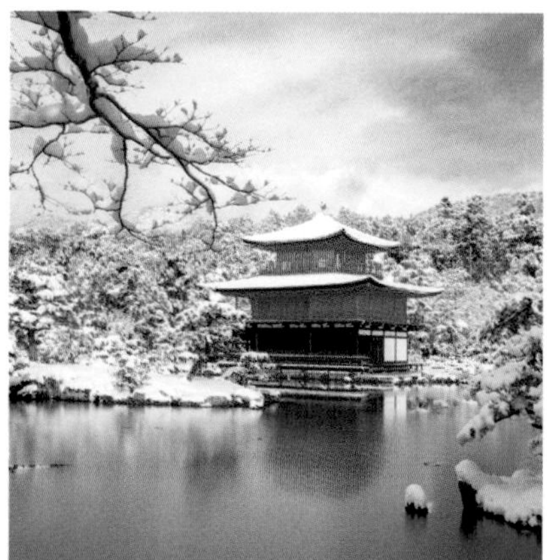

三面被山包圍的京都盆地，冬季嚴寒徹骨。

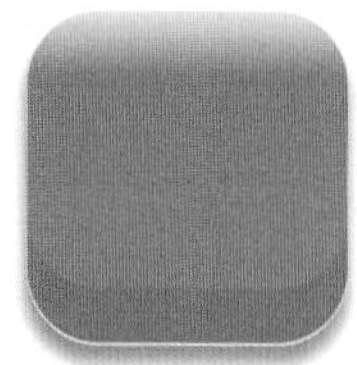

❶鬱金色

うこんいろ

萃取自鬱金（薑黃）根的染料染出的顏色。

❷金色

きんいろ

日本歷史中，象徵富貴與權力的顏色。

③白銀

しろがね

閃亮的金屬色。也用來表示耀眼的白雪。

❹燻銀

いぶしぎん

提及深沉有韻味的事物時，常以此為例。

❺銀色

ぎんいろ

帶著些微黑色，會綻放晦暗光澤的銀色。

⑥銀花

ぎんか

雪的別名。以花來比喻雪的表現。

❼移色

うつしいろ

以鴨跖草染成的顏色。變色、褪色得很快。

❽青花紙

あおばながみ

以和紙吸收鴨跖草汁液後製成的紙。

❾消炭色

けしずみいろ

火熄後的木炭色。接近黑色的灰色。

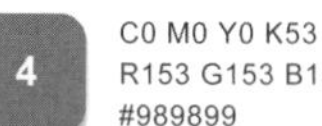

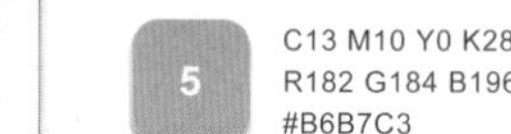

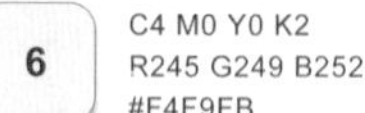

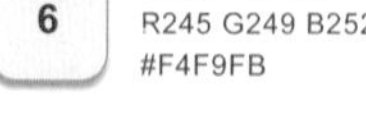

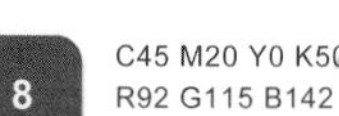

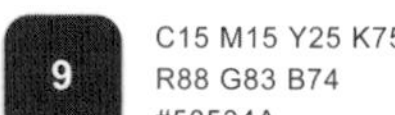

	CMYK	RGB	HEX
1	C0 M10 Y70 K3	R252 G225 B94	#FBE05D
2	C0 M10 Y75 K23	R215 G192 B68	#D6BF43
3	C0 M0 Y0 K17	R226 G226 B227	#E2E2E2
4	C0 M0 Y0 K53	R153 G153 B153	#989899
5	C13 M10 Y0 K28	R182 G184 B196	#B6B7C3
6	C4 M0 Y0 K2	R245 G249 B252	#F4F9FB
7	C37 M15 Y0 K30	R134 G157 B184	#859DB8
8	C45 M20 Y0 K50	R92 G115 B142	#5B728E
9	C15 M15 Y25 K75	R88 G83 B74	#58534A

雙色配色 Two-colors combination

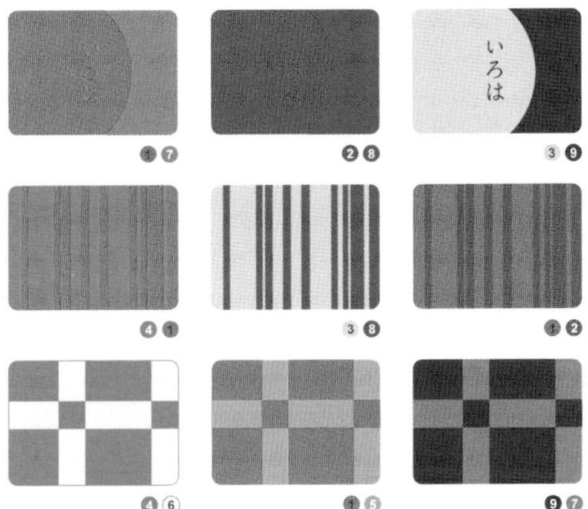

三色配色 Three-colors combination

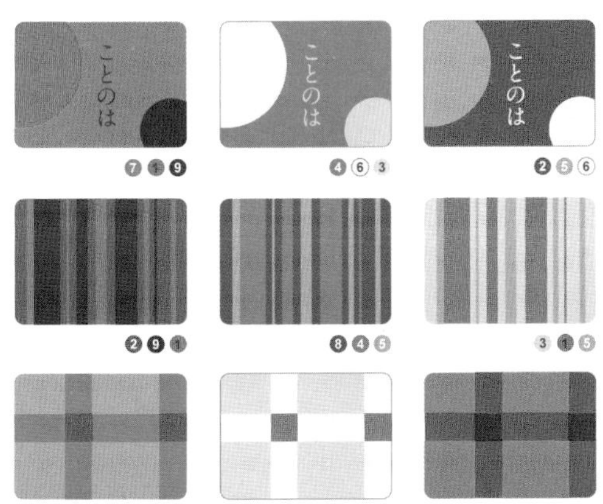

意匠設計 Design

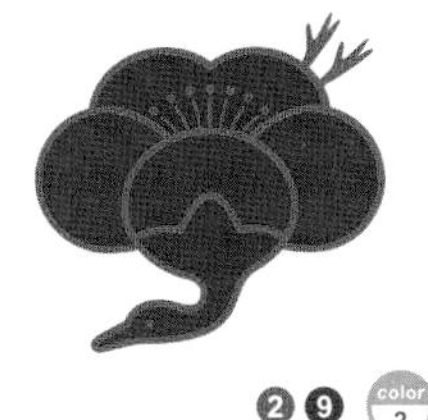

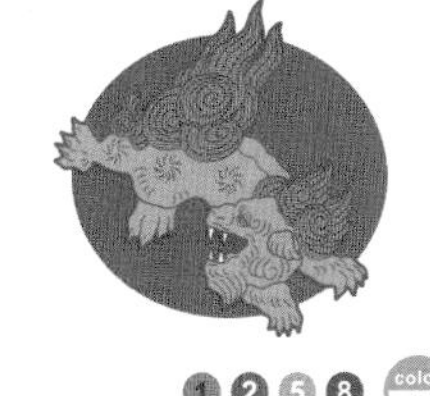

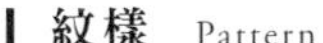

紋樣 Pattern

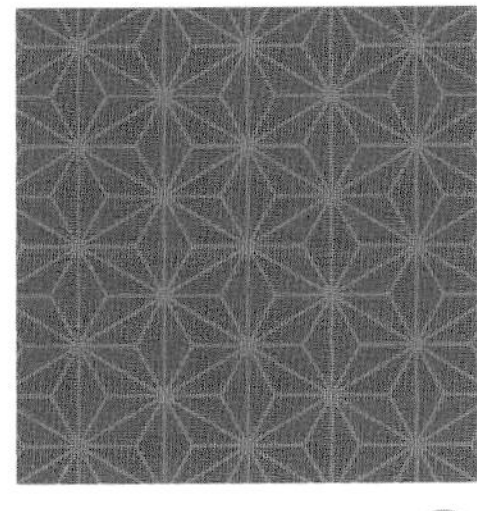

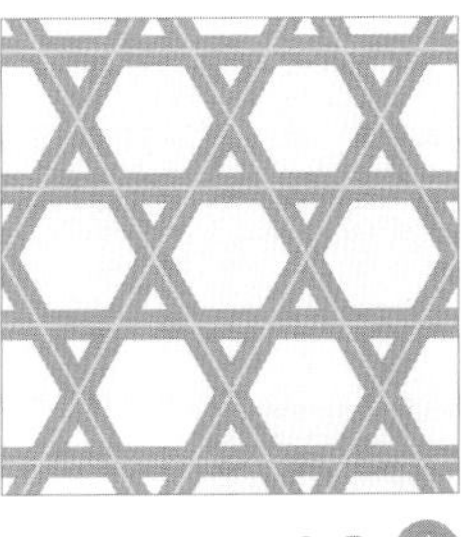

插畫 Illustration

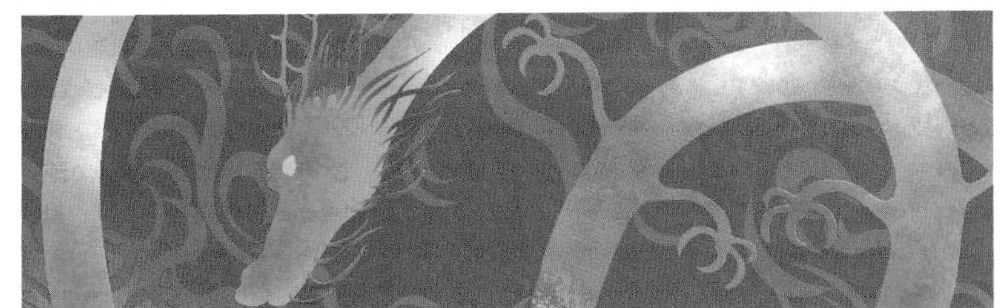

第9章 色相別・日本的風景

085

紅與黑的風景

Red and Black Scenery

福島縣磐梯町的歷史遺跡‧慧日寺跡。慧日寺是平安時代初期的高僧德一所創建的寺院，照片中則是近年定期舉辦的點燈活動「待月明燈」的模樣。黑暗中的金堂周圍，浮現出1000盞燈籠的景象，令人驚嘆不已。

印象	幽玄的、幻想的、有歷史的
配色方式	以顏色較深的紅，搭配溫暖燈光般的橙
重點	白天鮮豔的朱紅色，夜裡轉為深紅

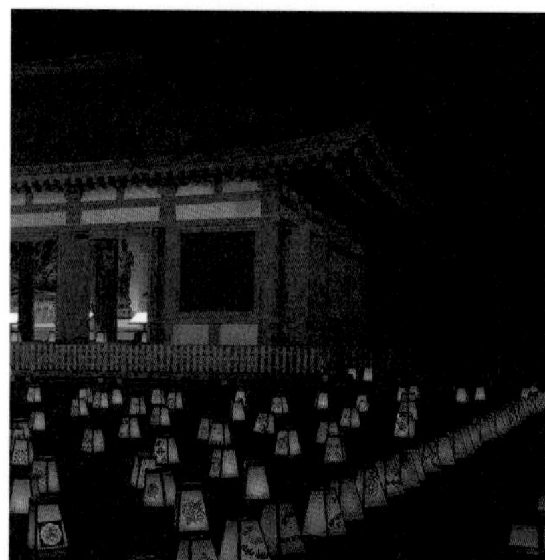

紅與黑的配色，也因燈籠的光芒而變得柔和。

❶紅鬱金

べにうこん

以薑黃染色後，再染上一層紅或蘇芳色。

❷銀朱

ぎんしゅ

將朱砂以水銀、硫磺混合後燒製而成的顏料。

❸柘榴石

ざくろいし

石榴石。深暗的濃烈紅色。

❹焦香

こがれこう

以香木汁重複染製的濃郁香色。

❺磐梯山

ばんだいさん

日本百名山之一。也稱會津富士山。

❻玄

げん

看起來略帶黃紅、有溫度的黑色。

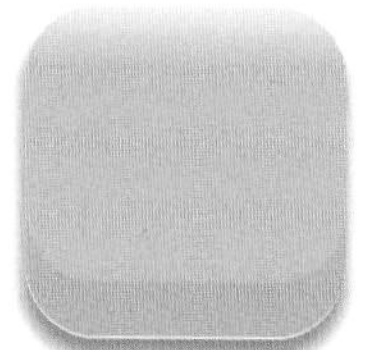

❼和紙

わし

以結香、楮等植物纖維為原料的手抄紙。

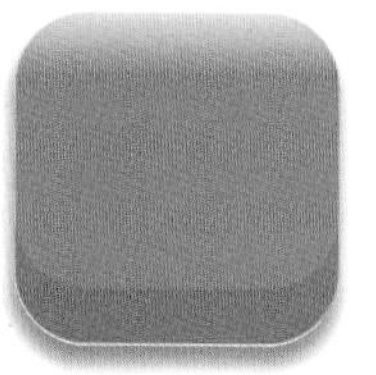

❽燈籠

とうろう

寫作明燈之籠，日本風格的燈具。

❾會津磐梯山（民謠）

あいづばんだいさん（みんよう）

嘿呀會津磐梯山是寶山唷♪日本三大民謠。

1 C0 M85 Y60 K10 R218 G65 B72 #DA4147

2 C15 M100 Y80 K0 R208 G15 B49 #D00F30

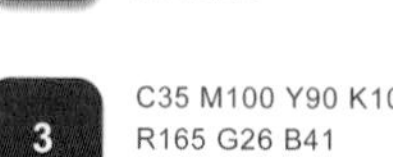

3 C35 M100 Y90 K10 R165 G26 B41 #A51A29

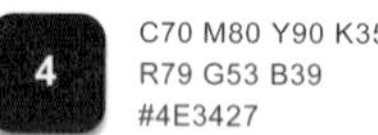

4 C70 M80 Y90 K35 R79 G53 B39 #4E3427

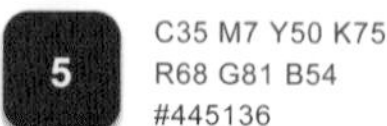

5 C35 M7 Y50 K75 R68 G81 B54 #445136

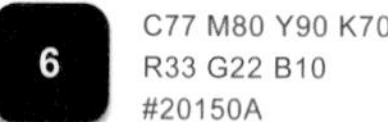

6 C77 M80 Y90 K70 R33 G22 B10 #20150A

7 C0 M7 Y30 K0 R255 G240 B193 #FFEFC1

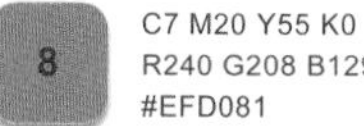

8 C7 M20 Y55 K0 R240 G208 B129 #EFD081

9 C0 M37 Y73 K10 R231 G168 B73 #E7A749

雙色配色 Two-colors combination

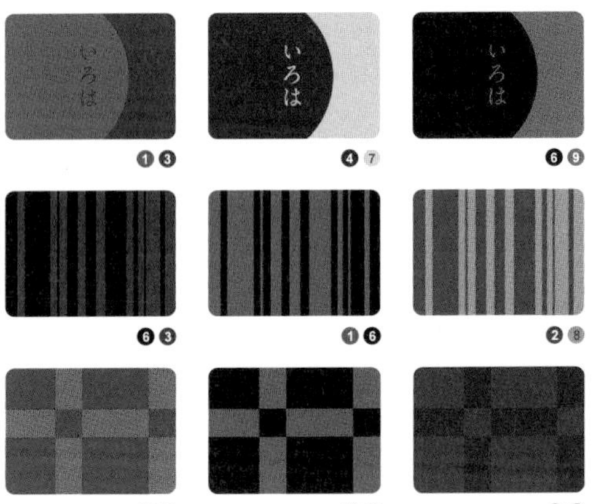

三色配色 Three-colors combination

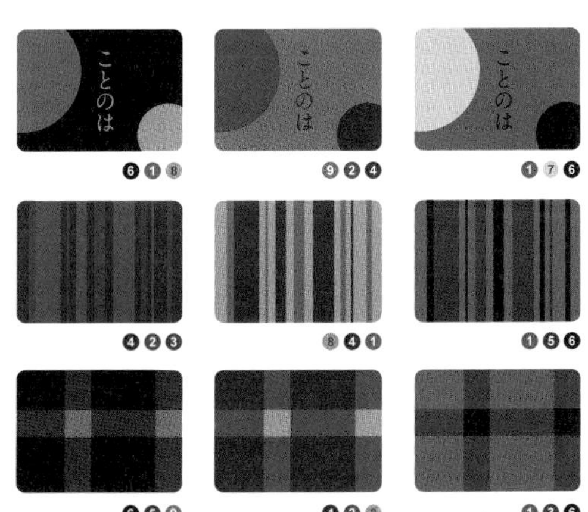

意匠設計 Design

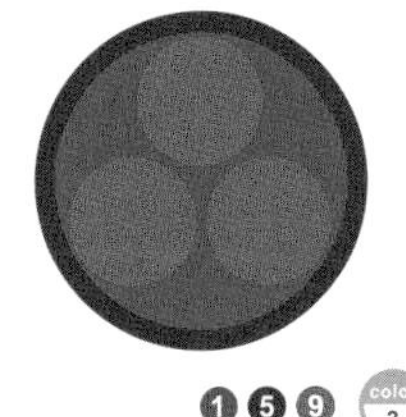

1 5 9 color 3

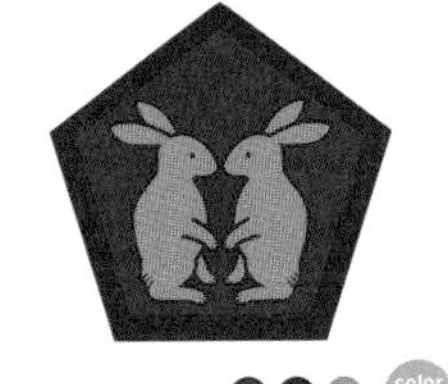

3 4 8 color 3

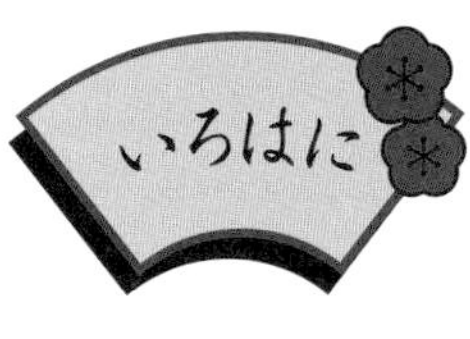

2 6 7 color 3

紋樣 Pattern

1 4 color 2

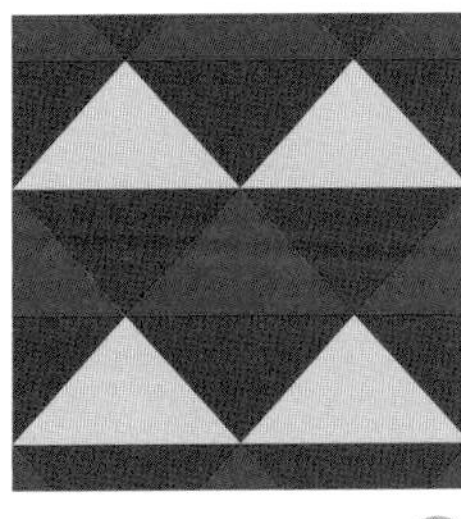

2 5 7 color 3

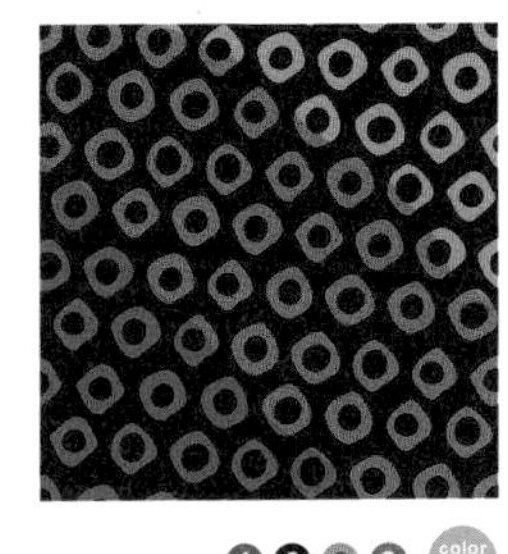

1 6 8 9 color 4

插畫 Illustration

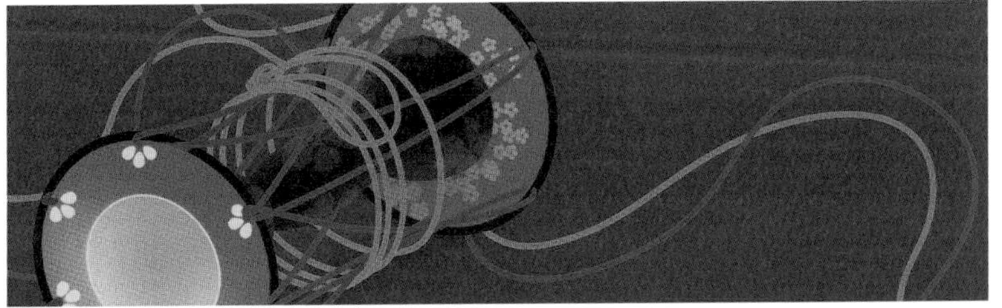

1 2 3 4 6 7 8 9 color 8

配色專欄

當地限定口味洋芋片

如果覺得「配色好難」、「我沒有天分…」的話，不妨將既有的商品包裝當做範本來學習。

洋芋片 47 都道府縣口味

卡樂比的「♥ＪＰＮ（愛日本）」企劃，打出「發掘吧，日本的力量」、「愛上當地口味，會更愛日本」等宣傳語，開發了日本 47 都道府縣的地方口味洋芋片。在 2017 年 9 月～2018 年 3 月期間，陸續發表的這些洋芋片個個充滿特色，為了重現各地區道地的口味，在當地政府與企業的協助下，設立工作坊、經過多次試吃，才終於決定口味與包裝。以下將分門別類，為各位介紹口味也充滿個性的洋芋片包裝配色。食品的包裝設計雖是以「看起來好吃」為基本，但與此同時，追求「耳目一新」也相當重要。透過配色，在包裝上費盡心思，才能成為「讓客人想選購的商品面貌」。

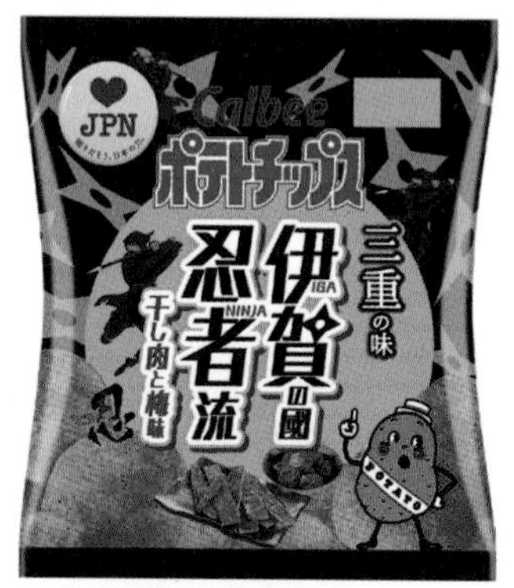

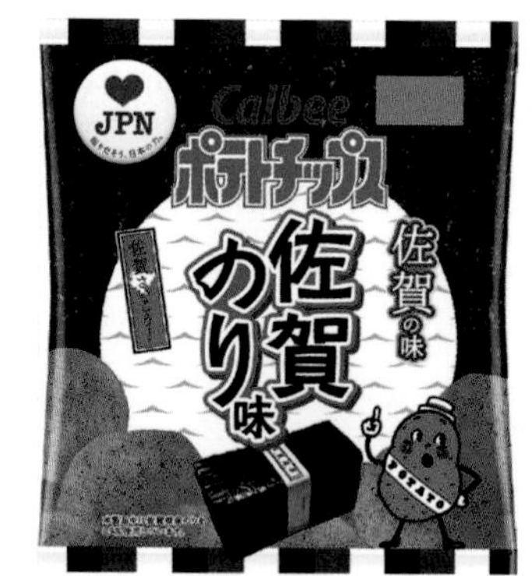

黑白色調引人注目

白色、灰色、黑色，在色彩學上稱為「無彩色」。它們是「不帶色彩的顏色」，常做為輔助色使用，不過，在色彩繽紛的超市或便利商店陳列架上，反而成為引人注目的存在。

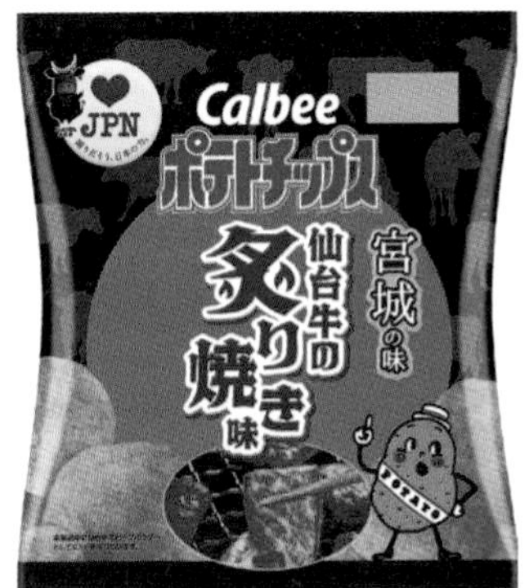

洋溢高級感的金色與深紅色

以金色、黑色為底，加上深紅色系點綴，營造出具有「高級感」的配色。另外，由於包裝中央的金色，與商品名使用的棕色系，互為「類似色相」，明度差異也不大，因此在文字周圍加上白邊，讓商品名稱能看得更清楚。

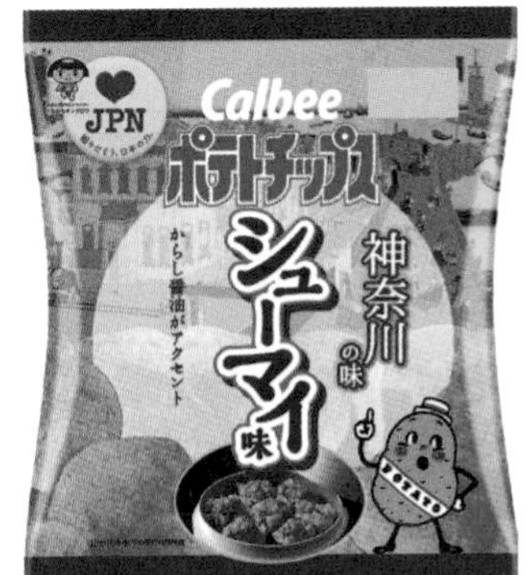

以沉穩的顏色，凝縮高雅氣質

整體配色以偏灰色調統一，瀰漫出一股懷舊的氛圍。背景色的彩度很低，讓做為主角的燒賣更加突出。考量面積有限的配色時，必須思考「想要突顯的要素」為何，並有意識的安排「不突顯的部分」。

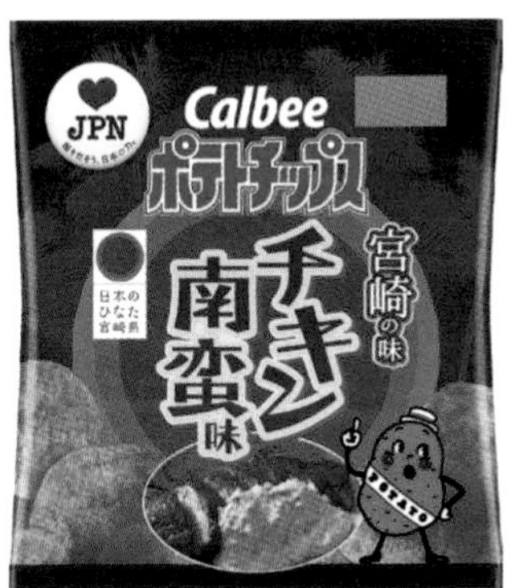

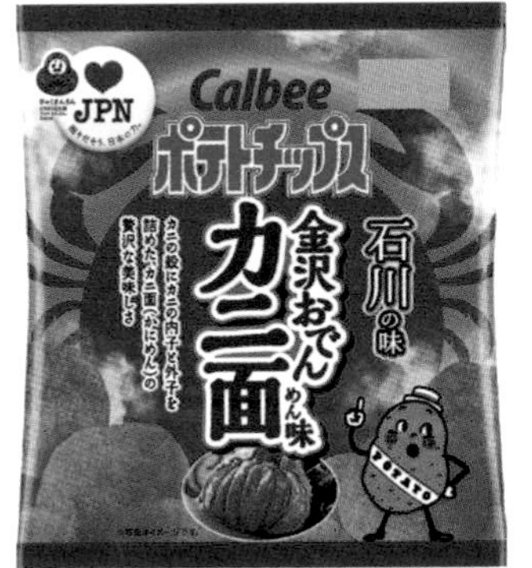

以口感好的滋味為意象

上圖的包裝皆是以暖色系（紅、橙、黃）等深色調加以統一。這些配色，能令人聯想到「口感佳的濃郁滋味」。另外，橘色系的顏色還有促進食慾的效果，因此經常使用於食品相關的配色。

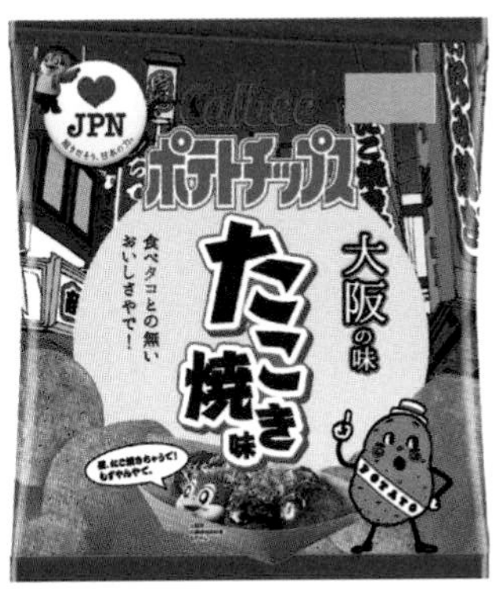

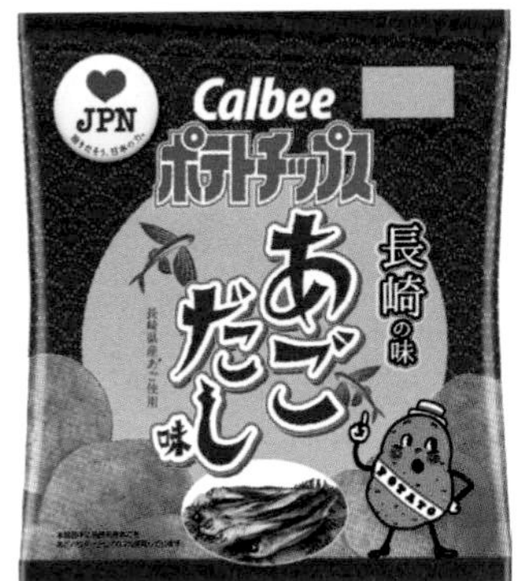

有效使用藍色，襯托出主角

背景使用的藍色，讓洋芋片本身看起來更加顯眼。整體以「對比色相」來配色，在陳列櫃上給人的衝擊感也較大。由於藍色會令人聯想到鹽味，因此用於洋芋片包裝，效果相當好。

第 10 章

來自「狀聲詞」意象的顏色

說到日文的特色，很多人都會想到「擬聲詞」或「擬態詞」。這些統稱為「onomatopee（狀聲詞）」。這個詞各位可能較不熟悉，它是來自於法文。

在本章，將挑戰以配色來表現我們日常使用的語言。請各位盡情感受耳邊聽到的詞彙發音，與眼中所見的色彩之間的調和之美。色彩的世界與聲音的世界有許多共通點，例如「高亢而柔和的音色」，令人聯想到粉彩色調，沉重而震撼的「重低音」，則令人聯想到強而有力的深色。

將語言化為顏色的配色

086

軟綿綿

Fluffy

軟綿綿的物品，為我們帶來柔和的心情。若用顏色比喻，那一定是「輕柔恬淡的顏色」吧。或許是能輕柔地彷彿能隨風起舞的「明亮輕盈色」。以下以 9 種常見的軟綿綿物品為名稱，分別轉換為容易想像的「顏色」。這是種將點子與印象具體化的新方法。

印象	軟綿綿、柔軟的、輕盈的
配色方式	組合高明度、低彩度的淺色系顏色
重點	依照使用場合或狀況可能較不顯眼

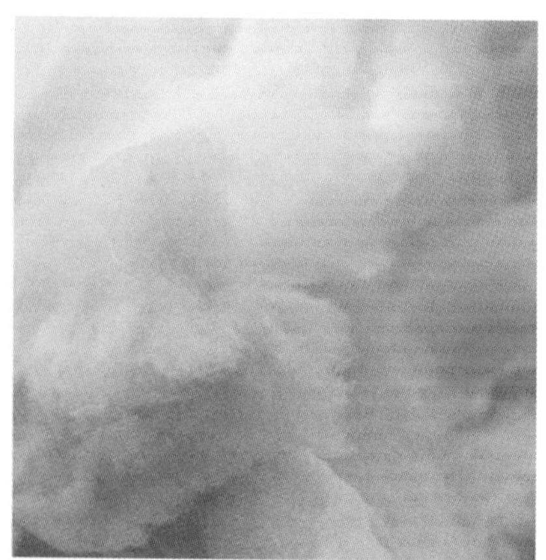

五感中，軟綿綿與觸覺（觸感）較相關。

①羽毛

うもう

鳥類的羽毛。英文為 down。

② 羊毛

ようもう

綿羊的毛。英文為 wool。

③ 花瓣

はなびら

以柔軟而水潤的花瓣為意象。

④ 綿花糖

わたがし

淺粉紅色，表現出棉花糖的甜美柔軟。

⑤ 蛋白

らんぱく

將蛋白打得蓬鬆柔軟，蛋白霜。

⑥ 綿雪

わたゆき

如棉花般軟綿綿的雪。也稱為餅雪。

⑦ 日本吊鐘花

どうだんつつじ

春天時會綻放約 5 公厘的白色吊鐘型小花。

⑧ 風花

かざばな

宛如隨風飛舞的花瓣般，乘風飄揚的雪。

⑨ 洋菓子

ようがし

蛋糕、棉花糖等甜甜的點心。

No.	CMYK	RGB	HEX
1	C0 M0 Y5 K5	R248 G247 B240	#F7F7EF
2	C0 M0 Y13 K7	R245 G243 B223	#F4F2DE
3	C3 M15 Y5 K0	R246 G227 B231	#F6E2E7
4	C10 M25 Y5 K0	R230 G203 B219	#E6CADA
5	C13 M0 Y5 K0	R228 G243 B245	#E4F2F4
6	C33 M0 Y13 K0	R181 G223 B226	#B4DEE2
7	C3 M3 Y7 K17	R221 G220 B214	#DDDBD5
8	C40 M0 Y15 K10	R151 G202 B208	#97CACF
9	C15 M37 Y10 K7	R209 G169 B188	#D1A8BB

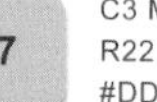

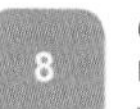

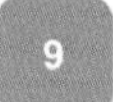

雙色配色 Two-colors combination

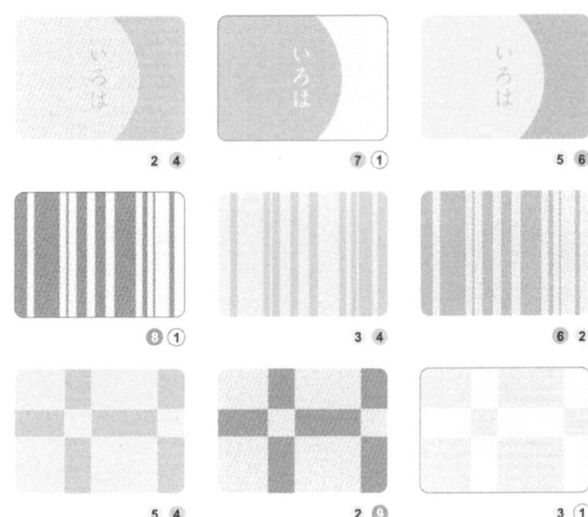

三色配色 Three-colors combination

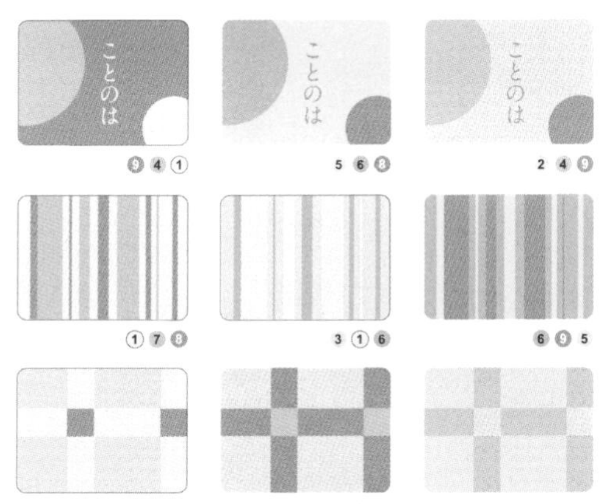

意匠設計 Design

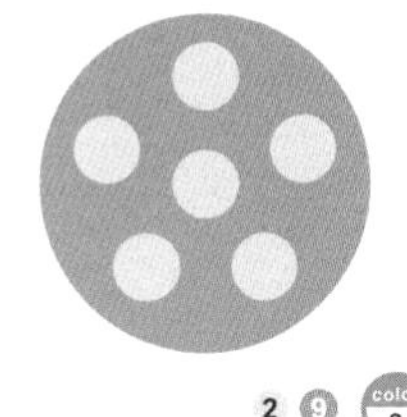

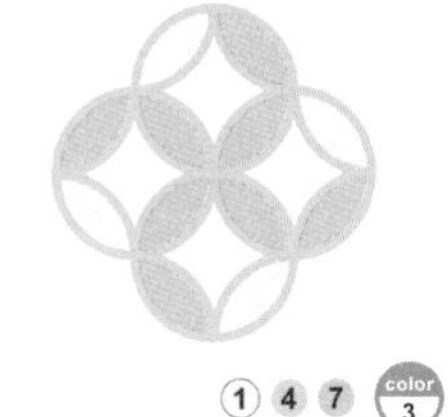

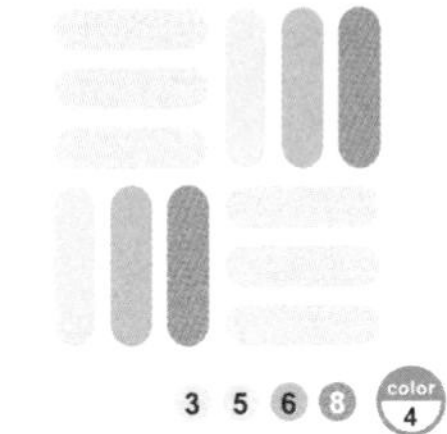

2 9 color 2　1 4 7 color 3　3 5 6 8 color 4

紋樣 Pattern

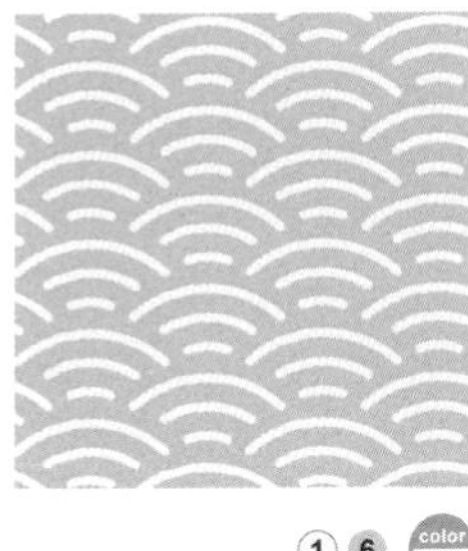

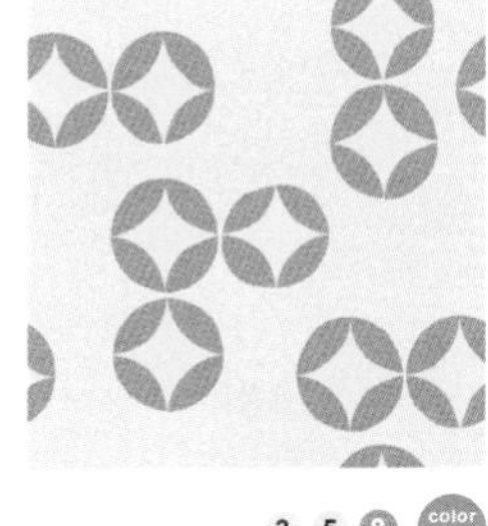

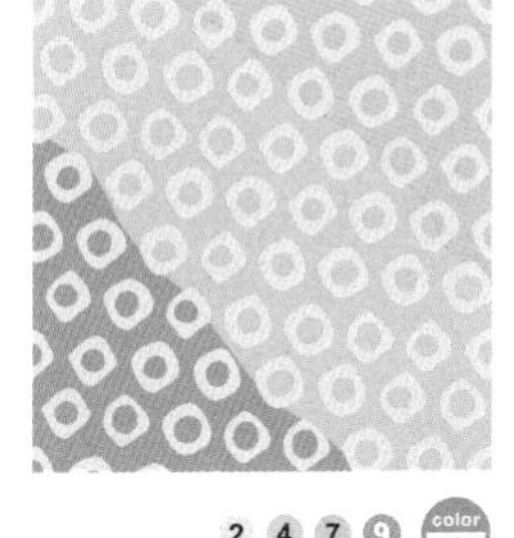

1 6 color 2　3 5 8 color 3　2 4 7 9 color 4

插畫 Illustration

1 2 3 4 5 6 7 9 color 8

087

閃亮亮

Sparkly・Shiny

常見的人工色當中，可分為顏料顏色與色光顏色兩種。近年來智慧型手機、電視畫面、電腦螢幕、車站的電子看板廣告等，來自光源的顏色比例變得非常高。這個單元則反其道而行，以「自然安穩的光」為主題。

印象	明亮的、引人注目、有存在感的
配色方式	在暗色上搭配亮色會更好
重點	盡量放大明暗對比

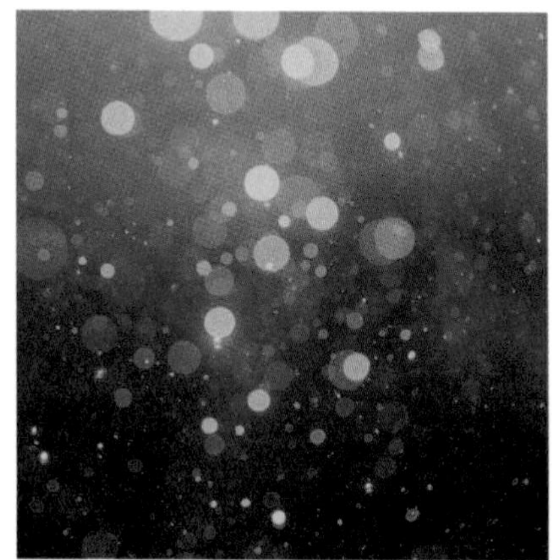

光會因為與暗的對比而顯得更加耀眼。

① 天使的梯子

てんしのはしご

陽光從雲朵縫隙間灑落地面，彷彿光柱般。

② 綺羅

きら

綾織法織成的絹織物。延伸為外表華麗之意。

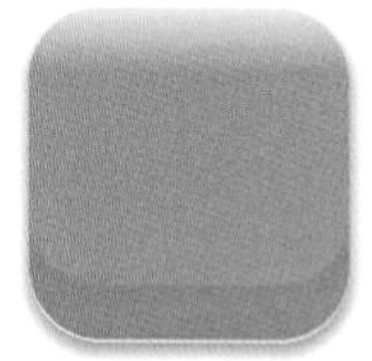

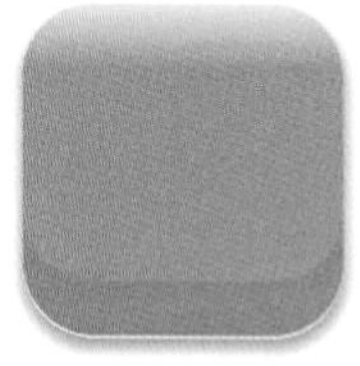

③ 砂金

さきん

能在河中找到，細小如沙的自然金顏色。

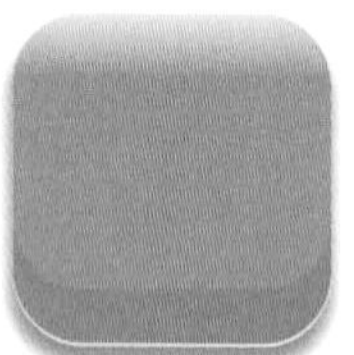

④ 一番星

いちばんぼし

黃昏時在西方天空閃耀的宵之明星：金星。

⑤ 金髮

きんぱつ

金色頭髮。英文為 blond。

⑥ 水面

みなも

照耀在水面上強烈奪目的反光。

⑦ 麥酒

ばくしゅ

日文中的麥酒指的是啤酒。

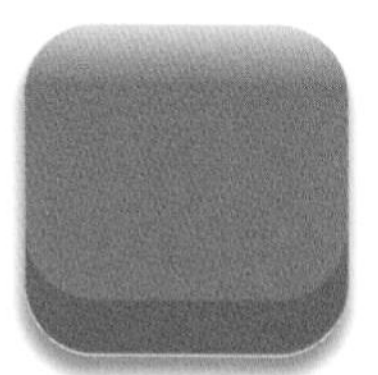

⑧ 亞麻色

あまいろ

亞麻線的顏色。常用於形容髮色。

⑨ 鶯茶

うぐいすちゃ

偏綠的棕色。江戶中期相當流行的女性服色。

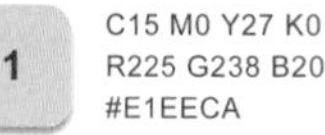

C15 M0 Y27 K0
R225 G238 B203
#E1EECA

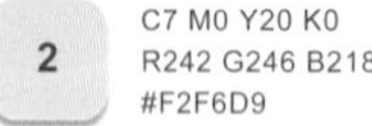

C7 M0 Y20 K0
R242 G246 B218
#F2F6D9

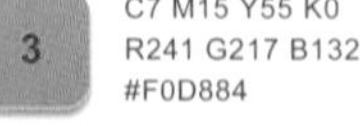

C7 M15 Y55 K0
R241 G217 B132
#F0D884

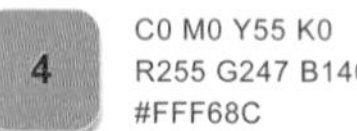

C0 M0 Y55 K0
R255 G247 B140
#FFF68C

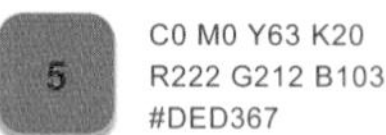

C0 M0 Y63 K20
R222 G212 B103
#DED367

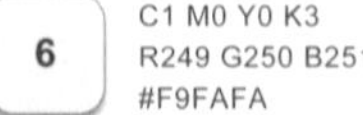

C1 M0 Y0 K3
R249 G250 B251
#F9FAFA

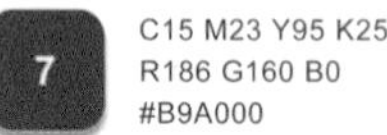

C15 M23 Y95 K25
R186 G160 B0
#B9A000

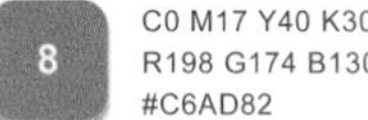

C0 M17 Y40 K30
R198 G174 B130
#C6AD82

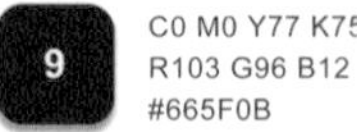

C0 M0 Y77 K75
R103 G96 B12
#665F0B

雙色配色 Two-colors combination

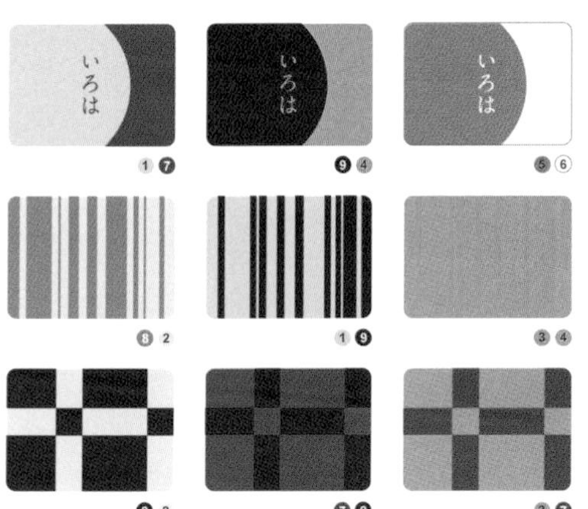

三色配色 Three-colors combination

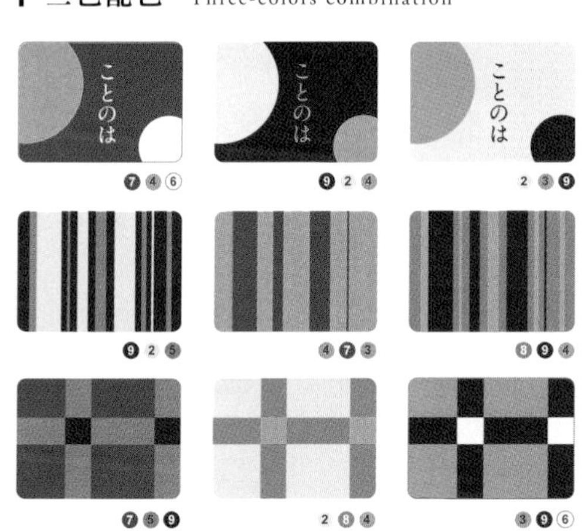

意匠設計 Design

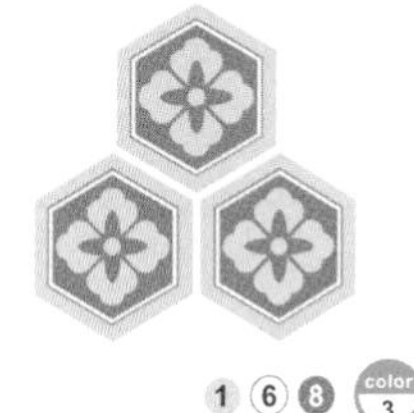

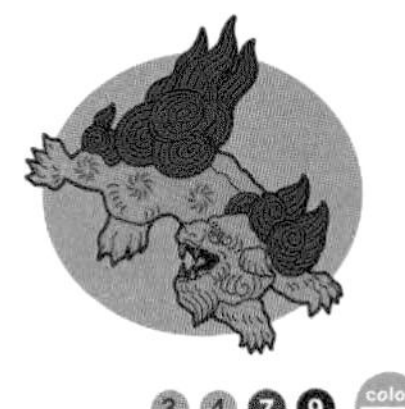

紋樣 Pattern

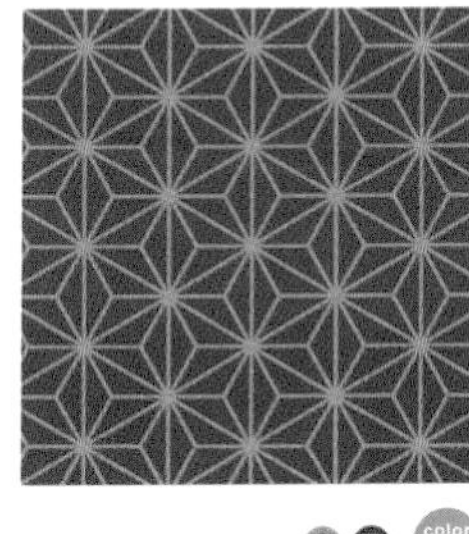

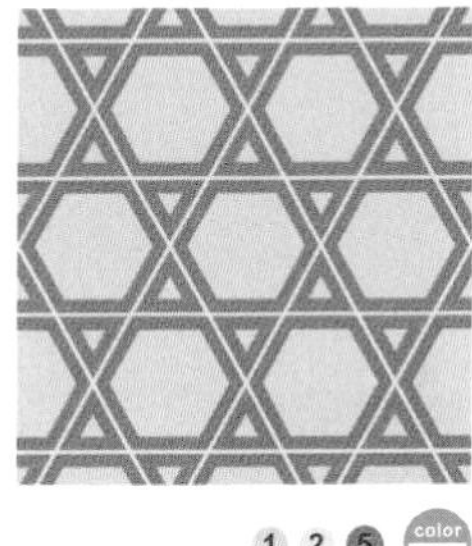

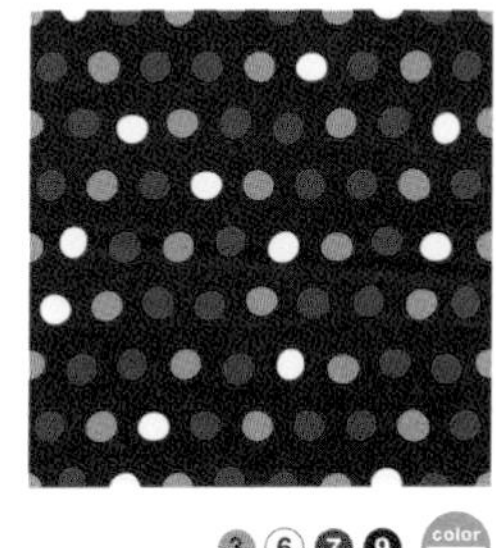

插畫 Illustration

088

歡欣雀躍

Exciting

內心充滿期待和喜悅時，會用わくわく（Wakuwaku）這個詞彙，代表歡欣雀躍，並常和「dokidoki」一起使用。dokidoki 也是狀聲詞，是表現心跳不已的擬態語。本篇集結了各種吉祥話，做出色彩組合。這些都是充滿能量，令人樂觀積極的配色。

印象	明亮的、積極的、有精神的
配色方式	使用以紅色系為中心的色相整合較佳
重點	大量使用⑥與⑦，營造出清爽感

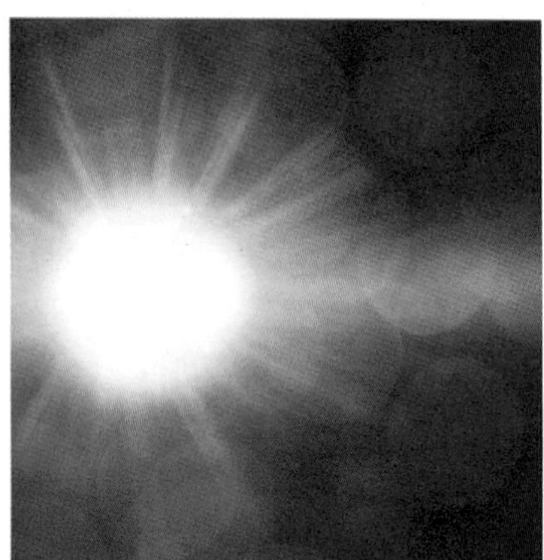

人類自古以來便與太陽共生至今。

❶祝賀・祝福

ことほぎ

以言語祝福之意。

❷好奇心

こうきしん

對未知事物充滿興趣，想一探究竟的心情。

❸日本晴

にほんばれ

心情明朗快樂的樣子。萬里無雲的天空。

❹萬福

まんぷく

數不盡的幸福之意。

❺宴請

きょうする

以酒食招待客人。

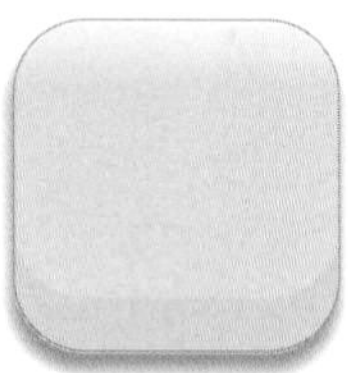

⑥太陽神

たいようしん

日本神話中的太陽神為天照大神。

⑦面白（有意思）

おもしろし

面（眼前）明亮清新的樣子。

❽明

あかし

日文中紅的語源是明，與太陽有關。

❾大願成就

たいがんじょうじゅ

實現宏大的願望、眾人的願望之意。

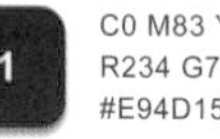

1
C0 M83 Y95 K0
R234 G77 B21
#E94D15

2
C0 M55 Y90 K0
R241 G142 B29
#F18D1D

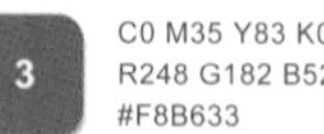

3
C0 M35 Y83 K0
R248 G182 B52
#F8B633

4
C0 M37 Y75 K20
R213 G155 B63
#D59A3E

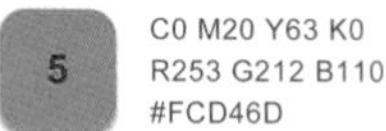

5
C0 M20 Y63 K0
R253 G212 B110
#FCD46D

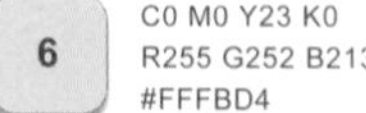

6
C0 M0 Y23 K0
R255 G252 B213
#FFFBD4

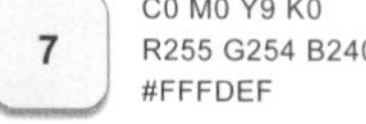

7
C0 M0 Y9 K0
R255 G254 B240
#FFFDEF

8
C10 M80 Y85 K0
R219 G84 B45
#DB532C

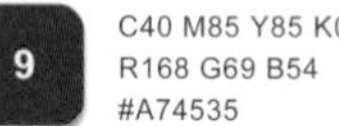

9
C40 M85 Y85 K0
R168 G69 B54
#A74535

雙色配色 Two-colors combination

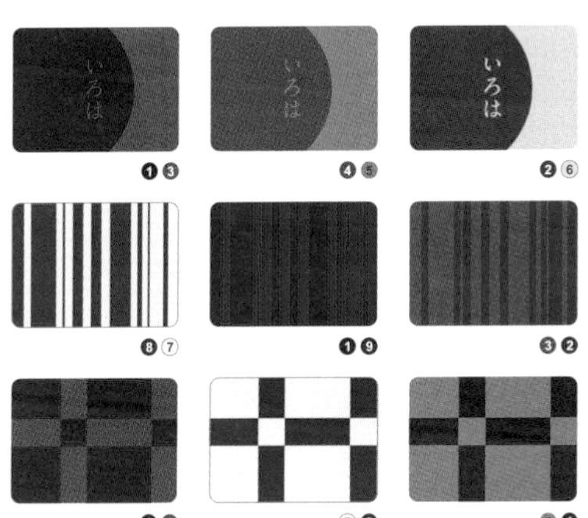

三色配色 Three-colors combination

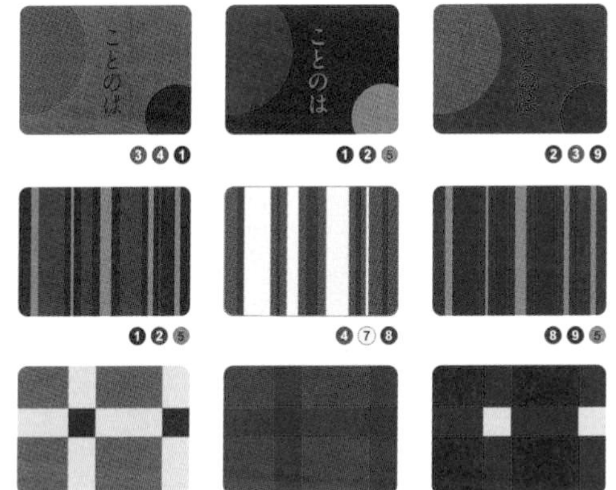

意匠設計 Design

1 9 color 2

2 4 7 color 3

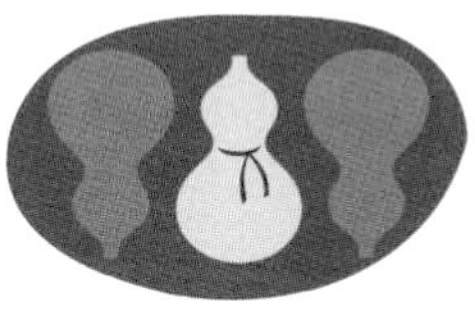

3 5 6 8 color 4

紋樣 Pattern

2 5 color 2

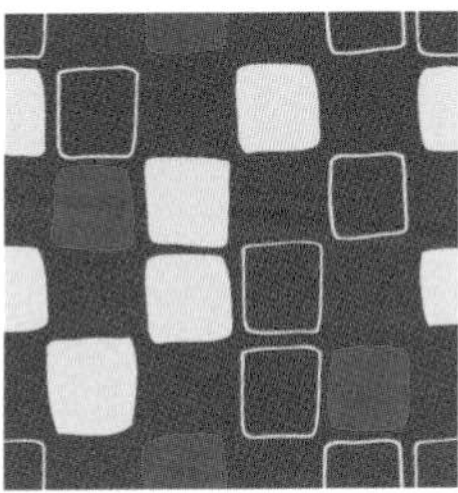

3 4 6 color 3

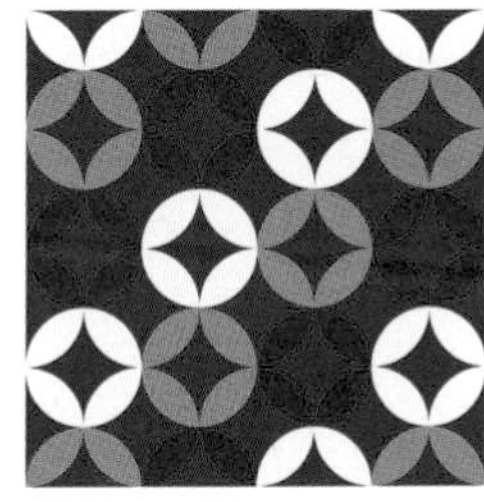

1 5 7 9 color 4

插畫 Illustration

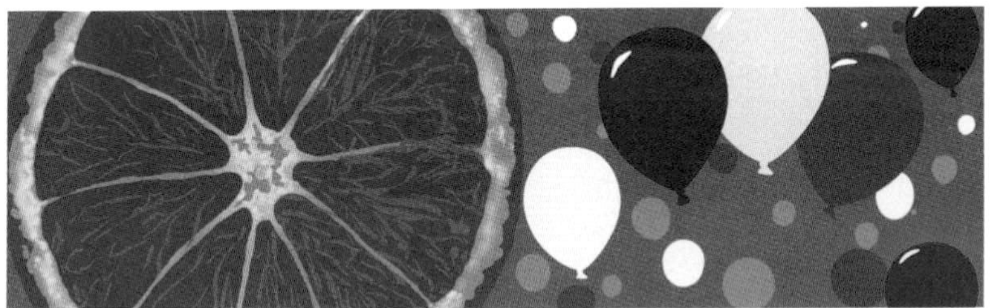

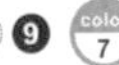

089

輕飄飄

Fluttering

雖然無法看見風，不過輕飄飄的東西便是借助風的力量飛舞。春風「輕柔」地吹拂，北風則是「瑟瑟」或「咻咻」地吹。本篇收錄了以隨微風輕舞的事物、明媚的光、微微香氣、和煦溫暖的陽光等為意象的色彩組合。

印象	輕柔的、隨風飛舞、柔和的
配色方式	多重使用粉彩色，能使配色更有趣
重點	統一色調的明度、彩度，營造整體感

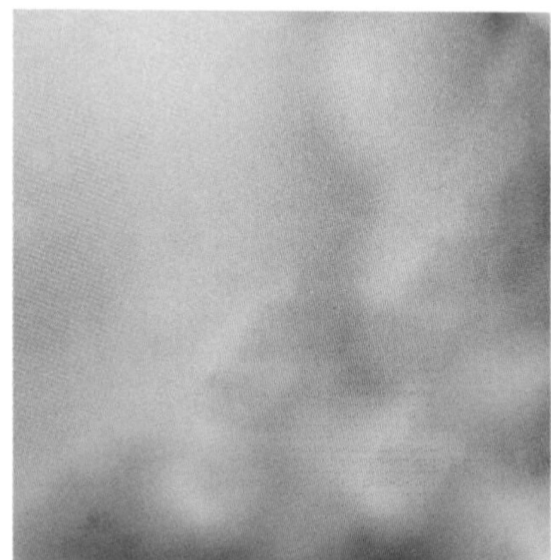

充滿透明感，高明度、低彩度的顏色。

1 紋白蝶

もんしろちょう

白色翅膀上有黑紋的蝴蝶。分布於全日本。

2 揚羽蝶

あげはちょう

黑色翅膀上帶有許多亮黃色的斑點和線條。

3 葉影流光

こもれび

從樹木枝葉間灑落的陽光。

4 洗濯物

せんたくもの

以晾在屋前的乾淨衣物為意象。

5 絹織物

きぬおりもの

以擁有美麗光澤的絹布為意象。

6 白粉

おしろい

塗抹在臉部與頸部，讓膚色看起來更明亮。

7 蝴蝶結

ちょうむすび

以打成蝴蝶模樣的緞帶為意象。

8 微風

そよかぜ

平穩吹拂的風。輕柔吹拂的風。

9 春風

はるかぜ

春天時吹拂的風。

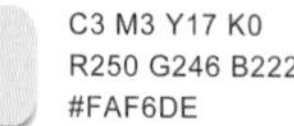

1 C3 M3 Y17 K0 R250 G246 B222 #FAF6DE

2 C10 M0 Y47 K0 R238 G240 B160 #EDEF9F

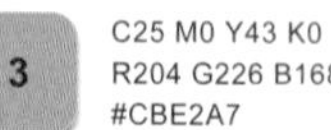

3 C25 M0 Y43 K0 R204 G226 B168 #CBE2A7

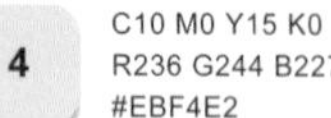

4 C10 M0 Y15 K0 R236 G244 B227 #EBF4E2

5 C0 M17 Y23 K0 R252 G223 B197 #FBDEC5

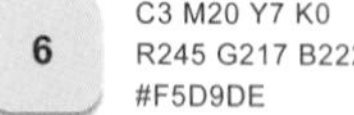

6 C3 M20 Y7 K0 R245 G217 B222 #F5D9DE

7 C7 M37 Y10 K0 R233 G181 B197 #E9B5C4

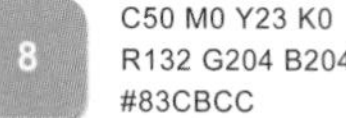

8 C50 M0 Y23 K0 R132 G204 B204 #83CBCC

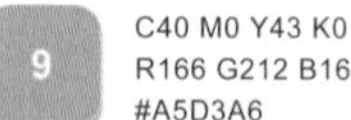

9 C40 M0 Y43 K0 R166 G212 B166 #A5D3A6

雙色配色 Two-colors combination

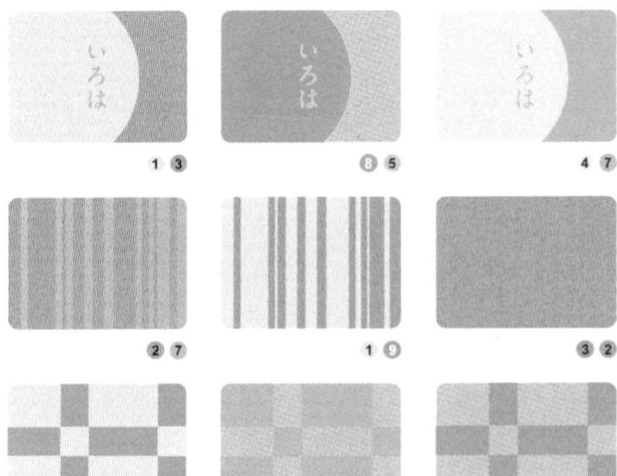

三色配色 Three-colors combination

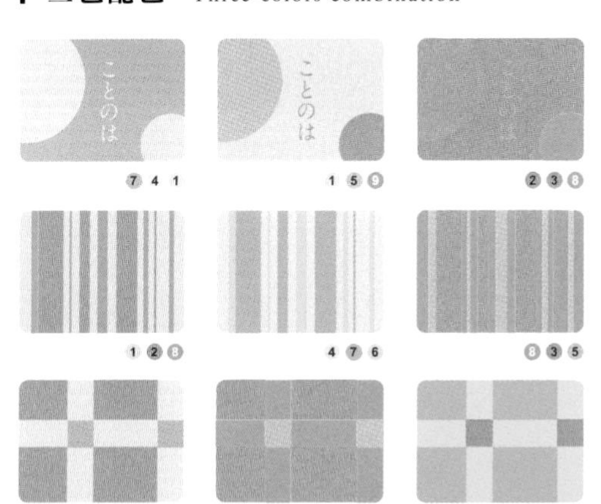

意匠設計 Design

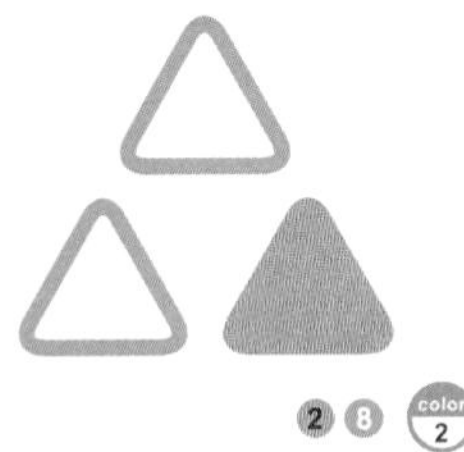

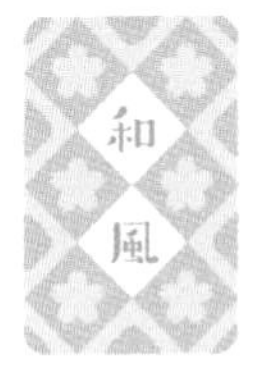

紋樣 Pattern

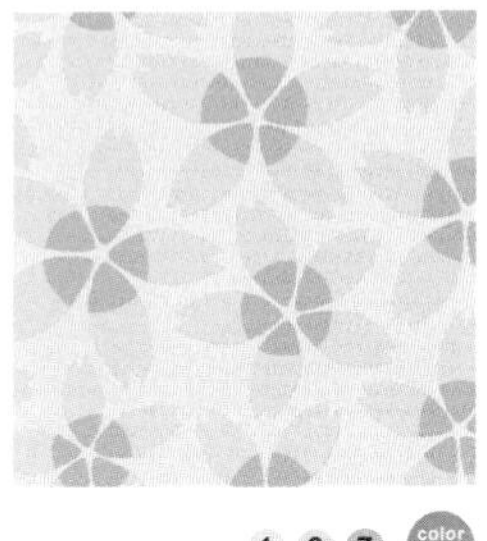

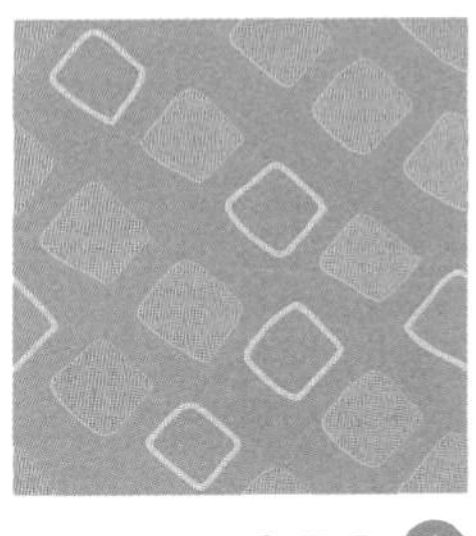

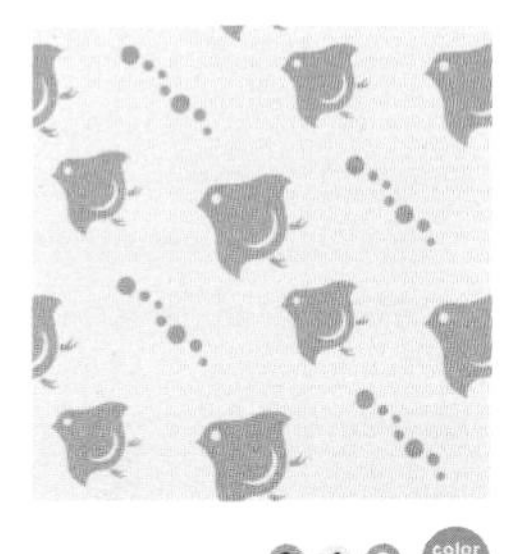

插畫 Illustration

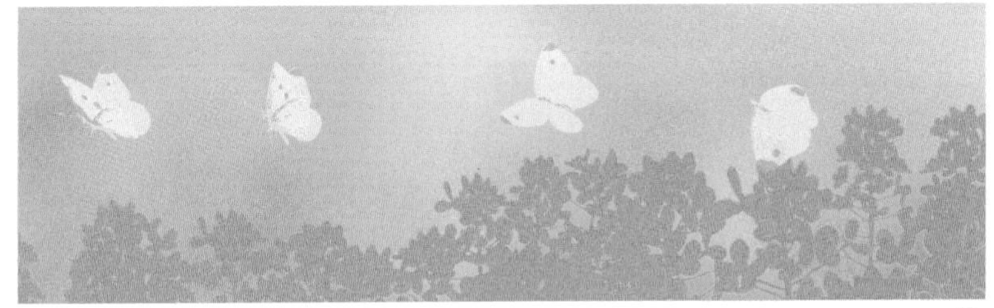

090

細雨濛濛

Drizzling Rain

「細雨濛濛」指毛毛細雨安靜落下的模樣。相對於此，「滴滴答答」、「淅淅瀝瀝」的降雨，都是水滴較大、可以聽見雨聲的狀態。更激烈的雨勢，則會以「嘩啦嘩啦」來表現。日文中各種表現雨勢的狀聲詞，在生活中也經常使用。

印象	寧靜的、穩重的、悲涼的
配色方式	組合各式各樣的藍色系顏色
重點	使用暗濁帶灰的藍色，效果會更好

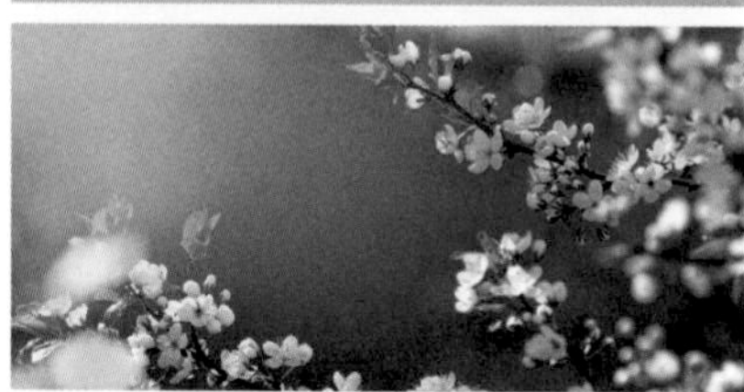

櫻花綻放時下的雨，稱為櫻雨。

① 冰雨

ひさめ

雹或霰。或指冰冷的雨。

② 俄雨

にわかあめ

積雨雲常出現的季節，突然驟降的雨。

③ 長雨

ながさめ

在春秋季節變換時，持續一段時間的降雨。

④ 空梅雨

からつゆ

降雨量較少的那一年之梅雨。

⑤ 五月雨

さみだれ

農曆 5 月下的雨，指梅雨。

⑥ 秋雨

あきさめ

也稱為秋霖、芒雨。

⑦ 時雨

しぐれ

秋季到冬季期間，下下停停的雨。

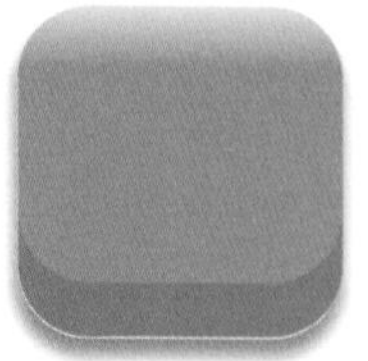

⑧ 御山洗

おやまあらい

農曆 7 月 26 日，富士山閉山時下的雨。

⑨ 花筏

はないかだ

散落在水面的櫻花花瓣，被風輕輕吹動。

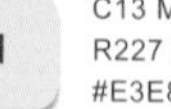

1 C13 M7 Y3 K0 R227 G233 B242 #E3E8F1

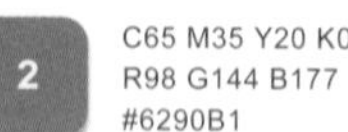

2 C65 M35 Y20 K0 R98 G144 B177 #6290B1

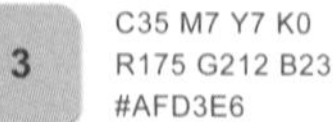

3 C35 M7 Y7 K0 R175 G212 B230 #AFD3E6

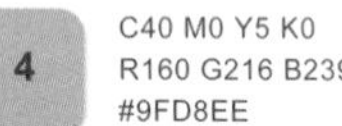

4 C40 M0 Y5 K0 R160 G216 B239 #9FD8EE

5 C40 M7 Y15 K5 R158 G200 B209 #9EC8D1

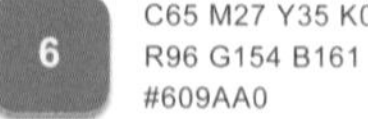

6 C65 M27 Y35 K0 R96 G154 B161 #609AA0

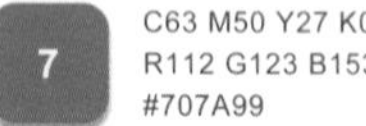

7 C63 M50 Y27 K0 R112 G123 B153 #707A99

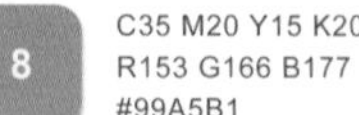

8 C35 M20 Y15 K20 R153 G166 B177 #99A5B1

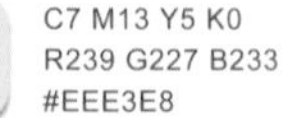

9 C7 M13 Y5 K0 R239 G227 B233 #EEE3E8

雙色配色 Two-colors combination

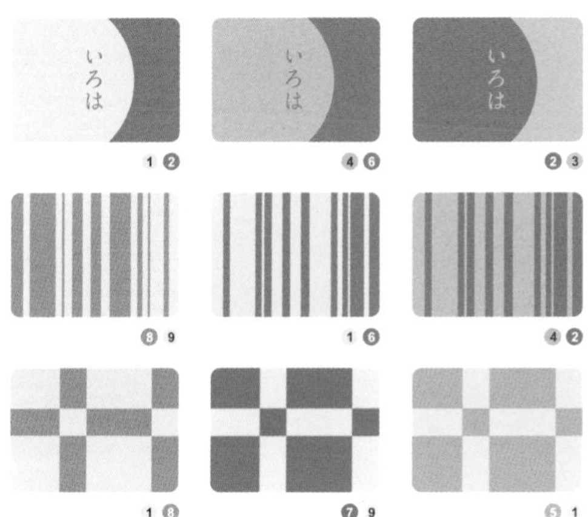

三色配色 Three-colors combination

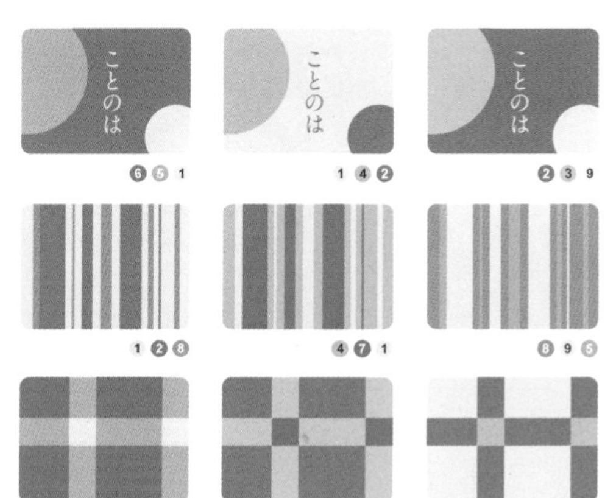

意匠設計 Design

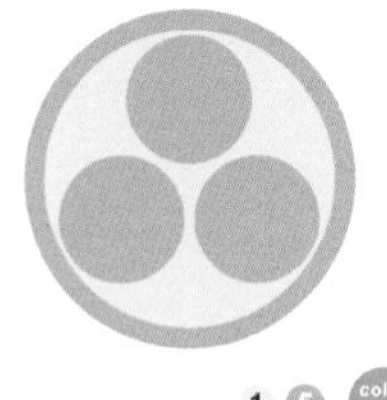

1 5 color 2

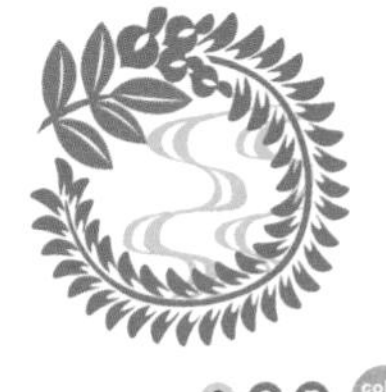

3 6 7 color 3

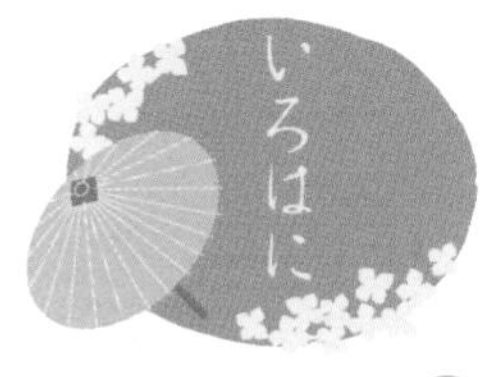

2 4 8 9 color 4

紋様 Pattern

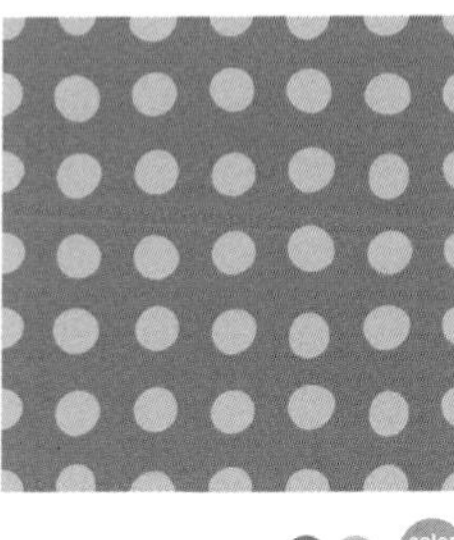

2 4 color 2

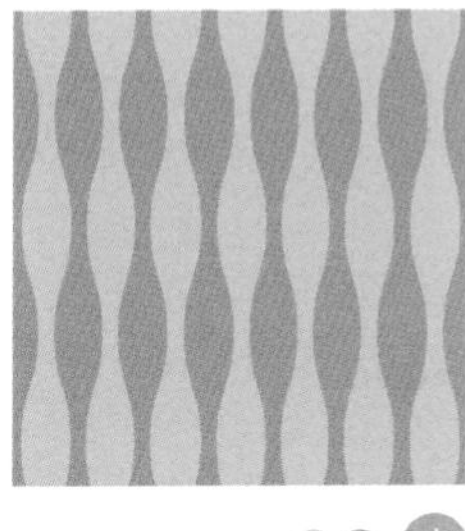

3 8 color 2

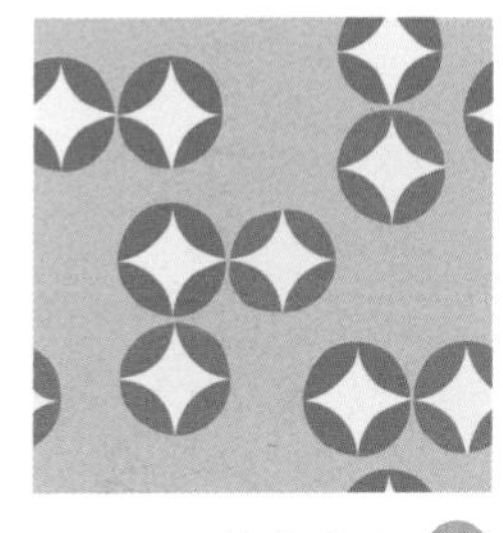

1 4 6 7 9 color 5

插畫 Illustration

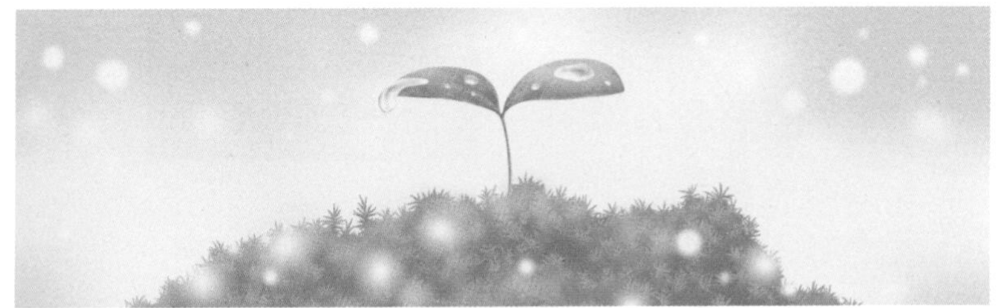

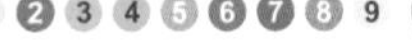

配色專欄

傳統紋樣與家紋

將平常多為彩色的傳統紋樣，以黑白的帥氣樣式呈現；只見過黑白色調的家紋，則改為繽紛色調，做為設計使用上的提示。

日本的傳統紋樣

日本自古以來使用至今的紋樣，每種都有其意義，大多是與吉利或人們的心願有關。這裡為各位介紹一部分。

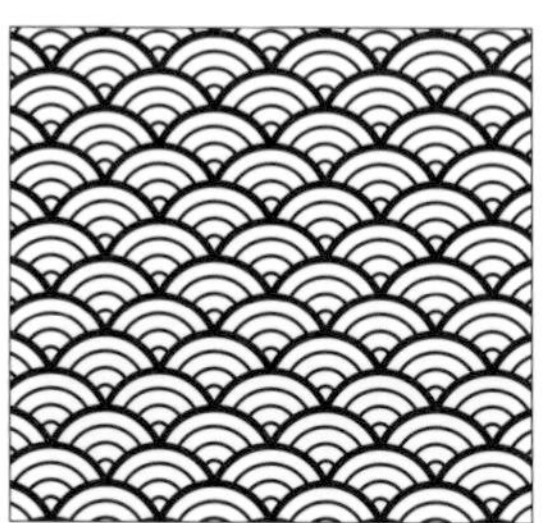

青海波

同心圓以扇狀重疊，向外延伸開展並整齊排列的吉祥紋樣。自鎌倉時代起開始也代表了水。

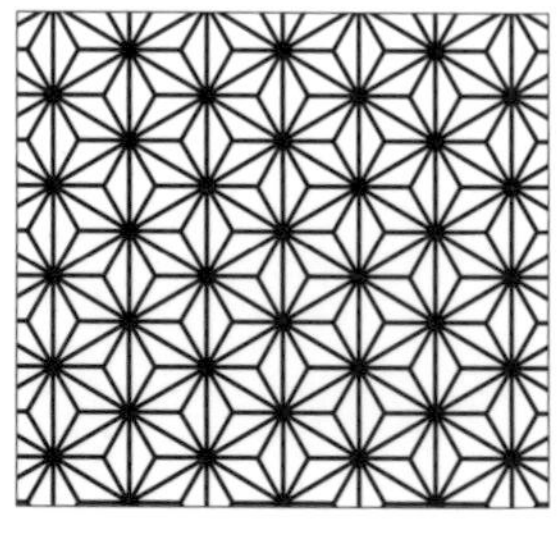

麻葉

以六角形規律排列的紋樣。取麻筆直而堅韌的特色，象徵期望孩子健康成長的心願。

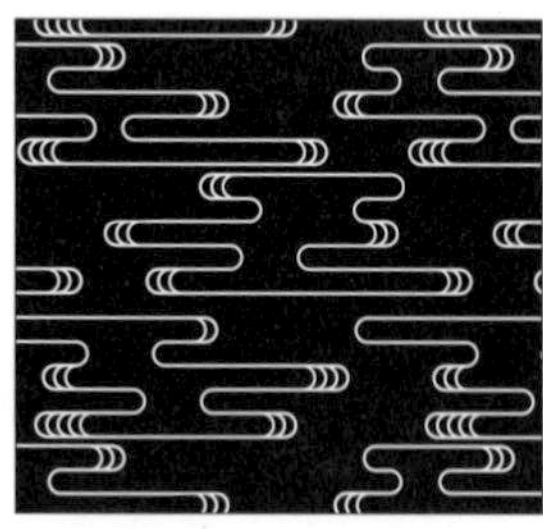

工霞

將雲霞以日文片假名的「エ」字表現的紋樣。代表春季雲彩外，更用於表現遠近感與時間的流逝。

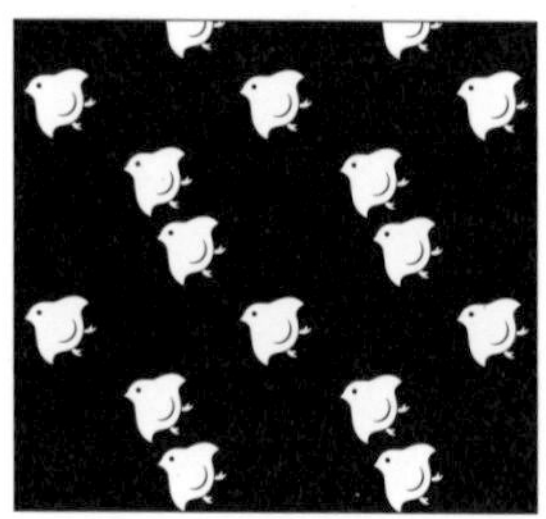

千鳥

古人認為鳥會帶來富貴，因此產生各式各樣與鳥相關的紋樣設計。波浪上有二隻千鳥的設計，象徵「夫婦圓滿」。

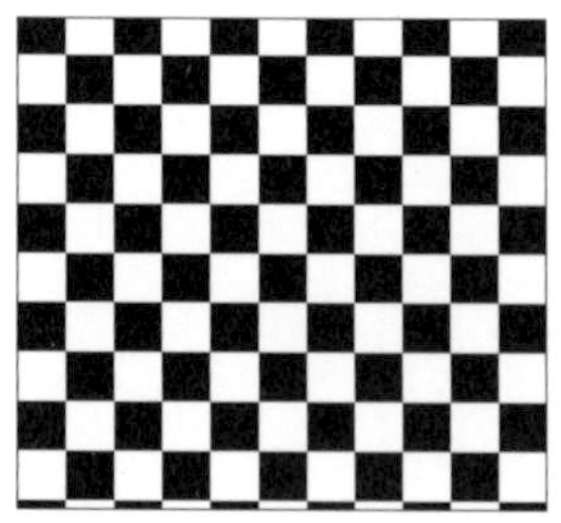

市松

奈良時代稱為「石疊」，平安時代稱為「霰」，在江戶時代，由於歌舞伎演員佐野川市松穿著此紋樣的褲裙，而大為流行。

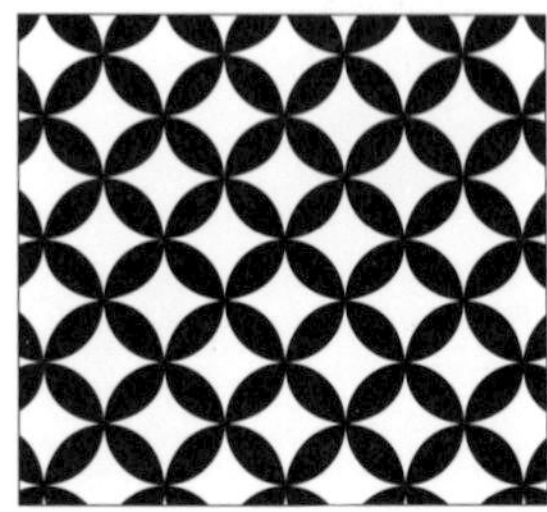

七寶

抽象表現七種寶物的同時，也象徵「圓滿」的紋樣。其他還有圓的中心加入花紋樣的花七寶等，款式豐富多端。

何謂家紋

家紋是「代表家族的紋章」，也是日本獨有的設計。家紋的起源，可追溯到源平藤橘的時代（源氏、平氏、藤原氏、橘氏各家名門繁盛的時期）。家紋多以植物為形象，不過其中也有以動物或日用品設計的獨特家紋。雖然無法確知家紋的數量，不過至今得到確認的約有 2 萬種。這裡收集了可愛獨特的家紋，並透過家紋的原始形象，賦予色彩。

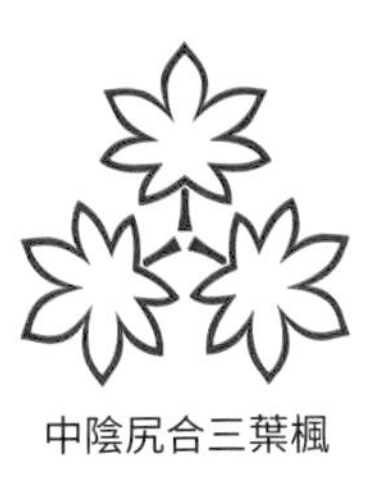

中陰尻合三葉楓

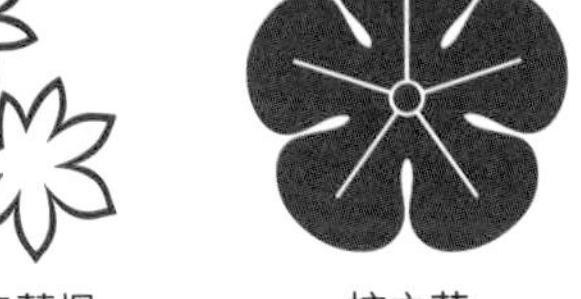

柿之花

一枝桃

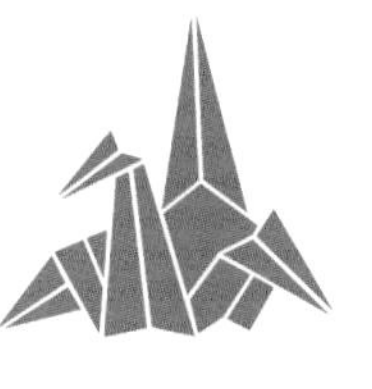

紙鶴

梅鶴

變形散櫻

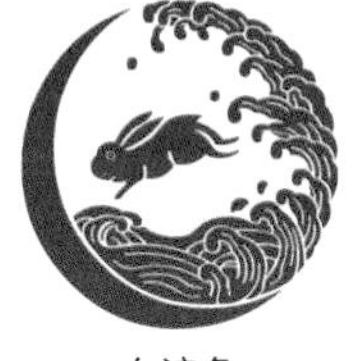

夕浪兔

南瓜

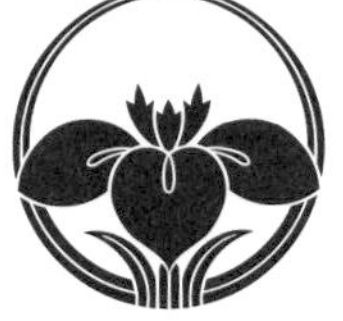

直立杜若之丸

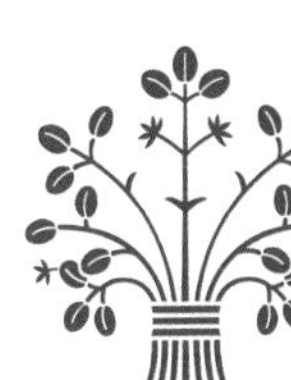

束萩

一條藤

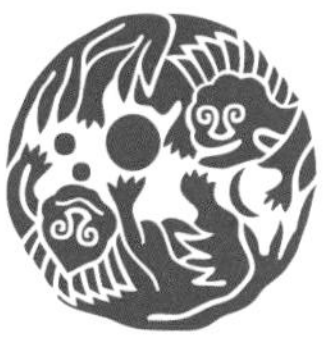
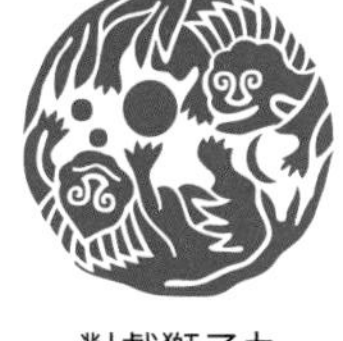

對戲獅子丸

圓內圓袋

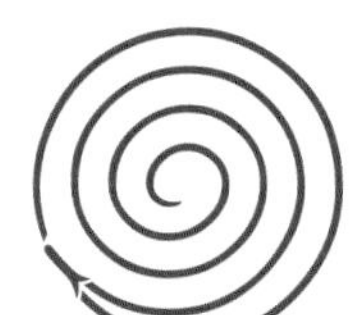
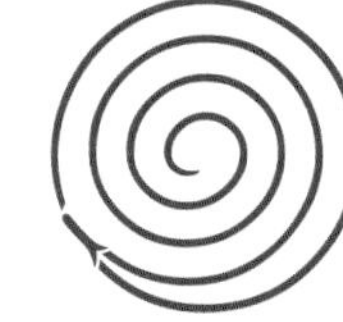

漩渦松葉

三葉交錯結柏

石持地色檜扇

初雪

石持地色瓶子

第 11 章

生活中的日本文化

在最後一章中，將介紹日常生活中存在的「日本感」。另外，也會介紹源自日本，在全世界備受注目的動畫或電子藝術作品。

對日本人來說，自古以來最親近的「日常色」，就是「藍染的藍色」。將絲線、布料浸泡在藍草染料中，取出後日晒晾乾，反覆多次，便能慢慢染成濃郁的藍色，而根據染色的程度，有「瓶覗（P.018）」、「淺蔥（P.230）」、「縹色（P.230）」、「藍色（P.054）」等不同的稱呼。這樣的分類，正顯示出日本人引以為傲的「細膩感性」和「對大自然的觀察力」。

日常生活中的日本色彩

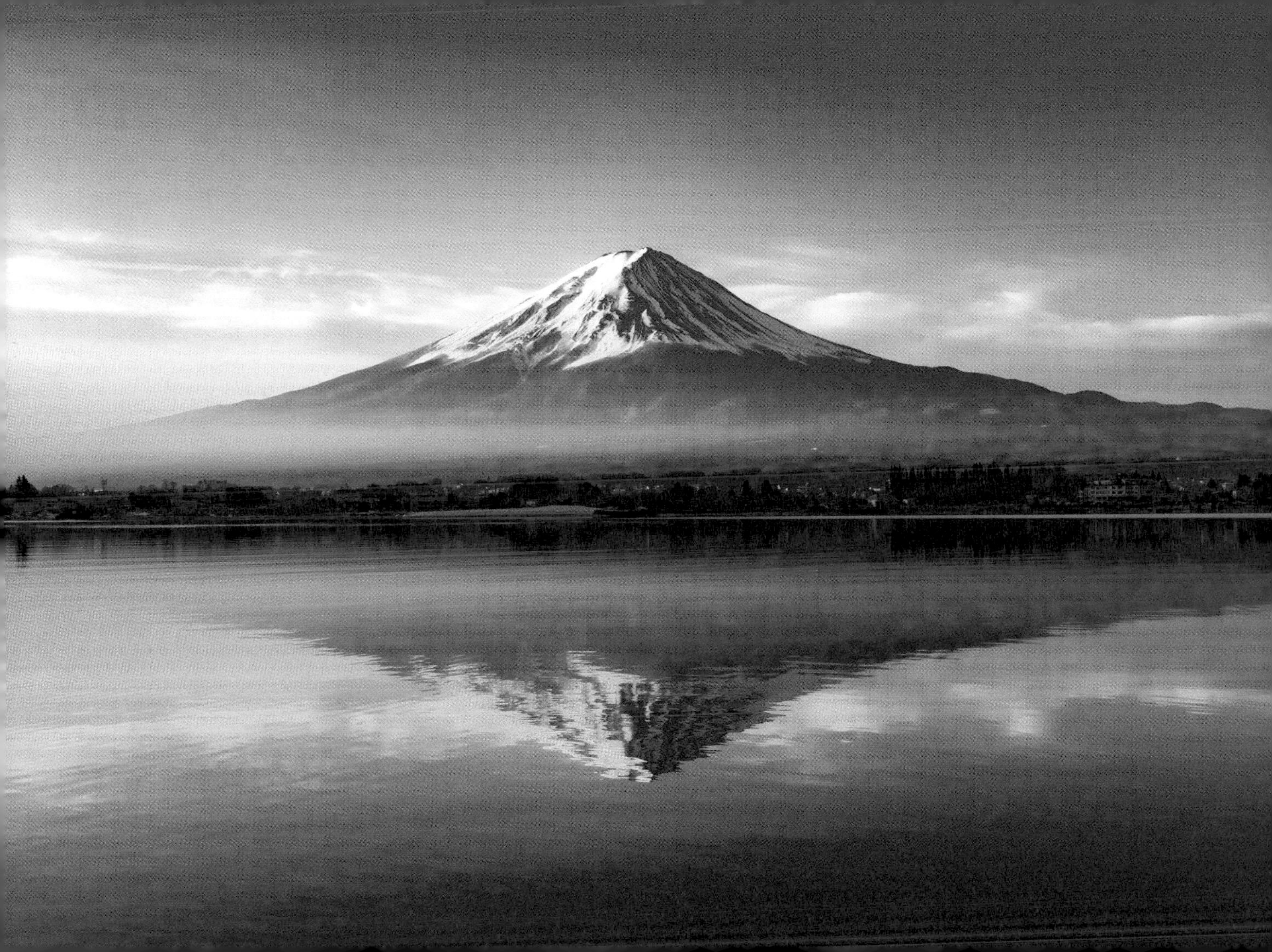

091

上漆之器（漆器）

Japanese Lacquerware

在木或竹等器物上，反覆塗上生漆的樹液做成的東方工藝品。除了日本，中國、南韓、泰國等也都有漆器。其中，日本生產的漆器，在近代大量出口到歐洲，成為代表日本的工藝品之一。英文的「japan」也指漆器。

印象	傳統的、謙恭的、東方風格
配色方式	以紅、黑、金三色為主色
重點	以⑥⑧這類明亮的顏色緩和鮮明度

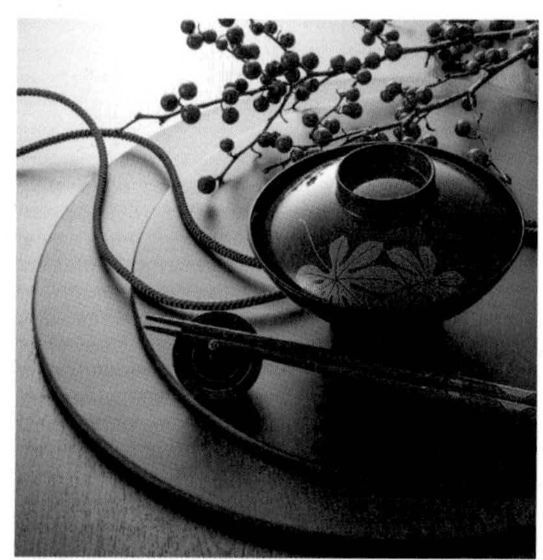

入手後長時間愛惜使用，令人開心。

❶深紅

しんく・こきくれない

以紅花染料所染成的濃郁紅色。

❷漆黑

しっこく

上漆的黑色般，帶光澤感的深黑色。

❸菜籽油色

なたねゆいろ

榨取自油菜花的菜籽油顏色。

❹祝

いわい

紅梅的顏色。在《枕草子》中是喜慶的象徵。

❺墨色

すみいろ

穩重的黑。墨之五彩意指焦、濃、重、淡、清。

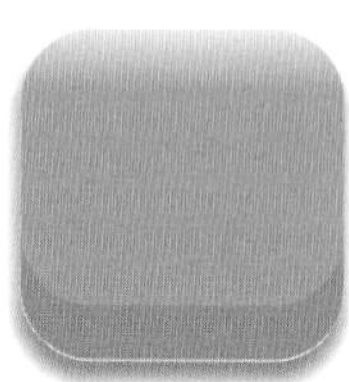

⑥象牙色

ぞうげいろ

自古以來便是珍貴的象徵。英文為 ivory。

❼弁柄色

べんがらいろ

印度東北孟加拉地區所產的紅色顏料。

⑧霞色

かすみいろ

象徵遠離現實的夢中世界。

❾桔梗色

ききょういろ

初秋時會綻放鐘型花朵的桔梗紫色。

No.	CMYK	RGB	HEX
1	C30 M100 Y85 K0	R184 G27 B48	#B81B30
2	C50 M50 Y40 K95	R17 G6 B10	#10050A
3	C0 M13 Y65 K27	R206 G182 B88	#CDB557
4	C20 M85 Y65 K0	R202 G70 B73	#CA4549
5	C25 M25 Y10 K75	R78 G73 B82	#4E4851
6	C0 M5 Y30 K20	R220 G210 B169	#DCD2A9
7	C40 M100 Y70 K50	R105 G0 B34	#680021
8	C7 M10 Y0 K15	R215 G210 B220	#D7D2DC
9	C50 M65 Y0 K30	R115 G79 B135	#724E87

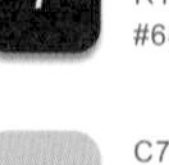
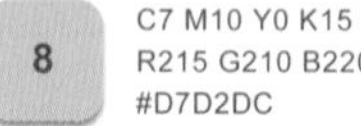
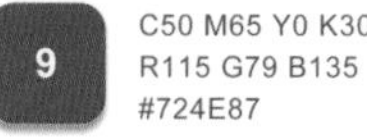

雙色配色 Two-colors combination

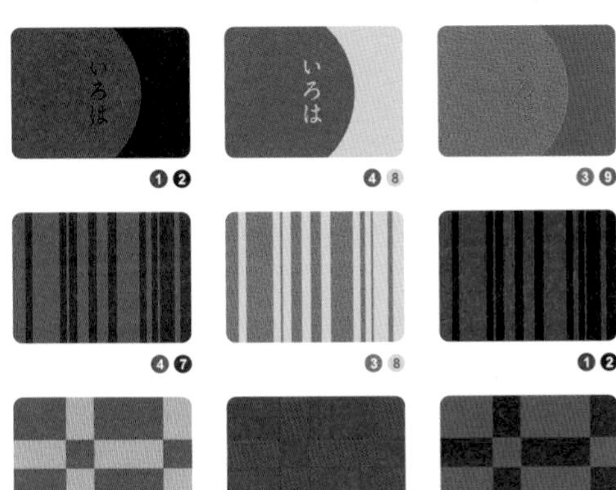

三色配色 Three-colors combination

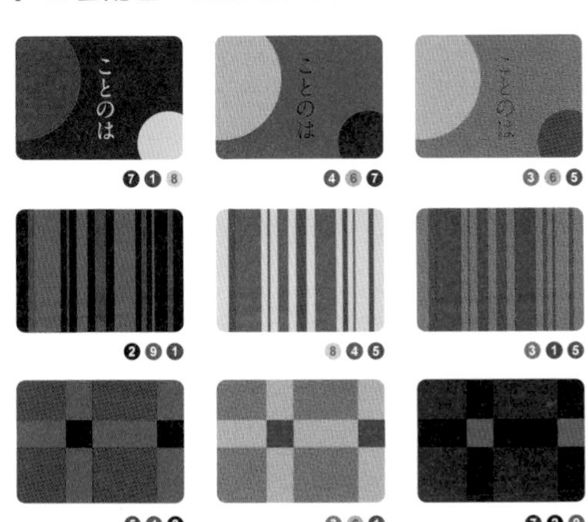

意匠設計 Design

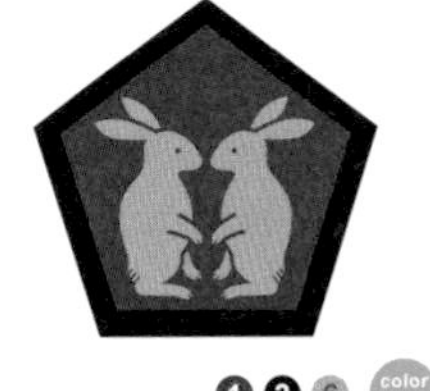

紋樣 Pattern

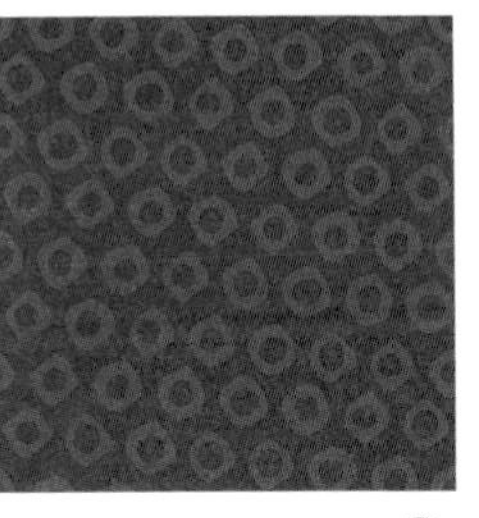

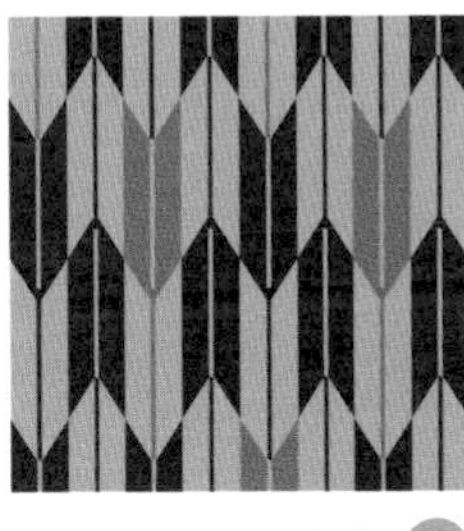

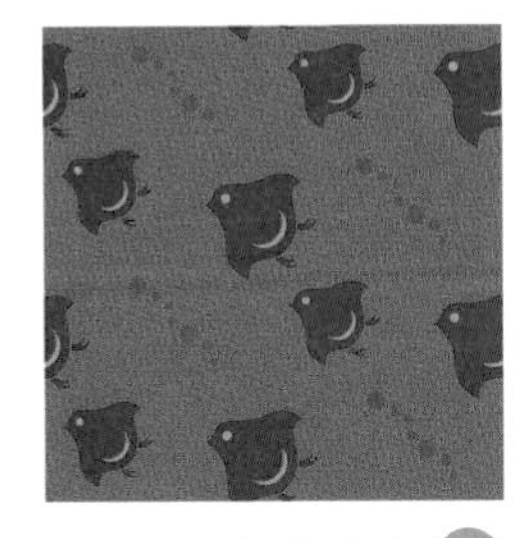

插畫 Illustration

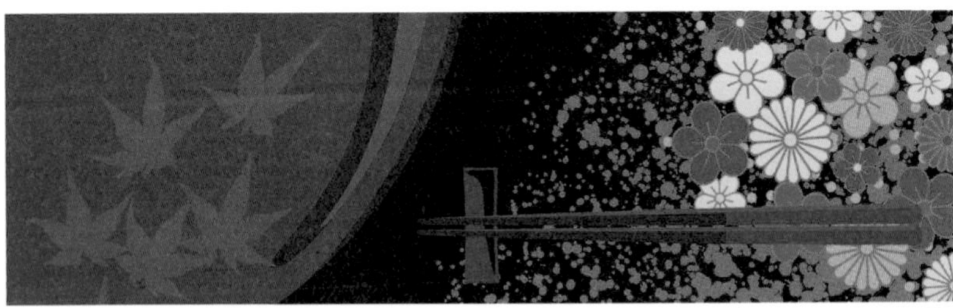

092

日常之器（陶瓷器）

Pottery and Porcelain

明治時代，來自英國的化學家羅伯特·威廉·艾金森，因看到城鎮隨處可見的藍染之美，深受感動，便稱其為日本藍。同樣是藍色，用於染製陶瓷器的是礦物顏料吳須（青花），是陶瓷器顏料中最常使用的一種。

印象	簡約的、涼爽的、楚楚動人
配色方式	以深淺不一的藍色，搭配明亮的灰色
重點	以極小面積使用⑦～⑨會更佳

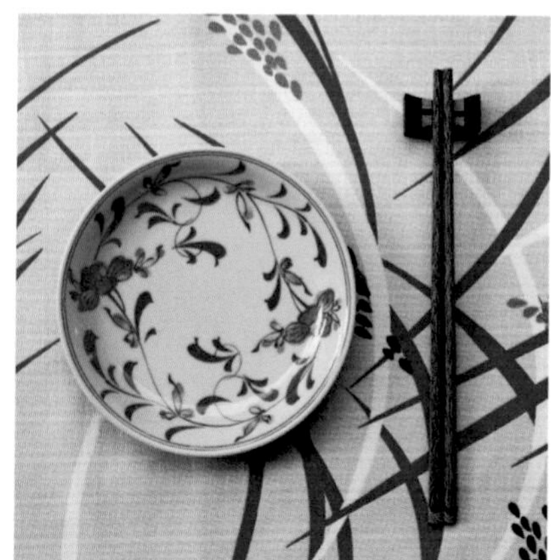

白底搭配藍色紋樣，能襯托任何料理。

① 阿波國
あわのくに
德島縣。江戶至明治期間席捲藍染市場。

② 作務衣（藍染）
さむえ
原為禪宗僧侶每日做雜務時穿著的衣服。

③ 暖簾（藍染）
のれん
商店的布簾多以藍染為底，加上白色文字。

④ 白磁色
はくじいろ
如瓷器般帶著些微藍色，具透明感的白色。

⑤ 銀白色
ぎんはくしょく
令人聯想到銀色。較明亮的灰色。

⑥ 吳須色
ごすいろ
主成分為氧化亞鈷。高溫燒製後會顯色。

⑦ 前置作業
したごしらえ
事前準備、處理。事前做好加工之意。

⑧ 御馳走
ごちそう
為取得食材而四處奔波，延伸為豐盛料理。

⑨ 筷
はし
根據統計，全世界有3成的人用筷子吃飯。

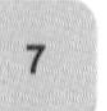

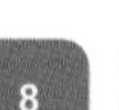

No.	CMYK	RGB	HEX
1	C13 M5 Y3 K0	R227 G236 B244	#E3EBF3
2	C60 M35 Y10 K0	R112 G148 B192	#7093BF
3	C83 M65 Y10 K0	R56 G90 B158	#375A9D
4	C10 M7 Y7 K0	R234 G235 B235	#E9EAEB
5	C17 M13 Y13 K5	R212 G212 B211	#D3D3D2
6	C90 M90 Y25 K10	R51 G49 B115	#323172
7	C10 M20 Y15 K0	R232 G211 B207	#E7D3CF
8	C20 M70 Y40 K0	R204 G104 B117	#CB6874
9	C30 M47 Y60 K20	R164 G125 B90	#A47D59

雙色配色 Two-colors combination

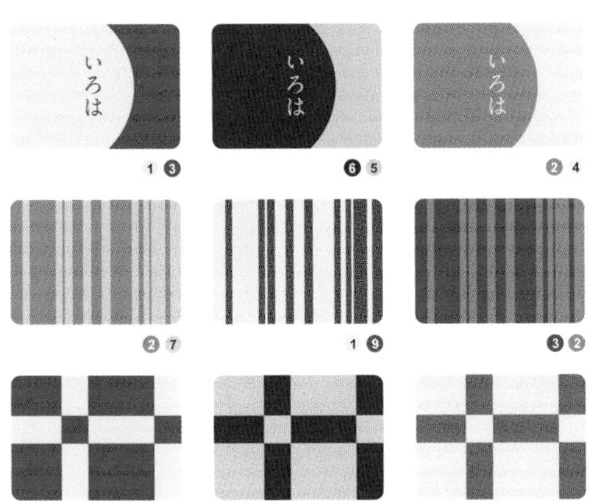

三色配色 Three-colors combination

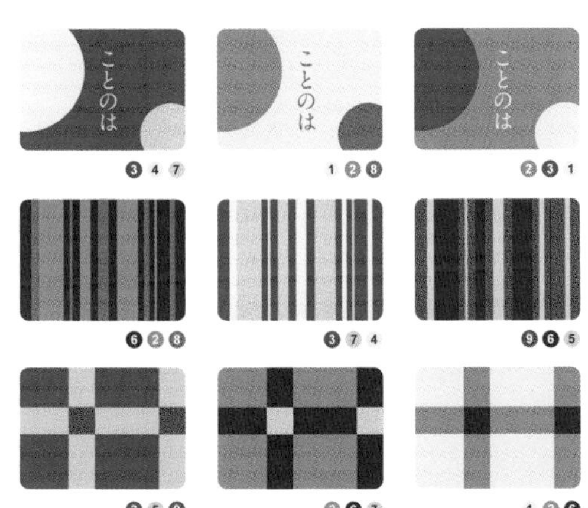

意匠設計 Design

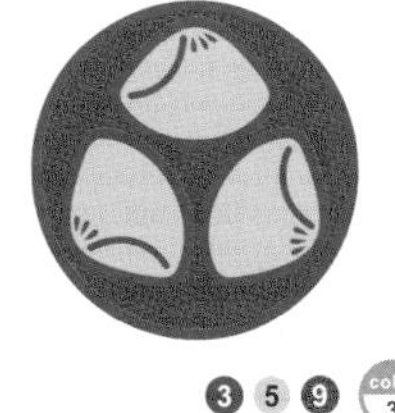

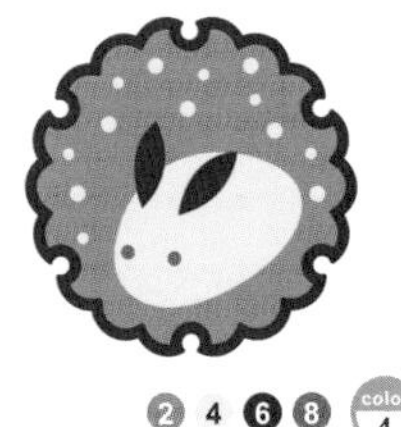

紋樣 Pattern

3 9 color 2

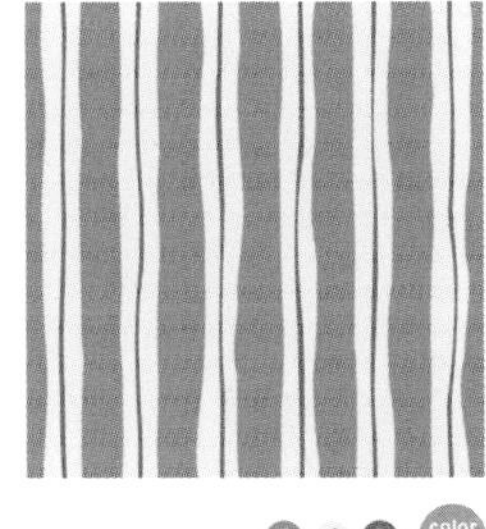

2 4 8 color 3

1 5 6 7 color 4

插畫 Illustration

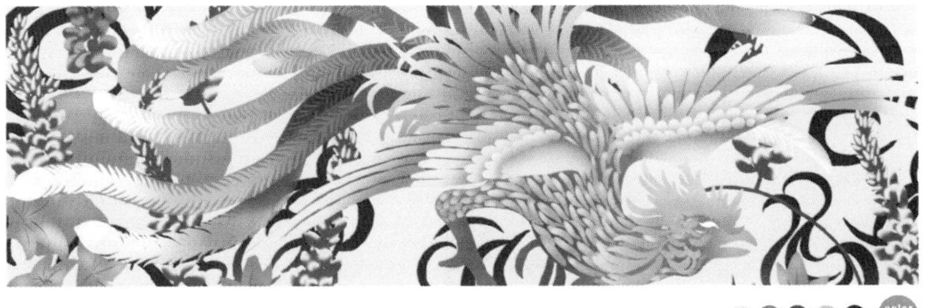

1 2 3 5 6 color 5

093

江戸前壽司

Sushi（Edomae-sushi）

日本的「SUSHI」，原本專指以江戶灣（現在的東京灣）的新鮮魚貝類為材料，由專業壽司師傅所捏製的食物。根據海鮮的種類，以醋醃、汆燙等細膩的烹調方式處理。一流師傅所捏的壽司，具有自海而生的自然風味與天然色澤。

印象	精粹的、洗鍊的、有品味的
配色方式	以①～③為背景色，襯托出細膩的紅
重點	將壽司魚鮮的顏色做為強調色使用

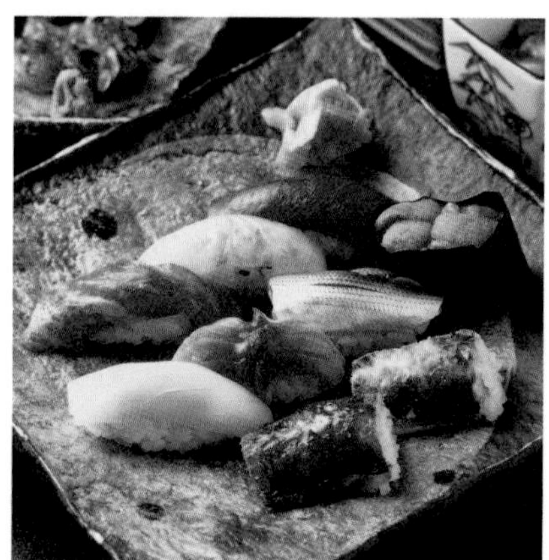

久兵衛壽司。藝術家北大路魯山人喜愛的銀座老店。

❶茶鼠濃淡
ちゃねずのうたん
溫暖的灰色，能襯托壽司的背景色。

②紅掛銀鼠
べにかけぎんねず
微微帶一點紅色的明亮灰色。

❸淺草海苔
あさくさのり
江戶前壽司不可或缺的海苔。

❹烤穴子
やきあなご
烤得蓬鬆柔軟，再刷上醬汁的星鰻。

⑤光物
ひかりもの
小肌、鯖、竹筴等魚皮帶有藍白光澤的魚。

❻雲丹・赤貝
うに・あかがい
雲丹（海膽）軍艦由初代久兵衛所發明。

❼鮪魚大腹・中腹
おおとろ・ちゅうとろ
鮪魚脂肪含量較多的部位。

⑧白身・烏賊
しろみ・いか
當季盛產的白肉魚，或具透明感的烏賊。

❾鮪魚赤身
まぐろのあかみ
江戶時代，提到鮪魚指的是赤身部位。

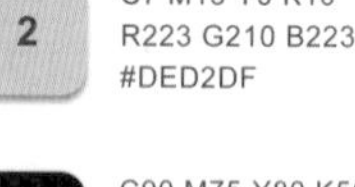

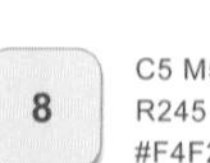

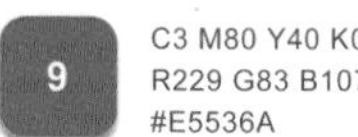

No.	CMYK	RGB	HEX
1	C55 M50 Y40 K13	R122 G116 B124	#7A737B
2	C7 M15 Y0 K10	R223 G210 B223	#DED2DF
3	C90 M75 Y80 K50	R20 G45 B41	#142C28
4	C0 M40 Y40 K40	R174 G124 B103	#AD7C66
5	C20 M15 Y10 K10	R198 G199 B206	#C5C7CE
6	C0 M35 Y50 K0	R247 G185 B129	#F7B981
7	C3 M70 Y40 K0	R232 G109 B116	#E76C73
8	C5 M5 Y7 K0	R245 G243 B238	#F4F2EE
9	C3 M80 Y40 K0	R229 G83 B107	#E5536A

雙色配色 Two-colors combination

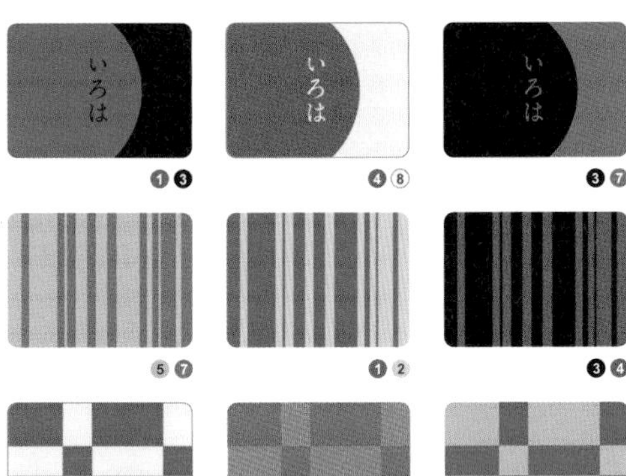

三色配色 Three-colors combination

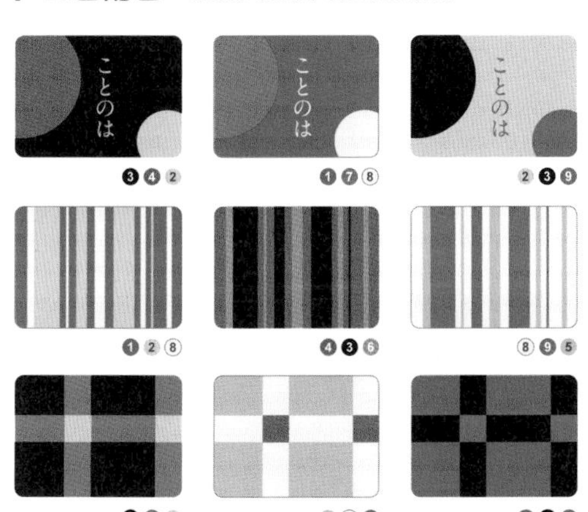

意匠設計 Design

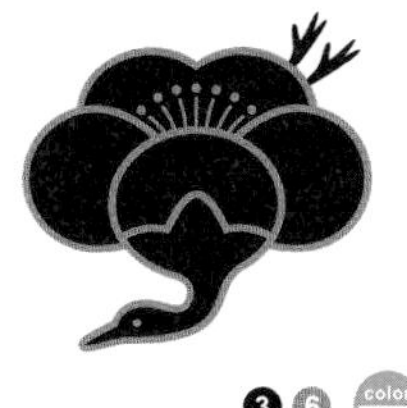

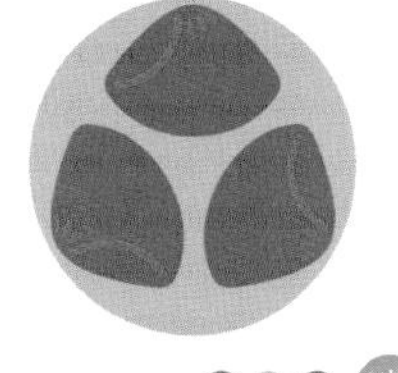

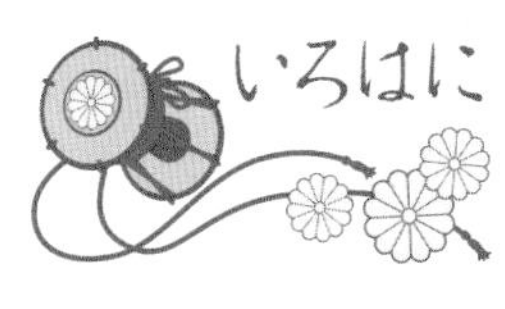

紋樣 Pattern

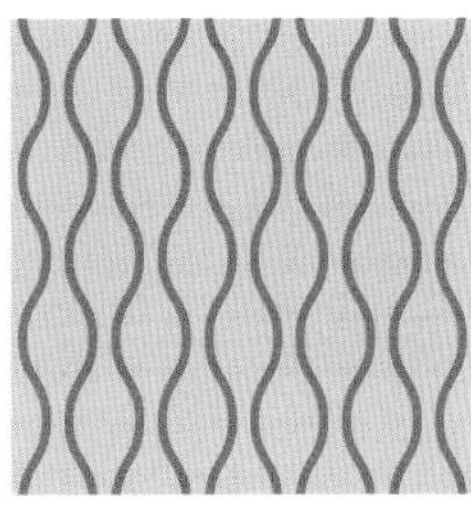

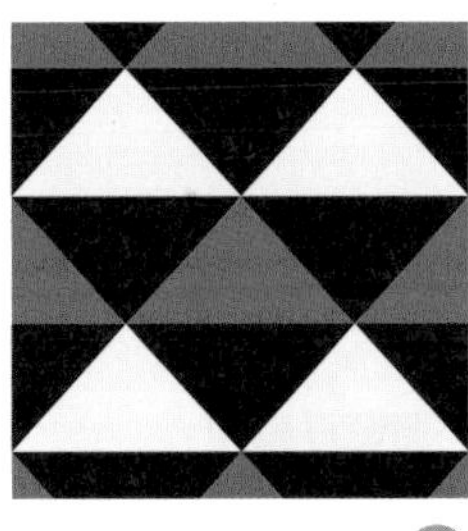

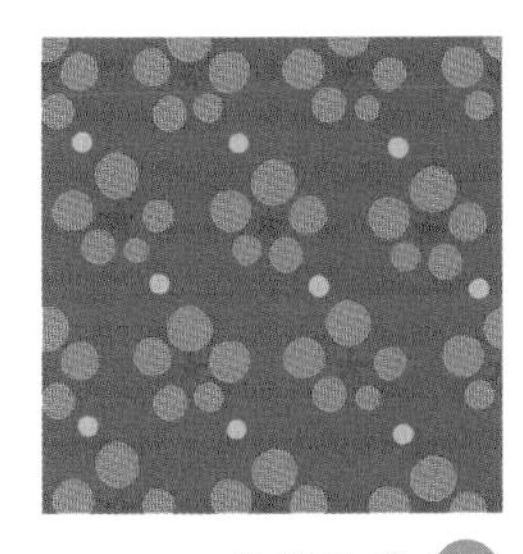

插畫 Illustration

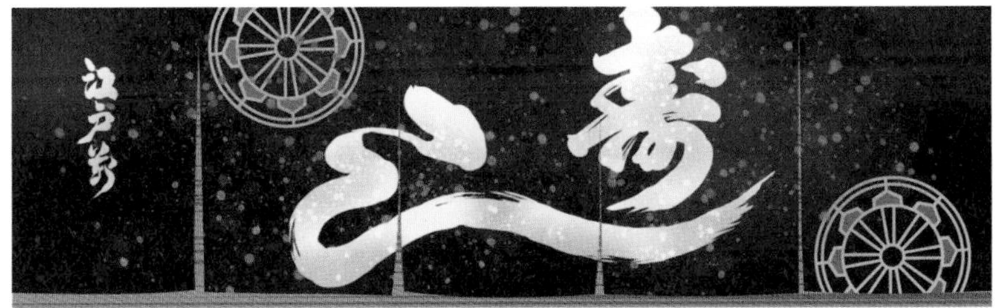

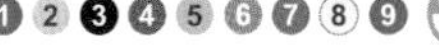

094
抹茶

Matcha（Tea Ceremony）

抹茶的喝法分為「薄茶」和「濃茶」二種。刷茶的動詞，薄茶為「點」，濃茶為「練」。在色彩世界中，有許多與茶聖千利休相關的色名，例如利休色、利休白茶、利休茶、利休鼠等，每種都是帶綠色的顏色。

印象	日式風情的、抹茶甜點般、和風的
配色方式	①～⑤的綠色系加上少量強調色
重點	②與⑨的組合，展現的衝擊度最大

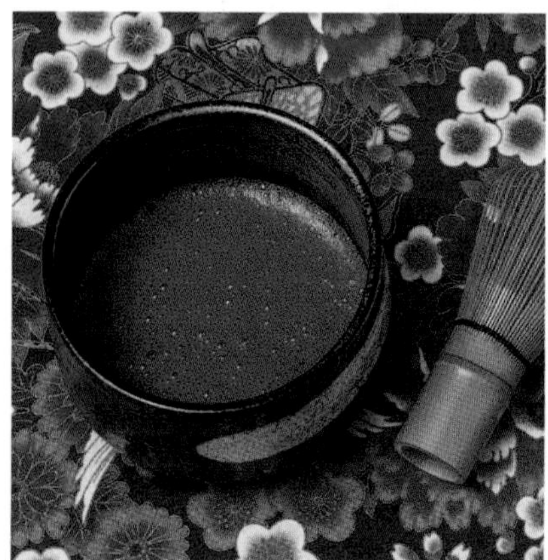

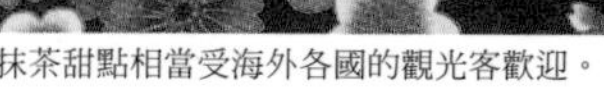

抹茶甜點相當受海外各國的觀光客歡迎。

❶柳色
やなぎいろ
柳葉色。與櫻色一樣，都是代表春天的顏色。

❷薄
おうす
薄茶般的顏色。

❸濃茶
こいちゃ
比薄茶更深濃，用來表現澀味較少的抹茶。

❹利休色
りきゅういろ
沉穩的綠色。也寫做利久色。

❺煎茶
せんちゃ
生活中常喝的綠茶。占日本茶生產量 8 成。

❻茶筅
ちゃせん
點抹茶時使用的茶道具。以竹子製作。

❼茶碗
ちゃわん
原意是點茶時，用來裝茶的器皿。

❽茶花
ちゃばな
裝飾在茶室壁龕的鮮花。

❾猩猩緋
しょうじょうひ
鮮豔的緋色。日文中的猩猩是一種傳說動物。

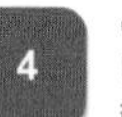

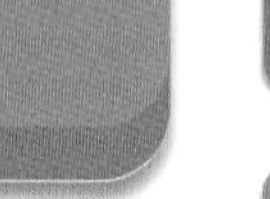

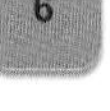

	CMYK	RGB	HEX
1	C35 M15 Y65 K0	R181 G193 B112	#B5C16F
2	C53 M23 Y100 K5	R134 G160 B38	#869F25
3	C70 M50 Y100 K10	R92 G110 B47	#5B6D2F
4	C23 M0 Y57 K40	R148 G161 B96	#93A160
5	C15 M0 Y60 K15	R205 G210 B116	#CCD273
6	C20 M20 Y50 K0	R216 G199 B140	#D5C78C
7	C60 M70 Y80 K27	R103 G73 B54	#674935
8	C10 M75 Y45 K0	R220 G95 B105	#DB5E68
9	C0 M85 Y65 K5	R226 G69 B68	#E14443

雙色配色 Two-colors combination

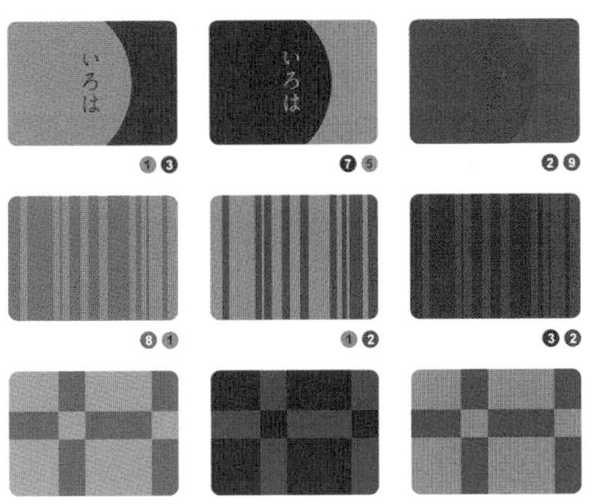

三色配色 Three-colors combination

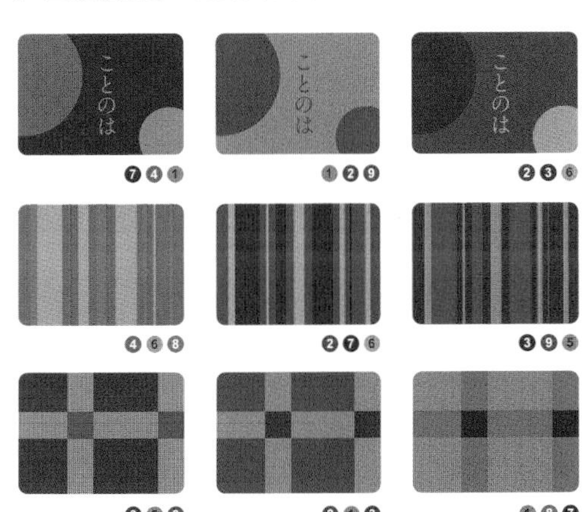

意匠設計 Design

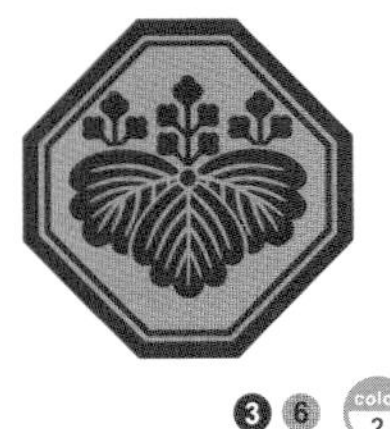

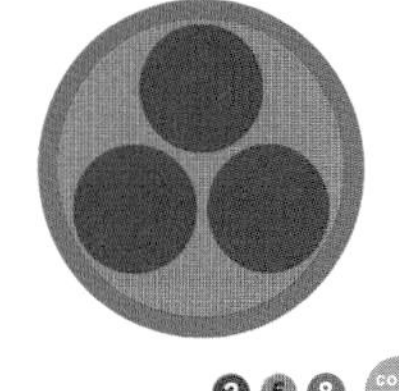

紋様 Pattern

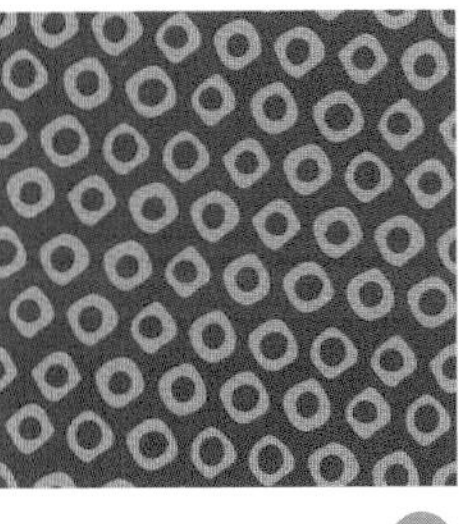

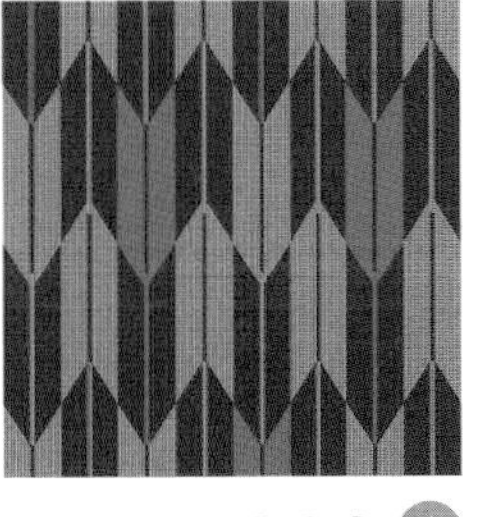

插畫 Illustration

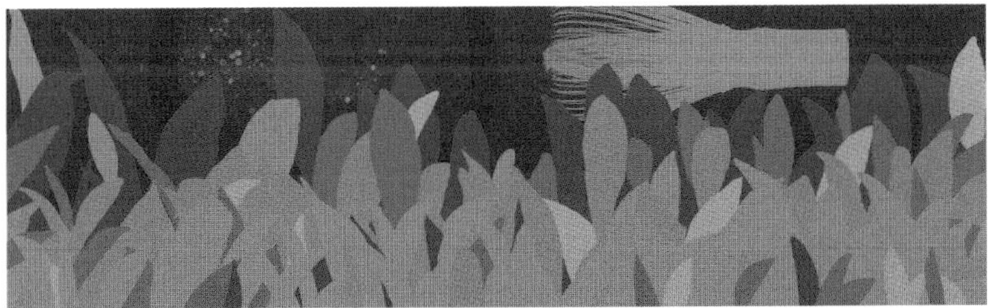

095

白飯(白米)

Cooked Rice

「為什麼日本人以米飯為主食呢？」如果有人這麼問，該怎麼回答才好呢？農林水產省的官網，針對小學生提出的上述問題，做出了回答。①因為日本的氣候適合種植稻米②因為收割後的米能夠長久保存③因為稻米的味道符合日本人的口味。

印象	簡約的、真實模樣的、沉穩的
配色方式	以各種白色搭配低彩度的暖色系顏色
重點	小面積使用⑦⑧會更有效果

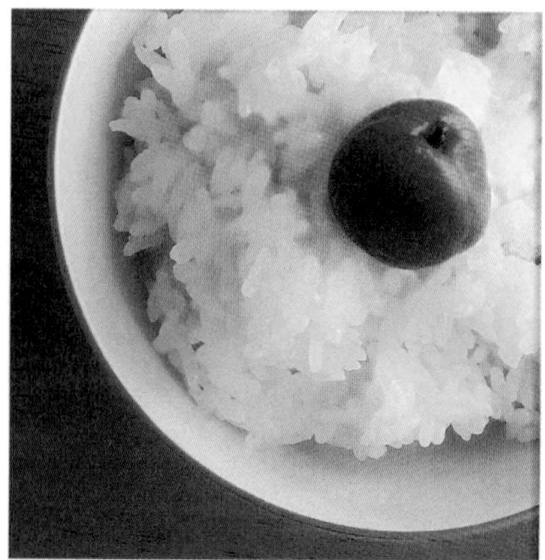

在剛煮好的白飯上放一顆梅乾，很促進食慾。

①蒸氣

ゆげ

煮飯時從飯鍋冒出的蒸氣。

②白米

はくまい

將種皮、胚芽除去後的米。精米。

③玄米

げんまい

糙米。未經精製，富含食物纖維與維生素。

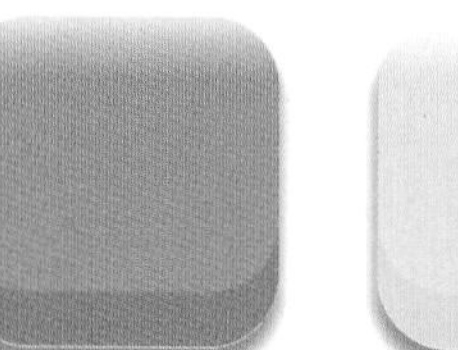

④赤飯

せきはん

將糯米加上紅豆、豇豆一起蒸的飯。

⑤飯茶碗

めしぢゃわん

微微帶一點藍的白碗。

⑥高湯

だし

以柴魚、昆布、小魚乾等熬出的鮮美湯汁。

⑦紫黑米

しこくまい

富含花青素的紫黑色米種。

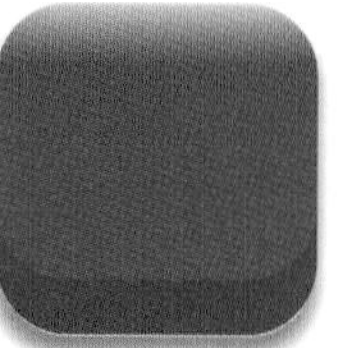

⑧小梅

こうめ

將直徑約 1 公分的梅子鹽漬後的食品。

⑨梅干

うめぼし

將梅子鹽漬後日照曬乾。

1	C1 M2 Y5 K0 R254 G251 B245 #FDFBF5
2	C2 M2 Y0 K0 R251 G251 B253 #FBFBFD
3	C5 M10 Y25 K0 R245 G232 B200 #F4E7C7
4	C10 M25 Y35 K5 R225 G194 B162 #E0C1A1
5	C10 M0 Y10 K3 R231 G241 B232 #E7F1E8
6	C5 M10 Y43 K17 R217 G203 B145 #D9CA90
7	C13 M50 Y35 K50 R138 G91 B89 #8A5B58
8	C13 M65 Y60 K7 R208 G112 B87 #D06F56
9	C15 M35 Y60 K0 R221 G176 B110 #DCAF6E

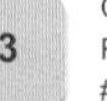
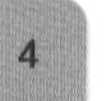

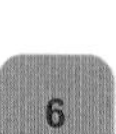

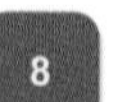
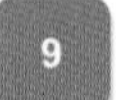

雙色配色 Two-colors combination

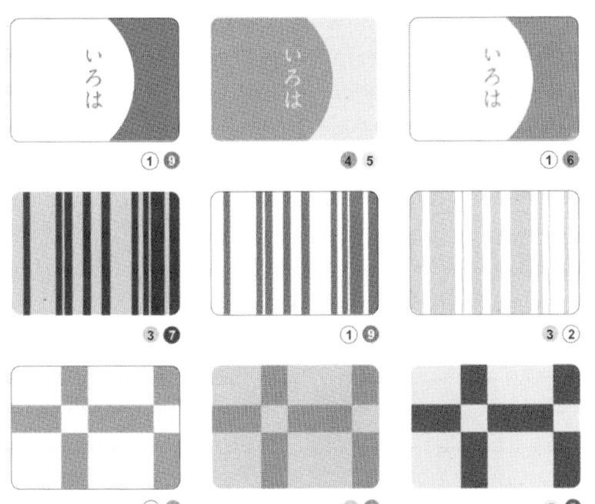

三色配色 Three-colors combination

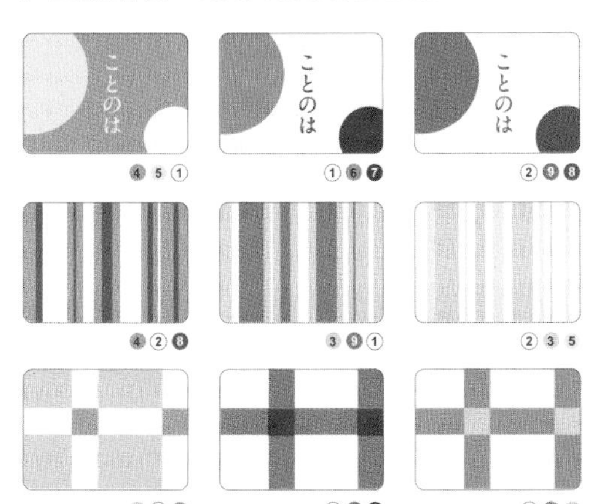

意匠設計 Design

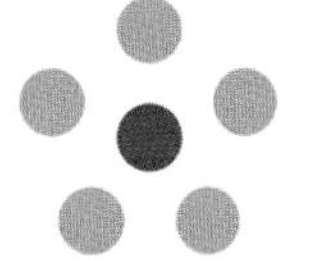

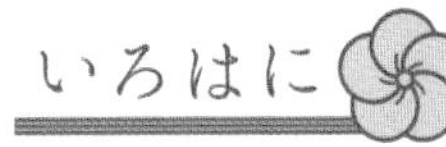

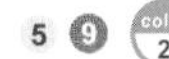

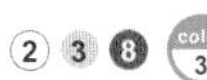

紋樣 Pattern

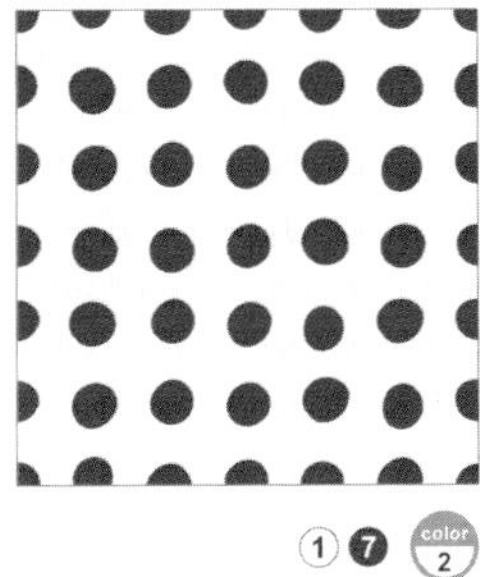

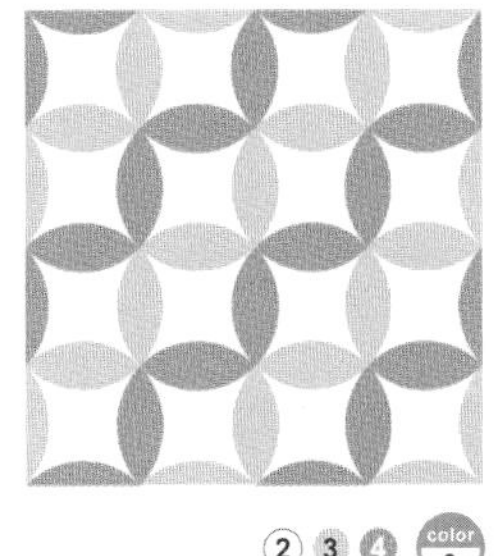

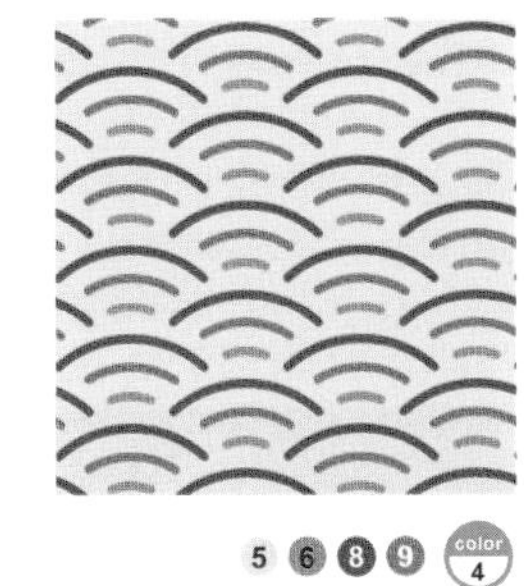

插畫 Illustration

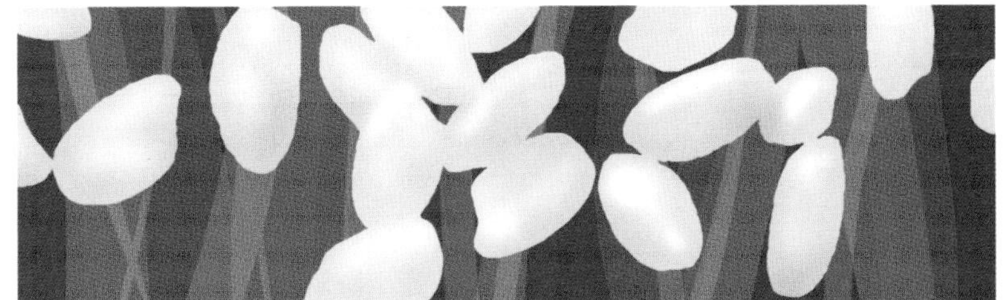

096

鐵路便當

BENTO sold at Train Stations

在鐵路車站或列車上販售的鐵路便當，是旅行的樂趣之一，讓日常的「吃」變得不再日常。以當地風味烹調的特產，以及以當地名產為造型的餐盒，都充滿樂趣。照片是山形縣米澤的牛肉正中便當、群馬縣高崎的不倒翁便當、新潟縣新津／新潟的雪人便當。

印象	美味可口、促進食慾、有趣的
配色方式	以烹調食材顏色為中心進行組合
重點	棕色與橘色都是促進食慾的顏色

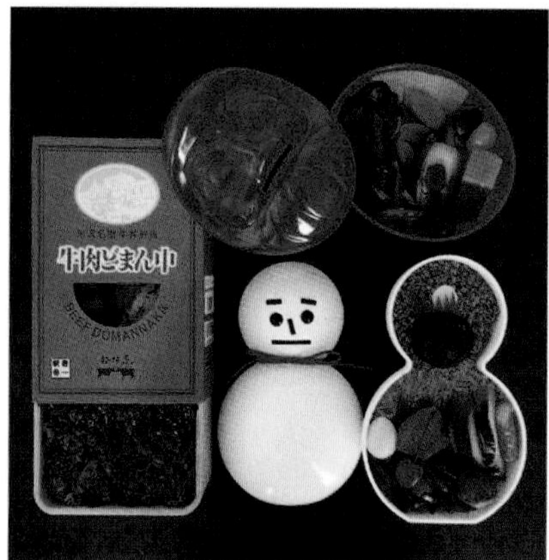

每一種便當都盛裝得繽紛又可口。

❶牛肉

ぎゅうにく

相當入味的牛肉，十分下飯。

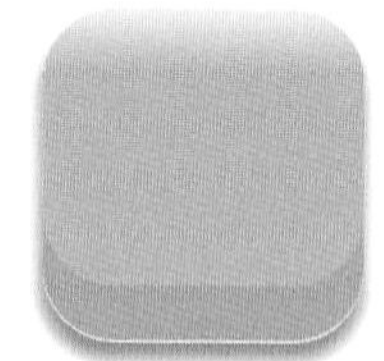

❷筍

たけのこ

口感爽脆的竹筍。

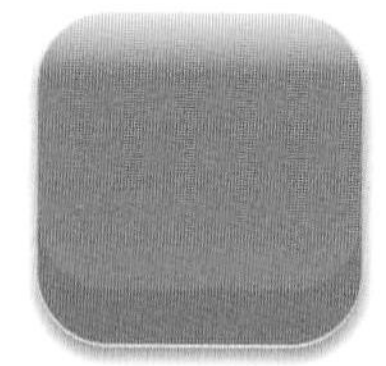
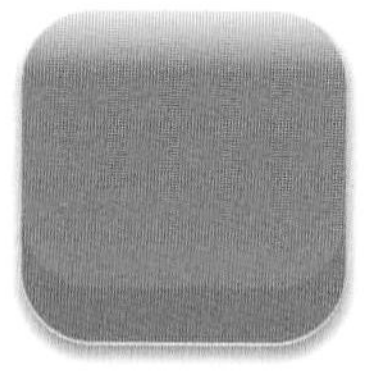
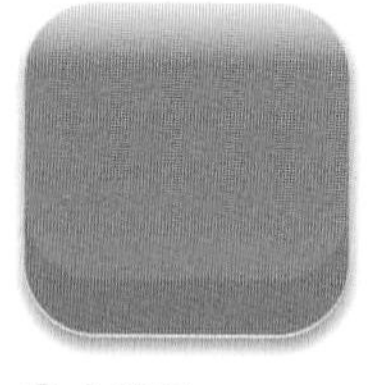

❸金絲蛋

きんしたまご

將煎成薄皮的蛋皮，切成細絲狀。

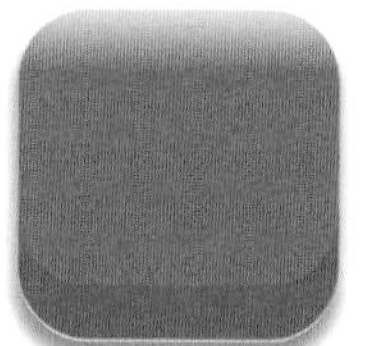

❹分隔葉

ばらん

用於增添色彩、防止味道互相混淆。

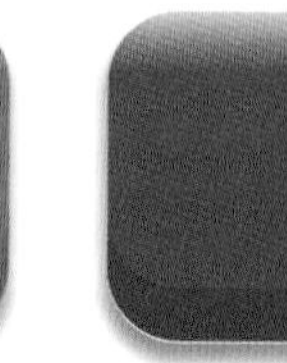

❺紅蘿蔔

にんじん

鹹鹹甜甜的燉紅蘿蔔，為便當增添色彩。

❻香菇

しいたけ

滷菜必備菜色。用來熬高湯也非常優秀。

❼達磨（不倒翁）

だるま

仿效達磨大師坐禪身姿的吉祥物。

❽雪達磨

ゆきだるま

將雪定型做出不倒翁。曾出現於浮世繪。

❾隧道

トンネル

穿過隧道後，景色隨之一變。旅行樂趣之一。

1 C0 M37 Y63 K47 R160 G116 B63 #A0743E

2 C0 M13 Y37 K0 R254 G228 B173 #FDE4AD

3 C5 M10 Y65 K0 R247 G226 B110 #F6E16D

4 C60 M0 Y65 K0 R106 G189 B121 #69BC78

5 C0 M60 Y70 K7 R229 G126 B71 #E57E47

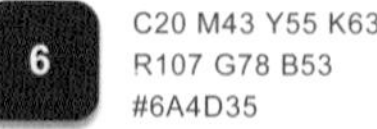

6 C20 M43 Y55 K63 R107 G78 B53 #6A4D35

7 C0 M75 Y67 K0 R235 G97 B72 #EB6147

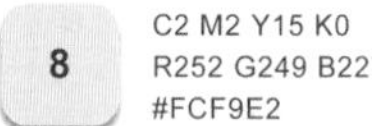

8 C2 M2 Y15 K0 R252 G249 B227 #FCF9E2

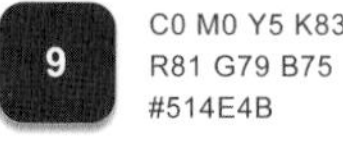

9 C0 M0 Y5 K83 R81 G79 B75 #514E4B

雙色配色 Two-colors combination

三色配色 Three-colors combination

意匠設計 Design

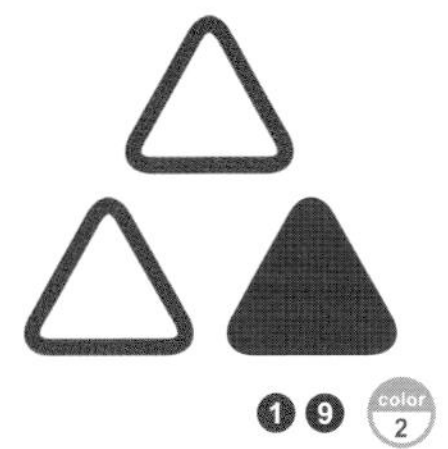

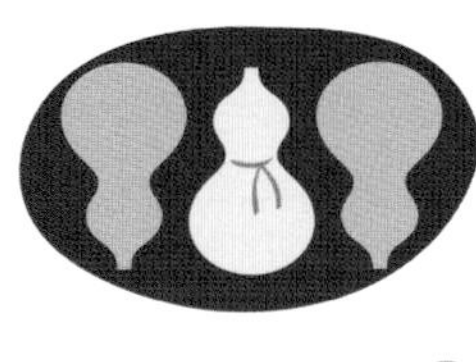

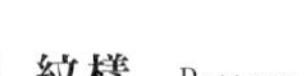

紋樣 Pattern

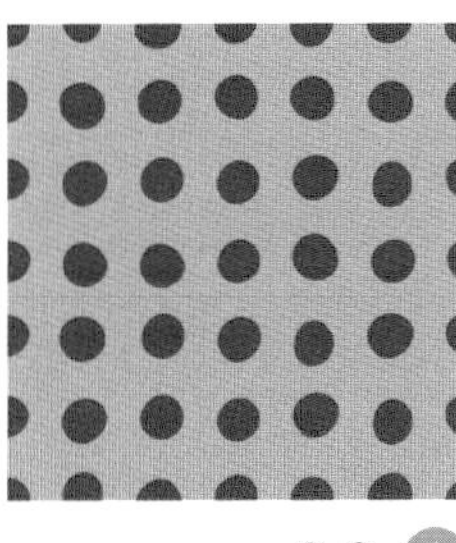

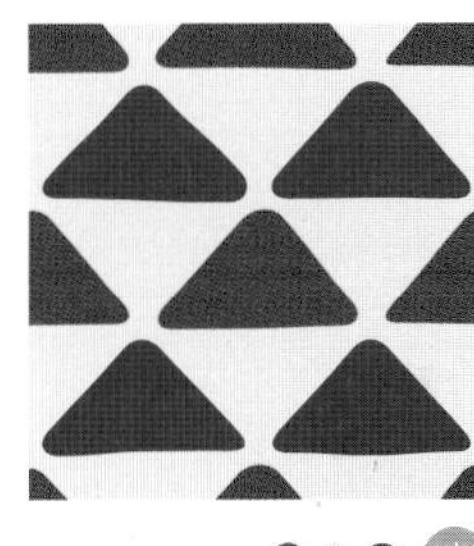

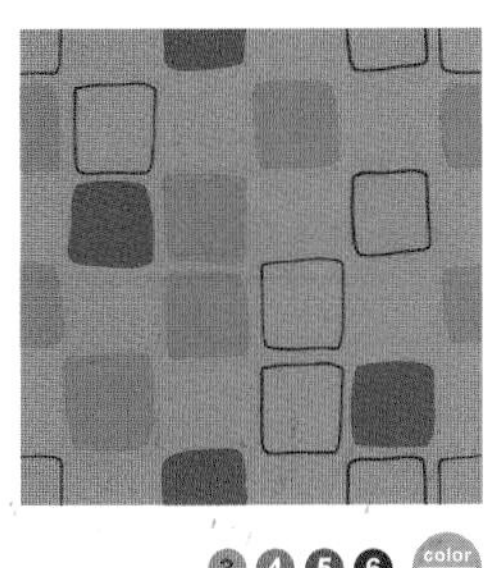

插畫 Illustration

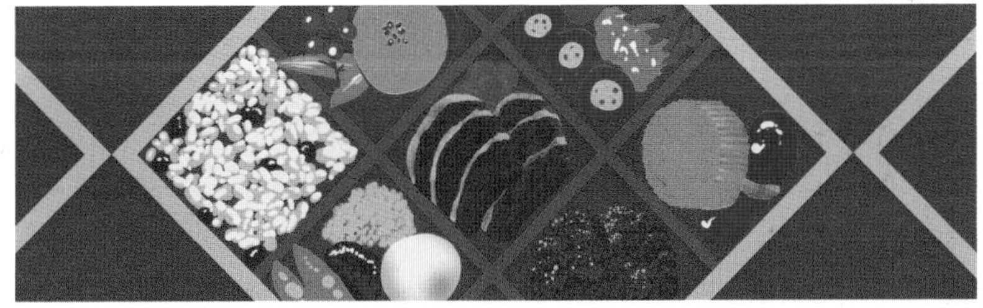

097

錢湯(大眾澡堂)

Public Bath

大眾澡堂是昭和時代的社交場所。每次去澡堂必定會遇到熟面孔，在浴池或更衣處聊上幾句。出自畫家之手的雄偉富士山，僅用紅、黃、藍、白、黑五色，卻能像魔法般畫出各種色彩，彷彿在牆上守護著這一切。在這裡，為明天養精蓄銳吧！

印象	清爽的、雄偉的、爽快的
配色方式	以明亮藍色為基調，點綴白色與綠色
重點	大面積使用藍色系，其他的小面積使用

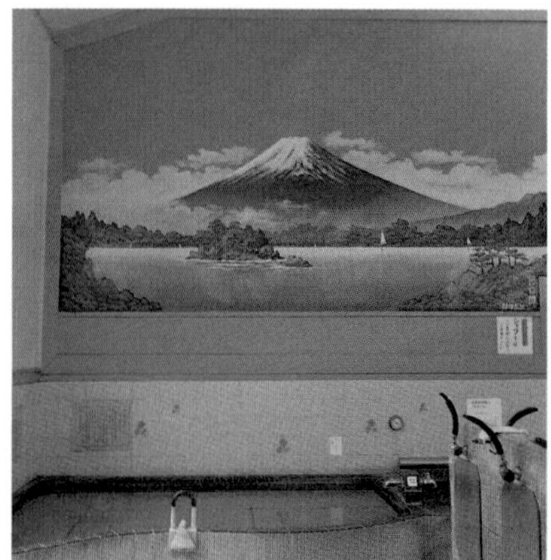

東京杉並區的大黑湯。畫家丸山清人的作品。

❶天空

てんくう

經常做為澡堂油漆畫的背景藍色。

②青空

あおぞら

將①加入少量白色的明亮天空色。

❸富士山

ふじさん

以富士山的表面色彩為意象。沉穩的藍。

④湯煙

ゆけむり

從澡堂或溫泉冒出如煙霧般的水蒸氣。

⑤冠雪

かんせつ

以殘留在富士山頂附近的殘雪為意象。

❻樹林帯

じゅりんたい

叢生於富士山麓一帶的深林顏色。

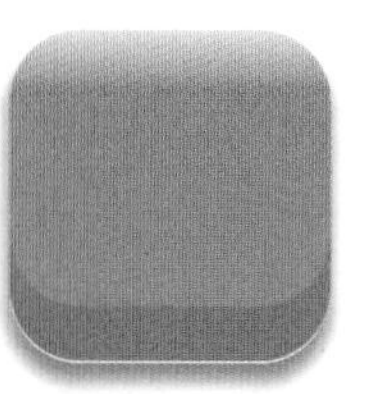

❼裏葉色

うらはいろ

樹葉或草背面會出現的偏白綠色。

❽天色

あまいろ

晴天時，蔚藍而澄澈的天空顏色。

❾珈琲牛乳

こーひーぎゅうにゅう

泡澡後來上一瓶是從以前流傳下來的習慣。

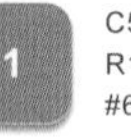

1
C53 M0 Y0 K13
R105 G186 B223
#68BADE

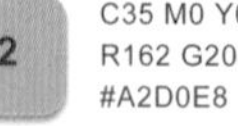

2
C35 M0 Y0 K10
R162 G208 B232
#A2D0E8

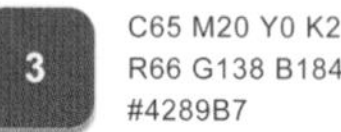

3
C65 M20 Y0 K25
R66 G138 B184
#4289B7

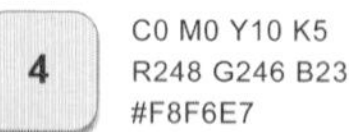

4
C0 M0 Y10 K5
R248 G246 B231
#F8F6E7

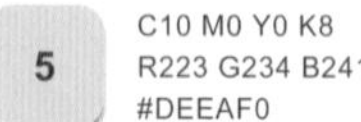

5
C10 M0 Y0 K8
R223 G234 B241
#DEEAF0

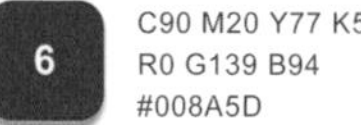

6
C90 M20 Y77 K5
R0 G139 B94
#008A5D

7
C45 M0 Y45 K0
R151 G206 B162
#97CEA1

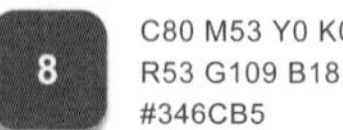

8
C80 M53 Y0 K0
R53 G109 B181
#346CB5

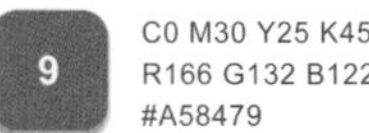

9
C0 M30 Y25 K45
R166 G132 B122
#A58479

雙色配色 Two-colors combination

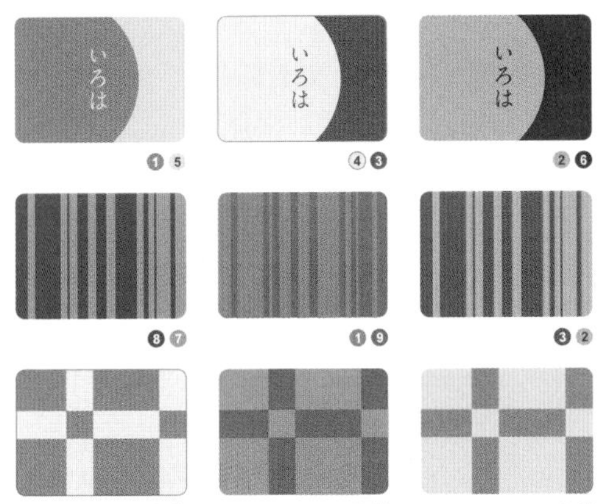

三色配色 Three-colors combination

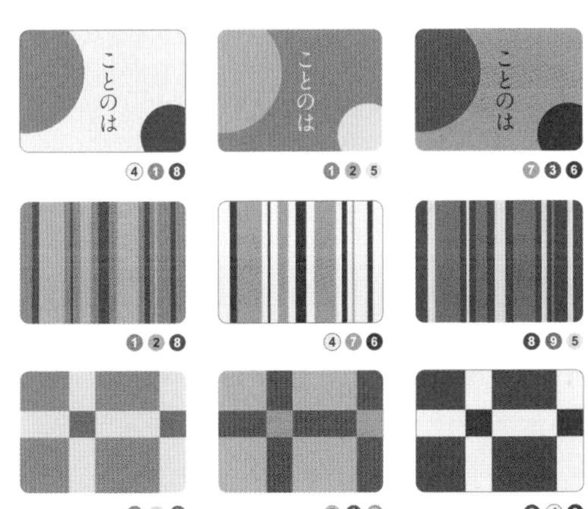

意匠設計 Design

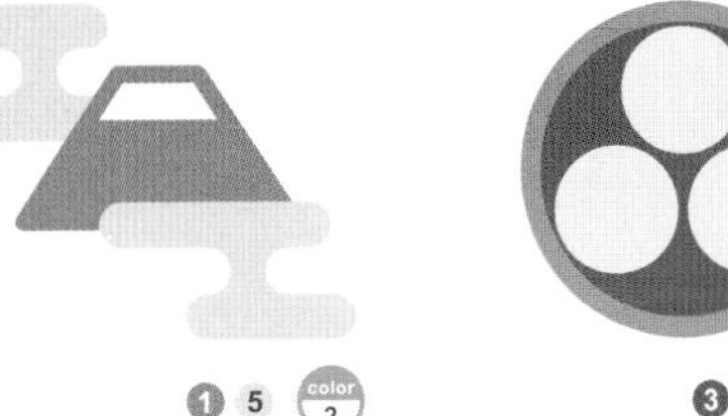

紋樣 Pattern

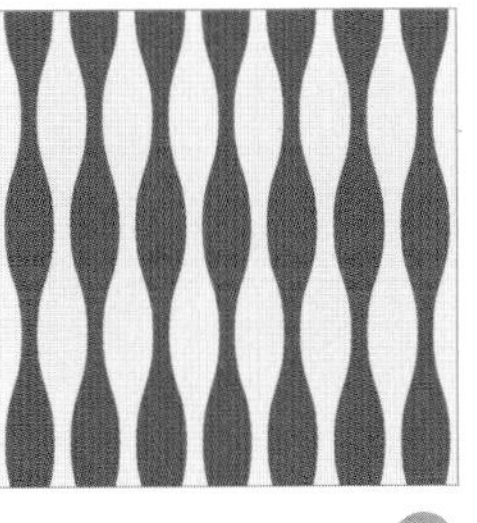

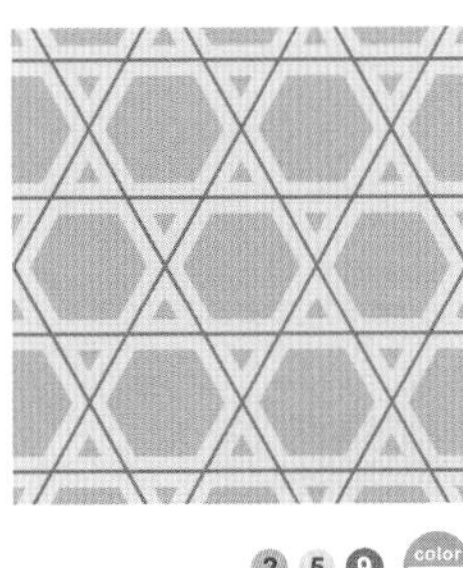

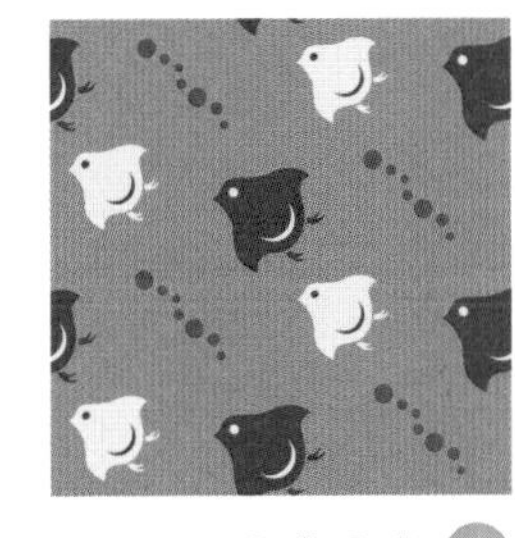

插畫 Illustration

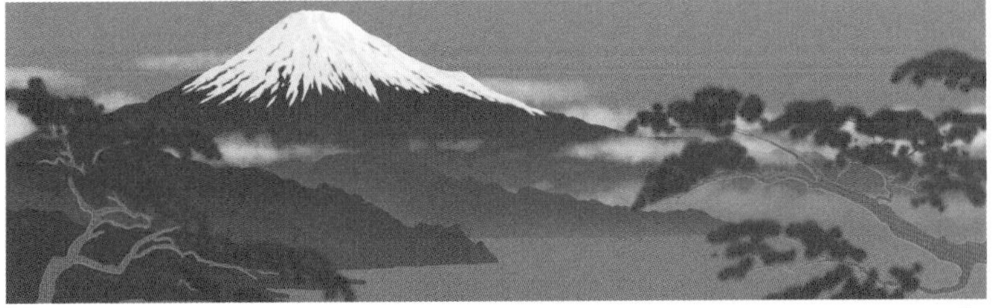

098

步車分離式路口

Shibuya Scramble Crossing

澀谷站前的步車分離式十字路口，假日時一天約有 50 萬人通行。來自海外的觀光客相當喜歡在這裡拍照，有許多人在這裡拍攝影片後上傳到社群網站，並加上「這麼多的人同時走在路上，卻不會互相碰撞，真令人驚訝！」等評語。

印象	混雜的、多種多樣的、動態的
配色方式	以深淺不一的柏油灰為底色
重點	使用④⑤⑥這些黯淡色調，增添變化

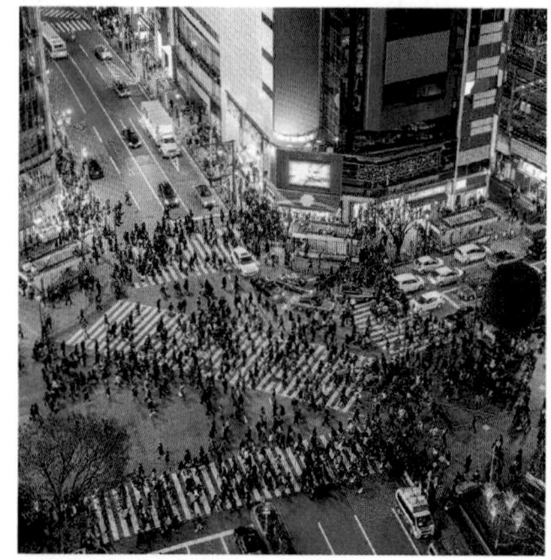

一次綠燈甚至有多達 3000 人通行。

①十字路口

こうさてん

澀谷站前不只人多，交通流量也經常很大。

②喧囂

ざっとう

人多混雜的意思。擁擠。

③忠犬八公

ちゅうけんはちこう

澀谷站前廣場的八公銅像是澀谷的地標。

④計程車

たくしー

各種顏色的計程車在路上來回穿梭。

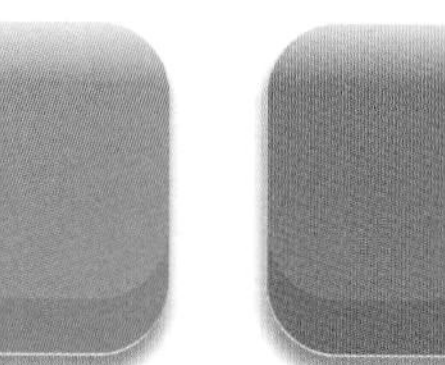

⑤混雜

すくらんぶる

英文 Scramble 是表示擁擠混雜的意思。

⑥道路塗裝

どうろとそう

為了引起駕駛注意力而漆於路面的顏色。

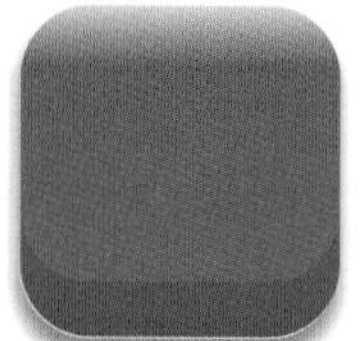

⑦廣告

こうこくぶつ

單色使用紅色，配色使用黃加上黑會更搶眼。

⑧行人穿越道

おうだんほどう

為了讓行人穿越車道所設置的區域。

⑨步行者

ほこうしゃ

由上往下看，穿越馬路的人們像一團黑影。

	CMYK	RGB	HEX
1	C0 M0 Y0 K25	R211 G211 B212	#D2D3D3
2	C0 M0 Y0 K50	R159 G160 B160	#9F9FA0
3	C0 M10 Y0 K60	R136 G128 B131	#877F83
4	C55 M0 Y25 K0	R115 G198 B200	#72C6C7
5	C10 M20 Y60 K0	R234 G206 B118	#EACD75
6	C5 M45 Y30 K20	R204 G142 B136	#CB8E88
7	C15 M67 Y45 K0	R216 G112 B112	#D57070
8	C5 M0 Y2 K2	R243 G248 B249	#F2F8F9
9	C0 M0 Y0 K85	R76 G73 B72	#4B4848

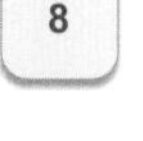

雙色配色 Two-colors combination

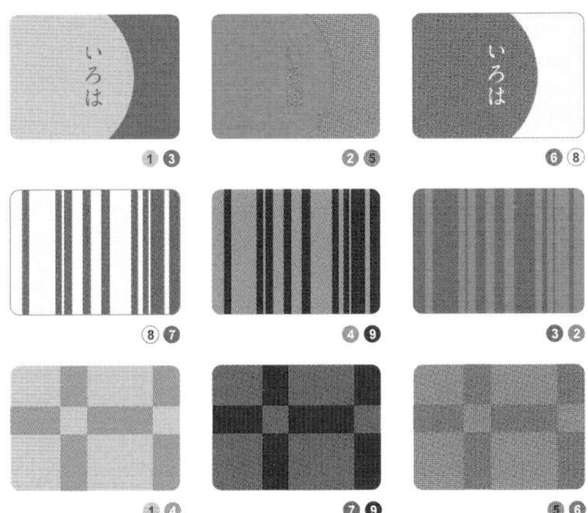

三色配色 Three-colors combination

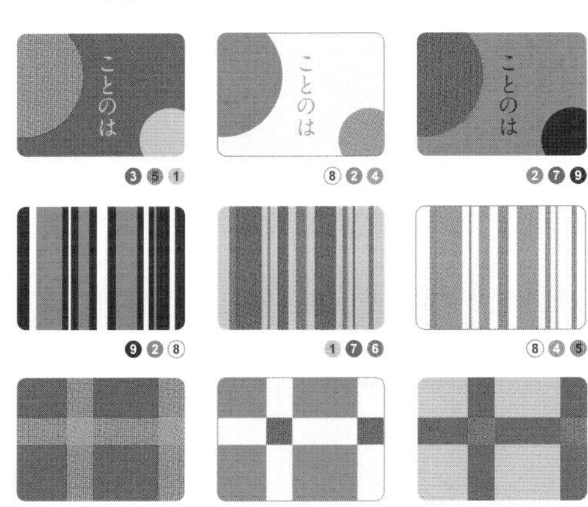

意匠設計 Design

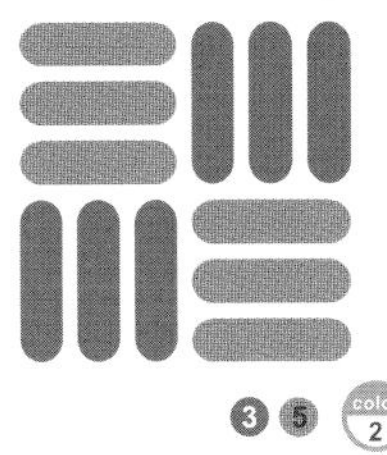

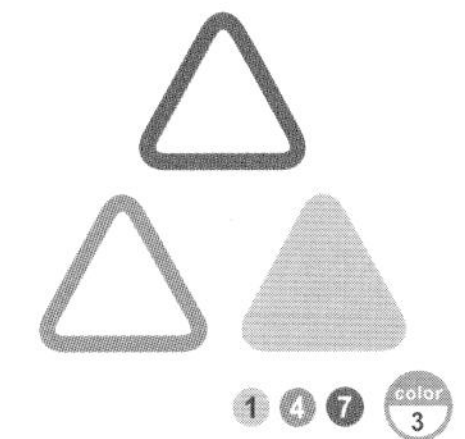

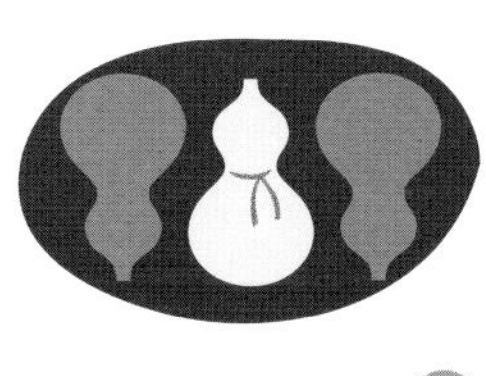

紋樣 Pattern

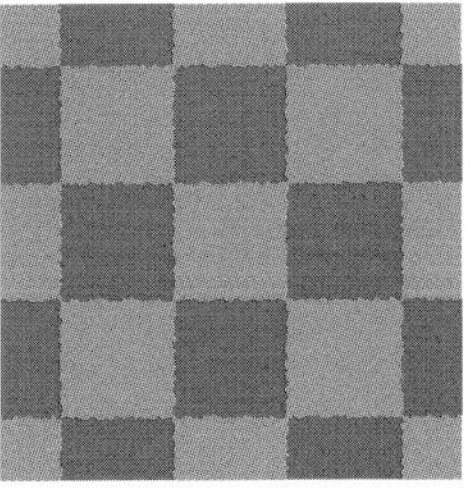

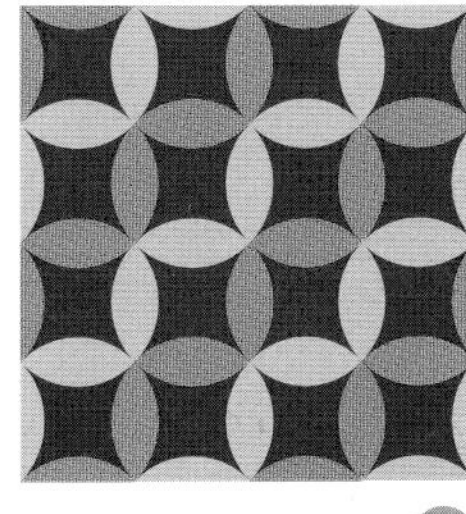

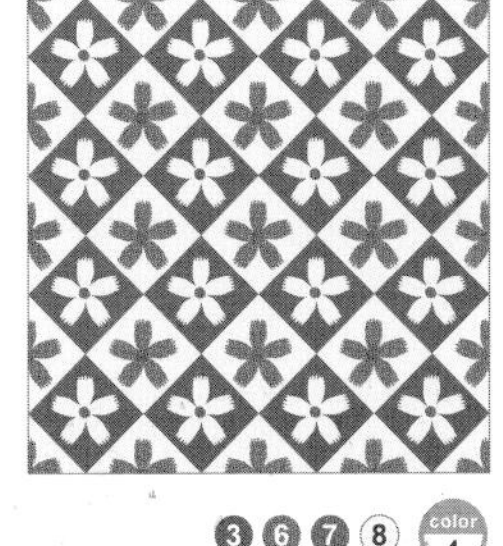

插畫 Illustration

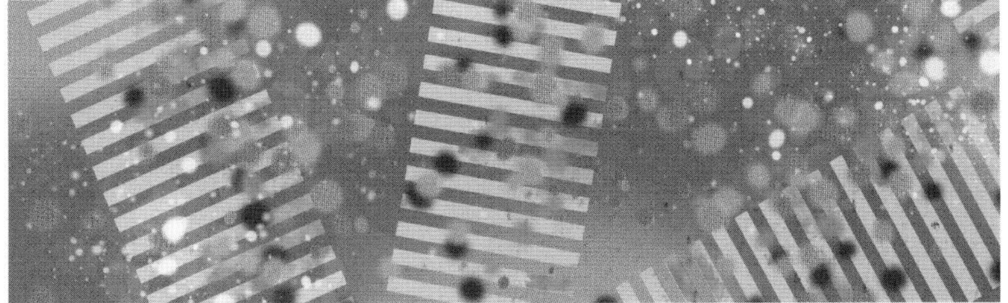

099

雷門

Kaminarimon Gate

雷門是淺草的象徵，也是對國外宣傳時象徵日本的風景。面對雷門，右邊安置著風神，左邊安置著雷神，正式名稱其實是「風雷神門」。大燈籠的另一面就寫著「風雷神門」，不過就連日本人都很少知道。

印象	強而有力、清晰的、吉祥的
配色方式	大膽組合非日常（鮮明）的顏色
重點	傳統色有暗沉的中間色和鮮豔的純色

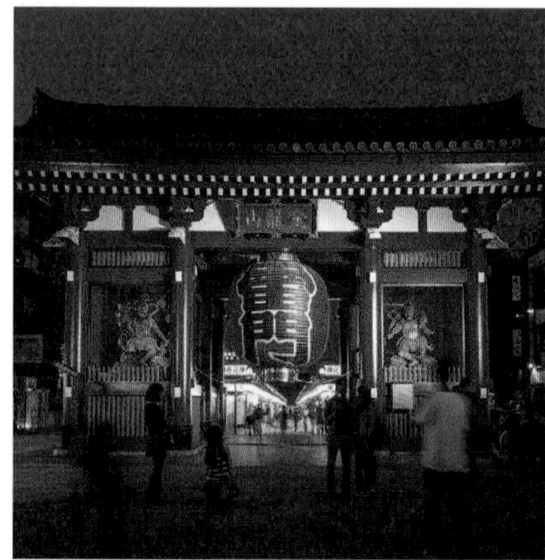

大燈籠高約 3.9 公尺、直徑 3.3 公尺、重約 700 公斤。

❶燈籠

ちょうちん

晝夜有不同風情雅趣的紅。

❷補色

ほしょく

在色彩學的色相環中，位於紅色的相對位置。

❸書道

しょどう

令人想起書法使用的墨，很有深度的黑。

❹雷神像

らいじんぞう

「雷門」之名來源的神像。

❺日本藍

じゃぱんぶるー

原本是指藍染的藍，後因世足賽而廣為人知。

⑥重建

さいけん

昭和 35 年松下幸之助贊助重建的門。

❼宵空

よいのそら

因雷門的大燈籠，而顯得明亮的夜空顏色。

❽淺草寺

せんそうじ

以淺草寺頂瓦片為意象的顏色。

❾東京

とうきょう

集結了形形色色的人，融合各種個性的城市。

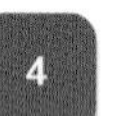

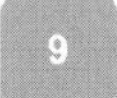

	CMYK	RGB	HEX
1	C7 M85 Y87 K15	R201 G63 B35	#C93F22
2	C90 M10 Y77 K0	R0 G153 B100	#009863
3	C40 M27 Y27 K85	R45 G46 B48	#2C2D2F
4	C15 M65 Y57 K17	R190 G103 B85	#BD6654
5	C77 M65 Y0 K0	R76 G92 B168	#4C5BA7
6	C0 M0 Y0 K5	R247 G248 B248	#F7F7F7
7	C93 M80 Y25 K55	R5 G31 B77	#041F4C
8	C0 M0 Y0 K75	R102 G100 B100	#656464
9	C0 M0 Y0 K33	R195 G196 B196	#C3C3C4

雙色配色 Two-colors combination

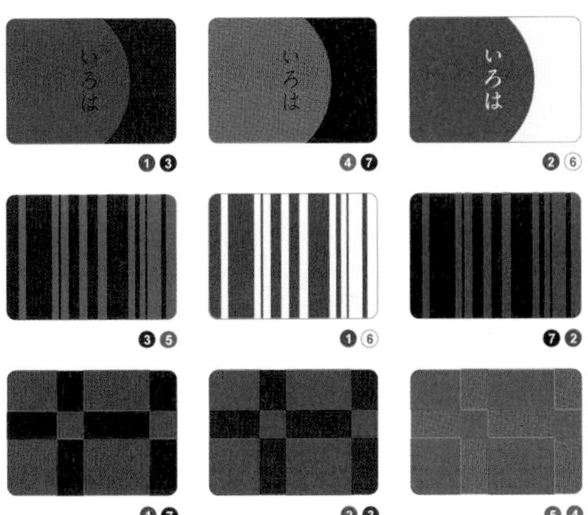

三色配色 Three-colors combination

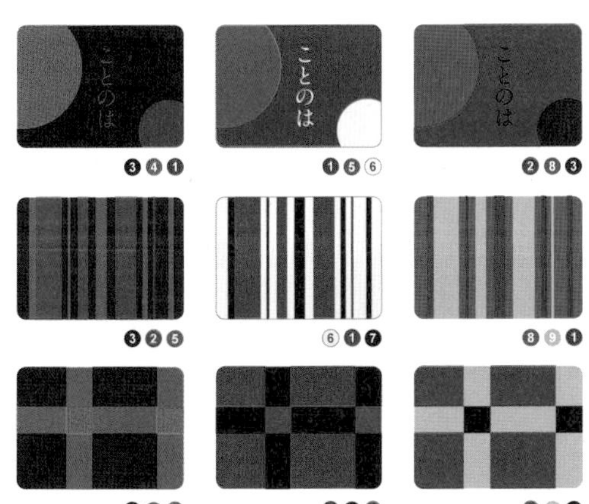

意匠設計 Design

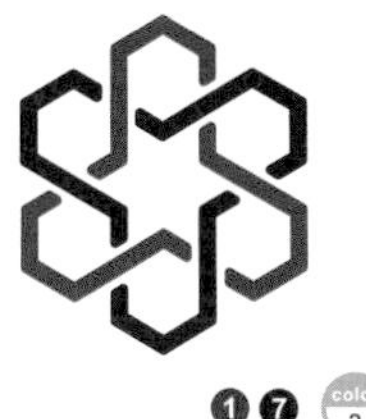

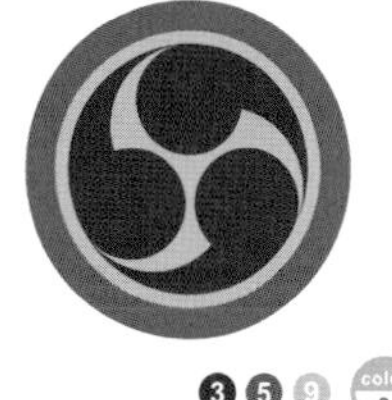

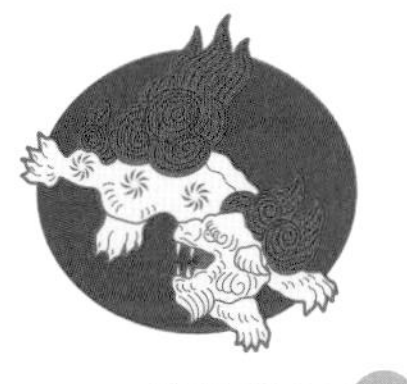

紋樣 Pattern

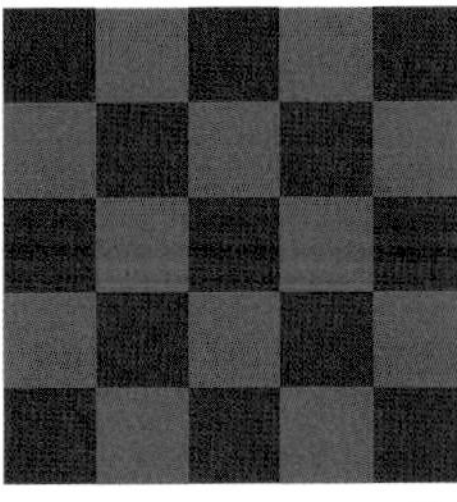

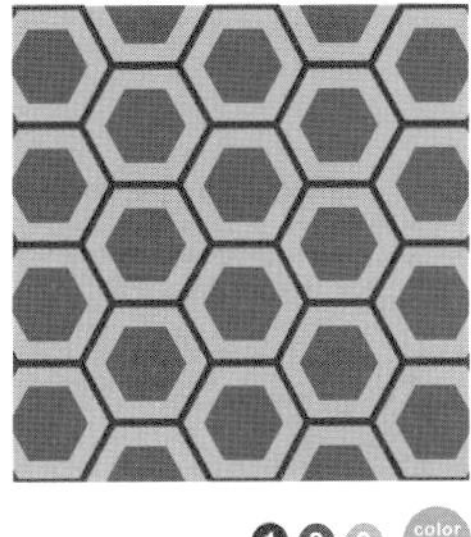

插畫 Illustration

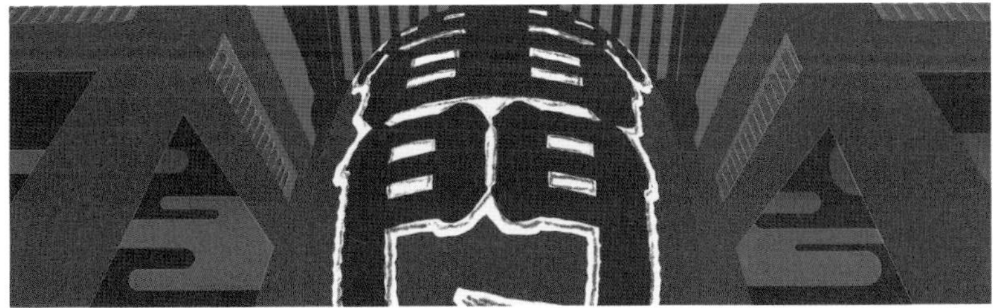

100

teamLab

チームラボ

活躍於世界舞臺的超級技術專家（ultratechnologists）團隊，創造出跨越藝術、科學、科技、創造等領域的數位藝術作品，充滿「來自光的無境界色彩」。參觀者能在這個空間中，「體驗」這項概念。不只用眼睛看，更能用皮膚來感受。

印象	光的存在、色彩原始體驗、充滿能量
配色方式	使用不暗濁的明亮色調
重點	適當加入⑦⑧⑨，能更加襯托①～⑥

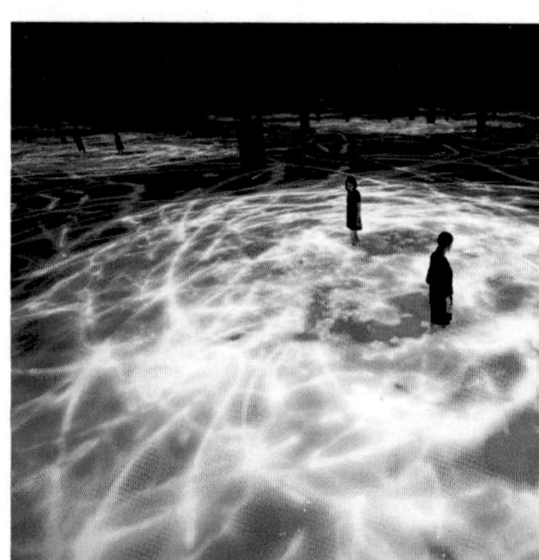

『teamLab Planets TOKYO』

❶深遠

しんえん

寓意深遠，不容易理解之意。

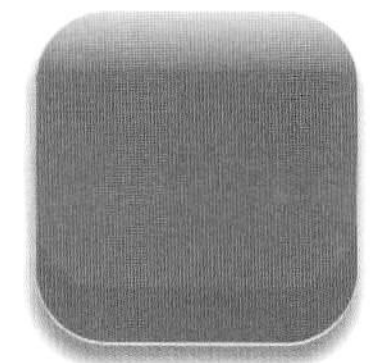

❷光輝

こうき

向四方放射，強而美麗的光芒。

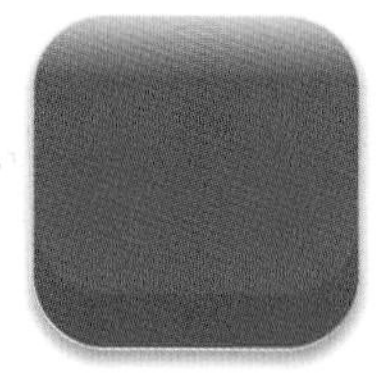

❸交流

こうりゅう

人或文物等互相往來的意思。

❹引力

いんりょく

兩種物體相互吸引的力量。

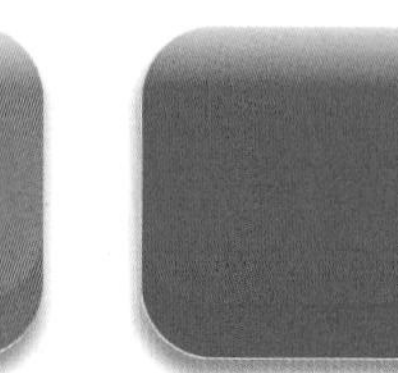

❺華麗

かれい

華美而引人注目、美麗之意。

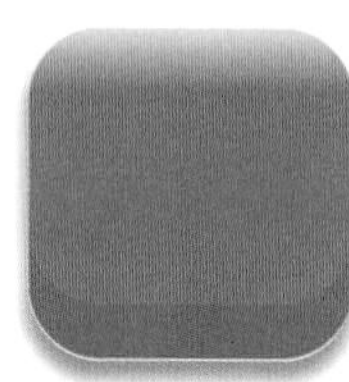
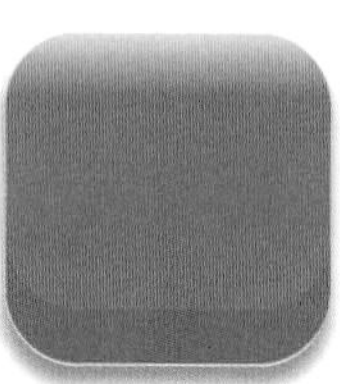

❻軌跡

きせき

依循某種條件移動的點，所描繪出的圖形。

⑦光

ひかり

電磁波的一種，也稱為可視光。

❽宇宙

うちゅう

所有的時間、空間、能量與物質。

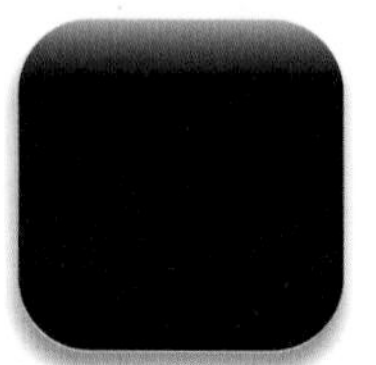

❾闇

やみ

指不存在光的狀態。暗黑。

1	C37 M55 Y7 K0	R173 G128 B175	#AC80AF
2	C7 M0 Y80 K0	R246 G237 B67	#F5ED43
3	C0 M47 Y80 K0	R244 G159 B58	#F39E3A
4	C63 M0 Y17 K0	R78 G191 B213	#4EBFD4
5	C0 M80 Y20 K0	R232 G68 B126	#E7437D
6	C35 M0 Y77 K0	R182 G212 B88	#B6D458
7	C3 M2 Y5 K0	R250 G250 B245	#F9F9F5
8	C77 M75 Y20 K0	R83 G78 B138	#534D8A
9	C97 M90 Y60 K60	R3 G20 B43	#02142B

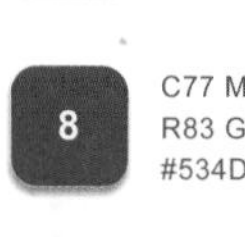

雙色配色 Two-colors combination

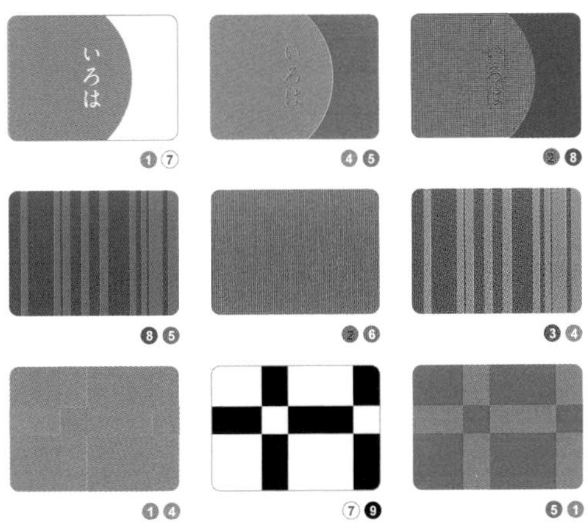

三色配色 Three-colors combination

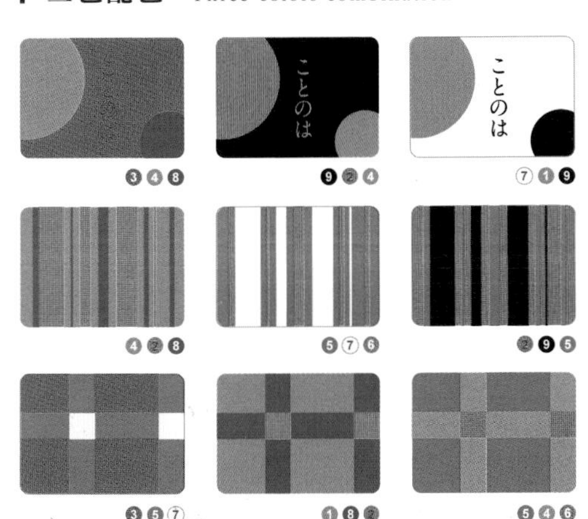

意匠設計 Design

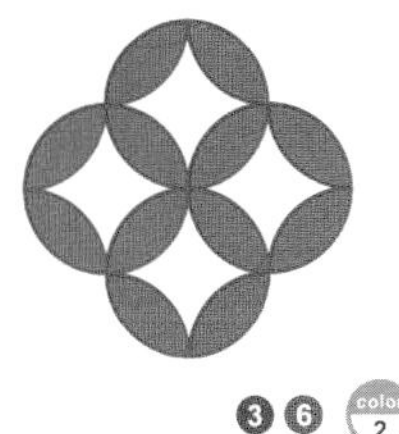

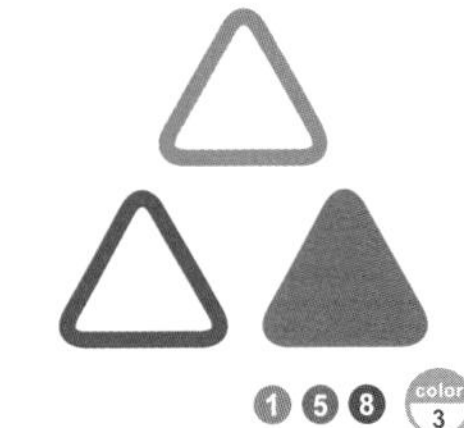

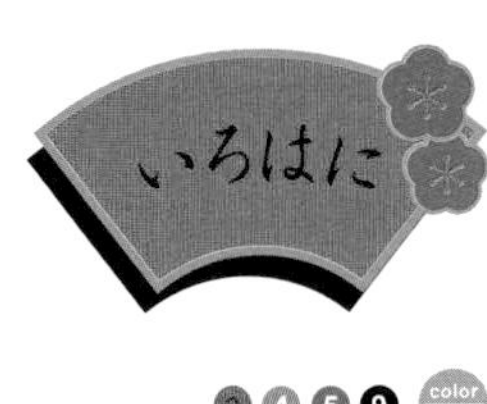

紋樣 Pattern

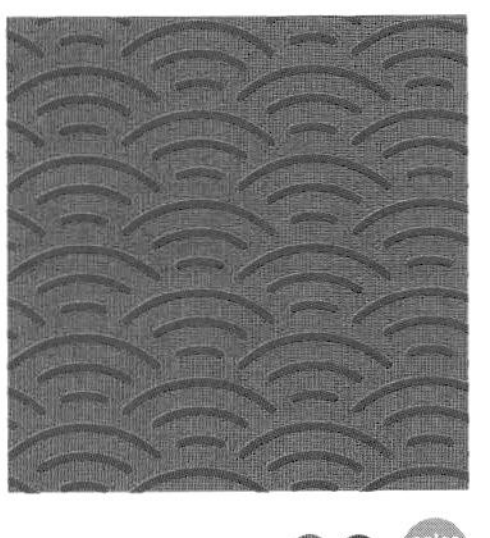

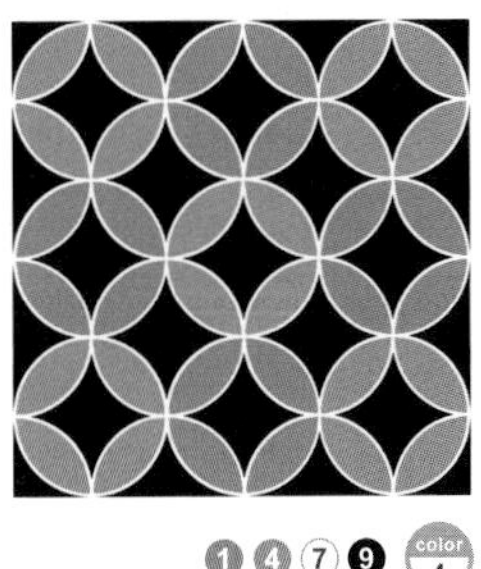

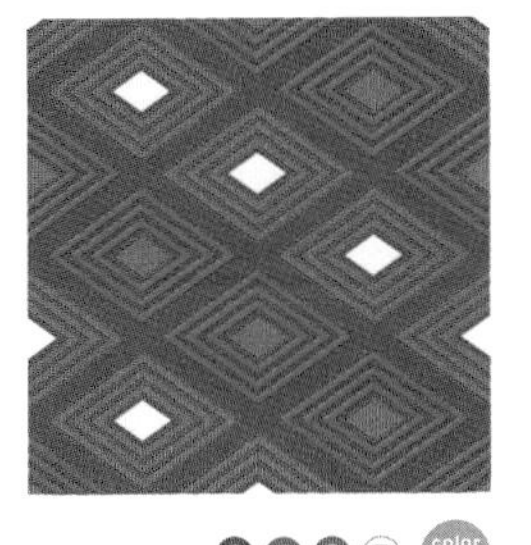

插畫 Illustration

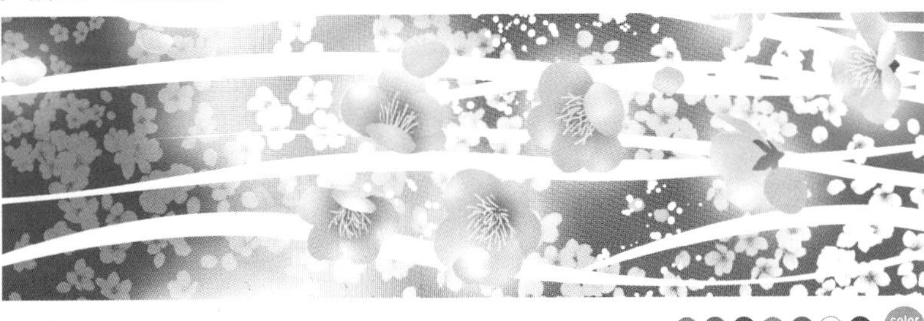

日本國護照

配色專欄

2019年度的全新設計

日本護照自2019年起，採用了新設計。封面和往年一樣，不過內頁每頁皆為葛飾北齋《富嶽三十六景》的作品，且所有頁面的設計都不同。選用《富嶽三十六景》，是因為這系列作品「以全世界相當知名的富士山為主要形象，可說是足以代表日本的浮世繪」。自1603年德川家康開創江戶幕府，直到1867年第15代將軍德川慶喜執行大正奉還的260年間，是以庶民為中心，建構出文化樣貌的江戶時代。18世紀後半至19世紀初期，誕生了錦繪，並透過整合繪師、雕師、摺師的分業體制，使浮世繪文化大放異彩。浮世繪的「浮世」一詞，意為「當代的、現代風的」，浮世繪的定位，即是以庶民為對象的大眾藝術。

日本護照的設計已煥然一新。新的設計，全面採用能向世界宣揚「日本風情」的浮世繪《富嶽三十六景》。

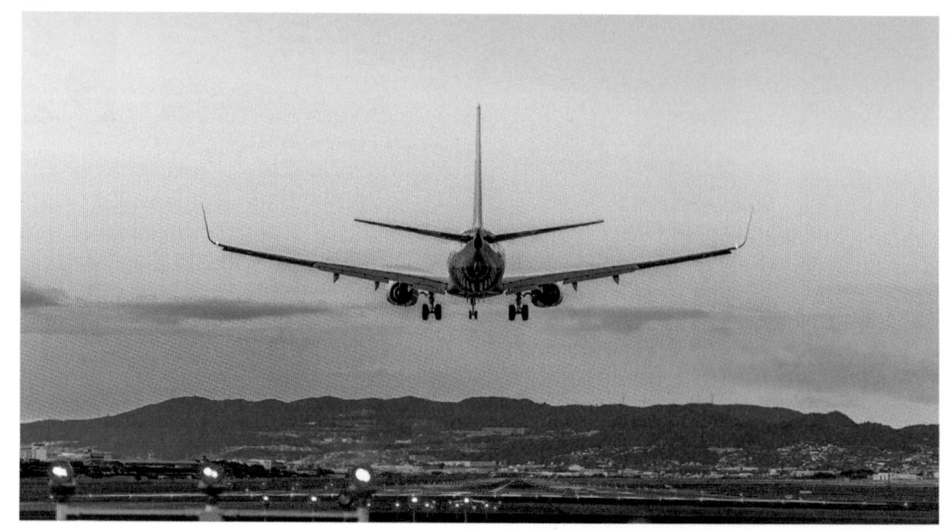

富嶽三十六景

葛飾北齋一直到 1849 年，結束虛歲 90 歲的生涯為止，都沒有退休，始終以畫家身分，充滿著動力持續創作。《富嶽三十六景》的初版發行於 1831 年，當時北齋已經 72 歲了。3 年後，他著手創作《富嶽百景》，並在書中署名「畫狂老人卍」，表達長壽與對作畫的熱情，令社會為之譁然。北齋生涯改過 30 次以上畫號（筆名），理由似乎是想以新人之姿，試探社會大眾對自己技藝的評價。

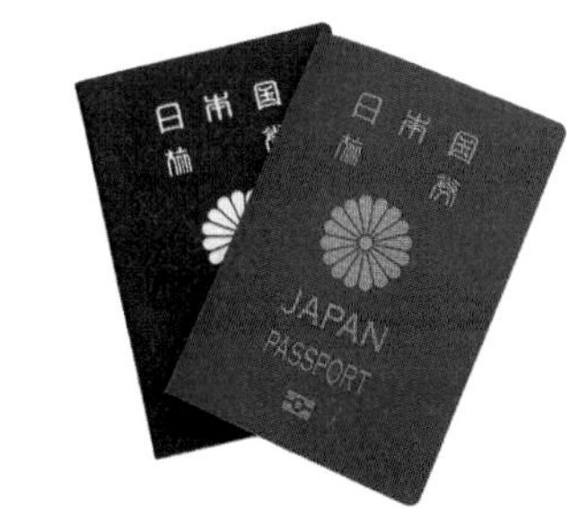

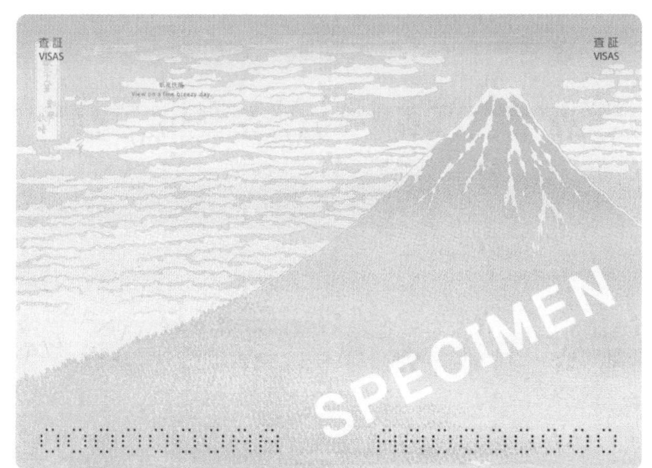

凱風快晴（P.284 ⑥參照）

在《富嶽三十六景》中，凱風快晴與〈神奈川沖浪裏〉、〈山下白雨〉並列為三大名作。這幅畫所描繪的富士山是赤富士。時序為夏末到初秋期間，以卷積雲為背景，富士山因朝陽映照而染上一片褐色，畫面下方則是廣闊的樹海。

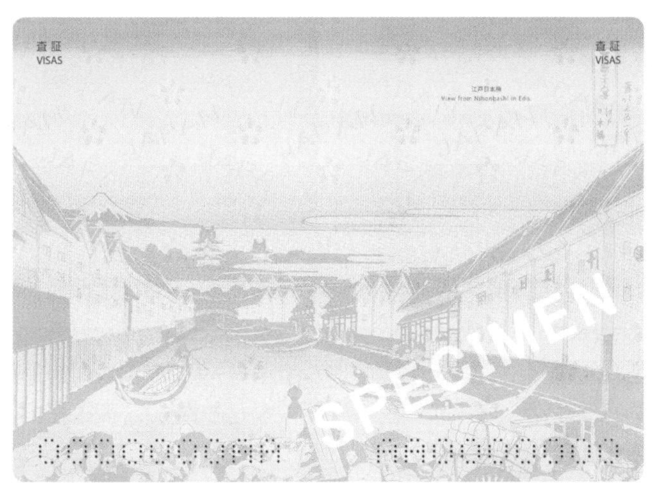

江戶日本橋（P.284 ③參照）

日本橋位於江戶中心，也是東海道的起點。這幅作品刻意不畫日本橋的「橋」，而是描繪橋上人來人往的熱鬧模樣，畫面左方的遠處，畫下了從橋上遠望的富士山。從這幅作品中，可以看出創作超過 3 萬幅作品的北齋過人的構圖能力。

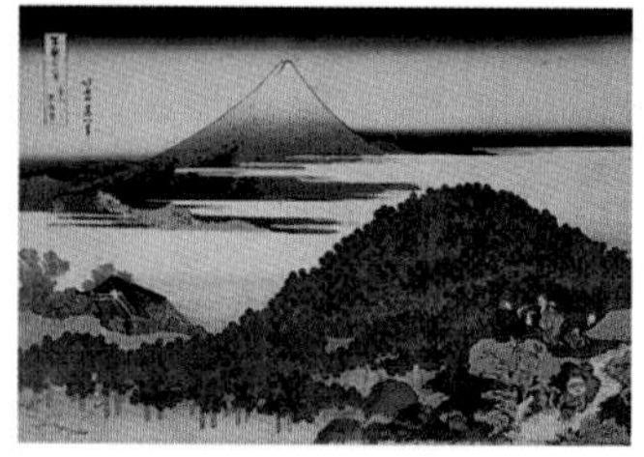

①青山圓座松

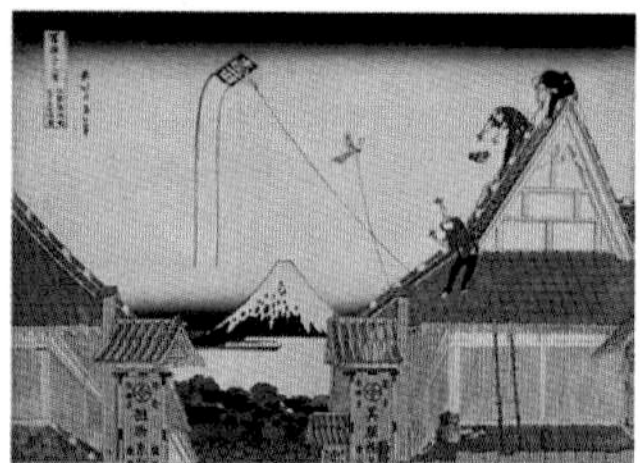

②江都駿河町三井見世略圖

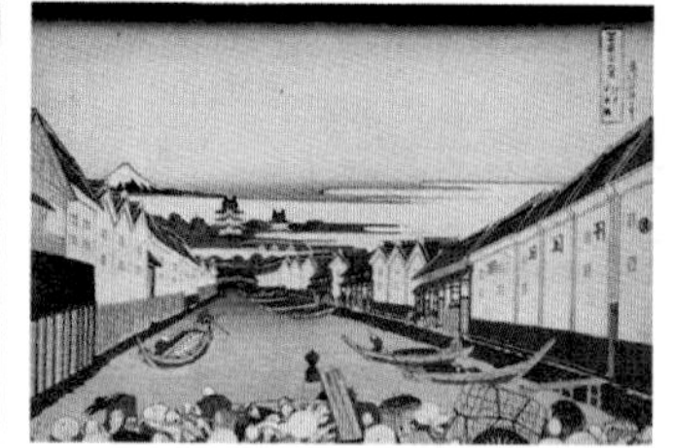

③江戶日本橋

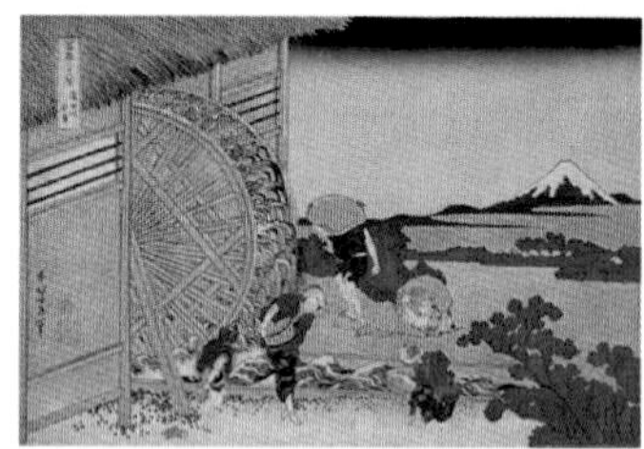

④隱田水車

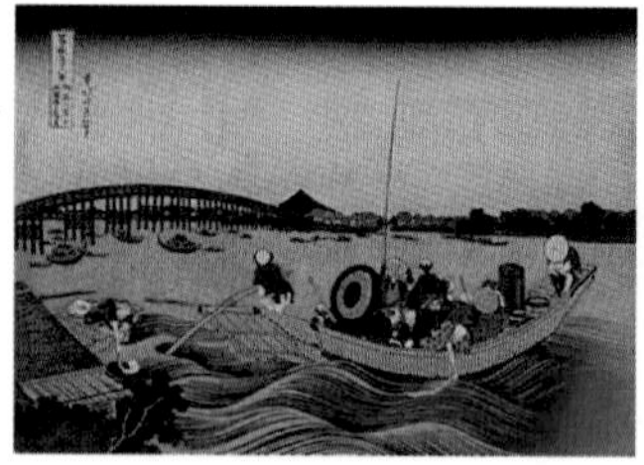

⑤御廄河岸見兩國橋夕陽

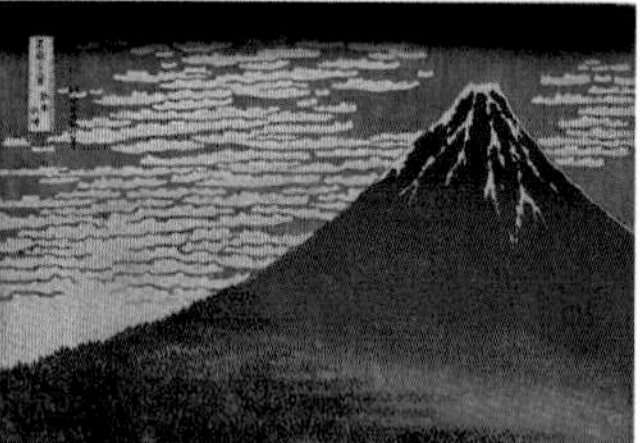

⑥凱風快晴

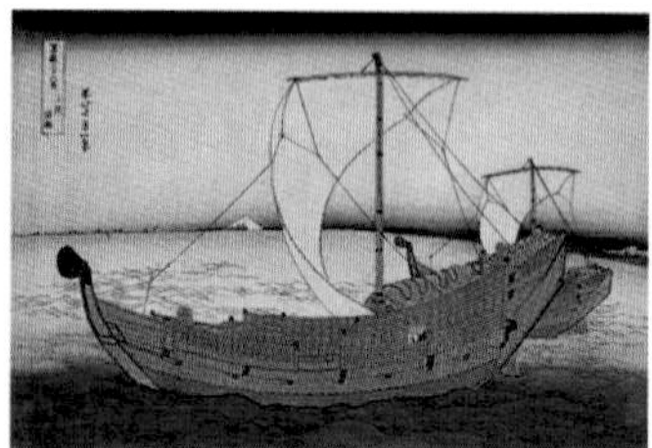

⑦上總海路

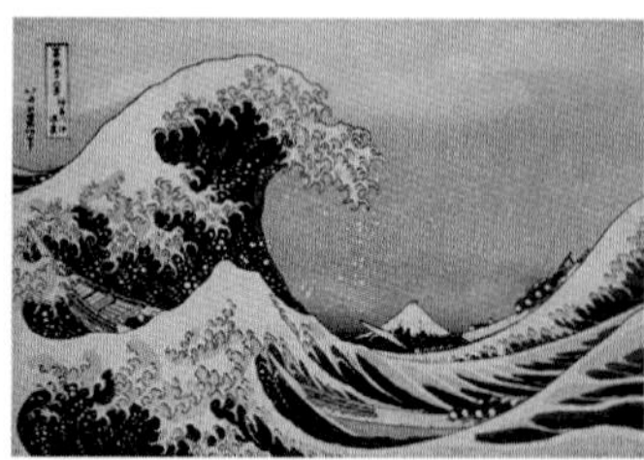

⑧神奈川沖浪裏

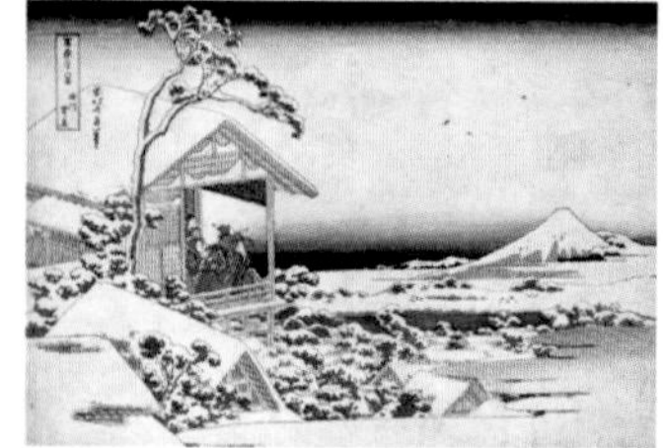

⑨礫川雪旦

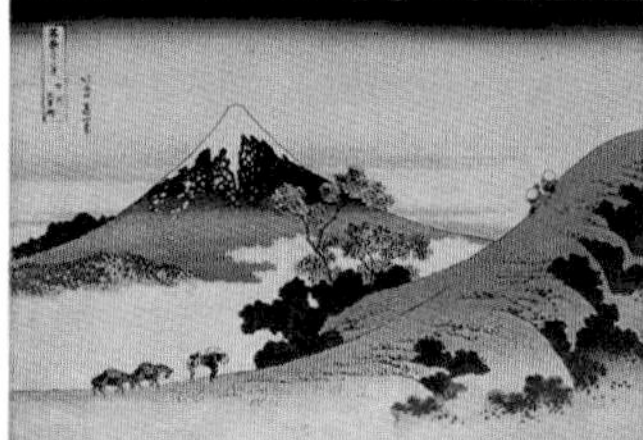

⑩甲州犬目峠

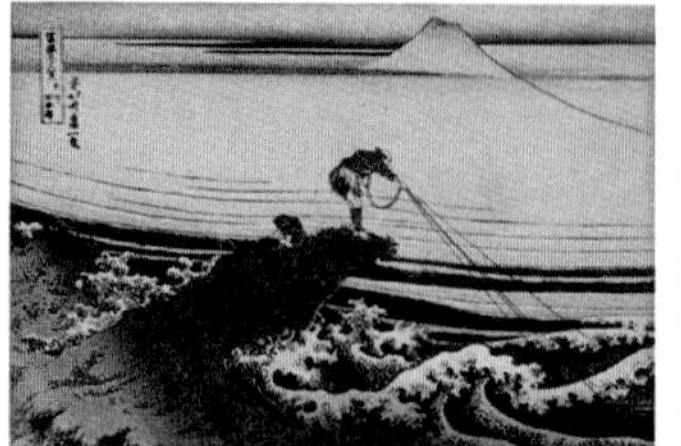

⑪甲州石班澤

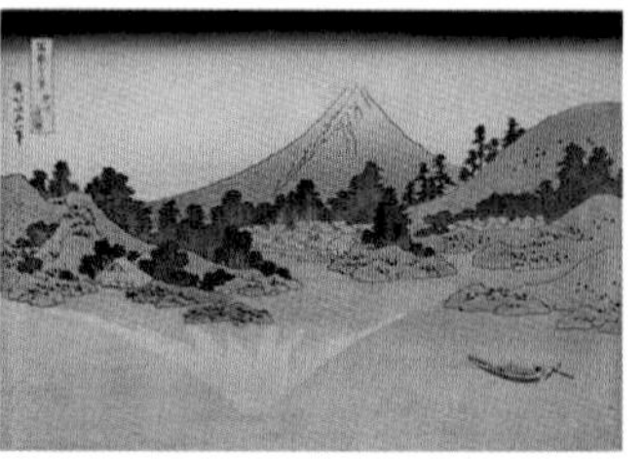

⑫甲州三坂水面

※這裡介紹的24件作品為2018年5月日本外務省正式發表之作品。

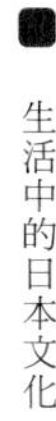

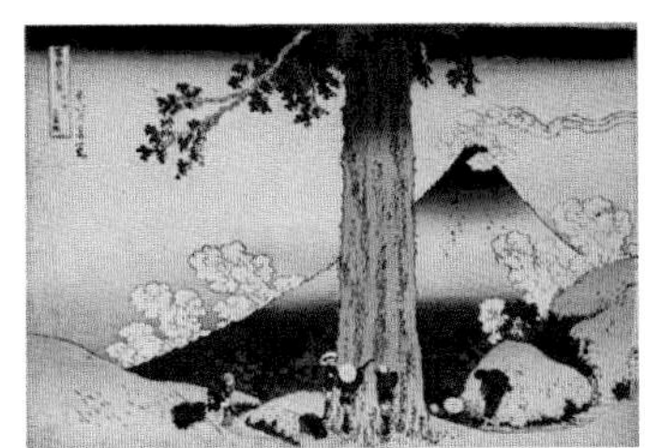

⑬甲州三島越

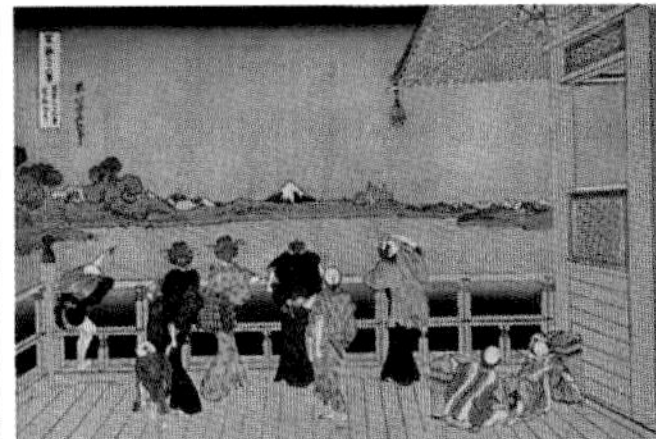

⑭五百羅漢寺榮螺堂

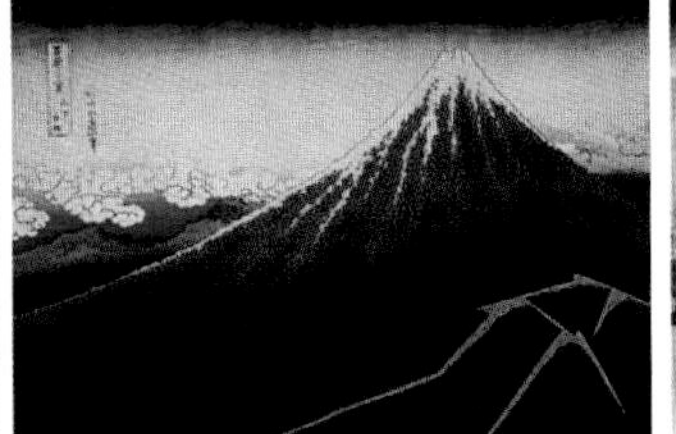

⑮山下白雨

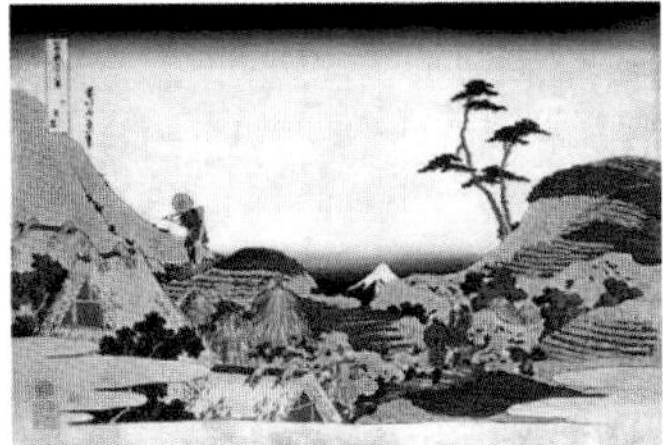

⑯下目黑

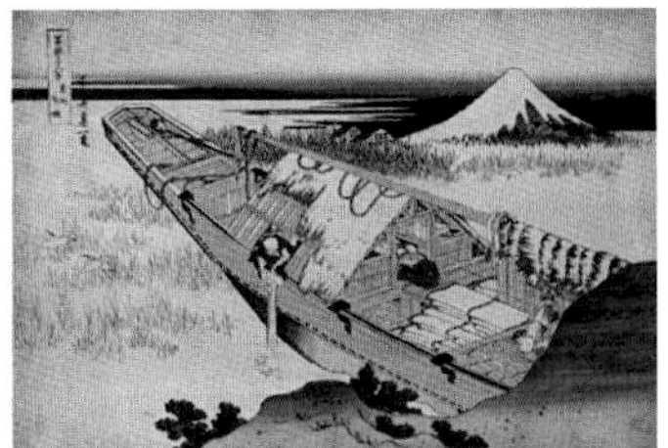

⑰常州牛堀

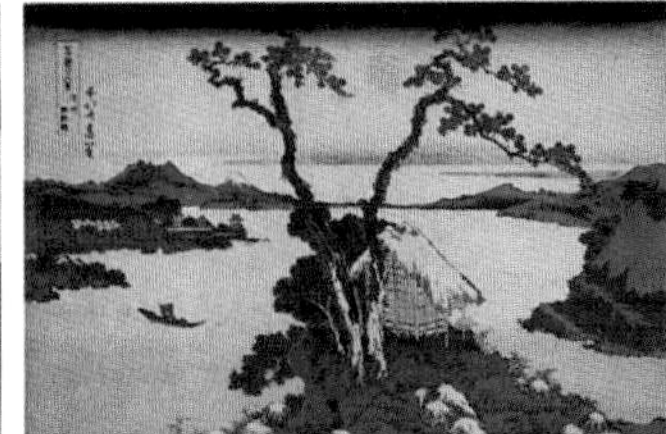

⑱信州諏訪湖

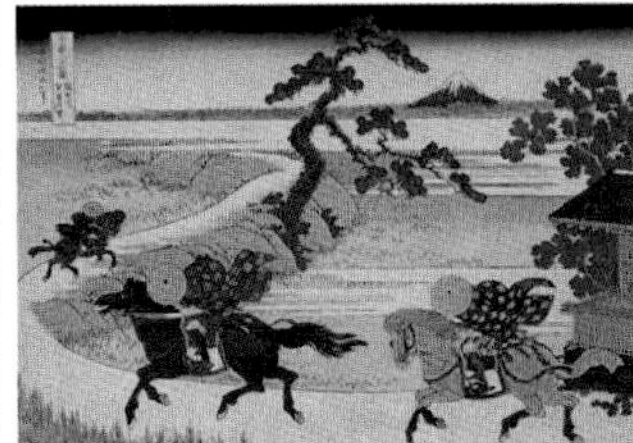

⑲隅田川關屋之里

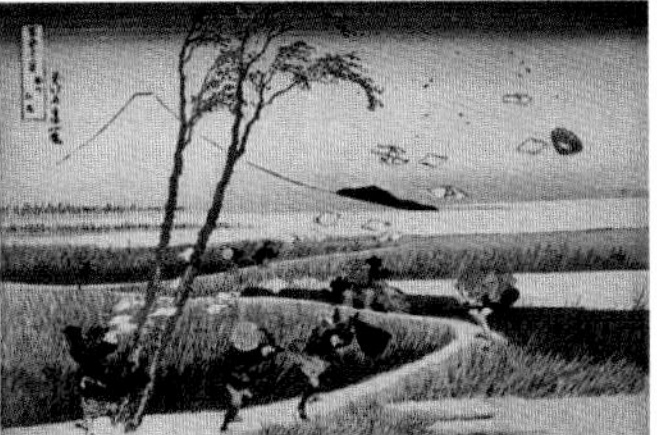

⑳駿州江尻

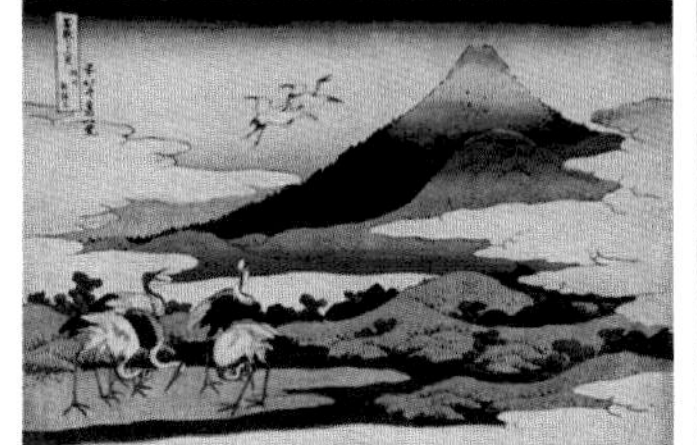

㉑相州梅澤左

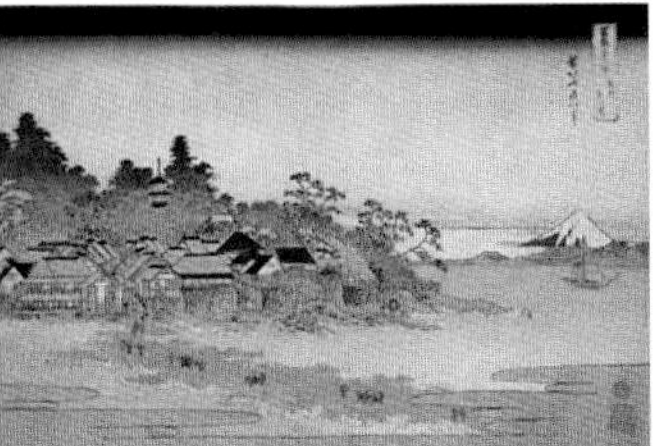

㉒相州江之島

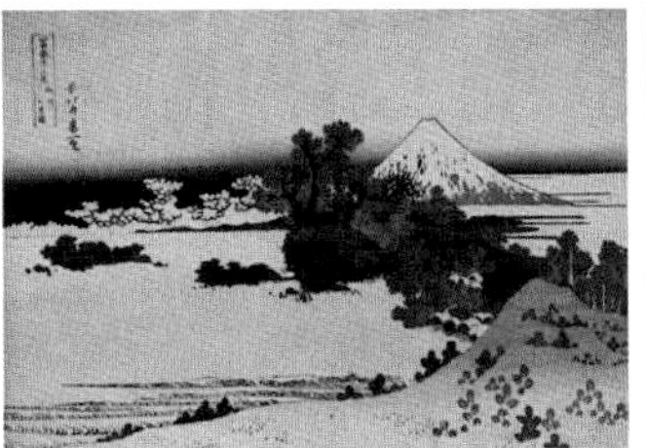

㉓相州七里濱

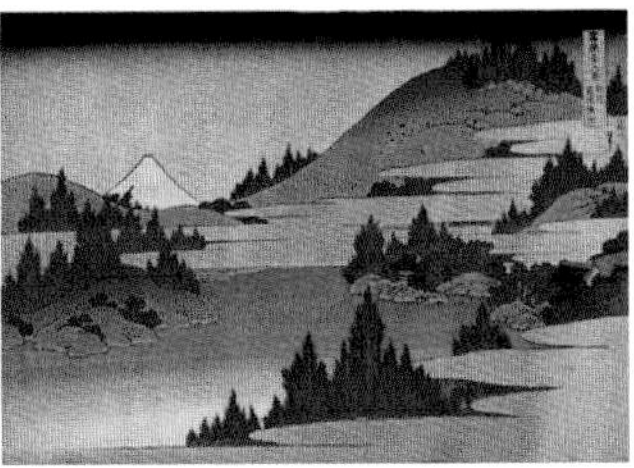

㉔相州箱根湖水

※查證欄10年用為44頁、5年用為28頁，詳情未定。

和色點子手帖 100個風格主題、2572種配色靈感的最強設計教科書

作　　者 | 櫻井輝子
譯　　者 | 陳妍雯 Yenwen Chen

責任編輯 | 許芳菁 Carolyn Hsu
責任行銷 | 朱韻淑 Vina Ju
封面裝幀 | 廖韡 Liaoweigraphic
版面構成 | 黃靖芳 Jing Huang
校　　對 | 許世璇 Kylie Hsu

發 行 人 | 林隆奮 Frank Lin
社　　長 | 蘇國林 Green Su

總 編 輯 | 葉怡慧 Carol Yeh
日文主編 | 許世璇 Kylie Hsu
行銷主任 | 朱韻淑 Vina Ju
業務處長 | 吳宗庭 Tim Wu
業務主任 | 蘇倍生 Benson Su
業務專員 | 鍾依娟 Irina Chung
業務秘書 | 陳曉琪 Angel Chen、莊皓雯 Gia Chuang

發行公司 | 悅知文化　精誠資訊股份有限公司
地　　址 | 105台北市松山區復興北路99號12樓
專　　線 | (02) 2719-8811
傳　　真 | (02) 2719-7980
網　　址 | http://www.delightpress.com.tw
客服信箱 | cs@delightpress.com.tw
ISBN：978-626-7288-84-9
首版一刷 | 2019年12月
首版四刷 | 2023年12月
建議售價 | 新台幣480元

國家圖書館出版品預行編目資料

和色點子手帖 / 櫻井輝子著 . -- 二版 . -- 臺北市：悅知文化精誠資訊股份有限公司 , 2023.09
面；　公分
ISBN 978-626-7288-84-9(平裝)

1.CST: 色彩學

963　　112015234

建議分類 | 藝術設計

原書Staff
圖版製作：柿乃製作所／插畫製作：ハルトナリ／配色製作：柳 敦子、柴廣子
原書封面：西垂水敦（krran）／本文設計：伊藤 哲朗／原書組版：ファーインク／原書編輯：鈴木 勇太

讀者回函

《和色點子手帖》

感謝您購買本書。為提供更好的服務，請撥冗回答下列問題，以做為我們日後改善的依據。
請將回函寄回台北市復興北路99號12樓（免貼郵票），悅知文化感謝您的支持與愛護！

姓名：________________ 性別：□男　□女　年齡：______歲

聯絡電話：(日)______________ (夜)______________

Email：______________________________

通訊地址：□□□-□□ ______________________________

學歷：□國中以下 □高中 □專科 □大學 □研究所 □研究所以上

職稱：□學生 □家管 □自由工作者 □一般職員 □中高階主管 □經營者 □其他 ____________

平均每月購買幾本書：□4本以下 □4~10本 □10本~20本 □20本以上

- 您喜歡的閱讀類別？(可複選)

  □文學小說 □心靈勵志 □行銷商管 □藝術設計 □生活風格 □旅遊 □食譜 □其他 ____________

- 請問您如何獲得閱讀資訊？(可複選)

  □悅知官網、社群、電子報 □書店文宣 □他人介紹 □團購管道

  媒體：□網路 □報紙 □雜誌 □廣播 □電視 □其他 ____________

- 請問您在何處購買本書？

  實體書店：□誠品 □金石堂 □紀伊國屋 □其他 ____________

  網路書店：□博客來 □金石堂 □誠品 □PCHome □讀冊 □其他 ____________

- 購買本書的主要原因是？(單選)

  □工作或生活所需 □主題吸引 □親友推薦 □書封精美 □喜歡悅知 □喜歡作者 □行銷活動

  □有折扣______折 □媒體推薦 ____________

- 您覺得本書的品質及內容如何？

  內容：□很好 □普通 □待加強 原因：____________

  印刷：□很好 □普通 □待加強 原因：____________

  價格：□偏高 □普通 □偏低 原因：____________

- 請問您認識悅知文化嗎？(可複選)

  □第一次接觸 □購買過悅知其他書籍 □已加入悅知網站會員www.delightpress.com.tw □有訂閱悅知電子報

- 請問您是否瀏覽過悅知文化網站？ □是 □否

- 您願意收到我們發送的電子報，以得到更多書訊及優惠嗎？ □願意 □不願意

- 請問您對本書的綜合建議：____________

- 希望我們出版什麼類型的書：____________

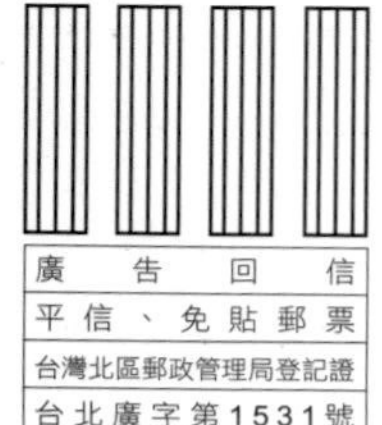

SYSTEX making it happen 精誠資訊 | dp 悅知文化 Delight Press

精誠公司悅知文化　收

105 台北市復興北路99號12樓

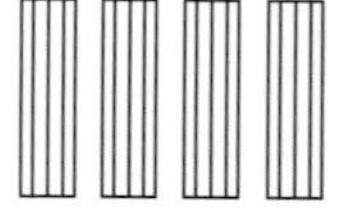

（請沿此虛線對折寄回）